文渊阁四库全书本

星学大成

(明)万民英　撰

（上）

图书在版编目(CIP)数据

星学大成：文渊阁四库全书本/(明)万民英撰.
—北京：中央编译出版社，2015.7(2021.9重印)
ISBN 978-7-5117-2592-9

Ⅰ.①星… Ⅱ.①万… Ⅲ.①占星术-研究-中国-明代
Ⅳ.①B992.2

中国版本图书馆CIP数据核字(2015)第066473号

星学大成：文渊阁四库全书本(全二册)

出 版 人 葛海彦
出版统筹 董 巍
责任编辑 邓永标
责任印制 尹 珺
出版发行 中央编译出版社
地　　址 北京西城区车公庄大街乙5号鸿儒大厦B座(100044)
电　　话 (010)52612345(总编室)　(010)52612371(编辑部)
(010)52612317(网络销售部)　(010)52612316(发行部)
(010)55626985(读者服务部)　(010)52612346(馆配部)
网　　址 www.cctphome.com
经　　销 全国新华书店
印　　刷 河北华商印刷有限公司
开　　本 880毫米×1230毫米 1/32
字　　数 525千字
印　　张 28.5
版　　次 2015年7月第1版 2021年9月第2次印刷
定　　价 98.00元

星学大成钦定四库全书提要

臣等谨案星学大成三十卷，明万民英撰。民英字育吾，大宁都司人，嘉靖庚戌进士，历官河南道监察御史，出为福建布政司右参议。是编取旧时星学家言，以次编排，间加注释论断。其一曰《星曜图例》，其二曰《观星节要宫度主用十二位论》，其三曰《诸家限例琴堂虚实》，其四曰《耶律秘诀》，其五至七曰《仙城望斗》、《三辰通载》，其八曰《总龟紫府珍藏星经杂著》，其九曰《碧玉真经邓史乔拗》，其十曰《光裔渊微星曜格局》。其于星家古法纤钜不遗，可称大备。自来言术数者，惟章世纯所云："其法有验有不验，验者人之智计所及，不验者天之微妙斯存"。其言最为允当。而术家必欲事事皆验，故多出其途以测之，途愈多而愈不能中。其尤难信者，无过于乔庙一说。其说以火土二星相反而相成，昼火参轸及箕辟，无咎乃大吉；夜土角斗及井奎，降福亦如之。不知五行之理，惟主生克。如季土坐于凋零之木，本自借其疏通，旺火临于瀺灂之流，亦转乐其滋益。若乃冬火坐水乡，春土居木位，岂可目为乔庙而定其吉乎？且土虽盛而木已被其沉埋，火即炽而水已虞其枯涸，有利于此，即不利于彼，是皆好奇求验而不计五行生克之故者。民英于此类大抵沿袭旧闻，未能驳正其谬。且今之五星躔度岁差既异，于古亦难必其尽合。然其鸠集众说，多术家不传之本，实为五星之大全，与子平之《三命通会》，并行不悖，后来言果老术者参互考证，要必于是取资焉。《明史·艺文志》及黄虞稷《千顷堂书目》，皆以此书为陆位撰，而别出万民英《三命会通》十二卷。今检此本卷首自序及凡例，确为民英所撰，《艺文志》盖沿黄氏之误，故仍以民英之名著录焉。乾隆四十六年五月恭校上。

总纂官　臣　纪　昀

臣　陆锡熊

臣　孙士毅

总校官　臣　陆费墀

星学大成原序

昔者圣人明于天之道，而察于民之故，爰命司天首创玑衡，以齐七政，而历法始具，其大要不外钦若昊天，敬授人时而已。其流为推步占候，至裨灶、甘、唐、臬、石辈相接踵，候星气、察禨祥，以修人事，而禄命之说，未之闻也。惟唐初吕博士一叙，言始及之，则又深疑而不敢信。五季宋元，其说浸盛，缙绅学士往往信以为然，故苏子瞻有“退之命在尾箕，余命亦在磨蝎”之语。夫以天象之高，天道之幽远，一星辰变异，皆足以兆妖祥而基理乱，近则岁月，远至数十年外，无有不验。况人禀天地五行之气以生，其初诞之时，群曜变于上而会逢其适，人事协于下而感与天通，亦理数自然之符也。且如宋德隆盛，五星聚奎，诸贤辈出，而文章世道遂为丕变。星家之说不亦有明征哉！盖尝论之，天之化也，运诸气而贞夫理，气有纯驳，而理则无二。命也者，合理与气言之也。孔子作春秋，纪灾异而事应不书，天道命不言，虽言不著。盖皆欲人以理御气，居易以俟命而已。余非知天者，然星命之说，亦留心考究，颇得要领旨趣，病世之专门者，不达天人之故，妄言祸福以惑世人，乃取《三辰通载》、《五星总龟》、《望斗》、《殿驾》、《耶律》、《乔拗》、《虚实》等书，及家所藏不传之秘，删其繁复，订其讹缪，或己有所见而古人未发，或旧有所解而今则非是，分别次第，考究注释，纂为全书，共若干卷，名曰星学大成，以广厥传，以助我圣天子钦天授时之政，是则余之志也。或者谓是书之行，将使君子恃命而怠于为善，小人恃命而敢于肆恶，毋乃不可欤？呜呼！易以道阴阳，是卜筮之书也，圣人作之，以教人趋吉避凶，而一言以蔽之，曰天下之动贞夫一者也。若曰吉者吾趋之，非趋夫吉，趋夫所以获吉之理，视履考祥之类是也。凶者吾避之，非避夫凶，避夫所以致凶之故，复即命渝安贞之类是也。由是则吉而非求也，由是则凶而有所不避也，六十四卦三百八十四爻无非此理。盖圣人幽赞神明，开物成务之精意，余之心亦若是也，而胡不可哉！是书之行，使知命之士观之，遇富贵则曰命也，吾不可以幸致；遇贫贱则曰命也，吾不可以苟免。行法以俟，夭寿不贰，将齐得丧、一死生，其为教不既多乎！若恃命之将通而冥行径趋，见命之将否而侥幸苟免，是则桎梏而死。立乎岩墙之下者，虽圣贤亦未如之何矣，岂予之所知哉！岂予之所知哉！是为序。

嘉靖肆拾贰年，岁次癸亥，十月朔日，易水万民英谨序。

星曜凡例前引

星命之说，头绪多端，如推论星曜，有庙乐垣殿、迟留伏逆、变不变之不同。取用神煞，有天干地支、吉凶善恶、用不用之互异。溯流穷源，顾名思义，莫不有一定之理存焉。看星者不先明诸星曜神煞所以然之理，而欲通贯诸经，断人命吉凶祸福，是犹瞽者舍其杖而问途，将贸贸焉莫知所之矣。今观星家诸书，不能兼综条贯，明示后人，或露其易而隐其微，或传其名而昧其实，或载其一而遗其二，识者病焉。余取台历诸星图神煞及诸家之所散见，凡有关于是者，推求理之所以然，总定为凡例三卷。上卷定吉凶杂曜，中卷定观星节要，下卷论位次强弱、诸家限例，间多附以己意，别为或问。虽未能尽天地古今星煞象数之精，其于历代观星三命之法，亦庶几根极而有要云。易水育吾子识。

目　录

上　册

星学大成卷一

星学大成卷二

星学大成卷三

星学大成卷四

星学大成卷五

星学大成卷六

星学大成卷七

星学大成卷八

星学大成卷九

星学大成卷十

星学大成卷十一

星学大成卷十二

星学大成卷十三

星学大成卷十四

星学大成卷十五

下　册

星学大成卷十六

星学大成卷十七

星学大成卷十八

星学大成卷十九

星学大成卷二十

星学大成卷二十一

星学大成卷二十二

星学大成卷二十三

星学大成卷二十四

星学大成卷二十五

星学大成卷二十六

星学大成卷二十七

星学大成卷二十八

星学大成卷二十九

星学大成卷三十

星曜吉凶图例

授时历法黄道宿度之图

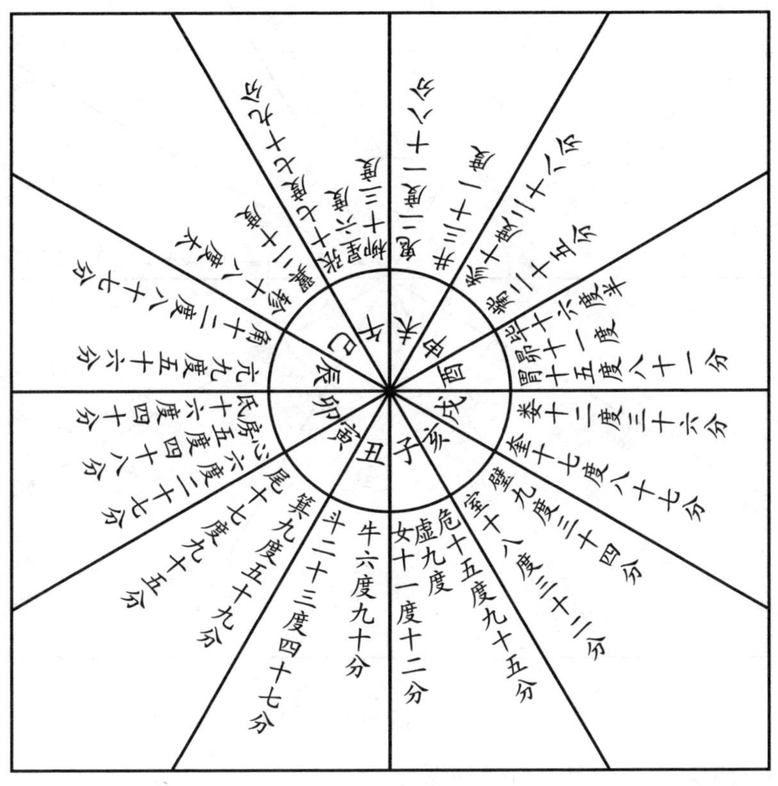

右周天都计三百六十五度二十分五十秒，分布十二宫，惟子、午两宫，每宫计三十度四十三分八十秒，其余十宫，每宫计三十度四十三分七十九秒。岁必三百六十五日零三时而交春，是合周天之度。月必三十日零五时二刻而交节，是合一宫之度。

授时历法黄道宿度过宫之图

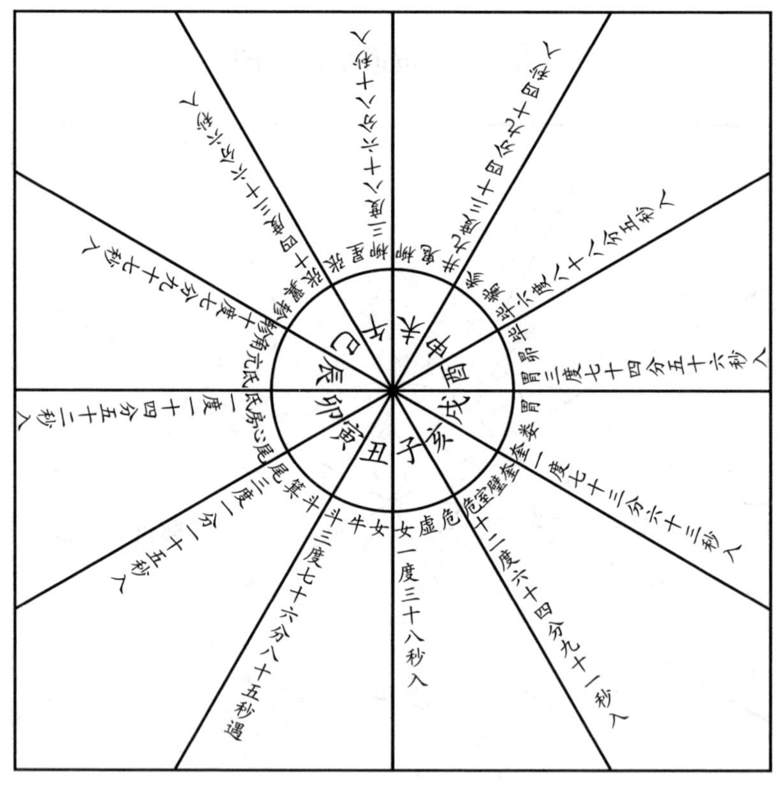

右周天三百六十五度四分度之一分配十二宫，其过宫分秒具于图中。百秒为分，百分为度。

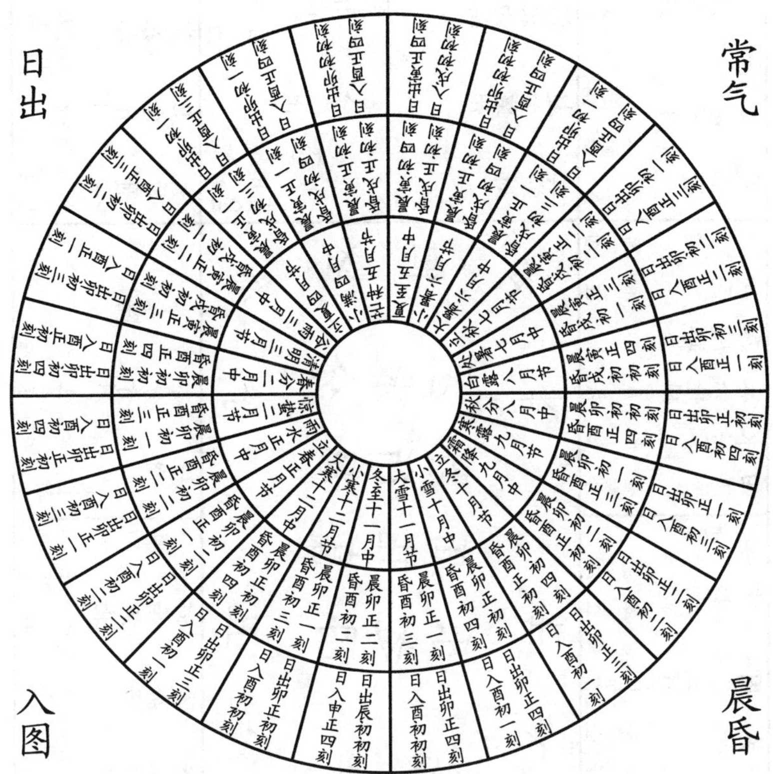

常气晨昏日出入图

凡常气晨昏定刻，自秋分至春分，皆在卯酉，自清明至白露，皆在寅戌。太阳出入定刻，自小寒至芒种，小暑至大雪，皆在卯酉。惟冬至出辰入申，夏至出寅入戌。气候有盈虚愆忒而成月令，太阳有出入长短而成岁功，固仰观俯察所当知，亦出作入息所必考也。

巳	午	未	申
双女 荆湖南北 楚分荆州 广东西路 孛旺 水日旺 水乐宫 金水会 计庙	狮子 京西南路 周分三河 关西 罗庙 金旺 日乐宫 水日会 土喜 水庙	巨蟹 陕西 秦凤路 秦分雍州 永兴军 四川 孛庙 木旺 月乐 水喜 金助月	阴阳 河北东路 晋 魏分益州 成都府 紫庙 火喜 水乐 水喜会
辰 天秤 京东西路 郑分兖州 太山陕 水喜 日乐 金庙 金乐宫 土旺 金木逢龙	星辰分野所属庙旺喜乐之图		酉 金牛 河北西路 赵分冀州 真定府 金助月 金乐 孛乐 月乘旺
卯 天蝎 京畿 宋分豫州 火庙 罗旺 火乐 计乐 土罗计旺			戌 白羊 京西北路 鲁分徐州 计旺 紫喜 日庙 火乐宫 罗喜 月庙 土日合照
寅 人马 河西河北 燕分幽州 夔州 日喜 罗庙 木乐宫 计旺 孛旺	丑 磨蝎 河西河北 吴分扬州 浙江福建 土火会 火旺 土乐宫 土庙 紫旺	子 宝瓶 京东路 齐分青州 梓州 水旺 土乐 孛乐 水土朝北	亥 双鱼 河东路 卫分并州 太原府 金旺 计庙 木乘旺 水乐宫 木庙 紫旺 水好 月喜

夫星辰之入垣局如仕宦之在庙堂上格之命须得星归垣局则官职显要历

<table>
<tr><td>轸 翼
火入垣 木入垣 角道垣</td><td>张 星 柳
土入垣 日入垣 月入垣 水显荣局</td><td>鬼 井
金入垣 火文昌局 木入垣</td><td>参 觜
火入垣 木入垣 紫入垣</td></tr>
<tr><td>亢 角
木入垣 金入垣</td><td colspan="2" rowspan="2">巳 午 未 申
辰 星辰入垣之图 酉
卯 戌
寅 丑 子 亥</td><td>胃 昴 毕
土入垣 日入垣 月入垣 罗入垣</td></tr>
<tr><td>心 房 氐
日入垣 月入垣 火天堂局 土入垣 罗入垣</td><td>奎 娄
金入垣 木入垣</td></tr>
<tr><td>箕 尾
火入垣 木入垣 紫入垣</td><td>斗 牛
木入垣 土入当垣 金入垣</td><td>女 虚 危
日入垣 土入垣 月入垣</td><td>室 壁
火入垣 木入垣 火文昌局</td></tr>
</table>

三台八座翰林之荣命格虽高而星不入局则虽有禄位终为中品下品之贵

<table>
<tr>
<td>翼火蛇火星升殿
轸水蚓水星升殿</td>
<td>柳土獐土星升殿
星日马太阳升殿
张月鹿太阴升殿</td>
<td>井木犴木星升殿
鬼金羊金星升殿</td>
<td>觜火猴火星升殿
参水猿水星升殿</td>
</tr>
<tr>
<td>角木蛟木星升殿
亢金龙金星升殿</td>
<td colspan="2" rowspan="2">申 酉 戌 亥
未 星辰昇殿之图 子
午 丑
巳 辰 卯 寅</td>
<td>胃土雉土星升殿
昴日鸡太阳升殿
毕月乌太阴升殿</td>
</tr>
<tr>
<td>氐土貉土星升殿
房日兔太阳升殿
心月狐太阴升殿
尾火虎火星升殿</td>
<td>奎木狼木星升殿
娄金狗金星升殿</td>
</tr>
<tr>
<td>斗木獬木星升殿
箕水豹水星升殿
尾火虎火星升殿</td>
<td>女土蝠土星升殿
牛金牛金星升殿
斗木獬木星升殿</td>
<td>危日燕太阴升殿
虚日鼠太阳升殿</td>
<td>奎木狼木星升殿
壁水㺄水星升殿
室火猪火星升殿</td>
</tr>
</table>

<table>
<tr><td>楚
日月朝北户
水临双女
日水乘旺
金水会蛇</td><td>周
水名荣显
太阴朝北
日帝居阳
水阳相会</td><td>秦
金缠鬼宿
孛金相助
木孛同秦
木入秦州
太乙抱蟾
金星助月
月挂柳梢</td><td>晋
水土相会</td></tr>
<tr><td>郑
土罗相会
金号太常满用
金木逢龙
水润金明
土归郑国
木躔角道满用</td><td colspan="2" rowspan="2">巳 午 未 申
辰 酉
星辰贵格之图
卯 戌
寅 丑 子 亥</td><td>赵
月到金牛
金星助月</td></tr>
<tr><td>宋
太阳逢兔满用
火然天蝎
火为天市</td><td>鲁
土日合照
日遇白羊
火居娄宿</td></tr>
<tr><td>燕
木计同寅
忌火星</td><td>吴
乙气骑牛
水爱逢金
孛星朝斗
土荧相会
土号太常</td><td>齐
水土朝北
水清宝瓶
土好齐瓶
土宜见水</td><td>卫
日金水木
金木乘旺
金居卫分
火孛惊天
太乙朝天
木计逢鱼
木临营室
日月朝天</td></tr>
</table>

<table>
<tr><td>水孛逢楚
土入双女</td><td>金居日分
火遇金罗
计临狮位
金火同周
孛骑狮子</td><td></td><td></td></tr>
<tr><td>火入金乡
尤防木至
木触金龙
却嫌见火</td><td colspan="2" rowspan="2">巳 午 未 申
辰 星辰贱格之图 酉
卯 戌
寅 丑 子 亥</td><td>火烧牛角
火入金乡
尤防木至</td></tr>
<tr><td>金乘火位
又怕逢水</td><td>金忌白羊
水乘火位
又怕逢金</td></tr>
<tr><td>金嫌人马
金愁见火
孛忧水入</td><td>泉枯牛壑
是孛骑牛</td><td>木打宝瓶
木怕逢金</td><td>水计火金</td></tr>
</table>

天盘加盘图

申加巳	酉加午	戌加未	亥加申
未加辰			子加酉
午加卯			丑加戌
巳加寅	辰加丑	卯加子命	寅加亥

天数之法顺数，天左旋也。人之立命在十二宫，有不同，而以天盘之卯加之，则同。经云：天盘转出地盘上，卯上分明是命宫是也。耶律十二宫发明望斗经，东升西没，新注其说已详矣。时学不知此图，只以子宫为例，而概以十二宫者有之。又有知其卯位自加，寅辰叠加，巳丑三位加，子午四正加，亥未五位加，申戌六位加，酉对冲加，亦但得其迹而未知其所以也。

地盘通关图

戌关巳	酉关午	申关未	未关申
亥关辰			午关酉
子关卯			巳关戌
丑关寅	寅关丑	卯关子	辰关亥

地盘之法逆数，日月右转也。地盘不动，故十二宫立命同此一通关也。经云：纵漏关，横漏关是巳。时学但知子关卯、丑关寅、辰关亥、巳关戌、午关酉、未关申，而不知其以一卯关子逆数之，则通关所以然之理，不待说而自明矣。

人盘虚实图

<table>
<tr><td></td><td></td><td>月实</td><td>年实</td></tr>
<tr><td>日空阳</td><td colspan="2" rowspan="2">壬申 丁未 戊戌 甲寅</td><td></td></tr>
<tr><td>月空阴</td><td>午空阳 日实</td></tr>
<tr><td>时实</td><td></td><td>时空阳</td><td></td></tr>
</table>

人盘之法重虚实者，以其四柱欲与天星相联续，琴堂之所重者此也。假如壬申、丁未、戊戌、甲寅生人，则星盘中未申戌寅填实，宜岁令身命官福居之。戌卯辰子空虚，宜难星忌曜居之。若吉空则凶，凶空则吉，吉实则吉，凶实则凶也。余仿此推。

定十二宫神二十八宿分野所属

角亢秤宫辰属郑，氐房心卯蝎宋游。
尾箕人马燕寅位，斗牛磨蝎丑吴流。
女虚危瓶齐子地，室壁双鱼亥卫州。
奎娄白羊鲁国戌，胃昴毕酉赵金牛。
觜参阴阳申晋地，井鬼巨蟹未秦州。
柳星张周狮子午，翼轸双女楚巳头。

定十二宫次舍

析木原来本在寅，大火在卯寿星辰。
鹑尾在巳鹑火午，鹑首在未实沈申。
大梁居酉降娄戌，娵訾在亥定其真。
玄枵在子星纪丑，十二宫中仔细寻。

定十一曜周天行度之数

木星大约一年一宫，十二年一周一天，卯年卯上起，故名之曰岁。火星大约两月一宫，二年一周天。土星大约一年一宿，二十八年一周天。金、水星一月一宫，不离太阳前后，一年一周天。气曜二十九年一周天。孛曜九年一周天。罗计十八年一周天。

约太阳行度法歌（我朝立法多在虚一度立春）

立春虚四度，雨水危十求，惊蛰室九度，春分壁六游。

清明奎十一，谷寸娄九留，立夏胃十一，小满昴十收。

芒种毕十四，夏至井一头，小暑井十八，大暑井初秋。

立秋柳十二，处暑张十周，白露翼五度，秋分排轸游。

寒露轸十八，霜降角十二，立冬氐五度，小雪房五时。

大雪尾火九，冬至箕六依，小寒斗十三，大寒牛五迟。

约太阴行度法歌

欲识太阴行度时，正月之节起于危。

一日出行十三度，五日雨宫次第移。

二奎三胃四从毕，五井六柳张居七。

八月翼宿以为初，龙角季秋任游历。

十月房宿作元辰，建子箕星细寻觅。

丑月牵牛切要知，周天之度无差忒。

此是太阴行度方，人命身宫从此得。

约二十八宿度数

十八正相室，三五居东壁，十七半奎阑，十三娄不觅，

胃言十四半，十一昴全算，二八毕躔加，半觜河边灿，

参九在其方，三十遇井朗，一增双是鬼，二七柳花芳，

七星夜还走，张翼各十九，轸宿十八半，十三角当首，

亢九日光辉，十六氐相宜，房心各五度，十七尾南飞，

箕辉照十方，二十四斗郎，牵牛七夕过，十一半女娘，虚星无十度，危星十六当。

约二十八宿过宫度数歌

氐一过卯尾三寅，斗三度兮丑中陈。
女至一度方过子，危十二度亥中陈。
奎一入戌胃三酉，毕六度兮移过申。
井八过未柳三午，张十四巳轸九辰。

以上度数特其概耳，其详具于三辰通载。

定十二月寅时诀歌

正九五更二点彻，二八五更四点歇。
三七平光是寅时，四六日出寅无别。
五月日高三丈地，十月十二四更二。
仲冬才到四更初，便是寅时为君记。

定太阳出没法歌

正九出乙入庚方，二八出兔入鸡肠。
三七发甲入辛地，四六生寅入犬藏。
五月生艮归乾上，仲冬出巽没坤方。
惟有十与十二月，出辰入申仔细详。

十干变曜横图

戊土	比肩化权	己月	正印化权	庚水	比肩化权	辛气	正印化权	壬计	比肩化权
丁金	偏印化囚	戊土	偏印化囚	己月	偏印化囚	庚水	偏印化囚	辛气	偏印化囚
丙木	正印化印	丁金	正官化印	戊土	正印化印	己月	正官化印	庚水	正印化印
乙孛	七煞化刑	丙木	七煞化刑	丁金	七煞化刑	戊土	七煞化刑	己月	七煞化刑
甲火	六合化贵	乙孛	六合化贵	丙木	六合化贵	丁金	六合化贵	戊土	六合化贵
癸罗	偏财化荫	甲火	偏财化荫	乙孛	偏财化荫	丙木	偏财化荫	丁金	偏财化荫
壬计	正财化耗	癸罗	伤官化耗	甲火	正财化耗	乙孛	伤官化耗	丙木	正财化耗
辛气	食神化福	壬计	食神化福	癸罗	食神化福	甲火	食神化福	乙孛	食神化福
庚水	伤官化暗	辛气	阳刃化暗	壬计	伤官化暗	癸罗	阳刃化暗	甲火	伤官化暗
己月	坐处化禄	庚水	坐处化禄	辛气	坐处化禄	壬计	坐处化禄	癸罗	坐处化禄
癸罗	正印化权	甲火	比肩化权	乙孛	正印化权	丙木	比肩化权	丁金	正印化权
壬计	偏官化囚	癸罗	偏印化囚	甲火	偏印化囚	乙孛	偏印化囚	丙木	偏印化囚
辛气	正官化印	壬计	正官化印	癸罗	正官化印	甲火	正官化印	乙孛	正官化印
庚水	七煞化刑	辛气	七煞化刑	壬计	七煞化刑	癸罗	七煞化刑	甲火	七煞化刑
巳月	六合化贵	庚水	六合化贵	辛气	六合化贵	壬计	六合化贵	癸罗	六合化贵
戊土	偏财化荫	己月	偏财化荫	庚水	偏财化荫	辛气	偏财化荫	壬计	偏财化荫

丁金	伤官化耗	戊土	正财化耗	己月	伤官化耗	庚水	正财化耗	辛气	伤官化耗
丙木	食神化福	丁金	食神化福	戊土	食神化福	己月	食神化福	庚水	食神化福
乙孛	阳刃化暗	丙木	伤官化暗	丁金	阳刃化暗	戊土	伤官化暗	己月	阳刃化暗
甲火	坐处化禄	乙孛	坐处化禄	丙木	坐处化禄	丁金	坐处化禄	戊土	坐处化禄

十干变曜，所以然之理，无可稽考，余故作此图以发明之。甲乙丙丁戊己庚辛壬癸专配火孛木金土月水气计罗，而太阳不与者，盖十曜皆由阳君所授，分配十干而化为禄，一定之序也。以下凡化福者皆其食神，化荫者皆其偏财，化贵者皆其六合，化刑者皆其七煞，化囚者皆其枭印。化暗者，五阳干皆是阳刃，五阴干皆是伤官。化耗者，五阳干皆是伤官，五阴干皆是正财。化印者，五阳干皆是正官，五阴干皆是正印。化权者，五阳干皆是正印，五阴干皆是比肩。夫伤官、阳刃，俱为之耗，正官、正印俱为之印，此理固然。而五阴干以正财为耗，以比肩为权，何也？盖五阴柔顺，能济五行之刚，而不能克五行之刚，今见所克用力有损，故谓之耗。五阴虽有印绶相生，阴柔不能主事，故赖阳干比助而后有力，故谓之权。此天地自然之道，阴阳不易之理也，岂易知哉！

十干变曜所属

凡当年之变为天元禄者，即其星之管官禄也。变为暗者，属相貌。变为福者，属财帛、福德、迁移。变为耗者，属兄弟。变为荫者，属妻妾。变为贵者，属男女。变为刑者，属奴仆。变为印者，属田宅。变为囚者，属疾厄。变为权者，属命宫。此又变曜之所属也，故名为管库星云。

论天元禄主星（与官禄并详）

凡禄主星，一宜在七强宫，二喜照命，三要顺行，四要庙旺，五要在当生年、纳音长生临官帝旺宫，以上并得用，主大富贵。如在五弱宫，或入四煞位，更行留逆，故为福不纯，主人淹滞。虽不在五弱，临在七强，亦初中年不得发福矣。

诗曰：　禄主当生入命宫，田财旺气大亨通。
　　　　官星更在高强位，年少声名达圣聪。

天福星（与福德、财帛、迁移同推）

凡福财星宜照福德为上，身命次之，男女宫见之为上吉。缘此宫与福德相对，故为上，喜在庙旺，兼行顺段为福。如在陷弱宫及伏逆留段，为福浅。更宜消详身命根本，方可以轻重断之。大凡在财帛，在七强与身命主同宫，主大富。或有恶星同宫，更行留逆，主人一生财帛成败聚散不常。

诗曰：　身宫及命福星临，庙旺高强享福深，
　　　　若遇陷宫并恶曜，荣华消铄祸难禁。

天印星（与田宅并详）

此星喜居田宅宫及七强入庙生旺之地，主多业产。如留逆无气，更在闲极陷地，俱不得祖业，主多破败。田宅宫别有吉星临照，亦自能成立。如田宅地更是忌星相犯，加以命弱失陷，一生并无田宅。

诗曰：　生来须有皇恩命，官禄高强位荫星。
若遇科名科甲贵，因兹食禄播王庭。

天贵星（与男女并详）

此星同男女之象，居七强、顺行、乐庙、旺宫，及当生年，贵人马上更无恶曜刑克，主生贵子。如在迁移、奴仆、兄弟宫，主过房；或在七强被恶曜刑破，多主伤克；或四煞得用，多男无女。男女宫星弱，主子不得力。男女宫星强，主一子力，二者强，子孙众多。

诗曰：　身遇高强及印权，命宫三合更相联。
贵多刑少居官禄，职位荣华禄更迁。

天荫星（与妻妾同推）

此星妻宫星，喜入生旺，得妻财。入死绝，主多病。顺行则吉，逆行则凶。七强宫见之相宜，五弱宫不利，妻星居迁移，主外婚。在奴仆，不宜正婚。居四正宫，主有妻财。恶星不犯，主夫妻偕老。或与恶星同躔妻宫，又犯空，又妻宫主星斗，必再婚相克。

诗曰：　　荫星逢着有操持，须是高强庙旺时，
　　　　　福禄印权并贵会，官荣极品耀天墀。

天权星（与命宫同）

天权照命及身，若入庙顺行，主得贵人扶持。更与太阳、福禄星同，必大权贵。

诗曰：　　权星遇贵在高强，纵有刑囚亦不妨。
　　　　　更遇命宫高格局，定须禄位作朝郎。

天囚星（与疾厄同）

此星怕入七强、生旺，及在逆段，或照命，或临身，并不相宜。若是紫气、木星为囚星，然其性本善，不可便以囚忌为嫌。但戊癸人见之减力，终不为祸。恰斋云：囚星大概不可拘泥。如汪安抚丙戌生，火星对照命宫；葛枢相壬申生，水星守命宫，二公曾未见其为囚也。

诗曰：　　天囚若在四刑星，脓血伤残命夭终。
　　　　　若是寿星临照著，也须为福不为凶。

天刑星（与奴仆同）

此星在闲极宫，无恶星相犯，奴仆皆得力。或在七强及得地，主仆从奸狡。更有凶恶加宫，小人无故相侵犯凌辱。此星宜弱不宜强，宜顺不宜逆，若是命主星又不妨，无自刑之理故也。

诗曰：　　天刑若陷最为恶，身命田宅怕逢着。
　　　　　限临必主身不全，黥面文身方免却。

天耗星（与兄弟同）

此星耗财之星，故以兄弟当之。忌在田、财二宫，别宫无甚害。

诗曰：　天耗之星不可逢，生来财帛化为空，
　　　　若临贵地并权禄，尚自区区待限通。

天暗星（与相貌同）

此星最忌在官宫，及官魁文星，身命逢之皆无发达。

诗曰：　富贵因何福不荣，只缘命内暗伤星，
　　　　高强皆是为凶恶，入陷孤高患自轻。

变曜歌诀

禄暗福耗荫贵刑印囚权，火孛木金土月水气计罗。

六吉夹四凶，每三吉夹二凶也。假如甲生人，欲推何星化贵，则念至贵是第六字。又念火孛至月，是第六字，便知月化贵也。若乙生人，欲推何星化福，则火不要念，只念孛起至金止，又念禄起至福止，便知金化福也。余依此推。

七政旺宫星度歌

七政各得居强所，君看分明乘旺处，日据白羊十九间，月入金牛第三度，土在天秤二十一，火居磨蝎四与七，水居女上三五中，金占双鱼必当室，不离七与十三前，据此求之始为的，木经巨蟹初入鬼，此生所举多如意。但于旺处逢一星，断然莫作常

人视。

论七政旺宫，太阳躔娄宿八度，是戌宫十九度也。太阴躔胃宿六度，是酉宫三度。土躔亢宿六虚，是辰宫二十一度也。火躔斗十八度并二十一度，是丑宫四度与七度也。水躔翼八度并十度，是巳宫三度与五度也。金在室七度并十三度，属亥宫。木在鬼初度并十三度，属未宫。

论庙旺克忌歌

星辰本宫为庙堂，生我之宫为乐乡，我生之宫为旺度，福与祸兮堪审详。星克其宫名入制，其星若忌号刑伤，本元星主居其位，贫乏之徒可较量。

此宫度者号乐旺庙，要与太岁相摄，若处刑克之中，虽乐旺庙而无用。苦处帝旺驾勋朝垣入局之上者，更不以刑克为忌，虽在乐旺庙，而汩没凶败休囚冲蓦之宫，亦不可用也。

星辰妙度歌（又为贵格、辛待制）

太阳东出度经房，腰下须悬金印黄。玉兔始生心宿度，桓圭衮冕侍君王。镇星若也度躔氐，旌表门闾衣锦衣。荧惑正行心宿度，高牙大纛拥旌旗。首曜一星氐宿度，上将封侯十万户。尾星房宿最为佳，沙漠扬威兼宰辅。辰星偏好度经箕，丹桂高攀第一枝。荧惑之星躔尾宿，禹门一跳过天池。彗星寅位必躔箕，侍宸献纳古今稀。金星若躔箕宿度，功盖诸侯披锦衣。太阴最喜度牵牛，极品功勋世罕俦。岁星宿躔南斗会，论功列爵岂能酬。火星行度经南斗，间世英雄真国宝。太白次度到牵牛，朱紫分明应不朽。土宿若也居南斗，富贵荣华兼寿考。天乙如临南斗方，尺壁寸珠未为宝。镇星好度女星居，柱石功成镇帝都。日宿正躔虚宿度，官居辅弼掌钧枢。太阴好处最宜危，男必封侯女后妃。天尾度危偏福厚，保安皇祚不倾危。荧惑岁星居庙室，勋臣永镇升平日。水星度壁福偏浓，突出千群推第一。荧惑当生乐庙娄，官高职重位分茅。计曜若躔奎宿度，开边拓土烈难侔。木到奎星须列爵，文章锦绣佐正侯。太阳旺度奎最便，阃外英声衣锦裘。那颉庙宫星度胃，佩玉鸣珂朝紫陛。太阳遇昴福偏多，超群必作人间瑞。计都又喜经躔胃，秉钺分符除僭伪。罗睺若还到昴乡，樊哙霍光真此类。气星最喜躔在觜，极品官勋世罕如。木孛到参非失位，贵持节钺更无疑。火星觜宿福偏洪，龙跃天池气概雄。水宿正行参宿度，贵居廊庙至三公。太阴本庙居秦鬼，累世绯衣居显位。金宿经躔于鬼度，决定为官服朱紫。搀抢东井福偏饶，边塞藩垣任可倚。木星最好东井宫，官既居高福又隆。孛宿若躔于柳度，荣昌富贵福无穷。罗睺本庙最宜张，出将英声阃外扬。土宿若躔于柳度，虹霓胆气锦肝肠。君日周天庙在星，功齐傅说与阿衡。水曜正行星宿度，经邦论道佐升平。太阴又喜张星度，官入中书声望腾。火宿最好来躔翼，佐助邦家权要职。水星到轸是真垣，委任股肱扶玉历。太白金星若躔亢，辅佐当朝神圣王。木星庙度经龙角，为官必定佐岩廊。首曜一星度龙角，六印一时都掌握。天乙来归角亢方，万里台星光烁烁。

星曜喜宫歌

欲识星辰躔庙宫，土丑罗寅火卯中。金在辰宫计在巳，水罗午地好相逢。孛星惟向未中取，紫气申宫总一同。日月戌方云入庙，计都木亥尽亨通。更有诸星乘旺方，水瓶火丑孛寅当。土罗计在卯中旺，辰位土宿再荣昌。水日巳宫金到午，木居未上紫乾扬。太阴在酉天尾戌，金木之星亥上藏。又看诸星入乐乡，但寻宫主在何方。土星子丑金辰酉，未属太阴午太阳。火星卯戌水巳申，木星躔到亥兼寅。罗睺午上计都子，紫来戌上孛逢辰。十二宫中有喜星，日寅月亥水辰清。土居午上木居未，火申罗戌便昌荣。更识星辰所好局，但寻次舍星何属。太阴太阳与土星，子午卯酉为垣局。木星辰戌及丑未，水火寅申及巳亥。罗计卯酉福犹奢，孛紫寅申邦国泰。再识星躔庙乐俦，日躔奎宿月躔牛。水星土亢金胃上，火星木氐喜涉游。角躔罗宿娄躔计，月孛东井南日气。星行此地产公侯，列爵功名题史记。

星曜怒宫歌

火烧牛角水漂羊，土埋双女命寻常。木打宝瓶须粉碎，金骑人马实牺惶。三限之星俱值此，终身贫苦走他乡。忽然落陷为灾浅，若占强宫见祸殃。或在第五并第七，刑妻害子细推详。假令命在金牛宫，岁星当占宝瓶中。第一吉星推木德，反遭鞭打性强凶。又如命在天秤安，便看巨蟹甚星辰。第一凶星推月孛，当生守占反为官。吉星为祸凶为福，但从宫分测根源。星居怒地最堪忧，地产奸邪起篡谋。木怕玄枵金怕卯，戌娄遭水被漂流。土嫌己上无餐食，火到大梁尽焚炙。日居朔日遇罗睺，月在计都同望夕。日月二得最忌蚀，大抵五星皆恶逆。五星留逆最不详，善恶五星皆少力。金星不喜躔尾宿，荣华太过终受辱。土星到轸不为良，害义伤廉遭法戳。岁星不欲经行女，罔法奸邪难制御。火星度昴祸偏多，子告父愆臣反主。水星最怒奎戌度，日月相同非曰怒。忽然日月不相同，不忠不孝天不护。罗与日同当朔月，篡乱人主兴大蘖。计都同月在望时，速取诛锄及痈。计都月孛最凶星，二者相逢恶怒名。紫气从来同吉庆，罗睺只恐蚀交征。大概庙星皆曰福，稍遇凶星皆主辱。最紧五星明变段，庙顺俱全享天禄。前法星分庙怒宫，须知星度在何中。庙星在分生贤哲，怒在何宫产祸凶。

论禄勋

禄者天元禄，甲火乙孛丙属木，丁是金星戊土求，己是太阴庚是水，辛气壬计癸罗睺是也。勋者，甲在寅、乙在卯、丙戊在巳、丁己在午、庚在申、辛在酉、壬在亥、癸在子，星入垣庙即为崇。

论玉堂

玉堂者，天乙贵人也。

昼贵人诗：

甲戊庚兮是牛乡，乙己鼠兮丙猪方。

丁猪壬癸居蛇位，六辛逢马贵为阳。

夜贵人诗：

甲戊庚兮居羊地，乙己在猴丙丁鸡。

辛遇虎穴壬癸兔，此是夜中贵人梯。

按此昼夜贵人，依台历推载，其通书所载阴阳贵人，乃是冬至后用阳贵，夏至后用阴贵，其法以阳贵出于先天之坤顺数，阴贵出于后天之坤逆数。天干之德未足为贵，而干德之合气乃贵尔。云间储先生曰：至静而能制群动，至尊而能镇虚浮，以其有坤黄中通理，乃为贵人之德。三车一览，五行精纪，论贵又不同。

诗曰：　天乙贵人众所钦，命宫全带福弥深。
蜚声腾实人争慕，博雅该通贯古今。
女命休须带贵人，空亡驿马不堪闻。
五行更忌逢生旺，偏爱休囚死绝神。

论文星诗

甲罗乙计丙戌金，丁火己气庚木星。
辛人见土壬逢日，癸人见月定昌荣。

文星者，五行相济而成文也。甲见罗则通明，乙见计、己见气则疏通，丙见金则陶镕，丁见火则光明，戊见金、辛见土则秀气，壬见日、癸见月则晖光，庚见木则斫削，此皆相济而成文。独不以水孛为文者，以其无质也。

论魁星诗

甲用太阴乙太阳，丙罗丁计戊炎方。
己金庚水辛逢孛，壬气癸水号魁光。

魁者，阴阳和合相生而成魁。独不以土为魁者，以土愚浊也。

论文昌

甲乙已午报君知，丙戊申宫丁巳鸡。

庚猪辛戌壬逢虎，癸人见兔入云梯。

文昌星者，乃天干生地支所藏之人元也。甲生丙在巳、乙生丁在午，丙生戊、戊生庚在申，丁生己、己生辛在酉，庚生壬在亥，壬生甲在寅，癸生乙在卯。独辛不以生而以戌为文昌，戌在辛之方位，以其有从魁河魁夹之也。子丑辰未不与者，何也？盖文昌欲显而不欲隐，子丑地下，辰未库也。

定科名星

甲乙生人木向荣，丙丁火宿实通亨。

戊己土星壬癸水，庚辛金宿定科名。

科名十干配天元，庙旺之时第一仙。

若居陷没及留逆，发荐连连不步蟾。

此上谓之十干科名星。若在七强、顺段、旺庙则名位高也。若在五弱及留逆段，虽中科甲，名次低也。

定科甲星

科甲文星对命宫，逆留弱恶必难逢。

庙旺七强行顺段，状元高第必登龙。

假令人马宫为命，与阴阳宫相对，即以水星为科甲星，在七强顺段入庙，必主高甲。在五弱留逆虽贵，甲第必低。

论官星

甲气乙水是官星，丙罗丁计戊孛成。

己火庚金辛见木，壬阴癸土定功名。

官星者，乃十干官星之禄星，琴堂谓对禄是也。甲以辛为官，辛以气为禄，则甲人用气为官星。十干皆以此例，独阳君不与者，以其官君之所授也。

论印星

甲木乙日丙是荧，丁月戊土己罗辰。

庚金辛计壬逢水，癸人见孛是印星。

印星者，五行相符合而为印，甲以木、丙以火、戊土、庚金、壬水是也。五阴干取日、月、罗、计、孛，亦以相生而相类。然十一曜独气不与者，以其善柔，而非罗计孛之比焉。

论催官星

甲金乙水丙日宣，丁罗戊木见为欢。

己气庚孛辛土宿，壬月癸计是催官。

催官之星，主迁官进职也。大抵此星与禄主相为催克，如甲人以火为禄，而见金则催。乙人以孛为禄，而见水则催。丙人以木为禄，而见日则催。丁人以金为禄，而见罗则催是也。十一曜独火不与者，以其有太阳在焉。

论禄神

甲兼木孛乙水星，丙计丁罗戊土居。
己火庚金辛紫气，壬日癸月是禄神。

禄神者，正禄神遇之，主食正禄俸。十一曜俱全而甲独兼木孛者，以其阳干之首也。

论喜神

甲罗乙计丙气星，丁水戊月是喜神。
己土庚金辛见水，壬孛癸火最堪亲。

人命月逆行，喜神逆禄。十曜司禄而顺布，喜神随月以逆承，故禄之序火、孛、木、金、土、月、水、气、计、罗，而喜神之序罗、计、气、水、月、土、金、木、孛、火是也。

论天厨

甲乙巳午丙在子，丁戊己午己申储，
庚落寅中辛寻午，壬厨居酉癸居猪。

天厨禄名食神禄。指南云假如甲生人逢巳，甲食丙，丙禄在巳。乙生人逢午，乙食丁，丁禄居午是也。

歌云：天厨一禄少人知，识时须是泄天机。
若在命宫为福紧，福德迁移又次之。
男人遇此多财旺，交入中年好爵縻。
女命逢之主封号，此是天上麒麟儿。
八宫宫主号天厨，宫主星高强最殊。

更得吉星同在命，管取潭潭府中居。
此星陷了人无寿，若在高强意自如。
男儿坐命遭逢此，真是人间大丈夫。

论天嗣

甲月乙水丙气余，丁计戊罗己火居。
庚孛辛木壬金宿，癸人见土是天嗣。

六合为夫妇，有夫妇而后有男女。人之父母，凡禄之余者，孰不与其子？故甲人禄是火，己人禄是月，甲人以妻之禄月与子，名之曰天嗣。故欲推天嗣者，即其变曜中化贵者是也。

论岁殿

只看他命天元干神宫主是，且如丙辰生人，从辰上起甲，数至午，见丙便是岁殿也。余仿此。须是福主权财、命主、身主星、官星、科甲、科名，居其上方曰登殿。第一要身命临之，次则福禄主临之，入此格局皆贵命也。若殿中无星，有身命二主，日月福禄主星，禄马官魁拱之，尤主大贵。苟被飞星迁其上，兼囚煞加临，则曰客曜临朝，飞星破殿，不为福也。如有主星处其上，又为煞星客曜混杂刑克，纵主功名富贵，不惟艰辛，亦难久享。夫岁政者，乃天上太岁之尊，人命十干之首，吉曜临之，畴非富贵，凶曜临之，必皆贫贱。殿者，犹天子之御殿也，有金马玉堂之邃，龙袍凤陛之高，警跸森列，威仪整肃，非荣华显达之士莫能至其上也。

诗曰：　主星入殿福非常，客曜加囚必主殃。

福禄官魁如不陷，拖青纡紫列朝堂。

论岁驾

只看他命支神宫主是也。若是子年生，子宫便是驾主。星居其上则曰临驾，第一要身命主，第二要日月宫，第三要福星禄，主大贵。如驾上无星，得身命日月福禄主官魁禄马拱之，亦主富贵。若飞星迁其上，则曰客曜临朝，飞星破驾，乃为灾凶，纵有主星临之，复为飞星杂处，囚煞加临，虽见禄亦为磨难。夫驾者，乃太岁之位，岁君所临之地，苟非富贵荣华之人，孰能居其上而享其福也。

诗曰：　客曜临朝第一凶，飞星破禄亦皆同。

若还囚煞加身命，假使为官是荫封。

论地爵五言

鼠猴元是土，猪羊火里生，马牛均下水，逢兔气孤神，虎蛇皆属木，鸡犬便逢金，龙人惟见孛，为爵必官清。

爵者，地元爵也，白年支中出也，遇之进爵除拜，最要官福身命为之，又喜任高强，恶居陷地。

论红鸾天喜

红鸾，子年加卯逆数。天喜，子年加酉逆数。此星主夫妻喜事。若限坐其上，主有喜事动。二者每每相对，子红鸾则午是天喜，卯红鸾则酉是天喜也。

论天德月德

天德，子年加酉顺数。月德，子年加巳顺数。天月德二星乃是三合，若坐命，主男女大贵。又名压煞星，吉。

论解神

解神一年有二，乃天解、地解是也。天解每从辰上起子年，挨宫顺轮值本年岁君即是。地解以子丑年在未，寅卯年在申，辰巳年在酉，午未年在戌，申酉年在亥，戌亥年在午。只居六阴之地，不到阳宫。此二神能解一切凶，能兴一切善，化凶作吉之曜也。

论赦文（从上俱依台历吉神次序）

赦文乃命之父母星，假如土为命主，飞坐己土失地，以火为命母在戌，而戌为赦文，得火飞来生我者是也。以金生水，土生金，木生火，水生木为例。

唐符

唐符，禄前八位是。国印，禄前九位是。二星守照身命为奇。

论福星贵人歌

甲丙相邀入虎乡，更逢鼠穴最高强。戊猴己未丁宜亥，乙癸逢牛福禄昌。庚趁马头辛到巳，壬骑龙背喜非常。此为有福文星贵，遇者应须被宠光。

诗云：　福星之贵与天官，时日如逢一样看。
　　　　更遇禄神同守占，高攀月桂又何难。

论官星贵人歌

甲爱金鸡乙爱猴，丁猪丙鼠巳寅头。戊寻玉兔庚壬马，辛癸逢蛇官未休。此为六甲官星贵，士人谈笑取公侯。如甲以辛为官，辛禄在酉是也。

诗云：　十干官贵妙难言，更遇文星太极神。
　　　　少壮荣华登仕位，安邦镇国展经纶。

论天德贵人歌

正丁二坤宫，三壬四辛同，五乾六甲上，七癸八寅同，九丙十居乙，子巽丑庚中。

诗云：　天德元来大吉昌，若临时日最为良。
　　　　修文必定登科甲，庶俗经营事事强。
　　　　天德贵人罕遇之，若临限运最为奇。
　　　　成家立业皆缘此，富贵之中细细推。

论月德贵人

寅午戌月德在丙，申子辰月德在壬，亥卯未月德在甲，巳酉丑月德在庚。

其法从寅上起，丙甲壬庚逐月顺数，周而复始。

诗云：　人命若还逢月德，百事所为多利益。
　　　　士农工贾各相宜，兄弟妻儿无破克。

天月二德若重逢，贵比汾阳富石崇。
生下足知承祖荫，不然年少步蟾宫。

论月合

寅午戌月在辛，申子辰月在丁，亥卯未月在巳，巳酉丑月在乙。从寅上起，辛巳丁乙逐位顺数，周而复始。

诗云：　命里若还逢月合，须是当生无驳杂。
更兼官贵两加临，名姓定教题雁塔。

论月空

寅午戌月在壬，申子辰月在丙，亥卯未月在庚，己酉丑月在甲。从寅上起，壬庚丙甲逐位顺数，周而复始。

月空之人亦罕逢，那堪官贵在其中。
金鳞岂是池中物，不日天书下九重。

星学大成卷二

星曜图例

论干神妙用

世人论命止论十二支，而于甲庚丙壬乙辛丁癸乾坤艮巽皆不言（余度于十二宫中为神藏煞没天德也）。星盘之中，且不知此十干，安知其中之妙理？独不闻阴阳家之说乎，凡为人立宅架造，移吉避凶，其有出东作西，不曰出甲作庚，则曰出乙作辛，何尝云出卯作酉，出寅作申？至于三隅方道皆然。盖支神乃神煞所居，而干神乃天德、月德、月合、月空、岁德所会，避凶而趋吉也。予于星盘上亥子隔界之中，着一壬字。子丑隔界着一癸字。十二宫各有一干一支，相比而去，而每宫之中度数有狭阔之不同，吾亦因阔狭而分焉。且如子之一宫有三十一度半，危六乃壬之半，女至八度为癸之半。丑宫二十七度，太则牛金始，二度为癸之半。斗至十度，乃艮之半。寅宫二十八度半，箕六度乃艮之半，尾至九度乃甲之半。卯宫二十九度半，心初乃甲之半，至氐七乃乙之半。辰宫三十度，太亢三乃乙之半，轸至十六乃巽之半。巳宫三十度，前后各八度，轸一乃巽之半，翼四乃丙之半。午宫三十度，前后各七度半，张一乃丙之半，柳十一乃丁之半。未宫二十七度半，鬼一丁之半，井十五坤之半。申宫二十八度，井二乃坤之半，毕十三乃庚之半。酉宫二十七度半，毕初乃庚之半，胃十一乃辛之半。戌宫三十二度，前后各八度，娄七辛之半，奎九乾之半。亥宫三十二度半，壁二属乾之半，室四属壬之半。以此所属而观命者，命宫、命主二位俱临干神之位数，皆富贵之人，亦必本命为岁德、月德、月空、月合、卦气、六合有用之地，其人资性亦了了，不至蠢弱，其三台、八座，与州长官、富家大室、白手成立之人往往临之，所以秉阳德之刚明，绝阴柔之晦恶。若地支神亦闻有富贵之人，而必星度十分合格，此干神贵者最多，不可不察也。

歌曰：十二支神阴德居，十二干神阳德管。止论支神不论干，算得命来只一半。二德月空与月合，干神十二位中居。身命主曜俱临此，不贵当为富丈夫。月德无如岁德高，阴阳等对待如何。丙壬庚甲强于戊，论命观星细揣摩。甲加心尾丙加张，毕得庚临危北方。更有戊坤培井木，命身临此最为强。剑锋大煞本干神，凶吉于中亦细明。四仲月前金位毒，名为真剑剉人身。假如不死得人身，十个之中九个刑。带角披毛真畜类，多因坐处上刀砧。乙辛丁巳癸阴干，若比阳干贵里难。尚论支神此为吉，于中分晰吉凶看。癸水女牛生与克，乙临氐亢克其躔。丁居柳鬼克生半，胃土生辛巳产乾。乾坤艮巽四维高，乾巳坤辛戊位牢。此位剑锋多半吉，巽渊艮土得功劳。岁驾从来号吉神，殿勋籍贵齐名。干神一位人多忽，会者星翁第一人。十干之位本纯阳，君子居之大吉昌。女子小人居则亢，可为鳏寡孤独伤。卦气从来止论干，支神卦气亦须看。往来身命详交互，不是公侯也品官。年值支神煞最凶，尊神岁驾独临方。惟旁干神凶不射，不然禄马贵人乡。

假如未年生，命在未，乃岁驾也。若偏傍子丁坤土坐，则无煞也。所谓甲庚丙壬乙辛丁癸乾坤艮巽，神藏煞没者，此也，故为天德。

又歌曰：岁君对位亦凶神，帝座冲干曰一星（乃太岁也）。人命莫当一星正，偏干庶可免其刑。太岁支干有真合，甲人合巳乙人庚。若人身命两临此，早得妻财琴瑟鸣。午辰酉亥四年生，又向支神安命身。此上若无刑囚位，六亲骨肉必罹屯。岁刑之位既加详，子午宫神互换方。寅巳申宫参错见，更明丑戌未相妨。六害之年看互换，此宫安命亦妨亲。六亲不克身克命，亦主重妻异子人。四废干神人皆恶，谁知神旺德之光。星盘位不嫌斯废，喜在阳神干位方。空亡二位曰凶神，安命其中亦损身。宜向干傍非正位，其凶可怕是支神。十干官星宜细详，益以五阴配五阳。阴人见合为官贵，克我我克有双伤。

论进神

甲子、甲午、己卯、己酉，只此四位是也。

论三奇诗曰

天上三奇甲戊庚，地下三奇乙丙丁。若人命值三奇贵，三元及第冠群英。太乙妙音云：乙丙丁甲戊庚，命局相成生复生。不作蓬莱三岛客，也应金殿玉阶行。

论夹禄

壬癸生人见辰是，丙丁生人见戌是，得此二位主贵。

论拱禄交禄暗禄

拱禄者，戊辰生人见丙午，丙午生人见戊辰，丁巳生人见巳未，巳未生人见丁巳，前后相拱只此四位是，其他不系。交禄者，甲申生人见庚寅，庚寅生人见甲申，如此类是。暗禄者，甲生人逢亥，是亥能合寅，乙生人逢戌，是戌能合卯。他仿此。

诗云：　暗禄仍需仔细看，甲人须向亥中安。
乙人禄戌尤相喜，入格才高作状元。
夹禄拱贵并交禄，命里重逢金满屋。
食前方丈与诸侯，富贵是人之所欲。

论飞腾禄

如甲申、甲子、甲辰生人见寅是。盖禄马俱在寅。庚寅、庚午、庚戌生人见申是。盖禄马俱在申。命得此者，主大贵也。

诗云：　命中若遇诸般禄，德润身与富润屋。
不惟日享五侯筵，一食万钱尤未足。

论禄马食神

甲申、甲子、甲辰生人见丙寅，庚寅、庚午、庚戌生人见壬申，只此六位主大显贵。

论连珠食神

甲食丙，丙食戊，戊食庚，戊食壬，年月日时胎相顺，自上食下是也。

歌曰：时人欲识食神名，甲人食丙乙人丁。丙食戊兮丁食巳，巳食辛上戊食庚。庚壬辛癸偏相喜，壬甲癸乙最光荣。若遇食神骑禄马，必居豪富显功名。不食空亡阳刃煞，不食休囚并死绝。食生食旺食贵神，食印食财别优劣。有能推究得其真，禄食天厨无休歇。

论学堂

凡身宫主星是学堂星，假令太阴星在人马宫，是身宫也。即木为宫主星，看木星在何方，若在四正七强宫并顺旺入庙，主文章之士。若在留逆段五弱宫，不会文章，虽然登第，必出他人之力。

诗云：　身宫宫主为学堂，怕六十二八宫当。
若到此处皆为陷，虽有文章寿不长。
身宫宫主为学堂，留逆怕逢三恶方。
庙旺更兼行顺段，七强宫里锦肝肠。

又云：纳音生处为学堂，金人见巳，辛巳为正。木人见亥，巳亥为正。水人见申，甲申为正。土人见申，戊申为正。火人见寅，丙寅为正。

论学馆

甲乙生人属木，得寅庚，寅为正。丙丁生人属火，得巳乙，巳为正。戊巳生人属土，得申戊，申为正。庚辛生人属金，得申壬，申为正。壬癸生人属水，得亥癸，亥为正。

论官贵学堂学馆

甲乙生人见巳是学堂，申是学馆，盖甲乙用庚辛为官星，庚辛属金、金生巳，临官申。丙丁生人见申是学堂，亥是学馆，盖丙丁用壬癸为官星，壬癸属水，水生申，临官亥之类。

论正印

金命逢乙丑，水命逢壬辰，木命逢癸未，火命逢甲戌，土命逢丙辰，谓五行正印。空则为僧道，旺则为贵人也。若丙丁人得甲戌，壬癸人得丙辰，又谓之夹贵印。

水生人得正印，吉中有凶。

诗云：　正印分明格局清，士人唾手取功名。
　　　　更兼华盖临身命，书锦还乡示显荣。

论官贵六合印

庚子得乙丑，戊午得癸未，丁酉得壬辰，巳卯得甲戌，辛酉得丙辰是。

论五命财库

金命木财，未为库。木命土财，辰为库。水命火财，戌为库。火命金财，丑为库。土命水财，辰为库。

论外财

只取长生宫是，如甲用戊巳为财，见戊申是也。癸用丙丁为财，见丙寅是也。此类多得外财。

定驿马十二位

驿　马

五行驿马最超群，更遇生官禄贵神。
君子成名加爵位，庶人营连足珠珍。
病绝驿马值空亡，士庶营谋半吉昌。
更有工商并技艺，徒劳心力走忙忙。

六　害

马前六害不堪名，月上逢之损弟兄。
父母胎中先见克，日时妻子更防刑。
六害须忧损六亲，只宜僧道可安身。
人逢沐浴兼阳刃，百世空为一世人。
马前一辰名六害，命若逢之多破败。
除非奴隶定生涯。四体不完始安泰。

华　盖

华盖聪明号吉星，大宜执卷主科名。
更逢天德同官印，位至公卿佐圣明。
生逢华盖主文章，艺术偏多智虑长。
女命纵然多色欲，也须荣贵坐高堂。
华盖空亡僧道同，更兼阳刃在其中。
纵饶手艺多能解，百事终无一事通。

劫　煞

劫煞为灾不可当，徒然奔走利名场。

须防祖业消亡尽，妻子如何得久长。
四位逢生劫又来，当朝振业逞儒魁。
若兼官贵居时上，鲠直名标御史台。
劫神包裹遇官星，主执兵权助圣明。
不怒而威人仰慕，须令华夏悉安荣。

灾　煞

灾煞身多主祸殃，更逢阳沐细推详。
若临日月并时上，兄弟妻儿定夭亡。
灾煞当加帝旺方，更兼禄贵此中藏。
变灾为福谁知得，一举成名入庙堂。

天　煞

天煞难招父命长，缠绵宿疾不离床。
除非祖业先磨灭，难免此身陷祸殃。
天煞加临冠带乡，不愁衣着不愁粮。
身闻命吉无灾咎，枝叶偏多福禄昌。

地　煞

地煞难招母命长，须知前后唤人娘。
若然在舍应愁闷，南北衣资始大强。
地煞如逢贵禄乡，若能修学富文章。
不然营运多财宝，立业成家事事昌。

年　煞

年煞原来最是凶，不招祖业走西东。
重重婚娶无男女，外族须教破一重。
生逢年煞临时日，帝旺重加福禄强。

君子修文应富学，小人谋运足衣粮。

月　煞

月煞之神半吉凶，弟兄男女有无中。

师巫僧道闲过日，却主前程命运通。

月煞加逢自墓临，聪明智慧众人钦。

农商工贾并僧道，营运丰盈各称心。

亡　神（一名天官符，又为大煞破军。）

亡神七煞祸非轻，用尽机心一不成。

克子刑妻无祖业，士人犹恐有虚名。

命宫若也值亡神，须是长生遇贵人。

时日更兼天地合，匪躬蹇蹇作王臣。

将　星

将星文武两俱宜，禄重权高足可知。

不做宰臣清要职，便居帅府拥旌旗。

将星财宝永无穷，家活生涯事事通。

天乙更来天德上，少年平步上天宫。

将星一位最为良，时日相同命必昌。

官职崇高宜世赏，安邦定国镇边疆。

攀　鞍

攀鞍在命最为奇，年少登科世所稀。

更得官星加冠带，晚年定有贵男儿。

命中带马用攀鞍，华盖前当四柱安。

管取飞黄腾踏去，状元及第又何难。

定纳音长生十二位

长 生

长生管取命长荣，时日重临主性灵。
更得吉神相会遇，少年及第入王庭。
长生若也得相逢，生下须招祖业隆。
父母妻儿无克陷，安然享福保初终。

沐 浴

沐浴凶神切忌之，多成多败少人知。
男人值此应孤独，女命逢之定别离。
沐浴喜堪禄位逢，更兼引从在其中。
读书必定登科甲，莫把诸神例说凶。
桃花沐浴不堪闻，伯叔姑姨也合婚。
日月时胎如犯此，定知无礼乱人伦。
女命若还逢沐浴，破败两三家不足。
父母离乡寿不长，头男头女须防哭。

冠 带

命逢冠带少人知，初主贫寒中主宜。
更得贵人加本位，功名成遂又何疑。
人命若还逢冠带，兄弟妻孥无陷害。
因何接祖绍箕裘，只为胎中有华盖。

临官帝旺

临官帝旺最为奇，禄贵同宫仔细推。
若不状元登上第，直须黄甲脱麻衣。

衰病死

纳音衰病死重逢，成败之中见吉凶。
若得吉神来救助，变灾为福始亨通。

墓　库

墓库元来是葬神，一为正印细推论。
相生相顺无相克，富贵之中次第分。
人命若还逢墓库，积谷拘财难计数。
悭贪不使一文钱，至老人呼守钱虏。

胞　绝

绝中逢旺少人知，却去当生命里推。
反本还原宜细辯。忽然迍否莫猜疑。
胞神一位名为绝，克陷妻奴家道劣。
不惟朝暮走忙忙，羊食狼贪无以别。

胎　养

胎养须宜细审详，半凶半吉两相当。
贵神相会应为福，恶死重重见祸殃。
或云胎养小长生，人命惟逢自积灵。
若也修文应称遂，不然营运亦光亨。

论纳音定子息歌

长生之位中旬半，沐浴一双保吉康。冠带临官三子位，旺中五子自成行。衰中二子病中一，死中至老没儿郎。除非养取他人子，入墓之时难保双。受气为绝一个子，胎中头女有孤娘。养中三子只留二，男女宫中仔细详。

取纳音克我者是也，如金命人用火为子孙，火生寅，寅上起长生，看男女宫在何方，顺数，依此断之，即知吉凶也。假如火命人男女宫在午，从寅上起长生，至午是帝旺，旺中五子自成行，则主有五子之位也。依此而推，万无一失。又如木命人男女宫在申，取纳音克我者为子孙，金克木，金生巳，从巳上起长生，至申，是临官、冠带、临官三子位，则主有三子之位，余皆仿此。人云取我生者为儿孙，如金命人，金生水，用水为儿孙，水生申，从申上起长生，看男女宫在何方，如在酉上，则主一双男女，以上一则取纳音克我者为子孙，一则取我生者为子孙，俱要数至男女宫断之，皆为有理。

定禄元宫歌

人生各有禄元宫，惟此宫中号最雄。但把日时从日数，数从逆主本年终。更看宫内何星曜，宫主高时星复庙。更加金木作宫星，本禄重加官必妙。倘然陷弱带凶囚，反福成凶皆恶兆。推寻此地若精时，贫富自然心下晓。

禄元一宫，人所罕知。若求此宫，只将太阳推过宫定准，然后生时从太阳宫逆数，至本年住，即为禄元之地。夫此宫者要本家之禄，或官禄，或坐本命，若遇吉星无不享福。如其坐陷弱，而遇恶星，或与囚煞同行，或遇计罗成党，断主刑伤克破也。

定禄元宫度（与前说不同）

甲禄寅（木星在箕八），乙禄卯（火星在房五），丙禄巳（水星在轸八），戊禄巳（水星在翼十），丁禄午（太阳在张十），巳禄午（太阳在星四)，**庚禄申**（水星在井二)，**辛禄酉**（金星在昴九)，**壬禄亥**（水星在壁二)，**癸禄子**（土星在危五)。

定禄马宫

庆贺相逢第一尊，禄马同宫身命欣。
从来此说为真贵，管取荣华谒帝君。
禄马宫中皆有度，度中分秒宜穷数。
若得来临身命中，发禄荣身居帝辅。

凡身命坐禄马谓之庆贺，不值凶星有吉曜，荣华无比。

定驿马宫度（又名贵元，又名马元）

申马寅（木星在尾十五度，火为驿)。**子马寅**（木星在箕五度，火为驿)。**辰马寅**（木星在斗四度，火为驿)。**寅马申**（金星在觜一度，水为驿)。**午马申**（金星在参五度，水为驿)。**戌马申**（金星在毕十一度，水为驿)。**亥马巳**（火星在翼八度，木为驿)。**卯马巳**（火星在轸二度，木为驿)。**未马巳**（火星在轸十四度，未为驿)。**巳马亥**（水星在室九度，计为驿)。**酉马亥**（水星在壁三度，计为驿)。**丑马亥**（水星在奎一度，计为驿)。

论天马地驿

其法以驿马宫天元禄主为是。如申子辰马居寅，则遁甲禄在寅，甲以火为天元禄，故火为天马，甲木为地驿也。寅午戌马居申，遁庚禄在申，庚以水为天元禄，则水为天马，庚金为地驿。巳酉丑马居亥，遁壬禄在亥，壬以计为天元禄，则计为天马，壬水为地驿。亥卯未马在巳，遁丙戊禄在巳，丙以木为天元禄，戊以土为天元禄，则木土为天马，丙火戊土为地驿。自本主星天马宫泊定隔宫逆数，零年顺数，数起一年一宫，若逢到马临官分，即有喜事迁转。若土、计、火、孛混之，乃杂马临官，三十年才逢，恐不纯论此也。

三车一览云：驿，邮亭也，马有代劳之功，病处见子是也。如申子辰，水局生于申，病于寅，而得木为子以代其劳，故曰驿马。按此说，则寅午戌病于申，必取土而不取金，其说未融。余为之说曰：驿马之论，乃病处而见财，非病处而见子。如申子辰水局至寅而病，得丙火为财，为马，以代其劳。寅午戌火局，至申而病，得庚金为财，为马，以代其劳。巳酉丑金局，至亥而病，得甲木为财，为马，以代其劳。亥卯未木局，至巳而病，得戊土为财，为马，以代其劳。古人亦以官为禄，以财为马，未闻以子为马也。寅申巳亥为四冲，故冲处置驿，驿中有马，亦取长生之义也。

定卦气

卦气者，六十花甲俱纳于八卦之中也。如甲壬生人，卦气在乾。乙癸生人，卦气在坤。六庚生人，卦气在震。六辛生人，卦气在巽。六丙生人，卦气在艮。六丁生人，卦气在兑。六戊生人，卦气在坎。六己生人，卦气在离。凡星盘身命官福坐于卦气之上，无不富贵。是卦气，耶律之最重者。又考范图河洛中天大定诸数，悉皆以此为正禄，其可忽诸！

论三方主星立例歌

七政阴阳各有取，品量以配三方主。昼生只在日上求，夜则须从月中取。当知月火金为阴，日木土向阳类寻。夜宜阴主昼阳主，不背端能为福深。阴如逢昼阳逢夜，难说终身祸不侵。西天之法重乎此，最要其星在高位。各得其宜乘旺行，必主生来居富贵。七曜更临身命宫，超腾必作人间瑞。

论三方主星立例及明其大略，昼生就日，夜生就月，各于其所在宫取之，日木土主阳，月火金主阴，昼夜不背则为福。

金木从来是善星，所临非主亦非荣。三方却怕逢火土，的有无情恶曜名。夜见阴宫方烜赫，昼生阳位始光明。

论金木水火土，惟不是三方方主星，其祸福不同如此。

定三元星

亥卯未为命宫者，木为天元印，火为地元禄，土为人元寿。

寅午戌为命宫者，火为天元印，土为地元禄，金为人元寿。

申子辰为命宫者，水为天元印，木为地元禄，火为人元寿。

巳酉丑为命宫者，金为天元印，水为地元禄，木为人元寿。

论天元印星歌

从古贤愚皆有命，世人徒自苦经营。天元顺庙居强位，早岁须登富贵名。印星守顺七强宫，旺庙之中甲第雄。复与地元同庙位，不为卿监必三公。辰戌丑未宫名陷，天印星分入此宫。为人虽贵无官品，定有屯灾及不终。

诗曰： 大抵天元号印星，此星宜顺冠群英。
忽然留逆仍居陷，难望朝中显大名。

论地元禄星歌

主禄当星仔细看，七强四正有多般。生时旺庙兼行顺，以此须知作省官。禄星不背又三方，如在高强官禄昌。武品定知为大使，文资应也至员郎。三合位中逢此星，此星不弱最相亲。同躔若使逢留逆，到得郎官须遇身。禄星虽好印星滞，纵有官资禄不深。印禄二星皆得力，此人必得四方钦。禄印其宫占七强，亦有科名禄又昌。若见寿元当弱位，纵能荣贵命危亡。

诗曰： 品位高低看地元，生时沉陷禄多遭。
如逢庙旺兼强位，不是文僚即武权。

论人元寿星歌

寿元星正在东西，顺段之时命绝奇。仍向命中逢旺乐，天年应与岳山齐。人元陷在五弱宫，不出初年命必终。若向陷宫逢正度，纵教延远四旬中。人元主寿细推详，相克逢之命岂长。更在忌星兼伏逆，两旬之内见危亡。寿星居命陷禄元，纵有年长且没官。又值天乙不得力，一生落魄主孤寒。印禄二星尽居强，独有人元守弱方。虽有科名及禄位，奈何年夭且非常。

诗曰： 人元曜得旺宫居，更在高强寿不疏。
便见忌星临在命，也应年及七旬余。

论三魁

魁星有三，惟正魁颇验，若人行年星限遇之，必占甲科，身命临之，进取必魁多士。

正魁例：甲用太阴，乙太阳是也。

小魁例：甲罗乙紫丙金星，干属丁兮火上寻。
戊水己计庚水宿，辛土壬阳癸太阴。

三元都魁例：甲庚乙孛丙木方，丁计戊己水边藏。
庚与辛游火位上，壬癸那堪紫气当。

论四元歌（四元乃仁元、寿元、禄元、马元是也）

马星为贵禄为禄，仁元干配的无疑。寿元惟向纳音取，要在强宫与限随。仁寿二元如得用，并是名家极富儿。限星更得入垣局，此人终与圣贤齐。四元三限满三用，不犯凶星忌曜傍。满在强宫明健处，定须执政入朝堂。上贵之人限星全，先要仁元与寿元。得入正限及身命，贵禄两元又相连。或在四正高强处，清华富贵定两全。文星明健当台辅，武星高贵主重权。或被恶星临照破，也为给谏立朝端。金为兵兮火为武，水为文兮土为辅。四星俱在高强宫，文武兼资佐明主。

寿元星最忌昼火夜土。马元又为贵元，论马元，如申子辰马在寅，寅属木，即木星是也。禄元者，如甲生人禄在寅，寅属木，即木星是也。仁元者，以甲乙生人属木，即木星是也。此谓之木星得三用。寿元者，如甲子生人，纳音是金，即金星是也。须看仁寿二元为先，贵禄为次，此四元要在七强宫及四正顺段庙旺好乐之地，会限为上，守限宫主及命为次，最嫌在五弱宫及留逆死绝之地。

论九事

九事者，四元星与三限星，并时、命两星是也。若在四正七强宫，主大贵。

九事全兮顺五行，自然享福得遐龄。九事若杂福不至，万般智虑一无成。生时九事得五六，终身只可为中福。欲明九事本元例，四元三限时命备。此为九事归垣局，不知垣局也为非。

论八煞宫歌

八煞宫中最要穷，时人只谓八宫中。见闻未叩天机处，难定浮生吉与凶。此宫理致最奇妙，祸福吉凶皆有兆。吉星临此福非常，恶曜到时灾不小。若知穷算此宫中，两句幽深务通晓。子午阴阳辰戌称，寅申二位宝瓶宫。数年退数从逆取，寻取生年何位终。宫主又高星又吉，何愁福禄不丰崇。福官身命宜居此，权宿加临禄位隆。囚忌倘然相克战，为官必定少年终。

凡八煞一官号为最高者，此官所主贫富贵贱无不应验。自台谏吴秘正而下，罕得此诀，往往传闻之误。夫八煞一官，甲子甲午旬阴阳宫起，甲寅甲申旬宝瓶宫起，甲辰甲戌旬天秤宫起，对宫逆数至本生年止，即是八煞宫，有吉星临之，合主大权。身命居此，何愁福禄。不丰隆，纵使福禄两宫俱无星照，终还显赫。若囚忌相克战，虽为官亦主少亡。

八煞宫定局图

<table>
<tr><td>庚午庚子 丁亥丁巳</td><td>丙寅丙申 辛亥辛巳 戊辰戊戌 癸丑癸未 乙酉乙卯</td><td>甲子甲午 己酉己卯 壬辰壬戌</td></tr>
<tr><td>壬申壬寅 甲戌甲辰 巳丑巳未</td><td rowspan="2">八煞宫
定局图</td><td>丁未丁丑 庚寅庚申</td></tr>
<tr><td>丙午丙子 辛卯辛酉</td><td>癸酉癸卯 乙巳乙亥 戊子戊午</td></tr>
<tr><td>乙丑乙未 戊申戊寅 癸亥癸巳</td><td>己巳己亥 壬子壬午 甲申甲寅 丁卯丁酉 庚戌庚辰</td><td>辛未辛丑 丙戌丙辰</td></tr>
</table>

论天厨福局歌

天厨福局实难逢，年时次日顺天轮。身命逢之皆吉庆，局星照命亦光明。善星守局皆为福，空局亦为足食人。限逢局上福立发，布衣换作锦衣荣。

论以生年或同时并在天命宫，有善星守照，主贵。或身命分作年时二局，亦紧，若无星守照，或官禄二星俱陷，只主衣食富足之命。

论天堂贵局歌

贵人自有天堂局，寻取生时命所属。若居四正及身命，助限由来贵无并。武星高照主将材，文星为限主儒魁。日月分明会金水，三星得地乃三台。

凡人本生时及命宫所属之星是也。如子时即水星，卯上为命即木星，若人生时与命所属同是其星，来助限得力，即天堂局也。

论天禄贵局

当生年禄上为命宫，其次身坐禄宫，无不贵显。

论裀褥局

法以五命库墓中坐命，如火库戌，金库丑是也。

论荫叙局

水命申、金命巳、火命寅、木命亥、土命辰戌丑未。

论荫堂局

法取四生坐命，天干生处及纳音生处是经，名声价权道局。

论荫助局

法取旺宫坐命为之，最怕夜土昼火。

论垣局

太微垣：午

紫微垣：木与气同在角娄，为紫微舍人。

天市垣：火在卯，金在寅午戌，主魁甲。

角道垣：孛星在轸室，巳与亥宫。

太常垣：土星在斗丑宫，金星在亢，主提转专城之任。

文昌局：火星在亥卯未宫。

荣名局：如寅卯生人属木，在命宫是，他仿此。

天堂局：火星在卯。

荣显局：水星在星虚之宿。

歌曰：凡立功名主重权，须要坐限命入垣。星满三用居本位，会命见限福仍坚。火为天市居天蝎，土是太常守磨蝎。金星天秤亦太常，荣显水星在南方。火星占入紫微垣，紫木辰宫为限元。木星三用正临亥，管室角道主兵权。或然两用兼为限，俊誉英雄发少年。

金为太常垣，在亢宿，土在斗宿，火限在天蝎，水限在星与虚，木限在轸与室。凡此五星若不是限，但身命宫亦得。木与紫同在娄、角为满用，亦须仁元入垣为紧。凡入垣皆须满三用方为正垣，惟木星两用便是垣也。又云：木星三用为中台局，水星三用号荣名局，金星三用号文昌局，紫气见木土金居命位号紫微舍人，局星甚贵乎有用也。三用则大贵，两用则贵，有用则不贱，若无用则其星之弱而陷也可知已，此诚造化之所系。且如六甲人以木为财，为福，又用以为禄，此星在命诚不可掩。如六戊人以木为囚，为煞，若命值此，则平生福浅而祸深，岂木星独私于六甲人而憎于六戊人耶？由所遇非所用耳。如孛在乙人则为禄主，在丁人则为囚，此其所遇无用有用之理甚明，后学所宜深辩也。

论岁德朝垣歌

天上一星为岁秀，地下一星名岁德。岁秀岁德俱朝垣，天地位中相对禄。大凡共值此宫星，一品加官必崇格。日月能为此二星，弱冠之年荣白屋。

岁德朝垣，假令卯生人先定天上太岁宫主为岁星，星乃天蝎宫卯是，后加地下安命宫主为德星，二星同宫及冲对崇勋之宫也。天地二盘更以临驾、登殿入局，崇勋此乃丞相一品极高之命，其宫星不犯退留伏逆为妙。如若犯弱退留伏逆为次，更凶恶之宫者，虽位崇勋而为难也。

论入局

只看他贵元局是也。如乙巳鼠猴之类者，主星居其上，则曰入局。要昼夜不相背，星辰不相反，则曰天乙吉神。若相背相反则曰天官凶位。便看三方主星不要相克战，如克战则减福，更不系主星居其上，则曰闲神入局凶。夫局者天地精英之所萃，乾坤秀气之所钟，人命主星临之无有不贵。

诗曰：　贵局元来喜主星，闲神破局不为荣。
　　　　福禄官魁临吉位，定知摄职至公卿。

论升殿歌（要会玉堂也）

第一躔星妙狮子，次看宝瓶虚日鼠。第三宫日昴金牛，第四蝎宫房日兔。危月燕儿在子寻，昼太阳兮夜太阴。午宫之上有张宿，西毕对宫卯日心。

须与日月为三元，与太岁相摄。太岁者，乃酉为金牛，卯为天蝎，或乙巳生人宝瓶，壬癸天蝎，丙丁金牛，六辛狮子，以日为入殿也。与太岁相干，又要是三元主，如不是三元主，则无用。既得日月为三元主，而入殿者，更不以五星为用，乃上品之位。

论临驾

一星作三四主者，号受权临驾。如为二主星，号选职临驾。为一主，则无用，岁驾怕空也。

论登籍歌

帝座加命第一奇，崇勋临卯亦相宜。崇勋在位第三贵，太岁守勋可凭依。宫星似此号登籍，天地宫中自合仪。勋岁宫中言贵禄，限行到此世间稀。

此宫度者，甲子以宝瓶为第一座，若加天命第一奇也。人马寅宫为崇勋，加命为贵。若宝瓶子加寅，人马寅加子，巨蟹加丑，磨蝎加未，此是天地合仪，星处其中，名曰登籍。第一限主乃一品二品之禄，第二运主乃次也，第三宫主则为不明之禄。如此论合仪之星者，定三元而后用，不系三元不可用也。

论崇勋

只看他禄宫主是也。如甲禄寅、乙禄卯。有主居其上，则曰崇勋。遇于驾殿，亦为临驾登殿。若是飞星临之，则曰飞星破禄，凶。夫勋者，功也；崇者，高也。穷则诗书事业，达则号令文章，功名所在，尤世不泯，载之于竹帛简册之中，无非有功有勋者也。

歌曰：窃闻远禄最相干，星入崇勋不等闲。更得马乘天相禄，男命遭马必贵，女命值马必贫。寅多相逢名为活马，田财相见成败有之。病绝死逢徒然无用，六害相会奔驰劳碌。玉堂者，天乙贵人，不临辰戌日时冲而不足，命主会而有情，贵在丑未，冲却无妨。禄主临而不贵，人命值而未宜，卦气临命则名利显赫，慷慨聪明，岁破逢身则先败后成，破荡难支，运限逢而财败，六合济而孤贫。倘会天中，不祥尤甚，田财身遇必主破财。阳刃者，凶败也，怕在命宫四柱，又忌加见劫亡，若会三刑，如虎添翼，君子逢之，有权好杀，亦难善终。小人值之，逢凶好逞，多主横死。女命逢之，主产厄，男命遇此见是非。亡劫者，亡为官符，劫为大煞，亡神值命，会勋印玉马而反吉，独守命宫则驳杂凶顽而狂荡，倘加阳刃，难保善终，六害相逢其凶莫比。劫煞在命，宜于生乡，忌临衰地，身命限主不可逢加蓦，为悖逆之象。冲为白虎之神，在命有贵则吉。运行到此有日月倾倒之灾，更加恶神，其凶非小。蓦到身命，近君不久，末后尤乖。飞廉者，凶神，身命遇而必招凶恶。汩没者，淫神，身命限主不可居，更会其禄，好酒破家，在位加官进爵不为难。登籍之星多智慧，平生早达动人心。成名金榜全忠孝，天下闻名冠古今。主星临驾受强谟，主性多机与众殊。非只言官主库藏，他年财谷有盈余。

论特进歌

人马双鱼木守春，火居天蝎白羊神。秋金天秤金牛上，双女阴阳冬水神。四季主星登此进，先行日月有其明。因斯宫度关非漏，细取三元分等伦。

此宫度者，乃主星先进。昼生在太阳之前，夜生在太阴之前，在此宫者故曰庙进，如在驾勋，故曰特进。如在宫分乐旺庙兼与太岁相摄者，则曰入进。特进则一品二品之贵，庙进则为第二，入进难言其位，纵有而岁晚方发。如位隔者，或前进隔日月两位者，名漏关。处日月之后者，名曰末后。既进要系三元主星，然后观其度数用之。

论近帝座

假令天蝎卯宫为帝座，若二三主居天秤，号曰近帝座，一二三品之贵。

论受职星

取本宫对宫上，逆数至太岁是。如戊申人，自地盘寅上逆数，甲至太岁上得庚，以水受职星也。受职星临本生太岁，宜为贵人。

论食邑星歌

文武尊荣食邑星，住命宫主取元情。午属太阳未属月，申巳水宿辰酉金。卯戌火星寅亥木，子丑遇土来天福。庙顺须封万户侯，怒逆难为荣上爵。

论漏关歌

推命先须觅漏关，四方三位不相攀。一如申子逢辰月，年上星辰善恶间。

星坐之处即照六阳宫，每宫星连对照三合漏关六位也。漏关者不在对照三合之内，如申子辰为三合，巳亥为四方，则午戌为漏关，常在前后二宫。

论冲殿歌

岁后一辰为冲殿（乃阴刃也），驾后一宫名蓦越。大凡人命防冲越，致祸为灾不可测。驾前宫度岁后辰，更恐其星行退逆。冲勋冲岁亦为凶，太岁支干刑又克。三元主落在其中，干禄求荣终大隔。

本命太岁后一辰为冲殿，驾后一位为蓦殿，帝座前一辰为近驾。

论救陷宫歌

相奴兄疾名为陷，陷了星辰禄不昌。更有一般消息好，若陷岁时必无妨。

论管辰星歌

人生自有管辰星，祸福灾祥自此明。本日生人推本宿，宿中算取甚星临。福星到此皆为福，禄宿临之禄自兴。身命躔之均得力，值囚凶忌定遭刑。

凡人之生各有管辰星，以主生人祸福。如本生月初一日，属亢星，十四日则属奎星，看取奎星有何曜，而断人祸福贫富寿夭，未尝不自此而基之。凡起管辰，先置积日，以一十七万一千三百单九算去之余者，又以一十八算去之不满者，从角宿轮起，即知管辰星。

星学大成卷三

星曜例歌

论十二宫管库星歌

人命推排十二宫，宫星为主实难通。今人只论元来曜，谁把宫神主宿穷。此宿从来为管库，主人祸福吉和凶。精穷主星归何地，善恶推来得度中。得时不论居陷弱，失时何问在高强。伏逆顺留居段局，庙旺喜怒细推详。逐宫推算从头始，着意躔教首尾终。此说精微难说尽，心机彻处透天工。

夫人命中推排十二宫者，皆有实局自命而推，次则财帛以至相貌配为十二宫，又分为七强、五弱。凡宫分有主星，如寅木则属木之类，如此星者为主星。今之论星第以十二宫主为重，此法亦西天之精神。然较之十二宫管库主星，则又验前宫主也。凡欲求十二宫之祸福，但推详其管库星在何宫分，得地失时，以别强弱，庶乎论定。

论得地失时星歌

十二宫中有强弱，七强五弱例难穷。命宫官禄最高位，福德妻宫次强宗。近强男女并田宅，第九迁移合照宫。五弱疾宫并相貌，兄弟奴仆八宫中。强宫爱见吉星照，弱处星辰无福功。古人虽有推详例，理致未为长久通。洞天宫法穷其妙，失地逢时庙旺中。不问强弱宿星地，只将好庙论穷通。得地不问居强弱，失时休夸强最雄。陷处得时犹享福，强宫失位总成空。那堪高处重居庙，作福兴财分外丰。倘还陷弱加时失，一分凶作十分凶。

星辰之要，贵在得时，惧在失时。得时则享福，失时则陷害。休咎吉凶转移甚易，宫之强弱固不必执定。

论得地不得地

夫十二宫者各有分野，而星辰类有好乐之宫。论五星者先论其庙与不庙，强与不强，则无不应验。且如木星在寅亥为乐庙好之宫，凡得地为福深，不得地为福浅，得地为祸亦轻，不得地为祸亦重。若用福星得地照临，其福百倍。假令为福而不得地，亦犹当生年不用之以为福也。若其用为煞星，失地则其煞诚不可解，得地则未必不转煞而为福矣。其得地如此，不得地如彼，君子不得不讲究乎是。

论强弱前后

凡论五星善恶之混照者，须辩其强弱先后之理也。刘少白问曰：何谓强弱先后？曰：强者譬大国，弱者譬小国。小固不可以敌大，弱固不可以敌强。在智者深究之，则吉凶可见。

前后，入宫之前后也。或强而后入，或弱而先入，当以强弱论。若强先弱后，当以前后论。

论留顺伏逆

凡论五星，不过金、木、水、火、土之五宿。五者运而无息，故有留顺伏逆之推移。刘少白问曰：何谓留顺伏逆？曰：五星者，臣下也，太阳者，君象也，臣当敬其君之威而不敢犯，使其近太阳则伏，对太阳则逆，三合见太阳则留。如顺而有用，则十分之福。可以轻重而详断之也。如光芒不见，不能为福，亦不能为祸。

留顺伏逆与强弱先后并看，如前进而留，后进而顺，则后者反在前矣。如强者伏，弱者逆，则强亦不能作福，而弱者反兴祸矣。

论吉凶星歌

火罗计孛四凶神，气水金阳本吉星。当究生时善恶用，莫专自古吉凶名。吉星为恶灾非浅，祸曜为祥福自兴。不论用时徒泥迹，贫穷富贵又难明。

善论星者，无疑其善恶之名，当究其善恶之用。夫名者，乃气金木水火孛罗也。夫用者，乃福权财禄囚煞忌刑也。用之为福禄，则福禄居高。用之为囚煞，则囚煞必有。若徇其名不究其用，则是无造化耳。且夫火孛罗计四星之最恶，然亦能为福星权曜，亦能为禄主财元，如是则不纯乎恶也。气金水木四星之最善，然亦能为煞曜刑星，亦能为囚星疾宿，如是亦不纯乎善也。天机造化实转移乎，是乌可泥其名而不穷其用乎！

论休囚歌

水土卯星居其乡，三元主落定为殃。木居午未宫刑战，身命逢之不可当。火星戌上无星管，运行冲破卒他乡。金向丑边为正局，学人须要细推详。

论汩没歌（水绝巳、木绝申之说也）

申子辰居双女边，亥卯未兮申上还。寅午戌怕双鱼位，巳酉丑来人马安。四季相加灾又紧，运临其上定为冤。三元宫内无刑战，神煞临排第一篇。

定乾湿沈没宫：一说巳午为乾宫，亥子为湿宫，更是丑亥未为湿宫，寅卯酉辰为乾宫，卯为沈宫，酉为没宫。

论五行沈泄法歌（通于子平）

火见水而死，金沈怕水乡，土逢火化烈，木见水生芳。金消逢火地，木火过须妨，水见火而战，火金而刃伤。土见火生处。土反脱火光，木见土而种，水土克难当。金生存土位，水见水而怆，土见金而泄，木惧金捐黄。水清金越秀，金逢木钝钢，火生惧木地，土见木虚亡。欲慕渊源法，其理要精详。

定天空

太岁前一位是也。如天地诸般煞星逢之，皆不能为祸。若有用之星逢之，皆无力不能为福。身命二星逢之，必是有艺业之人，颇聪明，只是多学少成。大概处事必少恩义。若阳刃与的煞夹之，多不吉。其流年岁驾前一位，亦能空其吉凶之星。

定蓦越

驾后一位是也。如驾在前，此位乃是赶驾，有蓦越之象。凡诸有用之星逢之，皆减一半之力。若煞星逢之，或化直难。与身星并见阳刃，的煞又来。凡行限见之，或太岁流年填之，多主恶死。冲之，必见官事灾晦。

定天厄

天空对位是也。不宜诸煞交入此宫，且此宫极忌同于八厄。若男女犯之，定主厄难。

定血刃

以子年加戌逆数，一年一位至本生年是，此星主有血光，行限犯之恶死。然必阳刃、剑锋聚会，或天星、罗、孛交战而后为灾。

定勾绞

勾以子年加卯，逐年顺数。绞以子年加酉，逐年顺数。二煞未始不相对，主刑囚。然必加三刑，或流年、白虎、官符、太岁冲动，方以此断。

定丧门白虎吊客病符

此四煞，当年太岁之所布，假如子年，一太岁在子，三丧门在寅，九白虎在申，十一吊客在戌，十二病符在亥。丧门、吊客主孝服哭泣。白虎、病符主官非病破。若有赦文、天解、天德、月德解救，无妨。

定天哭披头

天哭以子年加午逆数，披头以子年加辰逆数。此二煞与丧吊并主有丧服，若更值恶星到，而太岁亦到其上，则孝服不可免。

定飞符暴败

飞符以子年加辰顺数，暴败以子年加未顺数。此二煞主横灾官事，惟天月二德解神可以救免。然暴败最怕身命相值，飞符忌日时同到。

定天狗

天狗在驾后二辰五位，值之主多生少养。若火孛交攻，子星落陷，方以无嗣续断之。

定刃锋

刃者，子年子位是，丑年丑位是，十二位皆依此推。锋者，子年癸，丑年戊，寅甲、卯乙、辰巳、巳丙、午丁、未巳、申庚、酉辛、戌戊、亥壬是。大抵取比肩禄旺，亦阳刃之意也。此煞身命值之，更加阳刃，主恶死，限值之尤甚。若身命高强，反成威福。经云：马头带剑，威镇边疆，言此煞利在马前也。耶律云：女人切忌刃锋辰。言此煞女人最忌也。

定伏尸、卷舌、栏干、贯索四刑星宫度歌

四正宫中取四刑，命低限弱怕刑星。子年起子寻戌亥，破家凶恶出其星。伏尸卷舌为脓血，命限临之依此说。栏干贯索主伤残，随限寻之仔细看。四刑宫中更多恶，暗曜闪星莫并逢。那更若来宫度内，必然破败主刑徒。两主不宜相会过，不须更坐命身宫。一切加临皆剥煞，伏尸度内亦多凶。

若四位之中有用之星，反能制福；无用之宿兼为忌煞，必然陷凶。

伏尸星辰最为凶，恶曜并之真可畏。若能吉星同位中，福禄荣昌有职位。栏干之曜最凶辰，恶曜临之必见刑。若有吉星同位坐，富贵荣华百年春。贯索星辰不可当，更兼恶宿最为殃。三方四正吉星入，福寿荣华职禄昌。卷舌凶星逢吉曜，或朝或会最为宜。三方四正星辰旺，富贵荣华百岁期。

<table>
<tr><td rowspan="2">伏尸</td><td>子</td><td>丑</td><td>寅</td><td>卯</td><td>辰</td><td>巳</td><td>午</td><td>未</td><td>申</td><td>酉</td><td>戌</td><td>亥</td></tr>
<tr><td>虚三</td><td>女二</td><td>尾十四</td><td>尾一</td><td>角一</td><td>轸十</td><td>星二</td><td>柳四</td><td>井一</td><td>毕四</td><td>娄二</td><td>毕五</td></tr>
<tr><td rowspan="2">卷舌</td><td>酉</td><td>戌</td><td>亥</td><td>子</td><td>丑</td><td>寅</td><td>卯</td><td>辰</td><td>巳</td><td>午</td><td>未</td><td>申</td></tr>
<tr><td>胃九</td><td>胃二</td><td>壁二</td><td>危一</td><td>斗十九</td><td>斗一</td><td>房二</td><td>角十二</td><td>翼十</td><td>张十四</td><td>井二十八</td><td>觜初</td></tr>
<tr><td rowspan="2">栏干</td><td>午</td><td>未</td><td>申</td><td>酉</td><td>戌</td><td>亥</td><td>子</td><td>丑</td><td>寅</td><td>卯</td><td>辰</td><td>巳</td></tr>
<tr><td>张四</td><td>柳三</td><td>参四</td><td>毕七</td><td>奎十九</td><td>奎一</td><td>危二</td><td>女二</td><td>箕二</td><td>尾初</td><td>亢一</td><td>翼十二</td></tr>
<tr><td rowspan="2">贯索</td><td>卯</td><td>辰</td><td>巳</td><td>午</td><td>未</td><td>申</td><td>酉</td><td>戌</td><td>亥</td><td>子</td><td>丑</td><td>寅</td></tr>
<tr><td>氐九</td><td>亢七</td><td>翼十二</td><td>张七</td><td>井十九</td><td>井四</td><td>昴一</td><td>娄十</td><td>室九</td><td>危十二</td><td>牛四</td><td>箕初</td></tr>
</table>

论沐浴死墓绝四煞宫度歌（生年纳音算也）

古法当求四煞度，最忌沐浴死绝墓。身宫躔此定多殃，限若逢之招死祸。或然更有吉星来，度近犹能成吉护。火罗计孛若相侵，早知赶入黄泉路。

木生人	绝：参二	墓：柳四	死：星五	沐：危九
金生人	绝：尾十七	墓：牛三	死：危一	沐：星四
水生人	绝：翼十九	墓：氐一	死：氐十六	沐：胃十四
土生人	绝：轸一	墓：轸十八	死；心一	沐：毕四
火生人	绝：壁三	墓：娄一	死：昴二	沐：房一

论产星

其法申子辰年金，巳酉丑年水，寅午戌年木，亥卯未年火。此煞男主血光，女主生产。若与恶星交则主祸厄。

论血支

其例丑寅土，子卯木，辰亥火，巳戌金，午酉水，未日，申月，即星盘所属而移一位也。此煞犯之，男血光，女产厄。

论血忌

其例丑寅土，子日，卯月，辰亥木，巳戌水，午酉火，未申金。此煞犯之，其凶祸与血支同。

论擎天游奕

擎天属火，游奕属水，数以六十花甲隔节布于十宫。起于子，终于卯，而丑寅不与未申飞变者，以河汉始于丑寅，终于未申故。擎天属火不入故也。其煞男怕擎天，女怕游奕，皆主刑克。

定空亡

阳谓之空，阴谓之亡。阳年空阳，阴年空阴。

歌曰： 空亡为害最愁人，才智英雄误一身。
只可为僧并艺术，堆金积玉也须贫。
金空则鸣火空发，水空日夜流不歇。
不惟财宝积如山，官爵重重无断绝。

直难星歌

正二太阳三四阴，五六火星君休说。七八水孛更为殃，九十木气为难绝。十一十二是金星，此是神仙真口诀。一说十一十二土星是也。

直难者，难星直月也。虽日月金木善星以为难直，则反吉为凶。假如丑宫命，正二月，夜生则太阳为直难。寅宫命，昼生则太阴为直难，更化刑囚，其凶必矣。

阳刃煞

此煞在天为紫暗星，在地为阳刃，命吉则吉，命凶则凶。

诗云： 阳刃之煞最为凶，那堪五鬼在其中。

刑妻害子浑闲事，配处徒流不善终。
禄前一位为阳刃，日月逢之也不明。
更怕禄星居其上，一生成败主多倾。
阳刃虽为凶恶神，只宜君子掌权人。
五行若更逢生旺，定有兵机作帅臣。

论的煞一名破碎煞

夫金乃太白之星，将军之象。子午卯酉的在巳，寅申巳亥的在酉，辰戌丑未的在丑。秉煞最重，如人命犯，更坐在恶限，又逢凶星，被火土忌星、孛计奴星守照，主星沈没，多主恶死，不然贫穷、带疾、徒配之人。若身命逢星辰，或入体格，或吉星飞起在命，为福用之星，主为官显耀重权。

诗云：　人命若逢破碎煞，破财恰似汤浇雪。
行年运限更加临，官事连绵无休歇。

飞廉煞一名大煞歌

大煞子人先是猴，丑鸡寅犬问来由。卯蛇辰午巳逢未，午虎未兔申龙头。酉猪戌鼠难回避，循环亥上却逢牛。

此煞逢吉则主威权，逢凶主横死。指南云：凡煞不可执一而论，如入格命视刑煞，若将帅于兵卒，指麾喝咄，惟命是从，故用刑煞为之驱使。不入格命，若常人遇兵卒则为陷害，故忌刑煞如畏兵卒，此理甚明。

亡神劫煞（一云亡神谓七煞）

亡为官符，劫为大煞，此二煞相对，俱在寅申巳亥，吉凶歌断在前。

大耗煞歌

鼠忌羊头上，牛嗔马不耕，虎憎鸡嘴短，兔怨猴不平，龙嫌猪面黑，蛇惊犬吠声，有人犯此煞，财食散伶仃。

大抵煞谓之耗，谓之劫，惟怕田财二位。学者当消详之。

穿心六害歌

穿心六害祸非轻，克陷爷娘及弟兄。若然双亲无损害，自身妻子切须刑。

三刑歌

三刑身体忌伤残，不测官灾大不祥。妻子亦须防克破，为官必定死他乡。

三刑，寅刑巳，巳刑申，申刑寅，转转相刑是也。

吞啗煞歌

猪犬羊逢虎必伤，猴蛇相会树头亡。鸡逢犬子遭徒配，兔赶蛇身走远乡。鼠见犬来当恶死，马牛逢虎定相伤。兔猴逢犬难回避，龙来未上水中央。凡人若值凶时日，三合为灾仔细详。

此煞乃以二十八宿而论，大禽吞小禽也。人命时日值之，更加三合，主骨肉刑并。

流霞煞歌

甲鸡乙犬丙羊加，丁是猴精戊见蛇。巳马庚龙辛逐虎，壬猪癸虎是流霞。

此煞人命犯之，男主他乡死，女主产后亡。

返伏吟

年头为伏吟，对宫为返吟。忌行运到此，主刑陷六亲。书云：伏吟返吟，泣涕零零。

孤辰寡宿歌

寅卯辰人怕巳丑，巳午未人畏申辰。申酉戌人嫌亥未，亥子丑人寅戌嗔。若人值此多孤寡，刑害兼须损六亲。男遇孤辰辰须切忌，女逢寡宿独眠瞋。

歌断：孤辰切忌男妨妇，寡宿须教女害夫。兄弟亦当离别去，爷娘骨肉不同居。

孤辰寡宿好为僧，若居庶俗必伶仃。更被穿心来守破，不然带疾主双盲。

论黄幡豹尾

申子辰年，则辰是黄幡，而戌是豹尾。巳酉丑年，则丑是黄幡，而未是豹尾。寅午戌戌是，亥卯未未是，此煞是太岁墓，人命犯之，主孤寡，损六畜及疾病、官灾、退财，有救解无妨。

红艳煞歌

多情多欲少人知，六丙逢寅辛见鸡。癸临申上丁见未，眉开眼笑乐嬉嬉。甲乙午申庚见戌，世间只是众人妻。戊己怕辰壬怕子，禄马相逢作路妓。任是富豪官宦女，花前月下会偷期。

阴错阳差歌

阳差阴错是如何，辛卯壬辰癸巳多。丙午丁未戊申位，辛酉壬戌癸亥过。丙子丁丑戊寅日，十二宫中子细歌。好风流处不风流，花烛迎郎不自由。不是寒房因孝娶，残房入舍两家仇。女人逢者亦依然，真假公姑或续弦。否则有刑多寡合，外家零落是前缘。

呻吟煞（一名孤鸾煞歌）

木火蛇无婿（木火蛇丁巳乙巳是），金猪水虎伤（辛亥甲寅是），赤黄马独卧（丙午戊午是），黑鼠土猴孀（壬子戊申是）。

总论驾前神煞歌

一太岁剑锋伏尸寄，二太阳天空仍可畏，三丧门内外孝事至，四太阴贯索勾绞具，五宫符杖责难回避，六死符月德同行位，七岁破月空栏干是，八龙德暴败天厄至，九白虎飞廉同此据，十天德福星卷舌系，十一吊客天狗吠，十二病符顺行位。

总论驾后神煞歌（一年一宫逆行）

子年红鸾卯为首，天喜对宫在于酉。血刃浮沉及解神，戌上分明牢掣肘。天哭还从午上寻，披头更向辰宫究。流年诸煞与诸凶，逆认地支人罕有。此是神仙不肯留，术人依此长相守。

地煞赋总断

凡论岁殿，以登殿为本。论岁驾，以登驾为先。身命主俱登临，显达无比。日月主若拱夹，富贵非常。殿驾无星而无得，禄主加临而更奇。惟怕客曜临朝（余奴是也），飞星破殿（阙），因煞加临而不美，主当刑煞以须防。勋者，天禄也，欲全而不破，忌空冲为要，会玉马为奇（玉堂驿马）。冲则四柱相冲，破则飞星破禄。禄主临曰崇勋，宜居官福，命宫值曰全吉。忌见劫空。禄逢帝座，足有钱财。贵值垣城，堪称文雅。子午相逢，名为活禄，辰戌丑未禄马不临，如合通关吉无不利。马者，扶身之宝也，欲生而不病，喜逢勋玉，忌在空亡。马遇垣城，须当富命，则酒色皆好。遇吉则转祸为祥。空亡者，煞灭也，阳为空而阴为亡，阳忌阳而阴忌阴。煞者灭也，灭者绝也，命与日时值之，暴亡必见。忌木火之位，宜金水之宫，不宜居坎，而宜居离。诸煞逢空，化凶为吉。的煞相会，成败不无。四柱逢空，不欲再见，空亡不亡，尤为庶几。二位全见，名利难成。刑害者，凶恶也，三刑守害遇六害，而凶恶难逃。六害命逢遇三刑，而同恶相济。刑居五福，极主官高，害会的亡，孤贫破败，斯为祸福之准绳，诚乃加盘之妙法。

百煞经

夫观命者，未论禄马贵人，先论胎息神煞。夫煞，人之成器，能掌君子之重权，能发庶人之财禄。煞之一字，千变万化。煞多无贵，即勇猛暴亡，煞绝无贵，即卑微孤独。君子带煞，权贵福禄之任。庶人带煞，挺立乡党之间。女人带煞，子夫刑伤之患。煞无栏处，定是伤身。闭门带煞，反受灾殃。年上带煞，自损其身，月上带煞，必损父兄，日上带煞，夫妻必丧，时上带煞，子女先亡。若见四位无刑害，须知夭折守空房。阳刃之煞怕逢金，劫煞最忌火加临。的煞须知头粉碎，亡神最忌水深临。六害重见六亲损，隔角逢之主孤贫。孤神日上逢隔角，未申戌亥丑寅辰巳，其妻到底定生离。桃花咸池来深处，春花照水定生淫。若是仕宦人家女，不用媒人自求亲。大耗之煞怕逢空，家财浑似雪和汤。六甲空亡怕齐逢，金神之煞主重丧。六亲不足而自叹，年年常为仵作郎。呻吟之煞怕金神，白虎逢之定不仁。日时带着损妻子，定于中途断弦声。命带孤神寡宿星，看经念佛作道人。少年娶室妻子分，至老定是作孤身。一七之煞是亡神，为人性躁有英声。冲入本身人凶暴，冲出之时有功名。勾绞之煞叠三刑，逢之为人编配身。春申酉、夏亥子、秋寅卯、冬巳午。亡神之煞五鬼临，限行见孛水亡身。幼年当忌火汤厄，为人作事百无成。长生之位主聪俊，发达英雄财禄亨。华盖之煞为僧道，学堂逢贵为儒名。桃花带贵多淫欲，常思月下恋风情。命坐劫煞十五年，爷娘不损是夙缘。若见双亲无刑害，自身带疾病相连。命坐阳刃忌血星，限行见煞定损身。命中带煞难回避，恶曜临之祸不轻。

双头合煞，十有九死。两头合刃，百有九伤。合煞翻身，三旬内患。合煞回身，伤刑而已。合煞逢冲，事事省半。煞合逢刃，定主夭折。煞星逢贵，能伏诸煞。天月二德加临日上，一德当权众凶皆散。吉曜加临，灾反为祥。煞去逢空、煞去逢旺而凶，煞去逢绝而亡。女忌血蛊男忌光，官符怕火，丧门怕水，男怕擎天，女怕游奕，男爱红鸾，女爱天喜。丧门加于白虎，主有孝服之事。官符临于劫煞，必主口舌之叹。须要见行吉星之地，忌在劫煞之上，嫌于拱临之中。限行临于恶曜，一年反背而已。吉星临于运限，门庭多生喜色。日时莫逢太岁，不死一年多迍。少年限行禄马，为人愈康愈健。少年限行死绝，必生迍邅之忧。老者限行生旺，必是孤身之汉，损克成家之子。老来限行库墓，必擅乡尊之福，又有优游之乐。能察经中之句，敢断命限祥灾。判吉判凶，知生死，明如日月宝镜台。

运限起例

支中人元

子中单癸水　丑己癸辛当　寅中甲丙戊
卯独乙为良　辰中乙癸戊　巳丙戊庚藏
午中丁及己　未乙丁己乡　申隐庚壬位
酉字只辛强　戌上辛丁戊　亥为壬甲方

年上起月

正月建寅，以年干加天干从寅起。

甲己之年丙作首　乙庚之岁戊为头
丙辛之岁从庚上　丁壬壬位顺行流
更有戊癸何方起　甲寅之上可推求

日上起时

子、丑、寅、卯、辰、巳、午、未、申、酉、戌、亥。

甲己还加甲，乙庚丙作初，丙辛从戊子，戊癸寻壬子，丁壬庚子居。

起立命

看太阳在何宫，以生时加太阳宫起顺数。如太阳在子，即从子上起生时，挨丑顺数至卯，便是立命宫。又看太阳躔第几度，以量天尺对立命躔何宿第几度。

起大运

阳男阴女，顺行。阴男阳女，逆行。俱从本生月起。顺行者数未来节气，逆行者数已往节气，皆以三日为一岁，少一日者借一日，多一日者减一日。只论立春、惊蛰、清明、立夏、芒种、小暑、立秋、白露、寒露、立冬、大雪、小寒，论节不论气。

醉醒子曰：观夫大运者，乃八字之表里也，取用当度其浅深，成岁须较夫多寡。然三日而成一岁，见有余人谓之零，见不足人谓之借，但知其零借，不知其所以零借。假如阳命正月初一日丑时正一刻生，至初四日丑时正一刻立春节，乃作一岁全。若立春在寅时则多一时，乃零一句也。若欠一时，乃借一句也。又以行运之法论之，假如甲子年正月初一日子时正一刻生，行运算至乙丑年正月初一日子时正一刻，乃作一岁。内小六个月即进六日，在初七日子时正一刻方作一岁，只要算足十二月，却为本年有闰四月，乃多一月矣。当退还本年十二月初七日子正一刻交运，从此算后十周年方换一运。仿此永无差误。若学者不知其生刻，独知其生时，即以生时扣算交节之时，亦不差远。凡行运在干，兼用地支之神，在支则弃天干之物，其间理妙自宜详玩。

起小运

凡小运，不论阴阳二命，男一岁起丙寅顺行，女一岁起壬申逆行。一宫或与大运相合相生，或临禄马贵人之乡，其年即有喜庆，或与大运相冲相刑或交并，更临反伏吟及煞方，其年即主破财、悲泣、死亡、孝服。男怕冲，女怕并。又云君子不刑不发，不并不达。大抵大运如天将，太岁如人君，二者相得相和，然后随事所至，逢善则吉，逢刑则凶。所逢者当生年有则吉凶重，当生年无则吉凶轻。久困而运通未必通，久通而运困未必困。赋云：寅午虽逢于冠带，尚有余灾。行运初至于衰乡，犹披勘福。五行衰者运宜旺，五行旺者运宜衰，仔细推详万无一失。

醉醒子曰：小运者，补大运之不足而立名也。古人以男起丙寅，女起壬申，为从三阳三阴之象，以是定逐年祸福，鲜有左验。予尝见一秘书，以为男女小运皆由时生，而行之逆顺亦以年定。如阳命阳年甲子时生，坠地即行乙丑，二岁丙寅，一位一年，周而复始。阴命阴年逆行亦然。尝试用之屡验。亦要与大运及柱内用神日主较量吉凶，及童限未交大运专用此法。行死绝煞旺之宫必有厄难，先详八字衰旺喜忌，然后以此参详，蔑不中矣。

起大限（琴堂洞微皆同）

命宫十五为例，以太阳正处为中度，遇交宫随宫交，三度起一岁。如立命在子，女二、女三、女四，共三度，起十一岁，女五、女六、女七，共三度，起十二岁，女八、女九、女十起十三岁。后照此顺推。

如八月十四日，太阳在巳翼十度，照量天尺本行下推，即十三岁出童限入寅，二十三卯，三十三辰，四十八巳，五十七年，六十四未，七十五申之例。

凡行限遇生我之星，定福。克我之星，定祸。若生星守限更限主飞去，又逢生，谓之体用俱生。若限主飞在别宫受克，谓之体重用轻，主是限中有吉有凶。若限主受克得重，则虽发而难出此限矣，若有救亦无害也。

起小限

从命宫起逆转，如亥生人立命在丑，就丑上二数亥，子年在子，丑年在亥，寅年在戌，卯年在酉，辰年在申，巳年在未，午年在午，未年在巳，申年在辰，酉年在卯，戌年在寅之例。以宫分言，则一命宫，二财帛，三兄弟，四田宅，五男女，六奴仆，七妻妾，八疾厄，九迁移，十官禄，十一福德，十二相貌，逆数右转。以限度言，则一命宫，二相貌，三福德，四官禄，五迁移，六疾厄，七妻妾，八奴仆，九男女，十田宅，十一兄弟，十二财帛，顺数左旋，宫分次第不可乱也。

小限者，是流年生日后交过宫，其吉其凶，一依大限断之。若在财帛遇吉发财，遇凶破财，兄弟等上祸福一一依宫断之，无有小验，须参原守及流年两断乃可。

小限宫中起生月，名为月限诀。凡一年休咎在小限，一宫内若十二月，吉凶则散居十二宫。如小限在申值恩星，官福田财等吉宿临之，是年发福。若值煞难凶星，其年必灾。

月限亦然，如正月看申宫，二月未，三月午，四月巳，依宫逐月逆周十二宫。

从小限行到太阴所泊之宫起，生月逆数，遇凶吉断之。假如午生人午上安命，戌年小限在寅，三月生其月在寅，四月丑，五月子，次第逐月移宫，谓之月限轮流。十二宫周而复始，行一宫遇吉凶断之。假如戊子年丑宫安命，流土为太岁，流木为丧门、病符，流水为的劫，流金为官符，月限十宫逐月出入，见木、气则此月有灾事，见火、罗则此月有喜事发财。以当生流年，一体论之，见木则病或孝服，见流金则官事，见流水则费财，口舌不宁。余仿此。

日宿者直日之宿也。

月限又将日宿兼推，须以太阴为主月，是流年太阴，即人之身也。行度甚速，两日半遇一宫，故日月之灾福系焉。以之加命看当生流年会何吉凶星，随遇而断。

如命坐巳未申三宫，以月水为主，喜金水月木，畏火罗土计，却看流月行宫遇何日宿。

若日宿遇亢牛娄鬼金度，乃生命之宿，迁官近贵得财。遇斗奎井角木度，乃克难之星，解灾获福。遇参箕轸壁水度，乃本行之星，室家和好，事业安平。遇心危毕张月度，亦本行之星，朋友康宁，内外亲睦。遇女氐柳胃土度，灾病口舌，官符是非。若二限陷弱，身命主星逢刑遇煞，祸病死伤。遇尾翼觜室火度，是非疮热，惊恐啾唧。若二限陷弱，与女氐柳胃土难度同断。

若辰酉安命，以金为主。流月喜逢胃柳女氐之日宿，忌尾室翼觜之宿。余仿此推，仍将原守流年十二曜利害之星参看。

流年吉凶星

照身命十二宫各有日数，如命坐未宫，喜金忌土。流金入子午九日好，入丑未八日喜，入寅申七日称意，入卯酉六日遂美，入辰戌五日好，入巳亥四日财喜，土为忌，入子午九日灾，余仿此。

甲己子午九，乙庚丑未八。丙辛庚申七，丁壬卯酉六。戊癸辰戌五，巳亥得数四。

已上即先天数。

十二神煞

一太岁剑锋伏尸寄，二太阳天空仍可畏，三丧门内外孝事至，四太阴贯索勾绞具（又曰天医），五官符杖责难回避，六死符月德同行位，七岁破月空拦干是，八龙德暴败天厄至，九白虎飞廉冲此据，十天德福星卷舌系，十一吊客天狗吠，十二病符顺行位。

流年十二变曜

子年变曜

流土太岁太阳天空，流木丧门病符亡神驿，流火太阴吊狗勾神，流金天喜天德官符披，流水月德劫虎廉的，流阳天哭，流阴天厄。

丑年变曜

流土太岁病的，木太阳鸾驿空吊劫，火天德披丧，金太阴天解虎廉的，水天喜厄哭官，阳月德死符，阴地解岁破。

寅年变曜

流木太岁披劫，火太阳天空虎廉，金哭丧暴的，水太阴驿解勾破血刃，阳官符，阴天喜月德死符，土鸾吊病。

卯年变曜

流火太岁哭暴，金太阳天空，水月德地解丧廉的劫，阳天喜太阴勾，阴天解官符，木白虎病符，土天德鸾披吊。

辰年变曜

流金太岁月德地解死符，水太阳喜空官符，阳天解丧廉，阴太阴勾，火岁破病符，水鸾驿厄哭吊，土虎披绞。

巳年变曜

流水太岁天解太阴，阳太阳天空，阴丧廉，金天喜地解病官的，火鸾月德吊死，木天德驿披破劫，土厄虎哭。

午年变曜

流阳太岁，阴太阳天空，水驿爵丧病的，金太阴鸾吊天解，火天喜天德地解官披，木月德死虎廉劫，土破哭厄。

未年变曜

流阴太岁，水太阳驿鸾空吊劫，金天德披丧，火太阴解神虎廉，木天喜官哭厄，土月德死的，阳病符。

申年变曜

流水太岁天德披劫，金太阳空虎廉的，火天马哭丧厄，木太阴解神驿勾，土天喜月德官死，阳吊，阴鸾病。

酉年变曜

流金太岁爵哭厄，火太阳天空，木驿地解月德丧廉死劫，土天喜解神太阴勾官，水虎病的，阳鸾天德绞，阴披吊。

戌年变曜

流火太岁死符，木太阳天空飞符劫，土太阴丧廉血刃勾的，金爵破病，水厄哭吊驿亡，阳虎披，阴绞。

亥年变曜

流木太岁勾，土太阳天空丧廉，火太阴喜病官，金鸾月德死的，水驿天德披绞劫，阳地解厄，阴虎哭。

以上变曜，或化为煞，或化吉宿，并从冬至日为始。假如今年丙戌，子为丧门，寅官符，午白虎，申吊客，酉病符，戌太岁，即乙酉年十一月冬至日始变丙戌年星煞，则流土为丧门，流木为官符，流水为吊客，流阳为白虎，流火为太岁。若丙戌年冬至又变为丁亥年煞星。

如酉年流金为太岁龙德天厄，流火为太阳岁破，流木为丧门死符月德劫煞，流土为太阴官符，流水为白虎亡神病符，流阳为天德，流阴为吊客之类。

此变曜断法，先以命宫为主，随以各宫所属主星飞出在何宫，与原守流岁星辰生克制化冲照拱合相参看。

如戊子年丑宫安命者，则流土为太岁，流木为丧门，病符流水为的劫，白虎煞流火为太阴吊客。

如以丑安命上为主，见木气则灾，见火罗喜事财名。流木疾病孝服，流水破财是非不宁，将当生与流年兼推。

星学大成卷四

观星节要

星盘或问

育吾子方裒集删定诸家星命之说，以广厥传，忽有客坐而问曰：五星丽于天者也，凡民丽于地者也。天地邈不相及，胡术家者流以五星而推人禄命，其说亦有理与？余应之曰：天地不外阴阳，阴阳不外五行。人不能外五行以生。五星乃五行之精，凝结成象，天垂以示人者也。人之生也，禀天地之精英，萃阴阳之造化。天星运于上，而适协厥期；人命钟于下，而感与天通。是故长庚入梦而太白生，岁德下临而曼倩降。郎官应宿，庶民惟星。以五星而推人禄命，其理至著，其道至微。但术者未尽知耳。

客曰：星命之说，固云有理。然所以推星与命者，则吾未之喻也。敢问何以先排十二宫？一命宫、二财帛、三兄弟、四田宅、五男女、六奴仆、七妻妾、八疾厄、九迁移、十官禄、十一福德、十二相貌，其立名次序，无乃牵强也与？答曰：人之生也，以身命为主，故命宫为第一；财为养命之源，故次二；分我之财者独兄弟，故次三；田宅所以安命藏财而居兄弟，故次四；既有财帛、兄弟、田宅，而男女所以承田与财者也，故次五；奴仆所以辅男女，故次六；妻妾敌体，与命宫对冲，故次七；夫自命宫而至妻宫，其叙自不可乱。疾厄，人命之所不能无者，故次八；迁移人之所不能免者，故次九；官禄天之所予，系于命而最要，故次十；福德人之所享，系于天而难得，故次十一；相貌所以成身，故次十二。自疾厄而至相貌，其叙却乃倒言，何也？十二宫之中，命与妻相对，相貌、福德、官禄出天上，故列在身前。财帛、兄弟、田宅隐地下，故叙在身后。迁移、疾厄、妻妾限数最紧，皆太阳过午而行促。有相貌而后见福德，有福德而后居官禄，有官禄而后历迁移，有迁移而后见疾厄。自相貌而至于疾厄，皆日月之喜升而恶沉。有财帛而后见兄弟，有兄弟而后分田宅，有田宅而后归男女，有男女而后居奴仆，自财帛而至奴仆，皆日月之右转而分布。人之所以为人，不过如此。故十二宫之名，足以尽人之一生也。男女，身命所生；迁移，父子所专。兄弟和乐，妻奴雍睦。人之福德，此二者最难。财与官禄相连，奴仆所以服官而营财也。貌为疾厄所苦，田宅所以安身而养疾也，故皆三合。此十二宫流行之叙，对代之体，错综之用，有如此，子殆未之思乎？

客曰：星盘十二宫既闻命矣，然何以午未属天、子丑属地、亥寅属木、卯戌属火、辰酉属金、巳申属水？与五行地支十二之理不同，又何说与？余曰：五行以寅卯为木、巳午为火、申酉为金、亥子为水、辰戌丑未为土，乃地支十二维也。午与未合居于上而属乾，故以为天；子与丑合居于下而属坤，故以为地。上天下地一定之体也。亥与寅合属春，故以为木；卯与戌合属夏，故以为火；辰与酉合属秋，故以为金；巳与申合属冬，故以为水。春夏秋冬，四时之序也。日月丽天，水金辅之，故喜金水；土石丽地，木火生之，故喜木火。此虽与地支十二维分布不同，而其道理则相贯也。

客又曰：人一日之生不啻亿万，何以从太阳为命，太阴为身？遂据此断吉凶祸福，仆未深信，敢何其故何也？余曰：善哉问！我明告子。天形如卵而左旋，日月代明而右转。天体日周东方常抽，惟其东抽，是以西沉，一沉一抽无停留也。太阳之升出在东方，太阴之没入在西乡，一升一没无差忒也。人之出乎胎中，即天转乎地上。若是卯时而生，天日俱出东厢，惟卯时以后，天体无形，以日为准，故因日而数至卯，即卯地而出苍穹太阴，日之配身之所自出也，故以太阳立命，太阴安身。身命人之所最重者，故先求此二宫。天体度数各有对度，是以日月同其好恶，身命同其祸福，东出父命，西没娘身；东出太阳，四没太阴；东出亢金，西没娄金；东出井木，西没斗木；故琴堂有身命，一般般之说，盖为此也。

客又问曰：人之身命同乎天地，得夫子之教，已喻其理。但加关之说，楼上架楼，而祸福却以为准，又何理与？愿尽泄天机以教，仆请授业于门焉。余曰：前言已尽，子犹未深悟乎？夫天开于子地，辟于丑，人生寅出卯，千窍万妙，不出一卯。天盘之加，顺天左旋十二宫；地盘之关，因日右转十二宫。洞微飞数遍周天皆左旋，阳九小限逐日月皆右转，曰加、曰关。惟卯互换地盘，卯酉定地不易，天盘卯酉房昴是的。前言人之生也，因天体之出卯也，天运不息，不能昴卯。故随所生而值所宿，皆谓之卯酉也。吾人之卯酉，以天日之卯酉为准，故以卯加命宫，此之谓三才合一道理。故吉凶祸福可得而判也。星之源流，吾已略注。望斗三盘之法，详著卷首。子取而观之，予何言哉？

客又曰：星家源流，其理既同。然何以有准于古而差于今？验于今而谬于古？其故又何？仆也惑，敢问。余曰：此天道自然之运也。天之运也，积气日月五星，积气之光曜者也。其循行次舍七十年而差一度。天道且然，而况于人乎？世有升降，国有隆污，皆囿于天道自然之运。人乃积气中之动物，身之用舍，道之行藏，又囿于国家一时之运。此古今人命之所以不同。而星家准与不准之辩，咸在此矣。

客恍然而悟醒，然而得再拜而退。阅数日请见，作而言曰：今夫天日阳精忌火，月阴精忌土。五行独以火土为恶，为日月所畏，以金水木为善，为日月所喜。今夫人凡水、凡木、凡金、凡火、凡土为命主皆日，为身主皆月，忌有五行之不齐，皆火、土，喜有五行之不一，皆金、水、木，此亦是否乎？余默然不答，客退不敢复言。

或又有问曰：诸星家俱以太阴为身，琴堂虽有身命一般般之说，乃是命宫所喜，身亦喜之。如命度属金喜土，太阴旁土，亦不为忌，谓之安身旁母。今夫子答客乃不以太阴为身，而以身为太阴所自出，不知指何者为身也？答曰：命者，父之所钟，身者，母之所生。星家既以太阳数至卯为命，独不以太阴数至酉为身，盖未悟耳。夫十二宫，命宫与妻宫正对，合为夫妇，有夫妇然后人生焉。是身命乃夫妇所出，观立命则立身可知矣。东升是命，西没是身，可见当以命对宫之度为身，不可直指太阴为身，此身命所以为一般般而好恶祸福同也。此余独得之妙，因子问而尽发之。

括苍季宗舒琴堂五星总断

士君子凡欲看命，先看身命二主落在何宫，专以空、实、强、弱、夹、拱、冲、蓦八字定其人品出处高下，次以福、禄、恩、官、田、财六主定其贫富贵贱、真假轻重，然后次以金、木、水、火、土、气、罗、计、孛、日、月十一曜，天德、月德并的刃、劫煞、三煞、白虎、华盖、六害等守命安身，以分其为君子小人，奸直粗细之性行。却以大小二限、太岁、流旬、直难、填实、逢空、有无、贴衬之类，以断其发达衰迟、好恶生死。大要十二宫所主紧切处，吉星坐实，胜居强位；凶星落空，胜居弱宫。明实不如暗实，原空不若流空；有实不如有夹，有夹不如有拱。空其位，莫若空其星；实其主，莫若空其煞。

贵人、禄、马、殿、驾此五者明净纯粹，喜天恩拱福，不喜拱煞党恶。日、月、官、福、田、财此六者喜互换飞出坐实，不喜杂煞散漫无情。用星不可被伤，身星不宜落陷。天煞、地煞切忌拱福拱官，驾前驾后尤怕逢刃逢的。身命逢官无实，拱禄秩难高福，官坐实值身空，发施不出身官值好。既能贵而临事，俱能福恩两高。纵遇险而依还不险。如身命二主并限，主值流旬一齐空。却须看限官拱夹之有无，直难天地二煞夹身者，有空亡限行其上，亦防凶死，但迟一步尔。大抵恩能取信，恩一陷而信令不行。福能保官，福一空而官居不久。福嫌身弱，田忌财空。身弱福强，似病人而挑重担；田高财陷，如浪子而逞风流。忽然福忽然灾，多是杀恩守命。暂时贫暂时富，定缘直难伤财。

论克父母，在古说则无此理。而今以生害之理推之。如计犯月，夜生人，必先克父；罗犯日，昼生人，必先克母。此乃阴阳相峙，子午流注之理。或是日月同宫，谓之日月合朔。日生人必先克母，夜生人必先克父。或日月冲照，谓之日月对望。日生克母，夜生克父，盖取其有光无光之义也。日生人，太阳落阴宫，则父先亡；夜生人，太阴落阳宫，则母多先死。阴阳反背之义也。至夫妻男女，俱有成法，兹不复论。

但琴堂星法，其玄妙只在空实二字，其祸福只在夹拱二字，贵贱真假须看四柱。上四个实字俱有吉曜，得用之星守之，三方左右夹拱有力，福星、恩官、田财各得其实。当决定作真富贵命断之。或四柱上实地只有二处，守吉星则看其所守者是何宫主，如是田财之主，则其人可富，或身星、限星强，则此命必是自家成立发达。或日、月、田、财、命主都守实，则断其人必多祖业，承荫有余，生平不受劳碌。如命主守官禄，或坐天、月二德，贵人、禄马有实字拱夹者，则知其文献衣冠。故家之裔有德守成之士也。或身命同文魁星，坐文昌长生实地者，须分昼夜日月，司天之法着之，则知其人有学、有识、极聪明、多才多艺之士也。或身命守的刃劫煞白虎六害之宫，或的刃六害咸池之类夹之，则知其人为奸粗，小人市井，寻常之徒也。或天、月二德，贵人禄马杂的刃劫煞白虎六害之类，守夹身命二主者，则知其人界乎君子小人之间也。或天马守实，地马逢空，身命二主与之同宫者，则知其人乃帮闲，随时附势之徒也。或身命与金气孛同守天空，或入兄弟宫者，则多浮荡江湖，医卜卖活之辈无疑。或身命主坐奴仆，贵人、禄马冲夹，此则多在公府皂隶之类。其他可依此例活法断之，不可具述也。

如病人欲问其目下生死，或凡人行限问其寿夭应在何年、月、日者，其要只把各年太岁逐宫轮转，看其宫分原有何吉凶星守之，或太岁带的、刃、禄马、贵人之类，值年填之，以分其灾福。如太岁带刃填起，煞星冲我命宫，并大小二限者，断其人是何年、月、日灾病破财。或是官禄主星在限上，被其当头冲填，其煞入官禄之宫，又有直难、的、刃重见，被太岁填实，则知其人此年必因官事囚禁，破耗劳苦，大不称心。有官则剥官停俸。次年有恩星填实救之，则可解脱。或太岁填煞，入福德、财帛、田宅者，则止破财营运，不能有利门户，叠见繁扰，却无他重灾。其余妻子、奴仆之宫并依此例推之。如身命二主逢空大限，主星又落空亡，后限主星又不如先者，流年太岁一连赶起的、刃三个地煞到命、到限，其年小限主星又作煞论者，并其月令透出党三煞，又有直难坐实，则善病而亡。若太岁一般赶煞到，身亦未即死。大凡欲逐流年看星，必须以流年太岁论之。盖太岁能吊起三方之星，如太岁在申，则能吊起子辰二宫。其三宫所得力之星，一时皆动，是名吊起之法。其太岁所守之位有星，并皆填起，其吉凶动静皆由此而应。如士大夫功名之人问动静，则以催官、天禄、天马之类，太岁吊起之法，依正经所载，一一断之，万不失一。大概煞星乃小人之象，偏喜合不喜冲，故太岁三合吊之，有吉则能成吉，冲宫之冲，有凶则能成凶。所谓小人女子合则喜，冲则怒也。天理人事，一而二，二而一也。其实皆可以理推。其玄微以形象求其仿佛。夫吉凶消长得失存亡之道，固不可以预知，然果能依此求之，虽不中不远矣。然《易》有言曰：君子修之吉，小人悖之凶。则天理本具于人心，修身之道，或可消非于无妄，迎福禄于大有者，必灼然矣。

括苍二十字例

恩　恩者，如水生木，木生火之类。

煞　煞者，如水克火，火克金之类。

制　制者，如甲子旬中无戌亥空亡之类。

化　化者，如命主、财帛、田宅主，福德、官禄主并天元禄主是也。凡此六主，一元命限见之，皆不作煞断。此即所谓化也。其余主星，惟金星无，余气、计、罗、孛，除化天元禄不作煞断外，余皆一例作煞论之。

气　盛衰消长随时变易之义。五星论气当随气运变迁而观之也。

体　静也。谓如四柱中有八个干支，乃无形不动之定位，分布于十二宫以填实地，戴五星日月四余，以行原守流年冲合焉。是则所谓体也。

用　动也。谓如十一曜皆动物，行度有迟，留伏逆躔于十二宫，分随其躔处以论所属，并大小二限定吉凶焉。此则所谓用也。

星　天星。日、月、金、木、水、火、土、孛、罗、气、计、天禄、天马、催官、文魁之类。

曜　地曜。驾殿、天、月二德并阳、刃、劫、的，禄马，蓦越、天空、白虎、华盖、六害、长生、临官、帝旺、咸池之类。

原　原守。谓生下之时，天星地曜所躔之宫。

流　流年。谓各年太岁，流星、三煞、流旬、空亡之类。

强　七强宫谓命宫、财帛、田宅、福德、官禄所属之宫是也。男女妻妾皆是强宫。

弱　五弱宫。谓兄弟、奴仆、迁移、疾厄、相貌所属是也。

空　谓当生四柱旬中之空亡是也。流年旬中空处依上断之。

实　谓四支中所有四字于十二宫中填于本位是也。

拱　谓三方拱向。如申子辰亥卯未之类，要四柱有字为实拱也。大凡看有用之星，极喜拱处，是名真富贵，惟煞星的、刃，若有拱极祸。

夹　谓左右夹起。如子寅二位实能夹丑宫之类，与拱同断。

冲　冲，谓对宫有实字，即能冲起本宫也。凡空者，若有对宫一实字冲之，祸福之星皆起本宫。如有实字不怕冲。若本宫原守落空，须得一实字冲之才实。凡煞星落空不喜冲，有用之星落空则喜冲起。惟原守岁驾一字冲之，不问本空实与不实，并冲得落空祸福皆不能准。流年岁驾若至各宫，除有用之星逢空喜他冲起，若煞星逢空不喜他冲起，或流驾轮还填起各宫，若值有用之星，是名太岁有情，则一年凡事称意，喜美进益。若填煞难的、刃之星。是名太岁填煞，则一年灾败。或值福空限空并身命恩星皆逢空，流年复恶，则多死亡。

合　即上文拱者是也。

贴　贴衬。谓命宫、身星、官、福、田、财等主星飞起别宫，或值四柱空亡，及流旬空劫，本不为吉，缘他宫主星虽空，我命限二宫支上又有字填起，是名贴衬有力，虽危无咎。若贴衬无力，一空劫死矣。此法有验。

看星凡例八条

一看命宫有星无星，并主星飞出何宫，得令不得令，母星克制化伏，身星旁母旁鬼。

二看天元、禄主、官、福、田、财如何。

三看禄勋、卦气、驿马、天马、地驿、贵人在年、月、日、时否。

四看劫、亡、的、刃、桃花、冠带、红喜有碍无碍。

五看满盘空亡，四柱虚实。

六看大小二限，流年、神煞、十二宫神比和生克如何。

七看直难，小儿最紧。

八看四柱天干俱化吉凶，若福禄权贵印守命，大贵限逢亦发，又看纳音生克上寿夭。

看星节要八十一条

看五星之法，先排太阳，以生时加在太阳度上，逆数至卯，则知安命在何宿、何度，方为端的。须是以度主为要，宫主次之。盖宫主者，州郡也；度主者，县令也。由县而州，其宫主必要逢生得令，不要克制，不为太阳所伏，及三方四正无星相克方好。更看度主又坐高强。又坐禄马长生岁驾，又逢生旺得时为妙。

立命既定，更看是昼生、夜生，昼生人不要火、金、月、孛、罗照命，夜生人不要日、木、土、气、计照命，名曰五残星，皆生贫贱。不然则多忧少乐，生平成败，碌碌到老。无不切中。

立身在何度、何宫，昼生人看命度主，夜生人看身度主。如上弦望前、望后及下弦生者，看身度主为紧，亦如命度之法。

须先看福德宫为紧。盖人生处世，以福为最，有福则有妻子，立名利，致富贵。福德既亏，前数者未见其可得也。福德者，人生一世之主，若见福居禄，禄居福，身主、命主入福，又有日、月照福德，权贵、荫映之星入福德，金、水夹月居福德，皆是有福之人。为人性必端厚，量必宽洪，仁慈处世，无刻薄之患。有福有寿可以定人性情，每试果验。若见土、计坐福德者，必寡言语，其性沉重。若见福德宫有刑囚、耗星居其上者，必是刻薄之人，凶悍之徒，大宽小急，不仁不义之流。心多好杀，言不忠信，诡谲欺诈，奸谋机巧，未见其为福。如福德宫无好星，又看三合对照有何星守照，如三合对照守照俱无星，亦未可便言其吉凶，更看财帛宫如何。

财帛宫亦人生受用大端也。或福禄守财帛，日月照财帛，田财互垣，命身二主临财，财帛又逢生旺得令、得时，是乃有禄之人。斯人既是有财，则可以养妻子致奴仆，既有财则有名。若财主失经，刑囚、暗耗照财帛，是无用之人。如财帛不好，未可便言其吉凶，又去看田宅宫何如。

田宅之位亦人生受用之源，如田宅主星不起，或有福德照田宅，日、月照田宅，身命坐田宅，亦看作有财名望之人。既有田宅，则妻子皆自田宅而出。人之一生，福德、田宅、财帛三宫既无吉星，便不可以为福，只是寻常碌碌成败命断。

看生平行限如何。如人一生命好身吉，若行限不好，却不作发福论之。盖命好不如限好，如身命好行限又好，方是好命。盖命为魂，身为魄，限为血气，三者须要相扶。譬如人之一身血气稍滞，则血不流，故为寒热相攻，疮毒并作，风邪客气得以侵之。若血气和畅，其身既壮，安得有病也。

行限须要向明不背，方吉。何谓向明？夜生人见火、金、月当限，日生人见日、木、土、水、气当限，皆谓向明，发福可期。如日生人不曾见日、木、土星，又皆独见火、金、月照限，行限又经行的煞、劫煞、阳刃三煞空亡之上，未可以发迹许之。

凡大小限以生日后交神煞禄贵，以冬至日后交命宫行度，九岁以前在童限，至十岁上本生度起行。

看命须要看得令为紧。如春木、夏火、秋金、冬水，土则寄旺四季为令，令者如臣禀君令，宣其教化，生民休戚系焉。以令主之不背，则赫然号令，从所瞻仰。立春木为令主，发生则万木萃于春，为人亦清丽焕彩。然木既主令，金不可克，木乃掌时月之星，金当藏刃，土则培木。只怕金、土参差，是为逆乱伐上，祸由斯发，主为凶厄。夏月火阳当空，水纵泛滥，岂敢侵月令之火？金废则沮于烁石，流金之势，何所用焉？亦当废弃。故夏金多行南方。若金、火、日用事，必有酒色之疾。大抵当废之，星主事，为人志大谋疏，虚空无实，愚而好自用，平生怏然，易于退失。只怕金水相合，与火争势，为反逆之曜，以此用事，主凶恶而不得其死。秋金用事，大火西流，本自弃置，万木黄落，当废之时，惟金司权，逆金为祸。若水、火相合，既不受令，又有陆梁，安得不凶？冬水沍阴，必藉火为顺流温助之，宿土为堤防之。星皆无伤，用事之时，却水、木无相生之理，相合冰冻。若水星夜见以之用事，其人必孤寒。大抵令星春时必借土为栽培之宿，冬月火、土自为相生、相养，亦与水而濡沐者，虽星废不当时，却毕竟相为表里，皆吉。只有火、金、月不可相见，必不能相顺，见之祸发。令星从阳，顺则吉，为赞助协翊之星，逆则凶，为跋扈飞扬之宿。所以顺者，或引阳，或从阳，远在十度，不为克夺。所谓逆者侵阳用事，令星最要得日君行事，居有气之位，与命不相反，方为令，自出稍为克夺，则是听令于人。令星司夺，当之必死。令星司福用之，必祥。五星于犯殿伤宿，即克夺之星也。主为人行所不为之事，亦受人所不受之祸，万万必中。

太岁最为紧要。大凡人命要主星临驾，与太岁相关。摄则富贵。岁君不收录，则无用之人，又忌煞星破驾。凡人命身与福德为重，有禄无福，禄将安享；有命无身，命将安保。

凡煞星不要逢时，要失时。如春水逢金，冬水逢土之类。煞星失时，主星有气。凡火为煞，不宜昼生人；土为煞，不宜夜生人。木为煞，防春；金为煞，防秋。水为煞，防冬；火，防夏。皆得时失时之妙论。

金星若在太阳之宫，名曰映进。若作命主，在太阳之前，为特进。各名曰：金星映日。又曰：金星当权。皆主权贵。太阳之前，只喜身度主、命度主及金星在前者，皆作吉论；若太阳之前，或是刑囚、暗耗，名曰误进。十进不吉。命主及金星在太阳之后者，名曰后进，其福减半。

诸星并行，有先有后。大凡煞星，则欲其前行；主星，则欲其后至。且如水、火二星同行，水能克火，则以水为煞星。如水星在前行，则不能克火。如火在前，水在后，其煞逼身最为利害，不可不审。诸星皆然。经云：煞前主后，当膺藩辅之权；煞后主前，必有徒流之患。

诗曰： 身命二星若无克，须交金向木前行。
水火二星不相克，更饶水向火前行。
土月二星无相食，最宜月向土前行。
土之行迟月行疾，不分前后极难言。

诸星退行，有退而有力者，有退而无力者。且如退而有力，火金二星同行，金在前，火在后而退行，此煞星不敢进前以克其金，是退而有情。如或金星退，遇火顺行，是退而逢其煞也。五曜皆然。亦有退而升殿，退而入垣，退而逢生，皆为有情，又作吉论。或退而坐煞，退而逢煞，或退恶弱之宫，皆为无力，可作凶论。

迟留伏逆，五星中紧要，学者不可不明。迟则顺度，留则不行，伏则不见，逆则退行。有用之星顺行为福，迟留伏逆，进退减力，经曰：顺则优游，逆则退缩，留则拘系抑郁，伏则韬晦无光。如命午太阳，忌木气同躔。木前日后，退之为祸；日前木后，退之为福。留者，用星留于实地，为福久远；煞星留于实地，为祸不休。若留于虚地，祸福皆无。伏者，用星伏则无力，忌星伏则无灾。逆者退行也。有退为福，有退为祸。以理推之

诗曰： 五星遇日须当伏，三合逢阳必定留。
若是对宫为逆度，不逢阳处是为迟。

罗、计截断半天星，有吉有凶。或截断诸星在左，而限行右，名曰反背。行限不遇诸星故也。又有升沉之不同，或日生而

诸曜当天，截在辰、巳、午、未、申位，而有星行限从酉、戌、亥、子、丑、寅位，而无星者，为不得体。又有夜生，截断在戌、亥、子、丑、寅位，而有星行限从辰、巳、午、未、申位，而无星者，皆为升沉之不同，并不合格。

罗计截断半天星斗，有跳出一星在外者，当专论在外一星祸福，如跳出一星为福主、禄文、命主、身主，或官魁、权贵星。夜火夜月，昼木昼土，皆为得格，主人必有富贵、名利之事。如跳出一星，刑囚、暗耗，或奴仆主，阳刃、劫煞、的煞主星。昼生而火漏出，夜生而土漏出在外者，皆不合格。主人贫贱劳役，奔波劳碌，度世无成，不为吉论。

截断不要太阳跳出，太阳格在外，名曰孤君、孤遁。君而无辅，极为不好。盖太阳乃人君之象，必诸星辅佐而行，或左右皆为吉论。若太阳孤立，主其人不得人之力，虽亲辅人，人多远之，平生劳苦。

诸星聚会，有吉会，有凶会。吉会者为命主、身度主，官魁、福禄，或化权贵、荫印，皆为吉会，虽是火、罗、计、孛亦无害。如不为前项等星，而为的、劫、阳刃等主，或化刑囚、暗耗，皆为凶会，不可不察。

身命主坐奴仆，有凶有吉。贵人之命，多有身命主入奴仆而贵者，亦有入奴仆而贱者。如奴仆宫主原是贵人、禄马、长生、帝旺、籍驾、殿勋、垣卦之地，皆不可以奴仆论，皆是大贵之命。如奴仆宫主原是劫、的、亡、刃、死绝、暴败之乡，而身命限主居其上，皆是奔波劳役，无成之人。方可以奴仆言之。

太阳孤立照妻宫，皆主夫妻年纪不等，不然妨克重婚。

太阴正照妻宫，皆主妻妾无貌，不然亦非正礼而婚。缘太阴亏盈之不常也。

夜生人，太阳独照男女宫，无星以辅之，其人主无子。昼生而见太阴在男女宫，无星以辅之，亦无子。夜生人，惟有水辅日在男女宫，反主有子。

妻宫不论妻妾宫主星，假如甲子年、丙寅月、寅亥木、垣木为兄弟，乙巳日巳乃水垣，为妻妾，水得地逢生，坐实则妻贤貌美，内助荣夫。或坐籍驾、禄马、贵人，则因妻致富。或水里坐空脱之地，逢煞星同行，皆不好妻或无妻。

男女宫不论男女宫主，只以时论之。如丙戌时卯戌火垣，火星逢生，坐实禄马、贵人之地者，皆主得贵子。火若虚脱，或逢煞主，无子送终，必有损破，否则破荡之子也。

看命须是四正为紧，或日、月照四正，或金、木照四正，福德照四正，及用星居四正之地皆贵，乃有受用之人。亦有火、罗、计、孛守四强及化得好者，皆为合格。如是刑囚、暗耗等星居于四正宫中，而逢相克之曜，皆主破败。

看诸星皆如看命之法，亦看三合，亦看正照，方断吉凶。大抵论三合，四余轻，五星重；对照四余重，五星轻。盖四余乃横冲直突之曜也。

看带疾，先看命度、身度受克与不受克，及起处坐煞与不坐煞，更看疾厄宫中何星坐其上。如疾厄宫有火、罗、计、孛、刑囚、暗耗诸凶星，并会其上者，皆主重疾；如疾厄宫无星，而三方对照有凶恶之星夹照者，主带疾。

命主、度主起坐劫、的、亡、刃，主人克害父母，骨肉不全，或出祖、破祖，过房自立方免。

游行坐驿马，主人过房出祖；坐长生马者，有四方之志。

身命主起迁移、入兄弟、奴仆宫者，皆主出祖、过房、偏生、庶出也。试之验。

十干坐命，如六甲生人，不要立命在金宿度上，名曰鬼克。皆主不安劳役，只喜坐生星、坐水宿，名曰父母之上。坐土宿，名曰财帛之上。坐火宿，名曰脱局之上。当以意会。消息得时、得令为好。余仿此。

男女宫有土、罗、火、计、孛、暗耗、刑囚照者，其人多子女，一年一产，及至老来皆不得力，如鸡抱鸭相似。不然忤逆之男，多出在外，亦同无子。

命坐禄、坐贵、坐长生、坐库、坐驾、坐殿、坐夹贵窠、坐禄马枢、坐生旺乡，皆主富贵，不然亦主衣禄盈饶。《天玄赋》云：禄马贵人，持世立身，须主清高。咸池凶煞临身，出处必然微贱是也。

命坐劫、的、亡、刃、暴败、空亡、死绝、三煞、飞廉煞者，皆主人性不好，心险行怪，狠暴不仁，成败劳苦。

夹命要开月夹命、福禄夹命、官魁夹命、印贵夹命，三合拱之者亦吉。或命度主、身度主起在别处，而夹拱之者不露，人见皆大贵。

劫、的、亡、刃之宫，或凶星夹拱，其凶暴不可言，亦主死于非命。然无官符不成煞刃，无岁破不成劫的，无病符不成疾厄。此乃五行真生煞。

官禄不要星克其宫，名曰官鬼。且如官禄在寅地，却不要金星入内，亦不要三合、四正宫值之。皆主其人健讼，不然遭官事，亦无食禄之分。

官禄、福德二宫，最要吉星临。如日、月居官禄、福德，或福禄居官福，水、日、金、月各居官禄，行限遇之皆发福。如官福二宫无星有吊起，或吉曜居其上者，亦吉。又看对照三合之宫，以断体咎。富贵之人，未尝官福二宫无星，如二宫原无本星，官主又恶，吊起对照又无星辰照临，一生虚花无成。

妇人不要太阳坐命及照命，如身弱，皆主欺夫夺权，性有男子志气。

妇人田宅宫如刑囚、暗耗坐其宫，并有恶煞坐其上者，皆主破耗，外家零落，兄弟无情。妇人最重田宅、财帛之宫。

妇人坐驿马，又带水孛照身立命，或在五弱之宫，皆主淫奔，其余与男子一体同断。

看命，恶弱之星则要其居陷弱明显，得用之星则欲其居高强。

看八煞之宫，非但主人疾厄，亦主一生权柄之地。若权星、印星、福星、禄星居之，皆主人有权。

贵人之命，多是陷弱，有不可观者，其中有一星得用，坐煞得时，及官禄有吊起吉星，暗加其位者，皆贵。不然三方有吉星交照官宫，又不然有吉星交照八煞之宫。

金星不要坐阳刃、劫、的煞之上。盖金星主煞，遇则煞气腾辉，为煞最重。

太乙抱蟾，常人若见月与孛同行，谓之太乙抱蟾，非也。须是上弦及望、既望，下弦在未上见之，又生于戌、亥、子、丑之时，方谓之太乙抱蟾。如非上弦下弦及望前望后，名曰太乙抱鬼。如在辰、亥、戌、子、丑之宫，又是下弦既晦之后，遇之者，名曰抱死鬼，却不为福。如他宫遇之，皆非抱蟾。

看命只可求其主星，命度命主，身度身主，看强弱祸福，不必诸星一一高强，一一得地。故经云：一星得地，终为贵显吉人。又云：使一星背而莫究其非，纵群曜吉而莫能为福。譬如五七员官员在任，不必员员识，而其中有一员得力，则群从州县，莫不刮目。观星当以理推，其次看限主行限，须要限主高强，得地受生，吉星交会，方为好限发达，不然皆为不福。

凡有用之星辰要在高强，大抵小人命，多是有用者居于陷弱，无用者处于高强。

歌曰：　相生须用他生我，相克还须我克他。
　　　　他克我时为祸大，我生他时福消磨。

有用为我，无用为他。

论命必言身，论身必言命，二者出于一体。且如立命子、丑，土为命主，木、气为难，火罗为恩，月为身主，亦以月为土之用星，并不可使月与木、气同宫，亦不可木、气合时与月，亦不可使土月二星躔于四木度，及泊于木宫。此二星倘逢木、气，又躔木度、木宫，便见有祸无福。如土、月二星躔于火度，泊于火、罗，便以吉断。切不可以身命二主异用。父母、兄弟、妻子、田财，限主并可依此。

官禄、福德二宫，主人中年成败，生死、富贵、贫贱于此，实为利害。有中年一落千丈，有中年奋发驰骋；有中年衣紫腰金，有中年孤苦令仃。福德且干系妻、子两宫。如吉星守照于福德，照妻照子，不但官中光景，亦许佳儿佳妇。如凶星守照，不但初年蹭蹬，亦早伤子、刑妻。官禄干系田、财二宫，如吉星守照，许其田财，若凶星守照，一生决无福矣。更所忌者，罗睺守官禄，少年逞讼权豪。若为用、恩二星，又许有用，不问是何命，并依此断。

昼生人，则要太阳在卯、辰、巳、午、未上方，应昼生为朝阳向明之格。如日生人太阳坐申、酉、戌、亥、子、丑之上，皆非合局。夜生人则要太阴照命，行限亦要火、罗、月、金、孛当限，方为得体。

余论五星，每每推究太阴躔度、次舍，断祸福、吉凶、贫贱、富贵，十有九中。盖人命以太阳为主，身宫以太阴为主，主本既危，何所根蒂。故凡日生人当推太阳，夜生人当推太阴。如日生太阳逢恶曜，夜生太阴逢凶曜，无不贫贱夭折。日生吉宿逢阳，夜生吉星钓月，无不功名富贵。然犹当论其在十五度中与不在度中也。

木、罗会舍在寅上，为会吉。盖木喜于寅，罗乐于寅，二星相得为会舍，则吉。其他处不可以会舍言。

火、气为职权在卯、寅上方，为合格。盖火入庙于卯，生于寅，寅又气星之垣，卯为气旺之地，二星相生，故为职权。不以昼夜为忌，他宫减半。

命坐弱宫，主星又微，行限又微，一见好星在前，却不能胜其任，而命即亡。盖素贫贱而行乎贫贱，虽有富贵不能享也。

命坐高强，主又高强，行限又好，一见凶恶之星在前，而不能进。盖素富贵行乎富贵，虽有贫贱不能处而亡也。

人命合主有疾，而少年未见，乃是未曾遇煞星、克星行限，故不发也。一行煞地，又见煞星高强，决是重疾废疾，有中年患目患风者由此。

日生人，自少至老，一见太阴在前，谓之阳极阴生，决主人死。

夜生人，一生见行太阴，又行阴星之限，至老一见太阳在前，谓之阴极阳生，决主人亡。又如命躔房日度，行限至张月度，必死。盖有月光而无日光也。又如躔心月度，行限至星日度，必死。盖有日光而无月光也。然须看有无恶星当关，方可以此断之。

太阴逐月随日而右转，化金、木、水、火、土。太阴属水，则不喜土、月同躔。如太阴属木，则不喜金、月同躔。皆主疾厄妨克。如更在亡煞、劫、刃、空亡之乡，决主其人乱说言语不实。

男女坐亡神，及主星起坐亡神、桃花、带马者，而又有气、孛、金、水照之，皆主其人慷慨风流，歌唱风月。女人值之，决主为娼。

定人心性，先以守照论，守照如无，以对照论，对照又无，以三合论，或四宫无星，以福德宫论之。

命好，星辰俱善柔，而不能作大事业，又要一凶星以助其权。大凡吉星多、凶星少，则以吉论；凶星多、吉星少，则以凶论。贵人之命，非权煞不能治世。

人命多有生时不定，以子为亥，以亥为子；以初为末，以末为初。故其言祸福不准，须加减定其灾难，受制受克，方能定其死生。故经云：一不可拘，二当敢断，妙在识其通变。如是祸福不应，未可据言休咎。村居之人，不近谯楼，标牌、更鼓之下，亦有晦冥风雨，气候不齐，难以定时，故算祸福不应。况古今圣贤立法，未有不验，在意消详以定之。

有人命不好而享用者，不当有妻子有妻子者，何以言之？或有父母在，倚恃父母福荫，故安享受用。父母一殁，便破败。不当有妻子，而不能受妻子之奉。至于死亡而后，已有一妻子在前，而命中无妻子，未至终身妻子俱亡，零丁半世，孤寡至老。皆初年限路稍强，因主其一时之荣，及至末年限路一弱，气运不佳，皆非所有。

有人命身好，初年行限不佳，未免奔波辛苦无成，人皆以贫贱视之。一旦行限好，平地发迹，立名利。故舜起侧微，傅说起于版筑，不可不察。

人命皆要日、月明洁，方为吉论。盖天地以日、月为主，若日月明净，方始贵显。故云：贵人日月要分明，日月不明非贵人。

气、孛、罗、计乃四凶之星，化凶并皆要独行，则主重权。

福禄、权贵亦要单行，方为显贵。

原守之星固好，又恐流年之星为患，如限主又恶又弱，流年凶星重，则亦能死人，不可不察。若限主健，只是流年为祸，必俟凶星出去方好。故经云：原守虽然无咎，流年又怕为灾。原守虽醇尤胜，膏梁之有味。流年为患，譬犹潢潦之无根是也。

行限有迎有送，人多送煞之年，皆能死亡。若是逢煞不好，迎送又不好，决死无疑。若迎送不好，非有好吉星，不能救其活，亦十死一生也。

行限颓要限元得援。故经云：得援高强，失援孤弱。限主失援，莫不卑微。

寿之修短，不可以限度定止从。难星若难，俱受制全，主高寿。且如立命在辰，金星为主，火、罗二星为难。火被水克，罗被孛克，各各受制，莫能为毒，的许高寿，纵使限到难度，亦不为害。如或破火克，罗无制，未可断其高寿。必二难俱受制，方可断寿之高也。

财库，五星中各有库。如壬子生人，木为库。在未，未上有好星主财盛。如无星主管，耗星、凶星居之，反破财库。若平生不聚财，乃田宅财帛坐马多摇动。

得妻财。假如戌命妻在辰宫，或身主起于妻位，若有土、计与火同宫，三合生金，主得妻财。如无土、计，不以论。如身命在妻，有火、计相生，主进妻财，亦有因妻失财者。如未命妻宫在丑，土为妻星，月若在酉，土在巳，或三合加合相会，必因妻失财，亦不和合。

妇人有破父母家者，如命坐酉，金为主，有火、罗居申，必破父母家，出外行限遇火、罗，必破夫家。内则父母，外则夫家。

妻妾有权者，如寅、亥命，木为主，妻乃水星，或水化权，行限遇之，必有权之妻。孛为权星，主有权之妾。辰宫命，火为妻，罗为妾，罗强火弱，妻无权，妾有权。

老得少妻。土、孛同行，得少妻；计、孛同行，得少夫。

立命安身在女、心、毕、柳，及身命二主泊贵人、咸池，迁移、官宫又逢气、孛、土星，合作九流百技之人也。富贵豪家之人，亦主高寿。

多口舌人，如甲乙生，气为口舌；丙丁生，罗为口舌；戊己生，计为口舌；壬癸生，孛为口舌；庚辛人，金是。如人命或对头、三合、守命见之，多口舌，亦主口嘴不中。

凡行限遇难星，须论金、木、水、火、土，分别缓急轻重。如以火为难，望见生灾；以水为难，过去为祸；以金为难，对度方凶；以土为难，则缓而迟；以木为难，则急而轻。盖火未然而先烟，水既流而后湿，金正遇而后能伤人。土之性缓，水之性柔故也。其为灾祸凶难，亦以五行类推。如以内言之火，则心血燥热，痰痢等症；水则肾胱冷湿，白浊遗精等症；金则肠痈痔漏等症；土则脾胃噎塞等症；木则肝胆风眩等症。以外言之，水则溺，火则焚，金则刃，土则压，木则扑之类。又须看三方、四正加关通无救解，或有救而力不能，又命主低微，故以此断。余屡试有验。

窦陶氏十问

窦陶氏能推占天文人事，要其吉凶休咎，不出十二宫之外。盖天道远，人道迩，一贯之理。外天求人，非理；外人求天，非道也。请试其一二，方知天道不远矣。

或问太岁尊神，互相管摄如何？

窦陶氏答曰：太岁宫神，各有管属，克我者祸，生我者福。最怕当头犯之不足，男命犯之，受他制伏；女命犯之，并无养育。马若当头，退晦反覆；禄若当头，波波碌碌；贵若当头，受人凌辱。夫妻犯之，多见反目；老人犯之，至老奔逐；小儿逢之，多见灾毒。岁为尊贵，怕入奴仆；若来克我，必遭刑戮。

右此专怕当头，正是利害，须占命中有相管摄，方有是说。

或问坐命、行限遇空亡如何？

答曰：立身、立命，空亡中坐，福不见福，祸不见祸。马遇空亡，奔波到老；禄入空亡，终身僧道；妻入空亡，一妻难保；奴入空亡，自爨自扫；贵入空亡，少离襁褓；财落空亡，财帛自耗；日落空亡，少年必破；官落空亡，徒有负抱。若有煞神救援则可。

右此空亡，阴怕阳空，阳怕阴空，前后最验也。

或问五星发用，十二宫神生旺如何？

答曰：马遇长生，多动刀兵，男空奔波，女必淫颠；沐浴在命，处事流连；命逢冠带，妾夺妻权；临官在命，发在少年；男命喜之，女命不然；帝旺守命，难结夫缘；衰病死绝，女德必贤；处于墓地，能显财田；男命逢此，晦昧万千；若遇胎神，骂鬼怨天；男亦如此，胡语乱传；小儿逢养，端的还魂。

右十二宫祸福应之如响，须于安命处所裁酌。

或问二十八宿立命，何度善恶？

答曰：鬼有二度，号曰天眼，男命系之，多见凶狠，不是权豪，便是反叛。心月为狐，五度有半，女命逢之，必淫必乱，且是精灵，多招离闷。亢金为龙，井木为犴，命立其中，敢言敢断，箕风毕雨，倏忽聚散。男女立命，多有病患，可以详观，不可例断。

或问水命怕土，子上土旺水亦旺，何以断之？

答曰：子宫安命，以土为主，水来受制，其水可取。若行夏令，当云以火，土必得时，于水何补？若行秋令，得金为母，金能生水，有水无土，冬水得时，水胜土负。

或问卯为火垣，又为木局，何以辩别？

答曰：若行夏令，有火无水；若行春令，有木无火。冬令得时，返为木党。三方有水，凑成木局。

或问人之父母、兄弟、妻子，参酌孤寡。

答曰：十二宫中，寡宿孤神，若逢太阳，先丧其父；若犯太阴，先丧其母。日、火、月、土，则又有准，左右逢此，必无亲情；兄弟宫见，必无弟兄；妻宫见之，一世单身；奴仆见之，一世艰辛。逢禄逢贵，出家道人；逢劫逢的，终身山林。

右人命不可犯孤神、寡宿位，诸般煞上，有凶则可畏。

或问既分十二宫坐命，隔界何以断之？

答曰：十二宫中皆属宫神，既有子、丑，合论癸壬；既言戌、亥，又有乾辛；既论申、酉，合论坤庚；虽言午、未，亦有丙丁。曰乙，曰巽，以配巳辰；曰甲，曰艮，以隶卯寅。隔界之处，要看分明，若以主论，辩其重轻，纯言其度，取用不真。

或问小儿关煞何以取之？

答曰：前后有煞，命在其中，三方拱夹，亦是煞门。原守如是，更有加盘。若无救援，十死九难。更有一件，为小儿关，春命在酉，夏命子看，秋嫌卯位，冬怕午安。此上安命，乃为灾难。

右此关小儿关煞，细推有理，但忌三岁。

或问官贵之命何以见之？

答曰：官贵之命，有官有印，官印相生，方有权柄。印强官弱，掌财之命；官强印弱，虚名不正。金水清高，只是受荫；木气高强，正科必定。罗、孛高强，只膺武品。前后试之，无不有应。

右生我者印，克我者官。

或问七政四余守命何如？

答曰：计都守命，愚而自用；罗睺守命，色心最重；孤气守命，难以人共；木星守命，性执且迷；孛星守命，为人悭吝；金星守命，义重财轻；水星守命，词唱轻清；火星守命，性急凶狠；土星守命，贪酷而淫；太阴守命，为人不佞；太阳守命，快性便行；日月合朔，晦而不明。

右如明字者，吉；如反日、月字者，凶。

再将十二宫辩问为证。

诗曰：　十二宫中带煞神，煞神排布甚分明。

　　　　须知月建有强弱，反凶作吉各位均。

愿闻：假如子上安命，以土为主，或见木气为凶，或见木气不夭，何以断之？

若生夏令，母星是火，火、罗乘旺，必能生我，母星占强，安能为祸？若生春令，木气高强，无金与罗，必定相伤，身逢水孛，实有不良。若生秋月，金星得时，土亦不厚，木气有亏，倘有灾殃，不至深危。若生冬令，水、土俱旺，木气凋零，土星坚壮，小儿遇此，所以保养，中年行限，财物亦昌。若遇火、罗，福寿愈长。

假如丑上安命，以土为主，何以断之？

丑宫所论，与子无异，春、夏、秋、冬，皆如其理。只论官星，太白得地，赶退余奴，无有不是，便看阴阳，断其终始。又怕寅亥，身逢土计。

假如寅宫安命，或见金气有伤，或见金气无伤，何以断之？

若生春令，有木无金；若生秋令，有金无木。三方暗加，土、计是煞。夏令炎炎，子母相生；秋令见气，气反为荣；冬令见金，煞星缠身；若见太阳，反煞为荣。金、水高强，必主富贵。孛气高强，刑克有畏。遇月虚名，品官不正。可以详观，不可例断。

假如亥宫与寅宫参酌，以何辩别？

若论亥宫、寅宫颇同，限逢金气，皆断为凶，又怕火克，战克重重，夜计与气，十死九生。三方吉曜，返本还元。

假如卯上安命，或见水、孛而夭，或见水、孛不夭，何断？

若逢夏令，火星乘旺，水孛相攻，本身坚壮。若逢秋令，母星党子，纵有吉星，不破即死。更逢春令，母星有力，纵遇凶神，不能损失。忽在冬天，水土俱强，生子洁净，安能有伤？须分昼夜，子细推详。

假如安命戌宫，与卯宫何强何弱？

戌宫火库，本是强宫，水孛相攻，秋令甚凶。若见日月，木气相同，更遇旺神，福更昌隆。余月遇鬼，与卯宫通。攒聚众煞，反荣受伤。亦当一发，发成便亡。

假如辰上安命，或见火、罗而夭，或见火、罗不死，何断？

辰垣以金，度有轸角，虽忌火、罗，亦分强弱。轸度水局，计、孛为殃，角道属木，见火必亡。亢金坚刚，秋不忌火。划度忌罗，四时皆祸。若逢夏令，火烁亢金，灰飞烟灭，角木不禁。若逢春令，角度平稳。若逢冬令，轸度无损，虽遇火、罗，皆不危困。依此辩别，吉凶有准。

假如酉宫安命，与辰宫何以分别？

酉为西垣，太白本地，若逢秋令，火、罗不忌。若逢夏令，见火不利。春冬平平，水孛泄气。四季土旺，金神所喜。限行官禄，恩乡得意，齐地贵人，称遂无比。辰宫官禄，与酉不同。太阴为主，夜生则荣。加盘俱换，须要研穷。

假如巳宫安命，或见土而死，或见土不死，何断？

若逢夏令，当云以火，土必得时，安能克我？若逢秋令，得金为母，土能生金，金能生水。若遇春令，得木为鬼。克战余奴，不能克水。若逢冬令，土旺水旺，不能相伤，本身皆壮。若逢四季，水无所望。子细推详，依经勿忘。

假如申上安命，与巳宫何以分别？

申宫水局，巳宫一般。四季如前，十分细观。

假如午、未上安命，属日、月，若见众星，何以断之？

午、未二宫，乃属日、月，罗、计朔望，遇此为蚀。若非朔望，为我奴仆，反凶为吉，甚是获福。若遇紫气，刑伤孤独，若不伤财，重重白服，四余作党，伤官败禄。

星学大成卷五

宫度主用

二十八宿所属宫度诗

角　　角木之度本居辰，春则木兮秋则金。
　　　不怕金星为恶曜，限中只怕火罗侵。

亢　　从来亢宿属金垣，四季元来受气全。
　　　最怕火罗为忌贼，同临煞地夭天年。

遇水、土能为福。

氐　　四季氐宫作土看，余时只把火相参。
　　　不怕木气为凶曜，水孛同躔主命难。

夏令只把火相兼，辰、戌、丑未月作土。

房　　房日元是火宫神，最嫌水孛损其身。
　　　命限忽然逢木气，资财积聚福昌荣。

心　　心度元来属卯宫，昼生亦与火相同。
　　　夜间是月君须记，子细推详断吉凶。

心度本是火之余，上弦、下弦倚月推。

尾　　尾四度兮皆属火，入到寅宫作木推。
　　　木怕金宿火怕水，彼此分明更问谁。

水、土相逢能为福，气、金若遇祸相依。

箕　　箕初是木余是水，土计同行为煞鬼。

春间便把木参详，不可一例言生死。

斗　斗四寅兮是真木，丑宫木土两相关。

余时四季皆言土，惟有春生作木看。

斗四至十春木推，余时及牛全作土。

牛　牛星原不是真星，躔在丑宫变土星。

却喜火罗来克我，限逢木气定伤身。

女　从来女度皆言土，升殿归垣喜北方。

若遇火罗多发福，如临木气定招殃。

虚　虚躔是土报君知，水气相逢定失尸。

若遇火罗能发福，祝君细认莫迟疑。

危　危初五度土一般，十二度后太阴看。

若生四季皆言土，昼夜参详莫道难。

四季之昼以土论，夜生月论。

室　室十八度皆属水，土星亦合能为福。

火罗若遇破资财，限值气金是真煞。

壁　此曜必是壁水猞，土计同行限崎岖。

火罗作党六亲克，夫损妻兮妻损夫。

奎　奎二亥宫真木星，戌宫木火两相寻。

纵遇春生为木论，限行水孛亦灾侵。

娄　娄宫戌上正宫神，不是金星是火星。

不怕火罗来克我，但嫌水孛损其身。

胃　胃四度分皆属土，酉宫金土亦分明。

若生四季皆言土，秋旺余时只看金。

昴　昴为金宿莫胡传，土计相逢五福全。

只怕火罗为恶煞，不居贫难夭天年。

毕　毕六度兮酉昼金，夜月不类同申宫。

水孛原来一般看，土计相逢一例凶。

觜　觜半度兮位在申，宫中是水火无晶。

祝君只把水为主，忌曜惟嫌土计侵。

参　参躔是水在阴阳，金星若会福禄昌。

金水主躔为上吉，限逢土计定遭殃。

井　井九度兮皆属木，未宫木月最难明。

春看木兮夜看月，昼生木月一齐言。

合干音论之木星，秉春月之令昼生，合从木用，不可言太阴也。其他时节，以太阴为主，春夜亦作太阴。

鬼　鬼宿元来属太阴，不分昼夜月当明。

最好金水来助月，惟嫌土计恐伤身。

秋冬时节与金之干者，安可弃乎金？

柳　柳度分躔午未宫，两宫土论总相同。

惟有午宫嫌木气，未宫木气半言凶。

星　星日马宫居正殿，不分昼夜属阳精。

火罗作党六亲克，木气相逢是难星。

张　张月鹿兮居午垣，昼阳夜月两般专。

若居隔界在双女，一例都言是月躔。

翼　双女垣中翼火蛇，水为主宰是君家。

不嫌水孛怕土计，金曜相逢贯可夸。

轸　轸宿分躔巳与辰，二星皆是水之精。

只怕土计为凶曜，若遇金星福更隆。

右二十八宿度主定人命，当论宫，当论度，又以月令推论。

十二宫取用歌

子　　子宫安命诚为土，其取用者卯上火。
火为命母又为官，又以罗睺为次母。
母星强健福坚牢，若在陷宫何所补。
最嫌木气在高强，化作刑囚伤本主。

丑　　丑宫亦是土之宫，取用瓶中又不同。
火罗固是为吾母，先以金星定吉凶。
金强金弱观轻重，生在秋冬更有功。
谁知寅亥关造化，木气临之主困穷。

寅　　寅宫真是临官木，纯以水星为官禄。
水星强健福坚牢，太乙亦能为我福。
亥官设有恶星临，限到辰宫当夭促。
此盖丑卯最相关，若论天盘当反覆。

卯　　卯宫乃是火根源，命母当为木气论。
独有此宫无福德，官星却是太阳尊。
多以木气为功用，水孛相逢不可言。
此星若在申巳上，一生破克没安存。

辰　　唯有辰宫观日月，便将官福分明说。
土计虽然是母星，最怕单行逢水孛。
荧罗作党旺离方，到此贫穷诸事拙。
亥卯二宫逢土计，资财丰足无消折。

巳　　巳宫安命何处观，水为宫主水为官。

便看太阴何处泊，最于福德有相关。
卯戌两宫逢土计，多灾多难转艰难。
若有单金在双女，逢生入局一般看。
午　午宫偏爱逢金水，金水正是为官福。
水白金清两得经，申酉逢之多富足。
宫神四正互相加，最怕当年逢木气。
此宫独坐帝君尊，火罗计孛何所畏。
未　未宫端的属太阴，此宫最喜火与金。
木罗孛气亦堪处，土计凶神不可侵。
单火独罗皆有用，夜生最喜戌宫临。
生于白昼无光彩，纵祸于人亦稍轻。
申　申宫阴阳分水局，此宫最喜火与木。
土计分明是我仇，戌亥两宫为官福。
丑卯两宫相脉络，更无疾厄无奴仆。
金为母宿若高强，一世优游无不足。
酉　酉宫取号是金牛，四正相加最隐幽。
土计母星好明健，一生享福最优游。
水清又是田财主，设在高强富可求。
纵有火罗为我扰，齐子之地亦无忧。
戌　成宫安命火之库，木气母星喜相遇。
水孛此宫相临著，少年夭折多灾苦。
卯巳两宫相关系，最喜当年官福地。
土木气逢福又轻，单行独旺诚堪取。
亥　亥宫为木号双鱼，却于辰上默喜扶。

若还金气相同角，不能夭折定焦枯。
卯未两宫真三合，又与寅上著功夫。
此宫若有水孛照，富可经营贵可图。

十二宫主用变吟歌

子　水土元来旺到子，水上如何可兼取。
危月乃知水之精，虚日乃是土为主。
虽然如此分轻重，当看岁君何党与。
若是火土为纳音，此宫端的纯乎土。
丑　丑宫本以土为垣，亦以金神论本源。
丑宫虽则属土局，金星是库又是官。
土金两般俱要论，此宫最怕太阳临。
寅　寅宫属木局属火，火土如多属木行。
木气设如居午戌，此宫变局反为荧。
卯　卯宫端的火之垣，水孛临垣又为木。
木气临之是火垣，三合水孛为木局。
辰　若论辰宫是水金，更将水土相联续。
一轻一重多难明，更看岁君何所属。
巳　巳宫本以水为垣，亦以金神论本源。
酉丑二宫逢计土，定为金局更何言。
如无土计真为水，余宿闲神不必论。
更值岁星为土宿，一生飘泊不安存。
午　午宫论日未论月，却与他宫大相别。
此宫纯看辅弼星，相生化气不可说。

未　　午宫当以金水言，未宫火金不可缺。
　　岁星纵健不能伤，却当于此分优劣。
申　　申宫盖得水之真，若论临官又是金。
　　土计纵强终减力，岁星是木祸尤轻。
　　木为官主火为福，谁将木火作闲神。
　　设如太岁真为水，却忌当年土计侵。
酉　　酉宫金旺为金位，最怕荧星为太岁。
　　若遇罗睺照限宫，罗中有计何足畏。
戌　　戌宫见水定生灾，子丑逢荧定为贵。
　　岁星属土更为奇，最喜此星逢四季。
　　戌垣端的逢荧惑，此火尤存戌库位。
亥　　亥乃木垣真属木，木星又在亥中安。
　　若还大限经游处，便作当生木主看。
　　惟此四宫无反覆，闲神限宿不须看。

十二宫各度喜忌说

子宫：虚日，不论昼夜生，以土论。所喜者火、罗，若单行为福重，双行为福轻。所忌者孛、气。危月初度至十二度，日生，以土论，所忌者水、孛，所喜者金、月、火。夜生发福。女土初二度至十一度，以土论，所喜者火、罗为恩，所忌者木、气为仇。

丑宫：斗木四度至九度，木正垣，忌火、罗、金。十度至二十二度，以土论。喜火，忌罗、木、气为仇。三方合煞，主夭折。牛三度至七度，忌木、气。

寅宫：尾火三度至十七度，以木论。忌火、罗、金，如行限见之，亦主小灾，若见水、孛、土、计，主发福。箕水二度至九度，以水论。忌土，喜金、水、月、孛。

卯宫：氐土二度至十度，以土论。忌木、气、孛；喜火、罗，发福。十度至十六度，火垣，忌水、孛，主夭折；亦忌罗，喜木、气，发福。房日火正垣，喜木、气；忌水、孛、金、罗，主夭折。星月初度至六度，以火论。喜金、木；忌土、计。夜生以太阴论，忌土计，喜水、火、月，发福。尾火初度至二度，以火论。喜木、气，发福；忌水、孛，夭折。

辰宫：轸水十度至十六度，以金论。忌火、罗，喜土、计，发福。角木三度至十二度，以木论。忌火、罗，凶。亢金垣，喜土、计，忌火、罗，夭折。氐土初度至一度，以土论；喜火、罗，忌木、气。

巳宫：张月十五度至十九度，以太阴论。忌土、计，喜金、水、月，发福。翼火，水正垣，忌土、计；喜金、水、月，忌火、孛、罗。轸水二度至九度，以水论。喜金、月，忌土、计、孛、罗。

午宫：柳土，四度至十三度，以土论。忌木、气；喜火、罗、金。星日，日正垣。喜金、水，忌木、气，凶。张月，初度至十四度，日生，以太阳论。喜水、金、月，忌木、气。夜生，喜火、金、月，忌土、计，夜生逢木、气、金、月，大发福。

未宫：井木，九度至十五度，以木论。忌金、罗、土、计。十六度至三十度，以太阴论。喜金、水、月，忌土、计，主夭折。鬼金，月正垣。喜金、水，月，忌土、计，主夭折。柳土，初度至三度，以土论。喜火、罗、金，忌木、气。

申宫：毕月，以太阴论。忌土、计，喜金、月，主发福。觜火，以水论。忌土、计，喜金、月、水，发福。参水，喜金，忌土、计、孛，主夭折。井木，二度至八度，以木论。忌土、计，夭折。

酉宫：胃土，初度至十三度，以土论。忌木、气，喜火、罗、金，会命母，主发福。十二度至十五度，以金论。木、气、土、计，发福；火、罗、孛，主夭折。毕月，初度至六度，半太阴论，半以金论。忌火、土、计，凶；喜月、水，旺发福。

戌宫：奎木，二度至八度，以木论。喜土、计、水，忌金、罗，凶，夭折。九度至十六度，以火论，喜木，发福。忌水、孛，凶。娄金，火垣。喜三方、木、气，发福。忌水、孛，主夭折。

亥宫：危月，十三度至十八度，太阴论。喜火、月、金、水，主早年发福。忌土、计，为煞。室火，木正垣，所喜者水、孛；所忌者火、罗、金，主夭折。土、计为仇。璧，初度至九度，木论。喜水、孛，忌土、计、火、罗、金，凶。奎木，初度至一度，以木论。喜水、孛，为福；忌金、罗，凶。

陈都宪十二宫安命论（理精）

子宫安命论

女二度直至虚日六度，帝旺之贵土也。危一至危五度，乃海涯之土。危六至十二，夜生人，以太阳论，为海滨初出之月。昼生人，以土论，不以危月论。

详宫主属土，最喜太阴，在南方巳午未。谓之安身傍母，与火、罗同行，则吉；遇木、气、水、孛，为鬼党，其煞皆主不祥。女土、虚土，忌木、气、水、孛，出门行斗木度，三方有三合拱照斗四，便夭。盖斗度乃煞限，见水、孛为鬼，助煞权。如寅、午、戌上，三方有火、罗相引，至尾火虎度，亦还一发。危土六度，内外见木、气、水、孛，不夭大难临身。复见计前迎，必丧。乃是奴星犯主，煞难相逢。见金、水、孛、火徐徐而发，见金生子，御鬼，为福最大，见火为恩。限中如遇木、气，要见火罗，煞生印化，无不发福。危四至危十二，太阴之议，此以危月燕而言，见金、水、火、罗，皆吉。危八至危十三，亦太阴，忌见木、气、土、计，行卯限见土、计前迎，木、气引出者，无不夭矣。

丑宫安命论

斗四度至斗九度至十三度，以木论。东方寅、卯、辰遇见水、孛、印生身，限三方拱照，主少年发福。行限至辰，入亢金度，又见三方土、计、金合照，便断一险。限中稍见水、孛，天盘加出，主有一病，免死而已。如春令，木逢生旺，再加三度，木论。又见水、孛生我者，无往不利。子细推究，出见气、土、金，则夭矣。见气，乃曰：奴星犯主。见土星，为鬼生煞权。斗十四度至二十四度，以土论之。甲乙生人，又以木论。此以宫主言之，限行火、罗，卯、辰限系官福之宫，三方合照，亦主善发。木、气稍轻，煞乃居丑、金乡，木不得地有制，克我无力，无妨出限，见计奴前迎，祸必惨矣。五星中，最忌奴星犯主，若木、计同行，亦不可解狂奴之星犯主也。牛一至牛七，全以土论。最喜罗、月相逢，居于子、午之宫，子细推之，大造。初行寅限，见火、罗，二十以上在寅宫，行尾火虎度，发而大富。罗、月在子，三十六入辰限，官禄之乡，亦能发福。限至南方巳、午之地，愈见福厚。土至南方，乃为父母之邦，只怕孛、气、鬼生煞，计、气不受伤，只于过宫之时，子细推究。女一度，亦以土论。

寅宫安命论

尾三至尾六七度，以尾火虎论。便看安身立命，太阴吊起木、气，谓之安身傍母，便享祖业。如行辰巳限，单见木、气当途，恩用之星，或三方外拱，便发。再见水、孛，以助木、气，煞又生印，发福非小，加增田产。大怕安身近水、孛，谓之安身傍鬼，必无祖业。见金、水、孛，号曰鬼生其煞。相引过关，断夭无疑。尾八度至末度，以木而论。丙、丁生人，亦以火论。此断宫主，而安身与水、孛相逢，谓之安身傍母。必享祖业，根本壮厚。临官之木，次看木起何宫，如是寅、申、巳、亥四正之宫，岂是寻常，断作吉论。二十五六后，行辰限，遇见水局。或有水、孛于申、子、辰，三方拱照，平平而发。如巳宫遇孛、水单行，巳乃水乡，为水在水，故吉。若遇金星相扶助，是曰煞生印。此时发奋，进田庄。出限稍见土、金前迎，是曰鬼生煞。若不主丧身，灾祸重重。巳、酉、丑、亥、卯、未生人，先主官符之破，免死而已。如夏令生人，遇火气炎，或稍可制伏。箕水豹至五度，看月令，如夏令遇火气，春生遇木气，冬生遇水气。在寅、箕六度至九度，全以水论。乃艮山柔弱之水也。略见些少金水之气，亦发福。行亢度金，乃父母之乡。轸水局，善发。如此出限，稍见火、罗、计、孛，三方见火、罗为党，土、计见孛，为奴，故主凶。前迎后送，死难之鬼。斗一斗三度，以木论。

卯宫安命论

氐一至氐九及十六度，以土貉而言。辰戌、丑未年生人，由其属土，真土论也。最喜近火、罗，相逢无有不发。二十五六，初行巳限，翼火度，断入佳境。如见火、罗至巳、午单行，见木、气以助其威，发福非小。按卯为火宫，房、心，火之地。氐土居之，是曰入垣入庙。若火、罗更在巳、午，真如锦上添花，二十五六便发。歌曰：吉星望见先为福是也。更加木、气相助，其吉可知。最忌水、孛相引，木乃岁德之星，为福不为祸，惟水、孛引之，故为灾也。名曰：鬼生之煞。推至送限之年，断其祸福。歌曰：凶星过去始为灾是也。氐十以后至夏令，以火论。余以土论。房一度至心一度，全以火论。此宫主论安身太阴，居于亥、卯、未宫，木、气逢之，便是吉人造化。再详水为恩主，居巽、亥垣，行巳、午限，官福之宫，亦发一场，便为吉论。心二度至五度，宠姬之月，昼生，火论，夜生，月论。断卯宫则以火、月、土三件而论。尾一至尾二度，火论。

辰宫安命论

轸度以水而论，秋气三分之金，同纳音秋金九分之金，此以金论。此星属水，最喜金月躔角，及三方拱照，行限见金、水、木、气前迎，一生发福兴隆。如遇火、罗，险中复险，事事不吉。若有水、孛克制，方免其死。角一至角八，秋冬生，乃是枯败之木，其论金明矣。角后度生春令，并甲乙生人，以木论。余俱金论。亢乃正垣之金，要太阴共土、计尤妙，亢金喜土、计，发福非浅。最怕寅、午、戌合限，遇火、罗、木、气相引出入，十死其九。见水、孛能润辰宫亢金，亦主发福。氐一度在辰，土论。

巳宫安命论

张十五度至十七度，盖如水中之月，秋令人，此度安身立命，决主清贵，是水中之月，见金乃花酒中，无心发财。或太阴起近孛会于危毕度，一生得阴人为侣助。限内三方见气合照，多因妇人财禄成家。翼一至十九度，夏令生，以火论。秋冬生，以水论。轸一至轸九，乃东方河汉之水，行西方申酉限，单见金，或在辰上财帛宫，或在子上奴仆宫，三十五六后，略见申限，发福非小。此宫土、计难星，最怕火、罗相接，断必祸死。喜金居财帛，主白手成家。惟不喜金居田宅，限元稍弱，必破祖矣。

午宫安命论

柳四度至柳八度，端门之贵土也，今以土言之，先看土起何宫，若居四木度，早年十五岁，内逼井木度，限看水、孛之鬼，三合亥、卯、未，见之便当一忌，如是四土或四火之地，太阴与火、罗相逢，少年无灾。限行申酉，稍见火、金，单行限相逢，决然一发。喜罗单行，夜生人，见寅、午、戌宫相照，亦必一发。柳后度，并星六，日马以太阳论。鹑火之中，日论，明矣。最喜照官福之宫，申、酉处权贵，有名利，凡事吉庆。不怕火，最忌木气之鬼。如春令甲乙生人，木旺之时，限若相逢，出入见火、罗相引，必丧其寿。若木气党之，只主官灾破荡。张月鹿有十四度居午，旺时前三后二，月论明矣。昼生人，以太阳论，张四至十四度，乃天之月也。夜生，太阴，明矣。最喜见金、水，无往不佳，徐徐而发。

未宫安命论

井九至十五度，及二十一度，归库之木，遇金亦能剥削，见火、罗亦能灾伤，皆主不利。限若交接，前迎后送，必作少年之鬼，福气难享。井二十二度以后，春令即木鬼二度，夜生全以太阴而论，正垣之月，昼生，喜金，出门行申、酉、戌限，如遇金、水、火、罗单行，无有不发。遇孛亦妙。如见土、计，祸患轻也。出限三方，见木、气之鬼，加以流年填难，断夭折也。柳初至二度，夜生，太阴论。昼生，土论。土则资质本薄，少年行限井木度，子细推究三方，若遇见水孛之鬼，少年便夭。喜酉、戌，系官、福之地。遇金、火、罗，便能大发。三方外拱，为恩虽重，尤能发福。戌中奎木之宫，详天盘加减，且如水、孛之鬼，外生木、气之煞，断死无疑矣。

申宫安命论

毕七至十四度，夜生，月论，昼生，水论。喜金、水、孛，发福。其理最明。忌见火、罗，为祸。限行寅、午、戌，三方见土、计，则夭折而死。觜、参，全以水论。乃是长生水，最喜见金、水在辰、酉，便发。二十六七岁，行戌宫，见金在寅、午、戌宫合照，发福亦轻。须至亥限官禄宫，亥、卯、未三方照起，方见发福。子、丑限，若见土、金，离祖发财，广布田庄。申宫水之至清，行限见奴孛、鬼罗相逢，临照险地，主不善终。遇火亦能丧命。井一至井三度，分金气，秋令，全以金论。遇土、计，金迎而发。寅、午、戌相逢，刑克不免，如遇火、罗，若不伤财，险中复险，荡散家贫，免死而已。井五度至八度，甲乙生人，木论。余作水论。遇金亦能剥削，见火、罗亦忌，同前，参详论之。

酉宫安命论

胃度，以土论之。自败之土，喜见火、罗、金，则发。木、气会孛而险阻。胃九至十四度，纳音金，又秋令，庚辛生人，金论。昴日，真金而论。不怕罗，遇土、计单行，大能发福。行亥、子、丑限，见土、计，吉。忌见木、气，不吉。只怕行限合见，主凶灾。见火、罗、木、气为党，必死。毕一至毕三，水论。毕四至毕六夜生，月论。昼生，金论。乃是妃妾之金也。喜见月孛临胃度，无不吉利，有祸不折。见火、罗，非贫贱则夭折也。水、孛平平，木、气宜卓立成家。行戌限，若遇火、罗，必死无疑。遇土、计，不能害身，子细推论。

戌宫安命论

奎二至九度，全以木论。遇水、孛，发福。见火、罗单居子丑，亦发。见木、气，不凶。交限见金、土相照，并三方拱，必祸死。奎十至十五度十六度，春令，木论。夏，火论。奎十七度，全以火论。乃是火正垣，见木、气，善发。见金、水、孛，行限至此，相引相迎，必死无疑。此宫火不怕水，只怕罗、孛。娄度，昼以火论，如纳音金，秋冬生，以金论。余火论。胃有三度居戌，土论。此宫土资质本薄，见木、气、水、孛，必祸死。行限喜见火、罗，木、金平平，发福。此宫火不怕水，只怕罗孛，险中复险。破耗、刑冲，灾难。

亥宫安命论

危十三度至十五度末，上弦明月而论。以步天衢星光彩，行子、丑限。危月，斗、牛度，见水、孛乐然而发。夜生，见火、罗，亦然。如遇木、气、土、计之鬼煞，前迎后送，便断祸凶。出限，则夭。室初至十七度，皆以木论。此木初生，不能当其火、罗，如夏令生人，限若逢火，命在须臾。前迎之限，土、计，金照，必主夭折。璧一至十度，以水论。春令，木论。乾金所生，江湖之水，不怕土、计，行子丑限，见金、火相逢，一发而福。怕忌难克战，不宜也。

郑幼学二十八宿元髓血脉经

角木蛟者，乃是刀头斧柄之木也。自初至十，喜春生，见金，祸轻，遇火、罗，祸甚。夏忌火罗尤紧，其木喜亥、卯、未局。及四木、四水度，初年巳限，必得父母遗荫。翼四至初，不无悔破。张度有徐徐之福，见水、孛，必能白手富贵。行星度，木恶南奔，至柳度关隘之地，不吉。更六丙生人，阳刃遇火、罗，无救，夭折。有水、孛、土、计解之，不夭必破财、刑害。柳度平，鬼度井中，遇吉星，则吉。遇火、罗，更丁生人阳刃，如羊投虎口。井十三关隘，纵无火罗，亦不全善。参、觜、毕，有水、孛助，更六庚生人禄。寅、午、戌，人马到此，必发。若得天马、官魁相助，晚景功名，老当益壮。昴度金局，更六庚生人，阳刃。寅、申、巳、亥生人，的煞到此，刑害破荡。若遇秋金，就此阻寿。胃土财限平平，戌上娄度，枯木投火，纵有水孛援之，老有风烛之患。若遇火罗，更六辛生人，阳刃，于寿有碍。无火、罗，亦不免肠胃下部之疾。亥宫璧室，晚即黄花清香。在尾子地木逢地劫，曷可言也。丑、寅二限，无火、罗、金，可享耆颐之寿。

亢金龙者，乃坚刚之真金也，亦刀剑成器之物。生于春夏，忌火、罗，见之祸甚。初午巳限水局，故水孛能润其色。若壬癸生人贵人，丙戊生人禄，少年奋迅，白手成功。翼三至初，晦昧无成。春夏生人，遇火、罗碍，决阻寿。秋冬生人，祸轻。更申子辰，子午卯酉生劫煞、的煞之地，到此应无素休。张度平平，遇土、计、水、孛，白手而成，名香利润。星度有木、气，或火、罗碍道，死亦无疑。更丙戊生人阳刃，招非命而终。或火、计同为煞生，母吉。柳土平平，小福。鬼度返吟拖戈。若夏月丁巳生人，阳刃到此，非死亡必破荡刑伤。井度财乡，遇水、孛，必主福气。见火、罗，春、夏祸甚，秋、冬为祸稍轻。参、觜、毕，皆顺。酉宫昴、胃度，金局，老当益壮。戌上娄度，不吉。更六辛生人，阳刃，若遇三煞、天锋，主死于非命。或火、罗、木、气居之，死无疑矣。或火局，遇土、计，许有黄花晚节之味。亥子限中，宜守株度日，丑限见火罗，有风烛之患也。

氐土貉者，乃扶桑之地，日出之所也。带火气，自初至一，与亢金同，自二至十四五，乃土为主。喜生辰、戌、丑、未月，及秋冬得时，喜火、罗，忌水、气。春生见之祸甚。初行角木，更六乙生人，阳刃，为害不一。轸度乃汪洋之水，土寒之地，晦困。见木、气、水、孛，不吉。遇火、罗，不能为福。翼四至初，见火罗，一发不久。张度淡淡，星度离明，火局，决能发福。见木、气，倍加光彩。柳土，平平之福。鬼度顺，井木中淹晦，见木、气，凶。遇火、罗，尤加春色，利润名香。申宫无木、气守株度日，遇木、气，阻寿。酉限，金局，脱气。更六庚生人，阳刃，寅申生人，的煞，招心腹之疾，可延娄度，晚年康健。奎八关隘，决无素休。亥限室壁木局，倘木、气临冲照合，寿止于此。子限土局旺甚，不吉。

房日兔乃扶桑太阳之真火也。当作火论。喜木、气，忌水孛，限行少年，亢度中见水、孛，必阻寿。遇木、气，小小福力。角度平淡，轸、翼度晦滞，更子午卯、酉申、子辰生人，乃的煞之地，到此有碍。若水、孛居之，乃是煞星居煞，卜此地死而无疑。否则伤残肢体，官非刑害。张度，无水、孛淹晦守株。星度顺，得木、气，决能显用。柳鬼中如常。井度得意，如顺水之便，倘木、气助之，更甲戊庚生人，天乙贵，或官魁天马，元局主临冲合，当为台阁勋臣，吉利名香人物。申宫水局，多凶少吉。更水、孛居之，无木、气救，如羊投虎口。酉宫财局，见金，晚年称遂。遇水、孛，寿决难延。戌宫火局，得木气相助，老当益壮。亥限木局，黄花晚节，子限晦阻，不吉。

心月孤者，亦扶桑，初出之月也。自初至三，房火同论。自四至六，不问昼、夜，皆以月论。喜秋夜生，忌土、计，喜金、火相助。十五岁内，氐度晦困，亢度便能振作。角轸度中，守株度日。翼火中，若壬癸生人，贵人。更金生助，必能发福。张度虽返吟，不为忌。倘遇火或金，必能显达。星度日助、月明，更丁巳生人，禄。六辛生人贵，到此利润名香，前程亨奋。柳土度，无火、罗助恶，守株无咎，遇土、计，晦蹇刑害。鬼度称意，井度如常。见火、罗，生意春风。申宫水局，平平无咎。更六庚生人，禄。寅午戌生人马，晚景优游。酉宫金旺之地，更遇金，乃福寿之乡。胃土稍晦，遇金，吉。见土、计，凶。娄度火助月华，遇土、计阻寿。奎度淹晦平淡。亥限木局，脱气。子限，土旺难乡，安能至福，鬼禄难逃。

尾火虎度，乃树尾所燃之火。自初至三，当以火论。喜木、气，忌水、孛。自四至十八，乃临官之木，喜春生得时，秋冬失令。宜居亥卯未局，生平享福，一世优游。倘居巳、午，乃离明星度。辰酉乃亢金大梁之位，身体卑微劳碌，不吉。初限卯木之乡，天乙生人，禄。壬癸生人，贵。无金临冲穹合，早年得意。辰上亢度，晦破，更秋生遇金，夭折无疑。倘六乙生人，阳刃，更遇天锋刑囚，死于非命。角轸翼度，小小福力。如壬癸丙戊生人，禄贵，福气倍加。张度徐徐之福。星度木恶南奔，灰飞烟灭。更丙戊生人，阳刃，倘遇飞来穹煞、天锋等，凶。重则非命丧身，轻则遭官刑害。柳鬼度中，守株度日。井度晚景优游。申限木绝之乡，老有残疾。酉限金局，更六庚生人，阳刃。寅申巳亥生人，的煞遇土，为天锋助煞，为患，安能善终？得水、孛可延其寿。戌限火局，脱气不足言也。亥限木局旺甚，不利。

箕水豹度，乃丑艮山下蒙泉之水。忌土、计、孛，喜金。宜生春、夏，不利秋冬，限行卯，遇土、计，决夭。更六甲生人，阳刃，其祸愈甚。辰宫亢度顺，必能发用，得金倍加福力。如秋生，更六甲生人，阳刃，到此遇孛，主缢溺丧身。角度脱气，宜守株度日。轸度返吟拖戈。翼度颇顺，如壬癸生人，贵，更吉。张星度，顺。柳度午宫，丙戊生人阳刃，或天锋飞刃，决主不义亡身。鬼度小福，井度脱气，不可强求，只宜守旧。遇土、计、孛又何患乎？申度限亦宜退守。酉宫，水败之乡，得金助，晚年康壮。胃、娄中，忌见土、计，更六辛生人，阳刃，如羊投虎口。亥子限，土旺之乡，不足言也矣。

斗有二十二度，乃桥沉底下之木也。初至十八九度，不问四季，皆以木论。不忌金、火、罗，惟忌气，遇之有碍。夜生男命遇之，轻则克战，重则夭折。初年尾心度，皆是顺境，早能振作。房火中，平淡生涯。氐度财限，六乙生人，禄。壬癸生人，贵，必能显用。辰宫亢角不顺，六乙生人，阳刃到此，不无破克。轸水泛滥，无成。翼淡淡生涯。如丙戊生人，禄；壬癸生人，贵。若得金水助之，或魁职元局，主临冲鸾合，决能白手成名，无吉曜相助，则有进寸退尺之忧。张度生意颇顺。星度晦，无成。柳度无气星，免咎，有气就此阻寿。鬼度淹晦。井度返吟拖戈。十五度关隘之地，丁巳生人，阳刃，更气当途，夭折无疑。申宫水局，木绝之乡，不无险阻。酉宫金局，六庚生人，阳刃，寅申巳亥生，的煞遇此，鬼录难逃。否则必遭官刑。

牛度，乃未经锻炼之矿金也。当以土为主。见木，无咎，遇气，祸重。初限斗箕，早年晦滞。尾度颇称，无气平平之福。心、房、氐，火局，生意胜常。更火、罗当途，六乙生人，禄居福。壬癸生人，贵人，到此必能超显，积谷拘财。亢角中，亦无阻隔，见气，祸轻。轸翼水局，遇气，不吉；无气碍，平善。张、星、柳中，得火、罗发达。水、孛、气同，不无战克。未宫虽木局，无气平淡生涯，若遇气，更丁巳生人，阳刃，女多克战，无救阻寿。申限水局，无咎。见气有碍。酉限戌宫，老当康壮。奎、壁度有风烛之患。

女度，乃积聚粪壤之士也，至轻微至薄贱。喜生辰戌丑未寅午戌月，得时；忌亥卯未月生，此土泊土局土度，火局火度，吉，居木局木度，凶。如生遇木、水、孛，刑害破耗。初午限行，斗、箕、尾木局，晦昧无成。更遇水、孛、木碍道，倘巳酉丑生人，劫煞，轻则贫病，重则夭折。尾三尾四度至心、房、氐度，母乡得意，见木、气火、罗，大能振作。氐五度反吟关隘，六甲生人，阳刃到此，不利。得火、罗临冲穹合，无咎。遇木、气，死而无疑。亢度清淡，守株。角度晦破，见木必夭。轸水中泛滥漂流，其祸如燃，家财冷退，犹招肢体之疾，见木决夭。翼四至初，许有平平之福。张度平淡家风。星度老更精神。柳土无咎。未宫木局，多凶少吉，如丁巳生人，阳刃，木、气居之，必登鬼录。申限颇顺。酉限皆不能保守，于此问寿。

虚度，乃午上星日，太阳照临下土之日影，广厚高大之土也。喜生辰戌、丑未月，得令得时。忌生春及亥卯未月，无气。喜火、罗，忌木，见之祸甚。计奴犹能犯主，初年入斗箕度，淹晦破害。遇木碍，少年夭折。尾度平淡，得火、罗，更六甲生人，禄。申子辰生人马，决能白手成名，财丰禄厚。卯宫火垣，得火、罗、木、气同，更六乙生人，禄居禄。壬癸生人，贵，居官前程亨奋，名利两全。氐度遇木、计，化刑囚暗耗，更六甲生人阳刃，犹虑夭于非命。亢角中，平淡。轸、翼度寒地，土爱暖而恶寒故也。如遇木气，更申子辰，劫守疾厄，或化刑囚，非丧命必伤肢体。午宫火局，老当康壮，晚福优游。未宫木局，晦滞灾非。丁巳生人，阳刃，阻寿无疑，否则刑害。申宫水局，小吉。酉宫金多，脱气不足言也。

危月，乃张度之月影日生，自初度至五，与虚土同论。危六至十五度，当作太阴看。喜夜生秋令，忌弦望晦朔，见土轻，忌计重，喜火、罗、金，以助其辉。忌行四土、计，或火、罗同，决阻其初年。虚、女，晦滞多灾。牛、斗、箕，未能作事。尾火自初至七，为事颇称，无土、计，迤逦春风。心、房、氐，火局，见之得意。氐土十五度关隘，如土、计同，决主刑害破耗。辰宫亢金，生意洋洋，得土、计倍加春色。角度平淡。轸度水涵月魄，作事有进寸退尺之忧。翼度如常。张度虽拖戈，无土计不忌。星度日助月华，老当康壮。柳土晦滞。鬼度井度有三五年晚福。酉宫康壮。

室火，乃树头之火。初至二，火为主，自三四至十八度，乃亥中初生之木，喜生春、夏，及亥卯未月，暨亥卯未之宫。如人命遇此，终身无咎。喜水、孛，忌火、罗、金，见之为患。幼年危度，平善。虚度女土，财局。遇金不吉。更六壬生人，阳刃，六丙生人飞来阳刃，到此必丧于非命。得水、孛解减福。逢火、罗无咎。牛度平平。斗度遇火、罗，祸甚。无火、罗，或水孛临冲钓合，更甲戌生人，贵。如官魁、职元、局主相助，决然白手成名。箕尾变临官之地，得水、孛，更六甲生人，禄。申子辰生人马，倘天马、官魁冲拱，富贵双全，名扬寰宇。卯宫遇土、计，积谷聚财。火、土同，倍加春色。心房度遇金，更春夏生人，不能为患。秋生，更六甲生人，阳刃，决主刑害官非。氐土小小福力。辰宫亢金难地。如遇金，更秋生六乙生人，阳刃，六庚生人飞刃，见之祸甚，主非命而终。春、夏生人，减福，刑害破克。角度无火、罗，平平之福。轸、翼度，水泛木浮，如遇水、孛，未为全善。见金、火、罗，无咎。张度徐徐之福。星度，木恶南奔。柳度晚年康壮。遇金碍寿。鬼度晦人。井度得意，有黄花之贺，遇火罗、必登鬼录。

璧度，乃文章之宿，天然养木之水。初至二，与室同论。三至九，以水言之。喜行四水四木度，乃财福之限。更官魁禄马职元局主，或荐元官星临冲钓合，必为显达之人，名驰翰苑，声播寰宇。忌行四土度，及遇土计，更刑囚或阳刃、天锋当道，无救，决无素休，非夭必破荡刑害。四火度及火局遇土、计，祸亦无疑。夏生尤怕火罗，煎焚之祸，如羊投虎口。

奎木，乃文章之宿，火柴之木也。凡人于此安命者，聪明智慧。自初至十五，不问四季，皆以木论。忌者火、罗、金也。凡行限见之，无救，为祸必甚。亥限幼年平善。子限虚度，木为地劫，火、罗无咎。遇金为患，无救夭折。金牛度稍晦。斗度天盘返吟，若遇火、罗，更六癸生人，阳刃，辰戌丑未的煞，到此必然夭阻。斗十关隘，如羊投虎口。箕尾度临官，若水、孛，更六甲生人，禄。申子辰生人马，如官魁、禄马、局主职元冲合，白手功名，前程亨奋。卯宫木局，得水、孛、木，迤逦春风。房度遇火罗，更六甲生人，阳刃，非夭折必官刑破克。氐土财限，得意。亢角中，蹇剥刑破。轸翼度，水泛木浮，有进寸退尺之忧，张度平平，星度灰飞烟灭。更火、罗临冲拱合，六丙生人，阳刃，遇此决阻寿无疑。柳土平淡。鬼度晦滞。井木返吟拖戈，十五度关隘，申宫木绝，不吉。

娄度，乃锅鼎之金，以火为主。喜生寅午戌之月，及春夏得时。忌水孛为难。遇罗犯主，见木、气，白手发用。若火居寅午戌局，得令得时，终身获福。若居巳酉丑，一世迍邅。初行亥限，早年称遂。子限见水、孛有制，祸轻。牛金，守株度日。斗木母乡，若遇木、气当途，更甲戌生人，贵，必能发福。更官魁天马、职元、局主，决许名题雁塔。箕度稍晦。有木、气，发福。遇水、孛祸甚。尾度得意，见金战克破荡，得水、孛、木、气，返增福力。心房迤逦春风，更六乙生人，禄。遇气，老当益壮。氐角亢金，早宜退守，虑有风烛之患。轸水中、翼火中皆非顺境，于寿有碍。张星度旺甚，亦宜守常。未限木局，老更精神。

胃度，乃泥灶之土也。初至一，与娄火同；二至十四，以土为主。喜生辰戌丑未月，怕春失时。忌木、气，喜火、罗。限行娄，幼年得意。奎木晦人，遇木、气必阻。得火、罗，早能卓立。亥限木局，晦昧无成，得火罗却能显用。子局土旺之乡，六癸生人，禄居禄，乙巳生人，贵居官。更单火独罗，大能展布，利润名香。牛度如常。斗度不吉，木、气得道，更六癸生人，阳刃，倘更刑闪的煞，死何悔哉！箕水财地，无木、气，吉，遇木、气，凶。尾度，遇木气碍其凶甚，遇火、罗稍顺。卯宫火位，无水，优游之福，有火、罗遇水、孛，事事晦。辰宫亢角度，不利。轸水翼度乃羊肠之道，鬼录书名。午宫火局，老景康壮。未宫井木，多晦少安，如遇木气，决阻寿算。

昴度，乃酉宫西沉之日影也。余光次舍，只以金论。喜巳酉丑月及秋生，忌春夏失时。见火、罗，尤重。忌孛，泄气。遇土、计决能发用。初行娄度，早年晦滞，更火、罗，或六辛生，阳刃，到此夭折无疑，有救减福。此度见土、计必发。奎木财乡，无火、罗平善，有火、罗祸甚。亥限遇木、气必能发用，见火、罗返祸。子官土局，子归母腹，必发优游之福。更六癸生人，禄居禄；乙巳生人，贵居宫。得土、计，或官魁、禄马、局主、职元居之，决然白手成名，富贵人矣。遇火、罗倍加福力；见孛，祸轻。丑宫牛度，徐徐平福。斗木财限，得木、气、水助之，发福；见火罗居之，不吉。箕水脱气晦滞，遇孛，阻寿。尾度木临官，本、气当道，生意洋洋。卯上心房二度，火之正垣，忌见火、罗，怕木气居之，党其煞气，更六甲生人，阳刃，遇此决无素休。无火、罗、木、气，于寿无碍，多见坎坷。氐土，老当益壮。亢度有土、计，无咎。午限，有孛或火、罗，不吉。更丙戊生人阳刃，于寿有伤。未限木局，丁巳生人，阳刃，遇火、罗，不吉。

毕月，乃酉宫太阴次舍，余光寒潭之月影也。自初至四，与昴同论。自五至七度，上弦中旬夜生，以太阴为主。喜金、火助力，忌土、计及行土局、土度，晦滞多灾。更遇土、计、火、罗，凶。四金度得意。毕八至十六，觜参同论，以水为主。喜生秋度，春夏失时。申宫乃西方金临官之地，见土、计祸轻。忌孛，尤重。故西方初生之水本清，怕孛混浊之。初行酉宫金局，毕、昴度，少年得意，得土、计助之，愈加福力。如孛居之，主缢溺伤亡之患。胃土晦人。娄度火局，见木、罗必发财福。遇木、气同，倍加春意。奎、壁、室度木局，脱气守株，平淡家风。子宫土局，见金必能发用。六癸生人，禄；乙巳生人，贵，愈更精神。无金晦昧，进退得失不一。此局遇土、计亦晦，见孛主阴人破荡。牛度平淡生涯，斗度脱气，见土、计无咎，遇火、罗发财。箕度无孛、计平淡。心房氐小小福力。氐五度关隘，更六甲生人，阳刃，如不丧身，决伤肢体，破荡人矣。亢金老当益壮。角、轸、翼晦滞迍邅，更申子辰生人劫，子午卯酉生人的，或见孛碍冲合，到此必登鬼录。

觜度，乃渔灯之火，与参水同论。参水乃申宫初生清冷之水，喜金及秋、冬生，辰戌丑未月生，见土、计，祸稍轻，遇孛，祸甚。限行金局金度，更得金助，或禄马、贵人更官魁、天马、局主、职元，阴注阳受，临冲鸾合，决能白手成名，增财进业。行四土度及遇土、计，刑破多危。见金同返，吉。如四水度或金度遇孛，更阳刃、天锋当道，夭寿无疑。若妇人遇之，主落孕伤胎之患。如木、气解救，减祸。

井木自初至八，乃西井之木，除初度与参水同论。自九至二十五，不问四季，皆以木论。此木乃东井丹桂之木也。与凡木不同，见金、火、罗，为患轻，遇气，祸甚。少年参水度水局，早有成立。金局昴度，作事进退，水、孛必能显用，立业兴家。胃土财限，得土、计，决然增添财产。娄奎度，脱气返吟之地，奎八关隘，倘遇气，更六辛生人阳刃，或天锋等煞临冲，非丧命必破荡。壁水室火，皆是顺境。如遇水、孛及土，皆能发福，兴田进业。危、虚亦宜守株藏器。入牛、女度，如常。斗度返吟，斗十关隘，更六癸生人阳刃，辰戌丑未的煞。无气，破荡刑害，有气，阻寿。箕水无气，老亦康壮。尾度平平无咎。心、房、氐局，脱气多滞。六甲生人，阳刃，不吉。氐土财限，无火、罗、气，稍顺。如行亢角中，老有风烛之患。

井二十六至三十，与鬼金同论。此金嫦娥首饰之金也。皆以老阴为主。喜秋生，得时。忌晦朔，怕土计，及行四土度，喜金局、金度，火局、火度。初行申水局，平平之福。酉宫金局，倘金、月同，更夜生，及六辛生人，禄居禄。丙丁生人，贵居福。更官魁、天马、荐元、官星居之，必白手成名，权居翰苑。昴度得土或计，倍加光彩。胃度得金，愈更精神。娄度遇火、罗为刚星助月，遇土、计，不吉。若八月秋生，减福。辰戌丑未月遇之，更六辛生人阳刃，到此应无素休，有救则刑害破病，无救死而无疑。奎、璧室木局，得火、罗能助月华，土、计居之，受制无咎。子宫土局，淹晦坎坷，遇土、计单行，为祸必矣。轻则贫病，重则丧身。牛斗中守株度日，箕尾限岂能邀福。心、房火位，夜生得火外助，老当益壮，遇土、计阻寿。氐土亦然。亢金度，晚景康壮。角度天盘返吟，倘六乙生人，阳刃，不吉。

柳土，乃离明天河之土也，乃日之正垣，火之旺地。此土主贵，喜生辰戌丑未月，自初至一，乃柳梢之月，与鬼同论。自二至十二，皆以土言。喜火、罗及行火局、火度。忌木、气及行木局、四木度。初年未限井度，晦蹇不利，如丁巳生人阳刃，到此见木或气，夭折必矣。井度见火、罗必发初年之福。申宫水土长生之地，未为全美，进退得失。酉宫土败，皆未可言福。胃土返吟拖戈，得火、罗喜木气同，愈加福力。如无木、气，必阻。娄度火局，事事平和，得火罗临冲鸾合，晚年称意。奎、璧、室木局，遇木、气阻寿，见火罗老更康健。子宫土旺，平淡守株。大抵怕遇木、气，见之为患。丑宫牛度如常。斗度难乡，斗十关隘。若六癸生人阳刃，辰戌丑未生人的煞，到此终寿。见木、气死亦无疑。箕、尾中，皆非顺地。卯宫火位，康壮无咎。氐土返吟，六甲生人阳刃，更木、气、刑囚碍之，决为泉下之人也。

星度，乃离火之精，真太阳也。喜夏昼生，不宜夜生；喜金辅佐，忌木以荫其光。怕罗薄蚀之。春夏木、罗逢之，祸甚。秋、冬木、罗遇之，祸轻。初行未限，井木晦人。申宫水局，稍稍见金、水，吉。遇木必灾破。酉宫得金或水，拱守临冲，更六辛人，禄居禄，丙丁人，贵居官。如官魁、天马、局主、职元临冲鸾合，必能白手成名，声播寰宇。胃土或木，不吉。戌宫火局，迤逦春风。奎娄度遇罗，更六辛人，阳刃，必主中年之忧，刑伤破克。亥限木局，晦困蹇滞，遇木决阻。子限平淡无成。丑限斗度，忌见木、气、罗，碍之不吉。寅限犹忌木当途。卯宫火位，遇罗有咎。六甲生人，阳刃，于寿有碍。

张度初至三，太阳同论。张四至十四度，太阴为主。喜秋夜生，忌朔望弦晦，怕土、计及行土局、土度。喜金、火、罗以助其辉。喜行四金度、金局，得意幼年。星度无碍，柳土晦人。遇土、计必夭。更丙戊生人，阳刃，倘天锋、飞煞，必丧于非命。鬼度得意。井度平善，见土、计无咎，遇火、罗必能发福。申宫水局，金临官之地，徐徐之福。酉宫金局，生意春风。六辛生人，禄居禄；丙丁生人，贵居官。更得金临冲鸾合，或官魁、天马拱合，中年得意，必发非常之福。胃土遇金，倍加光彩。土计居之，更六庚生人阳刃，主刑伤破害。娄度火局，得火、罗助，更夜生，决然得意。土、计同，反祸。更阳刃，其祸愈甚。奎、壁、室木局不利。火、罗居之，党土、计之威。子宫虚危度，六壬生人，阳刃，更刑囚暗耗临冲，非丧命，决刑伤破荡。丑宫牛斗度，多晦少利。寅宫箕、尾度，得火、罗助，平平无咎。土计居之，亦能为患。

翼度，乃渔灯之火，自初至三，乃火为主。忌水祸轻，见孛祸甚。自四至二十度，皆以水也，与轸同论。轸水乃大海汪洋之水，与翼同论。喜金，忌土、计、孛，见之无救，非夭则破荡贫病。得金、水会蛇癸，与巳酉丑人，位居清要，给谏之臣。初限张星，少年擢用，名播乾坤。柳土不吉，无火、罗，有土、计，平淡灾咎。遇土、计、火、罗，非夭必刑破。鬼度一载无光。井二十至二十三二年，生意出入顺便利禄。井二十五至井初木局，得火、罗，白手发财，无火、罗、土、计，平平无咎。遇火、罗、金，平福；遇土、计，无碍。参度虽拖戈，乃金临官之位，不能兴害。若得金助，更六庚生人，禄居禄，寅午戌生人马居官，如天马官魁临冲鸾合，由文学进，白手成名。酉宫金局，遇金，更六辛生人，禄，丙丁生人，贵。无火、罗、孛，必发非常之福；有土、计助，愈加厚福。胃中遇土、计，凶，得金反吉。戌限火局，得火、罗必发福，木、气助尤妙。土、计居之，为祸不少。奎、壁、室木局，见火、罗居之，有财。土、计、孛碍之，减福。子宫土旺之地，土、计碍道，三合冲拱，更阳刃，决阻其寿。子丑二限见金，无火、罗、孛，老更精神。寅限木局脱气，虑有下部之疾。

此分经造化，大抵举一而知十。只依五星生克、制化，子细消详，万举万中。更五星迟、留、伏、逆为紧，度数阔狭推究，若能熟读之于心，可作术家之衣钵。

十二宫定数赋（文义俱佳）

宝瓶子位，玄枵齐邦。女虚乃属土之正垣，危月亦为水之旺气。水、孛冬旺，而立见成家；火、罗夏生，而必然富贵。火、土生成招厚福，计、气忌怒遭宪章。日、月顺躔，纵坐孤亡而生涯饱暖。木、气攻度，如不夭折而家计倾颓。若逢太白照临，必赶退当年之弱木。更兼夭首入宫，未可化正宫之难气。昼出火未能成器，夜罗必能致祥。寅卯二宫，官魁显，而名早登雁塔。寅、亥二宫，暗耗欺，而财似雪溶汤。冬火无光，亦主家道充足。春木有气，必愁体用早亡。夏水临官，而悭贪吏辈；秋计同位，而兜揽牙郎。夜月明在虚躔，文章不露。昼阳辉于虚位，福禄愈昌。限值寅宫之岁宿，虚度少年。更逢卯位之孤神，惜乎壮岁。

磨蝎丑位，星纪扬州。正当斗、牛之星辉，偏喜火、金而灿烂。夜土单行，而千灾不陷；昼火独立，而百祸俱消。日月无情，不照覆盆之下；木气相攻，难保生身之全。单气而六亲冰炭，独计而五族华夷。金星入局，一生发非横之财；荧惑归垣，终世享优游之乐。卯辰火、罗，寅亥炎荧。夜生为贵以荣身，昼诞为灾而不难。五星朝官居极品，九曜会贵不可言。若在空亡之地，火、罗生夏令，何愁不发。若在高强之位，木、气攻秋金，必主无成。冬水入垣，必须破祖。秋计会命，亦当损财。孤神照而常挑嫁帐，寡宿临而孤苦无儿。寅宫强木之为凶，必主夭年之不保。卯位健气而为煞，断定人祸以相招。

人马寅位，析木燕分。尾斗乃木之真垣，箕宿亦水之次舍。

文士生而多此宫泊宿，举子现亦于燕地安身。木火变而多招病患，水火会而过恶难施。金月临五更有气，笔下生烟。孛、罗会三春得用，闹里有钱。旺气居辰，常患风恙。秋金入局，亦忌痨瘫。更看天上何宿，又推地下何星。官魁现于天上，四旬名扬四海。爵印星于地下，三十位列三公。水、阳居郑，虚逞喽罗。土、计守亢，一生愁叹。忽逢刑、孛与高强，因官致富。若有囚水占官宫，傍贵成家。身同亢躔，纵夜生伤财难免。太白归垣，若冬令不能为害。亥藏土计，生身不出辰宫。荆有水罗，大贵必生巳上。

天蝎卯宫，流火宋分。正当大火之尾房，亦会氐心之土月。孛星守而心腹灾生，水宿临而臆肝疾定。最喜入命木星，为刑囚亦当致富。又宜到限紫气，作暗耗亦能有成。福荧夜朗，功名早动宸京。刑孛攻荧，魂魄早归岱岭。木、气攻田，而田宅进益。水孛破福，而福寿俱消。金牛见孛，常防阴女而伤身。人马逢金，大忌宫符而破碎。日东月西，名不求而自得。阴阳易位，利多取亦无成。阳酉阴卯，决无久远家风。水西孛东，那有连绵活计。罗星守而自逞英雄，计星入而为人愚蠢。大抵星躔如此，亦观月令相同。限到煞宫须夭折，命逢难宿定遭凶。

天秤辰宫，郑国兖邦。芒孛呈辉于亢度，寿星亦现于水躔。最宜金、月夜朗，而名动甲科。又逢土、计昼生，而官居极品。若逢火罗旺三河，必断少年之薤露。又值孛荧临狮子，寿于壮岁不经霜。太阴独行巨蟹，更喜孛星，太白独守亢宫，又宜土宿。身月独明，月孛单照，若还反生于鲁分，伤妻害子，又或顺行于双女，损子离夫。大抵太阳独行午位，而百福来迎；设有五星会合离宫，而千疮不利。宋宫遇计，而家积珍珠。豳位逢苴，而粟藏千囷。水孛会命，钱财常施于阴人。计孛背行，福禄每求于吏辈。

巳宫双女，鹑尾楚荆。张轸二宿真水局，火蛇秋令正清辰。土宿临宫，防不寿；计都到命，必伤残。金水同宫，秋令亦能发迹；水、金独旺，夏月必能有成。单水若会阴阳，末年大富。太阴夜生巨蟹，唾手成名。太阴临位，为人万象包容。太白对望，此辈千机兜揽。孛、计立而身流四海。孛、罗会而命丧三隅。太阴生于瓶地，一生劳碌不曾闲。土、计若旺留宫，半世颦眉而独立。若逢空库，中年万一不如前。更会呻吟，末世千仓亦破碎。

午官狮子，鹑火三河。星张为君臣之正礼，柳土作辅弼之相随。太阳临星而登正殿，一世无灾。太阴入张而守后宫，终身有庆。金、水扶阳而为贵，木、气相攻而作凶。火、罗重叠，昼生必定伤残。孛、计交会，夜诞亦当产丧。单水为人巧计，单金主性多刚。朔、望反而衣食何益，阴阳顺而富贵非迟。最宜单火、单罗，福权反盛。若还独汁、孤孛，威勇尤昌。逢木、月则重妆嫁饰，遇月、气则再作新郎。须为林下之先生，方免刑伤于一世。

未宫巨蟹，鹑首秦州。太阴初生于鬼躔，少年荐鹗快横秋。旺木四时生井宿，壮岁化龙知有日。土、计交始为蚀神，不哑聋必遭毒药。孛、罗背方能为福，作武士必主英雄。太阴单行，六亲失力。紫、气独旺，俗计无缘。金水伴，而名必显。火、罗背，纵富无名。木、月同躔，非特富而且贵。太阴遇忌，虽聪秀亦奚为。月、罗来往，此身难免不归乡。月、计同行，斯命必然暴外路。须教破病暗缠身，庶使优游于一世。

申宫阴阳，实沈晋益。觜参乃水之正宫，毕井为身之次度。水宿难经，名早题于虎榜。木星入命，利常满于龙仓。日月不明，任得地只成小富。土计为煞，纵为福也主凶危。孛罗背财求陆路，孛计会切忌远方。太白独行，富而且贵。火罗顺往，任富无名。土计同入双鱼，本为煞而无患。水孛战于白羊，虽为吉亦伤残。紫气入而财丰厚，土宿独而祸俱消。身同官宫，功勋生于毫管。金月鲁分，名利出于征锋。火土独守福官，横财可取。土计夜临卫分，一世迍邅。

酉有金牛，大梁赵分。昴毕乃日、月出入之门，胃度亦土金相生之宿。月生沧海利黄昏，太白归垣宜夜里。土、计为人丰厚，火、罗主性多刚。夜生为祸不侵，昼诞天年不永。日为西没，卯时必定早亡。月卧金牛，昼诞名亦何益。木、气忌星，逢春生必获资财。孛宿凶神，遇二八不能为祸。水宿躔身为财星入命，月居卯、戌作鬼旺身衰。少年多富多福以荣昌，壮岁破财、破宅、而不利。火、罗为煞，夜生喜照于宝瓶。木、气为财，四季不宜于齐子。金、火不降，举手伤人之辈。月、荧争耀，敢独冲阵之徒。盖忌星反作吉星，吉曜反为煞曜。

戌地白羊，降娄鲁国。甘罗幼岁成名，月居奎度。邓通少年巨富，太阴在娄。日月临钱财常满于囊箧，火罗旺名利每出于旌旗，身月奎宿呈辉，文章奋发，孛宿娄宫争水，痼疾缠身。单罗可忌，恐壮岁暴亡，水孛相攻，定少年夭折。木气守而财帛昌盛，木气限而富贵非迟，孛计画生而不夭，常患灾生。水火夜诞亦无伤，难堪疾苦。单气为人好善，只木主性多能。若逢旺土守官宫，末年获福。更植紫木在丑位，发成便亡。

亥位双鱼，五星好显于娵訾。躔到天门，九曜宜卧于卫分，位极官高。盖因太白旺乎室，名登台省，身月常照璧兼危。忽遇气、金，身恐随于蝶梦。若逢计、孛，命必丧于龙宫。出地入天，日生有气。移乾就湿，昼诞无虞。金星入而防妻魍魉，水宿会而恐子螟蛉。单罗而功名盖世，单计而妻妾重伤。气、孛常患于性刚，恩中反怨；罗、月必遭于病患，服药无功。纵有刑囚内夹，因官致富。若教福禄齐行，为吏成名。水、孛单行，喜居寅丑。月、金有气，最喜燕邦。单金、单木占妻田，中年发福；孤阳单月坐官福，纵富无名。身月若居天秤，太阴忽坐金牛，若逢春生必贵。若生秋令无光，三方陷而无吉助，一世安能进身。更推诸煞以伏降，末年皆由平坦。

二十八宿坐命诗断

安命若在鬼井中，敢言敢断性英雄。
生身若在星柳位，孛计同躔作贝戎。
东西南北月归垣，文下文章冠世贤。
若是昼生无发用，中年见月必断弦。
翼轸从来属地户，唾手成名文必露。
若还孛计在高强，决定中年尸外路。
角躔安命性不柔，机关作事世无俦。
若归亢度生秋月，高官极品百年秋。
氐房心宿属卯宫，定他气性最英雄。
若还水孛一齐入，设使居官不善终。

尾箕主人多病患，管有一呼百人唤。
斗木为人性有刚，牛女为人宽且缓。
虚宿单行分昼夜，昼生刚直言语徐。
夜生必是破资财，富贵浮云如水苴。
室壁从来木向荣，包容万象性如神。
不惟服众居乡校，不日成名达紫宸。
奎宿文章世所稀，少年笔下有珠玑。
更兼夜火一齐入，身著锦衣换布衣。
娄星度兮有十二，日生凶顽无可比。
夜生没有福禄临，太抵作事无终始。
胃昴二宿与金同，为人自逞有成功。
若还木气临齐子，一世空为百岁翁。
觜参立命属阴阳，倏忽聚散未为昌。
朝雨暮云无定性，木火临之福必降。

星学大成卷六

安命论

星家源流，以太阳为命之所自出。太用出卯，故人之立命亦在卯。不知太阳出卯者，举大较也。以大较例人安命，此命之所以不准。今以太阳东升考之，小寒至芒种，小暑至大雪俱出卯。若冬至后十九日，昼极短，而出辰初初刻。夏至后十五日，昼极长，而出寅正四刻。人立命，既以太阳为体，则所生、所出时候亦当随太阳推迁。以余观之，凡日出卯时，则立命在卯，若出寅辰，则立命当在寅辰。通关加盘，俱因轮转，方足以体造化之妙。台历首论十二宫立命，专考对度。余命太阳，在斗十九，对度是张一，当以张一度立命是也。况太阳过宫处，毫厘之差，宫分判然，又不可不细考也。

十二位论

三辰论十二位高下歌

当生日看在何宫，加向元时回视东。

天轮自转地轮定，卯上长为命所宗。

然后配以十二位，其中昭然贱与贵。

巳卯午上为最强，子酉之方是其次。
寅申亦以近名之，三合要看亥与未。
此为照处余则非，吉星要聚凶星离。
辰戌二方称恶弱，天象奚堪下临著。
善曜何常能致祥，凶星好事浑销铄。
第三之宫号闲极，五星不得纤毫力。
惟有月在此方生，却向命中添福德。

十二宫高下乃逆数也。凡吉、凶星曜在命三合，及对见之，则力紧也。丑之为位，乃在癸水之末，且其为土，又是虚处，水遇虚则明。故宜于月，虽曰闲极，实可为用。比其他星曜所不能及。大抵以卯为命，则当从此推之，在余位者，固不可执为例也。

论命宫主星歌

本位无星理对宫，纵横三合理皆同。
若无一宿推宫主，宫主星同断吉凶。

如人命宫无星者，但看宫主星在何方，若在七强宫，更在庙旺，亦主富贵。若在五弱宫，并留逆段，或作忌星，主贫贱。或更与恶星犯身命，不得其死矣。

论身宫主星歌

古人常重在阴阳，此法推来第一强。
日向东生为命局，月从西出作身方。
今人只算在身宫，但把当年月位终。
理谬不知真造化，枉将心力妄推穷。

造化身宫源流，皆有自来。今之论星，皆以太阴坐处，即为身局，是为浅陋。夫身官者，与命官同。即以生时从太阳数至卯，则为命官，胡不以太阴数至酉为身官，即以太阴生处，即为身官，则当以太阳生处为命局。此法甚长，余世家之学，每每赖此。

论身命宫歌

身命第一号高强，恶曜偏防犯此宫。
日忌火兮夜忌土，不宜十五度中逢。
前后最嫌逢恶曜，吉星钓月有光耀。
更加金木作宫神，宫主尊时第一妙。

天之禀赋，实根原身中二官。人之操持，亦凭赖阴阳二宿。身命二官，防恶曜之侵，阴阳二主，忌凶星之入。择其尤者，则日生重太阳，夜生重太阴。推其至者，则男人重身，女人重命。然十五度中而遇忌星，加官主星无气，必然祸起灾生。此论甚审。

论身命二主

十二宫中，惟身命二主最为利害，论五星先当轻重乎此。夫主星如鱼之水，木之根，鱼无水则死，木无根则枯。身命无主则危。此理甚明。论主星者，畏刑煞忌隐弱。如或逢煞与刑，逢陷与弱，欲长年享福，将何所恃，必然刑害夭折。凡论主星，一喜逢禄，二喜逢贵，三喜逢生，四喜逢庙旺，五喜高强与善星并立。遇此者，必功名富贵。若陷入迁移，必主流荡；在疾厄，主伤残；临财帛，多积聚；入田宅，则田宅万顷；居福禄，则福禄有余；入奴仆，则仅仆不走。与善星并，则先艰难而后富贵。若逢恶曜，断然贫薄。随验随应，余尝试之而屡中也。

论星曜同照命宫

金、木、水同宫，若临庙旺乐度，主文章秀丽，聪明智慧，清职品序贵格。

金、土、气、日、月同宫，若庙旺得地，主荫润、福禄，庞厚、性宽，处世温暖也。

金、火、水、孛、日同宫，若陷没，主克父克妻，平生多蹇。

金、火、罗同宫，得地则贵，乃武职品序，若陷没，反成蹇破招刑。

火、土、计、孛同宫，若陷没，主凶暴夭刑，若非兵权武卒，必难保平生之福。

金、木、火、计、孛同宫，则曰叠刑，主人成中反破，福中反祸，克害陷祸，多蹇招刑。

日、月、罗、计同宫，则曰蚀神，主人损克父母。若在第四宫，必主破相，兼主权性暴，出身低微，偏生庶出。

土、孛、计同宫，若夜生更陷没，必主夭寿。卑微下愚，狠毒主刑。

火、土同宫，不问日夜，若陷没宫，决多蹇破。

孛、计、金、水同宫，主性奸雄，淫欲酒色，招刑是非，爱憎临身，雕身不足。举此十例，其他克剥皆准此。

论星曜合照命宫

木、金、水合照，主聪明文艺，性多巧伶俐，贵气文秀。

日、月、气合照，福禄厚重，享福丰足。

火、土合照，主性灵不藏事，得地则聪明，陷没则凶暴。

罗、计、火、土合照，主形性胆气，凶暴雄豪。若为武职，主威权。

日、月合照，主大富贵，为人材貌英伟，聪明近贵。且举此五例。若有一星临之，须详前段星辰，论其祸福，随宫分紧慢而言之也。

凡论五星，全在于命宫、分野、宫度，然后论其身宫主星、禄主星，三方、三限主星，其星辰祸福，子细消详庙旺陷弱而言之也。

歌曰：　土日同方生在昼，更在阳宫当富有。
夜人尚见落阴乡，作事多艰是殃咎。
土星合照福坚牢，好洁难婚亦贵豪。
金如会火守强位，性紧贪华性更高。
水与土合有学禄，智慧无穷爱番覆。
木火同照主贵权，设施惊众夸神速。
木金宜得女财多，贵貌端严心多欲。

此二星在命宫或对合见之，主得富贵，贵而多妒。

日在火兮生在夜，若据火西必权霸。
木星更照定封侯，尤于武库增声价。
从来日与木同涂，贵显成家与众殊。

夜生月若火相会，纵然残减亦分符。
更向高强逢著木，名达财丰真贵族。
火如照月当昼盈，却苦疮痍每煎蹙。

论星曜对照命宫歌

更推星曜相冲望，就中火土为灾障。
对在强方并见月，中年困苦多消歇。
湿宫水照当优溺，乾位却须防兽啮。
少男少女少资财，多病多迍多口舌。
或遭毒药及刑伤，了了经中皆具说。

东南巳、午为乾宫，西北亥、子为湿宫。

诸方最怕阳对木，复在阴宫更劳漉。
金如望火不利婚，若使迎阴却宜娶。
土星冲月蹇语言，作事多妖难与语。
月如见土夭并狂，见水其音为吃苦。
火日自伤先克父，土月须知不宜母。
火星对月转就火，须信望中俱作祸。

火、月或土对，土月或火对，及月对土、火是也。

不然共守上下宫，或伴月行西没过。
此为夭折寒微人，纵使暂或终亦破。

流年星与限值及太岁相宜，则有如意之事，然根基浅薄，终久不利也。

按：此节专论日、月怕见火上，亦须分昼夜而言之。

论财帛宫

若见金、木、日、月，主丰足，温厚富福。经云：足禄多财。木星与太阳同会，平生不耕蚕而衣食具。所谓生居豪族世无虞，出有轻车食有鱼。福寿厚高天与佑，平生万事称心如。

金，主得妻财。

月，常有财帛，多成败不积贮。

日，多积蓄。星聚为福，忌土、火、孛、计、水临照此宫，或临巳、午之上，更有火、土之照，决多蹇剥。土主耗散，纵得钱，才满必倾。若吉星合照同宫不妨，四十后五十微发。经云：火居财上旺年年，中主交时即不竖。若得吉星三合照，中年破得末团圆。

月孛生来少积贮，假使中年承祖宗付托，有如三春之花正开时，被狂风猛雨折了。若有吉星照视，方免破败。

计求财如缘木求鱼，随得随丧，多成多败，中末却主旺。

水主初年耗散。经云：财帛宫中遇水星，如人把火照霜冰。第二宫中逢此宿，初年囊橐尽皆倾。水星生旺莫临财，进退难逃主有灾。纵有资财千万倍，如人把火照冰开。别有吉星转助则可，若见水星独临陷没，必多破败祖业。

论兄弟宫

兄弟只论其和睦与不和睦，今人多爱问几兄弟，若与他分其数目，则失矣。兹见日月金木气，则兄弟慈和友爱。日喜于阳位，则福紧。夜生在于阴宫，则禄慢。月主有兄弟姊妹，上下和睦无克害。月在第三宫，号为入庙。经云：第三宫中为闲极。金，主兄弟三人，姐妹二人，皆得力。木，主三兄二弟，孝顺和睦无克。只忌罗计、孛、火、土，必须克剥，当自立也。罗，主有兄弟三两人，亦得力，主大贵。计，有兄弟不得力，若独行，则兄友弟恭。孛，总不得力。纵有亦尔东我西，相见如水火，与他人一般，只宜自卓立。水，难得兄弟力。土，不得力。

论田宅宫

田宅亦为父母宫，若见日、月、金、水、气，福星临之得地，必主滋荫，享上人之福。经云：多居产业，金、水、木照田园。

金，主有祖业，父母具庆，衣食自丰。

水，难招祖业，自立方旺。

木，多居产业，父母全。

月，主尊亲有寿。宜居祖业。忌罗、计、火、土入宫分，必须克剥父母，不然主过房庶出，破败祖业，破而再成也。

罗，自宜卓立，更有吉星照临，则家道大兴。

计，祖业难靠，宜自卓立。如气、木二星傍照，不以此论。

火，不得祖业。赋曰：少失资财，金火同临狮子位，狮子非午也。盖狮子乃官禄之位，对照田宅在子位也。若吉星，则祸福又异。

土，虽绍祖业，亦克父母，因田宅争讼。

孛，主克父母，有祖业，终破败。若居次胎，则父母无碍。更加土、计同宫，收主过房偏生。经云：田宅宫中土孛防，三方闲极可悲伤。此身若不为僧道，却唤他人作父娘。又云：土星月孛居四乡，合招异姓作爷娘。不是偏生婢妾养，东房移过吃西房。

论男女宫

第五宫中号男女，最忌孛、计并火、土，必然克剥少女男，若非外姓应难主。

若见金、木、水、日、月，必主贵子俊丽之男。

金长宜见，女次则男贵，主有三男二女，或昼生人，或在寅上，名为愠怒。兼六巳人，宜见异姓之子。

木，主少女多男，日生则多，夜生则次，男聪明智慧，女四德兼全。

水，主有四子，聪明端正，至老得力。如在戌位，则宜偏生过房，桃花夹竹，异姓之子。若六壬人见之，即主二男二女，须详吉凶星断。

日，主五男二女，至老不克。六壬人见之，谓之魁星，倍加福力。

月，主男得力，若被罗、计照破，则主迟晚，或长见女。若在卯、酉、亥、未、巳者，不怕恶星；若见月、孛，必主克剥。经云：子孙之位怕孛过，无男应是女生多。若得善星来照视，晚招一对定应多。

孛，主女多，男女迟见方保。六丁人，此宫见之，全无。纵有亦不得力。如有吉星合照，不妨。若太阴相对，则主男大贵，女封号，日生则减力。

火，主二三人，若为土星首尾合照，或白日生人，六丙生人，全不得力，主孤寡。

土，主一子，若入庙，则有二子。忌曜则减力。

气，主有男女，宜迟。此星亦名孤星。

计，男女少，若早见，则定克，晚年主一子。

罗，不宜早见。经云：蚀神临子最难为，得力还招外姓儿。假饶若过三旬外，亲生一个是便宜。主桃花夹竹，偏生过房，惟六甲、辛、壬人，主三男二女，至老得力。若六巳人，此宫见之，全无子息，纵有不得力。

又论命宫福星盛旺，必主子息之盛。若见凶星恶弱，必然蹇破。经云：妻无子息，都缘月孛在七强。凡论女人子息，大概与前同。惟巳、午宫坐命，曰干宫。若见计、孛忌星，则主难子不生，或亥、子坐命，曰湿宫。若见金、木、土星，多主子息三男二女之数。

论奴仆宫

第六宫中号恶弱，五星不得临照著。一切加临在此宫，福禄资财日消铄。凡星辰皆不喜此一宫，若得善星在其中，福力慢，主奴仆侍从之福。金、木得力，定主少年克父母。

水，主有奴仆鞍马，中年走失。

土，有奴仆，多走失。若有木星同位，则至老奴婢成群。

罗，主奴婢自然丰厚，一呼百诺。

日，一生得力。若见计、孛、火、土刑星，反遭其害。

计，常被脱赚。

孛，不得力，多走失。

火，有奴仆，不久远。六甲人见此星者，所谓禄主临恶弱之地，难为享福。若魁星、科甲三方高强，无虑。此宫若科甲、魁星、官星、学堂、禄主一切星落此，总不得力。

论妻妾宫

妻妾一宫与命宫相对，又曰西没宫。看此宫有何星曜，若见金、木、水星，则主美貌，夫妇和睦。若见火星、计、孛，必然克破陷害。又况金为人之妻星，看金星落何宫，又看善恶星相会言之。若会木、水，必近妻家财，妻之荫润，或近阴人财。若同火、土、计、孛，必多克剥。经云：克妻害子，太乙与首尾同宫。

论疾厄宫

第八宫号疾厄，忌见计、孛并火、土。忽然陷没更叠刑，难免疾厄终身祸。如有福星来解免，尚且疾中难可保。若无救疗决生违，至死必须还克破。君子贵命见之，多主脚疾股肱之患，终身常带气血之疾；小人则折脚、眇目、拳秃、驼腰，官刑、徒杖之祸；女人多招产难血气之疾，至重者，亦至身疾。金、计相会，男女多主雕青痕痣也。

论迁移宫

迁移主行藏。喜金、木、气福星临之，主君子迁官进爵。经云：欲问荣华，大抵金居九位。凡见善星临之，处世行藏皆吉。若见凶刑忌星，主平生多歇灭。纵有官品，常多蹇滞。若见忌土，多主九流商旅游学。紫气、土星并系客星，此论载《灵台经》。

论官禄宫

第十宫中号官禄，若见善星多富足。贵人职品必须高，小人必近食官禄。凡贵命，又看宫主是在何宫，却分品序，此宫若见凶刑、忌星，计、孛陷弱，反成不足，职卑命薄也。

论福德宫

十一宫中号福德，若见吉星须享福。加与金、木、紫气同，更在强宫必为淑。

若见计、孛、火、土，必多蹇破，亦多主福中之忧，禄中不足。纵使富豪，常有意外之不足。

太阳福德最为奇，白日生人喜得之。五福俱全尊上德，贵荣三爵福无涯。

专论福禄二主

人元当生之年，禀赋者十有一星，安排者十有二局。十二宫中，所要者，惟福禄为主；十二局中，所重者，惟福禄二宫。今推之五星，质之人为，凡有卓立功名，致富贵者，而此二宫未尝无吉曜，而福禄二主星亦未尝陷。

或禄主归窠，或福星归福，或带吉而逢生，或归德而带权，或入庙旺，似此之类，往往皆是，岂福禄无星而可耶?

如其处世孤贫，为人流荡，以其福禄二宫验之，未尝有一吉曜，而二星亦未尝不弱，或禄主背命，或福曜逢囚，或禄宫带刑星而党立，或福德带恶曜而伤残，似此之类，往往皆是，岂五星关键而不在此二宫耶？

再论福德宫变格

福德一宫人莫穷，昼生从日夜从阴。数取日、月相去位，还从东出配其终。数尽之处为相位，次看何宿守其中。若遇善星相对照，福寿高崇禄料丰。又兼金、木作宫主，福德高强福更隆。见《西天都例经》。

福德者，为身命之根源。吉星聚此，则福寿坚牢；恶曜临之，则命浮弱。吉凶如响，凡推其福德宫，日生则从太阳数至太阴，夜生则从太阴数至太阳。数其相去几宫，然后从命宫数其相去宫位，即为相貌，次则福德，若正坐高强，复得吉星为本宫之主，加以文星又在高强，必然享福无穷，受禄绵远。

再论相貌、奴仆两位

相貌奴仆非高位，两者多缘凶与忌。当生七曜落其间，一世孤穷苦憔悴。昼里生人火占高，月最不宜来对视。夜逢土宿同此推，太薄如何望身贵。月在恶曜行度间，恶者复强善者闲。三方不救五星伏，必为贱隶处人寰。

论相貌奴仆于理为长，识者宜详味之。

定三日宫

若下胎元宫，不下三日宫；若下三日宫，不下胎元宫。

三主高强福禄昌，文星会命贵人乡。

更逢紫水临其限，少年及第佐朝廊。

三日宫中紫孛罗，三方辰戌更相过。
若被忌星来照著，定向三朝损命多。
三日宫中居恶弱，更加凶曜在其中。
吉星不照难延命，纵然不死患重重。
三日宫中土孛傍，三方闲极可悲伤。
此身若不遭迍否，定教他人作父娘。
三日宫中水木星，平生聪俊佐王廷。
三方若在高强位，金榜无疑定有名。
三方始得力，罗紫命中行。
纵然为文职，须当带佩行。
一生身命处高宫，三方精彻在其中。
官禄迁移吉星照，员郎给谏至三公。
三日宫中昼火星，夜生遇土一般同。
紫气限星如交著，定见危亡三岁中。
火星有寿只三年，纵得成人被祸缠。
大限不到三四十，须交十五入黄泉。
更看生后三日宫，月到何星分度中。
金木相逢俱是吉，若交见水性偏聪。

善星更作身命主，复占强方不失度。此为有福无难人，一生谋运何尝阻。忽然至此却逢火，终身岂免兴灾祸。第一损寿二损财，所向多乖遭折挫。更坐土星同照地，常时分外生迍否。木曜纵横不救之，禄算永终天然矣。

夫三日一宫，最难分别。或者以为身命第三宫，或者又为日第三宫，互相矛盾，妄指其说以为奇吁。论五星者，尚不识三日宫，何以论人之祸福？夫三日宫者，系人一身祸福之地，恶星躔之，灾祸随至，吉曜临之，福寿可期。如其又在十五度中，其应立验，乌可不详论之？今以三日宫并言之，大凡论三日官，先推太阴躔何星宿，而后迤逦推其宫分。前三日则前三星，后三日则后三星也。如太阴躔尾宿，前三日尚属斗宿，后三日属房宿，此为三日宫甚明，而祸福如景响。舍是推何星而躔三日之宫乎？从其轻重分剖，则造化可窥矣。

定胎元宫（太阴所历过一宫是）

余按此条有二明三暗之说，盖引天机所重者，而证己之言。

胎元宫里金兼木，贫贱性残当夭促。

人生不幸定遭之，若见时临伤眼目。

土火胎元系二明，男子遭之则昌荣。

妇人逢之夫位显，莫教柔曜月前迎。

金水二星号最柔，蟾魄无令与聚头。

抱病打伤犹可已，其间贫苦更忧愁。

月过一宫为胎元，金水相逢定夭贫。火土二交并孛曜，高强即是富华人。天机数有胎元星，三暗相扶及二明。必取富豪并世禄，其中一半是官人。疾病多端见小孩，只因金火犯元胎。奈何上下相关照，眼目疮痍竞发来。身宫胎元紫气星，不是疾厄与孤刑。克害爷娘身自立，不然有异见双生。男女紫气犯胎星，且为僧道及孤贫。不是双胎并异母，又须刑害克双亲。后扶前引看星辰，强曜康宁福寿人。错说阴柔凶短折，更加恶弱老忧贫。太阴却到会空辰，金木从高性且迍。恩及亲知成悔吝，到头顾遇有谁人。月限犯孤星

不救（月前方九十度无星对月，皆金、木、水），**行年又却值三灾**（月限忌土木二交，行年不要见），**后人推步知相识，若使斯人祸患来。**

太阴所历过之一宫，谓之胎元宫，以未生三日之前，月在其中故也。亦名生前三日宫。此宫有星曜，祸福尤切。月在之宫，谓之身宫。未到之宫，谓之生后三日宫。此三宫星曜，照见善恶，与身一例言之。天机无生前三日，生后三日之说。只以前扶后引有何星曜，依诀断之，则无不验。然只以去太阴二十七度为准，在二十七度外，虽是隔宫，亦如不见，不谓扶引也。天机更取前一方者，盖以十二宫分之为四方，则一方者月前三宫是也。定九十一度为准，九十一度外不是。如无强星辅之，月限孤矣。

总龟十二位论

命　宫

《栏驾经》：天柱星飞在禄宫，又玉堂贵人宫，卯上谓之明堂，午上谓之轩辕，戌上谓之武库。身命主星居此，未可作下流命看。天柱而罗、计同，不吉。独行，主人身闲。若在天门及飞天宫上，吉。大凡禄主居庙旺之地，皆主发禄财。主星会天柱在弱宫，吉。天柱、命主二星俱入金门宫，不必论田宅最好，文昌星入学堂，主修学。如丁巳生人，天柱在未，名夜剑锋煞。未为阳刃，主夭寿。凡人天柱带马独行见太阳，主人心狂。天柱躔迁移宫，主人入赘、过房，迁居、离祖之类。与天蛊星同，主人好讼。或天蛊入身命宫，主多招讼事。天柱入官禄之宫，乃官禄入命，主星寻官，并以吉断。

歌曰：　金星入命夜生吉，白日生人减半力。
木星照命有多般，白日逢之必作官。
夜生若有暗曜杂，返为凶祸主忧煎。
水星在命合入庙，夜里生人太阴照。
或居双女与阴阳，决定少年居显要。
火星入命不堪详，白日生人主祸殃。
更被孛罗三合照，定知哑吃与人伤。
患劳枉死人孤寡，夜生又宜却无妨。
土星入命主顽钝，夜里生人不可论。
水命定知须哑吃，黄肿气疾命难存。
太阳坐命若逢木，罗紫同宫须食禄。
火星不照定封侯，月孛临之患心腹。
太阴在命生逢夜，水宿同宫为仆射。
土宿入命孛星来，有禄定知非久谢。
紫气印星号天乙，凡在命宫皆有益。
生时不被恶星临，善宿合兮多子息。
未月见紫入夜宫，夜里生人为辅弼。
若是土星三合照，虽则高强终是疾。
罗睺入命计谋多，木紫同宫主富豪。
金木太阳三合照，此人慷慨更英豪。
女人夜生罗照著，自缢劳刑贫又薄。
紫火水计入命时，此则定主十般恶。

计都入命忧火命，此则十煞恶无定。
贵人遇者以无权，白日生人宜修进。
木星紫日如照临，主命俱强为福庆。
孛星入命人廉洁，目快心清为性别。
紫木日金合照时，所作高强皆有节。
日生火孛主星微，决定刑伤蛇虎食。
掩口不开气冲人，直得为官须歇灭。

财帛宫

《栏驾经》：天宝星，财帛者，天宝所司，看飞在何宫，禄主玉堂，吉。见罗、计、孛、火、土，正忌星，反财物耗散。怕废星财不兴，耗星财不聚，陷星及狼藉分，皆不吉。会天蛊星，主讼破财。

歌曰：　金临财帛足随时，夜里生人皆进滋。
木临财帛必丰隆，日中生者最难逢。
水临财帛财帛散，更被孛来不足看。
火居财帛与前同，土居财帛皆丰亨。
太阳居此足钱财，贸库常开待物来。
月居财帛多财帛，只怕土星三合克。
紫入二宫亦忌之，遇日木扶还又得。
罗计孛入损资财，终身不得资财力。

兄弟宫

《栏驾经》：天玉星所司兄弟之宫，名为闲极，如独行飞入陷宫，主少兄弟，或本宫上见罗、计、孛，多凶。金、木，主二人。水、月，主二人。紫气与水星皆善星。日生人忌太阴，夜忌太阳，并为孤宿，会刑废耗，主克害，狼籍主克损。见火、孛，兄弟如仇雠。大抵男女二命，可详细推。

歌曰：　木金兄弟主英雄，水星和乐旺门风。

火在此宫定孤寡，夜生不与孤寡同。

土临兄弟终和睦，日居未可同年语。

生时父母决相背，木计合宫主贫苦。

太阴若得主星来，辅弼荣华由此胎。

紫临第三兄弟少，计星遇此断生灾。

月孛来时损兄弟，古今传说祸难推。

田宅宫

《栏驾经》：天富星，田宅者，天富所司。在命宫，主田宅，加凶宿即无落陷，终有亦庙，强宫庙旺，承祖业。如罗、计、孛星，土忌、刑废、耗星相会，或被剑锋、狼籍、天蛊对照，或三合旁照，并主破产。如飞陷宫，主先无后有，禄宫玉堂皆是自能卓立。

歌曰：　金居田宅父母宫，白日生人主困穷。

如逢夜里最为吉，产业自营迈祖宗。

木临田宅兴父母，自然福寿世难同。

水居第四旺田庄，更有双亲寿命长。

火星临此不堪说，土星躔入有房廊。

白日生人为最吉，夜生父母早身亡。

日居田宅足田园，木临双亲寿命全。

火孛不照多产业，水金合会常堪怜。
月临虽称旺田地，白日生人反作累。
紫气居之多壮宏，父母一时居富贵。
木星入位必有官，水月合兮居显位。
罗入田宅不堪猜，十般恶死及破财。
计都侵之忧父母，田庄牛马化成灰。
月孛居此亦如之，夜生亦可减毫厘。
昼生又忌火来克，父母早亡早孤凄。

男女宫

《栏驾经》：天孤星，男女乃天孤所司，大概与兄弟同推详。入陷宫，主迟，或刑耗，忌星化剑锋、狼籍、天废星，并主克损。更看犯星轻重，太阴在五宫，先见女，金、水多男女，罗、计，主拗性及克害。

歌曰：
金星若在男女宫，三男聪俊各英雄。
火在此宫不得地，遇著定来更莫穷。
土临第五迟迟有，夜生决定主孤踪。
太阳若照男女宫，必有贵子显门风。
太阴居之亦如此，三男富贵夜为功。
紫气当生照男女，不被恶星并火土。
三合水月同聪俊，男女荣华定文武。
罗照男女主夭亡，计都临照亦灾苦。
孛星倘若照此宫，十生九死空费乳。
为人性狠恶肚肠，此乃依经与君语。

奴仆宫

《栏驾经》：仆马星六宫，见孛与人不和。太阴星入此宫，定主卑微下贱。又恶星会极不好。天柱星入此宫，主闲事劳漉，小人反覆不情之态。

歌曰：　金木星居足奴仆，土若加之夜为毒。
　　　　火在此宫必少力，太阴值此多悲哭。
　　　　非惟辛苦有多般，决定生时非正屋。
　　　　月若居之被日土，一世多迍更贫苦。
　　　　第六宫中见太乙，男女顽愚多忌疾。
　　　　不然迟忌亦寡微，此乃皆言为不吉。
　　　　计罗居此有灾殃，孛若临之号凶极。

妻妾宫

《殿驾经》：天对星，妻妾乃此星主之。忌恶星在此宫，主损妻。天对之星入陷，婚迟。此星见剑锋、狼籍及主星皆不吉。金为妇星，须要明净。如同剑锋煞，主凶亡。见罗、计，主克害。孛、寅、金申，主妻有貌。带官星，主妻有荫。见刑星即刑，火主重婚。土主重浊肥短，貌不佳。金、水，秀丽。木星，长瘦。金星逢天耗、狼籍二星，女命全见，主克尽外家财帛、人口之类。

歌曰：　金在七宫妻妾好，木星会此日相逢。
　　　　其妻非但能廉洁，貌白容妍世孰同。
　　　　水在妻宫多妖冶，火则伤残莫论容。

夜生犹自主离别，何况生逢在日中。
土入妻宫无貌娘，妻妾命如日里霜。
太阳美貌火孛丑，太阴见水美容妆。
紫木星临太阴吉，罗睺自缢检尸伤。
计入妻宫劳患死，不然毒药溺江亡。
妻妾宫中见孛星，计都水火自相刑。
兼主蛇伤并自吊，不然产难堕青冷。
火孛瘟黄死暴哀，落水悬崖产难灾。
金镇太阳真绝妙，多招妻妾外家财。
火土生离并带疾，鼓盆三度请良媒。
木紫二星多美丽，姿容可与孟姜偕。
罗计二妻产难别，暴丧逃亡自带来。
紫孛水金淫欲甚，交情奴仆老心灰。

疾厄宫

《殿驾经》：煞难星，疾厄者，煞难所司。如见本宫星主带疾，六、八、十二同，见孛，主破相，或有宿疾。此宫水、月同，主风疾。土、计同，主脚患。土、孛同，主耳聋。火化剑锋，主心腹血气之疾。金忌火伤，主血脓肠风之类。大凡命宫，疾厄是火，忌孛星照。罗、计穿命，不问福禄，皆主夭折。火星大忌，午上照身命及天柱星，皆不吉。

歌曰：金在疾厄永无疾，木居富贵常安逸。
水在此宫遇计孛，必定腰驼并背屈。
白日生人火曜冲，必定风疾吐血终。

荧度疾厄须惊悸，土临八宫主瘟凶。
太昭遇计火土孛，风痨血病不久殁。
如见木阴独照之，一世优游无消歇。
此宫若见紫气临，定是安荣居要津。
罗照此宫应笃疾，计会孛来定凶侵。
非惟劳瘵又瘟黄，抑且吐血卧床亡。

迁移宫

《栏驾经》：迁移谓之近强。人命三合宫见土宿，主离乡。忌星，主贫贱。福贵禄星，吉曜，主经商。如见月孛，谓之客死星。见罗、计，主偏生、庶出，过房、出祖，带刑出祖，不离乡土。若四刑星无紫气星解救，亦主过房、出祖。金、木，吉。水，宜远行。金、木合照，封侯。火入，凶。土阻，远行。太阳，主昼生，吉。月会金、水，夜生吉。

歌曰： 此宫见紫主为官，太阴合兮为瑞端。
罗在游行必见刑，家中长见检尸灵。
计都若会孛星入，决定蛇伤并虎擒。
切闻月孛入迁移，损田损宅损妻儿。

官禄宫

《栏驾经》：官禄强星，乃司命掌之。又为文解恩牒之星，士人遇之，主发解；僧道遇之，主披剃；庶人遇之，主发财置业。如下流命，本宫见之，会天蛊、狼籍，主犯刑法官灾。小人最怕阳刃、官符、宫主星相会，及与的煞、狼籍星会，无福、贵二曜救解，凡与宅宫主星相会，皆不甚好。更看命主星明净，会罗、计，主凶死。不然看有禄无禄，大禄小禄。大凡主星会罗、计者，主夭，不然中年。火、孛照身命宫，皆不吉，即贱人也。孛星在官禄，主贫穷下贱。刑宪，初主贵，末必不好。限入官禄宫，添罗、计、天蛊入限，或在六、八、十二，皆不吉。

歌曰：　太白金星入官禄，一世为官居要轴。
天上之宫会水星，太阳合照作公卿。
水居好乐合于月，官居显位职非轻。
火在十宫夜入庙，朝端定列仍年少。

福德宫

《栏驾经》：福寿星，福德之宫，福寿星所掌。宜天权、福财照此宫上，吉。如男女宫得木星、紫、金、水善星照，尤佳。缘福德与男女宫相对，吉星在庙旺之宫，顺行为福深，在陷宫为福浅。最忌火星，主伤福德故也。

歌曰：　福德宫中或见金，夜生一世福神钦。
木会太阳居十一，禄优福厚居显秩。
水会月吉火浅薄，金土同照主食邑。
十一宫中罗最吉，太阳木气三合值。
生则须封万户侯，死则定知须庙食。

相貌宫

《栏驾经》：相貌当与六、八，此三宫用推详。孛、罗、计会，或主刑害、破相、疾厄，六根不足之命也。

歌曰：　土星相貌却乌黄，木宿原来瘦且长。
金白不惟多嗜欲，水星行动爱趋跄。
罗睺薄艺随身有，月孛为人带黑丑。
荧火一星多性恶，水星最是双眉好。
计都巧计爱谈论，罗火东西打杀人。
水火相随多杂艺，太阳为性却逡巡。
月孛一生多口嘴，水星伶俐木都美。
土星顽钝言语涩，罗火为人贫可鄙。

琴堂十二位论

论命宫

凡坐命宫，官禄、福德、田财星飞入为吉，此乃富人之命。切忌空亡、的破、流霞、劫煞，不吉，必主暗疾破相。华盖居此，必主传符度法之人。六害星辰飞入，一生劳碌。

论财帛

凡财帛主、度主、官禄、福德主居此，一生富贵。财星飞出田宅、官禄、福德宫富弱，宫陷地，主贫贱。更空亡、的破居此，再财星失陷，则食不充口，衣不盖身。若财帛高强，根基厚重，衣禄丰隆。若六位星辰居此，管干起家之人也。

论兄弟

凡田宅、官、福四星入此，兄弟豪富。空亡、的破入此，兄弟贫贱。孤寡星居之，则雁行无伴。官符居之，主兄弟逞讼。华盖居之，主兄弟道妆。疾厄、流霞、刃星入，则兄弟带疾破相。马星入，则兄弟东西；咸池入，则兄弟迷恋也。

论田宅

凡官禄、财星、太阳入此，祖业见承，田地加进。空亡、的破入此，则产业破荡。或胎星、岁破通关，则见弟争夺。奴仆主入，则仆干庄田之徒。或田星飞起官禄、福德、财帛之地，则富。财帛同田星飞起，则重卖交易矣。

论男女

凡空亡、的破居此，则男女贫贱孤寡。六害、华盖入此，则子女如石中求玉。流霞、刃星居此，则男女带疾。若居女位，女必产亡。咸池星入，男女迷恋。田、财、宫、福居之，男女豪富。迁移星居此，男必过房，女必重嫁。然阳宫男多，阴宫女多。

论奴仆

流霞、的、刃、劫居之，主奴仆有疾。长生、帝旺，则无灾。鬼宿居之，则奴仆偷窃。

论妻妾

七宫随禄，妻有妆奁，因而至富，家业兴隆。空亡、的破居之，妻性不常。若逢木星生旺，不是为煞，招妻俊雅。气、计居之，妻丑顽拗。孤寡星居之，必孤。

论疾厄

此官乃八煞官，若火星入之无制，主人一生多难。

月到见煞，母有疾；日到见煞，父有疾。五位飞来，男女疾。三宫星来，兄弟有疾。七宫星来，妻妾有疾。流霞、的、刃、煞难居之，主带疾不宁于厥身也。

论迁移

本官忌孛星居之，主离祖，迁转无定。

身、命主居此，必当离祖过房。三位星居之，兄弟离祖。女见桃花煞居此，有合则不良，不然必嫁远夫。并阳刃居之，则离乡别井。

论官禄

身、命二主并财、福居之，则禄位高强。的破居此，不吉。三位星居之，兄弟豪富。

论福德

本宫田、财、身、命四星居之，主清闲亨用，有福之人也。的、劫飞来，有福不能享。流霞亦然。

论相貌

此宫名弱宫，身、命、官、福、田、财不喜居之。临官、帝旺、金、木、水、阳居此，则状貌清秀。若劫、的、流霞居之，主破相。

星学大成卷七

总论诸限

洞微百六限起例

洞微大限一百年零六个月，故曰百六。

命宫十五貌宫十，福德妻宫十一详。官禄十五最高位，迁移止有八年粮。疾厄七兮共六六，财帛兄弟五年强。田宅子孙并奴仆，四年之半定毫芒。假令昼生火在巳，午未甲酉并空亡。二十六七为尽处，不然破败卒他乡。

假令卯上安命，日生人火在巳为忌星。二十六岁限数至此不行，故午未申酉并为空亡也。

木在午兮火在酉，三旬之七福非常。天蝎之前生在昼，六旬之六定为殃。

当生木星在官禄宫，至三十七岁以后限入天中，至此称心，卯为命宫，前即酉也。日生人限至此逢忌星，故为祸殃。

人生百六以为准，学人细说莫能忘。

命宫十五岁

命宫初排十五年，看取生时善恶躔。昼夜阴阳分两曜，值命须知短寿年。更有罗计孛星照，不过七七入黄泉。

两曜者火土也。日生忌火，夜生忌土。如在命宫必寿短，更遇恶星临照，见命身者不过七七至四十九日须死亡也。故云七七。

若只三合五年定，对冲三岁见屯邅。

三合宫有恶星，不过五岁，对照不过三岁。

更看星宿几时入，再侵元限定为冤。

行年恶星入守旧位，则凶。

生值紫气木星照，自然长大少灾躔。此限管年十五岁，看取生时祸福元。

相貌宫十岁

相貌十岁限须知，看取生时善恶推。若遇昼荧并夜上，十六七上定须危。若遇吉曜生时过，一自六七喜欢归。更言孛计相临照，十年困苦似神迷。初入宫中十六岁，对冲八九喜兼悲。

初入限一二年有应，对照三四年方应灾福。

三合十与十一数，宜须逐位细详推，此限管会都一十，通前二十五年期。

福德宫十一岁

福德十一细推排，二旬六岁限方来。生时善宿躔于此，二旬七八受恩回。

金、木、紫气、罗喉、水、月入顺旺合照，此位大吉。

若言忌曜当临照，定须催促入泉台。

生时忌曜日火夜土，恶星同此，二十八岁身亡也。

若遇行年青星照，吉星退后必兴灾。五七三方善星照，三旬一二笑颜开。

三合有喜星，至三十一二岁见喜也。

若是恶曜同前述，祸恶皆从生受来。

官禄十五岁

官禄十五限高强，生时善宿在何方。紫木金罗来照此，三旬七上入朝堂。

官禄宫住十五年，三十七岁入，五十一岁出，若吉星守照，主荣位进职也。

生逢忌曜当临位，行年暗宿又来伤，四七之年当恶死，未交前限早身亡。三合见逢六七岁，对冲三十九恓惶。

如三合见凶星，四十一二重灾。若对照，主三十九岁身亡。

此限管行五十一，宫中善恶细推详。吉曜生临当喜梦，恶星照处恶还当。

迁移宫八岁

迁移八岁命合方，但看生时善恶详。五旬二上交中限，吉星临照足财粮。

合方，三合也，五十二岁入，五十九岁出。

加官进职分明定，在外须知利四方。

主星有力，乃紫木罗星守此，主进职，僧道加服，庶人有财喜。

若逢恶曜凶星守，五旬六七定身亡。

忌星计孛照此，主灾，五十六岁主身亡也。

对照防灾七八岁，三方五十八九防。

如对恶星，五十六岁有灾。如吉星守，则喜庆。三合恶星照，五十八九有灾危也。

疾厄七岁

疾厄七岁限须防，但看生时善恶详。吉曜六旬添喜庆，灾星照著有灾殃。

六十交入，六十六交出，初入限逢吉星，六十交限便受吉庆。

蚀神首尾如狼虎，利害计孛大为殃。忌宿若非是方主，六旬有一定身亡。对照六十三灾至，三合六旬六限当。

正连限星，六十一岁灾。如对冲，六十三凶。如三合，六十六主身亡。

生逢恶曜灾应厚，吉曜临时百福昌。

妻妾十一岁

西没妻妾十一年，六旬七岁到其边。生值恶星居此位，六旬七八便忧煎。克妻害子加灾至，为官罢职不堪言。三合防灾七十一，对照六十九来躔。

恶星火土计孛也。六十七交入，七十八交出，吉则吉，凶则凶。

奴仆田宅男女共十三岁半

奴仆子孙与田宅，此限共计十三年。每位分明四载半，都来半载一周天。七旬八岁交前限，生时星宿细推迁。八旬一岁归男女，八旬四上入田园。五宫恶曜八十一，四位八旬六七言。

男女宫凶星，八十一主身亡。田宅宫凶星，八十六七身亡。

善恶限看当生宿，灾殃须算降生年。

看当生星辰元守宫排凶吉，逐限交入，合遇吉凶，一一如是。

前限不逢凶恶曜，兄弟五年财帛全。

财帛兄弟各五年也。

逐年行宫到此吉，寿星高照亦安然。限位都排一百六，仍须学者细推研。若更有人彭祖寿，又从命里说根源。

统论

大抵洞微所急者，限主也。洞微所贵者，禄星也。所重者，诸曜顺行也。所发者，庙宫也。所畏者，忌星也。所好者，吉神也。所辅者，行年也。所助者，三方也。所恶者，计孛在他宫也。如是善星陷逆，则福慢。顺行，则福紧。凶星陷逆，则灾紧。顺行，则灾慢。如遇吉星顺行，即得本宫加数。如遇恶星他宫，则其数半减。若是限星居庙度，即于本数外更加四年。居旺乐度，即增算二年。如一限之中见两星在旺乐，合共延四年，以此增损数，更在子细加减。凡逢恶限，行年上却逢吉星临照，身命即延得一年寿，其行年星过便亡也。大凡吉星居七强为福紧，五弱力慢。灾星在强宫为灾慢，五弱为灾紧。凡限本宫见星，灾福之应十分，对照七分，三合四分。凡限星在终末之度，即灾福之力侧微，而不可以定数言之。凡忌星在好乐宫，入限三年内，为福，三年以后反为灾咎。大凡限逢忌星，不死亦灾。若火在阴宫，土在阳宫，或为三方主，虽有厄而不亡。故歌曰：夜忌土星日忌火，三方不是死无疑。此星若是二方主，虽有灾侵命不离。火阴土阳宫尤妙，好乐位中别有奇。谓此也。凡灾忌星生时在伏段，限内为灾祸只有三四分力，福星生时在伏段，亦只得三四分力。盖被太阳所伏，光芒不见，有类臣居君侧，包藏光美之象。凡一限中见吉凶星同聚，即以入宫先后及顺逆而断吉凶。故限入宫深者，先见，限入宫浅者，后逢之也。凡遇本限及对照三合，并不见一星，名曰空限，主多灾凶，图事不成。若得限主当生有力之位，则反此。惟有官禄宫上逢空限，最凶，必于四十六七岁死矣。凡当生若吉星照身命者，主中年富贵，纵逢灾数，直至限末，始见灾厄。若当生凶星照身命者，中年虽逢福限，四旬之后亦主滞，至限末方为福。大都吉凶之应，全藉根基。当生有禄则吉，限上无禄则喜宫难发，是犹无根之木，虽逢春，终不能发葩而成实也。故经云：若无一星居身命，自足贤愚别有因。此之谓也。

洞微歌

百六惟推星命人，有星方是富豪论。
若无一星居身命，自是贤愚别有因。
夜诞昼生忌自别，昼土夜火前经说。

阳宫昼火阴夜土，此限逢之死可决。

夜生人忌土，昼生人忌火，此是忌星各自别也。若更昼火在阳宫，夜土在阴宫，限数遇之，死无疑矣。

福曜相兼荣里亡，暂时延得少时节。

若忌星限内却有福星照临，即此人在称意中亡，但是一时也。

生时计孛若同宫，迍邅还是死前发。

生时若计孛同宫，而限内逢者，必先失官散财，然后已身亦亡也。

夜上昼火是主星，亦为灾害亦为荣。

夜土昼火非为主，灾祸相仍难再生。

日月金木并紫气，当生限内成贵荣。

以上七曜，要当生得力，度分不移，旺庙宫掩映，方为贵气。

罗睺亦是贵权星，限若逢之无不利。

罗睺是天中贵曜，别无凶星刑克，当领重权。

当生孛至为灾异，家宅不宁祸有余。

限遇月孛，主老幼不宁，阴私气闷，兼有哭声。夜生较轻。惟到金牛胃宿九度，巨蟹二十一度，则反有迁荣。

剥官退职因何事，限里元来见计都。

若在亥宫并戌位，反为迁博涉亨衢。

纵有吉星同限内，些小灾患不能无。

三空若遇灾顿并，六年之内增重病。

惟到狮子十五年，出限之时须丧命。

中限灾福有迟速，对时三四合五六。
惟是正八最无疑，一二年中之祸福。
好星限内恶星来，身命行年小可灾。
限星最忌逢恶曜，定行催促入泉台。

凡人逢忌星行年，又有凶星照临，断定不生。

限星若在旺庙处，必见贵人有遭遇。
庙星增算四五年，乐旺一二年为据。
忌星若在庙旺宫，不为灾害福相逢。
星入宫浅官早来，星入宫深晚为职。
大凡五纬忌留逆，善恶逢之皆减力。
计都要在戌亥宫，命限之中不可逢。
星限之内一百六，说尽人间灾与福。
好星增算恶星乖，限内分明一一排。
阴阳大抵须消息，必候聪明可断裁。

洞微歌二

前限惟推富贵人，不知更有苦并贫。
若要得知从何起，但看生时与限辰。
太阳为父在高强，火孛同之必早亡。
太阳两处怕猪蛇，凶宿临之少哭爷。
太阴为母同恶宿，不死之时祸又速。
火月相对如非主，方信无男亦无女。
金与孛计入阴阳，不见妻身淫乱戕。
多姊多妹多兄弟，只看命前第三位。

命前三位有恶星，兄弟多伤亦无义。
限数如来到火上，昼诞夜生不为主。
及与二星相对时，不配不溺遭虫虎。
生来何得早贫窃，二星同到兄弟宫。
如有善星对合照，纵教有始也无终。

孛计到兄弟宫，及火日在四宫，虽有金木紫相冲合，身命始贵终贫，作盗贼也。

克妻丧妇从何得，二宿同来见太白。
太白反与火宫同，阴阳身命须消息。

凡妻星与水火同在阳宫，主生离及性恶。在阴宫，主自缢暗死。与孛计对照，主无，亦主缢离。

日月同宫夹火星，月宫人马土星临。
平生虽道无灾福，久后须交眼不明。
出家移父在他乡，不必星辰在庙堂。
但看生时与九宫，四星何处奠其方。
此歌虽是长如牍，子细推之有灾福。
学者要得逢其真，看取行年限迟速。

百六吉凶歌

人生贵贱禀星推，限数交宫各有时。

凡人贵贱皆禀日月五星之气，如以星限推之，可见休咎。限数者若卯宫十五，辰宫十之数是也。

若遇罗睺金木曜，太阳紫气月宫随。
限逢此曜迁官职，火土星宫到便危。

若人当生，以上吉曜在高强得力，度分限数遇之，必合迁官喜庆，如其星生时不得力，虽连之，为福亦微薄。此歌中略不言水星灾福者，盖水无定性，附善则善，附恶则恶也。

夜逢上星昼火曜，三方不是死无疑。

此星若是三方主，好庙宫中别有奇。

夜生人土不是主，昼生人火不是主，限数连之，立见灾危。若是方主，虽有厄而不亡。又如甲人逢火，戊人逢土，惟此二命虽是忌曜，亦于其限内迁官转职，将出此宫，然后身亡故也。

家宅不宁因孛至，更兼迍闷恰如痴。

月孛多主家宅不宁，心神不快，阴私迍闷，昼生尤甚，惟六乙生人较轻也。

计都失职终须记，若逢奎娄立转移。

计都临限，居官者失职，常人散财疾病，如更值日月，其灾转深，移到白羊宫，奎、娄二宿，则反有迁荣称意之喜。

首曜阳宫为福紧，尾星阴位定灾稀。

罗睺好昼，在阳官则福力更加。计都好夜，在阴宫为灾较可。

宫中对视三方净，空限凡营事不期。

官禄上逢空限死，四旬六七命须悲。

凡遇本限及对照三合并不见一曜，名曰空限，主多迍邅，图事不成。若得限主当生在有力之位，则反此。惟官禄宫上逢空限最凶，必于四十六七身亡。

善星限内逢灾忌，称意中亡是此基。

只有灾星宜详审，剥官孛计限仍知。

更逢忌曜因何死，失职中亡请细推。

若人行金、木、气限，昼火夜土，与计孛同宫，即有禄者，迁官而死，无禄者，进财而亡。如星限中只有灾星，不是忌曜，即须子细消息定之。盖灾星慢于忌曜故也。孛计限仍知失官散财，忧挠疾病，如更于忌曜同行，此人必有灾而后身亡。

昼土夜火如是主，限逢称意主官资。

火阴土阳宫为妙，好庙宫中别有奇。

主领重权王委任，延年四二细推之。

昼土夜火如是主，仍土在阳宫、火阴宫，则有加官进财之喜。诸星入好乐庙限者，合统清要之权为王腹心，兼庙限者，于本限别更延得四年，在好乐限者延得二年。

五星伏段临宫位，灾福三分与四齐。

五纬居伏段，与日月相近，则灾福之应有三四分，盖为太阳掩映，光芒不见故也。

吉曜七强为福紧，灾星五弱有灾疲。

吉星在七强则福倍加，灾星在五弱宫则灾较重也。

临宫一二对三四，三合年中五六推。

凡限在本宫者，发在第一二年中。对照限者，发在第三四年中，灾福之应十分。三合见限者，灾福之应四分，而发在五六年中也。

限数临宫未一岁，身命行来灾忌随。

前宫更有忌星迫，未交前限命须悲。

大凡行限到将来之时，身命行来宫上见灾忌之星，前一宫又遇忌星来迫，则更不候入前宫而便亡。假令夜生白羊，是命生时土在人马，自三十七至五十一限在磨蝎，于五十岁又遇土星临照身命，则便不候交人马限而亡也。

身命行年逢吉曜，不候交宫福佑之。

加人将入福星限，未交限前一年，遇金木紫气，罗喉照身命行羊宫，则不候交到前限，使有迁官喜庆之事。

灾星忌曜命宫位，乐宫二位莫生疑。

一二岁中为福庆，巳后灾侵祸不迟。

若昼生人火在天蝎，夜生人土在磨蝎，宝瓶数遇之，初入限一二年主有喜事，巳后必有灾危。

又看疾厄迁移宫，更详诸曜命宫推。

孛计相逢无吉曜，限数将交定死期。

妻妾、疾厄、迁移，名曰三紧位。当生切忌恶曜照临。若见计、孛则寿夭而不善终。行限至此，又无吉星照临，则出宫时死矣。

限中紫气星相见，职位清高主翰词。

十一曜中惟推天乙紫气遇之倍胜别星，若当生更与日月同对，此限数遇之，未仕者主释褐授官，已得仕者职加清峻，名位显扬，或居台阁。

一限两宫俱好乐，益寿四年福要知。

假令狮子为命宫，行金牛宫限，遇见金、月二星，是官禄宫中好乐。又火、土同在磨蝎，火临旺度，土临庙堂，是两宫好乐。限数遇之，不问昼夜，在限本数，只加一星之数。经云昼火不增数，夜土不加年故也。

限逢恶曜两相见，为灾至甚定难移。

一限之中见两灾星临照，则灾重，虽遇善曜亦不能救。

初入忌星宫限里，身命行年恶曜随。

留逆之月为亡月，宫居五弱不须疑。

如人正入昼火夜土限，身命行年宫入值凶星守照，兼其宫在五弱位，虽是初入限，忌星留逆之月，身便亡，更不候依常数而灾发也。

限恶行年身命恶，好曜过时也便危。

凡人限在火、孛、计宫上时，下若遇福曜临身命行年，吉曜方过，主见灾也。

星辰率宫胜余位，七强宫内福加之。

五弱添灾福禄减，学者须详善恶推。

七曜若在当年本宫度分，更若高强限数遇之，胜于他宫。若遇五弱，则灾重而福轻矣。

死生灾福无一失，方信从来学洞微。

论百六数有增减

诸星漏用记前篇，赜探幽玄是会元。

百六限中得本数，更求增减又玄玄。

星躔庙乐益四年，庙好之宫加二算。

星躔庙旺增一年，星在怒宫减一半。

星辰迟伏且平行，限到其宫不减增。

减于本限除一半，增于前限外加添。

独论五星增减数，六曜吉星只平度。

怒逆星辰同一宫，内减外增无差误。

凶星漏用平平过，忌星庙乐不增加。

的取天机经百六，兴衰生死的无差。

论限有出入半限定吉凶

何知根本理休为，出入宫中有细微，增减后来交本限，惟将星曜细寻推。满用诸星主限宫，须知满用福盈丰，设使纵横星曜怒，保全天命不殂终。凶星在限本倾危，满用纵横则庶几，只怕前宫忌星迫，未交满限命须悲。凶星初入本为灾，若是中分福不来，或有灾星期限满，于兹果断最难猜。有星满用限须满，灾星来侵限之半，喜星救援入限宫，依此推详为妙断。火星入限便为灾，土计兴灾限满来，计火土罗喜救援，例推主事识凶衰。日月罗计怕相逢，限遇交时命即终，罗计若然逢日月，如喜满用即无凶。忌星会限则当亡，满用之时福反昌，罗计孛星如守限，无星催促且无妨。日火会水不为忧，月土得火反为休，不逢满用逢水火，定行体骨掩荒丘。紫气福时前限福，欃枪后来方灾促，若是满用福祥多，仍识纵横须委曲。限宫凶吉星共同，增减满用不满用，星辰主事分先后，用事先权福为重。星辰满用吉凶同，亦寻星入理先踪，吉星先入先为福，恶曜后来后亦凶。救限最吉禄上星，更兼食邑与科名，文曜三方并寿宿，限宫当主亦延生。大凡满用皆荣美，能伐凶星尤可贵，被伐名为受制星，相喜往来皆庆瑞。满用相喜来百六，入仕迁官荣爵禄，例推出入与中分，育子取妻发金谷。纪纲百六辨凶衰，测验天机紧洞微，更有细微阳九限，逐年灾祸细寻推。

论限星切验都例

单星守限不满用，仍算行年星入用，若临善曜福无涯，恶曜交加归大梦。更知生死凭何据，百年六月分三处，二分为生一分亡，生限可逃亡则住。生限凶星尚可逃，三分之二总星交，六十七后为亡限，凶曜当之命即抛。百六交宫取定期，直须生月日兼时，交宫过后方为准，逐限推求深断之。交过前宫入限中，除却前限万端凶，如因囹圄遭原赦，鱼出疏罟鸟出笼。吉星临限多发福，入仕迁官荣爵禄，谁知此岁济欢荣，更加日月蒙星福。又知百六合凶星，救援全无大可惊，须知其年当弃世，知何日月往泉扃。百六限中当何月，阳九宫中寻甚日，例使纵横理吉凶，仍识月分前后节。阳星须识属前节，日木水土紫罗别，阴星须知后节期，月金火星并计孛。又知星曜孰重轻，阴阳两辰皆会合，须明祸福发何星，主事后先期晦朔。若识死时夜与昼，限内星辰宜审究，阳星兴祸夜间亡，阴宿推残亡必昼。

阳九限逐年吉凶

人生灾宿禀符阴，阳九相逢即此寻。
求法命宫坐一岁，二年财帛逐年临。
只待平期二十五，移入限中逐例使。
逐年吉凶识星辰，直至限中方始阻。
百六限中守吉星，符阴吉曜福祥兴。
官荣超擢移宸陛，仕庶凡谋必称情。

论洞微行年小限

要识星行祸福时，须在流年位上推，起于东出常为例，一宫一岁逆移之，交来每遇生日后，不问阴阳总若斯。

流年小限立例始于命宫，顺天轮而转，次至财帛，若在地盘则为逆矣。

木照金临皆有喜，益财迁职多如意，复到二星原守宫，凡有所图无不遂。贵人更得一相逢，旧禄既加新禄至，纳妇生儿吉庆门，此时自是凶星避。行年东出若同此，荣进有期亦缘水，更看所至主宫星，如在高强自然利。假如限到午与未，日月更为其主星，日在长时福即深，月遇初生吉无比。日短月亏仍有灾，用兹可以推余位。行年如到火土处，口舌资财悉堪虑，若使其星复照之，困厄须知少生路。次第常推第八宫，生时何曜在其中，如值蚀神并土火，遭刑遇溺卒然终。或是火月来西没，及因上下祸多同。

自一岁从命宫起逆行，一年移一宫，遇生日即交也，不论男女皆同。行所行之宫，但只看其宫内有何星照临，而消息祸福。大凡遇到火、土、计、孛原守宫，即为灾到。木、金、紫气原守宫，必有迁官进财喜事。若到宫内并无星辰临照，即看其时有何行年星来到宫内。木星入行年，顺行即通泰，退逆丧服及口舌。金星木星同入，则君子加官，常人财喜，或在迁移，则有迁转出入之喜。水月同入，得女人财，君子迁荣。火入烦挠口舌。土入，三合有恶曜，主刑禁。火月同入，主伤坠惊恐。土月同入，主冷病或痢疾。火入行年，在日宫，则君子迁官，常人男女得财称心。土与罗、计入，多重病连绵。紫气入，在公迁进，在私财物称意，更是原守，则重重喜庆，或进人口。计都入在辰戌宫，孝服官事。孛入行年，多奸非及迍闷。若更原守，并无星临视，即看官主善恶而断吉凶。

巳酉丑　亥卯未　阴后　寅午戌　申子辰　阳前

十六　十七　二十二　二十三

一岁　二岁　七岁　八岁　十三　十四　六十三

四十一　四十七

命宫　丑

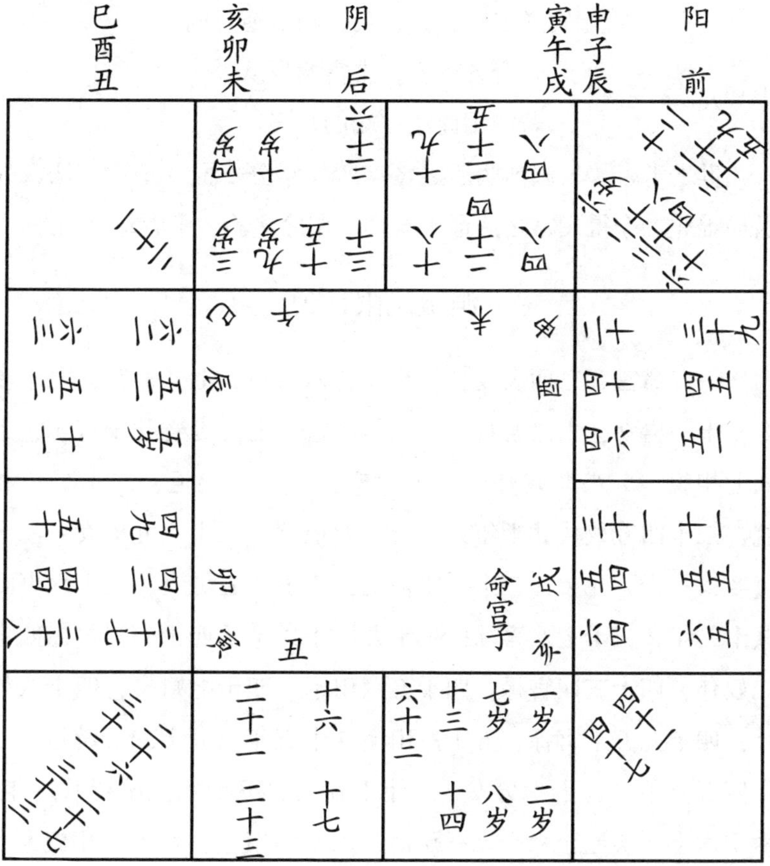

洞微飞限歌

洞微何要妙，要妙在飞宫。

一二本限里，三四对照冲。

三五合六载，其年见吉凶。

阳宫逆取顺行去，阴宫顺取逆行同。

三合各一岁，本宫两岁从。

若能用此法，端的是飞宫。

世之术者，虽阳前阴后之飞宫所住年分不同，不得其法，故祸福难凭。今得飞宫之法最为有理，用之多验，学者却宜用此。

洞微飞限详说

一二命宫，三四妻妾，五男女，六游行，七八命宫，九十妻妾，十一男女，十二游行，十三四命宫，十五妻妾共十五年，十六七相貌，十八九奴仆，二十田宅，二十一疾厄，二十二三相貌，二十四五奴仆共十年，二十六七福德，二十八九男女，三十妻妾，三十一兄弟，三十二三福德，三十四五男女，三十六妻妾共十一年，三十七八官禄，三十九四十田宅，四十一财帛，四十二奴仆，四十三四官禄，四十五六田宅，四十七财帛，四十八奴仆，四十九五十官禄，五十一田宅共十五年，五十二三游行，五十四五兄弟，五十六男女，五十七命宫，五十八九游行共八年，六十六十一疾厄，六十二三财帛，六十四田宅，六十五相貌，六十六疾厄共七年，六十七八妻妾，六十九七十命宫，七十一福德，七十二兄弟，七十三四妻妾，七十五六命宫，七十七福德共十一年，七十八九奴仆，八十八十一相貌，八十二财帛半年共四年半，八十三四男女，八十五六福德共四年，八十七八田宅，八十九九十官禄，九十一疾厄半年共四年半，九十二三兄弟，九十四五游行，九十六福德共五年，九十七八财帛，九十九一百疾厄共四年。

右飞限以当生元守星辰看，遇吉则吉，遇凶则凶。若流年又遇吉神，无有不吉，流年又遇凶神，无有不凶。

竹罗三限

竹罗乃山名，在天之西北，夜半子时诸星列宿皆聚其上，判人间祸福。李袁二士曾造彼处，授书三卷，分为三限经。若限主得地，则富贵终始如一。

寅午戌宫，昼生日水土，夜生水日土。

亥卯未宫，昼生金火月，夜生火金月。

申子辰宫，昼生土水木，夜生水土木。

已酉丑宫，昼生金月火，夜生月金火。

右三方主星取日出没时分昼夜。

说竹罗三限

安庆信斋有言，愚于诸家星限无不穷究，或言洞微限好，竹罗限不好，竹罗限好，洞微不好，祸福分两岐，更不敢断。细推竹罗限，其理优长。竹罗限有三不验：较量生时不正，一不验也。星辰过宫不正，二不验也。交限不得其理，三不验也。愚谓信斋之言最为切当，然竹罗、洞微两家星限不可偏废，当兼而用之。洞微大限只看本宫所守星及限主，然求流年灵福全在飞限。两限当以竹罗为先，飞限次之。若两限俱好，妙无以加。或飞限好，竹罗限不好，识者自当权宜轻重其说可也。

起　限

太极肇分天地位，二气斡旋生万类，中有人为物最灵，均受五行之秀气。昔贤立法考阴阳，日月推来理味长，竹罗三限从兹得，不识其原谬较量。命中三限最难分，时人将作主星轮，不论阴阳宫宿度，但从命里起周旋。若从命里分昼夜，十二宫中子细详，寅午戌兮日木土，夜生木日土为强。亥卯未兮金火月，夜生火金月最光，申子辰兮土水木，夜生水土木为良。巳酉丑兮金月火，夜生月金火相当，此星名作三方主，当从出没细推详。三方最乐七强位，切忌纳音四煞藏，金星四岁土星五，木三水一火二数。

太阳元是火之精，太阴便是水之副，二法各取水火行，便是竹罗三限路。开端隔节数三宫，逆行零顺几年终，若见远时数二节，零年交入甚宫中。但看当生星曜断，善星为福恶星凶，零年顺转逐宫移，遇交限处便交之。中限便从本限起，依前又数三宫止，零年顺转逢末限，末限又如前限起。零年顺数寻恶宫，恶极之宫生即巳，一如土为初限在，巳上便从巳上起。五岁大数十五在，卯二十五丑二十六，却回寅。余准此。更要在七强、顺旺、庙乐，不宜五弱留逆。经云：三方陷弱，其人空贵无官，一主高强，此命永成善庆。

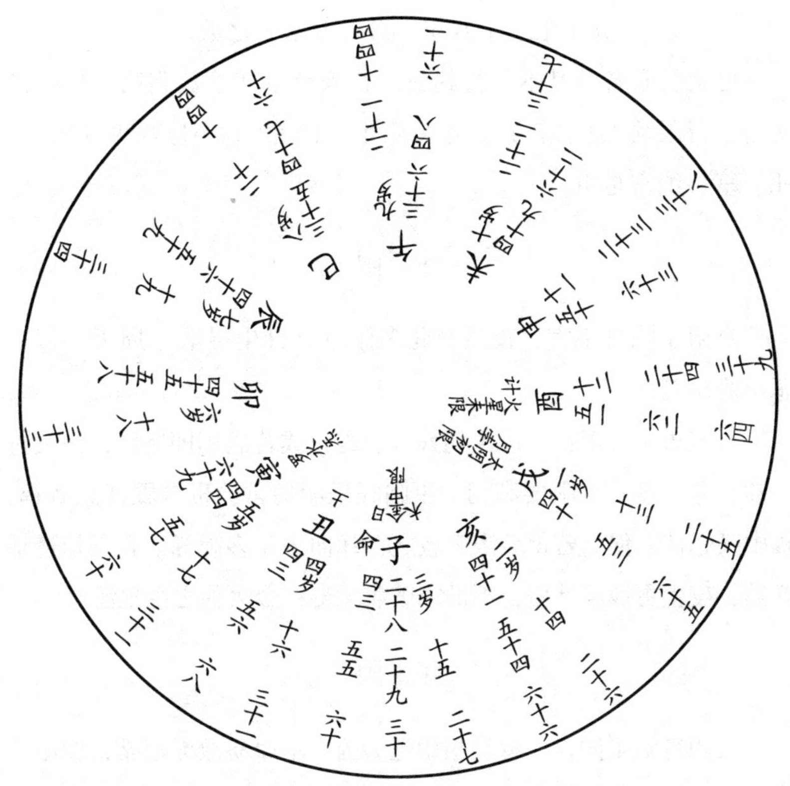

假令大纪二年戊子岁十二月初八日卯时生，即丑上安命歌云：巳酉丑兮金月火。又云：夜生中即反其初。其人小寒节过十二日生可作夜生人起限。月金火为例，是年六十九岁，火命人，限星到寅即长生限也。

三限用七政行年例

水星限二十四年，木星限三十年。

土星限二十六年，金星限二十六年。

火星限二十八年，日月取水火之数。

已上行限各就其本位行其数，若来交星即管数到第二星交是交宫，行限须四煞宫方敢决人死生。四煞乃本生年纳音沐浴、死、墓、绝宫是也。

日　限

日限土临日不宜，夜生交此多倾危，日生寻取一周天，每遇恶星难更延。

日限火入计罗位，或主伤残或法终，或若满用即坚固，深灾过了却亨通。日若为限要满用，更临旺乐明健宫，贵者骤迁愚者福，福中又恐催人促。若得后限来救之，却向中年多晚禄。日限怕逢纳音煞，夜生更被罗计侵，不惟家破兼无寿，金火临之主犯淫。

月　限

太阴行限土同宫，忽然相望也为凶，本原易散无根蒂，此限才交命即终。假使交时须未死，行宫逢煞命须穷，愚者临斯应夭折，清高之士吉还凶。惟有太阴好水星，木金紫气共同行，更临旺乐无刑克，月宫高折桂枝荣。不惟福寿如山海，辅助明君万国宁。

木　限

木限当生遇火克，更被孛临全减福，小人此限死无疑，贵者交之须失禄。更看后限不如前，此限应不到周天，木限若逢计与罗，自然财散禄消磨。忽然值限无星救，憔悴危亡怎奈何。木限官宫金主命，荣贵崇高增福庆，或被火孛来冲破，促寿败官事不宁。更有同宫木火忧，晋鲁吴宫与郑州，相貌仆马遭扑杀，三九宫中谨远游。凶星守照难归舍，纵然归得命难留，毒药恶疾来相及，限主元宫此是仇。

火　限

火若为限会于木，此限之中即发禄，贵者迁荣骇众人，小人遇此多财谷。当生首尾不相交，体大安宁兼寿足，白羊三宫及卯丑，其宫明净十分福。火限用金无杂乱，金数加福乃荣迁，后限若逾三四位，火无长焰不能延。火若为限主离财，夜里生人尚有灾，或若日中忧寿促，那堪尾曜来相触。自然破败心多愚，易盛易落时消福，一个周天子细推，纵有深灾命也危。计都之次有罗睺，忽然逢之主徒囚，或更满用占强宫，后限强临须福佑。

土　限

土若为限不宜逆，死败危亡须叹息，纵有吉星救不得，斯人夭折心多惑。或为夜限孛星来，此限交时的有灾，更有太阳相对望，器小无情祸有媒。不惟寿促兼无义，虽然内美外无财，惟有土星好四处，子午卯酉四宫排。

金　限

金星行限火来侵，断定斯人至死淫，更被孛来同此会，定伤筋骨复伤心。偏惹是非迷酒色，促寿亡家百祸临，首尾同之主滞多，须交妻子不相和。若在吉宫逢救宿，纵有深宅怎奈何，忽然荧惑会于金，私期暗约主奸淫。有时刑法及伤残，只怕罗睺计孛侵，火金为限若相会，限星满用福为最。或在死气沐浴乡，淫欲为伤寿不长，更被当生暗曜侵，刑法相残百祸临。交限更交元气中，生时忌曜复来冲，死见气劳并吐血，或主伤残或法终。慎者全无知者半，智人能悟寿延从。

水　限

水若为限怕逢孛，水厄气劳并风卒，四刑星照脓血终，三九宫中失骸骨。或居第八十二宫，死败加临疾似风，若得满用居旺乐，为官食禄爵弥丰。

总　限

限星明健命有气，安然享福无灾否。三限当生俱得力，终身福厚无忧戚。三限只得一限力，一限所为多利益。三限忽若两限强，只得两限福荣昌。交入当生无力限，去者福兮来者殃。初限若居无力地，年年常是见迍否。中限不力忧夭亡，自然财散亡家计。初中两限俱低弱，作事难成福销铄。若能知命学修行，末限微福便安乐。生时三限俱无力，定是终身无子息。若非僧道作闲人，一世孤贫怎过得。

限星怕忌曜，又忌在沉没宫。卯为沉，酉为没。又忌在无气死败官，主多灾家破人亡，带疾夭折，孤贫饿死。三、九宫主旅亡。在六、十二宫主扑伤。三、八宫患手足疾，即延年也。九宫好闲游，逢暗曜则偷盗奸淫。十宫火星犯徒，金星奸淫，计都法死，孛星决配。智者仿此，妙在变通，不多言矣。

三限各居明健方，顿然发禄异寻常，更得四元星助限，谷粟钱财金富藏。限强更得吉星照，立事成功服万方，后限更高无战克，封公公上又封王。限星得力要垣星，有限无垣亦何凭，定取限星明健处，垣星入限始为精。三限四元时命并，临官有气寿康宁，不惟易发登荣贵，更逢合格主长生。日月若逢吉曜临，明朝执政伏民心，后限忌星临破却，自是官高被谤深。人命三元与限同，须看有气占强宫，身命三元无煞曜，星辰纵陷禄重重。

又，上贵之人看第十，多是太阴并限入，木星金水一个临，限主傍宫蹑科级。若得限星无杂乱，须为当代秉钧衡。水土星高主性灵，或然作限更为清，水交日月足文学，自然才誉振英声。文官须得限星强，木金水月临照傍，限转行年相会处，科名迁职总相当。后限不明宜换武，免教失禄及恓惶，贬官罢职以何凭，看取生时正限星。若犯忌星并忌宿，行年到此自灾生，最凶孛火如临限，早年遁去保前程。

凡人三限恶星临，此限才交祸便侵，更被四刑星守限，沐浴星宫子细寻。更有十二六八宫，行年到此见阎公。忌限本处有些力，更加吉宿庶无凶。忌限当生占七强，虽见深灾未必亡。行年复到恶星度，魄散魂扬似醉乡。限恶宫中逢火罗，不惟促寿更奔波。又犯四刑星守照，王法须遭暗折磨。二午卯酉最为弱，寿福家财自消烁。若遇行年相对时，莫教忌曜微照著。任是吉星灾转加，本宫旺日死无差。此限若为三四用，终于原守莫咨嗟。限若无力空性灵，官禄宫逢暗曜星。沉浮之人虽得力，事公阶下度平生。死气二宫兼沐浴，须知心下不分明。不然游艺或僧道，若不浮荡有虚名。水火限来林浴宫，火胎在子事还同，忽然作限终身福，莫比诸星例说凶。限星陷逆本多凶，若然不死大贫穷，恶限破家刑骨肉，不死必然末限通。

初中限当死而不见，亦主家破生灾失财，若是末限好，必超出初中交末主方吉也。凡限星在三、六、八、九、十二宫为陷，对太阳为逆，多凶害也。

限居二八恶星躔，须教脚手见孪拳。十二八宫限火金，太阳同守忌星临，定须带疾并伤目，不然废疾或伤心。火孛同宫并守限，只怕刑星四余侵，若不双盲定主夭，衣食生来却称心。大抵凶星临限时，不惟自折更伤儿。忌星行限福星救，却增寿算减灾危。夫人三限忌星刑，只恐斯人性自灵，顽恶痴愚随限没，智明精妙却延龄。人生若得限星强，一生康宁命也长。若见多灾偏聚散，直推三限细推详。学者精穷自然悟，星辰之祖此中藏。

限星怕忌曜，又怕在沉没宫，卯为沉，酉为没。又忌在无气宫及死败宫。若在三、九宫，主旅亡，在六、十二宫，主扑伤。在三、八宫主忌失足之疾，即延年。限星若圆净明健，又在七强宫，则主富贵双全，寿数绵延也。

贵人改动

重臣出入要先知，三九宫中子细推，行年限入终当动，凶吉星临善恶移。明健入垣为本限，如临吉宿发无疑，限恶星临如会此，停官失禄祸须知。

贵格行年

上贵之人限星全，先要仁元与寿元，得入正限及身命，贵禄二星又相连。或居四正高强位，更无忌曜可修仙，若不修仙须弼辅，兵武星高主立边。或被忌星临照破，也为给谏主文权。武星高者有将才，文星为限主儒魁。日月分明金水会，片心忠节应三台。

金为兵火为武，木为文土为主。

贱格行年

忌星忌曜同行限，才交此限多魔难，更犯死气并沐浴，六亲刑害资财散。或时所守沉没宫，自刑自害多凶卒，更向三宫与九宫，客死他乡无骸骨。六宫十二伤肢节，高险须防惊坠失。此宫星曜不堤防，心愚只是便无良。阴阳二曜全无救，终身贫窘走他乡，有福聋盲并吃哑，手脚挛拳却免伤。少年忿欲行奸盗，老为饿莩及孤孀，倘若无疾为伤断，促寿亡身上法场。

行年灾福

行年限里恶星来，悲忧如醉没心怀。二恶星临灾两犯，三恶星临重有灾。若临财帛资财失，交于人命多灾疾。第三宫中损雁行，第四父母讼灾厄。忌星忌曜会行年，浮泛凶星小不宁。若是当生原守恶，不惟破败更亡身。

三限行年到何宫分，凶星主灾，二凶二度，三凶三度。若当生限明健，行年逢凶则灾半矣。行年入二宫损财，三宫损兄弟，四宫父母灾或争讼，八宫疾病，九宫远行失财，官非讼厄，五、七、十一宫防妻子灾，十二、六宫主危险，四煞宫主灾。当生限好，逢此恶星谓之浮沉凶星，小小灾疾。忌星者日火夜土，忌曜者木忌火孛，金见火孛灾浅，火忌水孛计罗，水忌孛，土忌孛及逆，太阳忌罗计土孛，月忌火孛土。

论游年星辰入命限

游年星入限宫来，或则为祥或则灾。本限吉星当日月，如遭罗计大为乖。游年莫犯忌限中，又论当生本命宫。入命对宫尤紧限，星辰凶吉最多功。紫罗金木福荣昌，孛计火土祸兼殃。八位尊星行度数，行年入限定灾详。忌星罗计与孛星，单守百六保全生。游年重叠临命限，或加金位命当倾。欲识游年理凶吉，算星交入命限别。或是入到原守宫，入宫之日星方说。游年亦论满用星，来家命限福祥兴。但算临宫住几日，凶星满用反康宁。

论童限

一命二财三疾厄，四妻五福顺行流。
六岁却从官禄起，看看移到命宫休。

急脚限例

子起亥，丑起寅，寅起巳，卯起申，辰起卯，巳起午，午起酉，未起子，申起戌，酉起未，戌起丑，亥起辰。

宝瓶在亥丑居寅，人马来蛇蝎奔申，天秤在卯双女午，狮子金牛蟹宝瓶，阴阳戌地金牛未，白羊居丑亥居辰。但向命宫寻起处，一年一位掌中轮。不论男女皆顺数，行年逢煞命难存。子午即是黄泉路，卯酉呼为二八门。限到煞宫人便死，若无恶曜主灾迍。

假如子上安命，即亥上起一岁，酉上一十一，未上二十一，零年顺数，节节而去，即不隔宫。如算小儿体例，一般最怕与限星并大小运，并在子午卯酉宫及本命墓煞三刑宫。

论黄泉急脚限

黄泉急脚众皆知，两样推寻识者稀，急则顺行还逆转，若能晓此是真机。

世人皆以黄泉急脚为一限，不知分为二，盖顺行则为急脚，逆行则为黄泉，若能晓此是真机也。

论斗底急脚限

孟二仲八季加五，但向命宫相对取。一则呼为急脚限，二名黄泉检死簿。死绝之宫逢限凶，大忌运限入四墓，忽然大小运相逢，即时赶入黄泉路。

如大小二运入墓者，极怕此限。男忌辰戌，女忌丑未，凶。此限专忌入墓，运顺限逆，运逆限顺。如命宫纳音及太岁入墓乡极凶，更忌三丘五墓。

大算须知倒限年，海风吹动钓鱼船，火、罗、孛、土皆临限，此地催人下九泉。

倒限之法，自古为信然。但以诸星推求，如诸限皆为恶星相照，死无疑也。

论倒限

论当生之限主星、限宫星及小限次及行年星数，四杀、三合推之。若皆凶星照临，可定其危矣。若有吉曜救助，亦当分其轻重而详辩之。

西天聿斯经

人命生来禀星算，历数幽玄妙难断，须识西天都例经，理义分明有条贯。但问生时日宿宫，加向时辰迴视东，天轮转出地轮上，卯上分明是命宫。因之以配十二位，十二位中有高贵，卯并巳午最高强，子酉之方次强位。寅申头上名近强，未亥微看三合方，此方照处有不照，七曜皆同贵此乡。辰戌二宫名恶弱，星辰不欲照临著，一切加临落此宫，资财福禄尽消减。第三宫中号闲极，五星不得纤毫力，惟有月向此宫生，却向命宫添福德。七曜阴阳各三主，强弱轮排依此数，白日生人见配之，夜则归宫求类取。阴主三方月火金，便为阴曜福其阴，阳主三方日木土，白日生人贵为主。夜生白日背阴阳，福禄不坚难积聚，西天之法重三方，生时贵欲在高强。三方若得居高位，居宿之中各福贵，忽然七曜并相当，超腾必作人中瑞。金木二星为善星，所为非主亦为荣，火土二星为恶曜，三方切怕他临照。夜生阴宫主光明，昼则阳宫最为妙，夜忌土星昼忌火，各自相逢断为祸。火在阴宫土在阳，纵有灾殃还较可，独有水星本无定，见附近处即为性。附阳即阳之相辅，附阴即阴为害病，与日合照主荣贵，巧妙聪明难比并。木为文兮火为武，金为兵兮土为主，五星见月即非常，三主居高必台辅。诸曜皆言在强位，更要七星乘旺气，日旺白羊十九度，月旺金牛第三位。土旺秤宫二十一，火旺磨蝎四与七，双女辰星二五中，金占鱼宫旺在室。星七度与柳十三，太白流之实可堪，木向蟹宫初入鬼，旺气相成主崇位。各于旺处逢一星，出入旌旄主权贵，更加所好转为精，木乐尾兮土宝瓶。金爱牛宫火重蝎，水居双女最为灵，生时一宿皆临照，即为豪贵处王庭。五星见月三方主，要得居高生旺处，阳生向日阴生月，将相三公必无虑。又看生后三日宫，月到何星分度中，金木相逢主文学，聪明必见水星遇。更遇善星作宫主，宫主复来在强宫，此为有福无难人，一生所为稍皆遂。忽然三日月逢火，推命之中最为祸，第一损寿二损财，屯厄颠危常折挫。更遇土星相合地，终身坎坷多屯否。木曜纵横不照之，寿终不得夭然矣。相貌福德宫又别，昼生从日夜从月，所取日月相去宫，还从东上配其宫。所终之处为相貌，即看何曜在其中，若遇善星更月照，福寿坚牢添禄料。又兼金木作宫辰，复在高强最为妙，其次又看相合地，土木金兮同一位。忽居强处照其人，的作公候得荣贵。若逢土木水合照，性直文章主巧妙。忽作荧惑反相刑，即向命宫作凶兆。土木同行生在昼，更向阳宫富贵有，夜生若向阳位中，变作屯邅作凶咎。土金合照福坚牢，性洁难婚亦贵豪。金火合与照强位，华鲜衣服志居高。火土合兮有学禄，智慧多端好反覆。木火同宫主贵权，为事心中多敏速。木星合得好资财，容貌端严志多惑。月合木兮自迁荣，月加即好减差平。火合日兮生在夜，日在火兮必权霸。木星照曜定封候，却向武中称善价。火星合照最超殊，贵显堂堂出众徒。火合月兮生在夜，纵然残减亦分符。木照更能添福德，丰厚多财贵宗族。月火照兮每倍加，常患疮病在其足。同宫一处见土木，火不照兮足财谷。忽然兼居土木宫，主握兵符多侍仆。木金禄厚有慈贵，名高美貌足财谷。水日同宫或左右，必丰学问足文辞。水木同位又同行，高才博学任公卿。月木同宫位清列，又在日前更殊绝。生时值火伏同宫，先代家财尽消灭。福星多处必财丰，恶曜还生贫贱中。第六位兮对十二，两宫就分各凶忌。生时七曜居此宫，一世贫穷苦憔悴。白日生人火占高，与日复来相对视。夜生土曜亦如然，短寿孤穷登望位。月落恶星分度间，恶星高处善星闲。三方不照五星伏，必为贱隶处人寰。更有五星相对视，就中五星为灾瘴。相对在强并在月，中年困苦多消竭。湿宫水照投江湖，乾位虫狼多咬啮。少男少女少资财，多疾多屯多口舌。或遭毒药兼临刑，了了经中皆具说。曜经宫中阳为土，复在阴中更辛苦。火金相对不宜婚，金月相照却宜妇。镇星对望词蹇涩，为事寻常滥心腹。火月促寿及风狂，火月自伤仍克父。水月犹自厄言辞，七月对宫不宜母。火星同月转就土，土星照月转就火，火月同宫皆深祸。不然同在十宫生，或守月行西没坠，此为夭折贫贱人，又更防灾家破败。星运要知灾福时，却向行年宫上推。

行年初起从东起，还将一岁一宫移。每岁皆须就日生，数至今年宫上推。木照金临皆有喜，加官益职定无疑。更到金木原守处，木金又照复何虑。必得相连见贵人，旧禄重加福自新。娶妇孕子贵门庭，运缩盈虚皆有据。行年东出亦同占，水加原守喜同兼。身命二宫皆要木，金星同照喜加添。更须促取行年至，善星高位福同住。但行狮子蟹宫位，日月便为宫主是。日贵长时福即多，月到初生喜来至。月亏日短为厄时，须向心中明作计。七火生时原守宫，行年命运到其中。口舌资财须详忌，不然忧怕事关心。如今火土又来临，厄难虑忌不相容。末后相看第八位，生时何曜守其中。若遇曜神并土火，多为法溺促其终。更益火月来西没，或居上下祸皆同。生时不欲星辰弱，善恶之中皆减力。退留伏守不如行，对合宫中皆好亟。十五度中皆正照，过此还同不相识。近转得好福坚牢，推命之人贮心头。五星照守近南方，少年得禄恐非常。好曜初星皆西没，早年禄后与仓卒。惟是火星莫照西，即知不得终簪笏。生时土火在西方，所招凶祸难俦匹。更有加临虚没位，须多理晓其中意。人生祸福皆前定，分数无逃于天地。但知子细认其歌，更尽经中玄妙义。

起竹罗三限

假如日生人寅上坐命，寅午戌兮日木土。午为日方，亥为木方，丑为土方。此即三方主，谓之三限。便从午上起二岁管十年。太阳从火论，火数二，逆数亦二，故十二在辰，二十二在寅，零年二十三回卯，顺数二十四在辰，二十五在巳，二十六在午，二十七在未，二十八年在申，二十九在酉，共二十八年。三十及三十一，三十二停住。三十三交木限在亥，管十年。木三数，四十三在申，五十三在巳，各十年。木无零数，六十三六十四停住，六十五交土限在丑，管十年。七十五在申，十年逆数五，八十五在卯，零年顺数，八十六在辰，八十七在巳，八十八在午，八十九在未，九十在申，共二十六年。通前是三限一周，余仿此推。

太阳火星限二起，逆数亦二，各二十八年。

太阴水星限一起，逆数亦一，各二十四年。

木限三起，逆数三，无零。金限四起，逆数亦四。

土限五起，逆数五。金土二限，各二十六年。

星学大成卷八

琴堂虚实五星序

琴堂虚实五星，术家独称验于我朝，余取而细读之，见其议论活泼，理趣深邃，姑举其大者：如本四柱以定三盘，分阴阳以辩虚实，倒五行以论生克，补地煞以配天曜，随国运以验人事，乃发前贤所未发，而琴堂所独得者。通载博而寡要，总龟详而无体。殿驾意圆语健，而道则未尽；望斗理复词重，而识有未融。耶律传自高丽，颇有发明；乔拗补出邓史，亦多旨趣。然得失互有，吉凶难凭。若琴堂识玄机之幽隐，泄天文之骨髓，推人富贵贫贱寿夭，无不奇验，可谓兼诸家而独得其妙者矣。古今一理，百世可知，又岂特用于今而独验哉！余病近世刻本脱漏不全，参差失次，乃取家藏全书，合玉板之旧琴堂注解，得一行之心，共六十四条，分为上中下三卷。六十四条备卦数也，上中下三卷法三才也。於乎！论人命而不究五星，论五星而不精琴堂，是犹卜筮者而不考之易也。欲断吉凶，明祸福，不亦难乎！余非专门者，然于琴堂独观其深，间试诸缙绅命，其术颇中，与《子平》相为表里，学者宜细详焉。易水育吾子识。

虚实五星源流序（兹叙余笔削润色，非尽季公之旧文也）

昔唐玄宗朝有高僧号一行者，乃郯国公张公谨之孙、元素之侄。隐居嵩山，精天文星历术数之学，尝测影定候，作气盈朔虚岁差之法，以补历家之未备。又作星术书十二家，誓曰：国兴书则现，否则隐。其木以为日月五星皆积气动物，行度有迟速之不齐，运转有舒缩之或异，历千百年自是不同。必当随时占候，立法观察，以求合乎天道之自然。人亦积气中之动物也，气运有否泰，世道有升降，人之贵贱寿夭吉凶用舍，其机之所系，命之所遇，咸有经常时义之道焉，恶可据一定之法而概论哉！末学支离，胶今泥古，往往多按图索骏，遂使先正至精至微之学，不信于异代，良可叹息。洪武六年秋，予不敏，自福州府长幕获戾系御史狱，值蒲庵师来，复以说法忤上意，同待罪。及至夜四鼓，天忽大风雨，雷电交作，余因感天道，与师极论世运古今气变升降不同。师遂出是书以授，作而言曰：是书予昔得之天界寺古佛殿壁篋中，其源流则传自青城山僧灵椿，椿传之江西僧普澄，澄传之四明僧慧月，月又质诸西竺国师耶律。耶律逆知四十年后气运转南，至我朝而后验也。慧月卒于天界寺，忻公怜其用心之勤，藏其书于篋，悬壁间以俟后之有缘者，予始得而广其传，然岂易得哉！子其识之。余谨授教，经今六年，用之多验。十一年冬，予以言事，由青州府佐幕左迁柳州别曹，假道建安，寓学宫之西轩，以病留未行，获与校官叶季原商订此书。季原素颖悟，一见即喜其理之有源委，请予以书传授之。阅月，予将别去，季原虑予行之速也，复邀同志杨文叔聚精研华，每夕继烛共论，甚相契合。因以教外别意，纂成杂诗二十六首，著于七五赋之末，仍书其所得义理，讲贯之精，气运变迁之详者，冠于七五赋之端。使异日学者知其源委，不流于支离，知其经变，不泥于固执。庶信此书之理传于方外，出于斯文，合于性命理气，会于世变推迁，各极其归趣之正，非止于术家之一技而已。

洪武十二年正月十九日前乡贡进士括苍龙泉季董宗舒序

指金虚实五星天机七五赋上

指金之歌，旧分为前后集，乃逸斋吕公摹于玉板之文，露玄机之幽隐，泄天文之骨髓，诚为星学之魁，时人罕有知之。琴堂老师得如重宝，于是摘其六十四条，为一家之捷径，所以取其易而隐其奇也。时之术者，皆拱立下风，一鞭不敢先著。余少学术于天目山，事琴堂老师二十余岁，授此全集，诚非易也。后之君子轻泄薄德之心，为琴堂万世罪人也欤！古杭月壑老人黄秋山再拜谨书。

人生贵贱皆前定，关系身与命。逢生坐实占高强，名利两荣昌。

详曰：人生寿夭贤愚，皆系五星注定。推星论理，身命最重，吉则富贵寿考，凶则贫贱夭折。逢生者，如命坐寅，亥木为主，喜水、孛，故曰连生。坐实，著如四柱卯戌午未四字，用星逢生，又坐卯戌午未之宫，谓之坐实。天星躔地宫，与四柱不相着者无力耳。逢生坐实，主人名利两相全，不值空亡煞曜为美。且夫日月丽乎天，而地势起乎北，故曰：日居午，月居未，而子丑为土。天道左旋，寅配春为木，卯配夏为火，酉配秋为金，申配冬为水。此逆顺之中各有四序，行乎天地之间。此先天之体也。太阴配母道为身，太阳配父道为命，故以生时加临配十二宫，此后天之用也。以官、福、田、财、兄弟、妻孥、子息，考之身命，富贵贫贱皆系焉。假如安命在子，即以土为主，月为身星。土星起坐，要逢火、罗为恩，是逢生也。更居本生年月日时之宫，是坐实也。又占高强，又逢生，则如富贵人物，故名利两荣昌也。十二宫有七强、五弱。七强宫：命宫、官禄、妻妾、田宅为四正高强；男女、福德为次强；财帛为近强。五弱者，相貌、奴仆为恶弱，又为陷害宫；兄弟、闲极、疾厄、游行为次弱也。凡星辰加居闲极为弱，惟太阴临之为福，奇哉！歌曰：第三宫中号闲极，五星不得纤毫力，惟有月向此中生，却与命宫添福德。一行禅师经云：凡论五星无多诀，先从命主分明说，世上只说当生星，死法原来不知活。说宫主之星，木寅亥，土子丑，水巳申，火卯戌，金酉辰，太阳午，太阴未，本主星守身命，主星不起多嘉庆，主星起在高强宫，官禄资财皆鼎盛。吉星守命主星微，四元三限任相随，纵然科甲重重见，只是青衫不用期。吉星守命主星卑，那逢身主又居衰，若还身禄无亏欠，享福还教寿夭危。内外两台君且听，命主入身身入命，互垣须是福来当，管取一生长吉庆。财帛星田宅主，身命二宫喜相遇，若无暗耗与刑囚，当与石崇斗豪富。闲极主入命宫，命居闲极总成空，白日只消闲袖手，不知衣禄在何从。身命主入田宅，千仓万箱多蓄积，田宅迁入命身来，贮积金珠无破克。身命主入子孙，母来救子岂无情，子主若还来顾母，官高禄厚更荣尊。身命主入奴仆，纵有吉星也劳碌，身闲心自不能闲，又被小人多反复。身命主入妻宫，资财昌盛福兴隆，若是凶星居七位，克妻克子必为凶。身命主入八煞，官禄少年须早发，若还煞星入命来，疾厄躔身那可脱。身命主入迁移，过房出祖定无疑，若不赘居并过继，也须奴养庶生儿。官禄主入命宫，须添福寿永无凶，命主若还居官禄，互垣必是拜三公。福德主入命来，断然福禄永无灾，命主若还居福德，互垣须是拜三台。身命主入相貌，相貌堂堂身更长，若被煞星兼暗克，破相为人貌不扬。如此诀细推详，先从身命入为纲，时人不解神仙诀，空把星辰错较量。大凡命好身不好，有寿而无福，身好命不好，有福而无寿。命身主起处逢吉星生之，不富即贵；凶星伤之，不夭即贫。

忽然生煞同其局，向背分荣辱。

生我者犹阳和德泽，克我者犹风雨霜露。且如喜景和明，万物发生，若大风振木，霜露损物，皆非善政。故人命生煞同途，祸福不绝也。且如命坐子丑，土为主，忌木气，喜火罗。如或木气火罗同土躔，主有祸福吉凶相半。多有吏人逢此格，忧喜相仍，或遭刑狱，或获厚利，无定也。谓身争与恩煞同宫，当分向背而断吉凶也。向背者，如申上安命，水为主，若水在申而金亦在中，若金水前顺行则为背，退行则为向，谓之有情，极难得。大抵克我之星欲背我而去，生我之星欲向我而来。又有正照，又有合照。申上安命，水星在戌，有土在午，顺行则为背，虽有祸无妨。若在午退行，照着戌宫则祸太亟。若土在寅顺行，克着我水，水在戌，右转寅见戌，戌见午，午见寅为顺，故忌其顺。若在寅退午，是土逆而向东南，水顺而向西北，不相干涉，荣辱之分，观者慎之也。

身命遇煞不逢空，处世有刑凶。身命得助嫌气脱，会煞逢空发。

身命主逢煞星，喜空则发。坐实不逢空，处世有灾刑之事。得助者，身命主受生忌空亡虚脱，遇而不遇。会煞者，身命主遇煞星坐实则凶，逢空亡者则发财利。所以空亡一诀，乃天地之玄，常术罕有。凡身命宫遇煞者，或身命主及有用之星遇煞不逢空，皆为凶夭。身命主坐空，或煞星坐空，乃不吉之吉，吉不可量也。凶星有党凶尤横，吉曜无生吉不成。凡身命主逢母，或身命起处受生，则发福，值空亡者，反为无用。

不然限岁定推迁，虚实一般般。

限，四柱配限也。岁，流年太岁也。谓身命主好处脱了，则要四柱唤起；凶处实了，则要太岁空之。如戊寅生人，巳上安命，土月在卯，则是用煞。二十六岁大限行未，又用月为限主，三方又见土星，本为凶重，连值甲辰十年，把土月空了，反为空手得财。余仿此推。或大限值旬空、岁空，皆不吉之吉。故有用之星本坐空亡，终为无用，喜流年实之。诸煞，克我之曜，与命元同行，却喜流年空之。如命坐未，太阴同土、计在午，却甲申旬来空之，为福。又如甲戌生人，寅宫立命，木在申，本主空，一身减力。得申太岁流年，实其木，决主此年称意。子辰二年唤起亦为福。以上十二句为一条，论身命生煞最重虚实。

天地盘中识者稀，实可克生虚。

二十八宿，天盘为实，内百六限七强五弱四元。人盘为虚，此虚非空亡之虚，此实非四柱之实。盖吊起者为虚星，原躔本度者为实星。此吊盘之法，少有人知之。且如命坐子，土元在丑，吊起此土处虚，安在内盘之丑，即是外盘戌官，或寅午戌宫，或辰酉宫，在火、罗可生内盘之土，此丑限主福。如寅午戌、辰酉官，有木气可克内盘之土，此丑限主祸，此内盘之土不可生外盘之星。大抵内盘中是虚吊之星，又无形象。此实可克虚生虚，而虚不能克实生实也。此法奥妙，人鲜识之。此二句为一条，论天地暗盘之实，能生克人盘之虚也。

冲干对禄事如何，六庚怕见罗。

三命谓之七煞，五星家谓之冲干。且如六庚生人，用丁为官星，丁用金为天元禄主，即是庚之天元禄主，一名天官星。庚忌丙为冲干七煞。丙用癸为官，却伤丁、癸。即用罗为禄主，罗即是丙之天元禄主星，又伤我庚之天元禄主。此二星同行，为官则失职，为民则祸深福浅。上则天干冲战，下则禄主伤官，故曰冲干对禄。

甲人用气怕逢金，玄微妙理深。

甲用辛为官，气为禄主，金即丁火怕伤辛金之意，日月逢之，主禄失。自一宫见之损一宫之德，余仿此。以上四句为一条，论冲干对禄自化曜而言也。

胎元为煞克日月，未产先泣血。

如十一月生人，禀二月之气，用卯为胎宫，火为主星，如或辰酉午三宫安命，忌火为煞。火日同躔，在母腹中便主伤父。火月同行，临产主母有厄，难为分娩。火与命元同行，主百日、周岁关不可脱也。

胎宫蓦煞稍减轻，产际主虚惊。

蓦驾及诸煞为胎宫者，主稍轻，遇产时，主艰辛，逢厄无厄。

年月日时皆实地，祸福皆非细。

生年生月生目生时皆实地，吉星居之十分吉，恶星居之十分凶，祸福皆应验，故曰非细。且夫五星六曜守照身命强宫，又守四柱，则为实地。有吉星，为人仁厚诚实，富贵寿考。若实地俱无好星，凶星守之，是为凶人。盖实地有吉星皆为我的，他处有凶星皆别人的，所以好者尤好，歹者尤歹也。胎上有吉星为生来富贵，有凶星主胎中有孝服，或背父，或不利母，或生来微贱。经云：根本切须看两曜，贵荣须是验三生。又云：三生遇煞忧逢日，四正逢刑怕见身，吉曜不来相救助，一生劳碌不成人。又云：三生值煞人无寿，四正逢恩福最深。此其验也。虽然是岁空月，月空日，日空时，时空胎，皆为定尽祸福。如一星在命，一生不好。若是流年太岁空之，主大发。但发便夭，盖根虚故也。余三十年留意五星，有验有不验，故弃为僧也。辛未年六月初一日得吕逸斋傅此，始知虚实之妙，方悔一生错了多少命也。以上六句为一条，论胎元四柱之不可逢煞也。

田财官福与身宫，即与命元同。

田财官福四宫，并身宫，即与命同论休咎。且如命坐子丑属土，喜火罗生，忌木气克。田财官福身命主及十二宫主，不问金木水火土，并同命元取用，俱喜火罗生，俱忌木气克。余仿此推。且夫人生与万物一体，随其根源而遇化，故桃梅不结李实，铁石安可作金，燕雀不生凤，狐兔不乳马，惟同者相从耳。人命禀水即是水也，夫岂能为火哉！如命在巳、申，即以水为主，十二宫十一曜皆作水也，忌土、计，而验其人之富贵贫贱寿夭之事，应如神。若土在命，则断险难，或多疾病。在财帛，别断其破财。在兄弟，则断其兄弟朋友少力。在田宅，则断破祖，或不得祖财。在男女，则断无子息，主相克。在奴仆，则断其小人不忠致祸。在妻妾宫，则断其妻丑，或多病，亦必克。在疾厄，则断破相压身。在迁移，则断其路亡，寿不过六十。在官禄，则断其破官，官中主多厄。在福德，则断其无福。在相貌，则断其初多间关，或十六后不读书，或破相，或寿数不耐远也。或计居其上，计乃土余，亦同断之，逢生则为吉也。更参诸宫主所遇兼虚实言之，若太阳与土、计同宫，则断其克父。太阴与土、计同宫，则断其克母。克生者必欲坐空，空不尽者，则减一半，全空则妙。若月日坐煞与土、计并行，则断其先克父也。余宫之星皆以此例言之，与其首宫同断，万无一失。

鲁邦立业辰从镇，官禄俱伤尽。功名不特此宫难，亦主寿龄悭。

鲁乃戌宫，立业此宫者，属火为主，忌水、孛侵，土为官福二主。若与水、土同行，则我忌之，官福亦忌之，有克土之理。庸术皆曰土克水，而不知物随类化之妙。命属火，则官亦属之。火命喜气、木生，则官、福亦喜气、木生。命忌水、孛克，则官福亦忌水、孛也。故水伤土或水、木，气则见土不妨。又云官福受伤，不特难树功名，亦主寿迫。

身命属金都是金，最怕火罗侵。

则与前断同议，随命言之是也。

土能生水亦生气，因金从金类。水为财源喜土生，但依身命行。

因身命坐酉辰，金为命主，喜土计所生，以财帛主，水星亦喜土生，福德官禄木土皆喜土计生，气乃木余，适为句韵牵绊故不言水而曰气也。

火能生木亦生金，土下究元因。

因子丑安命属土，木为主灾，罗为恩星。盖命主是土，喜火生土，以此财福主木，田主是金，皆喜火、罗生。他宫住命，火如何生得金、木，即从命主所爱也。

识得五行颠倒颠，方是大罗仙。

即上文火能生木，亦能生金之意，谓颠倒。明得此理，方为神仙之妙。

秦晋楚身关土、计，真是太阴忌。

巳未申三宫安命属水，月为命主，并忌土、计，真煞也。以上十八句为一条，论十二宫同命元所好恶也。

月为兄弟日为妻，子息在其时。主星却看居何地，虚实从其类。

此家星理，不论男女宫主及守男女妻宫之星。且如庚申生人，水为本身岁驾，戊寅月木为兄弟，丁亥日木为妻宫，丙午时太阳为子息，星随其地支得时断其有无。又云月管初主二十五年，日管中主二十五年，时管末主二十五年，各推本属虚实有无，仍先推本位会聚吉凶若何。一云年管父母，月日时管兄弟妻子，主星逢生坐实则旺相，或落空脱地，或坐实逢煞，则有克剥损伤。此四句为一条，以月日时配兄弟妻子而论虚实也。

身命逢官坐贵人，登驾近明君。

身命主逢天地元禄主，或逢官禄主同行于驾籍，皆主近君之贵。凡看星辰，先以日月为紧。如寅上安命，木为主，日与水行，月与孛行，若日月明净者，第一须看身命官身命主。逢生逢官者，无不贵，小人见之亦富。驾者，本命太岁，谓之君位也。日月福德临之贵，多近君。有身命登驾格局好，多做朝士。限主居之，主一限内亦能近君也。若煞临之为战破，纵主星合格，贵而不显，无寿，亦多升沉。更主星不合格，必主疾病缠绵，刑害夭折之祸。禄马贵人，太岁所专也。命主居之，乃与太岁有相管摄，在弱宫不为弱也。若身命不在此宫位，与太岁无相管摄，则为无用人矣。若身命坐禄崇勋，则衣禄有余。或日月拱夹禄位，或吉星坐禄马，为紫微、华盖、崇勋，有台辅之贵，少年荣达。更官禄星临之，为食邑、崇勋，官至卿相。身命日月年星朝之，虽冲干对禄，亦贵。若辰戌安命，为自吞崇勋，主禄不久。克星临之，为破勋，生气临之，为爵坐勋，大贵。命运必先推禄马贵人，若身命坐马，五马之贵，凶星照破，争战不安，坐贵合格，贵不可言。身命宫主见官谓之身命逢官，坐驾、守籍必主近君也。次看四柱占何宫，用星高、格局好、煞星空陷，一路好限，顾盼亲切，平步公卿。

驾前冲蓦诸神煞，值难祸尤烈。

驾者，子生人子宫即是岁君之驾。冲者，午宫即是冲驾也。蓦者，子生人亥宫即是蓦驾也。此四宫祸福最紧，值难星及煞主入此，主凶祸速烈，贵人、禄马、官、福主入此四宫，发福最紧。遇凶十分凶，遇吉十分吉。凡人命不要与太岁相对，谓之冲驾，不要太岁后一位，谓之蓦驾，乃有蓦越之象，主近君不久，末主多是不利。如亥生人，亥为岁驾，子为近君之驾也，巳为冲驾，戌为蓦驾。身命俱登驾，近君则吉，冲、蓦、驾乃有孛逆之象，更加凶星，则大祸，吉星则大发福矣。劫煞即亥卯未在申之类，第一要身命限主不喜居之为紧，若遇者多劫盗灾疾也。第二亡神对冲是也。三阳刃主破相压身之疾，重者刑伤，六亲不具也。且如甲禄在寅卯为阳刃，酉为煞，一名破碎，一名白衣，一名淫神，男人带此多淫欲，女人尤忌之，男多好酒色，作事汩浸，多破碎也。身命限主居之，有作为能事之人也。小人遇之，胆大心恶，不善之人耳。此煞即飞廉也。其法正月戌，二月巳，三月午，四月未，五月寅，六卯，七辰，八亥，九子，十丑，十一月申，十二月酉。若遇喜神，乃开藩建阃之命。月煞，一名阴煞，正月丑，逆行丑戌未辰四位，周而复始。巳上煞宫主克我命，主星为真煞，生我命，主星不以煞论，反为有力。此法尽善尽美，不可轻泄。难者，乃疾厄宫主星也，惟午、未二宫十分忌之。盖君后二象，惟以官、福、田、财之星为重，不论生克，但不宜逢难。故太阳忌木、气，太阴忌土、计也。然疾厄星亦不要守四柱及身命宫、身命主，不喜见之。直难者，正二太阳，三四太阴，五六火，七八水，九十木，十一、十二土，兼用余气推之，不与身命主、身命宫相犯，犯着多主心风乔怪，为人百行不纯，作事颠倒，更是煞星同行必刑夭，得用极有力。

福星守籍喜相生，犯籍主刑伤。

福官二元守生时，更得吉星相生，为富贵之命，或难煞星犯生时，主刑伤为祸。籍者，生时是也。只要官福主临之，身命主尤妙，是为登籍，尤喜相生，纵是弱宫，不为弱也。煞星守之，真为刑伤，仍看虚实论之。以上六句为一条，论驾籍喜生而不喜煞也。

八个字中定真假，轻重量多寡。

八字，即四柱。定真假，真者，乃坐实。假者，空亡。轻者，空不尽也。且如甲戌生人，申上有用星空了，得八字年月日时中有一申字唤起，空不尽也，非空非实即为轻也。重者，且如甲戌生人，见壬申俱是甲戌旬中，又无申字填实，此为空得重也。四柱二三坐皆得一旬空亡，此为多也。年月日时中一位空亡，又空不尽，此为寡也。故生杀二字，主人贫贱富贵，须看四柱中带得带不得，以定其真假轻重量多寡也。如己丑戊辰己丑庚午，未上安命，月在午，此为二主临财。但午是甲申旬中空，得午带实，又有两个己丑，皆是甲申之物，故轻。此等人主心高志大，多虚花妄想，身命空也。

空亡一诀少人知，阴阳分两推。

论五星君子少有识空亡之妙，虽识亦不知分阴阳。且如甲戌丙子戊寅庚辰壬午只是全空于申，半空于酉。又如乙亥丁丑己卯辛巳癸未全空于酉，半空于申。余仿此推。故阴阳分两推，流年同论之。

流年遇煞喜逢空，好处反为凶。

流年遇煞曜战，身命限主本凶，逢太岁空之，必反为福。若恩星禄马吉星到身命限，主吉，逢太岁空之，转福为祸。

行年若值甲寅旬，生煞子上停。

生星乃恩星也，守子官，行年值甲寅旬，阳年灾晦，阴年稍吉。煞星乃难星也，守子官，行年甲寅旬，阳年主祸轻福重，阴年福浅祸深。经云：阳不管阴，阴不管阳之意。余年仿此推。

阳年灾福应阳年，阴年减半言。

前篇解已备矣。以上十句为一条，论虚实当以阴阳而推之也。

身命临财万顷田，官福喜居垣。

身命二主喜入财官，主富也。官禄元喜入垣，主贵也。故言合格。纵逢煞星，亦须还其富贵。然后看限虚实如何，次定生克。且如子上安命，见木。寅上安命，见金。卯上安命，见水。辰上安命，见火。虽煞星皆为财福入命，或身命主居而见之，皆为身命入财福，皆是用煞为权，平生好利贪功，末后多不吉之吉。经云：两宫坐贵三朝禄，二主临财万顷田。又云：福星居福真为福，官主居官作显官，更使身命兼驳杂，定知享福必艰难。又云：凶星作善事，富贵非遥，吉曜作凶神，败亡亦速。此二句为一条，言身命临财，官福居垣也。

武官带煞格局好，主陷为僧道。

凡武官命多是带煞，或诸煞，但一位克身命，或近身命，或傍临合照，或坐阳刃、亡神、劫煞，或主星蓦驾，或主遇刑星，或坐马落空，或值难星犯命主，本为凶兆，却合贵局。或官福纵有克制，官星克而有救，官星退而逢生。其中若带漏关、互垣、特进等格，或十一曜拥从，或众星从日月者，乃建节封侯将帅命也。更看日月同宫，日月守照，日月拱夹，二曜朝阳，五星随日，五星随月，金水辅日，金火逢月，日土昼逢，火月同宵，一星伴月，月居闲极，太乙抱蟾，计罗拦截，金水会蛇，七政入垣，十一曜朝命，官禄互垣，十一曜拱端门，午上帝座，子上官福守照，田财拱夹，且看命主用得着用不着，断之妙甚。此皆富贵之格。富人之命，必是体弱用强，或水火同行，金木同位，或水火罗、金木罗之类，或相生冲克者，皆是。盖为富不仁，为仁不富，故多战克也。亦有二主临财，财星不起，财星逢生，不带空亡，富连阡陌。又看科甲、科名无陷逆，则为殊恩异赏之人。僧道之命与官贵同，只是身争主陷三、六、九、十二之宫，或官星背了，得用星空了，或得用星俱陷弱宫，或孤克星干身命太重，有权煞则为住持之人矣。师尼之命，相貌、疾厄两宫多不足，或走、子二星陷弱宫制克，或坐隔界无分晓处，所以孤也。庶出、过房、入赘、移徙等命，多是身命官身命主临寅申巳亥四重之位，所以事多更易。妻、子二宫坐两界无分晓处，亦难为妻、子。加煞照，无妻子矣。是又煞中有救也。僧道命多因主陷弱，一月得所，或主星守闲极迁移，独立无辅，或身命虚为林泉之客。

吏曹之命祸福专，刑害命伤官。

吏曹之命，官、福、田、财皆好，但此等命，刑星不守相貌，必主生时或身命逢刑无救解。吉处十分吉，凶处十分凶，谓之祸福专也。所以有享用，有刑害，更主坐陷而见刑克或煞。官星及相貌，或官星被克，皆刑害之命。贵人禄马必与身命宫主及煞星同行，或官禄星入垣受克，并为吏曹之命也。

僧道紫气逢华盖，庶俗多利害。

申子辰生人，辰上立命；巳酉丑生人，丑上立命；寅午戌生人，戌上立命；亥卯未生人，未上立命。见紫气守之，皆为僧道之命也。俗人见之，决生克剥六亲，伤妻克子，无有不验。更身命落空，皆孤独也。以上六句为一条，论煞也。

天乙之星赶月明，妻克子螟蛉。

天乙者，紫气也，随月而行，主孤寡，克妻害子。子丑宫安命立身，尤重。

不然定作林下客，虚实分清白。

气月同行者，主客重则为僧道之流，实则应验，虚则反是。若紫气如在月前，一般为俗人而无妨害，官福扶之，决作清虚之士。此四句为一条，言身主同孤克之星而分虚实也。

女人金水淫妒贱，木命夫荣显。

金水者，为酒色淫心也。女人不宜见之，见之必为妒贱之辈。若木星主，更身主逢生坐贵坐禄驾官禄，多荣显，良妇也。且如寅亥上立命，金白水清，能荣夫利子也。他宫立命，虽金、水清者，十有九个是侍贵婢妾命，亦多妒，无容德。火月性悍而淫，水火淫而无情多嗔。金水不清，血气不调，水、金桃花失用者，为娼优妓路之人也。土、孛淫秽无择。水、火、孛淫刑。土、火为孤孀。夫星坐闲极，多为夫所弃背，或生离也。夫星坐迁移，多主出外，或嫁远，或傍贵立身命。夫入奴仆，淫其下人。禄入奴仆，喜自为庖馔。大抵女命身福夫子田财好者为贵，子主不受克，疾厄好则生贵子。若疾厄、男女宫主受克，疾厄主不好者，多产难也。身命主入疾厄，多病。坐奴仆，多下贱。坐闲极或六九宫，太阴不得地，若男女星不陷而得地，又当生贵子，因而有称呼也。娼妓命有桃花，无福必贱，夫星陷弱，夫子驳杂，相貌必好，男女必伤。全看其吊起飞来，我命主星入何宫，分何星来入我命，言之无不验也。

神道煞星守华盖，痼疾孤一世。

女人最嫌孤神华盖，又嫌身命坐华盖，逢煞星，主粘身疾病、孤眠独坐之人。假如亥卯未安命，未、计守之，土、计又为难星故也。余仿此推之。

生星守贵坐禄宫，夫旺子兴隆。

妇人之命，只喜身元为重，命元为次。若逢生坐实禄驾籍官福之宫，主荣夫旺子享福也。

奴仆余奴马上见，奔波淫下贱。

且知命坐寅亥宫，木为命元，见气为余，奴仆元俱守驿马之官，多为淫贱之辈。马者，主淫主劳碌，余奴者主贱也。

咸池星守驿马宫，女淫主产凶。

桃李星守驿马，更守身命，女命逢之劳碌淫贱，更克身命。煞曜者，产厄横亡。如寅午戌生，命坐辰酉，见火金同行。或入身命，卯戌安命，水又克之。命坐巳申，水火同守。余仿此推之。

马星或起在咸池，酒色性无期。

马星坐桃花，主好色贪酒，其性无定度。且如申子辰生人，水在酉。巳酉丑生人，水在午。寅午戌生人，水在卯。亥卯未生人，水在子，更守身命是也。

阳命见之多薄德，性好贪酒色。

咸池星守驿马，或马星守咸池，更无忌曜，男女见之，快要乐，眠花卧柳，有才无德，终为无成之人也。

更兼名利两无成，带煞主遭刑。

命带桃花、驿马克身命者，未尝有敦厚成家立后之人，必带煞遭刑也。

女人不要坐沐浴，煞多主淫欲。

女人命不要坐沐浴败地，若坐沐浴，多破家流荡，或因酒色败家。女人不要金水同宫，煞要制则好，无救则夭，有权则不能享福。女人金水清则多妒，金水陷而淫。罗在命威权，计在命心毒。太阴身命主不喜坐疾厄，则多病，坐闲极，则舒散。女人身最喜坐福德。坐奴仆，下贱。若得地逢生，勤劳能治家，居官禄受命称呼。火月同宫多淫悍。夫星入奴仆，合及下人。水星坐桃花，不用者乃娼优妓路之人也。水木不喜同宫，为命主多淫欲无度。土木同宫者胜。但夫子同一宫者无嗣。金水同者能讴。土孛同者淫而刑。身官清者不生子息。身官不清者贱。火土同宫多孤寡。水星不清，血气不利。夫官杂者无定向。禄入奴仆喜自庖厨。身命空者多僧尼、女冠，婢妾之命亦是。夫星坐闭极，或六九宫，或太阴不得地，若男女不陷而得地，当生贵子，因而有称呼也。以上十八句为一条，言女命最怕煞也。

立身不定或多移，身命坐两岐。

立身不定者，身命二主坐隔界不分晓处，如斗三女二之类，则平生居止多移。此等命非庶出，则过房离祖之命也。

妄想心高不满意，用神坐虚地。

身命元生星、官、福、财元并值四柱空了，平生劳苦，心高妄想，获财亦不足意。若犯空亡，人人若是，学者不可不知。以上四句为一条，言身命不可坐隔界之所，而用神不可虚也。

虽然论宫不论度，大限须从过。

如火宫安命，喜行木度，忌行水度之类。夫一家五星专论度主为要，此家只论宫主，却不过大限所经二十八宿，不可不明生克制化之道。

洞微限主有生意，贫贱忽富贵。

凡行限到处遇着生我之星守照，无有不发之理，更限主起处逢生，谓之体用俱生。若限主受克，谓之体重用轻。此限内有吉凶受克重，则虽发而难出此限也。且如子上安命，行寅限，以木为主，忌气克。行卯限，以火为主，喜罗生，谓之火遇水生、土遇木生之类。大抵看限不以日月金水为吉，不以火罗计孛为仇凶，此等例，庸术岂能知之。如命宫十五年，一年行二度，相貌宫十年，一年行三度，皆以所遇生克之星言之。小限逐年生日后交，若在财帛遇克凶星，则破财，见生吉星，则发财。在兄弟见吉星，则因人举荐，发名发财。见克星，则因兄弟朋友上不足。在田宅见吉星，则门户有喜，见凶星，则门户不足。在男女见吉星，则生贵子，尊年人则主女子上进及添人口。见凶星，则子女有灾，或损子女。余仿做此推，妙验。若大小限主当生流行俱坏，身命被克，谓之满盘坏，主死亡。贵人专看官星也。

若还后限不如前，只许半周天。

若前限平平，后限不如前者，限云不得。如后限不利，前限吉，亦可过。如过后限者，有凶星比前限凶，只行得一半便不好了。前限平平，加以后限不如前，乃是限虚脱及体用受克之类，去不得矣。

用星跳出当生甲，限至应难发。限度又值十年空，魂魄下幽宫。

凡用星俱当空亡之地，行限遇之，已为不吉。若限星飞出又遇流星空，谓之麻绳系鸭子，两头脱，决死。且如子宫安命，土为主，入戌亥地，又是甲子旬中生人，谓之空亡地。若命限土既脱了，又值甲寅年来，四柱中冲伏，或三合对照，原守有曜照朗，煞星唤起，不以此论。

昼日夜月难一例，金鸣火终昧。

日月行乎虚实，须分昼夜，不可一例作空言。金空则鸣，火空则发，火空终归煨烬也。

限空元脱岁空星，亦向此中行。

此与上文不相同，特相反尔。

其间或有玄机隐，按图难索骏。

谓八字原带实地，或身命生守本根，或三合守照，有二星照朗，煞星唤起之类也。以上十六名为一条，论限而当审虚实也。

煞星照命反为亨，主在别宫生。

如命坐亥，木为主，忌金。金在巳，本凶，得命元木星落别处，逢水、孛滋生，反亨。

生曜临官福作殃，星起受其伤。

如命坐戌宫，得未临之，岂不为福。若主火落在他宫，水、孛夹之，反为殃也。以上四句为一条，论飞钓也。

巳酉丑人亥木命，逢金足有病。

巳酉丑生人马在亥，木为马元，逢金克之，主手足有疾。大凡马元受伤，多主足疾。

五脏六腑要源流，七政四余求。

算星之道，须当推其源流病症。五星配五脏，余气配六腑，又以日为魂，月为魄，故木为东震，甲乙之宿，属肝。紫气是木之余，胆是肝之腑，气即为胆也。火为南离丙丁之宿，属心。罗是火之余，小肠乃心之腑，故罗为小肠。金是西方庚辛之宿，属肺，为大肠。盖金为煞曜，无余气，故脏腑俱属金也。水为北方壬癸之宿，属肾。孛为水之余，膀胱为水之腑，故孛为膀胱也。土为中镇戊己之宿，属脾。脾乃五脏之尊，居于中位，五行五脏土不缺计，计是土之余，胃是脾之腑，故计为胃也。即究此理，又推五脏通于九窍，眼病则起于肝，舌病则起于心，鼻壅则连于心肺，耳溃则干于肾，唇口干燥则通于脾胃。是皆以五行之衰旺，推其病源。若夫人之精神则皆形于目，譬之天地精彩皆聚于日月，苟与煞曜同行，则丧明矣。

劫的刃暮不逢空，限遇不善终。

劫、的、刃、暮四煞原守坐实不逢空者，大限见此，主非横之灾，不善终也。以上六句为一条，论犯煞致疾也。

春金夏水变于囚，金命喜逢秋。得令值煞反为权，妻子福不全。

春金、夏火、秋木、冬土变为四曜，虽为身命元用星，终减力。若身命元用星得令，虽有煞克，终为得力。身命元得令，遇煞为权，但不免克妻子。

前夹地尾后天锋，虽荣不善终。

天锋地尾拱夹，虽荣不能长久。锋、尾即阳刃，计都也。假如六壬六癸生人，命在未，计在午，土为刃，元在中夹之，虽曰荣显，到后夭折，不善终。余仿此。以上六句为一条，论生煞。

左右二煞月在中，仍看三日宫。前后二煞遭三日，身殃母成疾。

三日宫者，谓之三百日关也。生后二百日看太阴所泊何处，更逢左右所夹之煞，主难为养育，亦丧平生之德。若与煞星相值，重则身殃，轻则母疾也。

又有三用是福德，最怕难星克。

星盘按图，依二十八宿顺数十二宫，一命宫，二财，三兄，四田，五儿，六奴，七妻，次第数去，福德第十一。依天元右转顺十二宫，福德第三，谓之三用宫。用者谓此福德星最紧。论平生之福力，虽有官，福不好，亦有名无福。虽然身命财帛好，若福德犯煞，或文星无力，或犯空亡，亦主薄福，并无受用，丧一生之德，又怕难星克之。以上六句为一条，言三日三用不可值煞也。

劫的阳刃夹者凶，太岁相逢冲。

日月居身命，夹劫、的、阳刃等煞者，最凶。更逢太岁冲，其祸不可言也。且如六庚生人，日戌月申，或身命中夹此，阳刃最凶，行逢卯，太岁冲酉，表出阳刃之凶，其年非刑狱则水灾之厄。余仿此推。

官福禄马最喜夹，太岁冲必发。

官禄、崇勋、贵马最喜日月命夹之，太岁冲起，此年大发财福。且如庚午生人，午命，太阳在酉昴度，太阴在未，为身命日月夹官福马，主福贵无疑矣。遇寅年太岁冲起，官福马贵之妙，斯年大发财名，福不可量也。此四句为一条，言太岁冲夹也。

初年至老限俱虚，主壮禄不亏。限主所泊更逢空，非夭即朦胧。

如初年至老所历之限并虚脱，而限元起处壮健，衣禄无亏。若限元逢空，非夭即朦胧矣。

生星坐驾早年荣，时逢末主盈。

生星坐驾，主早年荣显。生时坐日月，主中年称意。生星守籍，末主盈丰，结果享福。此六句为一条，言初末限所遇虚实之不同也。

小儿要论关煞定，直头须不应。前是太阴后是煞，小限中间夹。

初年小儿须论关煞星，诸公得侍者，并用直头星为关，主小儿惊风暴死。经云：正二太阳，三四阴，五六炎炎怕火星，七八水、孛，九十木，十一十二土星寻，此是小儿直难煞，此诀应验如神。正二生人如何便忌太阳？日月为天地之秀气，为人之精粹，得日月守命身，所喜者众，不可一概论。五六生人见火为关，只命在辰酉午三宫畏之。卯戌安命为命元，子丑安命，为恩福田元，入命如何作关煞论，余仿此推。小儿胎星遇生星，主以官禄。

体用克星相战争，便是此中关。

体者，身元也。用者，限元也。战争者，克我之星也。若刑战二星照命，伤限元，是此年关。又如小限在卯，太岁在寅，煞星在辰夹之，或辰酉命行年小限，寅上逢丑，太岁、罗星在丑逆转，火在卯，顺行夹小限者，为真关，断不可出此矣。以上六句为一条，论小儿关煞也。

流年一纪一循环，原守岁相参。

凡看流年，只把流年太岁行十二位宫看原有何星聚照，流年会合何星，主何吉凶，不问当生流年，并从冬日为始。

更得月将加临视，祸福如符契。

太阴一星为人之命身，所行甚速，每日取之，加着会当生流年会合何星，聚合何宫，吉煞或利或不利，见大人或见小人，或见口舌或有财，随其遇而言之，其应如神。又当验诸星之性格，以定灾福之迟速。且如水之余乃孛也，金乃煞曜，独无余气，罗乃火之余，气乃木之余，是火罗为祸福之速也，得见即发却易过。水孛为祸福皆迟，或过了方发，经去火头孛尾是也。木气土计祸福稍迟却耐久，金月自始至末无改假也。

小限宫中起生月，名为月限诀。

从小限行到太阴所泊之宫，起生月，逆数遇吉凶断之。假如午生人午上安命，戌年小限在寅，三月生，其月在寅，四月丑，五月子，次第逐月移宫，谓之月限。轮流十二宫，周而复始，行一宫，遇吉凶断之。假如戊子年丑宫安命，流土为太岁，流木为丧门、病符，流水为的劫，金为官符，月限十二宫，逐月出入，见木、气则此月有灾事，见火、罗则此月有喜事，发财名。当生流年一体论之，见木则病或孝服，见流金则官事，见流水则费财、口舌不宁。余仿此推。

学人学得莫轻传，说话妙中玄。

盖学此术玄中之妙，有得之者，不可轻传也。此八句为一条，论流年流月诀也。

星学大成卷九

指金虚实五星天机七五赋中

推算必须求命主，得失须看取。

推算之法，所重者命官之主。得者如逢生坐实，失者如遇煞不空是也。一家星理专以命度主为要，且如子宫为命，有女虚危三宿，躔女则以土为主用，躔虚危则以日月为主用，竟置宫主而不言，何谬乎！譬夫人之一家则必有主，其下虽有弟妹子侄仆从之辈，皆为家主所役，所以知家主之重也，至于推星论理亦一耳。而吾家所要，得失皆以命宫主为重也。

次推太阴在何宫，方可论穷通。

太阴为人之一身根基所系，盖命者，众人之祸福，身者，一人之祸福，命可同者，身乃独也。是以命主虽切于度主，身主尤切于度主也。身命清吉，主星受生，命虽驳杂，亦为富寿之人。若身命俱陷，则贫贱凶夭无疑矣。

七政四余分喜怒，逐一须详过。

喜怒者，如午宫安命，以日为主，所喜者金水也，所忌者木气也。且如日为君主，五星逢之皆伏，何独忌木、气？盖木、气为难星，而疾厄乃人君所不能无也。然则木、气又能隐蔽光辉，所以忌之。余仿此推。此六句为一条，论身命配十一曜也。

天地人盘玄更玄，神仙妙不传。

天为外盘，地为加盘，人是内盘，此诀少有人知。斡玄机之妙，神仙之秘。

左旋右转合乾坤，星禽可取论。

左旋者天盘，右转者地盘。人盘星禽者，二十八宿也。乾道左旋，故二十八宿随天左旋，坤道右转，故二十八宿应地右转，合乾坤造化之妙也。

吊起飞来明此理，泄却天之髓。

今人多不识吊起飞来之理，妄以三合四正为是，皆非也。吊星之法，假如命坐寅宫，逆数至东出卯，却加官入命，是天盘，地盘得氐房，人盘属天蝎，原守金为煞星，躔在角宿，吊起在卯限，入卯宫，必主有飞横官事。此地盘祸福尤切于天盘，暗中遇煞，远处逢生，其义尽在明心消息，子细推详，特举一隅则三隅可见矣。此论吊起之义，意深而语妙，后学勿泄之。

身命二主如相克，玄机藏可惜。

如在子宫命，身在寅之类，所谓身命相克，此诀藏之可惜，露之不宜，得此秘焉。此八句为一条，以三盘加身命也。

初末平分一百年，生煞细推研。

命管初年，身管晚年。如安命子，以土为主，喜火忌罗，则福。此系命主所系之故，前集所谓依身命所行是也。

原守躔星来犯主，旺局愁行鬼。

如立命酉宫，金与火同躔实地，火居生旺之地，金囚死绝之乡，本主已弱，更行寅午戌火旺之限，煞星恃势愈强，此小人得志，命值此者，非贫则病而夭。

立命金宫火同空，限逢寅午戌。

已解前篇同论。

前限虽危却无咎，后限须当好。

前限主衰微，本为凶夭，虽见灾危却不夭亡，如此必因后限高强递出也。

我旺须要煞无气，不能为我制。

我为命主也，若得令乘旺，煞星却陷休囚，而煞受制之不暇，奚能我制哉！

主与煞杀不两立，煞强主必失。

主煞二星不可两立，我弱他必强，我强他必衰。若彼此皆恃其旺则为战斗，非凶徒之命，则是非之流。

煞倘得朋愁愈盛，受制难为逞。

金为命主，火、罗作党，或外拱内夹，正照傍临，又居旺乡，为害愈重。若空亡受制，虽有害我之威，安得而逞？譬犹虎也，性好噬人，居于山墙傍壁之间，又得群虎以助其猛，则必受其害。若陷于机槛之中，虽有噬人之心，不能施其威矣。

若还有用不为凶，权重凛威风。

此言煞星有用，如命在子、木为财福之主。命在寅，金为福主。命在辰，火为财元。此皆克命，为福不为灾祸，却主掌握重权，扬威沙漠，乃不吉之吉也。

母曜化凶诚非好，反主为贫夭。

母曜者，恩星也。此言生星为祸，如甲人未上安命，金为生星，木为吉用，却是甲人冲干对禄，此为非常之凶，所遇之宫反为祸也。

化鬼之诀又不同，木须金水逢。

鬼者，如寅宫立命，木位寅宫却逢金水同居，申上对照，盖金生水，窃金气而为水，煞势潜消，又为母曜之用。命逢此者，多是危中侥幸而得荣华。以上二十句为一条，论命限生杀有生克制化之妙。

正煞暗中逢有救，凶祸应无有。

木为命主，金水同守寅宫，火炎午地，金星方与木星交锋，自恃其势，但贪得之心利于前，不顾失于后，不期木星牵惹午地之火，却来破金之强，此为暗中有救，虽有祸而实无祸。或曰金亦克火，但火木成局，而金安能克我哉！

明生暗遇煞相干，化曜吉兆看。

木喜水生，水木同躔，本为吉兆，却值旬中空，又被煞星暗处侵陵，此是虽吉而实凶也。克命主为刑星，如上木气克之，本为不喜，如三合有金克木，则为煞有所制。若三合有火、罗，则谓之化煞。盖木能生火，火能生土，是为煞有所化，化煞又胜于制煞。余皆仿此。

主煞坐实又同宫，妙处更当穷。

主煞二星相遇又不逢空，本为凶兆，反为富贵之命，何以言之？假如金为命主，金与火同躔申宫，乃金旺之乡，火病之地。又合起申子辰水局，金势当权，火气失令，反为我克，此乃凶中反吉，即富贵之命。以上六句为一条，言三盘之煞有明暗也。

贵人不必泥生星，合格主高明。

贵人之命，不必专看生星，若身命二主高强，却合贵格，如太乙抱蟾，木孛扶印，即是贵命。

贫夭何须寻煞曜，活法真为妙。

贫贱造化不必但求煞曜，身命二主俱入恶陷，田财二主又空，或皆陷弱，身命入迁移弱宫，多被余奴侵犯，身命田宅官福财帛之主，或占兄弟奴仆，奴星入命，或凶星拱夹身命天元禄主，或命居死、绝、空、亡、刑煞之宫，此皆贫贱之人。此四句为一条，重合格居强也。

阴阳左右逢迎主，朝中朱紫贵。

阴阳，日月也。若身命主居中，左右引从，或夜生身命二主随月，昼生身命二主随日，必主常侍天颜，职任枢机。

生曜行随日月明，金玉必丰盈。

生曜，乃父母之星，印绶之荫，恩渥养育资财者也。守官禄，则世赏天泽，多得富贵余荫。不得地，则官司公力，人守田宅财帛，则享祖父基业。守福宫，则得人恩授。守迁移，则遇外交。守妻宫，则多招内助。守子息，则男女荣华。守兄弟，则雁行和气。入命宫，则凡事称意。临相貌，则丰神飘逸。所至一宫则主一宫之福，若与命主相逢，身星胥会，乃利达根基，富贵之物。若日月前后行，此必主积五堆金之人。

禄马夹身还夹命，马首朱衣引。

如甲寅生人，甲禄在寅，寅午戌马居申，木为禄元，水为马元，或身坐申，水木左右夹之，乃五马诸侯之贵。

一贵当权群煞伏，将相兵威肃。

如甲寅生人，丑为贵元，生于季月，立业酉宫，土、金守命，土为贵人，又为生曜，又乘月令居实，此为一星满用，又是天官星，谓之一贵当权，万煞顿伏，必主将相之材，宰辅之职。此八句为一条，言阴阳禄马拱夹之至贵也。

刀笔常招上贵怜，倚势玉堂前。

玉堂者，贵人是也。如六辛生人，午为贵元，太阳守午，安命双女，谓之傍玉堂，必招贵人引接，乃为吏曹之人也。又如六庚生人，昼生，土为贵元。夜生，月为贵元。昼生人申宫安命，土为贵元，却用凶神飞入未酉之宫。外夹此，化贵为鬼，夜生午宫安命，月为贵元，躔未被木气吊起飞来，三合对照，克破尊曜，必为编配之徒，虽傍贵人，却被贵人憎怒。

地驿余奴前后拱，执鞭为仆从。

地驿者，贵元星也。余奴，气、孛、计、罗也。且如寅生人，马在申，命居戌，水为马元，罗是余奴，酉亥前后拱夹，必为奴隶下贱之流。

命陷官福马居强，虽荣不久长。

身命者，根本也。官福马者，枝荣也。根本盛，则有花叶之荣，根本弱，虽有花叶不能胜矣。此言身命之主无力，却得官、福、马有用，终还富贵，不能久长，自非以格局兴。若身命混凶神之地，主星迁陷弱官，必当以此断之，其验如神也。此六句为一条，言向贵向马命陷而贱也。

金星与木互同宫，风斤月斧工。

金者，刀斧之器也。木者，栋梁之材也。此乃木匠之造化。且如命在寅亥，身在午地，木星飞躔午地，逢月为身主星，日飞沉酉地，如逢金，乃身命二主互换，相逢金木，自相斫削，乃运风斤月斧之人也。

水德或临身命陷，音乐并渔梁。

身命失陷，却逢一水照临，得地则是酒色音乐之流，失地乃习渔梁之业也。

若还太白入天财，绫罗惯剪裁。

财星者，非惟司人资财，亦且主艺业，莫非天星所定。若身命官不好，田宅又受克，独见一金入于财官明健，主为裁缝也。

主来伴月荧夹镇，陶冶知前定。

荧者，火也，镇者，土也。其二星象乃主陶冶工辅之属也。或身命主值此二星夹拱守照，或身命拱夹迎合二星，而田财二主无用，乃烧砖造瓦之匠命也。

命若如还火遇金，铁石艺中寻。

火有锻炼之功，金有从革之变，金火制化必成器用。人命逢此二星照临，或拱夹，或守照财官，若非刻金镂银，则是琢玉击石之业也。

水木同行财帛上，江湖绕兴贩。

水者，属江湖也，木者，为舟辑也。身命官福卑微，而水木同临财帛之宫，则篙师生涯之造化。

孤寡休囚罗计克，多为僧道格。

僧道格局，多是坐孤辰寡宿之间，休囚冷淡之处，略无生意。及有孤气、单罗、独孛、一木照命者，只一身宫清吉，皆是僧道也。

狐星乌宿性虚灵，杂学更多能。

心宿者，属狐也，其性多疑。毕宿者，配乌也，其性最灵。若身居此，必主禀性聪明，杂学通晓之人。

苍龙第二宫中会，竹木良工是。

苍龙者，木、气是也，第二宫者，财帛是也。若二星会于第二宫中，其人必习竹木之艺矣。

白虎带煞入命时，公门多是非。

白虎者，日胎也，为人多牵惹是非，若遇火、罗、孛、计化煞守之，多主公事之人也。以上二十句为一条，言星曜同命入陷而为工商僧道之人也。

马入迁移更祖姓，身命人无定。

凡迁移之宫遇驿马之星照之，定主出祖过房，移根易叶，不然必为萍梗之人，他乡之客。若身命坐此，则居止不安，心神无定，常好动摇，不安逸矣。

鱼女之宫太白来，珠蚌毓双胎。

鱼者，亥宫也。女者，巳宫也。鱼有双尾，蛇有双舌，若逢辰酉之时生人，金为男女主星居巳亥上者，必招双生之子也。

流行九位逢罗、火，家主煨烬祸。

流行者，流年也，九位者，迁移宫也。且如辰、酉宫立命，火、罗为煞，会于迁移，上丽财帛入于田宅，皆主此人此年必遭家宅火烧之兆。此六句为一条，言灾异与出祖之命也。

日月头项水背肩，胸膈属金言。

天有自然之形，人亦有生成之形体，以天之形合人之形也，以人之形即天之形也。午未为头项，已申为背肩，辰酉为胸膈矣。

齐吴下部木为足，火宫为肚腹。

齐者，子宫也，吴者，丑宫也，乃为藏腑。木者，寅亥宫也，乃为足。火者，卯戌宫也，乃为腹。此人自然之形体用此推之。

八难凶神若见侵，灾祸必然临。

八难者，疾厄宫主。凶神者，克我之星。如前所谓头项肩背，胸膈藏腑，手足肚腹，若逢疾厄、凶神侵克，主一件之疾。实则有之，空则无之。此六句为一条，以七曜配人身而怕煞难也。

冠带、临官主克夫，贪花卧柳娱。

冠带、临官者，妇人之命不宜逢此也。盖冠带者，无非淫媚脂粉，体态极妍，招迎外人背夫。且临官者，用驿马所临之宫，阴阳交会之地，如双鱼、双女之类。盖驿马主淫佚奔驰交会，主重婚叠嫁，二者皆是妇人所宜忌。若女人立身命于此，官福田财有气者，虽为享富贵之家，未免乱伦之行。不然亦主夫婿重招，必好艳容丽服。若官福田财无用者，又逢咸池金水天乙月孛照之，必是娼妓下人造化。

血光下部兼阳刃，最忌来刑命。

水、孛、火、罗阳刃星皆主血光，女人最忌。此曜为煞克命，或躔煞，或战身命官，轻则血气之疾，重则生产丧命。

太阳守照晨牝鸡，对月定妨妻。

妇人若太阳坐命照临，加以身强，必主欺夫夺权，心高性急，为女中之豪霸，有男子之英雄。男子命若太阴守照妻宫对宫，主妻妾无貌，不然亦不正法而婚嫁。所以太阴有缺有圆，不常之意。望前夜生轻，望后昼生则重。此六句为一条，言女命怕煞也。

金星为煞更逢煞，非命兼王法。

如命坐寅亥宫，金为煞星，更在诸凶神之上，或亡神、飞廉、的煞、劫煞、蓦、刃，此人主亡于非命，死于王法。盖金为肃杀之星，又逢凶煞，其势愈增，为祸尤重。

疾宫气伴主星躔，卢扁旧家传。

疾厄之宫，命主同气星飞入，乃医人之命。吉则以此断之，凶则带疾坎坷之人也。此四句为一条，言遇煞而刑疾也。

别有源流推姓氏，父母妻宫记。

金为商姓人，木为角姓人，水为羽姓人，火为徵姓人，土为宫姓人，四余同论，日月以水火论。假如金守父母宫，主父母商姓，未守妻宫，主妻角姓，他仿此。若无守照之星，以宫主所属何音断之。此诀乃星家之宝，得者宜秘之。

更将所属别生辰，心精见若神。

所属者，此法有二：一以天干所属，一以地支所属。生辰者，乃父母妻子之生年也。以太阴配戊己，木配丙丁，火、孛配甲乙，土配戊己，水、气配庚辛，罗、计配壬癸。且如丙寅年壬辰月甲子日乙丑时，年为父母，属寅，若木星守照，必主此人丙丁人是父母也，不然木命人是也。又如甲子日，子为妻宫，若土星守照，必是此人戊己人为妻妾，不然土命是也。又如乙丑时为子息，若金星守照，必主此人先生丙丁之子，不然丑命生，亦属金也。又一诀，丙寅年辰月子日丑时，寅为父母，必看寅宫之主飞入何地，或飞入未上，乃是未生人为父母，妻子二宫皆仿此详推，要在会精聚神，万不失一。

逢生遇煞分凶吉，类应年月日。

生星为福，煞星为祸。木星应在亥卯未寅年月日时，火星应在寅午戌卯年月日时，土星应在辰戌丑未年月日时也。且如水星为生曜，贵人则应在申子辰巳年，必荣膺除擢，庶人逢此则财利称心。又如木为煞星，贵人逢亥卯未寅，则降官黜职，庶人逢此则失耗家财，病人遇此则殒身丧命，无不应验也。其余年月日皆仿此类推之。一章之旨，真是天机妙语也。

斯文尽是神仙秘，谈出天机趣。

斯文者，是玄机之奥妙也，皆探造化之灵旨，受之者必因德修行尊之所致，非易得也。若非韫匮藏珠，轻泄非人，其祸不旋踵而至也。以上八句为一条，言五行推算之精也。

人身亦是小天地，举一知其类。

戴九履一，左三右七，二四为肩，六八为足，言肩举足则眼目心腹腰肾上下尽在其中矣。且如煞在己午非头面则目有病，在卯酉则心腹有疾，盖头离肾坎，坤巽肩，震兑腹，乾艮足。故人之一身皆法天象也。

官福拱财身得地，既富还饶贵。

官福拱财星也。身得地，身星坐实也。

俗夫只把原守说，死局不知活。纷纷杂揉且休言，最紧是流年。死生最怕流年恶，原守难凭托。命强限弱只主寿，身强福元厚。

有禄无福，禄将安享？有命无身，命将安保？故命强不如身壮也。

日月若夹的刃时，祸极必分尸。阳年刃在东西现，岁实遭刑宪。

如甲年刃在卯之类。岁实，流年填实也。

阴年刃在西北驰，犯此祸难移。

如辛年刃戌之类。

驾前冲蓦诸神煞，直难休重叠。

凡人命不宜与太岁冲，不要在太岁后一位，谓之冲蓦。蓦在驾之后，悖逆之象，身命在上者必凶，更加凶星，则大作祸，加吉星，则大作福。难星，试以午未二宫分之，太阳午驾巳位，一木立，太阴未驾午位，一上计立人，是直星守四柱身命，为人凡百不能，作事颠倒。此八句为一条，言的刃直头之为利害也。

直刃伴身坐日支，妻子早分离。妻星遇煞又逢直，二次明花烛。男女坐空日月来，必定损头胎。大概妻子乃一理，克妻必留子。月为兄弟日为妻，子息在其时。主星却看居何地，虚实从其类。

如申上安命，木为妻星，飞入亥宫，如遇癸亥日，则为实地，偕老无疑。如甲子日则为虚，刑克不免，所谓从其类也。兄弟子息断各例此。

句句言言妙理深，故名曰指金。

此歌一言一句皆达妙理之深，万世万人尽仰，星家之实得之者，自宜韫匮，名曰指金，夫何忝与！此十四句为一条，言直刃刑克妻子宜从虚实以论之也。

指金虚实五星天机七五赋下

世人开口问为官，提起与君看。

大凡为官之命，虽要格局之妙，莫在大乎漏关。漏关者，乃十一曜拱此一处，不惟四正强弱宫，但看漏关，皆是一品之命。

且如日月引十一曜拱一位，或是禄马，或是天门地位，或端门帝座，或福禄主，或生星命主，则大贵大富。又有漏关四位无星，八位无星，或左右两位无星者，亦贵。又如日月拱夹福德，日月同宫照命，日月拱夹官禄，日月包罗五星四余，日月拱夹田财，五星如连珠，日月如合璧，五星轮序，五星循环，五星向顺相生，五星聚会，罗计截断，罗计押班，一星跳垣，五星入庙，四余在外，七政在内。又有五星六曜漏关格，如丙子年丙申月甲午日丙寅时，得木星入命者大贵。盖丙年木为天禄，丙为月禄，甲为日禄，丙为时禄，以此一星为四干元禄星者，极妙。更合格，官至极品。又有十二宫安命富贵兴衰格局。如子上安命，或土埋双女，大好无克，十五岁大限过宫便为官。如受克，不济福。木旺在寅，十七岁便有难，二十六岁火为恩，则好。丑上安命，先看命，次看金，终看身，三用俱高强，则为公侯。或主星居午，更得金入垣，官至三公。若刑破，只是吏人。寅上安命，先看命，次看身、水，三者俱占高强，为王候命，不要刑破则吉。卯上安命，最忌福德星，只要火罗日月居高强，无刑破，便是好命。刑破只是吏人。辰上安命，夜生人只得身居官位，不须看命。更得日临狮子，不论昼夜，谓之星合璧，当膺钟鼎之任，不要刑破。巳上安命，先看命主，次看身，三看木。申上孛星蹑政，更得限好，不拘昼夜，官列紫绶，不要刑破。午上安命，先看命星，次看火星入垣，如遇罗星同居官禄，或居八煞，遇之死亡。十五岁大限过宫便授敕，不要克破。未宫安命，先看命星，次看安身，终看火星入垣。如与罗星同居官禄，则为破格。或居八煞，遇夜生人，十五岁大限遇宫便授敕，不要克破。申上安命乃阴阳官也，命先看，水次看，孛终看，金木火皆为吉宿。木入宫垣为官星，火入官禄只主富。或居八煞，身居官禄，得地，主授宣，不要刑破。酉上安命，先看金，次看孛，三看土星升垣。在官、在煞为官最殊，昼得阴星，夜得阳星，只是吏人。命星高，官高，入八煞，官列紫绶。若刑破，只是吏人。戌上安命，先看命，次看身，终看土星升垣。如在官福二宫，官品显达。受伤刑破，只是吏人命。亥上安身，先看木、气、月，次看火、罗、金。如木、气、月有一高强，为官显达。如他宫混杂，命带刑破，多狡吏争。

为官须要福基厚，福薄终难久。日月分明拱福禄，此命皇家族。天门守福日月扶，恩近相中书。日月扶官恩外拱，坐煞还庭宠。

亥为天门。安福者，守照也。日月扶者，日月夹也。恩外拱者，星恩在外，三方拱照也。坐煞边庭宠者，格局高，以煞为权矣。

恩福扶官身曜明，信重御阶行。

身曜者，太阴司天也。此十二句为一条，言官星有恩福，日月相扶，为至贵也。

身福恩官俱好看，无拱三品断。六曹四品五品宣，身福近君前。六品以下京官走，身福居君后。

身者，太阴身主也。禄者，官星也。近君前者，乃登驾，即近君之侧也。此六句为一条，言恩福近君之贵，乃其次者也。

宣官三品不居京，君侧欠恩星。

君侧欠恩者，乃恩不近君也。

府州县官俱守印，四正官身紧。

守印者，正官也。四正者，子午卯酉宫也。官身者，官身之星也。紧者，坐实而占高强也。

寅申巳亥见官星，佐贰职亲民。辰戌丑未官星现，杂职随资转。

以上八句为一条，言四正四马四库官贵不同也。

武官带煞身星出，地煞空方吉。

凡武官命多坐煞，或坐蓦越，或主星遇刑星，或主星坐马落空，或官星受克而有救，官星逆而连生。其中若带贵权，主封侯建节。又如日月同官，二曜朝阳，五星随日，火月同宵，一星伴月，太乙抱蟾，金水会蛇，七政得垣，或福官互垣，或身命互垣，此皆富贵之命也。若富人之命，必田、福、官强实，或水火同行，或金木同位，或水、火、木、金、罗之类相生相克者皆是也。盖为富不仁，为仁不富，故多战克。

煞星前后福恩随，开阃列旌旗。

煞者，克命也。生者，生我乃恩星也。谓之煞星背我而去，恩星向我而来，又兼福星入命，是主开阃之权。

身恩坐驾煞不见，带剑日上殿。

身星恩星坐于岁驾之上，煞星俱空而不见，所以能见于君而带剑日上殿也。

煞星流空身福奇，马陷镇城池。

煞星者，为流旬所空，而身福二星皆好，虽马陷没，但主星不空，而镇城池也。此八句为一条，言福恩带煞为武职也。

禄马坐实身有拱，财健运中旺。

财健者，财星坐实地而占强宫也。所以运中旺发非横之财也。

身星最紧命次之，恩福要相宜。

此四句为一条，言有恩福无官星而为富也。

命主逢空无祖业，其余身管摄。身命若陷总无凭，财禄要身承。

此四句为一条，言身命陷而贫。

煞星全没身星实，福好终身吉。煞星不实居弱方，冲照福无妨。三方见煞却无忌，祸福玄中秘。对宫见煞别无灾，大概欠舒怀。灾多福少凭何信，福曜居阳刃。福贵明如一宝珠，切忌刃星虚。

此十二句为一条，详论煞星而要归于虚实也。

忌星绊福身星弱，进退难名爵。福恩明健身主高，官实老而豪。官星总好福星弱，好处还失却。恩星守籍少年起，福陷中途坠。恩星近君信任专，一陷命归泉。

官实者，官星坐实也。为官之人无福，则力不胜任，鲜克有终也。籍者，生时也。福陷，空也。中途坠者，不能久也。断曰：福能保官，福一空而居官不久也。君者，太阳也。陷者，旬空也。又曰恩能取信，一陷而信令不行也。

恩星落空日月远，府县赡天选。

恩者，生我之宿也。既落空亡，又不与太阳星及身主相近，是以但居府县之官，而不能觐清光也。此十二句，详论恩福官星而要归于虚实也。

福官当籍喜恩生，煞犯主刑伤。煞星坐籍皆临忌，身弱长

憔悴。

籍者，我之生时也。若官福二星坐于籍上，则喜恩星生之。若遇煞星克之，则居官不能善终。若煞星坐籍驾，所谓畏首畏尾，是以身弱而常憔悴也欤！此四句为一条，言恩福不可杂于煞也。

命守垣城福伴恩，壮岁秉威权。恩临帝座身守福，限吉承天禄。命中最紧是八方，格重煞神降。

岁驾、垣城、帝座者为三生也。命宫、官、福、田、财为五用。此八处日月夹拱为第一，诸宫主星递相次之，但合此格，不甚忌煞。《五星精要》云：帝座以本生日纳音在处为之，垣城以本生时纳音生处为之。又云帝座，子宫是也。此六句为一条，言恩福之贵在八方而煞降也。

吏人之命祸福专，贵马有相干。坐贵向贵煞守命，刀笔操权柄。煞星守貌福刃并，谋陷没人情。官星坐实贵马健，煞陷风云变。

吏人之命，煞星守相貌宫、官福宫。干涉阳刃，其人为吏尤多克剥，谋害良人。若官星坐实，贵马健而煞星空，则有际遇而为官也。此八句为一条，言贵马与煞刃不可相并也。

妇人之命坐临官，金孛必淫奔。妇人命宫日木守，貌丑却敦厚。从来女命看身宫，身好必昌隆。福星不弃身居二，富贵荣闾里。若教坐马煞劫冲，孤寡更贫穷。

凡妇人命坐临官之宫，及与金孛同宫者，必淫。若命宫有太阳、木星回守，貌虽丑而性敦厚。福星不弃乃不空也。身居二，身主居财帛宫也。若坐马位而煞星与劫的同冲照，孤寡而更贫穷也。大抵女命先看身命，次看夫宫，又看福星，兼看田、财两宫，星辰如何，第一看男女宫，次看疾厄宫。男女宫有吉星，更男女主不受克，疾厄宫又好，则主生贵子，亦无产难。如男女宫低有刑星守之，克曜照之，疾厄宫有刑星，必主产厄。如男女宫主受克者，必招产死。女人除寅亥坐命喜金水清，会荣夫利子，其他宫安命不喜金水清，十命九婢妾也。此十句为一条，言女命贵身福而贱金孛煞马也。

出家物外缘何格，命主居闲极。身居华盖福临财，名字动三合。

僧道命贵清胜俗，但忌福身落亡，身福俱空。命身居华盖，铙磬寻常之辈，出家僧道之命。又惧命主入兄弟宫，太阴居华盖之上，以为太阴所忌者也。此四句为一条，言僧道之命也。

命坐长生身坐虚，非吏亦非儒。身命俱空魁独露，艺术多清苦。禄居破碎劫冲时，贪酒更能诗。命空身空限全弱，头白鸡窗客。读书全要福身坚，身福限徒然。文魁拱命煞都化，翰苑增光价。魁星虽好煞星随，因学祸遭髡。平生一文不能聚，身陷的煞据。

命主坐长生之上，太阴坐空，文魁煞半强半弱者，乃是非儒非吏造化也。命主星、命宫、太阴星叠逢空亡，文魁独露于垣局者，又金星、气、孛同守天空或入兄弟者，断其人必是九流艺术之人。且如辛酉得禄勋之地，辛巳生人，酉是破碎，若被对宫卯冲之，乃聪明好酒之徒。如是身命居空，文魁独露者，更后全弱，虽读书至老，只作白身人。又如文魁拱命身者，命主及身福更坚实，则作翰院之官推之。文魁虽在前行，煞星却在后随，此等命必因学海害身，徒配刺肤之命。若身星飞起逢空，而的煞又据占本宫，则主其人平生一文不能得聚也。此十六句为一条，言身命恩福魁煞以虚实而论贵贱也。

财福重空田宅无，奔走口难糊。限宫泄气财星窘，生理休营运。

谓行限而飞出遇泄气之星，而财星又为煞星所制，所以营运多不利也。

福财身主入迁移，兴贩足施为。

福财身三主，但一主守迁移，则能兴贩而获厚利。

福身二星坐奴仆，终日心不足。

或福身星坐奴仆，则不能纯厚，享安闲之福也。此八句为一条，言财福限空陷而贫贱也。

二主临财万顷田，福命胜为官。

福命胜为官，一作官福喜居垣。诗云：二宫坐贵三朝禄，二主临财万顷田，又云：福星居福真为福，官主临官作显官。须看四柱带不带来，以定其真假，评轻重多寡。扣丙戌、壬辰、甲子、庚午，未上安命，太阴在午，此为二主临财。可惜丙戌旬中午、未空了，虽得午字填起，缘壬辰是甲申中物。二主，身命主也。临财，坐财帛宫也。

有田千顷禄千钟，财位见恩重。

财位见恩重，言恩星守财帛宫也。

财星田主互相守，巨富真稀有。

财星守田宅，或田宅守财帛宫也。以上六句为一条，言田财遇恩而富也。

马空贵空命坐奴，身陷走卒徒。咸池守命身劫的，徒配从军籍。禄逢破碎曰枭神，身临薄艺人。

以上六句，言贵马遭陷而劫的遭凶也。

身居闲极命天德，交情极易合。

凡命坐贵马空位休囚之所，三方拱夹亦然。命主飞出坐奴仆之宫，又不入格局，福恩亦无力，方可断之曰奴仆徒卒之命。如贵人亦有坐马入奴之说，须看恩福田官垣旺者，不可类推。如坐咸池可换，又坐劫的行限，又是离恩虚地，少年中年必在军伍中也。咸池劫的拱夹身命者亦然。禄勋值破同宫身星临其上者，必少义无恩德人也。闲极者，兄弟也，身星临之，命主命宫更坐天德之上，最有情义，与人一见如故，春风和气，慎终如始也。

第三宫中号闲极，喜与福星易。若与官禄两居垣，到老也无权。

闲极者，喜入福德，忌入官禄，二主互换亦然，尤忌之。若与命主相来往，为有福人，无克，故为喜也。以上六句为一条，言闲极主宜与福，不宜与官也。

少年福宫遇岁君，此限蔼阳春。中年官禄若坐库，恩合还居富。

岁君者，岁驾也。守于福德之间，此限最利少年，二十六七岁限至此必吉。三十六七限至官禄，中年也。官禄宫若坐辰戌丑未之上，三方恩福财官会合，斯限主富贵也。

老景迁移八载间，疾厄看迎攀。

命年五十二岁入迁移，六十岁入疾厄。如至迁移之官后，疾厄无所忌，则迁移太发也。所谓若还后限不如前，只许半周天是也。此六句为一条，言大限贵逢驾也。

驾前一位是天空，祸福类旬中。福神十位名压煞，遇者真英杰。白虎官符丧吊凶，命限怕相逢。若与命元真煞会，不死遭徒配。

驾即当生太岁，所主贵煞。驾前天空与旬中空亡吉凶虚实同类。观之其余，各随所生年数分禄马、贵煞为用，更有天空、丧门、白虎、官符、月德、岁破、天德、吊客、病符与当生，体用遇天空则吉凶皆不可用。丧客皆主孝服也。官符即飞天，官符合限，值之有横灾官事，尤忌日时同到。白虎即大煞，主官事破财之患。病符主病不济事。步破主动摇不宁。天月二德名压煞星，男女坐命大贵，限岁见之进喜，解厄矣。

阳年空阳阴空阴，此理用心寻。

甲丙戊庚壬属阳，乙丁巳辛癸属阴，更子寅辰午申戌属阳，丑卯已未酉亥属阴。所以阳年则空天星，而不空其地曜，阴年空其地曜，而不能空其天星，阳年则天星为祸福最紧，而地曜次之，此理当用心寻也。天星者，金、木、水、火、土、气、孛、罗、计，天恩、催官、文魁之类也。地曜者，殿前、贵人、天月二德、阳刃、劫、的、禄马、蓦越、天空、白虎、华盖、六害、长生、临官、帝旺、咸池之类也。此十句为一条，论流年十二位神煞吉凶虚实也。

金骑人马火烧牛，克命实堪忧。土埋双女如作主，胆力大如虎。

金骑人马、木打宝瓶、水漂白羊、火烧牛角、土埋双女，常术谈命例作凶言，殊不知金骑人马，寅上安命方忌，若辰酉安命而骑人马者，则是主星，起去制他人十分得力。其余土埋双女、木打宝瓶之类皆然。土埋双女，子丑安命，土在己宫，与前不同，主其人胆大力强，不伏人也。

煞星入命或为权，切忌犯身元。

煞星入命，若金骑人马之类，尚有用于天元，为财福之类。若犯身主则凶，不可解也。

好星切忌刃劫的，身坐为恶逆。

金主天元，不要坐劫，身官不要坐刃，女人尤紧。若居八煞之上，逢生者反操生煞之权，纵不逢生，为祸亦轻。如人身官犯者，金居阳刃为真刃。

那堪二八小限门，财破祸临身。

小限在财帛、疾厄二八门，更合上次官符、白虎、丧门、吊客之类，主破财生病。

天空守命名死穴，刃拱祸偏烈。

天空者，本生年前一位是也。其上坐命，最忌刃煞拱照。

的煞莫夹官禄乡，夹着祸难当。阳刃的劫忌三合，拱命身最毒。

阳刀、的、劫三星分临三合之地，最怕拱命拱身。此十六句为一条，论身元命主最忌犯煞也。

月支一位喜身逢，行限看西东。

太阴坐月支上，日生则日东月西，夜生则月东日西，行限到，视其顺逆断吉凶。

大凡驾上喜日月，诸曜分优劣。

驾上惟喜日月居之，诸用之星当视轻重而断。

计罗横截定朝昏，混杂不须论。

或日或月，漏关当分昼夜，司之若众，混杂必不论格。

两般化煞天机语，天禄并身主。

化煞三方对照冲合正度，且如火为煞冲合土星，谓之熬化恩也。更土曜化刑囚煞，四余之气除化天禄外，皆作煞论。此八句为一条，言支驾位喜日月天禄身主也。

士夫功名要问除，催官天马俱。催官天马太岁吊，合煞方迁调。煞不合时只平迁，恩煞合方升。流年限上恩忽到，平地承宣诏。天马一星逐年起，催官要同至。催官若坐在阳宫，东南食禄丰。坐阴其年必西北，此论真奇特。催官恩星四正逢，官居直隶京。若临寅申并巳亥，一去三千里。辰戌丑未四千余，此法论无虚。要问升除何日月，只把太阴说。太阴两日行一宫，恩官要相逢。恩官会着是除日，月令喜填出。

士夫功名之人，专以催官、天马为紧。且如太岁填实，催官、天马之类，或三方会合，对宫冲起，其年必有动迁之喜。合煞则升之，不合则平迁而已。亦须先看目下见行限贵与贱，则以官民两论，不同常人皆次吉原守。虽如此断，其流年逐宫转填实，冲合会逐月可推。如太阴流行至辰，则应此月令内必见迁擢也。催官、阳宫、阴宫者，以流年为紧。且如丑年催官在计，看计星行到何地。与身、恩主星同宫者，阳宫必出东南，阴宫必转西北，但流年恩星到所行之限上，必蒙宣诏也。此十六句为一条，论催官天马升除也。

病人若要问生死，依此例中详。

此二句为一条，论推病依前例也。

昼日夜月难一例，金鸣火终昧。火金曾受一番空，未可例言凶。限元脱却岁星陷，虚实一般论。

盖人之生与万物为一体，随其根派而运化。桃梅不结李，铁石安可成金。故燕雀不生凤，狐兔不乳马。人之命禀水即一水也，十二宫皆作水，忌土、计。余仿此推。此六句为一条，言七政当从虚实而论生克也。

其间或有玄机秘，按图难索骥。识得五行颠倒颠，方是大罗仙。生克制化自有理，痴人多错拟。心上经纶造化移，不许俗人知。学人得此莫轻付，神鬼空中护。

此十句为一条，论生克制化之妙非人所知，以总结上意。

教外别意杂诗二十六首

造化惟将一理推，旬知虚实发天机，
源流体用俱当辩，运气尤宜看改移。
理则只今生克是，气明天运有推迁，
古今治乱分轻重，此是琴堂法外传。
空亡一诀少人知，贵贱灾祥各有司，
空处不空分拱夹，更将贴衬有无推。
用宿若空冲得实，凶星空了怕冲来，
不空不实名平局，地曜天星祸福该。
贵贱先须明拱夹，贤愚只要看阴阳，
次明日月同天德，德性襟怀总易量。

金轻土重木星慈，火燥罗粗水性疑，
孛狡计奸偏僻气，更将的刃为详推。
白虎嫌入六害孤，禄空易陷易亲疏，
煞居相貌兼飞刃，此是人中破疾徒。
丑时日是进神星，申刻生人把月评，
子午界开天地宿，长生有宿更聪明。
分明一退当三空，有用之星一例同，
官福田财终蹭蹬，定知妻子必迟逢。
驾前一位号天空，百煞逢之不作凶，
若是用神飞到此，限宫无照却嫌穷。
驾后一宫名蓦越，诸星遇着减精华，
惟宜日月居前后，此是淤泥出异葩。
生星第一喜生身，财福虽空不苦辛，
煞若临深尤你贵，限宫一陷命沉沦。
用星飞出落空中，用位分明有实逢，
更有驾前冲禄马，定为贪利更邀功。
财临阳刃守财奴，财落三宫好用徒，
身命二星闲极见，津津和气百无拘。
动静能分体用明，天星地曜更须凭，
三才定位原无改，要识无形有象星。
一年称意是何因，太岁填恩照限身，
财福填时财气盛，官星填起必高升。
祸福相逢禄马空，一空一实忌偏枯，
官星空了三分实，限若逢之必降除。

金水为恩拱驾行，为官定执法司权，
天门有拱多清要，翰苑声名共此详。
九流清苦若何知，只把空亡仔细推，
满局都空名朽腐，半生骨肉必参差。
流旬空法有神通，此法名为御史空，
纵有吉星居贵地，一时空却欠从容。
诸煞俱嫌太岁填，看他填处在何宫，
田财官福身星等，一一依宫论吉凶。
吉星守限若逢迟，交限三年福始宜，
出限三后还有力，凶星迟了一般推。
大概凶星最怕留，凶星留却最多愁，
下年太岁逢迎了，还见余殃未肯休。
逆时天运促流年，祸福相逢在眼前，
不必论他宫阔狭，只将交处摘其玄。
世运推移异昔年，剥官退职横遭愆，
只因流岁空恩福，煞不收藏的刃专。
仕宦诸公要问闲，空亡一诀理中玄，
官星身命重空却，福不空时老做仙。

星学大成卷十

耶律学士星命秘诀序

星命之说，其法传自西天，今西天都例、聿斯等经散载诸家，余弗获睹厥全。然我朝钦天监有回回科，每年推算七政度数，二曜交蚀，较汉历为尤准，乃知西天之法的有真传，信不诬也。耶律五星，耶律纯传自高丽国禅师，国师传自西天。今观其大者，如论一太阳、五太阴、二金、二火、六木、六水、六土之说，分偏正以定宫度，别体用以取身命，重天元月令，合上下盘局及二百字真经、步天、标本等论，皆根极造化，洞究天人，后虽有作者，弗可易也。堵家窃其余绪，各立门户，究厥旨归不能外焉。今术者但知重琴堂而不知重耶律，是不知二书互相发明，不可举一而废一也。术者谓琴堂准于我朝，耶律准于辽金，此又拘于气运之说而不思论道理，重身、命、官、禄、田、财、妻妾、游行，则古今一而已矣。考历代国家取人之法，或以文武进，或以孝廉显，或假纳粟入官，或推恩荫受职，或重天潢世派，或喜黄冠缁衣，出身虽有不同，荣贵则无或异论。星命者能随时消详，自其所重者推之，则耶律可准于今，而虚实亦验于古矣。岐而二之可乎？余故详叙，为看星者法焉。易水育吾子识。

天星标本序

大辽征和二年，翰林学士耶律纯以议地界事，奉国书使于高丽。至其国，闻国禅师精星躔之学，具重币，设威仪求见，屡请不从。一日自请于高丽国王曰，臣奉国书来此，稔闻国师富于道德星命之学，愿借玉音，得遂一见，以请所有，何啻昌黎之遇大颠也。国王遂命一见，既见之后，往复数回，乃请曰：微生跧伏北方，闻国师深于星命之学，今日天幸得面钧颜，愿北面从师，得闻一二，以耸北方之学者，亦是三生夙缘，不知可乎？国师曰：何不可之有？但学士平生论学有何所得，吾与学士从长商榷而已，何以师为！曰：肤学得于生克制化之外，亦有十条，前六条看根本，后四条看流年。其一曰：太岁尊神加临管摄。其二曰：无中有曜弱处高强。其三曰：得经失次细辨盈虚。其四曰：身傍母吉傍鬼者凶。其五曰：同宫千里异宫尺寸。其六曰：党母福多藏鬼祸大。其七曰：原守虽详流年犹急。其八曰：当生变曜流年飞星。其九曰：限并诸煞贵禄不临。其十曰：流年诸星无忽柔曜。此十条者各有详注，未审如何。国师曰：十条之说抑末矣，本之则无，姑就学士谈星根本，以宫主为重耶？度主为重耶？曰：得于平昔之讲，明以宫度兼论，不可用一而废一也。国师笑曰：宫度兼论，吾恐子于是度胸中不能自断，何以断人之祸福也？且如命躔丑宫之牛、金，宫土度金，限行遇火，一生一克，何以为断？又如命坐寅宫尾、火，宫木度火，限行遇水，一生一克，何以为断？于祸福何凭？遂再拜曰：愿弃所学而从师求教。师曰：吾尝以近世谈星者言宫不知度，言度不知宫，二者胥失矣。吾于海上异人授我以偏正之垣，于二十八宿之中分之，曰：一太阳、五太阴、六木、六土、六水、二火、二金之说，学士曾闻之乎？曰：未也。国师曰：人生于地，日、月五行见于天，其生值七曜之吉，则一生享福安荣，遇七曜之凶，则一生忙迫，日不如意。日月五星，其为物也，于天地间最大于天下万物。日主昼，月主夜，乃天之眼目也。在天有五星，在地有五行，人生于世，五者一日不可缺。观星谈命，苟不知此根本，徒学宫度兼论之术，何以决人之祸福？故十二宫有偏正之垣，子宫以虚日鼠为正垣，鼠乃子垣之宫神，非正垣而何也？丑宫牛金牛、寅宫尾火虎、卯宫房日兔、辰宫亢金龙、巳宫翼火蛇、午宫星日马、未宫鬼金羊、申宫觜火猴、酉宫昴日鸡、戌宫娄金狗、亥宫室火猪，皆本宫之正垣，此为千古不易之论，谈星之人根本，可以尽知其要妙也。所谓一太阳者，太阳君象，天无二日，民无二王，惟星日马乃太阳之正垣。五太阴者，后妃之象，后妃嫔众多，宜太阴之五也。故以鬼金羊为太阴之正垣，其余张、心、危、毕皆偏垣之月也。六木者，寅宫尾火虎、亥宫室火猪为木正垣，其余斗、奎、井、角皆偏垣之木也。六土者，子宫虚日、丑宫牛金为土正垣，其余女、氐、胃、柳皆偏垣也。六水者，巳官翼火、申宫觜火为水正垣，其余箕、壁、参、轸皆偏垣也。二火者，卯宫房日、戌宫娄金为火之正垣。金者，辰宫亢金、酉宫昴日为金之正垣。天地之间水木土随处皆有，随所居而可得，木满山林，土满寰宇，水满江河，至于金火则不可多得焉，只有二火、二金。使金火如木水土之多，则天下常有持刃纵火之患，岂不为世道忧？吾有偏正垣、七政论，日月并明说计八篇，又有二百字真经二十五题，详于学士十条者。学士所举十条，人常闻常知也，吾之诸论，人所未闻未知也。今以诸论八篇与夫二百字真经二十五题授学士。纯逐拜受而宝之。

大辽征和二年八月十三日耶律纯自识

高丽国师赋

元星入局，富贵无亏，母曜归粟，荣华有准。若见财星得所，发积成家。倘或制鬼当先，刑伤破耗，母曜莫伤于财曜，财星莫制于母星。母入财乡，清淡守株之士；财居子位，悭贪薄艺之人。子冲煞地是英雄，子若冲财家破耗。子居母腹，必多蹭蹬之财；煞守元方，定是孤寒之士。大抵母曜无伤，元须得地，寿入寿而无亏，年过一百；财遇财而有制，囊乏分文。母健子明，而男女成行；财破元魁，而夫妻反目。元局破而犹可，元星亏而立凶。泄气重逢，贫无立锥之地；闲神叠见，身无一日之安。战煞必要其降，煞战必须他弱。星运一元，气分万象。元气贵乎生旺，官星切忌休囚。当明官鬼之元，一星二用，必达母财之理；二曜一情，财破库伤，终身危蹇。元衰财弱，一世孤寒。鬼旺则寿算必亏，子生则田宅有发。元坐孤虚，骨肉参商，却宜僧道。令居驿马，功名蹭蹬，偏喜医巫。逢生则皆致祥，遇绝则能成祸。官印不亏，必作青云之客；令母有情，当为黄甲中人。煞盛元亏，则早年夭折；令伤母损，则中岁孤贫。鬼入元方，利名无就；元居母局，官爵显荣。财库不生而不绝，亦可守成；令元不旺而不亏，仅能承荫。白手成家，必是令生财宿；青云得路，当知令护元辰。煞化为官，多是险中侥幸；令变为鬼，必于闲处荣华。妻星弱而重害室家，母曜陷而六亲早克。满门昌盛，皆因格局安和；一世贫寒，必是令元临战。官令逢伤，纵得名不过虚誉；鬼闲太盛，虽有权而终无实。贵煞禄勋得用，则星纯可取；官库岁驾不伤，则曜实为佳。切忌无情夹拱，须看有意揖朝，不可一途，而取要明三限之元。大抵闲神不可交迎，制忌亦嫌拒敌。克我者有用，何妨生我者。凶神何用空亡，绝地会吉非祥。禄马旺乡，逢凶反福。元居亡劫，有断多灾。母坐煞宫，无救多滞。生旺处为祸还轻，死绝处有福亦浅。盖五行顺则为祥，逆则为祸也。

玉堂宝书五星断

夫五行者，木火土金水也。在天曰五星，在地曰五行，在人曰五常。太极既判，天地初分，合乎至道，体乎自然，一动一静，万物生焉，盖造化而有变也。夫金生夏而旺于秋，水生秋而旺于冬，木生冬而旺于春，火生春而旺于夏。土乘火气，初生于巳，每于四季节中气前三日为旺，其月在辰戌丑未为正位。故金旺木死，木旺金囚，水旺木相，火旺土休。生我者为父母，我生者子孙；克我者官鬼，我克者妻财；比和者同类。然五行之性，各致其由，是以元星入局，福寿无亏，母曜归窠，荣华有准。若见财星得所，发积成家。倘或刑星当前，克伤丧命。遇子旺宫多显发，子冲煞处必英雄。子可顺于财星，财莫伤于母曜。兴财享福，印旺滋元，反祸为祥。用强制鬼，刑星有制，要逢我盛他衰。元若居财，切忌财里受死。本宫正旺母受刑生荣有日。元如虚弱，无逢子掘发无因。清淡守株，子居母局。性贪薄艺，母入财乡。元局故怕受伤，元星亦嫌受克。元居鬼局，破耗非轻。子入元方，艰辛有救。谋利失本，生局逢刑。好事多磨，妻宫制母。元莫伤于财曜，子可远于母星。冲鬼须当子在先，援母必当鬼在后。为祸须逢死绝，为福切忌休囚。妻来入母，父道先亡。母若遇财，坤宫早逝。呻吟庶出，母入儿胎。衾枕孤单，妻宫寿局。克伤离祖，鬼局逢刑；破害临身，妻宫逢鬼。母入刑宫情断绝，子居鬼煞继无亲。子居子局，怕逢死绝之乡，妻入妻宫，切忌休囚之地。妻居印局，怙恃乖离；子入寿乡，女男昌盛。子星受制，寄养偏生；妻曜居生，因妻致富。母居寿局，棣萼联芳；鬼入元宫，雁行分序。子入子无伤，则男女成行；财遇财有克，则夫妻反目。儿乡有克，当寻妻曜长生；妻局受伤，须要子星帝旺。母星入制，孤克散离；寿曜居财，悭贪丧失。五行相克，便知先者受伤；两曜相生，必是后来泄气。先详体用，次察尊卑，一举才通，万无一失。

耶律学士星命秘诀七政论

一太阳

一太阳者，午为正宫，星为正垣，乃太阳为主也。如房日火也，虚日土也，昴日金也，皆有所属，乃日之次舍。若正月酉时，四月午时，十月子时，立命在午，日在正垣，亦谓日居日分升殿也。却不喜居于心、危、毕、张，则为日入月宫，阴阳反背，偏生庶出之人也。日为君主，则有金水之佐，金乃官星，水为福元，前引后从，太阳不宜独行无辅，皆贫薄之人。未、申、酉、戌、亥时生于他宫，见太阳，亦宜有辅，皆可取也。无辅皆贫薄之人也。正月酉时生人，太阳在子，谓之移乾就湿。二月申时生人，主入疾厄，水气强者多主疾病。命书云：孤阳射破三方煞。又曰：水化伏尸遇太阳。岂为恶曜？乃太阳能救诸宫凶煞，不特戌上见水，得日可救，他宫五怒得日皆可救也。此宫最忌者，木气也。以日为君，火、罗、计、孛虽凶曜也，然臣也，岂敢犯上？惟木为难星，疾厄虽至贵者不能免，若太阳飞去，与木同度，重则夭折，轻则贫病。木在亥为煞难，入垣在子为难当头，在寅、戌傍临，在卯加入命皆为不足。气乃木余与木同凶。木、气者，树木荫翳之象，能蔽日光。其次忌日、火同行，二曜朝阳，嫌处离明之地，二曜火、罗也。他宫立命见火、日同行，多早丧父，多败祖业。日者祖父也，火者自己也。以己与祖父敌，不贫亦夭矣。故凡四五月生人，日在申、酉者不利父母，盖申、酉为日没之乡也。惟行限喜太阳。煞星近太阳，皆能反凶成吉。四正互加之宫，宜详酌也。

五太阴

五太阴者，以未宫鬼度为太阴正垣，乃午与未合，日与月配也。其次则心、危、毕、张谓之偏垣，为五太阴也。日为身宫，论生克之妙者，以月所泊，详其傍鬼傍母。五星中以月最重，若更立命在五太阴者，尤为利害。盖身宫、命宫、度主俱从焉，吉则俱吉，凶则俱凶，其可忽乎！五太阴中，以张月鹿为第一宫，何则？未与午合，取日为远，张邻于星，取日为近。午为一阴始生，月喜居之。次则危对虚日，心毕皆与日度相连。月非日则无光也。若命度张月加以近望，夜生之人皆大富贵，一生无忧。夜生而在他宫立命，月躔张者，主一身安享。命在张，月在毕、危、心，或四月度立命，月亦在四月度者，皆可起家发迹成立也。最喜金、水、孛，会金为金助月华，会水为水涵蟾魄，会孛为太乙抱蟾，皆为贵格。惟女人独喜一金星伴月，遇水孛近身皆无贞烈。故日生喜太阳，不可独见。夜生喜太阴，却喜独见。中旬三五之月最为圆净。又诗云：残星伴月落边城，月到中天分外明，满天诸宿皆沉没，只有团团月照人。又诗云：五更旦气十分清，斗落参横日未升，相随宝月上河汉，惟有长庚伴月明。丑寅时生人，金月相随，皆主文章明了，却不宜木为命度主也。《太阴经》云：巳申二命惟怕月在土宫土宿之中。其余夜生而遇火、罗，谓之火月齐明。遇木、气而福禄有用，亦吉。木、气强则土、计衰，土、计盛则月必晦。五太阴中有危月，到天门乾有金生质厚，历试人命。有子上危度命者，遇土、计则凶。十三度在亥命度者，行土、计多苟免。此玄之又玄者也。独有鬼度命，其人必诡谲，多谋诈。故太乙谓月孛南方之蓄蛊，乃太阴之精，如此岂曰阴柔乎！此星若正得其光明之时，为人相貌堂堂，肌肤皎然。但鬼月遇火，不谓之火月齐明，于金有梗，见土却不曰土生金，乃反害月焉。论者不可不察。

六　木

尾室火度实寅亥之正垣，故见水、孛则大发。其次有井木度者，多于二十八宿，木入秦殿秦州度柳者，减力太半。次则斗二十三度，次奎有十八度，又角有十三度。井以末二度，邻于鬼合，还太阴正垣。斗以末度邻于牛合作丑土。奎以末度邻于娄合作戌火。角末邻于亢合作辰金。此四木惟角木弱，况是金垣，木必衰弱。木在午行午限，午为三河之地，其地多风，又为木入离宫化成灰，多主夭折。木在巳，巳为巽风动，又属水，能生木。室尾二度见风稍轻，深忌火、罗。火能焚木，罗为奴犯主，亥上立命，限行火罗多死。只喜水、孛独行，或金入水乡，金水同行同度，为上吉。盖煞无余气，木命得之多富贵，金水加合有力，皆为可喜。如金月同宫，不谓之金助月华。若是生于冬月及壬癸年，更得天元月令助之为奇。

六　土

六土者，虚牛为子丑正垣，次则女、氐、胃、柳为偏垣。如女土近虚得子正位，子为帝旺之地。氐土近房，亦居明堂出政之宫。立命于此，得火能发大福，为官必至卿相，非小小也。惟胃土居酉，土败之地，天盘又为反吟局，人多不足。若得火、罗十分为上。有木、气往来，必然困厄。至于牛金之土，惟喜一火一罗独行，若限见火、罗作党，则不吉也，他土亦然，谓二母争权。遇水、孛同行，土亦崩，甚不可，谓土克水为财也。最怕木、气当权。得时破局，入垣为大凶。亦不可在四木度中，谓之失次之土。安身与火、罗同度同宫者，皆有福之人。制化加合之妙，又在善详推之。

六　水

六水者，翼觜虽火皆水正垣，论度者皆以二宫见孛为水克火，不知水星行限怕逢孛，为奴犯主也。此二宫安命多易看，盖巳申忌土、计，其说多验。巳之张、翼、轸，申之毕、觜、参皆水也，怕见土、计，独有井九度属木，人之论命每易于此宫。次则辰有轸八度水，亥有壁，寅有箕。壁水生于乾，亥金混水，轸亦生于辰之金，见土、计稍轻。惟箕水生于艮山蒙泉之地，受质稍薄，一见土、计，不破则夭。故寅宫之水、金星得地为大利，主持之命。惟喜金水同行，或金水互垣亦好。此宫深喜太阴与金同，为金助月华。深忌月与土、计同宫，为安身傍鬼。以行限而言，卯辰巳午四位不可见土无金。行限次第逢之，卯有土，十五岁中凶，辰有土，二十五前凶，乃无中有曜。若见金入水乡，水居金位，皆是奇特。

二　火

二火者七政所躔，各有四，而火全不与，何则？尾寅室亥属木，而觜翼属水矣。火之所居不宜多有，若火之多如水土木随寓而有，则火性炎而有焚烧之患。故火之正垣惟卯戌二位。戌为火库，卯与戌合，卯火居房日之下，以燧取火于日也。戌火藏于娄金鼎锅之下，以金击石乃有火也。喜木、气为上，躔在四木之度为吉，四水度为凶，孛与水同。二位之火最怕水居亥子之地，谓之水满江湖，火必微灭，何则？水在亥卯宫，三合见之，水在子、卯宫加临之，戌上安命，十五后见亥限有水，破我相貌。二十五后行子限见之，破我家福德，年少逢之，多贫夭。惟喜水木在天盘卯辰之间，木在子，不谓之木打宝瓶，盖木在子巳加子戌宫，二十五以后逢之，皆吉。此宫喜木月同行，不喜水月同，学者宜详之也。

二　金

二金者，金度有四，而牛娄鬼各有所属，独有亢为正垣，曰龙者变化不测之物，天为凶器，若动用不可度也。次则酉宫金旺，辰与酉合为金，喜土计而畏火罗。此二宫命，土计近月不为土犯太阴，为安身傍母，乃富贵之人也。辰上立命，行限至午，见火罗多死。午为火旺之地，又为金败之乡，限行多凶。惟酉金遇火为灾，遇罗为有救。盖酉反吟之局，罗睺在戌、计在辰、辰加戌，罗在亥、计在巳、巳加亥，罗睺在子、计都在午、午加子，天盘有救解也。酉上安命却有土星在子，为福甚大。为官星，为命母入垣逢旺加以禄主，为天干月令有用之星，行子限必大富贵。如辰宫安命，遇土于午，稍弱，于酉金矣。金不宜坐于四火度中，宜在四土度也。

日月并明说

日之与月，其次舍在天相近，故在于午卯酉四正。子为帝座，午为端门，卯为明堂，皆日月所居。酉为西没之所，人生身命在此，皆富贵之人。安命在午，日在巳，月在未，为阴阳夹命。日月在男女，迁移夹拱有力，必权柄，能卓立。日午月子，日卯月酉，皆富贵命也。月卯日酉，皆贱命也。日居月度，月居日度，亦反背也。其人必庶生二母。日生忌火，夜生忌土，亦当以标本论。诗曰：十二宫中不言主，强云昼火夜忌土，何以不忌水木金，是致五星皆莽卤。行限若是见日月，妙不可言。或限中日月夹拱，皆致富。火罗犯日，土计犯月，皆损害六亲。朔日蚀，望月蚀，命在日月度，不夭即盲哑之人。日月同在命宫，其人多贵。巳为阳极，月不宜居；亥为阴极，日不宜居。月巳妨母，日亥妨父。日月拱命、拱二主、皆贵；拱田财必发；拱迁移必外发；拱妻、子必得贤妻、子力；拱疾厄必少疾病。以类言之，百无一失。日为主，躔木度，月为主，躔土度，皆失也。

太阴黄道说

太阴论

夫命取太阳安命，以明其体，取太阴为身，以明其用。论命则人之所可同，身则人所不可同。如命宫诸富贵格、贫贱格与此身无相涉，皆所不论。必须与身有干系，深重者方是。

太阴九行说

月有九行，以黄道为经纬之主，青道二出黄道东，赤道二出黄道南，白道二出黄道西，黑道二出黄道北。四时更可随黄道而变迁，春黄道始于东，夏黄道始于南，秋黄道始于西，冬黄道始于北。其日南陆北陆，又是随天道而旋也，以九道捷法推之。

四时太阴所经之度

立春　木（黄道）　火（青、白道）　土（黑道）

　　　金（赤道）　水（白道、月）

立夏　火　土　金　水　木

立秋　金　水　木　火　土

立冬　水　木　火　土　金

（以上五行，系月所经由之度，以此推其黄黑道，如太阳则从火、月度则从水论。）

论命以日月为身所系，考九道晦明。如人身生世而禀赋厚薄，道行所属而为吉凶。黄道内得五星之吉为福，土计孛罗为减力。盖四余暗道之曜，非黄道所可见也，见则必掩晦。黑道正四余得志之所，又非五星所可从也。

黄道，为人聪明，清和粹美，春风和气，洒落通变。

赤道，太阳光辉之所，为人多权略，任势敢为。

青白道，多清洁，有风节廉操，进退以礼。大抵青白道为孤高之所，若更命局，与当生孤刑煞局，无禄贵驾殿者必孤克。更空亡刃碎交横，必是僧道；有吉局亦为贵中孤命。黑道虽富贵人诸吉局，亦必自艰难中起。黄道虽弱，亦可为吉，但怕黄道遇掩晦。是月行于天，而片云蔽之，盖以其昏晦也。

黑道愚而好自用，贱而好自专，心高无实，志大无成之人。大抵专系于九道之内，次参得何星之用。如妻星主内助而起，亦由内亲而成功名。田宅主得父母力。财得财，官主贵，更参诸局无失矣。

论太阴之说

假如太阴度娄，娄金也，当以金星论。如金星得垣占高强，有夹拱与禄贵驾殿相系，更见土来生之吉，立命在巳，人必有贵。如金星失躔，为他星所断，或截其脉不与禄贵驾殿相系，却与阳刃的煞相干，此又下贱矣。如金星失道太阴得夹拱，或见黄道所喜之星，禄马殿驾贵人相涉，亦为吉命。如金在辰，升殿当官禄，或火在申子辰当令，或难直，此不可以身主居官断也。盖受火之欺，为令所役，为官所驱，何福之有？若更有土与火之脉相贯串，此又转凶为吉之道。盖火欲伤金，见土则反去生土，土又生金矣。挽回一团福气，全在土上，却看上二是何宫，主妻得妻力，男得男女力，官则贵，福则富。土为持重之星，有培植之功，为人亦有持久之福。若为火所燥，无土挽回凶焰，为人多受漂忽震荡之祸，得吉尤凶也。若金见水，却看水是何宫主，田妻男吉，官福尤高，是身得此福。若主无用之星，奴仆兄弟，无益于我，精神气脉为彼所窃，平生为人无力，以小失大。如金见木为财，看是何宫主，妻得妻财，奴得奴用之类，活法推之，无不中矣。

太阴引从夹拱之辩

引从夹拱，当辩其孰吉孰凶。如月度娄前三十度，内有吉星为引，后三十度内有吉星为从，引以远者为吉，从以近者为吉。前后夹拱匀停，不论何星多寡，皆为引从夹拱，但看协和争斗如何耳。前引后从，又要求太阴之前不拘多少，近前一星以之为主，若前面之星与所主之星皆相生无战克，非贵即富，有战克不纯粹矣。若所主之星与日月有伤，此为下贱。若日与官禄贵殿驾职元，无非富贵。前后拥从匀停，所主之星与月相得，前面诸星不相战争，只要不伤月前主星，不碍其为名利。若三合钓来，亦如此论，但当明剖合道望道之说。在月前为紧，富贵皆特力为之，不藉他人合道望道，必因人而成。此二项望道尚可成功名，合道非仰他人则不可。贵格亦是荫官，拱夹中亦有祸福，如夹吉则吉，拱凶则凶，又在详推之也。

一太阴前犯殿伤宿之说

犯殿者，如主弱下凌，恃其权而犯殿。伤宿者，上刚下暴，各恃其力。如太阴度胃，而罗、计占昴、毕二宿。昴毕，日月也，天之日月，人之君后。罗、计乃黑道狂暴之星，犯其日月，身前有此凶星，安得不凶。伤宿者如太阴在胃，立命在子丑，木星在月前，身命皆系乎土，木将来伤之，退度尤凶，主为人犷狼愚执。更若当阳刃劫煞之类，必是凶恶之徒，当受刑法，否则夭折。又有此格而富贵者，乃坐禄马、贵垣、殿驾、庙旺、日月联格，有以伏凶星之势，虽犯殿不妨也。推者宜加详审，不可以一概论也。

太阴让殿之说

让殿者，如人不临正室，而在别处，所让之殿，有吉则福，有凶则祸。如太阴度柳、星二度之间，诸星在翼、轸之类，独让张宿在中。或月度翼，诸星在柳、星亦是。前为紧，后为缓，当禄贵殿驾，为富贵。中间更有金、水各一星在张宿，谓之一星朝后，谓之留守护垣，此至吉也。若让殿有土、计、罗、孛之类，不谓朝后，谓让殿受欺，此凶格也。

太阴出垣入垣

罗计界出太阴，若登殿驾禄贵者吉，居煞者凶。月乃柔星，有晦朔弦望，全籍诸星辅之。日生宜木、水、气日，夜生宜金、孛、计、火、罗。在太阴之前后见，最怕阴阳反背，诸星失志。太阴前有吉星相近禄贵，后恶星赶趁，尤急。

太阴倒限

子上危月度立命，限行至卯尾一二度，本宫对合皆无星，有忽然死者。盖日月晦明不同，危，月也，至卯，日出之所，正入刚阳之地，是谓有他无我，兼以太阳恶弱，倒限无疑。又如午上日星度立命，限至酉毕度，本宫无星，而忽然死者。盖星为日，日至酉，酉为月出之地，亦有他无我，兼太阴恶弱，倒限无疑。

二百字真经

四正宫神，暗加管摄。

四正者，举一而三者相贯串也。如子午卯酉、寅申巳亥、辰戌丑未是也。人多以三合论，而不知四正生克为急。如木在子、卯、酉有金，暗受伤克。如水在申、巳、亥有土，亦暗受伤克。如金在丑、辰、戌有火，亦然。余仿推之，可知根本之强弱矣。

天元得地，有用者昌。

天元者，甲乙年是也。为科甲，若又为命主、官禄、福权之星，居高强，得水为助，必富贵。如受伤害，必贫困矣。

月令当权，乘气之旺。

月令者，寅卯月木是也。如春以木为令，又以为身命主及官魁福禄之类，乘旺得水助之，为富贵之命也。

正垣气旺，傍我无权。

正垣者，七政各居十二宫为正垣。吾尝谓言宫不知度，言度不知宫，人多不知此处玄妙。如土旺在子，子为正垣之所，危之近虚，滨土之水浅，水之下皆近岸湿土。自危一至危五皆土也。次则斗二十一起合还土度，辰宫角十一、十二，合还亢，午、张一至三度合还星，未井二十九、三十合还鬼，戌宫奎十七、十八合还娄，此皆历验，非臆度也。

界限分明，彼木此火。

此八字以寅卯界限之说言之，盖尾三度属卯，火为主，余度属寅，木为主。若以寅尾为火则误矣。

主居退留，余曜难救。

观星以迟留顺逆为最急，主星尤关利害。入顺度，则平生作事顺快有福。如入退留，一生作事进寸退尺，兼为人不刚果，流于慈懦者有矣。

母居退留，为福不力。

生我者为母，如入退留，则是欲生我而不力也。

母星无生，何暇顾子。

如以火为主，罗为奴，木为母，若木不生火，反生余奴之罗。或乙丁人，又为刑囚，是我父母有用之气，反党余奴刑囚之辈，何暇顾我生我而为福哉！

母克于用，福力潜消。

如土为主，火为母，若火不来生土，却与金同行，则所恃之母气，反与金相战，纵有力以及火子，亦少减矣。

敌强难攻，用力有损。

书云：相刑相战，则处世多迍，相顺相和，则终身安静。人多以我克者为财言之，则谬者多矣。若以金为主，限见木、气，木为主，限遇土计之类，二星作党者强敌也，见之重则刑囚，轻则贫病，必然之理也。

两母争权，姑息太过。

如土为主，限见火或罗，则发福。如火罗同会，若吉而实凶。盖母与余奴方争权未息，纵能爱子，亦无力矣。

太阳当空，群曜潜伏。

太阳者，君也。如七八月巳午时生，安命在卯，如躔房宿，火为主，将后行巳午限见日，如或金水木土与日同宫，为科名、科甲、官魁、福禄，遇太阳必伏，诸星必无光也。

月兔无光，晦朔倚日。

人争生于晦朔，命在月度，此时月与日同会，若日月前后有吉星必吉，凶星必凶。设若日近火、罗、土、计者凶，日近金、水、木者吉也。

河汉艮坤，为士必秀。

河汉者，天文也。秀士者，人文也。河汉始于丑、寅，尾于未、申。如人命在此宫者，必为秀士文人。次则戌奎亦然。

煞克于奴，本主自旺。

如人行险阻而遇贼，必先将奴仆杀伤，而本主得免也。如木为主，金为煞，金不克木而与气同行，是与气相敌，而力不及木矣，而本主之木得自旺也。

余奴犯主，纵吉为凶。

如木为星，气为奴，木主与气同，非享福发财之命，甚则早夭。若生年带煞，十凶八九。

限遇煞奴，十难一免。奴星敌煞。

如木为主，金为煞，气为奴，限行见金煞，又遇气奴，三合无水、火救之，十难免一。又云如金见火为煞，限行不见火，见罗，为煞之奴星，亦不免也。

母无余气，藉木解仇。

此言巳申与箕壁之水宿，以金为母。金无余气，得木气居于强宫，以克制土、计之仇，谓之子能敌鬼，与母力一同也。

煞无余气，逢火灰烬。

此言木为主星，金为煞而无余气，若行火罗亦能焚烧山林，毒于金煞也。

正煞暗生，转祸为福。

正者，正盘。暗者，加盘。天机祸福多在加盘。如子上立命，以土为主，行限寅见木为煞，如是暗盘巳上有火在焉，木生火，火生土，为暗救有力。又如戌上立命，奎度行子限，见金。如巳上有水，暗中有救，必能转祸为福也。

正生暗煞，化吉成凶。

如子上立命，土为主，行寅限见火而生，若巳上有水、孛伤火，乃暗中受伤也。

朔望食神，阴阳非利。

日食朔，月食望。如日正食之时而人生，在四日度日既食而无光，此命岂能有福。如望夜之时而人生，在月度中立命，亦然也。

界限中安，离家迁祖。

所谓界限者，天文本无界限，而人有之，如轸十、氐二之类。立命于此者，多出祖过房依于人。否则不住祖屋，迁移不定。若诸星多在过宫上，亦主不安也。

上盘下局，加合参商。

命书所谓天宫地位十二辰消息，其中全看行度，则于加合之中，宜细推详。有加着加不着，宜观太阳过度，二盘克合子午卯酉之正。各于上下二盘写一星，然后以一星加合，则上盘下局之星加合，了然可见，生我克我，在与不在，合与不合，宜详之。

钓合冲临，分擘阔狭。

此即同宫千里，翼宫尺寸之说。所谓钓合者，申子辰之类。冲临者，子午卯酉对冲之类。如立命在子，火在午吉，未在午凶。万一命在女四五之间，木在张十二三之间，照命度不及，岂能为灾。若木在柳七八度，正照则为祸必矣。余星阔狭，亦宜分擘算之。

二十八条断例

四正宫神，互相管摄。

四正者，如日之虚、房、星、昴，木之角、斗、井、奎之类，互相管摄。凡看星辰，先看主星落何方，有何生克制化，若论凶吉，合依星辰而断。

同宫千里，异宫寸尺。

且如子上立命，女三至危十虽是同垣，何止千里。若危十一，危十二，子上立命，视亥上危十三、十四，有尺寸之隔，此何可以异宫论也。他仿此。

二母争权，姑息太过。

如木星见水、孛，或临本宫三合，独见方为福，若同见，二母争权，反为祸。余仿此。

一星得地，初无二用。

或土宫立命，或命主土星，在别处三合见火生，本吉。设若三合火见金，火性炎上，便去克金，却不能生土。余仿此。

水火相战，其势俱败。

如水命，火同在命，或三合，或十五度之内相照，虽火受水克，火亦不宁，其势俱败。余仿此。

日月争权，到底无光。

如日为命主，夜生本无光，或与月同宫，或见三合。月为命主，日生本无光，或日同宫，或合照，是自争权，无成于福气。

禄嫌冲破，衣食艰难。

如甲生人禄在寅，立命在申，禄当头为命冲破，终是艰难奔走，限逢之亦然。余仿此。

马忌空亡，衣食奔波。

如己巳生人，马在亥，行限至此，或命身值此，更加以凶星守照，必生受。余仿此。

母主无权，福气不大。

如命在子，土为主，限行遇火，或三合为水、孛所伤，其母受克，子必无力，福气不大。他仿此。

向前得力，再后无功。

如命在亥，木为主，行子限，三合见一水单行，必能发福。若人行限到辰，再见水、孛，必无再发之理。

若是无形，终难制有。

五星乃有形，余气无形。五星相克，此理甚明。如气近土，孛近火，乃余气侵有形，其力终缓。或戌上立命，命主火星在子，金水同宫，辰上虽有气，亦难化水生火之理。况子宫水旺之地，其火受克不浅，以此合言天命。他仿此。

党恶则乱，制恶不行。

如木命行限遇金，木自受克，加土、计临三合助威为煞气重，若同火罗则制其金，恶不行矣。

独阳不生，孤阴不成。

若男人命遇太阳，居四正为得地，左右无吉星，三合又无，为独阳不生。女命遇太阴，居七强，亦得经入庙，三合皆无吉助，为独阴不成。为事多克战无成。男命看四正，女命看七强。

刑囚入陷，纵恶难施。

如甲生人，命在戌，火为主，水化刑，本能克我，三合有土、计制之，或水入陷地，彼受制之不暇，岂能施恶于我哉？或土、计自陷，又恐不能制水。

暗耗虽强，逢生反益。

如甲生人命在酉，金主化耗，限逢土计，不以为耗。又如乙生人，命在亥，木为主，化暗得官，有水孛生之，其暗反明。

四正日月，最怕西沉。

如子午卯酉四正之地，为日月之垣，独酉为西沉之地，若日月居其上，终无显达。

三方禄马，最喜拱照。

如乙生己酉丑之人，命在未，马在亥，禄在卯，三合拱照，一生衣禄不少。此论地元禄马。

安身傍母，福禄尤佳。

如土为命主，火为土母，月火同宫，不以伤身论。又如命在辰，金为主，土为母，身与土同行，不以蚀月论，乃富贵格局。

奴贼临身，妻儿必克。

如寅亥木为主，气为奴星，若气与月同行或傍，其人必孤。又如子丑土为主，计为奴，若计与月同行或傍，其人必受刑伤，不然必夭。余仿此。

主数遇陷，有救不凶。

如木命人，木陷于子，或入金宫化刑囚，或值命限到此，本受克，缘三合有水、孛，能解金厄，转凶作吉，但未免劳心耳。

母若当权，为福莫大。

如子上立命，土为命主，以寅卯为福官之地，若有一火罗独守在上，是母当权，大吉。余仿此。

同室操戈，必遭祸变。

如立命在子，不问主星客星，但有水火同垣，金木同位，虽彼自相战克，与命宫不相干，终是窘我室庐，祸起萧墙之内也。

飞星破驾，终是废人。

凡论命，必殿驾为先。假如甲辰生，岁驾在辰，金为驾主。辰酉立命，金为命主，若有火罗飞入辰宫，乃为害曜破驾，必贱人也。余仿此。

劫煞抗冲，威烈以怒。

如壬子生人，命在巳，乃的煞之地，更有刑土刃星居其上，是谓煞见煞，行限必夭。

三元并驾，禄又加官。

如甲子生人，禄马俱在寅，甲生人又以木为天元，是木为三元，若临身命，必显达，子丑午未，命凶。

相顺相生，当观向背。

如立命戌火主入丑宫，躔斗九度，又有木躔斗十，此谓之向，发福必大。若火斗十，木躔斗九，谓之背，虽发亦轻。

相顺相克，须验实虚。

如命在巳，水在申，躔参，有土在辰，躔角，彼自受制，安能克我。若有木气临照，彼虚我实矣。土若躔氐，更有火罗合照，助其实，是彼实我虚矣。行限至此，必夭。若其间有金照临，又能生我之水，反凶成吉。

原守推详，流年尤急。

经云：原守虽然无咎，流年尤怕为灾。此二句不可忽之。且如火为命，行年水星到命限，焉得不为祸。占煞尤重。

步天经序

大凡论五星，先以本主为重。然本主强弱关系轻重，而命母厚薄亦关系轻重，命母固有关系，而身宫尤为切要。命本既弱，身主有失，虽命母不能以救，其为夭折必矣。命主之弱，身宫之陷，得命母之力以救之，却能易危为安。玄斋所谓论命主须论身宫，又当论命母三主不陷不弱，其为富贵格局明矣。其次则论福德、官禄，福气重则享福必厚，官气重则名位必高。又其次则论克我之星，他强我必弱，他弱我必强。彼既伏降，我方得以施其志耳。他若强梁负固，必能为我之敌，我自受制之不暇，伺暇为人福哉！盖三方四正当看拱夹之何如，然三方四正又不可以一概论。若论三方，又论四正，不无泛杂。盖子午卯酉生人，于子午卯酉上安命，便当以四正为重，三合为轻，所谓太岁、宫神互相管摄是也。或者又曰：四正无星便观三合，三合无星便观四正。亦是一说。设若生于子午卯酉，坐命于寅申巳亥、辰戌丑未，又以三合拱夹参看，不必专论四正也，十二宫中皆效此例。玄斋曰：专以宫主断人之祸福，则二十八宿躔度不必论，又何谬乎！盖二十八宿天经也，金木水火土五星也，四余乃地纬也，常相脉络，互相往来，二十八宿实于五星有所关系。且如子丑宫乃土之位，子宫有虚日危月，又是一家之阃奥，如隔界，又是一家藩篱也。吾家所主，却以土为主宰，焉得不以宫主为重，度主为轻。

所主却论度，以此观之，万无一失。盖五星之中，木怕气，火怕罗，水忌孛，土忌计，此理甚明。如子宫安命，所怕者木，假如行限到木，便观木起何宫，躔何宿，若受制坐陷，皆不足虑。若居生旺之地，岂不为我挠？不待三方四正照着，皆为祸患。如或拱夹临限，灾愈重也。其余皆效此倒。十二宫中独有午宫星日马有五数，正是人君九五之位，安命于其上，主生平为人寡合，作事无气，不能胜任大事，若有凶星恶煞居之，皆不能施其凶恶，天下自古无臣犯君之理也。如危月、张月、心月、毕月，乃后妃之殿，安身于此，必主聪明膺富贵。又如安身安命于觜火，觜星，天上无曜，不能安载其身，主人生平飘泊，无有定居。鬼有二度，号为天眼，此上立身安命，多是奸雄寇盗之流。盖星辰吉，单行为福愈力。如是凶星恶煞，三方为党自相斗战，又不能为祸。若有一党恶，其为祸莫大焉。大凡星辰在天激之则变，如安于垣，安于驾，升于殿，其性虽恶亦善耳，又不能为祸也。且如安命于子、午、卯、酉，乃四煞之地，桃花之位，男人安命于此，必能夸逞英雄，耽迷酒色。女人安命于此，过于伶俐，酷于贪淫。寅申巳亥为四马之乡，不问男女皆不闲逸，多受艰苦。辰戌丑未乃为四库，安命于此处，性晦迷，多是克战孤寡。故玄斋论有十忌：一忌破禄。二忌空亡。三忌太岁当头。四忌闲神入局。五忌飞星破驾。六忌客曜临朝。七忌吉星背行。八忌背宿入命。九忌女带男星。十忌昼行夜曜。犯此十忌，如有吉星扶之，亦不能为吉。小儿关煞，莫若三、六、九、十二之煞为是。士夫功名，便以天马运行为准。男人无妇，皆缘身命坐孤神。妇人克夫，大抵身命居寡宿。僧道格局，多于华盖安身。娼妓贪淫，并以冠带安命。又如立身于午、未，分明以金水日为富贵。若背行于辰、巳，虽有官亦卑。若向于申、酉，其为官必显。若迁官转职，又以天马加流年而数之，若帝旺、长生，必有迁转；若休囚死绝，必罢职剥官。论其造化，其应如响。其流年祸福，看大小限有何星辰临照。吉星临之则吉，凶星临之则凶。便以一太岁，二太阳加减而论，遇官符则必有官符，遇岁破则必招破财，其余十二煞神，推算祸福，无不明验，后之学者可以宝之。然其术也，源髓老人得之于玄斋，玄斋得之海上异人，故以此为序，以为星家之衣钵云。

步天经警句

十二宫中何所忌，加临原守细推求，宝瓶最怕飞来木，紫气临之不必忧。丑宫又喜金临照，木气分明是我仇，大喜火罗为福气，若还水孛转为仇。

玄斋曰：子宫怕木却不怕气，何为喜气？以气窃木之气，是以木不为患。多有癸丑生，子上安命，有气化囚者在命，发积。如丑宫喜金，怕木气，盖金为官禄，以克其木与气之仇。况丑为金局，又与子宫不同，然其所喜者火罗，所忌者水孛，盖火罗乃是吾家之命母，水孛乃吾家之贼也。

寅宫亥宫皆属木，惟有水孛能为福，逢金端的是焦枯，遇火亦能为恶毒。寅上火罗俱不怕，罗睺能煮双鱼腹，更嫌土计两陆梁，设若侵垣多不足。

玄斋曰：二宫属木，所喜者水孛，所忌者火罗金，此说诚然。盖木有二说，亥上冬令之木，寅上春令之木。冬令木，火罗焚之，其势衰败。至于春旺之木，虽遇火罗，不能焚之。是所怕土计则一也。土计是吾家贼，焉得不怕。

卯戌二宫皆属火，卯宫与戌不相同，卯宫不以罗为忌，戌上逢罗定是凶。最此两宫喜木气，但于水孛莫相逢，火命若还逢木气，必是当年运限通。

玄斋曰：二宫皆属火，喜木、气，亦喜土。所怕者水、孛、金也。金能党贼为凶，又能制吾命母之木、气也。若罗则二宫所怕者，不同戌上最怕罗，如在子丑之间化土，亦无妨害，寅亥逢之必夭折。卯宫之火却不忌罗，盖火败之地，反为救而不为虑也。

辰酉二宫从太白，却于取用有差别，酉垣最忌水孛侵，水孛必能为我泄。辰宫又喜水孛逢，若遇火罗必消烁，土计能为命母星，木气闲神何所说。

玄斋曰：辰酉二宫皆属金，喜土计，但取用不同。金旺到酉怕水孛泄其气，辰宫水局喜水孛滋润相生。忌火罗，喜土计，此两宫功用皆然。若夫木气虽是财，亦能为命母之蠹，号为闲神忌曜。

申巳二宫皆属水，申宫独得水之清，西方专禀金之气，何怕当头土计侵。最是巳宫忧土计，昼生尤怕火罗临，二宫之水皆防孛，若遇刑囚祸转深。

玄斋曰：申巳之宫皆属水，申宫乃金临官之地，怕土计轻。巳宫乃四月之水，怕土计重。二宫最怕者孛也，孛为水余，能泄水气。若夫巳宫之水忌者火罗，申宫之水忌者木气。火罗炎炎能燥其水，木气闲神能泄其水，所以忌之。

狮子之宫有太阳，明知金水必为祥，至尊之地皆无忌，只怕当年木作殃。气乃余星何足畏，无形安得蔽其光，秋冬行令俱零落，春夏之时乃受伤。

玄斋曰：太阳之位不怕火、罗、计、孛，最忌者木也。木乃八煞之主，能蔽日光，秋冬则枝枯叶落，春夏则叶茂枝繁，却能遮蔽日光。紫气乃木之余宿，在天无象，焉能为害。多有癸丑生人，气在申，遇此限亦有发者，纵不发亦无大祸。

狮子分明怕木星，我之所喜水和金，申宫见木灾重叠，木到金牛祸不生。酉限当头逢卯木，加临照命却灾迍，金星入庙如生旺，限到金牛禄福臻。

玄斋曰：此一段专言午宫安命人最以木星为忌，行限至申，申上有木，必主重叠之灾。至于酉限是金，为管摄，若有木，木到大梁无忌不能为灾。于人更看空在何处，如入庙、生旺必能发财。若是木在卯，加合酉，或三合四正照之却生祸。《碧玉经》云：木到大梁番作咎。是以木为主者言，非指午宫命也。

未上分明是巨蟹，独以太阴为主宰，喜逢木气火罗星，土计却能为蚀晦。躔在心张危毕地，夜里生人尤可爱，土星若健木星弱，生平反覆多成败。

玄斋曰：未上月为主，怕土计，若木气强何忧乎土计。木气弱，土计强，未免成败。若躔四月之地，其福于人可知矣。

命入寅宫多口舌，骂人骂鬼无分别，为人清秀更文章，身命因躔壁奎列。立命若居心与毕，止堪巫觋并才术，安命室火定为灾，回禄多遭家业失。

玄斋曰：寅乃喉舌之府，奎壁乃文章之宿，安命于寅必多口舌，骂杀时人。若在奎壁，则为文章之士也。又如心月狐毕月乌诸星中，甚有灵性，立命二宿，主多才多艺，堪作巫医卜筮术数之人。若室火安身，则多回禄之灾。

生克星辰固易言，若言制化诚难取，申命不怕土居西，酉命何怕子上火。酉宫有土土生金，子宫有火火生土，纵不为福亦无凶，十二宫中皆仿此。

生克制化，理之自然。且如申上安命，水为命主，所怕者土也。设使土居酉，此土能生酉金，金盛水强反吉，若不为福亦无祸及人。若土为忌，在戌却有火生土，以党凶神，为害已甚。余仿此推之。

假如命在亥中居，却有金来窘室庐，三合加临无救解，分明最喜气之余。奴星反与敌相抗，本主依然得自如，更得木星强位立，福根反壮祸根除。

玄斋日：亥之为命，木是主宰，最怕者金也。如有金星在命，或三方照，或行限临之，却有紫气合照加临，乃木之余气，抗金之敌，木之本主却无伤也。如更木星入库、旺，必能转祸而为福。

日月虽为原守星，最嫌日月两同行，日无晦期皆明显，月却无光借日明。若是昼生为福力，设逢夜诞断无情，术家何可一概论，当以晨昏论重轻。

月本无光，借日之光。日无晦朔，一般光明。月有盈亏，难与同论。昼生之人，月借日光，多有权福。夜生之人，日既无光，月安有辉。昼生月为命主，怕与日同。夜生日为命主，怕与月同。有此必废人也。此指日月同宫论。

火忌罗睺木忌气，水怕孛兮土怕计，假如立命子丑宫，木气同行何足畏。木星只以气为仇，那有工夫侵我位，罗火单行诚可取，同行端的无生意。

玄斋曰：土之为命，所怕者木气也。若木气三方临照，或同躔共度，木气自相仇耳，何暇为我仇哉！又如火罗为命母，若单行则吉，同行却不能为福，二母争权，姑息太过是也。余依此例。

最是火罗为性决，若逢牵惹便能燃，土宫坐命限到卯，恩地官乡喜两全。更有火罗临正合，骤然一发必滔天，如逢水孛来加会，夭折贫穿在少年。

玄斋曰：火罗之为宿，与他宿不同，牵惹便能燃烧。子丑立命，行卯限，火垣恩地，必能发达。更有火罗三合四正临之，必主大发。如逢水孛，决是贫穷夭折，在少年见之。

水星为性爱流东，限路循行最喜空，除是金星生则旺，闲神若阻不能通。月金若是三方照，为名为利若御风，秋怕孛星春怕土，混居杂处必无功。

玄斋曰：水之为性，疏则决，窒则塞，此理然也。如以水为命，一路行限，三方见金、见月，便有生意，其发可知。其余火罗能燥水性，终是作事蹇滞。若春逢土，秋逢孛，亦为祸也。

土孛从来最破官，单行作党一般看，九流艺术为伦品，杂学多能不一般。若在长生多智识，若居死绝又艰难，若还木气临身命，便作巫医格局看。

玄斋曰：孛星主巧，土星主多能官禄，乃官星之地。如有孛土二星，或单行，或作党，破我官禄，便是九流人物，其人多学多能。加之木气临照，便是师巫造化。更加白虎、胎神临之，必骂神骂鬼、妄谈祸福之人也。

日生专取日木土，夜生却以火金月，若是当年有用星，以是发用皆无阻。设若闲神无用处，背时生旺皆为祸，却将昼夜细推详，不宜拘泥三方主。

玄斋曰：日生论日木土，夜生论火金月，此理明甚。假如土之为命，若是昼生遇火，是有用之星，必能为吉。夜生遇之，愈见光彩，不分昼夜皆能为福。如是昼生，金神当道，乃闲神，非惟泄气，又能为祸，却不可以三方主为拘泥。故曰：女人最忌男人曜，日里须防夜里星。

行限须防太岁冲，不能破克亦能凶，若还灾病重重见，行限亭亭在此中。要免此灾除是喜，喜神当道煞逢空，若从太岁上行限，灾难无侵祸不逢。

玄斋曰：太岁当头立，诸神不敢当，太岁之神大可畏也。行限若冲太岁，必见破，必见克，若在中心对冲尤为利害。自古道喜神压煞，除是喜神可以压煞也。设若太岁上行限，又有喜神，而无凶厄，术者不可不详。

吉曜未来先作吉，凶神过去始为凶，先前见了曾为福，此后相逢定罔功。假若火人行水度，须看水起在何宫，若躔旺位兴灾害，死绝休囚方免凶。

玄斋曰：人之命，且如辰乡有吉星为福主，卯限末便有发用起来，至于行限则是受用了。设有凶星在卯，正在卯限，不能为祸。遇卯交辰方有余殃。如子上安命，丑上见火见罗，初年必发一段福力。至于辰巳二限三合四正再见，必无再发之理，如水行过不必重见。又如卯上安命，行轸水限，最以水为忌，如水生于申，旺于子，他得势，我必衰微，受制宜矣。如或败于酉，制于土局，彼自受制，岂暇为祸。初不待三方四正见之，皆为祸福于人。

煞神为煞最难当，煞地无星不必防，更有凶星来煞位，相逢必定见灾殃。闲神入煞何干预，吉曜临垣始吉祥，若遇空亡难着脚，斗乡午位更无伤。

玄斋曰：申子辰生人，劫煞巳，寅上安命，最怕逢金，乃是金生在巳，逢此煞能够煞尔，若煞地无星不须防也。若是闲神居之，与我无干，亦不为祸。设若水、孛居之，反为吉祥。如甲午生人，辰巳为空亡，纵有恶星居上，亦无所施其恶。余仿此。南斗之地，狮子之乡，煞星自伏，何暇杀人。

隔角星辰相照应，往来经纬可参俦，本宫原守当研究，莫把加盘探隐幽。天地人盘多错乱，恰如楼上驾高楼，若还无曜当加合，既有星辰莫远求。

玄斋曰：天地盘加合不必过而求之，如本宫既有星辰，三方四正可以参详。如本宫无星辰，便当加天地盘以验吉凶。最是十二宫隔角上，不同三方四正，俱照得着。

子午卯酉为四煞，唤作阑干并贯索，子行卯限定遭灾，午命到酉难着脚。行限若教逢恶曜，人离财散家消铄，此关唤作鬼门关，十有九人难过脚。

玄斋曰：子午卯酉乃黄泉之门，亦是贯索、阑干之煞。如子上安命，卯末端的一关，午上立命，酉末端的一关，及有凶神恶煞临之，其死无疑。如无凶神恶煞，亦难逃一险。十试九验，有如影响。

主星若是朝君位，定是当朝作贵臣，设若母星依日月，必能大富润其身。崇勋岁驾相关摄，日月朝之定出伦，若是凶神侵禄驾，阴阳相拱反为迍。

玄斋曰：假如亥上安命，木为命主，若木起朝君居前为引，居后为从，似此必是朝贵之命。更兼水、孛强健，使以贵命论。若是水、孛依日月，却不能贵，是为大富造化。或有阴阳拱禄必致富，拱驾必致贵，如拱忌难星必见破败，其命徒然得贵人敬重，不得贵人之力。

若论功名何所据，甲人端的将金取，先看官禄次临官，又看此宫星所制。为官蹭蹬老无成，第十宫中逢难火，爵星若陷印星制，懦弱无权椎且鲁。

玄斋曰：多有人以科名、科甲、魁星、官禄定人之前程，不亦难乎！假如甲人以金为官星，金星受制于火，虽是官职，未免蹭蹬无成。若使官星高强，爵星、印星弱陷，是为人真闲懦耳。官星为上，禄星次之，其余不必论。余依此断，无不明也。

官当迁转论官星，财主尊隆定富人，财若压官官不显，资财必重决名轻。官星若把财星克，纵合为官彻底清，两主相生俱壮健，必膺富贵一般荣。

玄斋曰：为官必看官禄主，论财须论财帛星。财星克官星宜致富，官星克财星为官清。要财官比和，无相克载，是两全造化，富贵命也。

安身安命如向贵，职掌文书为吏辈，命身若在贵人边，职在阶墀无坐位。若是刑囚破贵元，为胥不了终编配，贵星生我我星强，出入贵人终见爱。

玄斋曰：如人身命坐贵能为贵人，如向贵近贵，是曹吏造化，此最有理。如丙子生人，申上安命，水为命主，出门逢酉上之贵，酉上或三合逢金，贵人必然敬重。六丁生人以孛罗为刑囚破贵，如在酉上，必为编配虫蛆之人，行限逢之，必然不利。

有甚星辰能致富，不论田财先论库，水人端的在辰宫，破夺侵欺财不聚。财帛宫神不必论，若还木命须观土，生成旺相必兴财，若陷刑囚拘不住。

玄斋曰：水为命，库在辰，最怕凶神破库，又怕金星泄库，所怕者金气也。余宿侵库者，紫气也。有此星辰在宫，生平不住财，惟守耗财而已。若是孛为福禄守辰官，必得妇人财，亦能骤发。又看土在何宫，居财帛有气，更有火生土，必发财。若居陷弱，不会发财，却更破财。余准此也。

得富非难得寿难，寿星须把令星看，令星若起逢生旺，寿算巍巍等泰山。不怕克星惟怕煞，根基浅薄福阑珊，纵教主曜逢生旺，也作颜回夭寿看。

玄斋曰：令星者，春木，夏火，秋金，冬水，土在四季也。论令星生克，以此占人长短。盖金、木、水、火、土在人为仁、义、礼、智、信，俱能致寿。如令星入煞，必是夭折之命。若不陷于休囚死绝，而入于长生、帝旺、临官，无不长寿。

岁星最是分凶吉，却把令星明得失，令星若陷岁星强，创业为艰却富室。岁令二星俱明健，富贵荣华无劳力，更于命主有相关，系是人间高贵格。

玄斋曰：人之造化最重者纳音，次重者令星，此二星命中根本。若高强壮健，更与命主有相关，乃是人间上等之命。若岁星强，令星软柔，终能致富，难享见成。令星强，岁星弱，成败进退人也。

最怕闲神来守驾，又怕淫星奔坐马，更忌飞星破驾勋，尤嫌余宿侵吾舍。背星入限黯无光，孤曜当头孤且寡，阴阳无辅各单行，到老艰难无片瓦。

玄斋曰：闲神守驾是外人当权，我何气力。淫星坐马是妖邪无制，奔走不停。飞星破驾禄，则恶曜占强。余宿侵本垣，乃小人用事。背星入限谓之失时，孤宿当头谓之无伴。独阳不生，孤阴不成，所以到老艰苦。

自古男儿志四方，主星不喜库中藏，主如入库为人晦，纵有文星也不光。独有妇人偏喜此，为人守志在闺房，若还孛彗来侵库，奔走他乡自嫁郎。

玄斋曰：库者藏也。男命主星入库，纵能为官亦晦。女人主星入库，必能守忠。如有孛侵库，必发淫奔之兴。先贤以为彗星宜也。

坐命如居四马宫，动摇不定飓心风，田财二位如逢此，成败兴亡顷刻中。若是女人临马位，嫁夫招婿必重重，临官帝旺那逢著，多是逾墙暗里通。

玄斋曰：四马之地不宜安身立命，男子得之主心不定。田财二位逢之，各有动摇。女人于上安身主命，必然招夫叠叠。若是临官、帝旺相逢，更主淫荡。盖寅为人马，申为阴阳，巳为双女，亥为双鱼，皆犯重叠耳。

贱人格局是寻常，安命安身细酌量，若在马前并马后，主星

受制暗无光。更嫌奴宿侵吾舍，奴隶为驱离远乡，纵有吉星来救助，亦须植立傍人墙。

玄斋曰：贱人之命，如在马前安命，马后安身，多是贱格。如甲子生人，或卯或丑上安命，是马前后也。若是火为卯主，土为丑主，失陷本为奴隶之命。又若计丑、罗卯，必为驱使奔走他乡，是为马以栏赶尔。设若有吉星救助，亦傍贵人门墙，终是无植立。余仿此。

男命须防八煞星，女人切忌刃锋辰，煞星照限遭官祸，刃宿伤人乱血经。受制不能为我挠，党之愈重见灾迍，男逢阳刃女逢煞，纵发为灾亦少轻。

玄斋曰：男怕八煞，女忌阳刃。八煞主官灾，阳刃主产厄，此理甚明。男逢阳刃，女逢八煞，却不为害也。

那个合为僧道格，分明木气为孤克，不于华盖上安身，或者孤神为命宅。若是木罗相会遇，终身只作山林客，气星在命好安闲，亡劫临之闲不得。

玄斋曰：人之安命，若在孤神、寡宿之地，又如木、罗相会，天华池盖合照拱照，皆是僧道造化。如亡神劫煞在命，虽欲闲散，不可得也。

且说夫星是克星，高强必是聘贤人，若居父母并兄弟，端的因亲上致亲。以我生他为子息，若他陷克必无成，我之克破为奴婢，他若高强必弄权。

玄斋曰：克我者为夫星，我生者为子，我克者为奴婢，此理甚明。若是夫在强宫，必招贤夫。若在兄弟父母之宫，必因亲而致亲，此议论不可破。人皆以妻妾、男女、仆马宫不若此之为真，学者可以知之，如是受克之星高强，必招妾弄权也。

水金原来是情星，相顺相生必有情，中有闲神来间断，为人刻薄义恩轻。女人却把为淫宿，生旺其间必杂行，若是朝君居岁驾，君前父侧不行淫。

玄斋曰：金水二星谓之情星，可相合而不可杂，如有相顺相生，必有恩义。如有一星间断于其中，必无仁义之人，不问何命，当以此断。女人反是，当以金水星为淫星，金水分明，非娼则婢，如近君岁驾则不然，以此用之万无一失。

多是女人为水性，水从上下多淫佞，罗睺相向逆而行，血经来往为无定。火孛同行午未宫，到老已招劳倦症，设如八煞遇罗睺，胎前产后多灾病。

玄斋曰：妇人最以火罗为忌，火罗主血经也。罗若逆行自辰至巳，必是月经不定。设若水顺流而行，为人必主淫荡。火孛同行于午未之宫，必招恶症。设如八煞逢火罗，胎前产后必致多灾，只为八宫见灾。

那见妇人好淫冶，不怕贵人不怕马，身宫若在冠带位，临死好淫重叠嫁。更加火孛恶星临，月下花前多引惹，不为婢妾也为娼，亦是人间女豪霸。

玄斋曰：妇人淫荡非惟贵人驿马，最怕冠带安命，不惟重重嫁夫，乃淫欲不止，婢妾娼妓之命。

最怕小儿逢直难，刃兼劫煞不须嗔，甲壬戊子从申起，庚丙旬人数起寅。数至本年方是数，三九六十二为真，小儿若是逢斯难，父母徒然生此身。

玄斋曰：甲子、壬子、戊子旬生人，从申上起子，去未上逆数，至本生年住。庚子、丙子旬生人，从寅上起子，逆数至本生年住。却又从本生年起，自一数至本年安命宫住。若逢三六九直数也，更逢直难，其杀身必矣。此乃休扣和尚秘诀。

五黄系是朝廷客，三碧临垣多破克，为人清贵有文章，六白一白并八白。生逢四绿必为灾，口舌官符为七赤，九紫山林客散人，压身破相为二黑。

玄斋曰：此乃方道之书，一白主人秀气，二黑宜为僧道，破相可免，三碧主人气破后成，四绿主人多灾病破祖，五黄主贵，七赤主凶狠为军卒，九紫主人清闲为山林客。以上起法，从太岁顺数至命宫住，看发何数，以定白黑，而论祸福。

谨按：六白、一白、八白者以洛书乾坎艮之数也。五黄者中央之五也。九紫者离也。三碧、四绿者震巽也。二黑者坤也。数以北方一白为最美，故主清贵文章。五黄为黄中，故主朝廷贵客。而三碧、四绿、二黑为凶。其法起太岁顺数，至命宫，四仲旬生人起坎，四孟旬生人起震，四季旬生人起坤，而逐位飞数，至本年遂起一白，数到命宫是何色，以断吉凶。此法以后天之八卦与洛书之数相为经纬，以之参看人命，不亦备与！

论倒限

太岁为众煞之主，统众煞行于黑道中，所以为灾不违时刻。看人寿夭穷困终身不吉，皆因身命宫位日月命主俱落煞乡，更煞神拱夹，又占高强，纵或得福，皆非横中得财。然限入煞乡，未免死于非命，或吉为凶神所恼，凶为吉神所临，刑害可知，宜加详审。故有十忌：一忌破禄。二忌空亡马。三忌太岁当头。四忌坐煞向煞。五忌煞星得志。六忌限入鬼乡。七忌妆成鬼局。八忌二煞夹限。九忌命主受制。十忌母星克令。立命行限，此十忌为凶至惨。经云：寿元不永定休论，处世多屯常冷淡。若见当生日月命主俱各受制，大限方入煞神之初，或出煞神之末，不见救星，未有不凶者。今分诸煞强弱为诗二十首于后。

劫煞原来是煞魁，身空命主不须来，若为鬼局应当死，煞曜临之不必猜。若是无星居此位，更于三合细推排，天盘加得凶星到，命似风灯不久摧。

要知三煞最为凶，直难同临不善终，三合无星更须忌，煞星切莫又相逢。若还日月同居此，官禄临之祸愈隆，大限相将离煞尾，黄泉之下定行踪。

煞中阳刃最为凶，身命同临主破刑，大限若交当畏惧，煞星在上恐难行。若无凶曜尤当忌，局势参详判死生，三合更加神煞拱，才离阳刃入幽冥。

皆言七煞是亡神，莫道亡神祸患轻，身命若还居此地，贫穷蹇滞过平生。凶星恶曜加临到，大限浑如履薄冰，三合更须明审察，煞来夹拱更难行。

巳中的煞金生处，杀气严凝人畏惧，莫教劫煞又同宫，便主黄泉寻去路。若为水命土星到，妆起煞神真局势，世人莫只忌秋生，四季生人尤可畏。

酉中的煞旺中金，金气秋霜杀气深，阳刃若还同到此，煞星日月不须临。若非恶死便言夭，大限才交便促行，太岁当头又冲动，此身安有可延生。

的煞如逢在丑宫，煞神归库不为凶，更加三煞并阳刃，限数存亡顷刻中。若是亡神煞星到，虽然不死也为凶，若为日月三方拱，祸患忧危更不同。

限星不入煞神同，日月三方拱更凶，刃煞夹之尤可畏，天盘加到福重重。午宫坐命尤嫌木，亥上还为八煞宫，不必木星同到此，水星若到亦当终。

局势尤当子细推，世人不识此天机，煞星不到还须忌，鬼曜临之限亦危。设若太阴居鬼局，才交限局便倾危，更加劫煞并阳刃，煞在天盘祸不迟。

星家倒限有真机，第一先将煞曜推，切莫一途拘泥着，须看命主有无亏。命星安稳无刑克，此生平善实无疑，若为命主遭他害，任是仙神也皱眉。

欲识煞神停力处，二煞中同人畏惧，更看加合反复宫，煞神飞到诚为虑。纵然煞星加不临，须忌行年太岁侵，行年煞星照临着，大命倾危不可禁。

劫煞怕头三煞尾，阳刃两头皆要忌，阳刃若在相貌宫，破相毁形端的是。此煞排归八煞中，太阴飞到为凶比，阳刃劫煞扶两旁，祸起之时难可避。

煞若飞廉凶又凶，莫安身命在其中，欲知鬼局十分重，命主阴阳不可逢。此煞不须和合看，只将地局究其功，若还行限临其地，煞曜临之不善终。

煞神不可例言凶，煞落空亡迥不同，日月不临命不到，煞星不在命无凶。若还限脱煞星尾，必定为灾福不隆，此是天机真妙处，根基浅薄祸无穷。

煞星难曜分生旺，春夏秋冬子细推，若是煞星来秉令，也分昼夜论安危。若为反背须还忌，寿算摧残祸有基，众煞下临人畏惧，此身安有百年期。

寅丑二宫中立命，阴阳合作难星看，夜阳昼月诚为忌，煞位相逢限不安。若在贵人并禄上，也须减力命凋残，若还煞拱凶尤甚，限数初交死不难。

若论阎浮死恶人，命身俱各值凶神，煞星入命命入煞，日月临之必害身。更怕煞神来拱夹，刑囚为煞更相侵，必然死在刀兵下，命似残花满地零。

人行空限无星照，限若无星福不生，加合通关煞神至，煞神在上恐难行。非惟贫困多凶祸，破荡田财似水倾，限度若临天命绝，纵然度得也伶仃。

煞曜从来怕冷窥，飞来落影是真机，若还大限行临此，阴府王宫立限追。余曜为凶凶更甚，度躔黑道祸相随，五星为煞分强弱，受制还须见福迟。

日月同居官禄宫，限星入此福偏隆，若还入到中间度，称意中亡总是空。不必煞星并煞局，刑囚为煞更相攻，欲知倒限真奇诀，惊倒人间学术翁。

杂论倒限

限度尤防真照临，如限见土度忌见真木，加以限主宿弱倒限，流年、煞星添力亦然，三合尤切。限度防战斗，火头孛尾皆为大灾。若计孛凶星一迎一送，决主倒限，本宫三合子细详之。亦有当生限无星辰，被流年凶星克倒者。凶星战斗者，如火孛、水计、计孛、孛罗等亦倒限。人命忌星行限十有九凶，日生火，夜生土为煞则灾重。纳音逢夺必有重灾，限行到此度，为煞必死。为主之星不论化气，会主之星复论化气，煞星若化吉为祸亦轻，若化凶尤紧。母星化吉为福大，化凶为凶亦缓，照命限者生克至紧。

加盘例

亥加申	子加酉	丑加戌	寅加亥
戌加未			卯加子
酉加午			辰加丑
申加巳	未加辰	午加卯	巳加寅

加盘之法，决要天地盘各有子丑寅卯辰巳午未申酉戌亥。且如立命子，先以天盘卯，对地盘卯，然后写十一曜在地盘上。且如火星在地盘卯，天盘卯亦相对写一火星，诸星并要上下盘各写一星，却以天盘卯加子，依此决断，无差也。余尤奥妙，详见十二宫安命论。

通关例

未关申	午关酉	巳关戌	辰关亥
申关未			卯关子
酉关午			寅关丑
戌关巳	亥关辰	子关卯	丑关寅

从卯上起子，逆数以丑关寅，以寅关丑、卯关子、辰关亥、巳关戌、午关酉、未关申、申关未、酉关午、戌关巳、亥关辰，子卯相通，丑寅相通，辰亥相通，巳戌相通，午酉相通，未申相通。如人立命子，通关卯，若卯宫有禄，有殿驾，有火罗，命母则一生吉利。如通刃、劫、破碎，有煞气鬼星，则一生屯蹇。学者宜知之。

星学大成卷十一

十二宫安命论上

子宫安命论

子乃土旺地，命坐此，土为主。如登垣、登殿、入局、登籍、坐贵，与宫神太岁相关，即吉。如凶忌、刑难混杂，则不为福。吉凶相等，则中常断也。又本宫三宿，如女虚二宿，不问昼夜，并以土论。独危度夜生，从月取用，亦依弦望而论。有月可为主，无月只取土。用事然须在望前，太阴有用，中间亦不离乎土。若夜生，火居强，得经最吉。此宫土喜火、罗，又为官星。六丙生人，不为囚；六戊生人，不为刑；甲生人，为真禄；壬生人，为真福。夜得火，尤为光明。身主临之，为安身傍母，亦为身主傍官。更在高强无忌曜侵之，为福。夏末昼生见火，亦能为福。如火星独垣，前后无相杂，是官星明健，起于命前即为满用，又为贵格。若水星昼见，起于高强，当为吉利。盖财元木也，三限星水也。若木与太阳相离，又为得用。春令又强，夏则次之，又不可为忌。盖日生从阳，木、土乃一体之功用。惟夜生为鬼，九十月为直。若太阴遇木，为安身傍鬼，纵是木得经财，禄得意，其间亦多刑克、疾病之类。若木入命值留退，不分昼夜，皆以凶断。若木、火交合，可从吉用。水、火交合，命母受凶，官星受克，为凶。若混以刑囚、直难，皆凶。寅宫福德，木居之，乃害曜入垣。或本命天元，纳音属土，即为夺星。或临亡神劫煞，或有刑囚，终为凶忌。若有太阴在寅、巳之宫，谓之四正，逢刑怕见身也。盖寅中加巳，巳中加申，是寅刑巳，巳刑申，其不足可知矣。其中有一火星为官星，得局更得土星。在寅、巳是寅加巳，巳加申，虽曰刑，是刑而生我，非刑而克我。更加命主有情，禄马在命，合此格者，寅限可以名利无疑矣。卯为官禄，火星居之，或三合见火，皆贵。若无火而有木，更加以太阴在寅、卯、未，即为土得木局，多主夭折。若加以难直，尤凶。亥为财，酉为田，金、木同行于命前后，或交命度，此田财二用，实为吉利。若是冬腊，金、木交于命宫，多是不仁而富。春月庶几，巳为疾厄，水星居之，为难星入垣，壬生人，在七、八月，多凶，或有压身灾病。水星主湿，病临湿局，多阴湿手足之疾。若金助之，为害尤甚。孛、水居强，或居官禄迁移，亦凶。如壬甲生人，子卯两宫通关阳刃，如官宫值此，难免中年之厄。子宫命者，一为天地通关局，二为四正局，三为四破局。须看命与太岁生时，合成何局，论之子宫立命。午上有禄，酉上有身，卯有命主，乃一阴一阳之谓道，而天地通关局成矣。亦谓之冲干对禄，否则互见之亦佳。如癸人，禄子；乙人，禄卯；丁巳，禄午。四正互加，皆是崇勋，而四正局成矣。四破局者，四位俱不见禄，唯会刑星、害曜、难直等星。如太阴命主在寅、申、戌、未，是未中有戌，戌中有丑。不然只在丑、戌者，亦戌中有丑，丑中有戌，加之四位有煞气守之，为四破局。此乃加盘之妙，正盘所不及。正盘众人之祸福，加盘本身之祸福。故前贤云：天盘转出地盘上，卯上分明是命宫。此加盘之妙用也。且如子上立命，甲丙戊庚壬四正，往来通关，阳刃其间，子午有罗、计主之，可以镇定命度，虽在虚、危，不为忌论。若是罗、计偏孤，又不临于子、午，日月福禄，临于二、八，多是中年发福而不长久。其四正次舍，中间限度交对。如女度立命，限入氐、土。虚危立命，限入房、心。此乃四刑度内，乃阑干、贯索、伏尸、卷舌为煞，限路逢之，中有发福者，忽有夭折，又不可测。但是伏吟四正体局者，犯此煞又不可，以次舍度中为得也。此局正则为四正，偏之亥为三合，偏之丑为不入局。四正是四正灾福，三合是三合灾福。一星稍异，理皆不然。且如子上危十二度立命，上盘是卯，下盘是子，此乃四正为体，土为命主。如躔于亥宿初度，则是上盘卯，下盘亥，即成亥卯未三合局为用。若偏之丑，太阴在巳初度，是上盘卯，下盘巳，又成巳酉丑局为用。或有禄马扶之，亦是贵格。

发明云：子宫土旺之地，坐命以土为主，如登垣殿入局，登籍、坐贵，与官神太岁相关，则皆贵命也。如难刑囚混杂，则不为福。如难直，吉凶相等，无彼此强弱，则平常命也。所忌者：木、气二星。所乐者：火、罗二曜。火之一星，既为母曜，又为官星，虽丙戊生人，化为刑囚，亦吉。壬甲生人，化为福禄，则锦上添花。木之一星，固为害曜，虽甲丙生人，化为福禄，终以为害。若戊庚生人，化为刑囚，为祸尤深。气之一星，为祸，与木星同。虽好恶如此，然亦须看守官者何星，所用者何星，混杂者何星，党与者何星，又不可一概论也。如福禄权财混之以直难，则塞翁得马，未必为福也。木星固知为害，若混之以火、罗，则反为吉。以木能生火，恩有益于我也。十二宫之最切者，莫若福德官禄八煞也。福宫属木，设有木星居之，不可为福德主，谓之害曜入垣。若有太阴在巳申之宫，谓之四正，逢刑怕见身。盖寅刑巳、巳刑申，其不吉可知矣。其寅中有一火星，谓之官星得局，又能为福。更得土星在寅巳，是寅加巳，巳加申，虽曰相刑，是刑而生我，非刑而克我。更加命主有情，禄马在命，合此格者，寅限可得名利无疑矣。卯为官禄宫，设有火星居之，谓之官星入垣，或三合见火，皆吉。若无火而有木，更加木在亥卯未，即为土命人得木，合此格者，多主夭折。若加以难直，尤凶，必死于非命，万不失一也。巳为疾厄宫，水星居之，为难星入垣，难星疾厄主是也。更六壬生人，生于七、八月，多主恶死，轻则破相压身之疾。水星若有金助之，为害尤甚。孛、水居强，或居官禄、迁移，亦凶。如六甲、六壬生人，子卯二宫通关，阳刃加官宫值此，难免中年之厄。子宫坐命者，一为天地通关局，二为四正局，三为四破局，须看命主所临，与太岁生时合成何局以论之。子宫立命，午上有禄，酉上安身，卯有命主，乃一阴一阳之谓道，即天地通关局成矣。此局有四里，有八表，谓之冲干对禄。否则互换见之，亦佳。如癸人，禄子；乙人，禄卯；辛人，禄酉；酉人，禄午。四正互加皆是崇勋，而四正局成矣。四破局者，四位俱不见禄，惟会刑星、害曜、难直等星，如太阴星命主在寅、申、戌、未者，是未中有戌，戌中有丑。不然只在丑戌二宫者，亦戌中有丑，丑中有戌，加之四位中有煞星守之，故为四破局。耶律所谓四正宫神暗加管摄是也。此乃加盘之妙，正盘所不及。正盘众人之祸福，加盘本身之祸福。故前贤云：天盘转出地盘上，卯上分明是命宫。此加盘之妙用也。又有巳加戌，辰加亥，亦有相关。大概先看局之重轻，然后参以加盘而明祸福。如火星在卯，祸福由此而分，四正局见之，则卯加子，火来生土，必然为福。返吟局见之，是卯加酉，火来克金，必然为祸。此局正则为四正，偏之亥为三合，偏之丑为不入局。四正是四正灾福，三合是三合定福。一星稍异，理皆不然。中间又有偏局，且如子上危十二度立命，上盘是卯，下盘是子，此乃四正之体，土为命主，飞入于亥宫初度，则是上盘卯，下盘亥，却成亥卯未三合局为用。或有禄马扶之，亦是贵命。

丑宫命

丑与子合，故以土为主。虽主相同，然取用体局与子宫别。子为四正，丑为诸不入局。三位互加，以丑加亥，亥中无闲极，而两宫通关，以寅关丑论。其星辰虽缓，且急亥为兄，寅为相，此宫有吉凶，可以通断。外虽缓而实急，胎中造化，自有玄微。所忌者太阳、木、气；所喜者金、火、罗睺。正、二月生，太阳、直难为凶，多是夜生有此。若秋冬两季昼生，行太阳之道，而祸亦轻。木、气为嫌，但论昼生，庶几可取。金为官星，火为福主，二皆可用。昼生功浅，夜生用多。若火高强明健，虽昼生亦可发福。如壬甲人见火，如乙丁人见金，其福尤大。独罗有用，气、计无成，若混以刑囚、直难，当作凶断。若贵禄马职元局主之类，稍吉。此宫属土，中有斗、牛二宿，斗度命者，当取木为用。须甲乙生，或纳音木、火命，更以春令而生，即以木论。亦且不离乎土，以此命度见孛，故有功，火亦得用。惟昼生见金为忌，若夏令之际，生在昼时，合得木用，金之不忌，亦明然矣。

若或庚辛生人，或春夏之夜生，木盛金衰，当从何论？或秋冬以金主事，则又不可以金克木论。盖庚辛人，金元金也。春夏之夜者，金之废也；秋冬者，金之权也。巳酉丑者，金局也。三限皆金、火，夜生以金、火为主，合以金为长，土次之，火其用也，何曾以木为本元？若或戊己生及纳音土，安命于斗，虽春夏生，不必论木，即以土断。土度四季不离乎土，土者金之母，二者不可离。若夏令，以火行权，金不怕火，以土性存焉。若秋冬得金独垣局，无凶难，功名又何疑。此宫命者，是宫无禄马，多是三煞临之，辰、戌、丑、未四位皆煞，命妻官田总局。若命丑、身亥，是身入鬼乡。如寅午戌生人，此为三煞，此格多凶害。然诸宫皆以身入闲宫为喜，惟此宫难与他比。如身在亥，有木临照，为祸尤甚。纵无木、气，亦不为吉，通以凶断。以卯、辰、午为紧要之地。午为难宫，太阳居之，为难星入庙。若得火居之，或三合见土，为福星入局。是八煞有星，更以禄临之，少年功名可必。辰为官禄，金星入庙，太阴居之，身入官乡。如木、气临之，是木入水局，土主不宜为害曜破官禄，如失用更不可。如木、气同太阴在酉、辰，是亥加酉，午加辰，辰午酉亥俱全，皆为不足。卯为福德，土星临之，是土入火垣，有情生土。或木星临三合，能破我福德，是卯加入丑，为我命害，少年刑伤。十二宫命惟此宫乃缓中之急，前所举相貌闲极，是若命主土星在寅亥者，或有火、罗合之，是福相造化。若土单行二方（二方闲相是也），又为凶局。若身与火交，是安身傍母；身与木交。为安身傍鬼。又如乙禄在卯，乙人丑命，为加盘之禄；甲禄在寅，甲人丑命，为通关之禄；壬禄在亥，壬人丑命，乃禄入闲极，以午加亥得下盘之禄，命得此三者为禄也。如辛禄酉，丙戊禄巳，此三者安命于丑，合照有禄，是合禄也。正所谓隐中之显，是制局之体用，合此者无不显贵。又不可不观子寅，若火寅、金子，为官福夹命，夜生，福尤重。日、月在二宫亦妙。日在子，月在寅为上；日在寅，月在子次之。巳、酉两宫与此通断，当审吉凶。又以丑之为命，故知其与诸不入局，于中又有紧要处。若安命稍正则合，从入局断。若安命偏于子，又从四正局矣。偏正之中，有天地德合局、六害局、六合局，又不可以诸不入局断。以六害为六合，极相霄壤，六合则始终有吉，六害则始终有患。

发明云：丑宫立命，以金为官星。乙丁生人，化福禄更美。火为恩曜，若壬甲生人，见之为福尤重。罗乃火余，为福一也。昼生功浅，夜生用多。若火高强明健，虽昼生亦可发福。人皆以木、气为善星，火、罗为恶曜，岂知善星发福缓，恶星发福骤。但恐混以囚忌之星，反能为祸矣。若混以职元、禄主、崇勋、贵人，为福愈有力也。官之最切者，八煞、官禄、福德三宫也。午为八煞，太阳在上，谓之难星入垣。惟火居之，或三合见土，一则土命人得火局，二则福星入垣局，三则八煞有星，更有禄马加临，少年功名可许。辰为官禄，金星在上，谓之官星之垣，又为金星入庙。月在上，谓之身入官乡，俱为吉利。惟木居之，一则木入水局，二则害曜破官，三则辰午为煞。十二宫主惟相貌闲极，乃缓中之急。若命主二星在上，或有火罗合之，多是卿相造化。如郑敬斋，壬辰十一月十九日辰时，安命在丑，土星在亥，系闲极宫，官至公相。若此显达者，不可枚举。虽土在亥，本为土逢木局，更未宫有火，却成木生火、火生土。况命坐崇勋，而见火加入命宫，此其所以为佳也。须知此格方妙。亦有于寅位辏成火局，或有火、罗秉之者。如单见一土入木局，当以凶断，不可一例推之。要之最切者，莫如加盘；最妙者，莫如入局。正谓得地不须论恶弱，失时何必问高强。今之术者，不知加盘之妙，以为郑敬斋之首，发达者何辰限为大魁？又何三十六气？此中气推之，正交入辰限，辰限无星，不知辰加寅，既加见禄，又加见马，安得不荣达？切不可以弱宫论之。又如巳宫，虽曰迁移，实要切要。若有金星在上，一则照命，二则照禄，三则官星入局，值此者，多是晚年显达，切不可以弱宫论也。然又要观子、寅二宫，有夹有扶，尤妙。若火在寅，金在子，为官福夹命，日、月在二宫，亦佳。日在子，月在寅为上；日在寅，月在子次之；日在巳，月在酉亦谓之阴阳拱夹，亦好。身命若拱夹，好则一生吉利，若不好则一生灾晦。又是前为胎元，后为三日，其为祸福，不亦重乎！其次要观命主，命宫为缓，命主为急。故《殿驾经》云：命虽空亡，而主领犹在，即命主也。最要者拱夹，不然诸星揖拱，日、月朝拱，皆贵命也。又其次要观身主，若拱禄、拱殿、拱驾，皆是贵格。若身命主在辰卯上，谓之官福入命，不可与诸煞相参。若身命二主拱卯，不为拱福德，却为拱木局，土命得之，皆为失格。间有救处，亦是贫夭之命。又其次要观当生之时，若攀殿、驾登、禄马，亦是贵命。在十二宫皆要太阴居闲极，独此丑宫与亥宫最怕太阴在闲极。盖丑土也，亥木也，月临之，谓之安身傍鬼，又成木局，主一生迍蹇，重则夭折。既观此生时，又要观所生之日，有天月二德帝座，或日、月夹垣城帝座，或二主夹垣城帝座，或官福夹垣城帝座，或身命夹垣城帝座，此三台八座之格。如日在丑，月在亥，中夹一子，若丙子丁丑日生，水旺在子，乃日生以帝旺为帝座也。纳音旺处，是帝座也。庚午辛未日，皆土旺在子，故帝座在子，日月夹之，岂不奇哉？惟癸巳、乙卯、乙酉，更高一著，是谓暗禄入局。日在丑，月在卯，更于丙寅丁卯时，是纳音火，长生在寅，谓之日月夹垣城，毕竟谓之安身傍鬼。以中夹寅木，若更遭刑煞囚难等星在其中，则必为害。又不可以垣城论也。若无他忌，只恐寅木为害，此亦小节，不足虑也。又以丑之为命，故知其为诸不入局，偏则为四正局，于中亦有变处，正则为诸不入局。盖安命稍正则合，从入局断。若安命偏于子，又从四正局矣。偏正之中，有天地德合局，六害局、六合局、六破局，不可便以诸不入局看。以六害为六合，不啻霄壤，六合则始终有成，六害则始终有患，须于偏正中仔细推之。

寅宫命

寅宫属木，独阳不生木。生在亥，寅与亥合，两宫互加。丑为通关，卯为加盘。一则财帛，二则相貌。若有凶吉临于卯、丑，吉则为福，凶则为祸。人但知拱夹为重，不知互加为妙。若在外而实在内也。宫神艮丙生人，卦气以日、木、土为三限主，木、土为田、财，以金、水为官、福。木、土二星昼生明健，福力非常，夜生亦可。金为忌害，秋冬之际，常行于卯辰巳之间。是时木瘁而衰，金强而怒，昼见有灾。如金会水，日尤可为用。若金独立，无水日以制之，三合左右有太阴助，金临之木、土，祸何可堪？冬月本非昼用，何况难星党鬼，又为身与鬼交，此为惨毒。若春夏之际，金星行于东南西北，昼生不利；夜生，金、水同行，亦为吉。火同行为有情，会合太阴亦不为凶。盖夜从阴，金、火皆阴也。若太阴更临阴方，又为吉用。况其木盛金柔，我强彼弱，何足畏之？水为官星，昼夜有用。此宫尾、箕二宿于内。尾乃火之垣，寅午戌乃火之局。其火之用明矣。然而火乃木之子，木乃火之母，必先母而后子。苟舍木而全取火，是为有子而无有母。寅尾命，昼生以木为先，夜生当以火为用。金星祸福，前断已明。水虽为忌，亦为利害。独有丙丁人，及纳音火者，可以为紧。其他命者，又不相同。如箕度水，四时取水，为用水，乃木之母，先水而后木。水之一星，一为命母，二为命度，三为官星，诸用毕备。若水、孛交，计、水会，水、火交征，水、土相迫，虽为凶忌，尤当明审。如春夏生，水为休囚，彼强我弱，是故不足。生于冬月，水星旺相，命主官星秉令，凶恶夹之，反为辅卫，是犹武卒之于将相。若居于高强，富贵可必；苟失地亦能为凶。古人云：人命临于箕，多疾害。兼箕星好风，且主簸扬身命。忌曜交夹，或星曜战斗于人，多灾病，纵有官亦有谗谤之类。人马安命，人多好动，主迁移。此宫祸福与亥不同。亥以阴为主，寅以阳为论。日、木、土三者，故不离乎取用。夜生，用轻亦不可失。辰为福德，巳为官禄，但木忌居福德。若月居之，为身居鬼乡，遇水解之，免凶。辰与亥通关，限入此者，本宫有星，可以明断；若无星，必于亥宫取其祸福。若亥有命母、财元、天马之类，皆以吉言；凶星临之则凶。巳为官禄，一生成就之地。巳戌通关，依上取用。水为官星，得失强弱生平赖之。中间轻重，前段已具。午宫为迁移，诸星临之，善恶易别。六巳生人，太阴临其上，为大吉。午乃六巳人，禄兼卦气，上盘巨蟹，乃太阴之垣庙，此命当为贵格，又不可以难星断之，非六巳人，不可言。未乃难宫，此宫与他难星不同，此是太阴为难，身主相干。若身更入难宫，申来加未，未加午，午未二宫忽有忌曜，又为前后三日胎元，此两宫为祸福最紧，宜明审察。惟丑乃财帛宫，丑与寅通，若此宫有田财二主，或当用之星，为吉。与他处财帛命管摄者，大不同。盖此财帛有命宫也。如甲之申子辰坐此，是命有禄马，以木、火为最重。如甲之寅午戌，则以木火为奇，亦命宫之有真禄马对冲也。若巳酉丑人，身居福德，乃身命夹三煞，此宫所合数局，本为不入局，若偏之卯，则有伏吟局、天地通局在焉。虽然如此，亦难捉摸。所贵者，得其纲领而已。

发明云：寅宫属木，木生在亥，寅与亥合。两宫互加，丑为通关，卯为加盘，一则财帛，二则相貌。若有吉星居之，财帛相貌皆是贵命；若有凶星居之，皆是贱命。好则福生有基，不好则祸起萧墙。人皆知拱夹为重，而不知互加为妙。若在外而实在内也。此宫所好者：水也、孛也；所忌者：金也、月也，皆难星也。金、水二星，最关利害，细看闪避，互宫换局，贵贱了然。若金入水位，水入金宫，不然金入水局，水入金局，皆是仕宦命也。若金、水相隔一位，水居无用之地，则为夭折之命。大抵恩星虽化为刑囚直星，亦吉。若化为福禄，愈佳。然难星虽化为福禄，亦凶；若化为刑囚，尤酷。余宫依此断之。虽然好恶之星如此，又次看守宫之星如何，所用之星如何，印荫混杂之星如何，方可以断吉凶。且如庚生人，以水为禄主，乙生人，以孛为禄主，固为福也。若五、六月生人，混之以火、土，是火直生土，囚克禄水，耗克禄孛，未必不为祸矣。又如巳生人，以金化囚为忌，辛生人，以太阴化囚为忌，固为害矣。若春生，金混之以水，得水以泄金，太阴水精以生，孛反为有福，不可概论也，当审轻重断之。若有职元、局主、天马、地驿与夫难星、害曜、直煞之类，又不可以此断。论十二宫，惟官禄、福德、田宅、八煞至切也。巳为官禄，所属者水，水星居之，谓之官星入垣。太阴居之，谓之身入官禄；木星居之，谓之木入水位。命主有气，谓之命主坐官。或丙戊生人，谓之禄居官禄，俱是富贵之命。若金星居之，谓之害曜破官。午有水星，破祸成福。有火居之，亦能为福。若辰、酉有金，破福成祸。辰为福德，属金。若金星居之，不为福星入垣，即为害曜入垣。太阴居之，不为身居福德，即为安身傍鬼，又为难星党害曜。木星居之，不为命主坐福德，却为未困金乡，是贫薄命也。若金居之，混之以水，破祸成福；木星居之，若申子辰有水星，即为木入水局；太阴居之，若六乙生人，卯上有禄，即为身命夹禄。好恶之辩可细推也。田宅亥宫也，金水若在亥，行辰限，多发福。若有金、土在亥，行辰限，多为祸。男女戌宫，与官禄巳宫相关，有金在戌，行限遇水，则吉利。若有土、金在戌，到巳限不见水，则不利。八煞未宫，太阴居之，谓之难星入垣。若三、四月生人，月为直星，主生疾病；六辛生人，月化囚星，多有官灾。更加申、午二宫，若有凶星临之，岁煞值之，谓之以煞见煞，有大祸存焉；有吉星临之，未必为福。是申为胎元，午为三日，前扶后引。惟命主木星居之，一则入局，二则入秦，三则八煞有星，不为主居疾厄也。更有吉星扶之，不贵即富矣。此宫亦有数局，一为天地通关局，二为天地德合局，三为六合局，四为诸不入局，五为六害局。所谓天地通关局者，以阴加阳，以阳加阴，主星得宜是也。如寅生人，以木为主，飞入于申，加之以酉申者，阳也；酉者，阴也。申属水，酉属金，是金生水，酉生木，木飞申上有禄。寅宫安命，谓之冲干对禄，谓之六合局，为吉。若辛生人，木为主星，飞在戌上，亦加之以酉，虽曰辛禄在酉，酉属金，木逢之不得。其次反成六害局，酉戌是穿心六害，为不吉也。所谓天地德合局者，此宫坐命有二，丁巳生人，禄在午，木为主星，飞在午，午宫有未，是午与未合。六癸生人，禄在子，木为主星，飞在子，子宫有丑，是子与丑合。如甲戊庚生人，贵在丑未，而命主飞在未，是未宫有午，午与未合。如六辛生人，贵在午寅，而命主飞在午，是午宫有未，未与午合。如乙巳生人，贵在子申，而命主飞在子，子宫有丑，子与丑合。又甲戊庚生人，命主飞在丑，丑宫有子，子与丑合。有如此数，即为之六合局。不然互拱见贵，尤其佳也。其他皆为诸不入局。是天盘、地盘加合不成。如有职元、殿驾、局主、卦气、天马、地驿在命主所躔之宫，即为好命。如有刑囚、难直、煞星在命主所躔之宫，即为凶命也。又谓不入局，中有六害存焉。木为命主在酉，是酉宫有戌，戌宫有酉，好则为天地通关局，不好则为六害焉。又如木为命主在卯辰，卯辰是六害，辰宫有卯，卯宫有辰，为六害局。惟是这处，便有轻重。此寅之一宫，得阴注阳受，二星最为利益，专解直难一星。八煞宫属月，以月为难星，若得阴注阳受，解之不为身犯难宫。若以月所到处，皆成难星守位，如此则此宫安命者，俱无好命矣。贵乎有阴注阳受，而附加之尤以为佳。所以大煞僧多值此星，亦有大仕宦者多值此星。互加暗加之法，后学鲜知。最妙者，寅中之造化，万物殊途皆由此出。人徒知有寅也，而不知有艮也；人徒知有艮也，而不知有震也。先天后天大有施设，谁能明达至此乎？寅宫坐命皆从卯上加，所谓天地左旋而右转。又以偏正而论，所合者数局，殊不知伏吟局有之，六害、六合局有之，天地通关局、天地德合局亦有之。惟其如此，亦难捉摸。所贵得其要诀，则判然如在目前矣。

卯宫命

卯与戌合，故为火命。居于此为伏吟；偏于寅，则为不入局；偏于辰，则为六害局。子、卯通关，四正取用，最为紧切。此宫体认与四正、四刑、反吟局相表里。如天地通局，自卯起，子卯为东方之地，子为支神之首。以此加之，是为诸局之总。故先有天地通局，一则生二，二则生三，生生无穷。宫神震，庚人卦气，火、金、月为三限主，以木、土为田财，以太阳为官主，以水为忌难。卯主阴，夜生，用火、金、月也。金、火有情于我，处于高明，为福必矣。昼生则用轻。昼生若木、土临命度，不为田财之用，而为阳明之助。火为本领，与木相维，春夏当权，虽昼生不为忌，夜更有功。一火满用，此为最切，得之必有勇略，又能谦恭。起于太阳之处为命，主朝君廊庙之士也。若会于午，最明；若在陷宫，则减力。水为难星，于春夏者，以木、土为主，令我强彼弱，水力终微。七月八月生，值之者，以难加直，故为不足。身近水为身与鬼交，多主暗疾。生冬月，水常经于寅、卯之间，此时木衰火老，水正得时，见之不利。若得水星合木，木能生火，乃绝而复续也。若助之金、孛，其凶尤甚。若金、水交行，是为难星得助。此宫三宿，如房度太阳为性，与火通类。经云：太阳与火通，断生克制化。惟依火而行。心月度夜生，从太阴为主，金、火助之，吉，见土、计为忌。盖夜生阴局命者，亦以火、计为嫌。昼生从火断。如氐度戊己生人，及纳音土者，命宫与土星相管摄，方可以土断。又不可以土助之。盖天地间，土从火中出，必有火而后有土。以氐为土度断，则土生旺，但不可一例以木、气为嫌。戊己人，纳音土者，九月十月方以木为碍，终无伤人元气。若春夏之际，木又为财元生旺论之，不可一概言也。庚人得之而为化气，必能获福。又喜土、计临之，盖天元属金，故夜生人亦不为忌。此宫立命，尤分昼夜，不问四时，必藉太阳临之吉地，辅之吉曜，守于禄宫卦气之上，则功名显达。苟陷于恶弱，混以刑囚、直难，必有凶累。此是凶暴之徒，每犯刑宪。此宫主命为伏吟之体，难比三合、六合论。所紧者，考于四正，四正吉凶有无虚实，则命宫同一体。午为官禄，子为田宅，酉为妻，俱相关系。盖子、午、卯、酉本为四刑之地，甲丙戊庚壬人之四刑者，阑干、贯索、伏尸、卷舌是也。得其吉，则有骤然之福；归之凶，则有暴然之祸。命宫为始，官禄次之，妻宫为终。翻覆往来，凶吉倚伏。处中交之际，多是世变风移，善恶相反也。设若丙戊生人，官宫主事，此为天地盘中，上下交，若有福禄、日、月临之，多是发福。中主夭暴，如得子、午上有罗、计主之，方可御患。盖天星制地煞，此局机关最为灵验。福德主巳，以巳加巳，上下无度，只寻其初，而穷其终，与官禄体势甚别。或以轸加翼，以其深浅不同，祸福则异。若丙戊人，禄所在；若子、午、卯、酉人，破碎所在。当斟酌而言。此宫无四正变换之理，合戌中加之通关，有吉可以吉断，有凶则以凶言。通关无吉凶之曜，当取三合有无制局解之，方定祸福。卯宫坐命，体势最难明白，本宫无变，但看深浅如何，正则无复变，偏则体局又变。其间详审，在伏吟图中。申宫主厄，所忌水星，唯七、八月间，多生于东南之际，以太阳故也。如初中末见之，当审其患，又看制化如何，最宜明辩。

发明云：卯宫属火，火库居戌，卯与戌合，戌者阳也，卯者阴也，故以火为命主。春夏当权，虽昼生不为忌，夜更有功。命居于此，为伏吟偏于寅，则为不入局；偏于辰，则为六害局。卯、辰是六害，伏吟无度，大概要推日出入度之浅深。如日入浅，躔氐一度，虽天盘在卯，则加辰地盘，则寅加卯，以卯时而论，则命度与日同度。有如此类，便以为伏吟局。其说谬矣。又六合局有之，六害局有之，天地通关局、天地德合局亦有之，于中暗有造化。若日躔房度，以卯时生则正为伏吟局，既得伏吟局之正，故无往而不正。在十二宫中，亦皆以正论，其祸福只在一十五度内见之。使有一水星在亢初度，水能克火，是祸起萧墙。使有一木星在尾初度，木能生火，是福生有基。木、气者，此宫之父母；水、孛者，此宫之鬼贼。木为母曜，气为木余，固能为福。若六巳生人，于十一月十二月生者，复混以生，未必不为祸也。难星囚直不惟作灾，又制其木，不使为福。又如水、孛固能为害，若六辛六丙生人，于二月三月生者，混之以木、气，未必不为福也。是水生木，又以气泄水，不能为祸。至此方知其妙。

要之十二宫最切者，无如戌宫酉宫，其次申、未宫，祸福不出乎此。盖戌宫关我官禄，且官福二宫有好星在上，未必吉；恶星在上，未必凶。惟有暗加之吉凶最验也。未为迁移，申为八煞，申未通关，难星居之，俱为不足；月临之，亦未为善。更火星临之，却不为火，临坤地灾消烁，而为灾愈甚，人多不知其然也。此宫坐命，一曰深浅互加，二曰翻覆互加，三曰就本位加。且以深浅互加言之，以一宫有三十度有奇，日初入则谓之浅，日将次欲出则谓之深，不然命宫三十度皆然。今试言此一段加盘，方晓其义。以命宫之入浅而论，则八岁至十五岁是卯加辰，辰所主也。若有水星在辰，是辰金生水，为灾愈甚。十六岁至二十一岁，是辰加辰。二十二岁至二十六岁，是辰加巳。巳上加见辰水，谓之害星入垣，能制其火。二十七岁至三十四岁，是巳加巳。三十四岁至四十二岁，是巳加午。四十三岁至四十六岁，是午加午。四十七岁至五十二岁，是午加未。以命主入深而论，自一岁至七岁，谓之卯加寅，虽坐命于卯，而却一半在寅起，所以卯加寅也。自八岁至十五岁，是卯加卯，此伏吟局，加盘也。大概日渐浅而渐深，不可便以为浅，便以为深。返旋加减，则命度自明，此则言其大略也。若行限，则又看中气，更看在何宫上，如逢职元、局主、卦气、天马，必能为福，如逢岁煞、刑囚、直难必能为祸，不可一例推之。所谓反覆局互加，既以天门加地户，又以地户加天门。天门属乾，亥宫也；地户属巽，巳宫也。奎初至轸七，轸七至奎初，此理点实于中，造化隐然之妙，正在丑加寅，子加卯，亥加辰，戌加巳，午加酉，申加未，所谓本局互加，亦反覆局。例以寅加辰，次第加去，祸福了然。以上加盘，要看星辰对度，消详取用，以论吉凶。

辰宫命

辰与酉合，金为主。巳在前，卯在后，人见其夹拱而相统摄。卯本加辰，辰加巳，两宫互加于此，亥为通关，反覆巳亥两宫，祸福最紧。宫属四库，既无禄马，又无卦气。命宫于此，六害二体，考之祸福，翻覆为先，互加次之。此宫立命，以太阴为官禄主，以火、土为田财主，昼生，以土、水、木为三限主。如昼之木、土本强，若更处高明，必合体用；夜生，则量轻重。虽为反曜，而亦无凶。水之用涉得失难辩，临凶则凶，遇吉则吉。火星为财，夜见为福，昼则无功。戊庚辛人，多为不利；甲巳丁人，见之为喜。秋令则名利两全，夏令则名为利夺。行之阴道，财福最多；居之阳分，人多贪吝。如逢水、孛，则以为凶；会土、计为吉。罗睺泄财之气，木、气养之。取其得失，与其他宫分不同。中有轸、角、亢三宿，木同轸，亦无翼水在金中，土不为忌。角之一宿，木主乎春。春月生人，则为有用。如甲乙为干，纳音属木，先忌金、罗，次嫌火气，与其他干音又不同。秋、冬，金强于木，何有昼夜？以金为首，得其吉用。为刚方若，例以凶神，恐乖仁义。虽宫有三宿，然主用要明，不可一概以战为论。盖水之为相，是金之水，四时常行之道，昼夜不忌乎。土见土用，为三限得土，则金有滋生。若角之为度，是金中有木，金柔则木盛，金盛则木衰，此二者皆我家本然之物，何以刑战？但白昼以金、木相交，则恐为六悲之害，当以凶断。其他时候，如金、木相去争差，何凶之有？若角木苟以金为忌，则亢金岂以火为财？得失消详，又当明审。此宫坐命，生于冬月者，金依太阳，每行东方艮、震之地，亦有躔尾、箕于寅，人皆以金骑人马为忌。此乃星家常论。此宫与酉宫金骑人马不同。酉宫论者，昼见为凶；辰宫论者，夜生有祸。昼夜造化，已别明白。更中间蕴奥处乃玄中之玄也。且以安命在辰，取上盘之卯，加辰财帛在卯，取上盘之寅，加卯闲极在寅，取上盘之丑，加寅虽下盘是寅字，而上盘却是丑字，金得天之局，战以为奇。若戊庚人，有禄马、贵人，以是上盘之贵，合下盘之禄马，此又为奇中之奇，所以为吉。中间体势，皆暗中造化。又有亥为奴仆，多为官星入格，此又分别一段论。亥虽奴仆，与命相关，此为弱中之强也。此宫立命，与戌宫相等，所贵者，奴仆也。盖戌中有巳，辰中有亥，与其他安命之奴仆不同。此宫体势，喜太阴与土同，若太阴在奴仆，若卯、未有土合之，即为妙用。所妙者以下盘之亥为木局，入上盘之戌为火局。若得土合，是火生土，土生金，身命相关，最为大利。故曰：得天者贵，得地者富。午为福宫，善恶相半。得其吉用，则曰培植；失之于凶，反成党鬼。未为官宫，上有午，下有未，名曰六合为官。惟此一宫立命，有此格，其他宫分无此，能知者罕有。如有一星得用，在其间可以得名、得禄。若六巳人，太阴居未，又为官星，更是禄主星，又得上盘之祟勋、卦气，岂不为超伦出世之流。酉入难宫，辰与酉合，彼此相同。戌宫与八难相类，如见难星，只依昼夜生克而论祸福。金为命元，又为难星，不可以命宫与八难同论。辰宫乃天涯地角之所，若合以驿马，临以水、孛，多是离乡奔走之人；若交之紫气，是僧道、师巫之流也。此宫体势与四正不同，与六合亦异。

偏之卯则曰伏吟，偏之巳则为不入局。轻重当自察之。

发明云：辰宫属金，坐命以金为主。金之一星，最关利害。若飞起入官福二宫，又临驾登殿入局，无恶星杂之，则以贵命论。若飞入四宫，更加福禄权财相会，而不以暗耗杂之，则以富命论。或在奴仆、相貌弱宫，又无官福权财助之，则以贫贱命论。若坐煞宫会刑囚、直难，则以刑夭命论。此宫所忌者火、罗，所喜土、计也。土为命母，又为田宅宫主，计乃土余，所以皆喜也。火为煞星，罗乃火余，所以皆忌也。虽然喜忌如此取用，亦须看守宫加合印荫何如耳。如火、罗虽为煞曜，若混之以土、计，则转祸为福矣。土、计虽为恩星，若混之以木、气，克我命母，反助火、罗之恶，为祸非轻。若以十二宫轻重言之，无如命宫主之最紧也。午为福德，未为官禄。日在午，为福入福宫；月在未，为官居官位。不惟官禄入垣，又是阴阳入庙，最为奇也。或命主居于强宫，又与太岁、宫神、禄马、天马、地驿、职元、局主互相管摄，则功名显赫矣。卯为财帛，火星居之，不为财元入庙，乃是刑曜入垣。酉为八煞，金星临之，不为难星入垣，乃是八煞有星，合此格者无有不好。若科名、科甲拱夹，愈加其妙。若金星在午福德之位，日为福主在巳，月为官禄主在未，谓之日月夹主，又为官福夹主，则为福不浅矣。且如王待制，甲申十月初五日寅时生，命在辰，金为主，在寅本居闲极之宫，又临天马，未足为荣。盖寅为禄马之地，天盘以丑加寅，是为坐贵、坐禄。若日在卯、月在丑，乃日月夹主星。况日月二主又是官福，丑、寅、卯皆隔一位，加见官禄，又是夜生人不背，年三十余，官至待制地位。若金在午，罗在巳，火在未，谓之火罗夹命主。若是六戊、六丙生人，以火、罗为刑囚，谓之刑囚夹本主，刑害可知。天盘巳加午，主犯囚星，以午加未，主为刑星所犯，谓之合处受伤，为害不小，必然刑夭破败。虽日、月夹奚补哉！纵富贵亦须夭折。若寅午戌三合者，有土、计居之，可以泄火之凶。不然巳申宫有土，则火能生土，土能生金，又可挽回春意，以有益于我之金。如土、计二星，更为禄贵、天马、地驿之类助之，尤为大福也。此辰宫安命，隔一位互加，一则为天地通局，二为六害局，或有官星禄主，禄星贵人在卯辰巳三位，则吉。是卯加辰，辰加巳，谓之天地通关局。若火、罗二星又为刑囚、直难在卯、巳二位，亦以卯加辰，辰加巳，俱是刑囚，是火来克金，谓之六害局。盖吉星居之，则为天地通关局，其为福可知。凶星临之，则为六害局，其为祸可知。或者不识飞宫变局，可以互加，举一隅则三隅反。又如火星在午，是财星逢旺，亦是刑星逢旺，既为财元坐禄，又为刑星破福，既看财元不当以刑星论。盖火为财元逢旺，若是丁巳生人，禄居午位，乃是财元坐福坐禄，加以土、计二星为禄主，权星在寅、戌二宫，或在巳、未二位，大约三十六岁行午限，得土、计为福禄临之，必大发福也。若火为财元逢旺，倘会刑囚、难直在午，又是岁煞之所在，若更生于夏月之时，火神用事，若三十六岁限到午，必然夭折。纵有当生之金在巳、酉、丑三位，亦难救达者。观之不待辩而自明矣。

巳宫命

巳宫属水，此宫安命，谓之诸不入局，亦谓之借局。三位互加，与卯、未两宫相关系。巳、戌通关，与戌宫为翻覆。命宫加卯，福德加巳，以巳关戌，以戌通巳。此宫取用为无体局，多以借局用之。借局者即制局之类也。宫神属巽，辛人卦气，三限之主，则金、火、月，以水为命。元官禄主以太阴为福德，以木为田宅，以金为财帛，以火为难，以土为忌。水之所主，四时不竭。春夏之水，为用浅；秋冬之水，为用多。冬水秉令得之，多谋术。盖水者，主智之义也。水之于土为忌害。甲乙命犹庶几，壬癸人，实为鬼。土埋双女，见木、气，不以为忌。火起高强，见木、气亦为祸。昼生见土，不甚为凶。夜生见火，反凶为吉。四季之土，必有悲伤。夏月之火，为难太重。土星犯月，故以为凶；火星犯月，昼尤利害。土为奴仆，犯命临身，生来轻贱，虽有基业之人，亦如奴仆奔波。火为疾厄，居身入命，生来多招残疾，虽有享用，中年亦主残伤。金、木为田财之主，得昼用则义重利轻，得夜用则义轻利重。春水敷荣，秋金坚锐，交以凶神，田财亦利。若冬季生人，水与土、计会，不可以概论。盖主神得令，虽有凶忌，而反辅卫居命临官，却有吉用。水与金交，是为官财得胜，人有进身于仕宦者，多溺于贪污。若水会木星，或生于草茅者，亦笃于文学。水朝太阳为官，主朝君，少年科第；水背太阳为官星潜伏，老无出身。水临月、孛，多贪酒色。水近太阴，多逢官贵。水逢紫气，勤俭立身，多主僧道。水会计都，多能计算，必熟商贾。盖水为性，遇凶则凶，遇吉则吉。此宫二宿，轸、翼居之。其间水、火争差，阴阳迭异。翼火度者，水中之火，火中之水，亦犹五行丙子、丙午得其制化，为水火既济。冬令则火不能胜水，夏令则水不能胜火。党之木则为火势临之，金则归水性。丙丁天干，从火则是壬癸命者，取水为先。若行火令，临以木、气，是为助难。五、六月生，直难兼具，若行水令，会以金星，是为生官。冬腊生人，名利兼全。此翼之一宿，乃火之经复，乃水之度，火在中间，以此为之火度，合以水星，主其本。次以火星求其用，先取时令之强弱，次验人命之缓急。但以水为用，必无差火之为用，当明轻重。若行失势，是谓本主衰微。火行得助，是难星火炽。中间得失，务要详察，不可轻断。官、福二宫在于申、未，此为要地。如水与月同行，为官、福交会。未、申通关，官中有福，福中有官。若有一宫得吉，前后俱利。一星为凶，彼此受灾。虽各宫分别，而实相维。未宫亦与巳相统摄。申乃官宫，巳乃命宫，祸福往来，可以取验。申乃水垣，吉临之，官局凶则破我官禄。戌宫疾厄，翻覆之宫也。下盘乃寅、午、戌，上盘乃申、子、辰。失其用则为疾厄受刑，得其用则为通关有吉。若火、土临之，是火生土，土克我水也。若三合有金、水，反成申、子、辰水局。上盘加申，与官宫相关系；下盘是戌，与巳相往来。此宫极紧，不可缓也，最宜明辩。

发明云：巳宫属水，安命于此，谓之借局，亦谓之诸不入局。隔三位互加，卯为闲极，午为相貌，两宫虽为怒陷，实与命宫、官禄暗有相关。水星在午、卯二位，尽是陷弱，为福必难安知。水在午，午加申，皆是水位。水在卯，卯加巳，水星入垣。亦为水临双女，若癸酉、癸丑之人，带此多发达。水在午，午加申，官禄主坐长生，不惟命主入垣，亦是官星得局。若六庚生人，水为禄主，乃是禄主居窠。申宫又为岁殿之所在，必少年腾踏。此加盘之妙，能知弱远之强，缓中之急。未为福德之官，月居之为月居月位，福入福宫。苦六己、六丁生人，为禄主福星，为福尤紧。孛星在上，为太乙抱蟾，六乙生人，得之为禄居禄位。若兼之以木、气、天马、地驿、职元、局主之类，乃上贵人也。六丁生人，得之是身犯囚星。若混之以土、计、囚星、直难，又是横夭之命矣。酉为迁移之官，水居之乃水命金局。金星在申，谓之金水互垣，官星命主有气。六辛生人，禄在迁移；丙丁生人，贵在迁移。若有木星在丑、酉、亥宫照命，多是文章显达之人；否则离祖荣身也。戌为八煞之官，水星临之，为主居疾厄，火入命宫，为难星与命主互垣，水火互换，未免抱病压身。更加土、计在寅、午拱主，又是庚申生人，为害不小。若木、气在卯、亥二位，卯加巳，巳加未，又见木、气长火之恶，若无救解，则是抱薪救火，带此者多主利害恶死，否则手足伤残，六根不具。子为奴仆之官，水星在上，谓之主入旺乡，又是主居陷弱，善恶难辩。若与金星同居，更于冬月水神用事，谓之逢旺得局。若与火、土同居，更生于夏月，火、土用事，我命水未免有伤，不可一概而论。若太阴居之，主是偏生庶出。若癸生人，孛、罗为福禄夹拱，偏官右选造化。盖巳宫所喜者，金星，母星也，财帛官主也。所忌者，火星，八煞宫主也，土、计也，煞星也。金在巳，谓之财元逢生，与水同宫，谓之金水会蛇。水在未，谓主居福德，与月同居，谓之水涵月魄。水在申，谓之官星入垣。月在申，谓之身居官禄，福入官宫。月在申，水在未，谓之官福互垣，皆是妙用造化。土星在巳，谓之土埋双女。火星在巳，谓之难星入命。火、土在巳，为刑难作党。土在未，谓之刑星破福，加入命官。土在申，谓之刑星破官禄。水在子，土在巳，为命主与奴仆互垣。或水、土皆在迁移之宫，必死于道路，皆是刑夭之命。若是丁生人，以金为禄主，乙生人，以金为福主，必大发福矣。如韩丞相八月十五日卯时生人，坐命在巳，禄又在巳，命坐禄，水为命主，为官星，为神元，在巳满三用，皆入垣。月为福德主，在亥乃戴天履地格，正是日月拱官神，合作一品之命。有火为难星守辰宫，临驾是为客曜临朝，水与太阳同宫，坐汩没煞，则主多磨障。凡福星得地、得局，临驾、攀殿、居驿马，皆要吉星临之，为官则一生享福。若有刑星临之，必为刑煞之所制，纵为仕宦，亦蹇滞。宜斟酌轻重论之，则不为按图索骥也。

午宫命

午为离明之地，四正之宫。四位通关，卯加午，午通酉，子为对宫宫神。惟六巳人，卦气崇勋。四正互加，官禄为紧。此午、未隶于天，故为日、月；子、丑隶于地，故为土。寅、申、巳、亥乃四时，运乎其间则为木、火、金、水，秉春夏秋冬之令。午为君象，此宫安命，与他宫不同。虚、昴、房不可以太阳为主，惟星日马为正度，以日为主，金、水为官福，财帛以木为难。又以日、木、土为三方主，以四序而言昼，以木、土别其用；夜以金星为权，秋令得金，官星秉令；冬令得水，财星旺，夜不为凶，昼金用浅。以水、土、木为文经，以金、火为武略。

得水、土、木，为人必贤良；得金，火、罗、计，人多勇略。此宫取用，与其他宫分，立命不同。此宫人多以火、罗、计、孛为嫌。然太阳当空，群凶自伏，虽然火、罗亦不敢形见。此宫之于诸曜，用金、水为官福，日、木、土为三限主，人命临之，木、土、金、水皆有用。得其吉，可为吉星之助；得其凶，即为凶星之忌。如木星多不得用，独日生用，为三限主。如火罗计孛居子午，人多以为嫌，且以罗计中分五宫，是首尾相截之类，人命得之，岂可为忌论，而多有超达者，何也？午犹人君之位，人君居位，固亲贤宰辅，尤不可以无武将以卫之。若人命有火、罗、计、孛临子、午，多是操略之人。如体段稍大，即为贵格。更加善星临巳、午、未、申之宫，凶星合命，此乃吉星为助，凶星为卫也。如此必有制阃之权，非小小守土官也。申为福德，巳为财帛，二者往来，吉凶相应。人徒知巳与申之类，不知卯加午，则寅加巳，巳加申，所以申、巳二宫可以通关用。若有吉临，则为生我福德，助我财帛。或有凶破之，又为寅刑巳，巳刑申，三刑六害之类也。酉为官禄，最为紧地。在上盘则午加酉。在翻覆，则午酉通关。是命中有官，官中有命，二不可舍。金星入垣，多行于春夏之际，白昼见之，或会太阳，气象亦可。中间却不以金星失令，而遇伏，或得朝阳，亦可言贵。虽然为官，终有谗谤。金居田宅，田宅多。居秋冬之际，夜中见之，更会太阴，主名利兼全。秋金主富，人多义气刚方。冬金主杀，人有精敢强勇。金生于巳，居官多主贪污。金绝于寅，为官必主激驳。若金水得经，十分纯粹，然亦可为富厚之命。亥为疾厄，是以木为难星，于九月十月，木星高强，临官、福、命宫，三合，人多疾厄。若临于疾宫，是为难星入难，为灾尤甚。紫气者，木之余，同木取断。惟白昼见之，虽忌亦小可。或临于日、月之中及福禄二宫，中年多残疾。秋冬生，金主令，木衰，又不能为害。或合处见金，亦如是也。若夜生，太阴与木相值，终不为奇。更诸凶忌是身临难，终有患害。有命居午，金星入命，太阴居官，身入官宫，官星入命，当为公相。又有命居午，本月在申，此乃寅刑巳，巳刑申，三刑俱动，难主临身，安得不死？于法此则眼前之善恶已自分明。更入太阴在戌加未，日为命主，入酉加午，太阳得上盘之午，太阴得上盘之未，是日月尊强得天者贵，此格千中无一。

发明云：午为日宫，坐命于此，以日为主，是为四正之休。且日在子、午、卯、酉四位，互加皆是入庙。盖子有虚，午有星，卯有房，酉有昴，四宫皆有日，乃为四正互加。四位若有殿驾、禄贵在上，更兼身命二主，天马、地驿临之，左右拱夹，继以金、水为官福会马，此乃出将入相之格。或孛、罗二曜为福，为权拱夹，以兼杀伐之权。日为命主，喜金、水二星互垣互局，对日官行。若是金居金局，水入水乡，此为入格，为官福入垣。或金在申，水在酉，又为官福互垣。若身命二主更居官禄福德之位，临驾、攀殿又坐贵禄，无杂星以混之，则为大贵造化。若身命二主居官禄之宫，不临殿驾，兼火、罗在申酉二位，六丙、六乙生人逢之，亦未得为全美矣。若金、水、日在巳，六丙、六戊生人，是命主与官福坐禄，亦是仕宦之命。或金、水、日在酉，更为奇特。若金、水、日在卯尤妙。更兼安身在酉，是身居官禄，又是日、月拱命主，若丙生人，驾在子，贵在酉，可为日、月拱驾，四位互加，皆是临驾入局。更加天马、地驿不背，亦是公相之命。且如虞学士，乙未四月二十九日，午时生，午上安命，日为命主，在酉以酉加午，谓之升殿，金为官星化福，日为命主三元，上下二盘皆入庙旺，月与火同宫在戌，以戌加未，又是月居月位，日、月升宫。况未生人，未为殿驾，月为岁星，火为岁德，戌未相加，二星临驾朝垣，是谓岁德朝垣，火、月升殿，合此格者，少年及第，名冠天下。此酉戌二位，与午未本无相涉，而大有相关。以日在酉，月在戌，人皆以为反背晦明矣。然焉知午加酉，未加戌，皆是日、月升殿，此乃加盘之妙也。巳为财帛之宫，水在巳为财元入庙，土星临之，害我财帛。水在申为福星入垣，土在申破我福德。若金在卯，水在酉，皆加入命宫。日在午，为命主入垣，官福左右夹命；日在子，驾在子为命主临驾，官福拱命、拱驾，皆是上格之命。若六庚、六丁生人见之，更妙。日在子、火在申、罗在辰，谓之火、罗拱命，六乙、六丙生人见之更毒，不可不知也。亥为疾厄之官，命主临之，是主居八煞，俱为不足。然则日为命主，乃人君之象，虽遇火、罗、计、孛，皆不足虑。所虑者木、气二星，木为难曜，气为木余，如临照身命，实足为害。日为宫主，与木同居，谓之命主犯难，气星亦然。九月、十月生人，为害愈重。不然生于春月，木神用事，必致横祸。日与木在巳，又是寅生寅时，寅上是煞宫，巳上是月煞，直难、刑囚居之，为害尤重。若木在申，身命在申、在巳，是皆寅来刑巳，巳来刑申，是为三刑局，合此格者，皆刑徒命也。且如晏头陀，壬寅七月二十四日寅时生，寅刑巳，巳刑申，乃三刑局命也。不合土、水、火，孛在命，水为囚，直与火、土、孛战于命宫，安得不死于非命？盖享贼首之福，是全为官星在巳，逢生坐贵会命主，所以享福，而终为恶死。今略举其一二，乃知加盘之妙。亦知四正局为福，三刑局为祸。或木为难在卯，加入命宫，谓之难星逢旺入命，必为灾矣。若生当冬月之时，水神得地，及与水同居，六戊生人，以木为囚，又见水星得时，而长木之囚恶，更加身命主星坐煞逢伤，必见于牢狱，或伤残手足、眼目而为废人方免，不然或病风瘫而死。若木不与水同居，而与金相会，七、八月生人，秋金用事，金神刚健，木被金伤，木自谋已，不暇伤人，则木不能为害也。若火与木同宫，乃是旺在卯，虽入命宫，如六甲生人，以火星为禄，木星为福禄。元马元遇，五、六月生人，火星当权，是木难化为福，以生权星禄主之火，反能为福也。造化之妙，须看飞宫变局为要。或贵人为煞所制伏，或煞为贵人之驱驰，亦是多凶少吉。孰重孰轻，祸福如见。以此断之，毫发无差也。

星学大成卷十二

十二宫安命论下

未宫论

巨蟹属太阴，命坐于此，乃四墓之地。禄马不临，卦气不在。本与申宫相关，坤为卦气。有无善恶，与申相应。凡安命于未，为三合之体。正则为三合，偏则为四正，又偏为不入局。偏正稍异，则取用不同。所重者，太阴乃身主也。以火、金、月为之局主。火为官星，金为福德，太阳为财，土为难星，月为金、火，皆同功一体，夜生用之。火、金会月，在夜生为福最紧，是为官福会身。金星近月，是为长庚伴月。经云：金星伴月，常属晓，迎朔相逢，事业弘此。金、月、火体用最大。盖未属阴，以阴属阴，以阴类阴，其用备矣。或火、金、月会于白昼，故为昼生。夜里阴阳，然终为三限交联，特其软弱不可谓之凶忌。太阳与金为田财主，若白昼逢之，为吉。此又是金、水辅阳。土之为难，遇在昼阴消阳长之时，不能为灾，得其吉助，苟夜生逢土、计、难，必为灾厄。若得木、气制之，尤为庶几。或以火、罗助，其祸必速。人命见之，不惟灾厄伤身，亦且寿年不久。此宫三宿，井之一宿，二十余度，临于秦州。此宫以亥、卯、未为木局，而井度属木，故当以木神主之。中间又不可全用木。木星秉春月之令，昼生合从木用，不可言太阴也。其他时节，难以一体用之。惟以太阴为主最紧，太阴本夜生，三方主也。又以宫神主之，以三方归太阴为主，更太阴归阴方，是太阴功用，岂可分毫离太阴？苟舍太阴而从木断，皆背阴反阳之义。鬼金一宿，与井相与。已近金为福主，昼夜常在乎其间，秋冬时节与金相干者，安可弃乎金？柳土一宿，与井鬼又差殊，不以土为难，不以火为忌，罗、孛得之者，亦无患。喜独行辅于命。此宫命者，但是土星高强，则为忌。若土星入命，不足为凶。盖命宫以卯加未，男女宫以亥加卯，迁移宫以未加亥，三合上下皆是木局。土星临之，稍缓。与三合见木、气，亦是一般道理。但恐夜在三合宫，又有火合土，反成木生火，火生土，其人不免于残夭。此三合为体，而以三合取祸福，通关、翻覆，又其次也。此三合者，与亥宫坐命，体势稍同。上下十二宫皆为三合中，翻覆与命宫相统摄。亥中又与未善恶相关，虽异而实同。福德在酉，与财帛通关，凶吉往来，当审之。巳、酉、丑乃福德之合，金居其上，是福德星得局，当有兴废。木星居三合之上，则木入金局，人命值之，多主破败，虽有镃基，亦归消散。火星临福德之三合，夜生则火有情，昼生则破我福德。又不可以官星论。盖火入金局故也。戌为官禄，夜火显用，官高名重；昼火无光，有官不显。夏令得时，为官愈炽，水、孛合火，多是骄恣以败亡。木、气合火，多是清廉而见用。戌之一宫，与巳相翻覆，但恐戌中无星，巳中有曜，是暗中有害，即不可救。虽寅、午、戌合，得吉相辅，是外助不能制内恶。忌子宫疾厄之为难，土、计临子，是难星入垣，若是身临鬼地者，不可一概言凶。如子生人，六戊生人，六癸生人，有太阴乃身命入在子宫，虽是身入难乡，却是子

生人岁驾，戊生人卦气，癸生人崇勋，此三者又不可以为忌。但以大限土、计相逼，谓之身衰遇鬼。依此祸福，断然不差。

发明云：未宫生人，以月为主，所关二用，以月为命主，亦以月为身主。如命主飞起坐煞，而身主亦是坐煞，此宫坐命，乃三合局。地月在卯，又加卯在未，是月到月官。未加亥，亥加未，亦是月入月官。三位互加，此其为三合局也。午为财帛宫，太阴在午，谓之身居财帛；太阳在未，谓之财元入命，亦谓财命互垣。亦是身主入命，命主入身。此为内外台格，切不可谓阴阳反背。但取身命互垣，俱为贵命。若甲午、巳未生人，得此格者愈好。甲午生人，未为贵官，午为岁驾，是身命主临驾，身命主坐崇勋，此则富贵双全，大格局也。若火、计在午，土、孛在未，六丙、六丁生人，以火、孛为囚，以土、计为煞，临身照命，祸不可言。是为客曜临朝，飞星破禄，合此格者，必是凶恶之人。如戍限加合，皆是刑囚、破败、伤残，甚至死于非命。如格局布定，一星稍异，理皆不同。巳为兄弟之官，太阴在上，谓之身居闲极。夜生带于格局，反添福德，日生不然。若有福禄主、权星、财元居之，谓之身命合财帛。有刑囚、直难居之，又是身命夹煞星。凡夹福夹禄，皆为福；夹刑夹难，皆为祸。若六丙、六戊生人，崇勋在巳，是身官命主坐崇勋。天盘以巳加酉，丙禄又加福德，福入禄官，福禄双全，皆是富贵之命。酉戌二官，最关利害，酉为福德之官，月在酉上，谓之身命坐福德。金为福主，又为母星，飞入命官，不惟官主与福星互垣，亦是身命二主互垣。又合内外二台格。若六丁、六丙生人，带之坐贵愈佳。更加殿驾、天马、地驿、职元、局主居上，乃是卿相之格。

若是寅、申、巳、亥生人，的煞在酉，为禄逢破碎，又减力。戌为官禄之宫，月在上，谓之身命二主坐官禄。或六丙、六丁生人，又是二贵夹官禄，二贵夹身官。若火为官星，与身主飞入未宫，是命主官星互垣，亦合内外台格。须是登殿、临驾、坐贵、坐福禄，方为奇特。子为八煞之官，月居之，是身居疾厄。土乃月之所忌，盖月为命主，最忌土、计二主。如土、计在亥、卯二宫照命，加入命宫，若六戊、六丙、六壬、六庚生人，不为福禄拱命，乃是刑难拱命，虽有吉星拱夹，亦是贫夭造化。如戊子生人，卦气在子，月临之，不为身居疾厄，是身临岁驾、卦气。若是金为福星在寅，火为官星在戌，正合漏关格局，此格尤佳。又不可以疾厄论也。日在卯，月在亥，谓之日月朝命，日月夹官福，身命主登驾、坐殿、临卦，皆是有福有禄之命。若刑囚夹命，或拱夹直难，便是贫贱之格。如蔡枢密，己丑十二月二十七日申时生，太阳在子，太阴在寅，岁驾在丑，金为福星在寅，火为官星在丑，日、月夹官星，日、月夹岁驾，金在寅，木星怒宫，金为福星加入官宫，火为官星加入福宫，谓之官福互垣。月居官福，日月拱夹，岂不为大贵之命？若日月居奴仆，福星既陷，则不大贵。所谓谁信无中还有曜，岂知弱处是高强。若加临有凶星破之，又不可以贵命言也。如星命坐殿驾会刑囚、难直，而官福俱陷，若加盘又有殿驾、禄马、贵人、卦气聚会，亦可以贵命言也。若月在辰坐田宅，如金在巳，火在卯，官福宫主夹身，若木在丑，六甲、六乙生人，见之科名照命，大约三十六岁行酉限，得官星、禄主、福星、科名交照，行此酉限，其人英雄杰特无疑。若身命皆坐煞，会刑囚、直难，官福禄权俱陷，必主剥杂无成。如太阴在辰，土、计在寅、午二宫，大约三十七岁入戌限，寅加午，午加戌，戌加寅，皆犯土、计，必以刑夭断之。若于加合中得金木解救，则免。

申宫命

申乃水垣，以水为先。申属坤。乙癸生人，卦气、水命得之，为长生。此宫为诸不入局，惟与未通关，虽所属与巳相类，然体用与巳不同。巳宫以太阴为三限，古人云：夜忌土星昼忌火，若见三方尤较可。此宫与他不同，以木为官星，以月为财帛，以水为田宅，以火为福德，以土为难。且巳、申皆属水，在巳命者，忌土为重；申宫命者，忌土为轻。又以未与申皆以土为难。在未者，以土为重，在申以土为轻。盖巳未二宫属阴，取土为直难。申宫属阳，取土为三限中之一物，是以不甚为忌。生于昼者，多以为得。更如本命干音属金，命居申宫，以土、计为得其所养。但夜生以土、计为凶。申之忌土、计，不如未、巳二宫之甚。水月为田财，夜生得用，生理厚实。水、火为官福，昼则喜木，夜则喜火。若春令木强，是官星乘势，虽为金制，终不损之，得官必显达。夏令火炎，是福星得地，虽为水制，亦不为失，得此者福气尤重。此宫为局，本水之长生地，与绝处之水又不同。土不能胜，木不能泄。遇金亦炽，遇火亦热，四时不竭。此宫四宿居之，参宿固与宫神相类。毕虽太阴偏垣，亦乃水之精。觜火半度乃水中之火，合从水主。井之一宿，属木，申子辰木星亦三限之主。或甲乙人及纳音木人，皆可从木用。其余干音，皆可从水为主。更以木得时，则从木用。立命于井者，但昼生逢金为凶然，亦不足为忌。当春夏之月，此时木盛火炎，金神消烁，若是金高，何惧之有？若时秋冬，金行东南，井木固忌之。然生于夜，望又不为凶。是金、火无夜忌，木、土无昼凶之理。此说明矣。今有戊己庚辛命者，在参、毕为命度，中间或得之为福。盖昼生见之，多发；夜生遇之，亦有小灾。其间须寻太阴所躔如何，若太阴居阳分，虽有土、计，亦无伤恐。太阴居阴分，则土、计非我家三方主，是相霄壤。诸宫最切者，戌、亥、子、丑数宫，自命而交，相貌通关，午、酉又当取午宫之得失，戌为福德，与巳相表里，田宅、福德来往实重。戌为火局，申为水局，水临戌，一则失其本领，二则破我福德。上盘巳酉丑金局，固能生水，是又伤下盘寅午戌之火，若得木星合之，水随木化，反凶为吉。亥为官宫，木居之为官主入垣，火居之为变官为福。乃以亥卯未为木局，以官禄为上盘，午字却成寅午戌火局，纵有金星破官禄，亦不为破。有一火，则火制，无火亦有火局可用。盖以木生火，火克金故也。子之运行，上盘是未，诸星临之，为得体。以未宫太阴之垣也，故不为身入鬼乡。是子之土，又不能伤申之水。有未字为天盘木局也。丑乃土，本伤水。又以命宫之申加丑，是为命主就鬼，此乃申命加卯，则八煞加申，丑为八煞，是下之丑，对上盘之申。若有木、气在三合，巳酉丑又制之，于命宫三合，申子辰犹为喜，所以此宫体势与巳宫不同也。

发明云：申宫安命，以水为主。巳官安命，亦以水为主。巳与申合，俱属水命。虽相类，而官福之类不同。申上安命，为诸不入局，又名借局，隔六位互相加，内无奴仆、疾厄。卯为奴仆之宫，若水在卯，本为陷弱，以卯加申，是水居水位，命主入垣。丑为疾厄之宫，若水在丑，本为失位，以丑加申，亦是水入水宫，命主入垣。或命主水星飞起，登殿、临驾、入局、坐贵、禄马互换有情，与宫神太岁暗加关摄，则为富贵之命。若命主水星飞入煞宫会刑囚、直难，互换无情，将重易轻，无有关摄，则为贫贱之命。此宫所喜者，金为母，月为财帛，木为官禄，火为福德。所忌者，土为煞星，又为疾厄，计乃土余，为害一也。或土、计二星在当要处，临照身命，必为祸媒。若大限见之，必然为灾，轻则压身破相，重则伤己戕生。如根基壮厚，福气雍容，又得木、气加合解破，其祸稍轻。若根基浅薄，必然夭折。更加流年恶星党之，决定刑害，死于非命。未为财帛之宫，水居之，谓之命主坐财；月居之，谓之财星入垣。或水星在巳，居田宅，亦谓之水星入垣。或金星在巳，乃是金水会蛇，命主逢生。或金、水、日、月居午位，不可为身命主居闲极，是子、母、日、月同宫。此金月虽化为刑囚，无害；若化为福禄，尤佳。如行限逢金、月，六丁生人，必大发福。更加禄马、官魁、科名、科甲，则富贵自来逼人。如命上水星在巳，或与日、月同宫，或日、月拱夹，或官福入垣得局，或官入官宫，福居福位，或官福互垣，或身坐禄，或登殿，或守时籍，或会科名、科甲、魁星，则当期以大贵。如许状元，戊子七月初一日丑时生，安命在申，月在未，水在巳，为身命入垣坐禄，木在亥，火在戌，官福入垣，身命与官福俱在高强，入庙入垣。水为禄元，木为官星拱身，火又为魁星得位，加入身命，岂不为大魁乎？所忌者，土为难星在子，孛为忌星在疾厄，难加入命位，罗在巳，计在亥照身，所以不得其寿矣。辰为男女之宫，金星在巳，水星逢金生，又来同宫，谓之母附子，子顾母格，子母相生有情，极为奇特。或水在卯，火在申，水火互垣，不相交战，是命主与奴仆互垣，交战无情，不能安享。或有禄贵、殿驾居之，福禄临之，终欠享福。或月在寅，火、计在巳，谓之身犯四刑，又名土、计拱身命。或寅、申、巳、亥四位上又是七熬，即亡神也。劫煞、阳刃、岁煞之宫，亦为刑害之命。若月在亥，日、水在巳，又为锦上添花。那更火星在未，木在卯，官福俱入明地，福居库位，是官福拱身命。木在卯，不可谓官星坐奴仆，此是逢旺入庙，加起入命。若生于春月，官星愈显。但防生于秋月，金神得时令。又在寅卯之上，是为官星受伤，难以为福。如水星在戌，不为水泛白羊，是主居福德。若火星入命，又为福主与命主互垣。或天马不背职元，局主高强，或临身命，则主功名富贵矣。迁移子宫，土位，为水旺之所，水星在上逢生旺，则吉，受克制，则凶。或生于冬月，水神得地，是为水星逢旺。或壬辰、癸巳、丙子、丁丑生人，水旺在子，子为帝座之宫，丙子带之，尤妙。乃为命主临帝座之宫，又得日、月左右夹之，可以三台八座格局，不谓之主星受伤。若生于辰、戌、丑、未之月，土神得局之时，子上又岁煞、阳刃所破，乃是命主受伤，为贫贱之命。或水在丑坐八煞，以申加丑，亦是命主入垣。如土居丑位，又不可为命主入垣论。带此格者，多废疾之人。如福主居其位，反能为福。此吉凶相对，归之于福，则以贵论，归之于凶，则以贫断。须分轻重论之，万无一失矣。

酉宫命

西宫坐命，以反吟为体。卯加酉，酉加卯，卯火来制金，金受火制。卯酉相对，是为反吟。有四破、四正。四破者，火、罗、计、孛居子、午、卯、酉是也。四正者，如日、月、官、禄居子、午、卯、酉是也。四正未分俱福，四破未分俱祸，当观局之变处轻重如何。此宫丁生人，卦气属兑，立命忌火、罗，喜土、计。用巳酉丑金局，以土、计居之，为生我则得地明矣。且以酉宫金主也。金、火、月，三限主也，水、日，田、财二主也，木、土、官、福主也。火为鬼，木为难。如土星得用，四季为吉，得之为官高禄厚。水、日为田、财，白昼见之，田财必厚。木为福德，春令有情，得之为利；秋冬无情，见之为害。一木两用，善恶当分，但以昼生终有情，夜生终无用。苟或九月、十月之际，为直难兼行，加以水、孛，即为助虐。惟火与金，一则为主，一则为鬼。若巳、酉、丑，金、火、月取，则如何？且金星乃命主也，火贼也。金遇火则失势，然有得失存焉。古人以金、火、月为三限主，是以阴从阴之义也。但火、金二势不可两立。如春月金行西北，此宫命者，白昼见之，是时金势尚柔，不能无患。春金诚为忌火。夏月金行午、未间，如昼生见之，火秉权金，必衰也。若火、金相刑战，有胜负则金果失时。若火、金相去隔远，三合无相干犯，又可舍金星而从火用，何也？盖夏月生人，以火秉令，此一不可去也；又金、火、月为三限主，二不可去也。限度望火，反为祥，望金反为祸。至于秋月，金临辰、巳之间，如秋中见之，其时金又司令，火不能胜。如秋、冬生，命临金分，此乃金星得时，不贵亦富。纵金不得地，命亦安强。冬月金行丑、寅之左右时，冬阴冻冽，木叶凋零，金星主杀，水星司令，金、水相依，水强火伏，金得又胜，火、金相合，亦可无凶。此宫三宿，胃以土为经，土为金母，土星为官，岂可多从土断？且木、火亦时得时失，亦宜以宫主交参用之，不可偏用。昴宿虽曰太阳，只从金用。毕月宿取太阴，亦有凭据。且以阴从阴，金、火、月三限主也，亦命度主也。太阴为先，金为次，虽以月为主，昼生亦贵乎。金夜生不嫌，昼火甚忌。诸宫最切亥、子，以至于寅戌加于辰亥，加于巳，官禄于子，四正往来，若阳刃加刑，中年多主反覆，初主有变。若四正无凶星阳刃，有吉曜临之，则为富贵。癸卯、癸酉，子、己、卯、午、己、酉驾丁卯，午、丁酉，驾此六命人者，官禄为吉。盖有祟勋、卦气在此，四正为得也。丑为迁移，土为主，以未加丑，是未墓木制土，太阴居之，为吉地。寅宫乃疾厄，木居之为凶。若是以火合木，是火得寅午戌之局，而犯疾厄，其祸尤甚。此宫取用，与四正、伏吟则异，而大体有与之相关者，可以类取也。

发明云：酉为金旺之地。此宫安命，反吟为体。反吟者是卯加酉，酉加卯。卯属火，酉属金，火来制金，金受火制，卯酉二位所以为反吟也。此局往来，七位互加，又为四破局，又为四正局。火、罗、刑囚在子、午、卯、酉，则为四破局也。日、月、官禄在子、午、卯、酉，则为四正局也。曰破为祸，曰正为福。更看局之变处轻重何如以用之。此宫以金为主，土、计我之命母，火、罗我之忌星也。若寅、午、戌三位火、罗居之，是直鬼贼交横要路，他既得地，我必受制矣。更混之以木、气，则为祸尤酷，是党恶也。若混之以土、计，则又反祸为祥，乃是诱火、罗为福也。更看所守者何星，若金与火、罗同官，必为祸；若金与土、计同官，必为福。如命主在辰，辰乃奴仆之宫，金居金位，命主入垣，金星得地，不以为弱。火星在戌，辰加戌，戌加辰，俱是刑星。若水在辰，金反生水，水能克火，是生子御寇。若金在午，土在子，午加子，子加午，土能生金，金主失位，逢生互换，往来皆见官禄。金在巳，水在亥，亥加巳，巳加亥，金为命主，木为福星，互换往来，此贵命也。若木在巳，土在午，巳加亥，福星入垣，午加子，官星入垣，福居福位，官入官宫，岂不美哉！如安墩御史，壬午十二月二十六日午时生，日在子，月在丑，土在巳，木在午，安命在酉，金主在亥，身主在巳，亥天门也，巳地户也。天门加地户，地户加天门，身命主戴天履地。况壬禄在亥，岁贵在巳，禄贵相加，土为官星在巳，木为福星在午，巳加亥，官入福宫，午加子，福入官宫，官福互垣。日在子，子加午，日居日位。月在丑，丑加未，月居月位。阴阳升殿，官福互垣，三元得地。经云：三元得地，为上品之公卿；日月升官，乃百官之领袖。岂不为御史乎！此乃加合隐中之妙。若月在丑，日在子，若己酉、己卯、丁酉生人，禄在日，正命临岁驾，日、月拱之，或命主更乘天马、地驿、职元、局主，亦佳。若六巳生人，太岁为禄主，加在午，月为禄主，在子。土为官星在酉，木为福星在卯，卯加酉，互加皆见官福照命。子加午，官禄加禄，官星坐禄。午加子，崇勋、官禄、官主入垣，此乃宰相公卿地位。如官魁拱命，福禄夹身，或官禄拱身，福禄夹身，或日月拱殿，阴阳拱驾，或身命拱驾，官福夹驾，日、月夹垣，阴阳拱帝座，皆是大富贵命。如或刑囚拱命，难直夹身，或刑囚拱身、夹命，或客曜临朝，飞星守驾，则为凶恶命也。申为财帛之宫，水星居之，是财元入庙，月居之，是身居财帛。若六巳生人，月为禄位，又为禄主临财。寅为疾厄之宫，木星居之，为难星入垣；月居之，为身居八煞。若九月、十月生人、木为直星，必多疾病。那更火在申，申加寅，寅加申，加入八煞，所以寅申之宫相关也。若六丙生人，以火为囚，又为囚星会直难、会刑星，加之身宫，守于煞位。若金更在申宫，或在午、戌之地，为灾非小，必主恶死。未为闲极之宫，月居之，一为身主入垣，二为身居闲极，三为身命夹财帛。甲戊生人，丑、未为贵人之地，未加丑，丑加未，互换，贵人得局。六辛生人，若月在卯，辛禄居酉，谓之冲干对禄，又为佳也。若金在戌，戌属火，金乘火位，以辰加戌，辰属金，又为金乘火位，命主受伤，则为害矣。水为财星，在子，六庚生人，为禄主，为财元，逢旺木，为福德主在辰，三合申、子、辰，命主复坐子位，禄主之水又生辰上福德之木，所谓福禄相生，岂不为妙。倘火为刑星飞来寅位，寅来加申，又有木、气助之，虽然命主之金，禄主之水，禄德之木，本来奇特。岂知寅上之火加入申，则是命主之金，生禄主之水，禄主之水，生福德主之木，福德主之木，生刑星之火，克我命主之金，虽有福禄，又为无补，是谓抱薪救火，自焚其身。若土、计在午、戌二位，以泄火气，火衰而金旺，可以挽回春意。戊人以土为禄，壬人以计为禄，则弥佳矣。

戌宫命

戌以火为主，以六合为体。六位互加，一无奴仆，二无疾厄。以戌、亥相关，乃翻覆之义。卯为疾厄，命宫加卯，此加盘之义。卯之关系尤轻，巳之关系尤重。此宫无禄马，无卦气。先以翻覆观之，以制为后。诸宫以奴仆为轻，惟辰、戌二宫为重。二宫之奴仆，戌宫奴仆又重于辰宫奴仆也。戌宫以日、木、土为三限，以土为官主，金、月为田、财星。他宫立命，身居田宅，福轻。此宫以太阴居未，为身入格，若太阴不在未，但得居寅，亦好。是未加寅，得上盘之田宅，为次吉也。金为财星，居于酉，则为财临财。若不得金在酉，只得金居辰，亦好，是酉加辰也。又是金垣，亦谓财星临财，此乃无中有曜也。木、土、日为三限，或以昼生，木、土高强，木为父母，土为官星，依附太阳，为官主朝君。三星倘有得处，或居强，或无刑破，皆贵格。如夜生亦可用，但不如昼之切。水为忌，居命则水泛白羊，此乃万古不变之论。生于春者，如白昼之际，其时司令，以水从木化，虽凶亦轻。其他时节，虽不居四正之位，但是命宫合之，限度合之，却为忌。夏秋，日见之，火神为主，安可有此，非祸而何？冬月，火衰已甚，水司令，行东北，中年限值之，若无日制之，其灾更惨。此宫二宿，奎为天府、图书，命居之，多俊秀，为官必居清要；在草茅者，亦老于文儒。春令之木，得水为善，遇金不怕。虽宫主属火，然木随水化，火中得之，终不为害。秋冬之令，不可取木舍火。夏月火令，虽奎度属木，终归火性，生克制化，从火断之。娄宿是火中金，金中无位，惟生于秋月，金司令，喜得土星生，逢火不畏，取金之义，固长。其余月令，通以火断。经曰：水泛白羊，躔娄最紧。若是夏生，不问娄、奎，皆以火断。且以本宫安身，命中有卯，对宫有酉，卯、酉、辰、戌为六合体。至于官禄在丑，田宅在未，子午加之，却为六害。六合之命，则多和合；六害，则多谗谤。亥为相貌，暗加辰字，又与戌通，辰、戌对冲，虽曰弱宫，实有关涉于命。子为福德，暗加巳字，巳、戌又通，是福德与奴仆有统摄。丑为官禄，以午加丑，以火临之，则曰命主乘旺，此最吉也。或太阴居之，则曰日中见斗，是得中之失。其间或有煞气临之，如阳刃、破碎之类，尤甚。若金星居之，为财星得地，金入局也。卯为疾厄，命中有卯，言命宫无疾厄也。诸宫以八煞为难，惟辰命加酉，戌命加卯，不可以此论。戌比辰为尤重。巳为奴仆，吉星临之，可以关命凶星破之，亦能害命。若水、孛在巳，皆为凶断。惟水独行，为水居双女，即为凶格。昔有一贵人，辛巳八月初一日戌时，日、月、金、水、火在巳，人以为险，其富贵不可晓。不知巳中有戌，又为岁驾以诸星关命，此乃弱中之强，其大贵宜也。但戌上立命，有吉星在巳，更以岁驾、卦气等临之，皆贵。或有凶星兼以他煞破之，皆为穷困夭贱之人，决无差矣。

发明云：戌宫属火，火库居戌。卯与戌合，戌者，阳也，卯者，阴也。阴阳交合，故戌属火，而卯亦属火。安命此宫，六合为体。六位互加，最切奴仆、疾厄、福德之宫也。有吉星则吉，凶星则凶。安命在戌，火在卯，卯加戌，与戌合，火居火位，是不为疾厄也。火在巳，戌加巳，火加火位，命主入垣，是不为奴仆也。然戌上虽属火，而巳上又属水，此两处不相入。或曰：火星在巳，火居火位。又曰：火入水宫。此戌巳二宫加合之难辩也。如巳宫有福禄、贵人、驿马、岁驾居之，必能化为福。或有的、劫、岁煞、七煞居其上，必能变为灾，不可概论也。如官均光禄大夫，辛巳八月初一日戌时生，日在巳，月在巳，金水在巳，火在巳，安命在戌，诸星皆居奴仆之位，亦未为奇。然火为命元，水为运元，金为禄元，并日、月在巳，岁驾在巳，戌加巳，命临岁驾，三元临岁驾加入福德之宫，身命二主上下入垣、登驾，所以为贵。水、火交攻，未免多迍耳。卯为疾厄之宫，属火。火居其上，不为难星入垣，乃是命主入庙，亦为八煞有星。若乙卯生人，禄在卯，岁驾在卯，命主临驾坐禄，况卯与戌合，是为天地合德。木在卯，木为科名，火为命主，木来生火有情，至十六岁行限在亥宫，见禄驾。辰为夫妻之宫，辰与酉合，火星在上，火入妻宫，加入财帛，酉、辰二宫属金，皆为得地。倘水星同在上，水为刑星，终是受伤。若是六害三刑对照，又有月孛居之，愈重其恶。孛乃水余，以水加孛，煞气增盛，刑害可知，甚至恶死。若火星在辰，土在酉守财帛，土为官，是福主临财，辰与酉合，命主暗合，财官合处有情，乃为贵也。丙戌生人，以土为福禄愈妙。纵三合有木、气伤之，又有命主之火在焉，则木、气只生命主之火，火却生土，为官福愈有气也。大凡戌上安命，最切者土。盖官福俱为土也。木、气二星，本来克土，而得命主之火泄其气，反能生官福之土，生而复生，有无穷之造化。未为田宅，本宫月居之，谓之月居月位。身坐田宅，甲生人，身又坐贵，木星居之，为木入秦州，亦谓身会福主，此为福也。孛星临之，不为太乙抱蟾，乃是身犯煞曜。水星居之，不为水涵月魄，乃是身犯难星。若以未加子，子加未，皆是六害为刑星，为祸尤甚。子为福德之宫，土在上，谓之福主入垣；月在上，为身坐福德。六丙生人见之，为化福坐福。丑为官禄之宫，土在上，谓官主入垣；月在上，为身居官禄。六戊生人见之，为真禄归窠。虽夜生人，不以土为忌；日生人，见之愈妙。若大限经过子、丑二宫，必然大发财福。若命主更临岁驾、登殿、坐贵、天马、地驿，或加职元、福禄主，乃享万钟之命也。申为闲极之宫，火在上，绝处受伤。若火躔井木，犴又得木星，火绝处逢生；水在命宫，躔木狼，则水只生木，木泄水之气，则水为害小。或丑上有气，卯上有水，丑加申，卯加戌，又得木、气以助火，则水虽为祸亦轻矣。未可便以水、火互垣为忌也。火为命主，最喜寅、戌二宫得火，在火旺处逢生。丁巳生人，禄在午，又得旺中坐禄逢生，乃是上象垣局。若行丑限，午来加丑，行斗限者，谓之日中见斗，必然田财耗散，尤防官刑、火灾。如耗星在亥，辰加亥，本为六害局，又是相貌弱宫，有甚好处。所幸亥属木，火居木位，或夜生人，三合无刑星伤之，是谓火照天门。更加日、月在子、戌二宫，又为日、月夹天门，阴阳拱主。若乙亥癸亥生人，驾在亥，禄贵在子，又是身主登驾，禄居禄位，福入贵地，此为仕宦之命。若水、孛二星守子位，破我福德，若六庚、六乙生人，水、孛化为禄贵行子限，亦还一发，发后必夭。此造化之妙，不可不知也。

亥宫命

亥以木为主，此宫以三合为体，故满盘上下，皆三合局。大概与未上同，中间并无刑害、四破之类。亥、卯、未木局，若得木星居之，为木入木局，得三合之正。此宫与辰通关，辰通亥，亥通辰。犹巳宫关疾厄之戌，火为难，彼此虽同而实异。盖巳之难火，是我克他；亥之难金，是他来克我。要审言之。亥中属乾，壬甲人卦气。若命居于此，有本年祟勋、卦气、岁驾、殿与驿马、贵人。又得木局主用为本。然论理此宫以金、火、月为三方主，以水、火为田、财，木为官禄，以金为难。金、火、月为三限，须夜生，则吉；昼生，减力。若火交金，金交月，则可为三限之用。若金独行，又为难火，夜生最为用，故为身主临财又胜。以水、火为田、财，火独行，则宜夜用；并行则宜昼用。若夜中水、火交行，却是客星攻主。木为官星，木守命，木居寅，为命官入垣。木居福德、迁移，皆为吉用。木入未，得上盘亥字，甚佳。木临辰，为八煞，或者金伤，为碍不知。八煞辰宫有金，则忌。辰宫无金，则是申、子、辰三合为水局，是水生木，为吉。只木入酉，与太阴居酉，此为身命入鬼多，不可以身居闲极论。此宫是无闲极，盖以酉金克木也。金在命左右，若春月见之，则不甚害。乃春木盛而金柔，不足畏也。夏月金星背驰于西南，夜中见之，火盛金衰，金不犯分。更以夜生为三限主，是金星不能伤我。惟秋金主杀，每行东南，冬金行东北，此二季以金忌。若是白昼见之，或木、金合度，或木前金后，皆为害曜可忌也。人见之，主残疾，甚而夭。若有水、火以济之，尤庶几。或见土、计助之，为毒尤大。此宫二宿，室宿乃亥之正度，虽曰火，终是木宫之火，必有木而后有火。木既失躔，火从何出？四时之中，不离乎木。虽夏火司令，亦不弃木为主也。水入室宿，一则田星入命，二则母星入命。木得所生，火则有恃。若白昼，木、火并行，只从木论。夜中取用火，然火亦度主也，又财元也，又为三限主也。壁乃水为度主，水能生木，虽遇土亦何畏？以亥卯未皆木局也，与其他处立命，土星躔壁，取用又差。此宫虽土不入命，但居于强，尤实为碍。若木居别处三合，与难星同一断也。金居福德，虽曰土垣，实为金局。盖上盘巳，下盘丑，即金库也。身主临之，难为福德。木星到丑，亦为木入金局。有水化金，即为得用。若土星合木，巳、酉、丑为土生金势，鬼暗受生。木又失地，不可以木克土而论。寅为官禄，乃自家之地。木临三合，为官星得地。如火入三合，反为财局。盖下盘寅，合上盘午，是寅午戌火局，木星昼见居强，又为官禄之造化，贵格明矣。若夜得火强，为财局造化，却主富。木星得局，失于战克，亦有官，但多谗谤。火星全局失于战克，亦有财，特多耗散。盖三合局面，诸宫皆合，官宫、财宫乃寅午全局。盖三局已成，不为他破，可以富贵。却以金为疾厄，虽曰金乡，喜成水局，得金生水，水生木，为吉。但恐金星强在他宫，则难以制局断矣。

发明云：亥宫属木，在于乾者，亥也。寅与亥合，而寅亦属木。此宫三合为体，满盘皆三合也。木为命主，最宜居亥卯未三合之宫，再须巳申二水宫皆为得地。惟辰酉二金宫不宜居之，谓之失地。况辰为八煞，酉为闲极。如木飞入辰宫，金克木，又值弱宫，必难获福。若以申加辰，辰加子，变为水、木局。如更水、孛在申、子二宫，必至获福。或有金、火在申、子二宫，则反为灾。盖申、子、辰三宫者，三合之中，暗相管摄也。水为命母，孛乃水余，所以爱也。金为煞难，火为窍气。若五、六月生人，火为直星，火神用事，命木逢之，为害不小，所以忌也。丑为福德之宫，木星在寅官，入官宫又为命主坐禄。木星在丑，命坐福德。若丁丑生人，命主在丑为岁驾。亥为贵人，命主登驾，命坐贵官，此为佳也。癸丑生人，虽是为驾，其如阳刀、的煞，何所以减力？不甚为佳。如太阳在巳，太阴在酉，谓之拱驾朝主。又是六巳生人，太阳为禄元，太阴为禄主，又谓福德受日、月合拱。巳、酉、丑三位加合，往来俱见禄元、禄主、福星，必为宰辅。如木在寅，壬寅、丙寅，乃为奇特。壬寅木生在亥，命坐祟勋，命合岁驾，丙寅生人，命坐贵，官星临驾，岂不美哉！若卯寅、甲申生人，更高一头地。甲申生人，禄在寅、申、子、辰，马居寅，禄马俱入禄地，命主、官主、禄元、马元、福星、权财、科名满用，坐禄、坐马、登驾、入垣众善辐辏。若天马、地驿不背职元，局主有气，则富贵双全，官居鼎鼐。木星虽满用，须入垣、登驾、坐禄为佳。如木在戌，乃木居财帛，是命临财。若火星在午，火旺在午，谓之财元逢旺。若三十六岁行寅限，金在戌，财元在午，只欠寅一字，辏成财元局。若六甲生人，火为禄主，行此等限，发福发财。若是五、六月生人，火又窃木之气，恐发后必夭。若十一月、十二月生人，水神用事，木得水以荫之，生子为财，又何害焉？若在午混之以水，则财元逢伤，财神不旺。若辛生人，混之以气，则富拟陶朱。木星在申坐田宅，木居水位，若水星在子，水为田宅主，乘旺复生命主之木。若六庚生人，以水为禄主，有甚不好？但土在辰、申二位，混之以木，又为囚星克禄主，何益于我？土在辰，混之以金，金生禄主之水，为佳。若六巳生人，以金为田财，福星生囚，囚星克命主，俱为祸也。若水不在子，为祸不小。若水在子，此是福星生囚星，囚星生命母，命母生命主，相生不已，此其为佳，乃水星之力。如木星在酉，谓之木困金乡。土星在丑，木为官星，土为福星，又为官福漏关。土在丑，混之以金，又是六巳、六辛生人，以金为刑囚，是福星党刑囚而克命主之木。更当秋、冬金神用事之时，木神无气，我必受伤。如火在巳，不惟不喜。然火居巳、卯、丑，火来生土，土来生金，以丑加酉，金加木，乃财帛生刑囚，直难克命主也。若行丑限，二十六至三十七岁，财散人亡，尤防损己。若丑上有卦气居之，则煞尤轻。太抵亥上安命，须要日、月在寅、申，乃日月拱天门，又为阴阳拱命。若身命二主飞起临驾、登殿、坐禄、坐贵，为妙。不然官福守时，科名、科甲、魁星登籍，乃是卿相之命。若罗在卯，孛在未，六癸人，罗为禄主，孛为福权，又为福禄拱命。太阴在官禄、福德之官，又是上贵之命，不可以孛、罗为恶曜论也。孛在申，罗在亥，计在巳，谓之四正逢刑怕见身，若二十七岁行寅限，加岁煞在寅，刑害可知。若是十一月、十二月生人，化金为直，乃是刑星逢生在丑，恶之甚矣。妇人则主产难之厄。大抵十二宫主，第一怕余奴犯主，不足，刑夭之命。虽有好恶，终亦不甚发达。此十二宫坐命，加合变局，隐藏造化。若龟卜烛照，祸福昭然矣。

星命之说多矣，求其醇正无疵，而能发明玄斋之奥者未有。

若此之书，虽不知其为谁所作，中有虞学士生年月日，意必元时人也。盖术者得一异书，则为私家秘传，埋前人之功，大可鄙也。然而传写既久，讹舛有之，重复有之。仆因得善本，虽相参改正，第智识浅陋，未能尽详。当更访先达，悉改正之，使无憾而后可。洪武甲寅中秋日吴郡徐继孙题。

星学大成卷十三

入骨仙机望斗经序

余观望斗、璧玉二经，文义相为表里，璧玉经余既注之，而望斗恶可已也。旧文倒乱无章，而注又舛谬不纯，作述之意两失，论者病焉。武生杜以信、何其俊颇通星理，遂命厘正订补，余复参详润色以发明之。文虽分乎三篇，义则合乎一卷。说虽质之诸家，理则通于一贯。自今观之，布二六以奠地维，定四七以透天关，推度数，别黄道，以考星辰进退，揭升沉，按上下，以论身命官田，可谓洞究天人之蕴，深明星命之理矣。中下二篇，辞虽似重，而意各有所指，意虽若浅，而诀则有所传。援引诸说，所以证己言之有据，独执一理，所以信人命之无差。欲知人之富贵荣华，贫穷寿夭，舍是经其奚适哉！余故表之，以告后之术者读望斗经云。易水育吾子识。

新注入骨仙机望斗经

余按望斗三篇，词意杂乱，似非出一人之手，读者病焉。乃略更订，上篇总论十一曜度数，通加生克制化，以星命之纯吉者言，中篇分吉凶相半，下篇专论凶云。

上 篇

仙机一卷，望斗三篇，说尽阴阳之理，漏穷神鬼之机。

此首言作经之意，而取名仙机望斗一卷三篇也。斗运乎天心，而星无不拱，机通于入骨，而发无不中。以阴阳而括人之造化，故谓之仙机。以度数而测天之星辰，故名之望斗。言此经说阴阳生克之理，终始兼举，漏鬼神变化之机，本末无遗。术实精而弗戾，言有大而非夸矣。

人虽灵于万物，命实由于五星，欲问富贵荣华，蕴习天心之诀，要知贫穷寿夭，深通入骨之经。

富贵荣华，贫穷寿夭，二者人命之大较也。命禀于有生之初，而实五星之所为，人孰不欲问而知之？然舍望斗仙机，则无由而知，非蕴习深通，亦恶能窥其奥哉！

宫分二六，星列四七。

阴阳之数各六，二六者，星盘十二宫也。四方之宿各七，四七者，星禽二十八也。此言看命之法，先布十二宫，排二十八宿，以论人立命何宫，主何度也。

周天之数，约行三百六十之有五，分野之间，除太初三十度之无余。

周天约行三百六十五度四分度之一，每分野，以太初推之，计三十度四十三分八十秒。然天行健，一日一周而过一度，太阳一日一周，不及天一度，故一年退三百六十五度四分度之一，与天会而成岁，太阴一日不及日十二度十九分度之七，故每月二十七日有奇，与日会而成月。今言三百六十之有五者，举成数也。

分野周齐子午两宫，每宫计三十度四十三分八十秒，其余鲁卫晋赵秦楚宋郑燕吴十宫，计三十度四十三分七十九秒。今言无余者，举大较也。

先别黄道之移宫，次推星辰之进步。

日行黄道，月行九道。天本无道也，因日月之行而强名耳。月道距黄道远六度二分，而九道当交之处，交初为罗睺，交中为计都。自交初至交中，月在黄道外名阳历，乃背罗向计之处。自交中至交初，月在黄道内名阴历，乃背计向罗之处也。月道犹水道，日道犹陆道，而罗计犹桥道，是黄道在于四七之间，有一定之处也。耶律纯以春黄道始于东，而以四木度为之，夏黄道始于南，而以四火度为之，秋黄道始于西，而以四金度为之，冬黄道始于北，而以四水度为之，不明天文，亦大谬矣。夫不知黄道之移宫，又何以推星辰之进步，故为黄道之歌。

周天黄道之歌曰

角一至九正黄道　十至十二近天田
亢一至六五蹊险　七曜加临吉有验
限行不忌四空宫　但要吉星黄道现
氐三四度直至房　房初至四共北方
斗宿三四至七度　虚二三度吉中央
危八直至十三度　室一至五端无虑
壁星之度正属兹　奎一到十皆可许
昴一九兮参三度　井至十四星相顾
柳一二与星二三　此皆黄道无差误
时人会得黄道经　限里吉凶自见明

五星日月若行此　如无刻剥福非轻

周天黑道之歌曰

星辰到此减辉容　限度临之即鬼门
有人会算精天理　限到无差说可凭
心一二度黑道生　尾一至三少光明
八至九兮皆不吉　箕五六度不堪行
斗只八度有些亏　女至三五祸必侵
娄三四度应危险　胃六七躔暗不明
毕十一二度全恶　觜只半度不见星
鬼一二张三至十　翼八九内有灾迍
轸十七与十八九　已上皆属黑道论

详观本末，省察盈虚，使其体若差微，则将用何所补。

本者命也，末者限也。盈者得经也，虚者失陷也。命以本为体，以末为用，贵乎本末相应，首尾得经，使本主差微，毫厘千里，机微不审，则无往而非差矣。虽详于用，亦何补哉！

夫观宋属东升，父之基，赵为西没，孃之祖。官号天上，田名地下，虽云明晦不同，各有阴阳度数。

此一节乃阴阳之至理，星家之玄奥也。夫宋属卯地为东，赵属酉方为西，太阳命本为父，太阴身主为孃，天上为午为官，地下为子为田，东升为明，西没为晦。善观人造化者，不以卯为卯，而以东升父为卯，则吾之命可知；不以酉视酉，而以西没孃视酉，则吾之身可知。盖地之卯酉东西也，定地不易，天之卯酉房昴也，随天运转，人之卯酉命身也，通乎天地者也，固不可以天地为吾人之卯酉，而吾人之卯酉实不离天地之卯酉为卯酉也。

由是自吾之卯而视天中，则官禄之限为独加，是非午之午也；自吾之酉而视下地，则田宅之位为至隐，是非子之子也。东升则明而为阳，西没则晦而为阴。阴阳明晦，虽有不同，出入度数，则无少异。学者通于此说，则性命之理，思过半矣。

天倾西北，论乾为尊，地缺东南，详巽为重。是以乾天布金，金生五行之异秀。巽地藏土，土养万物之精奇。义知天地之纪纲，信秘阴阳之终始。

置乾于西北，列巽于东南，此文王后天之易，而星命之理皆由此出。天倾西北，故以西北属乾，乃地支戌亥之方也。地缺东南，故以东南属巽，乃地支辰巳之位也。巳亥为天地门户，乾巽总天地生养，故特以二宫为尊重，何也？盖兑非无金，惟乾之金得天一之水以清，而能生五行之异秀，壬甲纳乾是也。坤非无土，惟巽之土得地二之火以煖，而能养万物之精奇，丙戌禄巳是也。金于五常为义，刚健不毁，土于五常为信，生成咸赖。乾巽纲纪乎天地，义信终始乎阴阳，造化且然，而况于人乎！论星者，当知所本矣。

或有宫有度，或无曜无星，或钧起有功，或飞来有庆。

十一曜运行十二宫，各有本垣之度，然躔有先后，行有疾徐。或有占于一二宫，而别宫则空；或有聚于五七位，而他位则无。若不看三方四正钧起飞来，何以论生克，明制化，而断人之吉凶祸福也。故看命之法，当论宫则论宫，当论度则论度。或本宫无曜，而观三方之钧起；或本度无星，而察四正之飞来。须知暗中有吉也。防起处受伤，不可一例而取裁，并把通加而研究，此论命之大法也。

大概当论宫则论宫，当论度则论度。先究一身之要，次详三命之原。同宫千里分前后，异宫尺寸看迟留。

此条发明耶律之意，以提醒乎人也。言十一曜在二十八宿度，其十二宫中有一太阳、五太阴、二火、二金、六水、六土、六木之说。当论宫则论宫，如一太阳、二火、二金是也。当论度则论度，如五太阴、六水、六土、六木是也。太阳三十日一宫，太阴三日行四十度，是立命众人之所同，而安身一己之所独。故太阴视太阳为尤紧，而安身较立命为最切也。谈星者，当先究一身之要，果何宫，果何度，孰为得，孰为失。次详三命之原，何为度主，何为命主，何为身主。或同宫而远若千里，或异宫而近如尺寸。远者当分其前后，如土迟而在前，水疾而在后，虽千里亦近。近者当审其迟留，如水疾而前行，火留而后退，虽近亦远。此又发耶律之所未发，而欧阳子所独得者。大要五星相克，嫌十五度之中，虽有迟留，亦怕二三躔之内。此星家之口诀，当深究之。旧注云：三命者身命度是。钤释云：禄身命是。经云：干为禄本，定一生职位高低。支作命基，布三限寿元终始。假如甲子年生人，寻绝处为禄命身，以绝处有生也。甲为禄属木，木绝在申，以申水为禄主。子为命属水，水绝在巳，以巳水为命主。以纳音金为身，金绝在寅，以寅木为身主是也。此说亦微，当并详之。

日论行南行北，月分上弦下弦。若有蚀神来往，最嫌朔望相逢。昼生父必早伤，夜诞娘当先逝。二三躔内使合来须见克，十五度外如背去有何妨。

太阳夏至行南陆，则昼长而多暑，冬至行北陆，则昼短而多寒。欲论太阳得令，须是夏日临垣是也。太阴在上弦，则自缺而之圆，在下弦，则自圆而之缺。要论太阴得时，须是秋蟾升殿是也。然日月晦蚀，皆由罗计，而罗计相逢，最嫌朔望。使日在井之十三，而罗在井之十五，火在井之十一，是谓合来，须相克也。使日在井之十五，罗在井之初一，火在井之二十九，是谓背去有何妨也。碧玉云：日蚀朔，月蚀望，始为蚀神。阴忌计，阳忌罗，名为忌曜。日火月土莫临十五度之中，阴计阳罗怕在二三躔之内。经云：书生掩日之辉，去父又能损己，夜生埋月之彩，去娘又主伤妻。如此计罗诚为恶曜，当并观之。

日到日躔人特达，月升月殿性含灵。

日到日躔者，躔四日度也。月升月殿者，躔四月度也。经云：惟有太阳临位，而荣贵无灾，月曜入宫，而清慈获福。惟容是而且秀，取人事而最足是也。然须昼日夜月不背，方合此论。

秋蟾升殿，生成诗礼之家。夏日临垣，长在富荣之室。

太阴为命之所自来，既升殿而复在秋，清光可爱也，宜生成于诗礼之家。太阳为命之所主宰，既入垣而又当夏，炎暖可知也，当长在富荣之室。

阳君火木守荆周，片言入相。阴后水金归秦赵，一举成名。

日为阳君，以火木为侍卫。日在巳午火木同宫，是太阳居南离而不孤。月为阴后，以水金为引从，月在未酉水金同宫，是太阴入垣庙而有助。片言入相，一举成名，言易也。日月以入垣升殿为佳，更又夏秋得时，昼夜不背为福。日月君后之象，左右要有朝佐之臣，不可使之孤也。故又以此条言之，其意由浅以入深，从微而至著也。合前三节而观之，则日月之所喜忌，大略可知矣。

金水共躔，春有利名秋必折。水荧同步，冬须破落夏能成。伏逆则凶，顺行则吉。

此明五曜之旺衰生克，以论人之吉凶也。木旺在春，无金斫削不成梁栋，至秋则折，不可绝用金也。火盛在夏，无水润泽，易至煨烬，在冬无气，不可纯赖水也。夫金木水火躔度虽同，而春夏秋冬吉凶顿异，可见当分别旺相休囚，又要看顺留伏逆。盖五星贵现而不贵伏，喜顺而不喜逆，若顺行则以吉言，伏逆则以凶断也。

太白当秋莫病火，清辰旺月不愁镇。木到春荣金退志，水远夏位火呈辉。火入金乡，须明次度。水居土室，亦较当时。

太白四句，论五星得时当权，不怕战克。火入金乡四句，言又须明次度，以别先后，较当时以论盛衰也，与上文互相发明。

智火休逢旺水，义金最虑炎荧。岁为用而怕金，辰当宫而惧镇。犹嫌众凶相克，那堪两忌战刑。若不夭折平命，定教恶疾缠身。

智火、义金、岁木、辰水、镇土也。五行秉四时而有盛衰，五星本五行而论克制。贵相生而相顺，毋相战而相寃。智火四句，言五星乘旺，分主宾以论生克，命主失时，别恩用而为强弱。苟宾来克主，便作福作官，为魁为爵，犹未凶害。若聚凶会煞，带劫化刑，而主受其欺，则其主益伤，实为难救。故曰犹嫌众凶相克，那堪两忌战刑，若不夭折平命，定教恶疾缠身。

五星伏逆，和睦亦能获福。四余无党，相顺必定加祥。坐度得经，十有九富。安躔怕鬼，百无一成。

伏逆五星之最忌者，苟逢生有情，和顺雍睦，虽不大发，亦能获福。经云：五星须要比和，以得时而为贵是也。余奴十二曜之最凶者，苟独力无党，相顺不克，不但无灾，必定加祥。经云：四余不宜充实，宜独行以为佳是也。且十一曜之躔度，循二十八宿为次舍，要不过金木水火土而已。苟坐度而得经，如春木之躔四水四木，则相生相比，而七政专得其尊。坐度失经，如秋木之躔四金四火，则相克相战，而七政不安其位。故有成败之分焉。

失序失经名必败，得时得度性能为。

此以身命主言也。凡七政以阴阳言，则有其序，不可先阴而后阳。以次舍言，则有其经，不可就克而背生。以节令言，则有其时，喜旺相而恶休囚。以周天言，则有其度，喜庙乐而恶陷弱。人安身立命，而得时得度，则乘旺相居庙乐，故能设施而有为。安身立命而失序失经，则背阴阳受克制，故终无成而必败。自此以下，多论得时而得度者也。

包含万象身居楚，智过千夫命守豳。

楚属巳，为地户。地则无所不包，身若居之，则德合乎地矣，故曰：包含万象。豳属亥，为天门，天则秀出特异，命若居之，则清配乎天矣，故曰：智过千夫。此二句须亥宫立命，巳宫安身，天门加地户，地户加天门，又有日月以照临之，方合此格。未必凡亥立命，凡巳安身，便可以如是断也。

少年身到凤池，水阳度楚。壮岁名题雁塔，金木居豳。

此以巳宫立命，亥宫安身言之，楚东南水地，太阳居之，则东升，水星居之，则入垣，命安于此，是命主朝君也。豳西北木地，太白躔之，则入格，木星躔之，则归垣，身安于此，是恩用两得也。合上节观之，岂惟包含万象，智过千夫，且将少年登第，壮岁题名矣。

水宿归经，处世身居翰苑。木星度驾，平生足履王庭。

水木乃文学辐德，最为吉曜。归经者，如水躔箕、参、轸、壁，木躔井、角、斗、奎。度驾者，登当年之岁驾。此二句互看，水归经而度驾，身居翰苑，木度驾而归经，足履王庭。碧玉云：水居双女，惟癸与巳酉丑之人。木入双鱼，乃甲见申子辰之命。即此意也。

一主当权，敢掌当朝之人事。四余独旺，能教众国之来降。

一主者命主，或水、或木是也。度驾归经，可谓当权，命得此者，必职掌钧衡，而为相也。四余者，余曜，气孛罗计是也。单居得时，可谓独旺，命得此者，必威服四夷，而为将也。

众煞不降贫且贱，一星得用富而骄。

一星得用，则众煞自降。众煞不降，必一星失力。二句互相发也。

财积如山，田广似海，勋居极品，誉播三公。官福二宫生绝异，田财两位更清奇。

此条总论宣福田财，为身命主之紧要。财积如山二句，极言其富，勋居极品二句，极言其贵。若此者，盖由官福二宫升殿、坐驾、互换合局而绝异。田财二位乘时、庙旺、会命辅身而清奇，此所以为大富大贵之命也。自此以下，散论官福田财，而皆以身命为主。

官彰椽隐，誉播乾坤之贵。爵拥魁从，名传邦邑之荣。

官魁者，当年之官魁。爵者地元爵，禄者天元禄也。官彰则名显，禄隐则资厚，二者相仍，誉必播乎乾坤。爵拥则身荣，魁从则文耀，二者相等，名自传于邦邑。

魁宿若随，三十六龄辅相。官星如掌，二十四考中书。

魁宿若随者，言官宫有吉星化魁随宫主，则官得魁而益尊，故必如房玄龄早登宰辅。官星如掌者，言官宫有主星化官，则官居官而益显，故必如郭子仪久任中书。然岂易得而易言哉!

官魁乘旺，福禄归窠。阴阳得体，互换有情。屏内金钗十二，门前朱履三千。

官魁者，官魁星也。福禄者，福禄主也。官魁二句言归窠，阴阳二句言互换。归窠贵乘时而入庙，互换贵得体而有情，命全此者，则为大富贵人也。阴阳对互换看，非指日月言。阴得阴体，如火金月躔阴位，阳得阳体，如木日土躔阳位是也。

命安马地最超群，主到官宫当富贵。

驿马之地，四衡之独吉者，命生驿马，或遇长生临官，必为起越之士。官禄一宫，七强之最要者，身命入官禄，更得吉星相助，必为富贵之人。

有用刑囚掌握，又加权印相从，决有皂纛朱幡之贵，断为一呼百诺之人。

有用刑囚者，身命二主所化，或以身为刑，以命为囚，或以命为刑，以身为囚，母星亦然，皆为有用刑囚也。权印乃十干变曜，或以体为权，以用为印，或以体为印，以用为权，皆为权印相从也。以权印而用刑囚，以刑囚而辅权印，得令得局，相宜相会，决居诸侯之贵，断为权要之人。

煞会文昌，权谋出众。科名见贵，学问过人。

煞大煞是也。煞凶神，文昌吉曜。煞会文昌，是文武兼济也，故主权谋异众。科名年干是也。科名为文星，天乙为贵气，科名见贵，是华秀特出也，故主学问过人。然二者未必能皆贵，要看身命官福何如耳。

魁遇学堂，功勋生于毫管。官逢大煞，名利出于旗枪。阴阳共辅田财，平地致富。福禄顺迎官印，唾手成名。

官乃官星，非官主也。煞乃飞廉，非岁煞也。魁星遇学堂，又足以经邦，功勋生于毫管。官星逢大煞，武足以戡乱，名利出于旗枪。阴阳二曜，拱辅田财之官，是更清奇，宜平地而致富。辐禄二主，顺迎官印之曜，是生绝异，必唾手而成名。

主到田园，承父基而发迹。田来拜主，守祖业以昌荣。

此条专论田主，亦要与身命有情也。主到田园，或乘旺而归窠，田来拜主，或得体而会辅，人命得此，非承父基而发迹，则守祖业以昌荣矣。

宾主相和，则名扬四海。财星会辅，而富集全家。

此条以宾主会辅为言，亦承上章互换有情之意。假如酉命金为主，火为宝，火金同躔酉位，值夜生交辉有情，更得月助，是三限主员净明朗，必主名扬四海。财星会辅，假如子宫安命，土为主，木为财帛，火为恩，木火会辅在命，财生恩，恩生命，更得太阴同躔，定是富集全家。

千仓万箱，田财化义。一富二寿，官福生仁。

仁义为立人之道，金木乃五行之粹。以仁配木，以义配金，自然之理也。金秋生得用，入田财之官，相生相成，必主千仓万箱之富。木春生满用，入官福之宫，相和相顺，不特富也，而又有眉寿焉。

福地安身，管主一生闲到老。财飞入局，尽教百事不求人。

此条专以财福言，然亦当观其得体有情与否。若子宫命，不喜福地安身，辰宫命，不喜财飞入局，当并详之。

玉堂安命宜修学，官印扶身贵莫当。魁登岁驾，胸藏万斛珠玑。文会书斋，笔扫九天风雨。催宿及限数，功名可求。喜神遇身宫，钱财易取。

玉堂者，天乙贵人也。官印者，官星印星也。命坐玉堂，则为文人。身逢官印，则为贵客。魁星甲月乙日之例是也，书斋当生纳音长生是也。若魁星登于岁驾，文曜会于书斋，文魁得地，身命无亏，必主学饱五车，文成七步。催宿者，催官也。喜神者，喜神星也。欲求功名于当年，当审催官之度数。冀取横财于非望，必缘喜曜到身宫。然此当互而观之，不可执一例论。旧注云：凡一切吉神，若人身命主、度限主、三方四卫、官福强宫，或逢或见，或坐或加，君子遇此，可以为官，贤人逢之，可以达圣，纵遇退留，亦当大发亦是。

数比龟龄，寿星得地。年齐鹤算，仁曜归窠。

旧说以当年之天干为仁曜，以当年之纳音为寿星。假如甲子生人，天干属木，纳音属金，仁曜与寿星相克，以之为寿，不亦谬耶！愚见寿星以当生之天干言，仁曜以命主之恩星言。谓生年干为太岁，一世之所赖也。若得地，则命有所主而不虚。命主恩星，为一生之所资也。若归窠则命有所生而不伤，故皆主有寿。仁者生生之意，子平云：印绶重逢，且比老彭之寿。亦是此意。

一说寿星辰之次也。金命人以土为恩，而土又躔于寿星之次，谓之老人星现，此说更精，然百无一二。故老寿之人，一乡宁几人哉！

五位逢生，儿孙满眼。七宫无煞，琴瑟和鸣。

逢生则生，无煞则和，亦自然之理也。

五宫福木，子显真英鸑鷟。七位权金，妻婚合起鸳鸯。

五位男女宫也。春木得令，甲年化福，又有母星相生，主其子必贵。七位夫妻官也。秋金入垣，戊年化权，又有吉星相扶，主其妻必佳女。命福随木德俱好，但权隐金神最忌。

夜土为灾，戊己之人更难救。书荧兴祸，丙丁之命实堪忧。

土喜昼生，居六阳之位，使夜生居阴宫，号五残星，必能作灾。然甲乙人犹有救，若戊己生，则土得岁为有力，其灾愈重。火喜夜生在六阴之位，使昼生居阳宫，化天刑星，必能兴祸。然壬癸人未足忧，若丙丁生，则火得年列有气，其祸益烈。又须审垣庙退弱以别分数也。诗云：夜生戊己属勾陈，落陷逢凶最不情。亥子二时遭破败，纵使为官是夭人。又曰：第四火星兼旺昼，且看命宫何所守。少年孤苦老无儿，百岁何曾开得口是也。

春夏火罗能作孽，秋冬孛计愈兴灾。

火罗炎毒，在春夏逢生司令，更能作孽。计孛凶恶，在秋冬乘旺当权，愈见兴灾。若火罗独行于阴位，孛计单处于阳宫，则亦未为害也。

阳限火罗灾害紧，阴宫孛计祸难禁。有福必伤父母，不然亦损尔明。

阳限六阳官也，阴宫六阴宫也。火罗刚狠，为祸最烈，昼生忌在阳宫。孛计狡邪，为凶犹缓，夜生不宜阴位。命犯此者，虽有福，而父母亦伤，无则必丧其明也。

抱膝长忧身怕鬼，忍饥待死命嫌休。金脆火炎须夭折，水深木弱必漂流。

此四句，下两句明上两句身怕鬼者，怕克星乘旺。如辰宫命，夏月昼生，最忌火星伴月。命嫌休者，嫌本主无气。如寅宫命，冬月夜生，尤怕木入申宫。盖夏月炎炎金脱，冬月水深木弱，所以皆主夭折之命。

荧星近土，终作无成之子。太白逢辰，永为破落之徒。

此是我生他也。名为脱气受伤，必无发达。若鬼旺克我，须又赖子以制之，不可一概论也。

金火不降，举手伤人之辈。木罗能化，回头无恨之人。

金火不降者，金强火阐，故举手而伤人，即子平庚逢丙扰，多有不仁之意。木罗能化者，木解罗凶，故回头而无恨。经云：众煞不降，杨修有捷对之机，余罗有气，苏武陷羝羊之屈，正谓此也。

金非怕火，孤处一生衣禄足。火若愁金，富中半世枕衾寒。

金非怕火二句，以金为命主言，太白当权，身旺不怕煞也。火若愁金二句，以火为命主言，荧惑司令，主旺能克财也。二者皆主享有衣禄，但金火不宜相见，见则必克，故夫妻之间多不如意。

卜商哭子，五位荧星逢恶曜。庄周鼓盆，七宫太白见凶神。

火星五位未可论孤，若逢水孛交战，难免子夏之伤。太白七宫可谓得位，如遇火罗所伤，必有庄周之叹。假如戊申生人，命立戌宫，火孛二星同躔在男女午位，火化刑，孛带刃，二星相战，又逢天狗，必主克子。又如丁亥生人，命立卯宫，罗金同躔在妻妾酉位，罗化刑，金恃旺，二星相拒，又逢的煞，必主伤妻。

妾夺妻权金怕火，孙传后裔水欺荧。天狗临儿，儿孙决无继续。地丧战室，室家断定相刑。

此六句专论五七二宫，由浅以及深也。言金为妻星，而怕火者，未必遂克妻，特妾夺妻权耳。荧为儿曜，而怕水者，未必尽绝后，亦有孙传后裔耳。若火被水欺，天星已为不吉，而天狗为五宫之最忌者，复会于水火克战之宫，儿孙决无继续，欲孙传后裔不可得也。金被火照，天星已为有伤，而地丧为七宫之最忧者，并于金火交战之地，室家断定相刑，虽妾夺妻权，犹未止也。又经云：水火同行妇克夫，水火同居夫伤妇，若还夫妇不相伤，断定至老伤男子。此又不以火金为论，而特以水为断，当参详之。

日躔阴度，月镇阳宫。逢蚀神，早丧父母，居命分，多克妻孥。

日月反背而遇蚀神，不止伤父母，亦克妻孥。可见日月在人命最重，而计罗同阴阳最凶也。

阴阳犯弱，罗计相逢，纵有一善扶持，也教双亲早丧。六位身逢此曜，偏生庶出。九宫命会斯星，异姓同房。

日月既入乎弱宫，朔望又逢乎罗计，是命之本原已不立矣。纵有一水善星能解罗计之厄，然亦难免双亲早丧。不特此也，或身临六位而逢此曜，则主偏生庶出，或命入九宫而会斯星，则主异姓同房，罗计之不可同处有如此。

阴阳失力，双亲重拜。首尾相近，半道堪为。

阴阳失力者，乃是阴入阳宫，阳居阴位，或遇落陷受伤，或遇孤神寡宿，又遇昼火夜土四余相攻，必主重拜双亲。首尾一名曰天关地轴，一名曰廉贞科目，若相近于身命，则为半俗半道之人。经云：罗计在天横行，而众星莫过，阴阳陷之，必定薄蚀，木气值之，刑克孤独，水火遇之，必遭刑戮。故经云：廉贞若临身命，嗣续有伤，科目更入命宫，妻身受刃。正谓此也。

气孛对身，兄弟恰如秦楚。计罗蔽日，父子一似华夷。

身值孤，则兄弟相离。日逢蚀，则父子不保。

能侍父母，福权文印佐阴阳。远弃妻孥，刑囚暗耗凑金火。父南子北，四余忌掩双精。兄楚弟秦，三宿刑伤一主。如相克则相冤，使相生而相喜。

太阳属父，太阴属母，最喜吉星佐辅，福权文印，当年化曜之吉也。得是吉以辅之，则能侍奉父母，而尽其为子之道。金星为妻，火星为儿，最怕凶曜侵凌，刑囚暗耗，当年化曜之凶也。得是凶以凌之，则必远弃妻孥，而伤其为夫之情。若阴阳二曜为四余所掩，则父子必相离，身命二主为三闲所伤，则兄弟不相保也。夫父子、兄弟、夫妇，皆人伦之所当尽而最重者，合前数节观之，可见星命相克，则至亲化为寇仇，星命相生，则至亲聚成骨肉。吁！人恶可不思自勉，而尽委之命哉！

中 篇

文能求贵，仲尼壮岁合封侯。武解成名，李广当年宜佩印。

此四句言人虽灵于万物，命实由于五星。如使人不由命，则文章可以取贵，武略可以成名，而何有终身不遇者哉！

三学士者，身居清吉。一腐儒者，命遇天空。

身月也，清吉得地也。如月居天秤，月照白羊，月临云漠，月归东井，月到天门，月朝南斗，月生沧海之类。又遇上弦酉戌亥，下弦子丑寅者，皆为清吉得地，必主翰苑蜚声，学士之选也。经云：身居清吉休愁命，福德坚高不问官是也。天空正空亡之位也，如身命落在此宫，众星又值伏逆，到底无成，终为腐儒而已。经云：空亡为害最愁人，材智英雄误一身。只可为僧并学术，鸡窗劳苦度秋春是也。

蹭蹬文章，学堂失次。精奇艺术，天乙当权。

身官官主为学堂，怕入弱而失次，余曜紫气为天乙，喜得地而当权。盖学堂得地，必文章发达之士，天乙当权，乃清高艺术之人。反是则不然也。一说身官官主为职元。学堂者，乃玉堂位兼长生临官位是也。

文若会兵，断作才能之相。主如逢煞，决为谪降之官。

文，文星。兵，大煞。主，命主。以文星会兵煞，文武全也，断作才能之相。如命主衰弱，而会大煞，无吉星救助，必是谪降之官。夫同一大煞，身强为兵，身弱为煞，故曰：先究一身之要，次详三命之原。

刃刑更属官星，能裁典章之理。暗煞如逢禄马，穷搜讼狱

之情。

官星者，年干对禄之官星。禄马者，当年干支之禄马。如官星逢阳刃刑囚，禄马加暗煞岁煞，纵在贵人禄马之中，亦是一生吏曹之辈。

少病优游，身安福德。多灾坎坷，主怕官宫。

身安福德，经云：福禄主星入命来，身居辐德亦无灾，命主若还居辐德，少年富贵入三台。主怕官宫，经云：人生官限最为长，身命逢之主吉昌，最忌煞刑侵此位，多生坎坷有灾殃是也。

主拜官宫，则身辅帝阙。官刑主位，则身犯天条。

命主化禄，入官宫逢生，无不富贵。官星化刑，入命位克主，定有官非。

有患经春，直难和年作梗。无灾一世，福官与命相成。

直难和年作梗者，乃身命遇直难凶星，加以流年凶星攻并而后为梗也。福官与命相成者，乃身命与官福主曜，加以顺垣乐庙相和而后为成也。

主去欺宾，为财为库，尤还浊富。宾来克主，作福作官，宜守清贫。相违则破，相顺则成。

主，身命主也。宾对主而言，仇难之类是也。欺者，乘势以相克。主宾各有胜负，主或钧起而欺宾，是主为宾而宾为主，则宾非闲辰，是财是库尤还浊富。宾或飞来而欺主，是宾为宾，而主为主，则主非忌曜，作福作官亦守清贫。此可见主贵旺，宾贵衰，主可欺宾，宾不可克主也。宾衰受主之欺，则其势相顺，主衰受宾之克，则其情相违。顺则成，违则破，宁非理之必然者乎！

宾来破主，则俭假无情。主去欺宾，而取财不义。

宾破主者，他来克我也。假如子宫命，土为主，木为宾，木飞入主，生春令，是宾来克主，虽其木化为官福，则亦俭假无情，上文相违则破是也。主欺宾者，我去克他也。假如土为命主，飞入申宫，土旺四季，是主去欺宾，其宫有水为财库，则取财不义，上文相顺则成是也。

主若旺宾，权尊禄重。宾如胜主，偃蹇伤残。克己待人财遇鬼，侥幸致富鬼生财。悭吝一毫秋怕计，搜罗万状夏逢荧。

主旺于宾，则其主厚。宾胜于主，则其主伤。即上意也。财遇鬼者，如丑安命，以土为财，而逢木劫是也。鬼生财者，如卯安命，以木为财，而逢水生是也。计至秋而气已衰，故主悭吝，荧至夏而性益烈，故主搜求，此理极为明著。

土遇水，火遇金，居金谷而作主。金见火，土见木，在陋巷以安居。

此以主宾而言，我身旺能克他，则平生享用，如石季伦之在金谷园中。我身弱而为他所克，则生平不足，如颜子之在陋巷也。

孛计占财，悭贪吏辈。气金居命，节俭僧门。那堪一水加临，必主无知破荡。

孛计二星，本云曹吏之星，以之占财，则必悭贪。经云：善掠人财归自己，为缘水计会财星是也。气金乃是清闲之曜，又主孤克，以之居命，则为俭僧。经云：孤神傍照为人难是也。此四星喜独行，怕与水会，若有一水加临，则孛荡金泄，计战气争，又何疑其破荡哉！

身遇气计，清闲技艺。财逢金帛，制造罗裳。

经云：气居命位，清闲技艺之流。金入财官，制造罗裳之士。即此谓也。但当审其身命官福若何，而后可以断之，不可一概论也。

财主若遇天空，家徒四壁。田身复逢库印，粟腐千囷。

天空，天亡宫也。财星落空亡，又逢耗劫破碎，定至家徒四壁。库印，四库之中逢印绶也。若田宅身命二主入库，逢恩得局，决主粟腐千囷。

先贫后富，有欺三。先富后贫，闲克一。

主欺三者，主强三弱也。闲克一者，闲强一弱也。行限有远近，故贫富有先后。

鬼旺财衰，虽荣亦辱。官轻禄重，纵富无名。权福若遇高强，家享千钟之粟。耗刑而加地下，居无滴水之储。

鬼旺者，官星显也。财衰者，财星陷也。鬼旺财衰，则虽荣于官，而辱于财，即上章宾来克主，作福作官，亦守清贫之意。禄重者，禄神有气也。官轻者，官主失陷也。官轻禄重，则虽富于财，而歉于名，即上章主去欺宾，为财为库，尤还浊富之意。权福俱在高强，家积千钟之粟，富而贵也。耗刑而加田位，居无滴水之储，贫且贱也。故凡人命富贵双全者，必官福二宫生绝异，田财两位更清奇，否则必不能兼之也。

囚刑有用，田财受气，威镇边疆仓廪备。福禄无情，身命落空，阛阓蘧室忍饥寒。

身化刑，命化囚，谓之有用，本不为忌。若田财二宫庙旺有气，是身命田财俱美，有体有用，故主为官，则威镇边疆，更享富贵之乐。忌化福，难化禄，谓之无情，原不为美。若身命二主落陷逢空，是身命官福俱亏，无体无用，故主下贱，则阛阓蘧室，更受饥寒之苦。

官星落陷名无久，财主归窠富不休。

官星者，官禄主也。官星失地入弱，虽荣名而无久。财主者，财帛主也。财主归垣入庙，定殷富而不休。

贪浊无厌财命疾，清贫彻底命财留。

财命疾者，乃命主疾行于财官，有贪求之意。命财留者，乃财星留克于命主，有难胜之患。故清浊不同如此。

主宿随身，名不求而自得。财星背命，利多取而无成。三主困于三河，浮舟作计。九宫流于九位，望海为生。荜蓬托宿，四位遭伤。陋巷安居，田星落陷。

命会太阴，坐于强宫，入躔升殿，名不求而自至。财同命主入于陷地，相背相克，利多取而无成。三主，身主、禄主、命主也。三河，周地浮泛之位也。午属九宫，亦三河之地也。申宫立命，午为闲极宫，三主入此，已为受困，午宫闲极主，又流于迁移子位，子属大海，是三主辗转飘流，故主望海浮舟作生涯也。四位，乃田宫也。若四位遭伤，田星落陷，又安得华屋而居之。

财从白手而生，运限有气。魂逐黄泉而去，循数无情。

此下二条，专主限而言也。运限有气者，乃五星入垣，官福高强，阴阳顺躔，马遇长生，禄逢生旺，煞遇贵人，四余乐庙皆是。人命值此，决主财从白手成家立计人也。循数无情者，乃禄逢冲破，马遇空亡，限逢倒煞，命值流星，运逢迎送，众曜相攻，刃头煞尾，罗计重逢，刑囚加夹，太岁迫凶皆是。人命值此，决主魂逐黄泉亡死夭折人也。

少年行空，作事如醉。老来行库，生涯益昌。

空者，天空及年空也，行空限失其所依之主。库者，年干纳音基也，行库地得其所用之财。故主少年混沌，作事无成，老来精明，生涯益盛。空虽凶，而空其煞，则反凶为吉。库虽吉，而网其难，则反吉为凶。观琴堂之说，尤为精当。

气木相攻，体如刀削。土旺四季，肌必重肥。

以下二条论人之相貌，自其显露者而言也。木主瘦长，土主肥浊。木见气攻，则其气益泄，土逢四季，则其气益旺，人命禀之，故其瘦肥不同。若土气春生，奴不胜主，虽瘦弱未必如削。土逢余月，星不当权，虽丰腴未至重肥。

金木水阳居海角，貌胜阿难。计罗土孛镇天涯，威如那刹。

佛有阿难，十分美貌。鬼有那刹，十分凶恶。卯命相貌在辰，是天涯也。有计罗土孛凶星而居于辰，必生凶恶之貌。酉命相貌在戌，是海角也。有金木水阳吉星而居于戌，定禀都姣之容。

五曜顺兮心清如洗，四余并兮口浊如瓶。

此下四条论人之心术，自其隐微者而言也。五曜喜顺行，四余怕同聚。顺行则清朗而可爱，同聚则混浊而可畏。人身命得之，故清浊不同如此。

左吉右凶心狠毒，前虚后实愈多谋。

左吉者命前相位有吉星，右凶者命后财宫逢凶曜。因前后之有吉凶，则知外貌虽善，而中心狠毒矣。前虚者，命前四位虚空。后实者，命后四位填实。因前后之有虚实，则知权变难测，而沉谋不露矣。

笑里藏刀身见刃，怒中无毒气居空。

阳刃主宰杀，天之凶神，最怕身见。大煞主凶暴，地之恶曜，极喜空逢。若身见刃，则笑里藏刀，是谓之小人也。煞居空，则怒中无毒，不谓之君子乎？若身见刃而逢空，命坐煞而居实，则不可以是断也。

暗刑临主，斯人能谨于言。囚忌当宫，此辈好谈话霸。

暗囚乃化曜也。若刑星化暗来临本主，忌星化囚正当命宫，暗则懦，故能谨言，囚则强，故好妄谈。

寡宿当临，好守烟霞深处。孤神傍照，宜居泉石林中。

此下三条论人之性情，自其喜好者而言也。寡宿孤神乃紫气也。当临是命宫对照，是妻妾宫也。天乙经云：天得紫气，日月朗明，地得紫气，祥瑞并生，人得紫气，万事光亨。又云：一云孤宿，二云官星。孤宿妨妻害子，克陷六亲。官星宽慈恺悌，有权有职。诗云：紫气清闲僧道人，慈悲斋戒艺术精。寿比南山松柏固，空房对月度青春。

金孛与水同躔，迷花恋酒。水木和身共度，咏月嘲风。

金孛与水同躔一宫，则淫纵无以自持，故好迷花恋酒。水木和身共聚一度，则流丽适以相济，故主咏月嘲风。

金孛如躔昴毕，鼓舞终朝。水日若度麦箕，笙歌一世。

昴毕乃是风花雪月之星，参箕亦是春花秋月之曜。身同金孛躔昴毕，则鼓舞终朝。命和水日度参箕，宜笙歌一世。

仆马聚群，奴婢成类。雁行成阵，棣萼联芳。六宫无战则繁华，三位有刑分汝我。极宫凶恶雁行孤，妾位相和夫偶盛。四位

空而无星，终身独立。三方陷而见煞，双手为人。

聚群言多也。成类则是主奴同心而尽其力。成阵言众也。联芳则与昆季齐名而并其芳。仆马聚群者，六宫有天马地驿马元之类。雁行成阵者，三位照合有贵人文印之类。然又必有相生相成之星，相合相顺之宿，而后能成类联芳也。妾位者妻宫也。相和者寅申巳亥一七相生也。大要六三一七之宫，喜金木水阳长生禄马贵人相会，不喜水火金罗刑囚破耗相克。四位者对合四位也，三方者三方主也。对合无星，则其命孤。三方落陷，则其类失。通加无救，不为独力双手之人乎？碧玉经云：看方主以何如是也。

子养外来生处绝，儿孙异姓绝中生。

生处绝者，如年纳音是金，见时上丁巳，纳音是土，金长生在巳，土绝在巳是也。绝中生者，如年纳音是木，见时上甲申水，木绝在申，水却生在申也。一云生处绝者，如男主木星躔在亥是长生也。值丙寅年纳音绝地在亥，是生处绝也。绝中生者，如木星填在申是绝也，值壬辰年纳音长生在申，是绝中生也。前说以时籍言，后说以宫主言，二说俱通，当并详之。

交朋有信，体用相和。结义无情，主宾并战。

体即主，用即宾，体用若相须相和，必主交朋有信。若相克相冤，定是交义无情。

下 篇

不禄不官，惟看十宫谁掌握。无衣无食，便详十一以为凭。

人命惟官福为重，苟有不禄不官，无衣无食，将何以稽之？惟看二宫凭谁掌握，必其非闲神乃忌曜，故至此也。旧注云：官福二宫，若官魁、印绶、贵人、禄马，有用刑囚，禄主居禄，福主居福，昼阳夜阴之类，管主成名发达。如昼火夜土，四余交战，日月薄蚀，刑囚夹拱无情，福禄管主遭刑害，破荡之人。经云：身官清吉休愁命，福德坚高不问官。是又以福为重也，当并详之。

信失礼亏，弃功名于物外。仁乖义绝，视富贵若浮云。

在天为五星，在地为五行，在人为五常，其理相通而其气相贯。故星盘一曜不明，于人未必无欠。苟土陷而信失，火伏而礼亏，木空而仁乖，金烁而义绝，则其人终贱，而处世亦难矣。又安有功名富贵之望哉！

主入天空，业如溶雪。财亲耗难，富若浮云。

命主入天空及空亡之位，财官遇天耗及劫难之星，皆主无成立人也。

耗碎欺财，不足守成之辈。刑囚欺本，无端破落之徒。

耗与刑囚，化曜之凶也，碎的煞也。富命不能无耗碎，特不在财官耳。若耗碎聚会而欺财，岂是守成之辈。贵命不能无刑囚，特不欺主本耳。若刑囚拱夹而欺本，必为破落之徒。

少吃多闲，三方变忌。朝飧暮讨，二主逢空。

三方主星化为刑忌，身命二主坐落空亡，倘无吉星之助，决为不足之人。

暗耗欺游，街衢叫卖。刃刑并煞，市井屠沽。

暗耗克财之星，游行街衢之地，刃刑宰割之曜，大煞权柄之星，使游行有气，身命高强，无财亦可兴贩，带刃反为有权。苟游行为暗耗所欺，命宫为煞刃所并，而他无可取，非叫卖屠沽之辈而何。

暗忌相攻，与四邻而不睦。田园破制，使三代以无传。

命之左右为四邻，使财相暗忌相攻，而不相顺，必主四邻不睦，言身命孤也。父母宫为田园，使田园囚忌相制，而不相生，必三代无传，言根基浅也。

海角伤身，夜盖渔翁之网。天涯克命，朝随裘马之尘。

戌为海角，辰为天涯，如辰命金论而身安于戌，是火地伤身，故夜盖渔翁之网，因其在海角也。又如寅命木论，而木入于辰，是金地克命，故朝随裘马之尘，因其在天涯也。此命须官福二宫通无可取，乃以是断之。

六八随身，身居萍梗。九三伴命，命遇柳营。

六八两宫，名为恶弱。九三二位，亦号凶宫。身命落此，更水孛相逢，孛罗来往，四余驳杂，星辰退逆者，若非柳营绝塞之军，必是萍水他乡之客。

身与四余同度柳，必好为偷。奴和二主共躔箕，须当落破。

气孛罗计为四余奴曜，而孛计尤为利害，固不可与身命同度。柳在天傍鬼，曲头侧伏，原非端星，箕在天好风，倏聚忽散，本无定性，亦不可以身命同居。若身与孛计同度柳，以邪济邪，故好为偷。二主落陷奴宫共躔箕，以弱济弱，故主破落，而卒于无成也。若度柳而无四余，止有太阴，是月挂柳梢也。躔箕而非二主，止惟奴宫，是箕翕其舌也，未可纯以凶论。

星柳宫中安首尾，闲摊似鬼。虚危度里有欃枪，见识如神。

释义云：摊为开为铺。星柳二星主盗贼，却安罗计而与命同度，虚危二宿主清虚，若安欃枪而与身同宫，皆主险邪机变，似鬼如神，非君子之流也。

燕赵有水计而不和，秦楚遇孛罗之交战。不是蛇伤虎咬，也遭雷打波沉。晋鲁无情多缢死，周齐相反众猖亡。生本者威而不猛，克身者贵亦伤残。

燕赵秦楚者，寅酉未巳之分野。晋鲁周齐者，申戌午子之辰次。燕赵水计相攻，秦楚孛罗交战，更逢浮沉、血光、血刃刑克身命，决主遭厄无疑。夫水计孛罗论相克均谓之凶，何独言秦楚燕赵之位？盖孛在秦，是孛入秦州，而罗坏之，罗占龙角，是首携龙角，而孛战之。山下蒙泉之水，最忌计克，大梁金牛之金，最忌孛泄，故于此为独凶。晋鲁无情者，水火交互也，周齐相反者，日月反处也，故皆主不得其死。又当知有生我命主克我命主之不同。生我命主星，虽威力而有可救，若是克我命主，纵成贵格亦难免乎伤残矣。诗曰：霹雳一声谁不怕，命刑身陷何须讶。寿促当逢恶曜临，其人死在雷霆下。又诗曰：血光入命必伤残，刑犯凶时祸更专。六尺之躯亡虎咬，不然须是溺波间。又曰：巳卯二宫忌曜临，命身化煞祸尤深。又曰：土金经缠四正宫，死因锋刃怕主会。克刑身命定蛇伤，不然虎咬君休怪。又曰：土临八煞光灼灼，火在财官福不全。若是鬼刑属忌曜，蛇伤灾阻定当年是也。

燕赵并行，身流西北。荆吴双立，命丧东南。楚豳之邦逢土计，宋徐之位见荧罗，身不亡于默蹄，体必葬于鱼腹。

燕寅、赵酉、荆巳、吴丑、楚巳、豳亥、宋卯、徐戌也。寅酉并行，乃金木相克。假如癸丑生人，纳音木，不可受克，却金木同躔酉位，是木到大梁，而金居旺地，木削于金，故身流西北。巳丑双立，乃水土相克。假如辛未生人，纳音土不可受陷，却水土同躔巳位，是土埋双女，而水居旺地，土不胜水，故命丧东南。巳亥逢土计者，假如壬辰生人，纳音是水，巳亥二宫立命，夜生，土计同躔，是水随难而木见仇也。卯戌见火罗者，假如戊子生人，纳音是火，卯戌二宫立命昼生，火罗同躔，是火气脱罗性暴也。人命值此，皆不免丧于非命。

风恙者，岁星入楚。刑流者，辰曜归扬。

楚属巽为风，木至此则动摇其根，而风恙之疾难免。扬属坎为水，水至此则泛其性，而刑流之祸奚辞。诗云：翼有异风吹百木，火蛇荧木必生凶。经云：颦眉常不足，只嫌水到扬州是也。

计孛同行，为人好逞。金罗背去，性气多虚。女人带此必惊风，男子逢之为浪荡。若遇刑囚与暗耗，定教凶夭与孤贫。众憎指背，煞难侵宫。半世颦眉，直刑克本。或观往来，犹分背去。

孛计同行，则其性斗。金罗背去，则其势分。故主其人皆刚狠，而有好逞尚虚之不同。然恶曜凶星，在男女命中俱不宜，有则一也，使遇福禄权贵善星助之，犹可解救。若遇刑囚暗耗交会，是以恶济恶。难煞交侵命位，宜取憎于众人，直刑专克身星，必忧愁于半世。然亦不可一概论也。当于煞难直刑察度数之往来先后，分顺逆之向背迟疾而断之，庶乎其不差矣。

五鬼克身，终是身亡缧绁。三刑克本，定然命丧沉涂。

五鬼者，五官符是也。假如甲子年，五鬼在辰属金，亥宫立命，金来克木，太阴在戌，金星同度，又加三煞飞廉并天罗地网之地，故主极凶。三刑者，寅刑巳是也。假如壬寅生人，立命在巳，土为刑星躔星，太阴躔申，寅刑巳，巳刑申，申刑寅，辗转相刑，更加亡神、伏尸、阑干、贯索等关，故主恶死，命丧道路也。

四余并刑因官丧己，三命遇煞为斗伤身。

三命、身主、命主、度主。四余并刑，乃三命遇煞也。若四余星与身命度主相攻，或为刑囚加夹，或带的刃冲并，非因官而丧己，必为斗以伤身，断断乎不能免矣。

雠乡叠见，伸讼曷频。刃处双逢，凶顽无匹。

仇乡叠见者，乃是五鬼阳刃，又带刑囚亡劫的煞重叠，必陷官非。经云：官怕囚星之反集，福嫌忌曜以相侵是也。刃处双逢者，乃是阳刃重叠，如自刃飞刃之类，陷之必主凶顽无匹。自刃者，戊刃在午，故戊午为刃。飞刃者，午刃飞入子，故戊子为飞刃。诗曰：飞刃自刃重叠来，两般逢此便为灾。煞曜四强同水火，少年遇恶死为灰是也。

绣面纹身，貌神会煞。截头刖足，体主加凶。

貌神体主者，相貌宫之主也。若遇六曜受伤，五星剥杂，血光相会，的破交侵，必主绣面纹身，截头刖足。

累犯三章，伏尸躔中遇鬼。频遭百辱，卷舌度内逢刑。

三章刑宪也。伏尸、卷舌、阑干、贯索，星家谓之鬼门关，躔度见不利。言人之累犯宪章，频遭官辱，皆由伏尸躔中逢克身之鬼，卷舌度内值克本之刑，行限遇之，定主恶死无疑。若不遇鬼不逢刑，对合参差，或有吉神解救，亦未可以凶断。

煞难随身，膏肓及己。刑囚克本，痼疾缠身。

煞难随身，凶神贴体也。刑囚克本，煞曜刑身也。故皆主不起之疾。

夺项霸之材，海角带刑兼克本。染伯牛之疾，天涯为难复缠身。

海角为地网，为奴仆，天涯为天罗，为相貌，是二宫最弱，贵人不临之地，而况带刑囚以克主，为难煞以缠身，命值此者，岂不死于刑而殒于疾哉！假如六戊人，命立辰宫，以金为主，飞入戌位火垣，火化刑克本，虽项霸雄材，终不免于凶死。又如六己人，命立亥宫，以木为主，身入辰宫金垣，金化囚缠身，纵伯牛德行，亦难逃乎恶亡。

众恶临夫夫叠损，群凶聚妾妾重伤。

众恶群凶，兼天星地煞，无有救解而言。今人有一妇而损数夫，一夫而伤数妾者，正坐此耳。

一七变仇须失业，六三如反走他乡。四位相欺家必败，本宫聚煞寿难坚。

此节虽以一三四六七之相克而言，而实有关于身命也。盖十二宫分言之，虽有强弱不同，统言之，要皆和顺为美。如一七变为仇囚，六三与命相反，四位星辰相战，本宫恶煞交侵，皆为不足。故主贫贱奔走，刑克不寿也。是知强宫固要有力，弱宫亦不可无情，看星者当兼审之。

方隅有犯，寿命难长。体用无情，福缘易消。

方者三方，隅者四正，苟凶煞交犯，而无救助之星，则寿命不永。体者命主，用者命限，若体用无情，纵有群曜之吉，则福缘易清。

四正无星，三方落陷，壮岁若居台省，末年饿死阳山。

四正空而无星，三方陷而见煞，本为不吉。忽行官禄限遇吉星得地，骤然一发，过此一限，仍旧守穷途而饥死。前言双手为人，终身独立，意犹未尽，故此复言之也。

命弱限强，发达不久。命强限弱，荣超终难。

经云：命强限弱，浑如逆艇上滩。命弱限强，终似槁苗得雨是也。

儿女当伤，室家合战，莫言安有刑害，限遇孛罗必丧。

儿女儿女宫主，室家夫妻宫主，此二宫星辰，最怕相刑相克。假如二宫遇原守孛罗克战，勿谓无有刑害，须行限遇之，或在本宫，或在合照冲吊，孛罗克妻子无疑，此重限而言也。

三悲九哭战年宫，每被妻孥之削。五鬼六衰欺岁驾，频遭官吏之辱。

三悲，三丧门。九哭，九白虎。五鬼，五官符。六衰，六死符。若身命限遇三、九、五、六之位，兼以流年相战，则其凶必以类应矣。

或有权煞，多是流年作梗。更逢失坠，必惟岁煞相攻。审有吉神之助，便无凶曜之侵。

劫煞乃是应天所谓十六般亡神，十六般劫煞，人命中所不能无者。或有劫煞为灾害，必是行年冲并而后为梗，不然亦是太岁与众煞相攻，故有失坠之祸。若得吉神以救解之，庶可以无凶也。

客曜占强，六亲冰炭。宾星破主，九族华夷。忌雠流克主宾，煞难直刑体用。察无根基之稳，断为薤露之人。

宾星破主，与流克主宾，宾字不同，上以难星言，下以限主言也。言七强宫为闲忌所占，则六亲如水火之不相入。身命主为闲忌所伤，则族属若秦楚之不相恤。忌囚者，忌曜化囚。煞难者，煞星党难。直刑体用，是众凶会于当年，根基不稳，定死无疑。经云：太岁迫凶而入局，梦入南柯。流年会煞于当秋，歌兴薤露是也。

四位俱空，披头撒发。孤神傍照，员顶方袍。

披头撒发，师巫流也。圆顶方袍，头陀辈也。四位乃对合之宫，孤神乃煞罗之曜。四位无星，孤神傍主，非僧道师巫而何？

紫气高强，师巫有分。食神共位，俗计无缘。半俗半僧闲伴主，孤衾孤枕命随奴。

紫气若在高强，又与罗计共位，是孤中之孤，故主俗计无缘，师巫有分。诗曰：紫气逢入紫极宸，吉星同照信精神。孤寡空亡闲极位，主为僧道九流人是也。闲极伴主，半俗半僧，命主随奴，孤衾孤枕。又当以紫气遇蚀神而互观之，不可执一论也。

闲居命里守孤帏，主到闲宫眠半被。

命主入闲，闲主入命，乃是互换孤神。更值紫气奴罗照合，必主守孤帏，而眠半被。

夙夜忘忧闲伴主，朝昏劳役命随奴。

凡身命不可失之于弱，弱则必牵于所遇，所以闲伴则闲，奴随则劳也。是故先立乎其大，则其小者不能夺。岂特于人为然，虽命亦有然者。

夫婿寄生一七，主星互换。公婆真假二三，四位相依。

夫婿寄生，是夫入赘于妻，赖妻家以资生也。公婆真假，是不公婆其公婆，而父母其公婆也。夫婿寄生，必夫星入命宫，命星入夫宫，彼此互换，公婆真假，必财帛田宅闲极三宫互相依附以致，是二者又有得失之辩。假如寅申巳亥四宫，为一七互换，是水木相生，虽寄生主夫妻谐老，未申二宫，为二三四位相依，是日月金水类聚，虽真假主富贵双全。其余他宫，皆主不美。

孛若欺金妻用妾，计如刑火息为儿。

息女子也，古人称女为息。如吕翁谓，家有弱息配高帝，左师触龙谓，贱息舒其是也。妻用妾，是以妾为妻也。息为儿，是以女为子也。

金孛为谋多侍妾，火罗背约夺人夫。气计加临无似有，镇辰交会有如无。

金妻星，孛妾星，金强孛弱，妻主能为，孛强金弱，妾夺妻权。男命金孛会于妻宫，则多侍妾。女命火罗同于夫位，则傍人夫。盖男以金为妻，最怕孛泄，女以火为夫，最忌罗党故也。气孤计毒，相克不顺，镇浊辰荡，交战无情。若加临交会于妻妾之宫，更临四败四煞，则于夫妻亦如有而如无矣。

九三若会暗金，私淫棠棣。一七如加权印，内乱缌麻。太白逢凶妻魍魉，火罗蒂恶子螟蛉。寡宿临夫，明月清风谁与共。孤刑克命，高山流水少知音。

金乃妻星，化暗则不明，化权印则非体。若化暗化权，与九六一七相会，皆主内乱。然此论其大较也。使君前父侧，权印何妨。火月齐明，化暗何害。惟贱曜相牵，咸沐相并，故可以此论之。太白逢凶者，金神值亡劫的刃，为流年冲并，必主魍魉之妻。火罗带恶者，火罗遇刑囚天狗，为流煞交战，定是螟蛉之子。孤神在隔角之位，寡宿在库基之乡，女忌寡宿而临夫宫，男怕孤神而刑本命，皆主孤帏独枕人也。

高堂观不可同行，河上台马焉堪共度。自己不遭妾辱，其妻也主淫娼。

楚襄王游高堂观，以梦神女，故宋玉有朝云暮雨之咏。卫宣公作河上台，以要宣姜，故诗人有燕婉戚施之刺。此二事皆淫纵而破义者。以高堂观喻迁移，河上台喻闲极，不可同行共度，言不可入命宫，占妻位，或与妻命同宫同度也。若此四宫主星混处互换，加以刑囚拱夹，其妻妾不豪霸而欺夫，亦必贪淫而可耻矣。

貌胜西施肤不朽，贤如孟母命归基。偎玉偷香身坐马，迎新送旧主咸池。

金木水阳与身主会于相官，必主有西施之貌。日月金木为命主不起本垣，必主有孟母之贤。凡女命安身最怕临官，四马乃临官之地，立命最嫌沐浴，咸池乃沐浴之乡。偎玉偷香，迎新送旧，亦甚言其淫也。经云：咸池一煞祸最真，逢水妖娆主乱淫。沐浴进神仍见贵，必教倾国与倾城是也。

六曜朝垣，夫荣子贵。五星聚貌，脸媚肌香。已嫁如未，孤神贴体。失婚似有，贱曜磨身。遇木则天香国色，见火则佛口蛇心。

六曜，气、孛、罗、计、日、月。五星，木、火、土、金、水。朝命垣而六曜合格，聚相貌而五星相生，则四余不可以凶言，而相貌难概以弱论矣。其有容色，而享夫荣子贵也，不亦宜哉！孤神气也，两贱水孛也。贴体磨身，言与太阴同宫，而近度也。孤则孤，贱则贱，又何疑焉。五星中岁德最吉，荧惑最毒，故又抽而言之，以见命主貌宫，遇木则善，遇火则凶，安可以五星聚貌，尽谓之美哉！

终夜迎欢，大忌贱垣合马。未婚先产，尤嫌水孛扶身。逞扮者身临四败，披缁者命会孤刑。云水之徒罗遇气，风尘之女孛逢金。

大抵女人之所忌者，咸池禄马之地，月孛水金之星。然必身与命坐咸池，或咸池会禄马，或水孛会咸池，或金孛临沐浴，方可以淫贱言也。若女遇孤刑，而男逢罗气，则虽免于淫贱，亦不失为僧尼之徒。

垣城合马妇非为，帝座逢虚儿不肖。

星家以垣城名日支，帝座名时支，琴堂以日支为妻，时支为儿，与子平之法同看。假如日属子丑，则以土论，时属寅亥，则以木论。看土木二星坐落何宫，若逢生坐实，皆主妻贤子肖。此说的有至理，发星家所未发也。今观望斗之说，假如寅午戌生人马居申，巳为日支，巳与申合，是垣城合马，甲子旬人，戌亥为空虚，时支属亥，是帝座逢虚，故主妻多非为，而儿亦不肖也。此与琴堂之论合。一说日纳音生处为垣城，时纳音旺处为帝座。

两贱扶身，烟花粉黛。双凶夹命，自缢投河。

两贱者，金与孛也，扶身是同行同度。双凶者，计与孛也，夹命是一往一来。故一落风尘，一主恶死。

众煞扶身，非悬尸则刎颈。群凶损己，不产丧也多惊。

众煞群凶者，非特亡劫、的刃、三煞、大煞之属，如火金相战，水荧交逢，金罗来往，日月被伤，此皆为煞曜往来，俱能伤身损己。经云：交逢阳刃，互带悬针。杨贵妃身没马嵬，戚夫人体为人彘。若有昼阳夜月，福禄吉神加拱，天月二德在命，虽有大凶，亦不横死，正谓此也。

日换三妆，身营柳鬼。夜眠无伴，命度虚危。

柳主轻摇，鬼主谲诈，虚主清孤，危主哭泣。如人身命居此四宿，必好为粉饰，而不免于孤眠。

凤眼桃花，外假慈悲而自重。鼠眸禄马，内实淫荡于私期。太乙独占咸池，风流倜傥。水金如临沐浴，泛滥妖娆。

凤眼桃花者，酉为凤，庚子生人，见酉为凤眼，酉宫之金，飞入亥见临官，为桃花，故曰凤眼桃花。鼠眸禄马者，子为鼠，丁卯生人，见子为鼠眸，子宫之土，飞入巳遇马元，为禄马，故曰鼠眸禄马。二者虽异名，而实一类。女命值此，外虽假慈悲而自重，内实淫荡于私期也。若月孛占咸池，水金临沐浴，皆以此论。

鼠眼回头，逾墙偷汉。凤眸顺视，渡水从夫。见红鸾，能惹王孙之肠断。逢喜神，暗中公子之魂消。

子生人以酉为咸池，以子视酉谓之回头。酉生人以午为咸池，以酉视午谓之顺视。回头则曰逾墙，顺视则曰渡水，亦曲尽人情也。红鸾喜神，男命宜见之，若女命会于咸池，谓之贱垣，皆主貌美有情，故多淫贱。咸池煞，旧说申子辰三合见酉，巳酉丑见午，总名咸池。今观经云，鼠眸凤眼，回头顺视，桃花禄马之说，是纯以子午卯酉言。如子见酉，酉见午，午见卯，卯见子，咸池遇咸池，故以淫贱言之。若总三合一例，验诸女命多不然，乃知望斗之论有的见也。经言子酉而不及午卯，余以午见卯，卯见子，亦当立命马足前奔，鬼头反顾，然淫欲则不若子酉。岂非子酉为金水，五星中以金水多淫故也。此余独见，观者试思之。

权隐金神，揭鞭嫁婿。刑加火宿，及笄从人。咸池见孛，期我桑中之约。寡宿逢罗，空耽枕上之欢。

男女以火金为夫妇化曜，以权刑为男子女人。金不喜权，火不喜刑。若权隐金神，则金益刚，刑加火宿，则火益焰。故主敢于自为年少，而求夫也。咸池本是浴地，孛星又好裸体，咸池见孛在身命二宫，娇淫可耻。经云：那堪月孛占咸池，才子佳人事事宜。朝我桑中清夜约，免教穴隙钻相窥是也。寡宿本是孤宫，罗星又好隔绝，寡宿逢罗在身命二宫，孤单难言。经云：明月清风谁与共，高山流水少知音是也。

命会欃枪，逞艳娇淫之女。身逢天尾，悭贪节俭之人。

欃枪者，孛星主淫，女人身命遇之，更逢差错、破碎、咸池、沐浴，决主娇淫逞艳，为色招凶也。天尾者，计星主算，男子身命逢之，更遇秋生失地，财库无破，决主悭贪节俭，一毫不拔也。

小儿命数，祸福宜详。宫度失留三岁死，前凶后恶堕胎亡。四煞刑肤，胎内须当破相。三刑克命，产前必定伤身。

小儿之命，亦有当论官则论官，当论度则论度。宫度二主，不可去留也。前凶后恶者，三日宫之前后不可有凶恶也。四煞者，劫亡的刃也。三刑者，寅刑巳，巳刑申也。小儿之命，未有根本，最重命度，与三日宫。苟宫度失留，则根基不壮。三日有犯，则受气无资。劫亡的刃以刑身，巳申亥寅以克命，俱主难养。

月逢忌土，貌遇恶罗。不哑聋必生余指，非秃痴也主双盲。纵有吉星之助，也须凶夭难当。

此以下三节，俱论小儿。言身主忌逢夜土，相貌怕遇日罗。如小儿身命值此，定主压身破相，纵有木气母星救解，亦未如之何也。经云：生时疾厄临人马，又与鬼门同分野。坐陷或逢土水刑，所伤必定主喑哑。太阴火土处何方，东出相逢最不祥。八煞恶星如照限，便知目精实遭伤。一主生时躔度逆，又兼罗计光相射。临官兼犯太阳时，左眼失明何慽慽。月逢计罗少光辉，右目盲来指掌稀。主顺日月逢此曜，目疾由来且庶几。忌朔望逢之，更凶。

月在凶躔双共乳，身躔次度两同胎。奴来主舍，主起奴宫。不是随娘嫁娶，也须换父操持。生命复生生两子，克身重克克双儿。

凶躔次度一也。惟其次度，故是凶躔。危十二十三四度，张十四十五六度是也。更十二宫位星宿隔界之度亦是。亥有双鱼，巳有双女，若身临此宫，又与凶星同坐次度，多主双生。奴星入命，主星入奴，又逢逆行，相克相反，必主重拜双亲。生复生者，如金为男主躔巳，又见辛巳年纳音金之类是也。克重克者，乃煞处逢煞，如金为男主入戌地，又见罗之类是也。生而复生，故有两子。克而重克，故失双儿。诗云：双生巳亥见金乡，寅入寅申合此方。未会次躔南到丙，火金土月看阴阳。男会忌星同月宿，此人须唤妾为娘。又云：双鱼双女主双生，月入寅申计孛侵。男子两途分朔望，望过一子一为阴。又云：三刑隔宿更空亡，华盖重并主过房。必是偏生并庶出，不然重拜两爷娘。皆是也。

三日加凶三日丧，七煞无救七朝亡。使一主之不亏，决终身之无咎。

小儿生有三日七日亡者，有长大成人者。三日亡三日宫加凶也，七朝亡七煞无救也。长大成人，命主之不亏也。盖三日宫系人一身祸福最紧，恶星躔之，灾祸立至。七煞是亡神，身主在七宫值亡神，则命宫便是劫煞，最为利害。若身命主庙旺不亏，更有吉星解救，虽三日宫七煞宫有伤，决主不死。经云：本主兴隆，遇凶危而无咎是也。

计孛穿身童岁死，长庚伴月少驰名。

计孛本是凶星，最忌穿夹身命，或加临三日之宫，童岁决无成立。长庚本是吉曜，极星伴乎太阴，或更临亥未之位，少年必擢高科。

详其体用，察其主宾。复究洞微何若，更推流年相应。若能穷此仙机，亦庶几于望斗。

体用命与限也，主宾主与难也。洞微大限、小限、流年、急脚、黄泉，既观本体，又察末流，既别大限，又推行年，则人之星命，亦庶几其不差云。

星学大成卷十四

三辰通载叙

三辰通载一书，集琅玕源髓、西天都例、玉关等经而作也。十一曜为一辰，二十八宿为一辰。十二次舍为一辰，凡星辰庙旺守照常变喜忌，吉凶祸福，合三辰而通载之，开卷了然，诚星家之渊海，术者之指南也。论者病其博而寡要，法而不活，不善学者，遂按图索骥，胶柱鼓瑟，谓其无验，而作者之旨荒矣。余重惜之，乃摘取十一曜仍为十一卷，参以总龟算法，缀于四经之后。原书首载三日八煞等论，理趣优长，则收入凡例。末载二明三暗之说，矫揉太过，则附于乔拗。此余取舍之意，学星者参四经而会通之，又岂有弗验哉！易水育吾子识。

三辰通载（五星）

木德岁星

总龟算法，先置积日一十七万一千三百，减七十四，以周天三百九十八日八十八分六十一秒去之，看余日多少，入在何段下太阳中定星度，又以余日数去之不满者，为定度。

晨伏十七日行四度，去日十三度五十分，晨见东方，顺二百十三日，行十七度七十六分，留一百十三日，行十七度七十六分，晨逆四千六百九十四分一十秒半，行四度九十一分八十五秒半，夕退同上，留同上，顺同上，夕伏十七日，行四度，须与日同度。

木星论

木德东方岁星，君子之象。每一年住一宫，十二年满一周天，行有前后顺，迟留伏逆，留段为天丧星，减福力，伏段阑干星，善恶都不管，逆段灾杖星，反为凶逆。

丙生人以为禄主星　甲生人以为福星

乙生人以为暗星　丁生人以为权星

戊生人以为囚星　己生人以为荫星

庚生人以为魁刑星　辛生人以为贵星

壬生人以为印星　癸生人以为正耗魁星

此星其色青，其性仁慈，乃福德之星。庙亥乐寅，好申喜未。

琅玕经云：木躔室宿是宫星，职禄弥高列缙绅。望鬼应除清峻位，临箕能出贵豪伦。申宫得见趋财禄，禄主推之富贵人。身命限中俱见照，声名财禄自亨荣。赋云：木入秦州旺而初归巨蟹，木德星君所临，非主亦为禄，喜与水木日月同居。鉴心经云：平生福禄又多才，水星同与太阳来。异宝从来家里有，日加辰上足多财。若在庙旺宫得地，无凶忌照破，则主人紫绶官班，职序贵品，家富丰肥，仁慈道德，温良恭俭。每每见之，皆言善宿。能解计孛之难，善免火土之厄。纵在闲弱之地，亦为九流僧道之职。纵会刑星，亦主文章，虽不修读，也达文理。又曰福寿之星，安身寅亥者，以此为学堂星。坐命在巳申者，以此为科甲星。坐命在亥卯未者，以此为天元印。坐命在申子辰者，以此为地元禄。坐命在巳酉丑者，以此为人元绶。惟六戊人见之，全减其力。更忌子丑，则名愠怒之星。经云：木打宝瓶须破碎。赋云：先吉后凶，木到鼠牛之地，此星皆怒，更为疾厄，在十二宫者，却不得力。凡坐命在酉午者，以此木星为天厨禄主星，若坐命宫，名为天厨宫坐命，主人大富贵，一生快活，非特一身荣贵，将来子孙分上，更享无穷之福。经云：天厨一禄少人知，识人须是泄天机。若在命宫为福紧，福德迁移又次之。男人得此多财旺，交遇中年好爵縻。女人逢之主封号，此是天上麒麟儿。又曰：八宫宫主是天厨，宫主星高禄更殊。若得吉星同在命，管取潭潭府中居。此星犯了人夭寿，若得高强意自如。男儿命坐多逢此，真是人间大丈夫。带此星在命者，十有九富贵，无不显达。若得遇水星，为丙人天官正禄星，或科名科甲，五星合格，乃宰执公卿之命，如被恶星同照，则次之。

木星歌

木星在命为丰姿，眉目分明世所希。文学聪明多艺术，常怀仁义有尊卑。（木星在命，形相端美，眉目分明，聪明文学，有尊卑之分。）心无毒，貌怡怡，言谈有德好珍奇。少病利官无险难，寿年长是及期颐。（木星在命，主人喜悦言语，有德少病寿长，每有险难，常有人救助。）逢庙乐，好官资，紫气同宫笔吏司。（若在庙乐宫，主官资显赫，气同是刀笔也。）三合逢之为福厚，对宫尤是好镃基。日辰会合文章好，女后同宫贵位推。(木星与日水会合，主文章，与月合，有贵位。)夜火合，有兵机，更逢画土主旌旗。(与夜火会，主有兵权，与书土会，主建旌旗。)忌星若来须减力，金同文武佐明时。(金星同宫，文武俱备。)惟有辰星科甲贵，位同天乙懒施为。(与水会，主高甲及第，天乙会，性慵懒。)尾添毒，首助威，孛同何似独居之。(与天尾会，主有毒。与天首会，主有权。孛会亦会乏力。)财宫横宝须收得，闲极三人手足随。(在二宫好，财帛多，有横来宝贝。第三宫兄弟三人。)田宅富豪多宅舍，五宫偏见好男儿。第六陷宫奴得力，那堪第七美容妻。还居第八无时疫，第九他乡得意归。十位官资须显赫，禄宫寿考亦庞眉。前言叙尽神仙诀，后学尤宜仔细推。

岁星之号名为木，亥未虎猴俱作福。
作福宫中仍或逢，此星必定荣衣禄。
吉星到处皆为福，切忌三方恶曜侵。
三方对照还刑破，更居闲极反灾迍。
双鱼宫内及幽州，此处应当仔细求。
若在强宫或守限，少年谈笑可封侯。
木入秦州事最佳，发财发福自成家。
若还陷却凶星照，反为灾咎走天涯。
木躔寅位五分佳，惟逢亥未发英华。
不在闲宫为主将，钱财丰足四方夸。
莫以木星为大贵，子上依然不得地。
兄弟分离子息穷，辛苦飘流无大智。
金命见木如见禄，及弟成名因纳粟。
右官武弁及旺行，只为金星来犯木。

土人以木为官鬼，虽是相伤多有意。
为官天下有奇功，只喜此星居亥未。
土人到巳正无气，要得木星先到未。
巳上如逢金水星，阴人大富阳人贵。
木星疾厄反成殃，巳前寅后却为祥。
水与太阳随后至，文学成名管簿尉。
妇人卯上木为权，大忧男女泪涟涟。
土命酉生相对见，若无色好有牛田。
亥子午未之四宫，此星一吉为一凶。
好问图书乘庙旺，闲宫安命定昌隆。
三日宫中水木星，定教聪俊远传声。
三方更在高强位，金榜高登第一名。
木星天性好文章，须信声名自此彰。
更若官科俱得地，少年及第紫薇郎。
木乃腾辉向壁中，若逢初度好奢风。
人知两府成家者，更见科名不陷中。
任是性灵无远虑，终须高处见乘龙。

木星殿局朝元

木星附太阳，曰青龙捧御。居人马（寅），巨蟹（未），双鱼（亥），为正殿。居亥卯未宫，为本局。爱角、斗、奎、井，谓之朝元太岁正宫，值之大贵，偏侧见之，天才清俊，位升庙廊，六丙生人最佳。

木星庙乐旺顺留伏逆

庙宫：(广南西路) 木入双鱼，亥上，名红鸾太微玉印。若人身命遇之，更逢禄马垣局，如八煞官禄有星，便作极贵。如不在本路，只是八煞官禄，有星者，亦是两府命。如八煞官禄无星，亦作富豪有位之人。留伏逆者减力。

乐宫：(西川路) 木入寅，人马上，名紫绶玉冠。若人身命遇之，更八煞官禄有吉星，皆是两府。如不在本路，不见禄马，只八煞宫有星作正郎。若官禄有星，皆主升朝，无星乃富豪之命。

旺宫：(燕秦路) 木入巨蟹未上，名天福玉堂。若人身命遇之，更八煞官禄有吉星者，应京朝两府入座。若八煞官禄无星，主富豪及郎员，僧道遇之，有住持之望。留伏逆者减力。

顺段：木居顺段，名天殊、天垒，若照命及限，吉星相应，主八品之贵，若无吉星，主大富，仍可随时对官禄马断之。

留段：木居留段，名天鼎、天秉，若人身命遇之，主有机谋，有救星，则为清洁之人。凡木星行留，惟妇人命添吉星照者，主为命妇，形貌端正聪明。

诗断：　木居留段号天绞　所临之处多奸扰
　　　　邪言妄语不寻常　好与阴人打交道

伏段：木居伏段，名天皇天日，若临身命，皆上等艺术之人。若有救星，即为福星之人。但看宫主高低喜怒，仔细断之。前伏利名须见早，后伏中岁见亨通。

诗断：　木居伏段名恶宿　辅命临身心自疑
　　　　但使疑中多见失　运行到此没凭依

逆段：木居逆段，名天库天华，凡人遇之，主中福，及郎员之位，居低位有救星，便为品格。

诗断：　木居逆段为天库　身命之中宜详虑
凶星同到有所因　财散人离由此处

木星躔宿俱出玉关经玉关歌：

木躔角宿号天贵　诗礼传家居贵位
更能艺术近公卿　财禄丰盈名早遂
木星角宿正相宜　角木蛟宫木更宜
木入辰宫东井地　青龙须是福来绥

贵格云：　木星庙度经龙角　六印一时都掌握
木躔亢宿号天城　财禄荣华显大声
学问操修君委用　辅赞岩廊四海清
辰宿正属亢金龙　木躔此地最无功
亢宿阳星能克木　虽然得位势难容
木躔氐宿号天穷　命若逢之灾祸凶
克妻害子孤茕早　此身衣禄必难逢
木来氐宿喜相逢　怕入三八十二宫
金位值之皆发禄　不论贫庶悉皆同
木躔房宿号天臧　进禄荣身侍圣王
白日生日尤大富　定应官职佐岩廊
卯宫从未正属房　木房值宿要金刚
金木相逢为大用　木为房用壮高堂
木躔心宿号天喜　少年荣贵妻双美
多男多女富金珠　国家库藏君王委

心宿要见岁星扶　心居宋分木安居
卯位正当宜木德　更添水曜永无虞
木躔尾宿号天和　官禄荣迁福更多
三进又须三退位　三七年来国事和
尾宿从未半属寅　虎逢木曜壮精神
木壮可躔尾火虎　枯木欣然遇首春
贵格云：木躔尾末与箕分　衣冕乘轩位列侯
木躔箕宿号天祥　官职须登佐庙廊
才学经邦须大用　此身荣贵坐槐堂
寅位箕星偏好风　木曜躔箕自飘蓬
箕木不堪逢火曜　木火相逢顿觉空
木躔斗宿号天程　才智全兼早贵荣
柱石邦家须大相　必为廊庙福苍生
斗为帝居要木栖　木斗相躔器所宜
戬穀自然帝祉锡　斗宫得木世稀奇
贵格云：岁德经躔南斗舍　论功列爵岂能酬
木躔牛宿号天犁　贫苦初年晚见妻
口舌是非君莫怨　家财破尽化为泥
金牛克木不相和　虽有皮班命不高
若是气星同上宿　福坚尤作富家豪
木躔女宿号天机　艺术聪明事事为
内富外贫财库足　只忧妻子见分离
女人见木多殊异　朱紫妆身多称意
生时父母梦祯祥　性善纯和喜紫气

木躔虚宿不曾安　天阵之星百事难
内外不和家稍进　离乡应是保身安
木打净瓶怒在虚　顺度强中事亦如
更辅水星生叶茂　聪俊英声文有余
木躔危宿号天然　骨肉从来在外闲
衣食平平庄产置　到头终是不安然
危曜虽然属宝瓶　木居危地势须倾
月燕难栖危木地　妻儿克尽见单身
木躔室宿号天材　俊逸文章福大来
柱石标名官爵厚　公卿不久坐三槐
亥居惟是室星柔　卫木来时德最优
三度之中云入庙　加临天乙切莫留
贵格云：荧惑岁星俱庙室　勋臣永镇升平日
木躔壁宿号天勋　金玉丰登近贵荣
若是夜生身不足　日生终是富安平
壁宿亥宫正位躔　木星庙旺正朝天
天德好生生木德　木为仁曜自安然
木躔奎宿号天耘　灾厄虽多讼狱频
少年有灾妻子克　老来方始得安宁
奎宿富生是本家　木星到此主荣华
官崇位显人尊重　即忌逆行留伏邪
贵格云：木星躔宿须荣爵　锦绣文章声望高
木躔娄宿号天英　天马木逢大不平
少年晚富多凶害　生朱孤独却安宁

娄宫木曜不可当　娄藏金狗有相伤
况是戌为西地管　木归西位见金伤
木躔胃宿号天耆　举措施为百事宜
性善心慈衣食旺　一生应不见凶危
胃星要木曜来躔　木位兼隆福寿绵
木盛可栖胃土雉　一生安享不迍邅
木躔昴宿号天祥　为人大体性忠良
妻子安和家道盛　到头终是足衣粮
木星一纪及周天　十二年来到昴前
假使富豪金谷盛　冰消瓦散夭天年
木躔毕宿号天蒙　身命安康福禄荣
平生不识凶危事　此人才貌更丰隆
木来毕宿岂相当　财帛重重有所伤
男女孤孀偏主夭　若居田地自离乡
木躔觜宿号天灵　为人秉性最聪明
作事机关人莫测　要知财福少丰荣
觜宿从未在于申　木居属水本难禁
木火绝交为泛曜　更添刑煞祸来临
木躔参宿号天聪　性直文章六艺通
户口邦畿堪立任　位登台省必高崇
申上参星号水猿　猿栖木曜水中材
惟是木来参宿立　生成盛德德堪论
木躔井宿号天吏　遇此生人必贵荣
年少尊高登要路　须知官职在专城

木若伏井不堪称　孝服官灾叠叠成
限若居之不问福　且求无祸乐平生

贵格云：木星东井喜相逢　官位居高德望隆
木躔鬼宿号天精　佩紫金鱼极贵荣
将相居朝三十载　辅赞明君四海清
木星惟乐鬼神随　木入秦州事可奇
男受官班女封荫　鬼金羊乐木相随
木躔柳宿号天庭　佐国安邦保太平
若不居官廊庙位　朝臣朱紫赐公卿
午宫柳度十三宜　十四度中木不栖
柳木同躔逢孛宿　木躔柳位长南枝
木躔星宿号端门　声名宏远播乾坤
贵禄逢荣官进显　庙堂应是展经纶
星位正属午宫中　木向南柯福不隆
火木相逢孤克重　木临星午困须穷
木躔张宿号天裕　福寿康宁人罕遇
家藏金玉旺儿孙　庄产资财能积聚
张宿须要木来宜　木到张兮月鹿栖
勿谓南枝无木旺　木中得鹿又清奇
木躔翼宿号天财　金玉丰登若土堆
进益生财家道盛　满堂金玉自天来
巳中原有翼躔宫　木曜加临未可逢
翼有异风吹百木　火蛇荧木必生凶
木躔轸宿号天柱　财帛豪强定富荣

声名腾达人知重　惟恐多灾病疾生
轸宿亦在巳中求　木临轸宿作车舟
水辅舟车宜乐轸　更加计曜不堪浮

木星行度

木在双鱼，在本宫室三度三十七分二十五秒，至九度三十七分二十五秒，以上为木度正庙。过此度只是向庙言，不行庙度，向庙次之。在井宿二十九度以上，至三十度为向旺。鬼宿一度为正旺，鬼二度及柳三度为次旺。过此为背旺。人马是乐宫，居此生人，主作金门之客。

木星为清庙，室宿木之庙也。若六度以上，九度以下，为正庙，合居廊庙，为辅弼之臣，若逆行，必为武职，居机要之地。仍须得火土助之，如金水助之为文官，居辅佐之命也。

木在巨蟹宫临鬼初度，为旺居贵地，三十年顺为守相，逆为将，留为富。若在人马宫临尾十二度，箕七度，斗五度，至十二度，主大贵，主三进三退，凡三十一年，仍须有力之地，成大吉也。惟宜见火与罗睺，必大贵。与火相合贵，与罗睺相合，与土不相合，得日度主文艺遇人，有声名权柄，亲贵族，得国王重用，是主大贵。

月度主有文章足词，智知未来之事，是主星，转加福力，若脑后有高骨，大贵。

木度主性格宽缓，文章出群，居贵位，有二妻，多男女，更是主星昼生富贵。

火度主多灾厄，好争讼，少年难养，水同则减，主有好妻，兼得妻财，主持国君务之事。

土度主多口舌忧讼，昼生免之。若面生如满月，声响清正，其人大有贵权。不是主星，多因狱讼，不成事亦主有位。见妻迟，娶他人妻，三十以后富。

金度先文后武，得美妻，因此有忧，宜男女善掌财，有国王委用。

水度性情不定，能诗书，得贵人重，多艺术。

木星入宫

日宫主立性沉厚，好慈善，为人有信，作事方圆，殊常有福，每遇贵人见知，兼主有寿，更主国王重用，大用权贵，昼生人转加福力。第二宫不见火土，乃大贵人，见火恶死。

月宫主聪明，有文艺，得贵人见知，有声名，足财物，知未来之事，日生最吉，是主星大贵，不是主星，平生有财。

木宫主为人厚重，作事有断，好声名，足文学，是主星日生大贵，不是主星一生多财物，贵人见知，日生有福大富。

火宫主为人性急，足威严，能经营事，主财物，是主星日生在阳宫，有文武权大贵，不是主星昼主财，夜微福。

土宫主才智，内贫外富，平生多口舌，足谗佞，无始终，是主星微有职，不是主星且免贫贱。

金宫主为人性急，见事深远明白，于人有义，得大人委用，不乏财，近王侯，是主星日生富贵，夜生有财，不是主星，平生多福。

水宫为人性巧聪慧，见事明白，与人结交，有终始，内敏外刚，殊常有福，贵为台省之任，主户口多，更寿算长远。

木星同宫

木火同宫，主为人性快，作事忠直，好文章。若木是主日生，火是主夜生，各乘旺气，主有文武之权，名播天下。

诗断：　木星会火喜偏饶　　值此官尊福寿超
　　　　百六会时家国泰　　忠臣孝子满皇朝

木土同宫，主有文章，平生国王重用，是主星日生，有相权，夜生给谏。

诗断：　木星宜与土星同　　百六逢之稼穑丰
　　　　会此乘轩须衣冕　　记名青史著奇功

木金同宫皆顺行，主文艺过人，早发禄，有声名，入度浅，两府之命。

诗断：　木星最喜遇金星　　喜曜相逢百福兴
　　　　百六会时多吉泰　　人生指日到公卿

木水同宫，聪明有文，好修合，是主星大贵，有贵子。

诗断：　木星喜与水星居　　天赐洪休庆有余
　　　　百六会时千福备　　等闲平步入云衢
　　　　天命之宫水木星　　一生聪俊远扬名
　　　　三方更在高强位　　金榜须登第一名

木罗同宫，在阳宫福厚有位，在阴宫恶死。

诗断：　木星最喜遇罗睺　阃外英声孰可俦
　　　　怒则诛奸欣则德　如逢百六备休休
　　　　惟有木星无可怕　最爱罗睺一同舍

昼则堂堂韩魏公　夜则魁梧吕仆射

木计同宫，主进退不定。

诗断：　木星若也相逢计　反祸为祥千福至

百六当之祸自除　如历巨川舟楫至

木气同宫，主少年荣显，六亲皆无妨害。

诗断：　紫木不来难得解　任他文学动公卿

寄语才高须要命　不用频频祝上清

木星紫气福添隆　百六逢之庆不穷

更在庙宫阴德重　官为将帅位封侯

木孛同宫，主忧惊得疾而死。

诗断：　木孛元来主寿龄　今日无分重与轻

人生九十高年客　皆由四正有强星

琅玕经节要

木乃文才，善美之星，顺度而行，清高益寿，临于庙旺，职禄高强，与日月同，位居显任。

木为文星，若临庙旺顺行，则主清高富寿，更为方主，日生，则主官崇位显，封妻荫子，贵格之人。

木金禄厚，与水高才，昼日逢之，辅弼可及，与计同宫，台谏之臣。

若木星同金水入庙旺宫，昼日逢之，官至一品，辅弼之格，与计同在寅位，名入庙旺，贵为台谏，或掌兵权，昼同气土，贵而豪富，火月夜照，显于台辅，昼夜背之，刑而相克，更在留逆，危而多失。

木同气土昼见，或同火月夜照，主贵豪，若背而留逆，即多失职。

罗睺同宫，威权极重，与孛同未，职参侍从。

木与罗睺在宫，即为文职，威权贵祉之命，与孛在未，不论昼夜皆贵。顺临高迁，逆行力减，主背同凶，六亲失陷，托附贵豪，必有谋用，虽同恶曜，少降祸灾，遇吉星加之，富贵寿算，绵延不绝，妻位有克，谨俭去奢，若或顺临，财多福厚。

木星照临十二宫

命　宫

守照命宫，形清瘦耸，气貌柔和，外弱中刚，身轻体重，为人有貌，文笔自富，为性仁慈，好道德，温良恭俭，作事大体不得进，自然身奋，衣食大旺，不招凶危，益喜算，官居五品。顺旺则富贵，逆留薄财禄。遇事退懒，敏而少断，与日月同宫，足禄多财。与金同在，身命自然显达。爱亥卯未宫，掌禄大吉。寅宫有官，八宫主殃，在土宫家庄广置，在陷害逢火短寿。见火与罗睺大贵，忌火孛紫计在六、十二宫不得力。

诗断：　木照人聪敏　　艺术及文才
逢危能脱难　　财禄晚年来
木星在命好客貌　白净身材又更长
若为禄主长生位　自然聪俊有文章
木居命里性柔和　更说能文主贵科
水若同宫并对照　渊源滚滚是英豪

财帛宫

主大贵，近至贵，在人马宫，得十二分力，财物滋润，积聚无破，中末大旺。木照一生财帛丰足。

诗断：　木星好乐更临财　一世荣华少有灾
　　　　更得善星居上下　虽然运蹇福还来
　　　　大抵财帛宜拱照　木德临之固佳妙
　　　　若是身入弱宫中　决然先破成家道

兄弟宫

主三兄两弟，与人皆孝友，上和下睦，永不相克。木照主有贵相，兄弟三人，如伏逆留则全无。

诗断：　兄弟宫中木照时　吉星亏陷岂相宜
　　　　直饶雁序恩情重　恐解东西各自离
　　　　兄弟有名不得力　只为星辰都不吉
　　　　吉星宜向火中求　紫气木星是虚得

田宅宫

主业产毗和，田宅增益，父母俱庆。又云木居田宅，极为强。木照主有绝户阴人田产。

诗断：　木星得入四宫中　可见无灾喜庆重
　　　　田宅昌荣须守祖　不逢破败福丰隆
　　　　田宅名为父母宫　木星相并亦为凶
　　　　除非亥卯未宫见　他方亦与恶星同

男女宫

主男少女多，日生则多男，夜生则次男，聪明智慧，女有四德兼全。木照有文章之子，春夏有，秋冬保一人。

诗断：　　木星守位子孙多　太乙临之怎奈何
　　　　更有紫气同宫度　老年绝嗣更多磨
　　　　木德加临在旺乡　儿孙宫里喜非常
　　　　到头得力招三子　个个荣华福禄昌

奴仆宫

主得奴仆力。木照合有贵相鞍马，招得力女婢。

诗断：　　身主之星是木星　岂教陷弱六宫存
　　　　立身立事皆低下　多幸终身靠子孙
　　　　万岁星居第六位　争知奴仆最为良

妻妾宫

主妻子好颜容面貌，有百年偕老，亦无克害。木照主美貌福相之妻，宜婚外方之家。

诗断：　　有妻又有妻家产　只为紫气同木星
　　　　若在未申亥寅上　置田多是用妻名
　　　　第七宫中木星游　聪明典雅备祥休
　　　　更饶娶得真贤妇　偕老同心到白头

疾厄宫

一生无疾厄，常享清福，永无不测之灾，自有大来之庆。木照招福寿，不患重病，少非横灾。

诗断：　木星疾厄照其宫　气宇安荣语若钟
弱位更教金宿克　颠狂怪诞有如风
木星解散照临宫　且免平生患难闻
不惟财禄多饶润　体貌堂堂迥出群

迁移宫

宜行藏运动，或作赘他人，凡有所谋，吉无不利。木照招外富贵接识，宜远行，到处受衣食安乐。

诗断：　木星得地九宫存　三方傍临照命星
更得高高明健处　荣迁贵显自安宁

官禄宫

少年享快乐，决事如雷霹，高处休途，金榜题名，更得吉星同宫合照，则仕途一向清显，官职清高，享厚禄酿赏。得此则富贵，营运称心，衣禄丰足，主一生大有成贵。木照有文学，招官禄，受贵人成立，合在中年后受官，有横财之喜。

诗断：　第十宫中见木星　平生衣禄保安荣
须知宏丽文章秀　甲第登高到九卿
木星元出坐官宫　作福从来不作凶
躔地斗牛星众显　千灾万福不相逢

福德宫

此命必入五福格，一生全无蹇滞，常处康泰。木照主福禄称意，财食大来，立身高上，常有贵人喜重。

诗断：　　木星一曜最尊崇　下照当生福德宫
　　　　经史优游多博学　不劳跬步至三公

相貌宫

主人肥厚，堂堂有子张之容，便便同边韶之腹，温良仁义，机变超群，行步轻健，作事洞然，与人交结，久而敬之。喜林泉，好技巧，不怀欺诈，得恩便报，有崇奉道德之意，无凶顽欺狡之志。此星不欲处相貌奴仆之位，盖为贫弱之地。木照主形相分明，十相具足。

诗断：　　欲究前程看木星　得临相貌不尊荣
　　　　陷宫更有凶星入　官府刑名累见黥
　　　　木星如临相貌宫　清奇古怪好相逢
　　　　傅说植蜡商宰相　太公非虎作三公

木星变段名

宝瓶宫栏干星，又名曲直星，主先破后成也。

诗断：　　木星子位号栏干　命若逢之见福难
　　　　首尾同宫并火孛　厨无禄食尽天年

磨蝎宫亶娄星，又名文印星，技艺工巧文笔。

诗断：　　亶娄三公且平和　八煞宫中阻难多

身命若能无恶曜　资财足用免奔波

人马宫禄存星，又名文章星，读书进身文学。

诗断：　木居人马禄存星　七强宫喜立鸿名

更得贵人逢禄马　三垣满用佐朝廷

天蝎宫凤翔星，又名天甲星，主九流伎术也。

诗断：　氐房心宿凤翔星　财旺身宫禄更荣

益子荣妻承祖福　恶星相犯不为惊

天秤宫青龙星，又名天德星，横财为福有德行。

诗断：　岁星辰上号青龙　四正宫中爵禄崇

太白相逢官品极　不读诗书也荫封

双女宫岩蛇星，又名科禄星，科名清贵之职。

诗断：　荆州楚分号岩蛇　狠毒贪污性好华

狡猾凶顽曹吏辈　或为商贾不思家

狮子宫横尸星，又名丧车星，丧害六亲孤独。

诗断：　三河周分木为乖　身命遭逢百祸来

三限若教一限到　须主性命到泉台

巨蟹宫文华星，又名天魁星，主及第魁选。

诗断：　未宫入庙清华贵　四十五年为福利

文臣官列至朝参　武显边疆郎将位

阴阳宫天贵星，又名天驷星，主招驷马轺车。

诗断：　木星天贵喜临身　身命同行作辅臣

日月火金并水土　此为七煞立功勋

金牛宫天伤星，又名天棋星，主艺能财业成。

诗断：　木星西向号天伤　火计相侵入夭亡

为道为僧身不了　为商为贾路中丧

白羊宫献舞星，又名天吊星，相克六亲孤独。

诗断：　戌为献舞少年孤　男犯休妻女克夫
若见太阳并火曜　终身却有贵人扶

双鱼宫龙德星，又名文贵星，主文学魁甲也。

诗断：　龙德木曜受双鱼　顺则为官逆则儒
祖业丰隆无损坏　子孙代代习诗书

星学大成卷十五

三辰通载（五星）

荧惑火星

总龟算法，置积日数加二百二十二日，以七百六十九日九十二分九十六秒，为伏见留退一终之数除之，不满者为余日，看有多少，下太阳中定星，加一周天，以余日数去之，看在何段，便知定度所在。

晨伏七十一日，行五十一度，去日二十度，晨见东方，顺行三百八十日，行六百十四度九十分。

留八日不行，晨逆三十日九十八分四十八秒，行八度五十五分六十八秒，夕逆三十日。

留八日不行，顺二百八十日，夕伏七十一日，行度并同前。

火星论

火德南方荧惑星也，一名虚汉星，又名灵汉星。其色赤，其性礼。执法之象，履道而明，民安国泰。退逆失度，或犯天阙，或犯南斗，或入紫微宫，天下大乱，死人无数。行度无定，故有前后顺迟留逆段。大抵约二年一周天，顺疾而行，则为福。入留段号天虹星，招火灾。入逆段号天坎星，主瘟疫。入伏段号走曜，主暴灾厄。

甲生人以为禄主星　乙生人以为权星

丙生人以为囚星　　丁生人以为印星

戊生人以为正魁刑星　己生人以为贵星

庚生人以为荫星　辛生人以为耗星

壬生人以为福星　癸生人以为暗星

此星庙在卯，旺在丑，好在戌，乐未喜申好寅。

鉴心经云：夜生火曜照蝎宫，合主三台杀伐权。若然居丑与奎娄，夜生必定佐王侯。

历象赋云：南方星官在蝎宫，面贵饶衣食。

诗云：火躔心宿职弥强，生杀权威镇远方。斗宿度中兵任重，娄奎星内禄非常。夜向申宫名喜位。水金同照任朝堂。星主夜逢宫度顺，定招财禄两荣昌。

昼生人逢之为忌星，最怕阳宫也。又不可以日生火便言忌曜，须明喜乐好旺，或为禄主，或为权星，或是三方主，或作科名星，详其所临宫分，三合照临，察其灾福。如昼生见火，在阴宫不为大害，临危不危，临险不险，总有灾殃，虎头鼠尾。都例经云：夜生忌土昼忌火，各自相逢必为祸。土在阳害火在阴，纵有灾殃还较可。

经云：莫言忌火便为哭，若为方主祸不来。此星英雄武略，威勇猛烈，大怕酉辰二位，号为怒地，主人克害骨肉。鉴心经云：火星若在酉与辰，其人少失二尊亲。又云：火星行到参星，腰驼眼瞎。赋云：中年运蹇，见生时火在酉宫。赋云：金临火位，其人少失尊亲。火入金宫，此命早抛兄弟。盖辰酉乃金星好乐之宫，火星到此相克，故为愠怒。如火命不论此，若君子之命已入贵格，更得剑锋星煞入命，则为三司格局。

剑锋煞

甲戌生人剑寅锋丑　甲申生人剑子锋寅

甲午生人剑戌锋辰　甲辰生人剑申锋午未

甲寅生人剑午锋申　甲子生人剑辰锋戌

小人在命主不善死，在八宫十宫有权。此敛锋之煞，利君子不利小人，君子则贵，小人则凶。女人以火照命宫者，口硬心软，处性不和，生得端正，多与夫不和。如庙旺则贵，兼以此为夫星，若得地则荫润夫宫偕老。大抵火遇夜则光，金遇夜则明，坐命在亥卯未者，以此为地元禄，坐命在寅午戌者，以此为天元印，坐命在申子辰者，以此为人元寿。六甲生人以火为天官正禄，与之同宫则吉。

火星歌

荧惑之星本日余，须分昼夜定贤愚。夜生阴位更逢庙，面色微红眉又疏。（火好夜生在阴宫，主面色微红，眉目疏秀。）有武艺，会兵书，言词猛快气豪粗。形神上小下须大，只好安身武位居。（夜生在四强四正宫，主有武艺，言词猛快，有胆气，只宜武位。）权握重，管兵机，生来财物又居储。（夜火在命，主有权，掌有财禄富贵。）惟怕昼生阳宫度，面生颧骨恶肌肤。火性刚，多燥暴，常怀气概立身躯。不招祖业资财散，博弄经求及宰屠。（火星刚日生为忌，在阳宫生，面骨腮火急，不招上祖产业，多爱博弄，乃屠宰伏仗，气概立身。）逢日月，事何如，爷娘早逝早嗟吁。（昼火逢日月，主克父母。）岁荧两备兼文武，遇土英雄乱世需。若遇金星淫更佚，妻招产厄至呜呼。（火木相合，主文武俱备。火土相会，必为乱世之英雄，更招妻产难也。火金相会，主妻淫佚。）水与孛，爱穿窬，更逢计曜定遭诛。（水火孛同，主作贼。计都主恶死。）天首武臣高贵位，如临紫气号师巫。（火罗相逢，主武位有权，与紫气会师巫。）居财帛，财帛虚，三宫兄弟主流徙。田宅祖居相破荡，六宫放火是家奴。（昼火在财帛不招财帛，在三宫兄弟遭徙，在六宫破祖业，在九宫主奴仆放火。）五位长男先恶死，七宫妻妾亦先殂。疾厄瘟疫腰背曲，迁移客死别人庐。（昼火在五宫，子息恶死，七宫克妻，八宫主瘟疫及腰驼背曲，九宫客死。）居官禄，有忧虞，血光刑狱事区区。福德宫中人促寿，陷害十相不全俱。（昼火十宫，主刑狱血光，十一宫促寿，十二宫十相不全。）微妙仙经无价宝，珍藏待价却沽诸。

火星为性要君知，日里生人切忌之。四正宫中如遇着，一生财物似灰微。

白羊天蝎若相逢，平生财禄自然丰。齐卫分中有悲喜，子孙年老有丰隆。

火虽多礼亦为心，既能为福亦为迍。命与身宫重叠犯，正是平生燥暴人。

为人何故苦多言，土孛之星与火兼。当初只喜夸雄辨，反被傍人苦恶嫌。

玉体痕瑕多见伤，皆因丙乙起为殃。若同火土居亥位，遗腹难生亦克娘。

火星因是昼生凶，旺在阴宫亦有功。名据高强逢紫气，必然骤发至三公。

火居天蝎旺心初，夜里逢之贵有余。若是科名并命主，谏垣言路一时居。

火星殿局朝元

火星附太阳，曰朱雀捧御。附太阴，曰衔赦。居磨蝎（丑）天蝎（卯），为正殿。居寅申巳亥为正庙。爱尾室觜翼为朝元。本命太岁值之，建旺则秉将帅勇锐猛烈之权。六甲生人最佳。

火星庙旺乐顺留伏逆

庙宫：（京东路）火入天蝎卯上，名为天成天角星。若生本路，身命遇之，更八煞官禄宫有星，学馆星不闲，便为贵命决之。若只八煞官禄宫有星，只升朝格，中富之人。如见禄马八煞官禄无星，亦是四品之官，兼主武职，不在陷宫，兼有官资，或遇留伏逆减半。

乐宫：（京湖重官）火入白羊戌上，为左契右契星。如人身命遇之，加临官禄，更有吉星，定应两制之贵。中犯煞者，便为武职将军之位。星入八煞官禄宫，皆为枢职，只作从官，须兼帅职，女为命妇，须寻禄马高低断之。

旺宫：（两浙路）火入磨蝎丑上，名为天权天皇星。若人遇之，主一生作事亨通而大富。如官宫有星，只作官职断之。僧道见之，有住持之望。若遇兵戎，必作上等郎员。留伏逆减半。

顺段：火入顺段，名为天偕天武星。若人遇之，有救星，更犯煞星，必作武职六品之宫，兼为将军，女人为命妇，更寻禄马断之。

留段：火入留段，名为天锉天哭星。若人于身命件见之，皆主好杀，其心不慈不仁。若有救星，却主平善。若入陷无救星，皆坐远配军州，不祥之祸断之。

诗断：　火入留段名天厌　身命逢之名耻玷
　　　　平生虽善治家生　亦被妻儿多怪念

伏段：火入伏段，名为天娄天车星。若人身命见之，皆犯囚刑重难而死。若有救星，却于分野上寻断。其星最怕居忌陷，主有不祥之祸，或有救助，主于炉冶中求觅衣食，亦主孤独。若妇人为风尘不善之家，更随忌陷高低断之。

逆段：火入逆段，名为天患伏尸星。若人身命见之，无入格星辰，皆主孤寒贫苦。若陷忌定主恶疾，或犯煞无救星，皆主非横死，女人产厄见血而死。

诗断：　火星前逆名困厄　亲上施恩反作雠
　　　　在命辅身临妻位　一生性荡远方游
　　　　火星后逆名披首　心荡花衢最耽酒
　　　　烦燥心神无三思　因兹暗里成灾咎

火星躔宿，俱出玉关经玉关歌。

火躔角宿号天娼　衣食随时不善良
克妻克子婚难合　免教食禄见凄惶
火星偏好角星逢　角木相生势位隆
得禄理财全在手　若逢水曜必须穷
火躔亢宿号天戈　妻妾宫中有折磨
好色损妻心不定　此人衣食必奔波
火加亢宿主离财　夜里生人亦有灾

若是日生忧寿促　只逢孛计为同来
火躔氐宿号天轻　衣食生来不称情
心性轻狂多胆智　晚来稍稍得安宁
卯宫见火为之主　未到氐宿度土度
昼生留逆遇皆凶　夜生顺行多智虑
火躔房宿号天梁　官职超迁辅弼良
将相公侯名极贵　此身佩紫与金章
荧惑房二并四度　超越之人诚好武
雄豪大略主威权　富贵荣华官职固
火躔心宿号天相　统领兵机为上将
更兼枢府四十年　富贵功名彻天上
火从心宿号明堂　初度之三正相当
统压万兵权至重　文星魁发少年郎
贵格云：荧惑正行心宿度　高牙大纛拥旌旗
火躔尾宿号天穆　此人必定荣衣禄
安然里面不奔驰　超腾晚景最多福
尾宿之中当防火　奸险所为难保可
不然疮疖阻于人　亦主一生多横祸
贵格云：荧惑之星躔尾宿　禹门一跃过天池
火躔箕宿号天明　作事机权性最灵
为官须得君王用　大任终当领万兵
箕星不要火相逢　火躔箕宿益飘蓬
箕好火风终汩没　水星同度火须凶
火躔斗宿号天征　生杀之权有大声

禄旺中年主富贵　位至三公及九卿
斗十八至二十一　火曜夜临主贵极
公卿带印掌高权　尤忌伏行生在日
火躔牛宿号天朽　先代家资尽灭亡
形貌魁梧多智勇　此生终不少年郎
牛星虽是属丑宫　火临此地晦朦胧
遇土不明多蹇滞　纵教辰上亦生凶
火躔女宿号天暗　多成多败心狂乱
若非木旺在宫扶　六亲害尽资财散
女子如何被火煎　便教富贵寿难延
惟甲夜生行顺疾　此身当在圣君前
火躔虚宿号天磨　贫困初年财不多
心爱是非耽女色　更添女子不相和
虚星属子一阳生　火逢坎地固难明
况是北凝兼水旺　火为离曜必伤身
火躔危宿号天淋　好色贪花智勇深
破家离祖自成立　施恩终是福重兴
火星齐地过危桥　夜顺光明事可饶
气若同之为旺处　官位高迁职更超
火躔室宿号天强　勇智操持武职良
更得木星来救助　定须学馆作文昌
火宿从未室火猪　自知夭寿命难逾
炎炎不息终为祸　男敢妻家女败夫

贵格云：荧惑德星居庙室　勋臣永镇千秋日

火躔壁宿号天灭　兄弟儿孙道路绝
伶仃孤苦万千般　晚年稍稍身安悦
壁宿切莫火相侵　壁为水曜夜常明
火曜来躔终不利　荧躔壁曜正刑星
火躔奎宿号天厨　衣禄生来自有余
勇艺智高才学美　定是威名达帝都
奎木之中生火曜　文学聪明夜生照
若是逆留六八宫　不主令终亦主夭
火躔娄宿号天旸　命里逢之出赞襄
恩德又施家富贵　渊源学问翰林场
火星虽为戌宫主　若是娄中亦可住
招刑招疾且生凶　夜则顺行人喜遇
贵格云：荧惑当知庙乐娄　官崇威重位分茅
火躔胃宿名天没　定是终身无子息
中间困苦又艰辛　奔走东西漫劳役
荧惑胆气更豪雄　胃度之中且莫过
那更土并罗计合　自知寿短祸消磨
火躔昴宿号天镂　身蹇身孤性自愚
贪酒多淫心不足　到头衣食亦无余
昴宿正属酉命中　火烧牛角正添愁
若是木星同度立　火无酉旺水终孳
火躔毕宿号天危　身见灾迍必损妻
破家荡业须游冶　资财耗尽走东西
毕宿虽乐月中乌　火行此地自难居

火燥不堪行没曜　便有荧光祸自如
火躔觜宿号天淫　风花雪月四时并
浮泛自然家业破　奔驰晚岁始身荣
古法常言火转申　谁知觜宿好相亲
日月同之多眼疾　夜生顺度始光明

贵格云：火躔觜宿福偏洪　龙跃天池气概雄
火躔参宿号天伦　性如风火好伤身
工巧细心兼有智　做些阴骘与儿孙
参宿从来属阴阳　火入阴阳气自刚
阴阳配合精神足　坎离交感火明彰
火躔井宿号天终　智慧威严胆气雄
衣食平平人命蹇　晚来方始见荣通
井宿半度在申宫　十七度中未位逢
火到此宫须怕水　纵逢吉曜亦无功
火躔鬼宿号天祥　此星家富少儿郎
只恐夭年多夭折　不然恶死没家乡
鬼宿为曜号金牛　火通明处鬼难当
金地火星常照灼　此星为恶不为祥
火躔柳宿号天驰　多虑多疑多是非
克妻害子兄弟绝　平生衣食却随时
火星居柳多惊怕　恶死猖狂甚奸诈
男女必是少年亡　女人产厄何足迓
火躔星宿号天荣　必定前程有大声
更得十宫星有力　为官稳稳到公卿

火星切忌来星马　损父元来从母嫁
日生最重夜生轻　处世忙忙无少暇
火躔张宿号天颉　汩没平生难共说
若非寿夭父母亡　克子害妻兄弟缺
张宿更在午星游　火曜逢宵展大猷
木曜同躔张宿上　若加禄主位封侯
火躔翼宿号天怜　心性猖狂学少成
智术多端加嗜欲　衣食生来却称情
翼宿属在双女宫　火临初夏气英雄
火曜不堪来此立　那堪见水又无功
贵格云：火星最好来躔翼　辅佐邦家权要职
火躔轸宿号天暴　手足风狂损年少
晚年衣食稍平安　只恐妻儿命难保
轸宿属水又水宫　两逢水曜气英雄
火曜不堪来此立　身遭鬼克不堪供

火星行度

火星在天蝎是本宫，自氐宿五度八十一分至十一度十一分，系行火度，不为庙度。自氐宿二度至三度为正庙，不居此度为向庙。在磨蝎宫斗宿十八度至二十度，并牛宿初度，为正旺。白羊为本宫是次旺，生时遇之，主为重权之人。荧惑为明堂火之庙也。主为将相，秉重权有威望。若在房二度者，亦旺二十年。或在心初度至三度，为上将统万兵，出将入相四十年。见土为旺，见金水好神仙之事，见首尾私通国戚，见水以贱为妻。若在斗十八度及二十一度，必为公卿，即二十年秉生杀之权，常带将相之印，仍不犯日月及水土则贵。若见水则被人妒。若在四正宫为本宫居奎宿，则有文章。若逆行第七八不善终，虽顺行亦损寿，见血亡。与木相资，与金相仇，与水相恶，同宫为水克即恶死。

日度为人性急，干事不免是非，一生被人作念损祖财，老当刀兵之厄，是主星夜生有位，日生有财，不是主星，平生多讼，好色欲，变善为恶，昼生带剑死。

月度主性急，食卑下之禄，虽聪明亦短夭，其人出言不实，多是非，与人交结不久长，多有暗昧灾，因文人有危，是主星得免。

木度主一生多灾厄，因疾病中损害四肢，或犯风狂损伤男女，是主星得吉曜相扶助，则可减矣。

火度主威名严厉，一生足词智，因武艺则有锋芒，多子孙，亦忌小人相损。若是主星，总被人损，亦不成事。因此得重禄，更兼勇智超群。若有损即转贵。土度主损兄弟，男女主恶死，木见则免，三十二以后有财。

金度主一生多受贫窭，因女人败声名，木见则免。若是主星昼生，转加福力，身有贵位。

水度主一生多灾厄，施恩德，有不善之报。

火星入宫

日宫作事多成，为人性急，有声名，善决断，有武勇，作文词，是主星有权兵之贵，不是主星目疾，损父母，或夭死，天乙可免。

月宫主性格不安定，多惊怕，出言不审是非。若是主星，夜生有位，日生有财，不是主星，夜微有福，日生被妇人损陷，亦主促寿不善终。

木宫主得王者任用，有兵权之贵，为人内刚外柔，于人有义，见事深远，是主星有权贵，不是主星大富。

火宫为人性坚密，有道艺，好文才，足声名，富贵机巧。若是主星富贵非常，不是主星性急忠直，外敏内刚，知人灾福，又好烧炼。夜生富贵，昼生财薄。

土宫性急，形貌魁伟，有勇志，损祖业兄弟，好行凶恶，招暗中是非，有恶声名，不足畏惧，是主星好杀有权，不是主星多因杀害而死。

金宫好色损妻，好斗争，见事不远，与人交结无终始，是主星微有职位，不是主星微有财。

水宫工巧细心有财智，多刑狱，好杀害，一生多被人阻挠，与人结交无终始，是主星见小利不顾大事，干事多成每被人损陷，是主星可免，非主星因小人损陷性命。

火星同宫

火土同宫，主性凶恶，好杀害。土是主星昼生，火是主星夜生，及顺行本位，至防御练。土是主星夜生，火是主星昼生，各乘旺气，可主监司。如不乘旺气，主微职，亦主多疾，横终腰疾，言语吃澁。

诗断： 火星会土福偏隆　锦绣文章气概雄

南极星官添福寿　封侯万户食千钟

火金同宫主性急燥，见事不长，一生少得妇人私爱，多被妇人损陷，难婚姻，妻妾不良，多淫欲。

诗断：　　火星度会喜逢金　百六当之庆瑞深

人若逢之登上第　佳名蕃衍世皆钦

自来荧惑怕逢金　共照阴阳必主淫

更有恶星刑战着　不过强仕即悲吟

火水同宫，主平生多学道艺，兼好文章。若俱顺行不伏逆者，是事有成，伏逆者，每事多难。有善星相扶助，主有位。无善星助，主目疾。

诗断：　　火星怕与水星交　困苦相茂百事淆

隳废凌迟逢百六　夫妻父母总相抛

火如逢水自相刑　怕在阳宫与昼生

不满三旬防横死　若能知命学修行

火木同宫，主大富贵，有权位，主兵刑，在寿限主长命，在阳宫薄寿。

诗断：　　木星会火喜偏饶　值此官尊福寿超

百六会时家国泰　忠臣孝子满皇朝

火同木德断无灾　必主其人健有才

足智多谋身早达　官居五品亦奇哉

火罗同宫，日则凶，夜生主为国臣，在九宫方主无力，主烧屋。

诗断：　　火星最忌见罗睺　害义伤廉事大愁

兵火焚烧多劫掠　金仓谷府总无留

火计同宫主患痈疖而死，日生烧屋。

诗断：　火宿偏嫌会计都　金人风疾怪刑躯
丐殍寒贱终贫困　好是文身贼寇徒
毒药傅劳并刑死　莫能照命握兵符
如逢百六天灾厚　不问封侯也被诛

火孛同宫，主虎狼伤，不死亦主瘫疽脓血。

诗断：　荧惑最能诛孛彗　扫除搀抢为庆瑞
官荣上爵秉威权　百六逢之为祸害

火气同宫，主足文学少子，日生屋多火烧。

诗断：　火星紫气最廉平　百六逢之庆福龄
逢生必是人间瑞　龙凤丛中第一人

琅玕经节要

火行顺旺，或同水月顺位高宫，仁慈禄厚，天乙火临，不以昼夜，福荫于身，职禄雄霸。

火星顺行同紫气，不拘昼夜，主受积祖福荫。

火水孛星男女多淫，夜生宫顺，招财进禄，庙处权治，顺旺兴隆。

火土木同，夜照困穷，首尾一处，非吏即戎，或留或逆，刑害重重。

火星及土，夜照不论三方，即困苦之人。更同罗睺，当于刑法中立身。留逆则多官厄，克害六亲妻子，顺旺则昌盛之人。

火日同行，二亲殃祸，木不照之，先代主破。火计阴曜，惟宜夜照，权掌兵机，贵于廊庙。

火计夜照，威武之人，或文则带生杀之职，庙旺则福禄坚牢。

火若在昼，逢贵亦凶，忽然主背，难保善终。火木顺照，遇恶无凶，同吉荣曜，益寿添禄。

火星照临十二宫

命 宫

火星临人命，主人意气雄勇，急直好胜，明敏见快，多学少成，得志则宽量，失志则褊燥。心明性急，意直胆大，爱骨肉，与人交则不能长，固执自持，傲上喜大，凡事后悔，性不好闲，爱技术，善医卜，不受拘束，不奈触犯。有枕骨睡多侧卧，先瘦后肥，因灾变福，始勤终怠，好食硬物，梦则云水波泽，荒丘古塚，疾则足同脾肾。有胆能权握，顺旨则喜，逆意则嗔。夜生逢此，庙乐则文武兼资，勇智并用。若逢土孛计罗同宫，主人凶暴夭折，作事迍蹇，才有吉庆事，又或颠倒。夜生必有九九之数，其事绵延，凡事称遂。火照主性燥暴，不奈人侵欺，合主中年抱四时患。

诗断：　火照命宫心量洪　倚公附势立身躬
初年财散家难聚　顺旺如逢财禄丰
火人不要火居命　两火炎炎空自盛
若遇火星居天蝎　富贵光华须易熄
身命宫中遇火星　此人燥急性聪明
平生喜怒真难测　凡事须交立便成

财帛宫

初年耗散，有似莲花贮水，才满必顷，多招是非。若有吉星合照同宫，则反凶成吉。财帛四十八后，五十以前，渐渐见发。火照一生招盗损财。

诗断：　火星财帛旺初年　中主交时恐不坚
若得善星同照犯　末年退后又团圆
财帛宫中要得丰　岂容恶曜故来攻
忽然凶曜未相犯　帑库炎炎一荧空

兄弟宫

不值祖业，又云：火星守时皆不顺，独行处性也刚雄。火照主有兄弟虽多，终久全不得力。

诗断：　火临兄弟事如何　争竞纷纷惹祸多
亲戚有恩还反目　自然手足不相和

田宅宫

田宅难靠，宜自卓立，莫问兄弟父母。赋云：少失资财，金火同临于田宅。火照多因官中破家，常被恶人相损田宅，破散父母家业。

诗断：　祖基破尽岂难穷　火宿亲临第四宫
若是庙方须发福　不然孤苦一生中
妇人为夫别没刑　田宅多逢水火星
阴阳若是水火曜　田宅逢之却大荣

男女宫

招三人，亦宜桃花夹竹，偏生过房，相压更好。若与土星首尾合照，兼又昼生，及六丙生人，全不得力孤寡。若昼生火居男女宫，必主绝嗣。火照主有双生之子，贵可得二人之力。

诗断： 荧惑临儿长两儿　在家出外没尊卑
不然克害哀伤子　或者伤娘子复悲
火若来临第五宫　此星凶暴似冤仇
婚姻若得同偕老　男女必定少年忧

奴仆宫

主有仆马，但不久远。六甲生人在此宫者，主临于恶弱之地，难享福矣。若科甲科名二主高强，则无虑也。火照同。

诗断： 火德凶残势莫回　陷害奴仆愈灾危
女人更作当生限　夫位重重见别离
六位如逢水宿来　害刑牛马定多灾
屯殃变异起奴仆　得地专权自剧裁

妻妾宫

多主生离远别，若妻命有此星相抵，则无害。不然宜娶同庚长岁方保，迟得始宜，不宜早。男二十五前为早，男早克妻，女早克夫。火照主克宜夭婚，亦主妻因产厄而死。

诗断： 火星合主别离居　入宫伏陷少年孤
白日生人为忌曜　夫克妻兮妻克夫

生来火宿若临西　女哭男儿男哭妻
或在五宫三五娶　水宫一个定无疑

疾厄宫

切忌土宿恶曜同处，主有不测之灾，凶险疾病，六根不足，风疾缠身。经云：火土同临疾厄宫，眼不盲时耳又聋。赋云：日月有灾，八宫见火，如夜生不然，在消息论之。火照主疮疥之疾，防漏火之厄，有疾不可救。

诗断：　火临疾厄要推详　见物为禛更是殃
假使仙丹能起死　也须身染病临床
火星八位忧血难　灾来非命祸难禁
腰驼背曲缺唇齿　必定刑囚死狱深

迁移官

居处不定，宜外居更好，不宜在家。若居祖业，则难以兴发。如有凶星合照，防恶人侵害财帛，及虫兽之厄。火照同。

诗断：　火星宫分照迁移　不可将同恶曜推
得在强宫为禄主　姻联皇族贵当时
火星破命入迁移　迁变东西土产离
客店与人和合住　末年有屋可迁移
妇人不可更迁移　若是迁移是滞儿
火孛土星交丑亥　带儿再嫁要先知

官禄宫

君子一生主文字烦扰，如系禄主，则少年迁擢，文章出众，才藻非常，汪汪如千顷之波，浩浩倾三峡之水，用力少，见功多，受厚禄，享重贵。若日生见彩云易敌，美处难全，喜地有怨，福中有祸，不宜享福，寿不长久。火照主招恶人连累，官灾合牢狱之厄。

诗断：　火星凶焰入官宫　仕列全曹少始终
若在强宫为禄主　会看附凤与攀龙
火星到卯气飘飘　非遇宫主亦官僚
水土同宫临任死　皮袋那知被火烧

福德宫

衣食丰厚，仓库盈积，财物足用，更得火星合照，一生优游。若与凶曜同宫，则减其力。火照或忌星，或是克星，年不过四十，须招富人有亏克陷身之事。

诗断：　火星白日损人寿　若受官班终不久
蚀神忽若入宫来　骨肉妻儿难保守
火星满用临强位　十一宫中福为最
道德威严礼义崇　腾播英声盈海内
火星土宿与金星　三辰喜在福宫临
内只火星为急燥　为人因此失人情

相貌宫

主人瘦薄，情志轻浮，形神短矮，只见他非，不责己过，性洁白，好戏谑，好时喜到底，怒时拗到底，有人激触心中发愤，只是片刻，时过心中无事。火照形相恶丑，言语刚烈，不服人欺，情行忠直。

诗断：　世间何事最嗟吁　相貌宫中火德居
　　男性刚强多惹祸　女持箕箒泣前夫
　　火星行变不为佳　却破兄弟与妻家
　　若逢计孛兼天首　孤穷眉目有痕瘕

火星变段名

宝瓶宫天暴星，又名天刑星，有心胆能住持。

诗断：　坎名天暴火为灾　夜生纵可日迍乖
　　七宫妻妾多淫荡　立祸须知妓妾来

磨蝎宫天驿星，又名天德星，主有福德，转灾为福。

诗断：　天驿之星为荧惑　此曜偏宜会磨蝎
　　更加土宿此宫来　富贵功名凭口舌

人马宫天仓星，又名天穆星，主仓库盈满，内实外虚。

诗断：　天星寅位火星临　官位长生秀气兼
　　不值恶星侵本位　重金重盖爵重添

天蝎宫天辅星，又名天职星，主有大职印大贵也。

诗断：　天辅贵星临卯位　蝎宫最喜火来临
　　禄无失陷身荣贵　名播清声入翰林

天秤宫天休星，又名天勒星，刑克暴害凶恶。

诗断：　角亢休宜火来临　畏逢首尾孛相侵
　　　　身命遭逢无吉曜　犯刑恶死少光阴

双女宫狐疑星，又名荧惑星，主事多进退。

诗断：　狐疑轸翼言难定　志大心高疑虑人
　　　　女人身命若逢此　顺则为厄逆为尘

狮子宫天雷星，又名天时星，横得贵人待用。

诗断：　火星狮子号天雷　正直无私福禄来
　　　　若望太阳人悖逆　更逢四正子孙乖

巨蟹宫天友星，又名天炽星，心性戏谑多诈。

诗断：　四五七宫并第十　名为天友定应孤
　　　　若非父母隔绝早　往往偏房寄外居

阴阳宫太虚星，又名天孽星，主夫婿孽毒也。

诗断：　太虚之宿最为良　身命俱逢福寿长
　　　　金木并临须显达　若逢八煞即为殃

金牛宫荧惑星，又名流血星，主怯恶死。

诗断：　酉宫荧或最为凶　不问七强五弱宫
　　　　若得吉星傍临照　也须辛苦受贫穷

白羊宫天庙星，又名天赦星，逢难自脱明，多丰足。

诗断：　白羊天庙最为奇　祸则消除福则随
　　　　寅午命宫逢吉曜　少年平步上云梯

双鱼宫披头星，又名天旋星，主疑惑多惊恐。

诗断：　亥上披头何所知　虚名虚誉足嗔嗤
　　　　若不遭遇留伏逆　曹号扬名处处知

文渊阁四库全书本

星学大成

(明) 万民英　撰

(下)

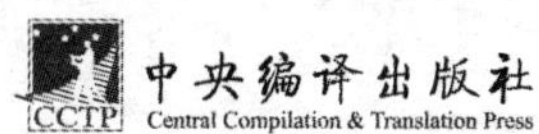

（下）

星学大成卷十六

三辰通载（五星）

土德镇星

总龟算法置积日减二百六十四，以三百七十八日九分二十三秒，为伏见留退一终之数除之，又下太阳中定星内加一周天，以余日数去之。

晨伏二十一日七十五分二度、七十五分六百十九度而晨见东方。

顺行八十三日，行七度十一分，留二十三日不行。

晨退五十一日二十九分六十一秒半，行三度四十二分五十四秒半夕退。

留三十三日，顺行八十三日。

夕伏二十二日七十五分，又与日合。

土星论

土德镇星，土之精也。一名地罗睺，建中宫之气。其色黄，其性信，女主之象，光明顺道，所在为福，变退与逆，随分野降灾。色青黑主疫疾之患，色赤白有兵将荒乱。其行宫度，一宫住二十九个月，二十八年行一周天，行有伏顺留逆，入留段为暗星，逆段为破家星，伏段为瘟星。

戊生人以为禄元星　甲生人以为荫星

乙生人以为耗星　丙生人以为福星

丁生人以为暗星　己生人以为权星

庚生人以为囚星　辛生人以为印星

壬生人以为刑星　癸生人以为贵星

此星昼生有禄之魁，夜生人必为灾。

楚地逢之，衣禄浅薄，须要木曜与之同宫，则为祸稍轻。盖楚乃巳位，属水庙旺之地，土到同宫，其中反为克制。赋云：欲知浅薄，土居双女则招忧。

经云：昼生见土事和谐，夜里生人反为灾。巳位临之身浅薄，木照纵横祸不来。

若更系忌星，或同计孛共度，则为祸凶暴。为人自忖，不受激触，言语蹇讷，狼性毒害，作事成败。成者必因靠势，败者尽缘邪欲行步。大吃食粗，有威权，足胆勇，能掌握，多是非。早岁艰难涉历，寿有四旬以下。日中生人若见土者，命寿长有九九之数。

此星正庙在丑，乐在子，旺辰、好戌、喜午。

琅玕经云：土庙北方斗宿神，旌旗五马表门庭。临齐自是招财禄，入亢应为土地星。与木共金荣贵格，或同气宿主高名。阳宫昼日行宫顺，老福爷娘寿自荣。

赋云：参政学士，皆言土好齐瓶。

又云：土归郑国好亢，而正位天宫。

鉴心经云：亢上若逢戊己者，白日生人在榜标，皆为入庙。亢乃辰宫之地，称为亢者，乃星辰庙旺之宿也。安命午未者，以此为科甲坐命。在酉戌者，以此星为官星。申子辰安命，以此为刑星，复以此为天元印。

经云：天元一禄少人知，申子辰上土曜推。地元人元更高处，必多俸禄定无疑。不逢恶曜相刑克，为官权握建旌旗。三元禄主一齐空，火孛罗计入命宫。六主一时全陷了，定恒求丐路途中。

凡推此三元者，要居旺祟之地，更有喜星相合则大贵。若更会天宫正禄等星，无不显达。

土星歌

镇星本生戊己位，安静为尊象厚地。昼生惟爱守阳宫，（土星爱日生，守阳宫。）相貌之中主大鼻。（土星主人大鼻）少言语，多悭细，硬直心肠有胆气。（土在命中，少言语，多悭吝，心旷直，有胆气。）顺行度分庙宫中，（土星爱顺在庙乐）土地旌旗必雄贵。（土为主若顺行，主守土，旌旗为庙乐分。）掌握资财有福人，只怕夜生反为忌。留与逆，尤可畏，刑克阴宫身更瘁。（土在阴宫主身短刑克。）不招上代祖资财，四体多灾苦憔悴。居官恶处立其身，博弄操刀能干利。（夜土在命，主不利上祖产业，身多有病。若有善星，夜生人得免。居官恶处立身，或屠宰干利，在家不定，好博弄。）夜生人，与日会，克了贤尊难躲避。太阴母位不坚牢，若在下弦目障翳。（太阴在下弦，主损目。）木来必定主文章，火会远行千里外。（土木同会主文章，土火相会主远行。）金若来，妻早弃，水星忌与刑同类。（土金克妻，水土相刑。）若逢华盖懒慵人，孛对双盲难看视。（土紫会主慵懒，与孛会主双盲。）首同阴位法场终，尾会腰驼并背曲。（与天首同在阴宫，法死。与天尾合，主腰背曲之人也。）财星应有外乡财，三位徙流为昆季。（在财官得外财，三位兄弟徙流。）田宅宫，家破易，子息虽多不成器。居奴奴引盗来偷，西没主妻先作祟。疾厄宫，伤脾胃，瘫肿风邪堪惊悸。迁移作客盗贼侵，官禄重重主官事。福宫昼见相貌位，自是英雄多瞻智。须知此诀不寻常，后学得之莫道易。

九曜镇星名土宿，得之未必皆为咎。
子丑二宫占文星，定主为官分左右。
土星入庙最为奇，辰戌二方欣得之。
南极一星相照处，看他鹤发与庞眉。
土临齐地及扬州，富贵须知必易求。
齐地贵时须位显，扬州财盛见钱流。
土星最嫌计相望，平生一向为灾障。
对在东西丑未宫，四十以后浑家丧。
土星不可入妻宫，妇人夫位亦遭凶。
妻主骂夫无礼义，直饶为妇亦欺公。
土星水木反为福，见水未能资福禄。
金星相次入寅宫，初主财多末主穷。
土与孛星同犯主，寿高不过三旬许。
假饶延引未倾亡，亦主孤贫无道路。
土人以土为兄弟，兄弟宫中尤不利。
五男五女十为群，独自伶仃直至死。
妇人兄弟土星逢，父母家贫姑舅隆。
子位或若当兄弟，又愁子息早闻钟。

甲人亦以土为财，午未土逢主发财。
莫教太阴同在午，未年四十死相催。
金人以土为父母，父母宫中宜在子。
此星此宿位偏强，宜主双亲福寿长。
夜生专忌土星侵，吉少凶多更损身。
或若更兼凶宿照，且归泉路作亡人。
土躔虚宿最为宜，行顺官须宰相为。
但得此星来照命，纵然失度亦多奇。
土入扬吴傍斗明，或来齐地见危星。
强宫日里科名共，射策天庭一举荣。
土同孛向命中来，当是英雄乱世才。
对合更教俱有力，股肱王室应三台。
土为夜忌固为灾，若在强宫亦有财。
但得奇星为左右，不愁晚景不荣来。
信厚无过土照人，等闲语话懒开唇。
若逢水宿身飘泛，却爱多言众不凭。

土星殿局朝元

土附太阳，曰勾陈镇殿。居宝瓶（子）磨蝎（丑）天秤（辰）宫，为本殿，居辰戌丑未，为本局。爱氐女胃柳四宿，为朝元，群曜参奉，曰地喉受朝。辅佐身命，太岁值之，掌国权柄，致身庙堂，仔细推之，戊己生人最佳。

土星庙乐旺顺留伏逆

庙旺乐宫：（广东）土星宝瓶子上，磨蝎丑上，名为玉凤玉珠星，若人命限遇之，禄马星辰相生，便可言大贵，不生本路，只作常贵，更无禄马，只作三品，留逆伏段减半力。

诗断：　命在巨蟹土宝瓶　生在此方作帝亲
三公相国分茅土　摄位邦家紫气生
土在磨蝎命阴阳　八权之地极荧煌
若得土星行顺段　国家侯伯佐尧昌

顺段：土入顺段者，性重厚，为事远大，宽慢仁义，多为国戚，更遇旺气，禄马不背，有吉宿照临，便是列土王侯，亦是帝亲国戚，阴人为后。若遇吉曜不犯煞者，亦主为词翰侍从之臣，中天台辅。入后顺段，为性如初，上朝本宫，下临本国，禄马不背，亦是卿监命终。遇煞者，便是武职将军，女为后妃。

留段：土入留段，名为时煞月煞，身命逢之，皆小小下贱之流，兼主十般恶疾，孤独僧道之人。若有救星，主为性清节，作事直达，禄马不背，须作京朝贵客。若带煞是都监巡检之人，并为僧道，庶人为上等户，若限逢忌星大减力矣。入后留段，为性如初，照命者为上等户庶人。若不入忌限，更为禄马，亦作九品官也。

诗断：　土星留段号天休　主人作事多怀忧
一生患难常花酒　好作狂歌上酒楼

伏段：土入伏段，名为黑煞瘟星，性孤寡，多为不了僧道之人，愚恶无知，兼是兵戎之人。无救星多为僧，若见禄马，多于火土上求衣食，带煞者大不祥。入后伏段，身命值者，更无救星，兼入忌限，主人至贱，不近人道，孤独尤甚。若又犯煞在身宫，皆流配五千里外，兼主十般恶疾，若有救星，可减五分，女人风尘之辈。

诗断：　　土入伏段名天豪　阴谋暗虑多牵惹

　　　　　但是招呼便愿随　相生更不论高下

逆段：土入逆段，名为四刑八煞，若人身命遇之，主有百般营运趁衣食，为性不知前后，愚痴暗昧不慈之辈，多为僧道。更犯煞入忌陷，便断夭寿，百般恶疾恶刑。若有禄马，无救星入忌陷，平生清闲之人，有救星减疾矣。

诗断：　　土入前逆名辰员　财上多磨散复聚

　　　　　辅星在命好贪求　亲戚迷离如萍住

入后逆段，为性不知前后，愚痴暗昧，更逢忌限，并逢恶星，别无救助，必主徙流，妇人产厄。

诗断：　　土入后逆名血淋　一生值此必埋沉

　　　　　凡所运谋多患难　幼年危祸至如今

土星躔宿俱出玉关经玉关歌：

土躔角宿名天寿　盖世文章冠魁首

经纶事业富胸襟　不是公卿主富有

土宿虽是好辰宫　夜入土曜不堪逢

青龙戴角须嫌土　龙蟠泥里不能冲

土躔亢宿号天仁　博厚文章达帝京

廊庙之中官极贵　安镇蛮夷四海清

亢宿从来号镇星　土归郑国庸天宫

季位土星为庙乐　同宫木曜福兼隆
土躔氐宿号天牢　命宫若值定孤高
年少定应伤骨肉　中年荣贵免煎熬
氐宿要土壮皇猷　土逢氐宿两相侔
氐有火星生处旺　更加禄主福绸缪
贵格云：镇星顺段度躔氐　旌表门闾衣锦人
土躔房宿号天信　少年作事苦劳心
语言诚信人无妄　男女难招食贵人
镇星如从房里过　命夭孤寒家自破
七宫妻滥号奸星　留伏之时瘟疾祸
土躔心宿号天忌　性情迟钝又多灾
疾病躔身须夭寿　身无意气性庸呆
心星日卯土相宜　心宿土临夜不宜
若在禄星兼福主　自然快乐不奔驰
土躔尾宿号天奇　百六逢之必有依
若是忌星须夭寿　又须消息本根基
尾曜虽然号属寅　中居两界土逢生
尾火虎居宜来此　此星到此有生成
土躔箕宿号天彬　衣食丰隆却称情
官位若逢贵星照　国家掌判有声名
土宿何因入箕豹　狡诈奸雄多计较
定是英豪曹吏人　无事如何又入闹
土躔斗宿号天枢　事业文章富有余
台鼎任中朱紫贵　定须象简与金鱼

斗宿在丑木星临　方为入庙可无倾
禄主更同阳在昼　土阳宜昼最光明

贵格云：土星行度经南斗　间世英雄真国宝
土躔牛宿号天侗　心性温和衣禄丰
若是夜生多蹇难　身多下贱处贫穷
牛星须要土星游　土牛惟好退宫求
若是顺行逢木曜　土牛残荡必无收
土躔女宿号天常　柔顺机谋足食粮
经营劳力心多虑　只恐生来父早亡
女宿经躔在两宫　子丑双宫在庙同
纵是夜生应有福　日生长福更无穷

贵格云：镇星得此女星居　柱石功臣镇帝都
土躔虚宿号天冠　好乐之宫定出官
四九度中登宰辅　重金重紫列朝班
虚星四度至于九　好乐土星宜永守
主为将相助君王　福禄坚荣自长久
土躔危宿庙堂窠　禄厚财兴事不讹
举措施为多利便　言柔语顺性温和
危宿土曜入庙堂　宝瓶须乐火相当
火土相生为庙福　若逢木克必为殃
土躔室宿名天伏　福厚财丰足衣禄
多男多女有资财　家道安然富金谷
室星居亥正为乾　土宿相躔要木坚
木筑高堂须要土　土居木位福廷绵

土躔壁宿号天异　禄马丰盈有权位
身名远播定安荣　官禄吉星须大贵
土星最怕在阴宫　何况来居壁水中
更有月同多冷疾　行宫若遇患脾风
土躔奎宿号天津　贫贱奔波损父娘
若是中年贫苦至　晚年方是足衣粮
奎宿星躔戌亥宫　土宿到此福重重
土好玉奎奎好土　木有根兮土亦通
土躔娄宿号天鵰　土娄须要木相逢
娄木虽高非土北　刀枪之下走西东
娄中土宿灾难论　土金相望岂宜婚
倘是夜生忧寿促　平生沉滞性愚昏
土躔胃宿号天磨　财物充盈积仓库
难婚终是少男儿　不贵仍须还大富
胃宿终来好土隆　土高胃宿有高功
昼日居方为大贵　富贵双全比寿松
贵格云：镇星度胃正为佳　青史书名功业成
土躔昴宿名天伏　平生须食贵人禄
多因胥史得荣名　将相声名人畏服
昴宿在酉正鸡栖　土来此位路中迷
那更水星兼孛立　凶刑克战损儿妻
土躔毕宿号天回　能通经术足钱财
中年便得文章力　儿孙必定达三才
中央土宿镇之星　毕宿逢之未见明

改易无常人不信　昼生遇着且平平
土躔觜宿号天摸　父母先亡身早孤
衣食平平身汩没　此身应懒读诗书
觜宿好土乐阴阳　土星此宿好非常
土居坤位灾消烁　戊人科甲有文章
土躔参宿号天津　立世经营业未昌
男女犹如邻畔客　贵人得禄信非常
土居申位号长生　参宿之宫亦可行
夜则好闲贪懒睡　日生多学少能成
土躔井宿号天骊　命若逢之心似痴
若习文章应费力　此人衣食也微微
井宿度中夜见土　处世忧劳多辛苦
初主淡薄损六亲　末主离乡多破祖
土躔鬼宿号天文　纵有资财化作尘
男主须防无上下　一生不足历艰辛
土星守鬼未能灵　遇木逢金事称情
三合若遇刑煞忌　夜生漂溺在波津
土躔柳宿号天稽　无禄无财又损妻
若是日生衣食足　晚年终是色沉迷
柳土獐星不喜土　多疾破财损父母
夜生刑忌作囚星　闲疾临身多是苦

贵格云：土星若来躔柳度　虹蜺志气锦肝肠
土躔星宿号天途　子因父贵事非虚
只恐夜生脾疾苦　日生应可足金珠

星日马中土会来　为人魁伟长身材
且见高官有贵位　再逢吉曜主三台
土躔张宿号天蛾　信行为人事不讹
少年淹滞中年贵　形神肥厚足田禾
张宿怕土固难禁　张月鹿兮怕土临
人道午宫宜土庙　谁知张土反为凶
土躔翼宿号天然　经术虽通性不坚
会有文章身不贵　声名远播足威权
翼宿属火怕土临　火蛇栖土福沉深
土临双女号别宿　若为禄主定科名
土居双女事甚常　翼宿之中不可当
日夜见之俱不利　为官极重岂无伤
土躔轸宿号天笺　财艺皆通亦少闲
平生未得文章力　只将经术保身安
土宿入巳人嫌怕　轸位逢辰宜浅度
不为刑忌不夜生　喜曜同临即坚固

土星行度

土在斗十八度以上，为向庙。二十度以上，至斗三度，为正庙。在宝瓶为乐宫，在亢宿六度为旺度，生时遇之，主为重权。

镇星：斗为火室，土之庙也。在十七度外至二十一度，则居将相二十年。若逆入，则为元帅。守，则为王。若在天秤宫亢四度及七度前，旺度为大丞相，掌国家创业之权三十年，为国师。若是宝瓶虚四度至九度，为好乐之宫，有将相之位九年至十八年，大贵。与木不相得，与水不相宜，昼为父夜为母。

日度主父贵，常患冷疾，夜生尤甚，为人厚重，性有终始，若是主星，昼生大贵，夜生微福。

月度妨母损财，多患冷疾，好文章，足词智，是主星转厚，若脑后有高骨大贵。

木度主有财，贵人见重，晚年必得男女力。

火度主损父母兄弟，四十以前有女人厄，昼生一生有福，多因国家特达用之，夜生好行凶恶事，主丑恶残疾。若是主星，少年多灾日后贵。

土度大富贵，有声名财产，有权位禄马。

金度父先亡，三十以前多厄，多辛苦，必有二妻，是主星，有殊常之福，每遇贵人见重。

水度主人畏服，食贵人之禄，损男女，多被人损害，有木同宫可免。

土星入宫

日宫主高位招财，日生大吉，好事清洁。

月宫主父多声名，母先亡损财，平生多哭，每被妇人相挠，与人结交，多因此致其厄难。是主星可免，昼生富贵，不是主星，夜生贫贱。

木宫主声名利国家，居贵位，妨男女，养人子为子，为性沉厚，作事难测，多得贵人见重。是主星，昼生有位，夜生有财，非主星，昼生富足，夜生有福。

火宫主知谋，多胆气，性钝多难，有疾病，寿不长，性凶好杀，官有兵机，作事不长远。是主星，有贵位，非主星多丑恶残疾，有救星可免。

土宫主性格宽缓柔顺，足词智，见事深远，于人有情，富文章，足道艺，多利便，夜生多难。是主星国家进用，身有贵权，非主星大富。

金宫主克母难婚，少男女，老孤，一生得妇人敬爱，好色能杯，因妇人成立，足财帛，兼有贵位。

水宫主为人聪明，通经术，少言语，有文章，足财帛。是主星，昼生大贵，夜生微贵。不是主星，昼生大富，夜生多灾。

土星同宫

土金同宫，主好色能杯，一生财帛聚而多散，有妇人见重，得好妻妾，亦因女人发旺。为人轻薄，有二母，少子，且有二男。土是主昼生，金是主夜生，俱有位。金土相逢，此命能修合。

诗断：　土星若曰会金星　妻妾荣华福禄真
　　　　一跃禹门能变日　九州之众悉魂惊

土水同宫，主语泚，人多不信，好图画书籍，平生多得贵人见重，是主星有禄位。

诗断：　土星若会水星同　学行孤高胆气雄
　　　　秉节挥戈文武备　福临百六庆无穷

土木同宫，主有重位，兼足财帛。

诗断：　木星宜与土星同　百六逢之稼穑丰
　　　　会此乘轩须衣冕　记名青史看奇功

土火同宫，妨父母兄弟，多疾病，不宜先代产业。土紫同宫，日生贵显，夜生贫苦。

诗断：　土星紫气喜相依　冠冕荣身职位巍
　　　　丹赤是心刚且毅　德覃万里足光辉

土孛同宫，官至三品。

诗断：　且如土孛坐天心　须要分明见太阴
　　　　不顾留顺与伏逆　布衣从此出儒林

土罗同宫，主艺高强。

诗断：　土星最忌会罗睺　百六天灾大可愁
　　　　人遇一生多困苦　瘟癀病染坐亡囚
　　　　官荣剑染匈奴血　群少伤人被截头
　　　　异疾怪形保安稳　女须坠产最堪忧

土计同宫，夜生贫穷饿死，徒配刑名。

诗断：　土宿计都不可逢　人生薄浅更颛蒙
　　　　诛徒溺水兼瘫患　百六天灾万种凶

琅玕经节要

土居好乐，寿算弥高，昼人得遇，顺主贵豪，夜土多蹇，积财有散，富而劳生，贵而退懒。

土为阳星，不为阴夜，虽然三方水旺，有禄有财，终身勤苦，纵贵亦懒而退职。

日月土同，财帛被失，对照三合，险危水厄，土与罗睺，昼生权谋，夜见刑忌，衣食日求。

日木水火，克刑多凶，顺旺则吉，逆背非忠。

土与日月，破财离乡井，损头目，克父母，促寿命，蹇衣禄，招危险水厄，土与水火同，凶险之人。

土计昼同，禄财大蓄，或同气木，财食丰足，庙旺顺行，显食天禄。

土金孛同，昼生丰厚，阴夜多刑，反招殃咎。

一土与金孛同，日生则吉，更行顺旺则贵。夜照土在阴宫，成败凶险之徒。或犯官刑，或为主星却吉。各系是主旺，福禄坚牢，吉曜若同，转为荣贵。

土星照临十二宫

命　宫

守照命宫，神色苍刚，形貌厚实，偏僻寡合，为人沉重，肥壮无力，赤黑色，性缓纯厚，为事大体，忠直信行，执古务实，谨细悔后，口不乱言，附贵依势，声应可致。日生则吉，若在庙旺之宫，更得顺行，身荣豪富。更是主星，当主国王重用。在辰入庙，官至员外郎。与金相逢，长命修雅。火曜孛同入，主有疾。木不相得，水不相宜，在子曰八侯之地，在丑曰气冲牛斗。火土在丑，一品公卿。夜生与凶星同，不贫即夭。土照主性燥暴，不奈人侵欺，中年抱四时疾患。

诗断：　土照忧劳人命孤　初年祖业有如无
　　　　若逢依附终为有　昼生禄主贵豪居
　　　　土德高强临子丑　富贵聪明世稀有
　　　　夜生若乃为忌星　破祖破家那可守

土星居命主心痴　若有文章命里迟
更会木星并水宿　此人衣食也微微

财帛宫

生来财帛耗散，十浮九沉，成败不常，末主兴旺。土照合有四方外财，多招不义之财，因财发福。

诗断：　土星财上最堪加　田宅凶星反破家
身命吉星须细算　阳宫日月问荣华
恶曜天中号土星　兴灾起祸不堪论
若教财帛宫中见　积贮看看化作尘

兄弟宫

不得兄弟力，虽有不和。

诗断：　土临兄弟五人同　得他之力害重重
恐招他姓为兄弟　四海相逢也是空
土为信德世皆有　兄弟宫中乃陷亏
凡事不情分彼我　自然反覆更猜疑

田宅宫

难招祖业，早克父母，田宅争留连，宜自卓立万可。土照合因田土上发福，如在日生，更主外乡田宅之分，夜生大破父母之业。

诗断：　土星尊位为阳德　高占强宫为福力
或在当生四煞中　发祸兴灾岂能极

土星到丑十分奇　田宅宫中喜得之
若不高科须食禄　亦须置产得便宜

男女宫

只宜一子，若入庙，则有一双之力，刑忌囚怒，则减力矣。土照，主子多有形相不具，多见三人，少则并无。

诗断：　土星五位在阳宫　五个男儿尽送终
忽然孛星相照犯　男孙疾患半成空
土德凶星世所闻　岂教照临在儿孙
若行留逆都无有　甘旨谁人奉厥尊

奴仆宫

奴仆有主走失，若与木曜同宫，则至老奴婢成行。土照，主多奴婢。

诗断：　奴婢宫中见土星　万般谋运一无成
不如释道归林薮　高卧云中有大名

妻妾宫

多招丑貌之妻，亦主相离，难为偕老，妻命相抵则无害。土照，主多灾，亦克头妻。

诗断：　莫言土曜便为凶　东出之时看对宫
若落欢宫明健处　雍容寿考福无穷
土宿罗睺不可逢　妻宫正照丑形容
纵使早年成喜事　亦主分离西与东

疾厄宫

有三般恶疾压身方好，如有吉星临，则无妨害。土照多患四肢脾脏之疾，一生忌食四足之物，主头脚风之疾。

诗断：　　土德来临疾厄时　凶星焰焰是灾危
　　　　　多因聋哑双睛翳　不是驼腰必病脾
　　　　　疾厄宫逢土与罗　一生疾病十分多
　　　　　直饶紫气来相助　争奈家家有病疴

迁移宫

不宜远出，船行陆步虑有惊。土照不利远行，在外逢恶人，刑害失脱财物。

诗断：　　土德当生在九宫　命星合照莫相逢
　　　　　男女漂荡他州里　女子淫奔外姓中
　　　　　迁移不止是迁居　于中土宿忌牛墟
　　　　　纵是宅多居好处　亦于妻妾寄门闾

官禄宫

事多啾唧，然此乃权柄之星，若独行此宫，亦主两全富贵。土照必招官中有不测怀忧，因文书相连之厄。

诗断：　　土星官禄占高强　凶恶威严不可当
　　　　　若在庙方为禄主　植圭端冕侍君王
　　　　　土木同官福禄星　两星高位最为荣
　　　　　若逢日里全为福　夜半生人福又轻

福德宫

一生快活，衣食不缺。土照或忌星或刑星，年不过四十须招富人有亏克陷身之事。

诗断：　土星福德照临时　若处生方始为奇
沙漠扬威名国辅　英声传播镇华夷
土星夜逢多损寿　与木同行有疾牵
更若火金星到福　不愁福寿不延绵
福德宫中土宿临　利宜商贾又宜僧
吉星对叠家丰足　凶宿逢之活未能

相貌宫

主人丑厚，天庭高阔性重，眼小则无害，眼大则有伤。更若有孛星照临，老定有眼疾，不然须有破相，终得寿长。所作奸诈，多好积蓄，喜高堂大厦，好山林游逸。土照主状貌方满，禀性重厚。

诗断：　土星凶炽不堪闻　限弱之宫主祸迍
不是年来罗网盖　须愁狂疾不完身

土星变段名

宝瓶宫天厨星，又名天贵星，日生贵位兴隆。

诗断：　土星子位是天厨　福德妻宫庆有余
子息命宫官禄位　逢之禄秩达天衢

磨蝎宫禄厨星，又名天富星，日生财物巨富。

诗断：　　庙居南斗土为尊　四正宫中达圣君
　　　　　纵此夜生为日忌　也须荣达感皇恩

人马宫贪痴星，又名天吝星，悭吝不与人和睦。

诗断：　　贪痴人马不堪逢　耗散多财直至终
　　　　　更被四刑星照破　日生犹可夜生凶

天蝎宫天梁星，又名天保星，多艺能，掌握位禄。

诗断：　　卯宫镇星号天梁　足有资财旺此方
　　　　　旌表门闾官极品　儿孙代代出朝郎

天秤宫禄库星，又名禄权星，文才厚重，有财大贵。

诗断：　　土临卯元为禄库　足禄多财又坚固
　　　　　官崇位显佐君王　若在财宫主巨富

双女宫无依星，又名天咎星，小人谗佞欺罔。

诗断：　　土星已上无依倚　纵使吉星多不利
　　　　　日生人病没资财　夜遇终归须自缢

狮子宫玉堂星，又名天镇星，主镇守安静之福。

诗断：　　玉堂吉星位南离　主性温柔喜礼仪
　　　　　黄阁驰名金紫贵　光辉家族显妻儿

巨蟹宫天相星，又名天福星，为事反覆无定。

诗断：　　天相镇星未中央　性好清闲本善良
　　　　　若见孛星金助月　功名显赫佐朝堂

阴阳宫太微星，又名天罡星，主事快能有刚节。

诗断：　　太微土宿在阴阳　信义为人百事强
　　　　　只怕孛星同守尾　却将吉事反成殃

金牛宫都堂星，又名天正星，主事正直无私。

诗断：　　酉上都堂土喜事　高名科甲有诗书
　　　　　只忧留逆并伏段　带酒贪花百事虚

白羊宫天将星，又名天鳏星，鳏寡孤独。

诗断：　　白羊宫分是天将　喜日相逢会太阳
　　　　　日土同宫身必贵　更加夭寿得延年

双鱼宫黑符星，又名天啬星，俭啬安静。

诗断：　　亥上黑符不为荣　空有词言立不成
　　　　　火孛相亲身独立　妻儿虽有也伶仃

太白金星

总龟算法，置积日加三百七十六，以五百八十三日九十分二十七秒，为伏见留退一终之数除之，不满者为余日，下太阳中定星，以余日数去之，看在何段，积计成度，便知定度。

夕伏三十九日，行四十九度五十分，去日十度半，而夕见于西方。

顺行二百二十三日，行二百五十一度十二分。

留五日不行，退十日，行四度十二分。

晨退十日，留五日不行，顺行一百三十三日。

晨伏三十九日，行四十九度五十分。

金星论

金星太白之精，一名那颉星，建西方之气，其色白，其性义，将军之象。出依期，民安国泰。伏见不时，兵将暴起，将易政。其行宫度，有前后伏顺迟逆段。辅从太阳，不离前后二宫。

约法一月一宫，一年一周天。入留段号天阜星，主痨瘵疾。入逆段号天赤星，为主兵戎。入伏段号天虞星，主为性痴愚。

丁生人以为禄主星　甲生人以为耗星

乙生人以为福星　　丙生人以为暗星

戊生人以为魁权星　巳生人以为囚星

庚生人以为印星　　辛生人以为刑星

壬生人以为贵星　　癸生人以为荫星

此星乃文华秀丽，专主兵革，文章聪明。庙辰、旺亥、乐酉、好巳、喜午。

琅玕经云：金居财帛福偏饶，倚靠他财势必豪。辰上角星兵任重，酉宫躔位引旌旗。三方顺照多财禄，若遇未申福寿高。逆伏囚留俱不遇，超世荣贵福坚牢。

赋云：西方太白向卫分，而益寿延年。又云：要问荣华，大抵金居亢宿。

鉴心经云：金木之星室宿逢，定知名位至三公。金星在酉火居娄，夜生必定佐王侯。

惟金最喜与日月水同宫。

赋云：生来少疾，日月与金水相当。

都例经云：金水相逢最为美，智慧聪明须见水。此为有福无难人，一生营求皆称遂。此星名为妻妾星，若临得地必为荣。只嫌月孛同宫分，中年不免被灾侵。

夫人命居卯戌位者，以此为科甲，若高强入庙，则主名挂金榜。

经云：科甲文星对命宫，陷时及第必难逢。灾遭恶曜相刑克，假使为官是荫封。庙旺更居在四强，惊天动地振文章。如有吉星同分度，科名登第好称扬。

更有安身在酉辰位，以此为学堂，若居高强庙旺，则学问必出群，聪明冠世。

经云：身宫宫主名学堂，相貌奴仆不可当。更有疾囚皆是陷，文华纵有命难长。

坐命马牛宫者，以此为官星，如临人命，更得吉曜相会，无不言美，怒则反是。寅上躔度，则为愠怒星。

经云：金来人马受凄惶。若在相貌宫，全减力也。

金星歌

金星洁净好颜容，秀目疏眉白又红。身短不长声响亮，好耽音律习商宫。（金星在人命，主形相洁净，颜色红白，身短不长，声响亮，好音律。）多淫欲，美情悰，结交朋友久而恭。不奈是非长悯念，更于金铁巧施工。临身自有将军势，照命兵权越是雄。妻财有，势才同，因妻荣达不曾空。（金者兵星也，照人身主有将军之位，在命主有兵。金为妻主，有妻财而达。）太阳遇贵人提挈，女主如逢母外通。水会之星淫更佚，火逢因色起灾凶。日生主宿为豪贵，夜镇令妻貌不中。天乙贵，好相逢，好游商贾走西东。妻妾爱陪僧与道，孛来同枕患残癃。天首若未居武位，尾同至老是田翁。居财帛，财帛丰，三宫姊妹是同宗。（金在三宫，只主姊妹。）田宅阴人成卓立，五宫见女定重重。（金在四宫，女人卓立，在五宫，只招女子也。）第六主妻多下贱，七宫妻不送临终。第八病时休针炙，迁移客女作家风。（金在八宫，有病不可针炙。九宫，客女为事。）官禄妻家有官荫，福宫白发福无穷。第十二宫逢吉曜，其人定主美貌容。此是前贤微妙诀，学人子细去研穷。

金星入庙来天命，初主封侯仍佩印。
若还主将不同行，只资田地乐平生。
金星联水清无比，汹涌墨池才调美。
如何天下有才名，甲子金星兼水智。
金星与水居辰位，金木逢龙须入相。
不居主将不同行，亦主标名金榜上。
金星位处利天秤，若到金牛分外明。
如或更居高强位，黑头定是见功名。
金星元来名六害，六亲纵有不相爱。
日生若被火来侵，定是少年须死快。
金星最怕太乙星，若在高强祸必侵。
或在闲极恶星见，男须浮浪女须淫。
金水二星同入未，妇人凶事成吉利。
更逢日月近宫行，夫不为官须子贵。
莫以金星专福星，亦能为福亦为名。
并得水星居巨蟹，子孙荣曜达天庭。
聋盲喑哑全无气，寅上尤嫌不得地。
若还木位植其星，专主斯人失厥内。
祖财多破阴财获，初岁迍邅晚岁成。
昼喜日同夜逢土，最嫌火孛计来迎。
金居妇室主妻多，亥午宫中陷子何。
若与太阴同照巳，双生贵息显家和。

寅与申宫莫见金，有星若更是刑侵。
此生定作孤贫客，口舌无凭祸复深。
常招贤贵为妻室，职重权高有令名。
庙旺宫中多福力，人形方面更端平。
忽然紫气来相并，须知妻有不良声。
夜生福紧昼生慢，金木相逢财自成。
金木二星为善星，所临非主亦非荣。
本位金临皆有喜，即为豪贵显王庭。
在官迁转加重禄，白衣之士选门开。
若为商旅多财帛，士庶人家喜庆来。
金入辰宫气已豪，更逢亢宿势尤高。
三方不陷行仍顺，定掌兵权建节旄。
入局天权号贵星，此星何虑欠科名。
玉堂深处还他到，先着青春折桂荣。
金名吉宿处何如，禄马人元要共居。
主着官乡如遇此，魁名终是唱鸿胪。

金星殿局朝元

金星附太阳，曰白虎从驾，在金牛（酉）、天秤（辰）、双鱼（亥），为本殿。居巳酉丑，为本局。爱亢牛娄鬼，谓之朝元。若身命值之，定为将帅，惟六丁生人最佳。

金星庙旺乐顺留伏逆

庙旺宫：（淮南）金入天秤辰上，名为天角天曙星，若人身命见之，更在八煞官禄宫有星，皆主极贵。不在本格，亦应三台两府命，不然只作平常命断之。

乐宫：（梓州台州四川）金入金牛酉上，名为天旭华盖星，若人身命遇之，更若吉星相应，又有禄马，更庙乐者，主为左右金吾将军。若不带煞，只作文官三品断之。如在别宫，伏留逆段则减力。

顺段：金入顺段，名为天雄荣达星，若人身命遇之，皆为福德。如身宫不在，却断为淫欲平常之格，虽有救星亦平。

入后顺段：入宫又遇禄马，主京朝之职，禄马不背，更庙乐为大官，并作宗亲之命断之。

留段：金入留段，名为天异天阜星，若人身命遇之，则痨瘦之病，多带气痰，有救却主多艺音乐之人，为性娇闲，喜华饰，多为僧道。若有忌星同，更在水宫土宫，主为上等官员，更带禄马，须是六品武职。

入后留段：为性如初，若遇煞者，须是屠宰水土木匠之人，命强有禄马，只是五百料钱之人，若阴人克夫多淫。

诗断：　　金入留段号天区　运用迟疑必致虞

　　　　　凡所图谋皆不契　晚年祸患必嗟吁

伏段：金入伏段，名为天虞天赖星，若人身命见之，主为性痴愚，多为火刃之艺，泥水军人辈。若遇木火二宿，些少刀斧之艺。若有禄马，便断为小小军员头角之人。女人主杀夫，有救星平善。大率女人命，须是夫宫无恶星便清洁，若有忌星混杂，则是淫滥之人。

诗断：　金入伏段名为弱　为人如绳自绕缚

　　　　究竟不能解其身　致使后思前事错

逆段：金入逆段，名为天赤救盗星，凡人身命见之，无救星，皆主兵戎之兆，多淫欲，无慈惠之人。阴人遇者，风尘无疑。身宫在闲，主为刀斧之艺。若禄马行于木运，为九品佐职之人，无禄马，主小小刀斧之艺，或为屠宰之人，阴命多妨夫。

入后逆段：遇火土二星交，身宫俱闲，兼犯煞，并遇忌宿，其人必总兵戎，若坐禄，却为中福转达之人。

诗断：　金行前逆名辰队　平生多入囹圄内

　　　　所为多是不逊心　横恶暗躔不能退

　　　　金行后逆名位伤　此星降福甚不祥

　　　　父母兄弟皆见恶　婚姻之中更有妨

金星躔宿，俱出玉关经玉关歌。

　　　　金星躔角号天清　少年登第必高名

　　　　衣禄生平丰且旺　为官稳稳佐朝廷

　　　　金星躔木西方宿　东见西行躔到角

　　　　顺逆生旺不伏留　权位贵荣能掌握

　　　　金躔亢宿号天昌　挺生大节负忠良

　　　　文武兼全为宰辅　定应禄位主荣昌

　　　　亢宿五度至八度　不为庙旺亦亨荣

　　　　金入太常同度分　官居才艺见声名

贵格云：　金星躔亢产忠良　佐助中兴国祚昌

金躔氐宿号天将　少失尊亲性自刚
平生衣禄能文学　贪欲之人损父娘
金躔氐宿事平平　莫与同居月曜并
男子见之多色欲　女若逢之暗室人
金躔房宿名天角　衣食生来殊不薄
为人多义更方圆　形貌端严性多学
金来房日兔中居　才冠群英自有余
忽逢首尾日月命　女作为尼男作巫
金躔心宿号天孚　木离强褓值身孤
温良处己心多欲　若是文章一字无
金星喜卯躔心五　喜曜合照有财赋
文人五马作高官　武则建节当守土
金躔尾宿号天殃　骨肉资财定见伤
若不修仙并积德　定须夭寿见凄惶
尾火虎星半寅卯　若是金临人至狡
直须水曜解其灾　一切所为皆稍稍
金躔箕宿号天彤　妻子乖离吉见凶
总饶家活能丰足　老年不免又贫穷
箕宿更忌太白游　太白箕躔甚可悲
人马有金凶且忌　金居人马奈难修
金躔斗宿号天铨　贪财贪色行非贤
男女虽多身是客　更无衣食少安全
金星入贮斗中安　为主凶星墓绝间
作事总乖家业破　纵登科甲位难攀

金躔牛宿号天绳　色欲多贪命里淫
衣食生来自丰足　晚年优裕享安宁
贵格云：金星度次到牵牛　书史功名应不朽
牛宿正属土躔宫　太乙躔之作贵踪
金牛莫待逢夜里　妻儿孤立一场空
贵格云：金星若临牛宿上　被承睿旨古今稀
金躔女宿名天奸　多男足女少安闲
若是十宫星得力　何愁此地不为官
女宿躔处要金厨　金居女曜掌中珠
金女号为珠贵曜　武人名镇外藩隅
金躔虚宿名天编　美貌丰容性自安
平生有寿无灾害　衣禄随时性自宽
金性坚刚切忌虚　六亲恩爱自情疏
凶殃蹇剥加淫滥　自立生涯出祖居
金躔危宿号天竞　温著忠良性自清
文学定须因女富　文星入命出官荣
金虽死子喜居危　弃祖成家物自归
琴瑟调和朱紫贵　方知妻子有恩随
金躔室宿号天勋　必定迁官足贵名
声振四方持节钺　任登机密位尊荣
室宿卫分属双鱼　金星到室贵安居
室宿有金来润泽　金居室位福应殊
金躔壁宿号天光　彭祖年时寿命长
女人见喜资财旺　美貌丰容性自刚

璧玉从来要金厨　金星玉曜内连珠
金乐此宫偏作贵　金门待诏仰天居
金躔奎宿名天厌　未遂功名心更逸
为人温厚更宽容　性识孤高应不浅
奎宿真个好文章　金躔此位实非常
一二度中方作福　金星入火有相伤
金躔娄宿号天薨　必定为人少失亲
酒色是非应不免　晚年富贵乐平生
娄金之宿喜逢金　只恐刑囚火土侵
少失尊亲身独立　夜生犹可昼难禁
贵格云：金星为福庙星娄　塞外英雄孰与俦
金躔胃宿号天端　命若逢之五品官
任是兵刑兼法令　定须出入是金鸾
胃宿度中十五半　八度金星偏喜玩
此位乐地命逢着　才艺聪俊人有断
那颉庙堂星度胃　佩玉鸣金朝紫陛
金躔昴宿号天璋　为官进速任关梁
卿监位中名早得　也须腰紫佩金章
赵分金星助月华　未临六度昴星加
英才冠世谁能比　进获阴财长福芽
金躔毕宿号天联　赫奕功名秉重权
不作外台观察使　须登廊庙职升迁
金毕之功至十一　此度之中主大权
如居下位郎官吏　火若同宫妻独眠

金躔觜宿号天营　冠世文章显贵声
翰院词章身独贵　也应金紫列朝缨
觜宿从来号火猴　火猴得势若金钩
虽是水星无虑火　金居觜宿福难谋
金躔参宿号天晶　学问词锋冠世英
若是官宫星得力　定须桂籍早标名
东南有宿号为参　上下相生特梦金
若是迁移宫分土　荣妻贵子惠慈心
金躔井宿是吉宫　高才博学福丰隆
为官定是居廊庙　福及苍生禄万钟
金德循行陷井旁　奸淫妖滥事难当
大阴并遇人贪色　文武兼资顺度良
金躔鬼宿号天淫　妇人遇着恶声名
戒行不循迷酒色　平生衣食却丰盈
鬼星元属鬼金羊　金来此位福深长
长庚到鬼应加福　金宜此宿大为祥
贵格云：金星偏喜躔鬼度　荣显富贵福无穷
金躔柳宿号天关　快乐平生衣食闲
贵人知重多男女　钱物丰盈性自宽
柳曜经躔午未边　金来柳位福难坚
命曜若躔十度上　穿窬奸宄计争先
金躔星宿号天荧　理义精通学业深
更若火星来会此　是非酒色定奸淫
金居星位有何奇　金火相逢去路迷

须要水清金始白　火炎金白福攸基
金躔张宿号天旸　财物多贪行不良
若是妻迟难得子　衣食平平寿命长
金星张宿号金堂　身若逢之最喜强
禄贵更加人有职　三方虽背贵人昌
金躔翼宿号天英　学问文章显大名
经术更能修显著　此身荣贵乐平生
金系武星恢武业　只为金宿走翼蛇
财库禄行如遇着　更同水德甚堪嘉
金躔轸宿号天程　口舌轻狂凶害生
言语不真心泛滥　多污非礼事奸淫
轸星最喜金来到　际会遭逢命中坐
女儿雅丽男英才　此身永保无灾祸

金星行度

金在天秤是本宫，角九度三十分以上为向庙，亢二度八十一分以上为正庙，过此为次庙。在室七度十三分为正旺，牛名为乐，居此庙旺乐生人，必主权国柄。太白亢为精粹，金之庙也，在五度外八度内为正庙，二十年为将相之位，有文武全才，负忠良大节。若在鱼宫临室五度及十三度，处机密之务，居节钺，之荣旺十八年。若十三度，虽居贵位，心常不快，为节度使。若在牛宫，胃八度至十一度，官至五品，十二度至终度，主兵刑之任，法度之官。自昴初度至九度，为卿大夫，关梁之任三十年。

尾女有厄，自七度至十一度，必为司马。毕初度至十一度，并主大权。若在下位，郎吏之官。若见火不宜妻，火同宫妻不良，与蚀神居位，男为觋，女为巫，与木相宜，与水相妒，见火为淫。昼为女人好色，夜为狡猾男子。

日度难婚，性凶猛，好争战，有出长之计，因战伐而立功名，若声语细。前后必有七星，是使相之财也。月度主多淫，因妇人财物上立身，或娶下人为妻，行非礼之事，男主贵，女人遇之主淫。

木度主武勇超群，常欢乐，快心性，足财物，贵人见重。

火度因女人有喜，平生难婚偶，亦被妇人损陷。

土度主晚婚，娶妻老幼不等，相去十载以上者，少年离乡井，因妻妾有忧，好色欲，财帛聚散不定，是主星主有位。

金星主有兵权之贵，好色欲，有好男女。

水度得人敬爱，有好妻，一生贵达，合娶亲戚女为妻，不然先奸后娶。

金星入宫

日宫主为人性刚，作事无定，多得贵人见重，难婚偶，是主星有位，非主星长寿。若行留逆段，行不良，多被妇人相挠。

月宫主为人性和，作事明白，有密谋，善贮积，因女人财物，日生好女人之事，是主星，夜大贵，昼微贵，不是主星，夜生大富贵，昼生有祸。

木宫主聪明有智，性格过人，作事敏疾，得女人之财，有声名，因贵人有喜，是主星，昼生有财，夜生有位，非主星，昼生微富，夜生大富。如对望合照，性格并同，亦主有福。

火宫主为人性急燥，作事无定，因女人有厄，及口舌狂乱，是主星，有福，夜生有位，非主星，有道艺，逆行诸事减半。

土宫主为人好欢，多色欲，少男女，每得贵人见爱。土同则为事不正，下贱之人。是主星，夜生有位，昼生有财，有福能掌财，贵人见重。非主星，微有福矣。金宫主为人聪明，作事和缓，日生好女色，因女人有厄。是主星，有贵位，非主星，昼生有福，夜生微有职位。水宫为人聪明，智性超群，见事敏疾，有节操。是主星，转加富贵，昼生微有职位，不是主星，多因妇人引惹，因而获福。

金星同宫

金水同居，文武双全，平生有极贵人举荐。若水是主星，日生主文中成事，有贵权，不是主星，亦主文中立身，微有职位。金是主星，日生主武中成事，夜生大贵。留逆者，虽有文武之艺，主平生多难，淹滞不可作贵人。

诗断：　金水二星若相会　俯取官荣如捨芥
　　　　大凡遇此喜非常　百六逢之多吉泰

金木同宫主大富贵人，又多子孙，女即杀夫。

诗断：　木星最喜会金星　吉曜相同百福兴
　　　　百六会时多吉泰　人生指日到公卿

金土同宫，主难为妻，亦忌门户不正，滥有财物，少男难婚偶。

诗断：　土星若曰会金星　毕世荣华福禄兴
　　　　一跃禹门三汲浪　九州之众悉魂惊

金火同宫主妨妻，妻不良多淫欲。

诗断：　火星庆会喜逢金　百六当之庆瑞生
　　　　人生逢之登上第　佳名烜衍保千寻

金气同宫，主性温良，难触犯，有志节，心多慈爱，敬信佛道，有事业，寿长有禄。

诗断：　金宿相逢紫气星　禹门先跃化凡鳞
　　　　威权重大为将相　燮理阴阳辅帝宸

金罗同宫，主有兵权之贵。

诗断：　金星不喜逢天首　狼戾奸凶为契友
　　　　富豪苗裔也卑微　百六逢之殃不少

金计同宫，主坠马死在中年。

诗断：　金马设若逢天尾　人生奸邪愚且诡
　　　　百六当之大不祥　财散人离灾病起

金孛同宫，主少年多克，晚年有禄。

诗断：　金星与孛若纵横　百六逢之大吉亨
　　　　人生遇时须发福　家居全不保康宁

琅玕经节要

金乃右弼，与日昼同，益于权势，庙旺推之，致身豪贵，水木同宫，文华巧妙，处性清高，子孙续绍。

罗睺同宫，兵权之重，天乙对同，贵而富厚。金土昼同，福寿坚牢，更加庙旺，自致贵豪。金与火宫若同，在昼刑妻破财，尚招灾咎，更在留逆，伤残损寿。若遇顺行，文武重权，夜合火照，各临旺喜，壮岁成名，位居主将。夜同计孛，亦凶亦贵，主临旺地，掌握权治，凶险之多，财禄俱备。昼若逢之，还破福缠，福星不救，夭促天年，不逆不囚，人逢喜乐，财禄丰盈，福终到老。

金星照临十二宫

命　宫

守照命宫，主面满骨坚，神色明润，语声响亮，才性快利，武勇超群，好习兵法。为人慈和方正，晓事通达，为事善方圆。有文学，多情欲，好杯饮，性刚，人形方短，不招凶厄，得阴人财，亦主损妻。心明性巧，快利易晓，懒文轻学，好事华饰，心不伏人，不喜静密，少不成财，心无悭鄙，所为多义，更宜祖业，能获阴财外禄。阳金好色，阴金好声。在申多武，在辰曰入地之前，在酉曰总管之前。在辰酉二宫主官禄，在卯戌二宫少失尊亲。亢室荣华，室宿长年。与火同宫，在午主失财，与土相逢长命修合，与日同行主欲，与太阴同行，主夫美貌。金木同行，及第高名，紫气会星，是谓孤星，主有名僧道，又须限星得地方可断，与首尾同宫，男巫女尼，忌日火同在诸宫为害，与水同在六宫主夭寿，忌火孛紫气。

诗断：　金星照命气雄豪　妻美儿迟晚岁牢
莫使当年凶忌犯　文章妙丽入词曹
金星临命性难慈　将相多淫美貌姿
若被火星相照视　却于官位反成亏

财帛宫

主晚年妻财。金照，一生有阴人财帛，其人吝啬。

诗断：　财帛宫中喜金碧　角亢之宿并昴毕
堆金只为辰从龙　遇火铄金浑无迹
金居财上喜为深　多招女禄众人钦
只忧火孛来相克　惟恐中年早退心

兄弟宫

主三人皆得力。金照主有义侄，可保四人，见二人力。

诗断：　第三宫中见金星　义断分金弟别兄
虽是雁行亲手足　反成背面少恩人
木星兄弟忌金星　金绝于寅合主刑
人马金居忌星克　同胞兄弟异途行

田宅宫

主得祖业，父母俱庆，衣禄自然。金照主有绝户阴人田业成活之象。

诗断：　金星吉曜成奇福　田宅逢之主厚禄
上下加临不可刑　毕世安荣自丰足

男女宫

长宜女，次则男，夜生人三男二女，或昼生人更在寅上，兼六乙生人见之，只宜桃花夹竹，异姓偏房之子。金照先见三四女，后见一二男。

诗断：　　金星第五便为奇　子息当推有四儿
　　　　莫使同宫因火克　荣宗荣祖福无涯

奴仆宫

奴仆亦得力。金照有女使，进六畜。

诗断：　　金居奴仆克少妻　水金辅阳男女贵
　　　　只因五六正相邻　名达天庭振经艺
　　　　妻暗私期奴仆宫　星逢太白主难容
　　　　因之逃走家财物　难保驱驰去险中

妻妾宫

妻主聪明、温良、直雅，若有太乙、月孛、罗睺、针都凶忌星曜，则主克妻。赋云：克妻害子，太乙与首尾同官。无此星，则有偕老之期。金照妻不良。

诗断：　　金星本是号妻星　要在高强庙旺宫
　　　　夫妇共荣多福兆　蠲消灾患更无凶
　　　　娶妇生离仍带子　只为妻星犯金土
　　　　未亥辰方三位强　又须娶妇置田庄

疾厄宫

主有小疾，若六丙、六戊、六丁、六庚、六辛、六乙生人，见之不妨。金照，小患不可针灸。

诗断：　疾厄金照本为良　气概英雄少咎殃

火孛相将皆此会　直须骨折与根伤

迁移宫

出入吉利，道路平宁，营运称心，末主大旺。金照宜出入招损，僧道阴人喜重衣食之分。

诗断：　金星得地照迁移　调任荣迁福自宜

若更命无凶曜照　仰观平地上云梯

官禄宫

生来少官事，防有女人仇。赖君子得之，早年食禄，无有淹滞。金照，得金玉于阴人，兼得阴人举荐立身，宜求公无刑禁。

诗断：　官禄宫中太白星　照临方地产豪英

若为禄主居强位　文在庙廊武帅兵

禄星守此立科名　切忌三方恶曜侵

纵有文昌相助限　为儒不第一生贫

福德宫

衣食荣旺，受用不少。若在燕分与凶星恶曜同宫，则先凶后吉。又忌照破男女，须用子细推详祸福。金照主有福禄称意，财食大来，立身高上，常有贵人喜重。

诗断：　金星福德最称奇　德照高门长贵儿
　　　　冠世雄才摅锦绣　禹门一跃过天池

相貌宫

为人端正，性格聪明，身材却好，衣食荣旺，凡在相貌宫者，无星更好。金照，主形相分明，作事有权，十相无破。

诗断：　金星相貌并西邻　一部髭须胡口人
　　　　若遇贵人相接引　定为曹吏处公庭
　　　　恶弱为临天秤宫　凶星成吉吉成凶
　　　　惟逢金木乘龙路　父母妻儿亦荫封

金星变段名

宝瓶宫白兽星，又名天色星，主色事，为美人敬。

诗断：　坎宫白兽怕逢金　火孛加临祸最深
　　　　若见水星怕月助　一生方得免呻吟

磨蝎宫天廪星，又名天妖星，主妖怪，好师巫。

诗断：　天廪之星到斗牛　资财足禄广田畴
　　　　儿孙贵显家门盛　自有声名播九州

人马宫绝体星，又名四刃星，因色伤身，妇人犯恶死。

诗断：　岱岳峰前金绝体　纵逢吉曜也顽愚
　　　　悭贪鄙吝无高下　女作娼兮男匹夫

天蝎宫地劫星，又名夭媚星，主媚惑淫欲也。

诗断：　地劫宫中怕太冲　其星失位禄难逢
　　　　无名无利刑妻子　祖业田园没始终

天秤宫金鸾星，又名天贵星，因阴贵人成禄。

诗断：　金鸾之宿最高强　财福加临见宠光
　　　　金木逢龙为福德　定知名誉四方扬

双女宫太白星，又名天军星，主兵军武贵也。

诗断：　太白金星主大权　喜临楚分息尘烟
　　　　出则将兮入则相　三分足用喜骈骈

狮子宫天阳星，又名天淫星，主好色。

诗断：　天阳喜遇太阳宫　西地朝南臣尽忠
　　　　人子孝廉存礼节　更加爵禄自重重

巨蟹宫右弼星，又名天欲星，主阴人多淫欲。

诗断：　金星右弼最为良　四正宫中及学堂
　　　　只忌六宫并十二　文章纵有也荒唐

阴阳宫天辰星，又名多情星，主到处情色有也。

诗断：　金临申上号天辰　顺则官超逆则贫
　　　　若在十宫为福利　如临五弱反为迍

金牛宫白虎星，又名那颉星，主兵权领将军势位。

诗断：　金精白虎到金牛　文武朝班位列侯
　　　　若是垣宫行顺庙　子孙代代福优游

白羊宫天哭星，又名破禄星，因阴人惑成亲后失。

诗断：　　白羊金曜为天哭　怕行星火绝天禄
　　　　若遇高强得自然　五弱相逢寿难续

双鱼宫天景星，又名天阴星，得阴人为贵福。

诗断：　　景星到亥四方明　室壁加临禄有情
　　　　君宠臣兮臣尽职　莫愁官禄不升腾

星学大成卷十七

三辰通载（五星）

水德辰星

总龟算法，置积日加八十一，以一百十五日八十七分六十一秒为伏见留退一终之数除之，不满者为余日数，又下太阳中定星，以余日数去之，看在何段，又看入段，得几日十七度，便是水星定度。

夕伏十八日，行三十四度五十分，去日十六度五十分而夕见于西方。

顺行十七日，顺迟十日，共行三十一度五十分。

夕留二日不行，夕退十日九十二分八十秒半，行八度六分十九秒半，晨退十日九十三分八十秒半，晨留二日，晨退十日，顺行十七日。

晨伏十八日，行度并与上同。

水星论

水星辰星之精也，一名滴星，一名龟星，建北方之气，其色黑，其性智，廷尉之象。出没依期，光明泽润，岁丰民泰。伏见不时，灾伤狱讼不平。其行宫度，亦有伏顺留逆，附日而行，不离前后一宫，一年一周天。入留段，号台星，主发荐，不能登科。入逆段，号厄折星，主多灾难。又伏段，号天井星，主口舌是非。

庚生人以为禄主星　甲生人以为刑星

乙生人以为贵星　丙生人以为荫星

丁生人以为耗星　戊生人以为福星

己生人以为暗星　辛生人以为权星

壬生人以为囚星　癸生人以为印星

此星庙午旺巳，喜辰好亥子。

琅玕经云：水居双女最为灵，华省台官给谏臣。巨蟹柳星超职位，股肱帝力彩丝纶。或临亥子多招禄，方主推之福转纯。身命限中俱见照，财多恩博更相亲。

此星入命，专主性巧，文章冠世，笔阵超群。

经云：北方水星专主智，性地惺惺多巧艺。好乐阴阳巨蟹宫，若临申巳尤为贵。生逢坐命最聪明，更在身宫亦伶俐。非惟辨舌若悬铃，更主文章多藻丽。

水入命者，无大惊恐灾厄，逢危不危，临险不险，大事成小，能顺人情，合煞星则反吉成凶，见善宿则变祸为福。

水星入命最为神，危厄灾迍事不成。逢恶则凶善则吉，方知此曜顺人情。惟有水星本无定，相近之处即为性。附阳与阳为福星，附阴与阴为善庆。与日合兮主文章，性巧聪明难比并。世上文才须见水，善星成福最为佳。忽然更有吉星照，人间喜美事奢华。

赋云：给谏功臣，须假水临双女。最怕与计罗孛同位，则主刑害夭折，忌疾压身。若六壬人见之，为囚不得其用，更在戌位，则为怒地，主早年作事淹滞。坐命在寅亥者，以此为科甲，安身在巳申者，以此为学堂。宜在高强旺乐喜好之宫，更有吉星临照，或居三合四正，大有福力。若为官星为禄主，庚人以此为天官正禄，俱不可陷弱。经云：官星元在第十宫，此星宜顺旺庙中。若能躔在高强处，必为将相禄权隆。

天元禄主星更高，身命四正福坚牢。此星陷弱多吉曜，虽然有剥免煎熬。

坐命在卯子者，以此星为天厨禄主，若人命则为坐天厨格，更有金木同宫，即便以富贵两全断之。六壬生人见之，四十以前未见食禄，晚年大享福。

水星歌

辰星快利有文章，形相清严色润光。智慧聪明多巧妙，出人学问不寻常。情不定性温良遇，员则员，方则方。乐庙若居巳申贵，他宫笔吏好心肠。（水在命宫乐庙，高曰及第，他官有文才笔吏也。）日会父筵多酒食，月逢二母莫思量。木月见，吉仍昌，李杜文章万丈长。（日月会，主文章。）昼火若同贫且贱，刑克尤防上法场。夜土会，主瘫伤，金妻爱入别人房。（与夜土会，主瘫难，与金合，主妻淫。）天乙更贪修养术，彗来劫盗恶声扬。首尾气豪多勇毅，居财一似雪和汤。兄弟犯，隔他乡，田宫祖产破狼当。子息女多男巧妙，仆夫偷走急忙忙。（水在三宫，兄弟离别。四宫破祖业，五宫男女多巧妙，六宫主奴仆走失。）妻位主妻多外染，厄宫腰肾也羸尫。迁移处，好游商，官宫早岁甲科昂。福德自然多福寿，貌宫俨雅性温良。从头说尽人间事，后学须教仔细详。

水星善恶本无心，同处尤宜吉曜临。
最怕恶星同入陷，平生浮泛不能禁。
水星如傍火之精，火土同行何许清。
若与金星相夹带，平生天下有才名。
晋地相逢土反宜，衣丰食足不须疑。
若还更伏太阳下，万事和平福可期。
双女宫中得逢金，超升富贵巳宫临。
金水共蛇蛇会处，科甲必定称人心。
水人以木为兄弟，壬癸生人亦如之。
吉曜重重在此宫，兄弟五人五个贵。
太阴属水再逢水，两水令人多智慧。
反成愚钝本无他，只为金牛非正位。
体貌洋洋得水星，水星又为火同行。
相济相伤成福德，只忧田宅主多更。
太阳紫气并水星，若当本命富还清。
富主堆金仍积玉，贵时只是自清明。
六合相逢金水乡，多能相貌更堂堂。
木星邻近多淫乱，却主资财寿命长。
水逢吉宿便兴祥，莫使凶星共一方。
若值孛来同照命，一生性毒好争强。
火星若与太阴同，作事从来不见功。
好竞到官常失理，夜生方免狱瘟凶。
土人得水不为财，反于财帛起悲哀。
破荡田园死妻子，亦愁宅舍化为灰。

水星辰上仍逢水，若遇太阳本富贵。
莫教别有一星来，不可图名且图利。
水入紫气先丧父，戊未水星当克母。
为人持重有文章，直待晚年方发举。
火入强用水为官，土星同位主孤寒。
从教学馆星光曜，空读诗书自小顽。
太阳元是火之精，子丑宫中并水星。
若在边傍应为福，定须科目振声名。
水星临日性淫邪，紫气同宫命曜加。
子午卯酉四处命，平生只是爱贪花。
同金多欲火贪婪，昼夜相逢多夭死。
孛计相逢邪佞人，昼则吏戎僧道尔。
金居亥火绝男儿，三十年前未见妻。
若也有须生死绝，真金必定化为泥。
水火相刑第九宫，土罗对照贼徒中。
三方若在高强位，日夜贪谋作贝戎。
水主文笔的作奇，木金西没并光时。
一星乘旺三方位，须作龙头贵格推。
辰星在巳旺非常，与日同躔列轸乡。
假使不登黄阁贵，也须官至翰林郎。
水星最喜遇金奇，富贵须成少壮时。
凡有所为无不利，更知有寿到期颐。

水星殿局朝元

水星附太阳，曰玄武持旌。在狮子（午）为正殿，居申子巳亥为本局，爰箕壁参轸四星为朝元。身命太岁临之，文章华词，翰苑之任，六庚生人最佳。

水星庙旺乐顺留伏逆

庙旺宫：水入双女巳上，名为文昌玉堂星。凡人若是本宫带禄马，更官禄宫有吉星，兼行五星顺段，便断为至贵。若不行本限，只身命相应，更见禄马，只作龙图给谏翰林命断。若论科名，应在第二三四名前。若有救星，作贤良出身。若在此宫留伏逆段减力，仍看他星断之，兼内品之位。

乐宫：水入阴阳申位上，名为天鸾利英星，若人遇之，皆有文学，更有吉星相应，便作京朝断之。若无救星，只作名流上等清贵。若伏留逆段皆减力，只主伶俐。如在别官减半福，更若吉星同临，便应外台。

顺段：水入顺段，名为天犀天科星。凡人身命遇之，更看主星便作品贵之格。若论科名，多主二甲四甲。大凡看命，若断科名，先看此星为准，仍看禄马得地。

留段：水入留段，名为黄道台星。凡人身命遇之，主聪明，只发荐，不登科。有救星加三分。经云：水入留段号天嚣，荣妻宠妾是前因。主星三合妻宫位，亦可文章以立身。

伏段：水入伏段，名为天凤天井星。若人身命逢之，多主口舌是非，为事不定浅薄。若得禄马入格，有救星，必多巧艺，更主星在强宫者贵。经云：水星伏段名宿汨，为人作事尚匆猝。主星前后三宫行，情性无常多恍惚。

逆段：水入逆段，名为厄折穷衰星。若人身命遇之，识见机关，阳宫多智，阴宫多诈，更会禄马贵人，作贵命断。如在低宫夜生，多学伤口，过招是非。经云：水在前逆名厄折，致难见灾常切切。主星之后第三宫，好色贪淫无限节。水在后逆名穷衰，为患为冤不可猜。主星对日须有位，贪淫迷色损伤财。

水星躔宿俱出玉关经玉关歌：

水躔角宿号天成　清秀文章学术明
喜怒无常心不定　平生财禄自丰盈
水居角位有金星　金居龙位好辰星
水角得金分外贵　金水相润有精神
水躔亢宿号天津　容貌清奇通道术
心清闲暇作文章　多学多智善音律
龙头水润有高功　最喜学堂四正宫
女必聪明男学士　禄主权方达圣聪
水躔氐宿号天旨　言语聪明知道粹
人情好恶性能通　遇吉终须文学贵
氐宿所属卯与辰　水居初度福堪论
八度深躔尤怕火　水火相战是闲人
水躔房宿号天淫　智识聪明如贤人
衣禄自然心泛滥　文章学术妙经纶
房宫日兔向东家　水临此地不堪夸
日兔不堪辰曜立　水到东居势位差

水躔心宿号天凌　清洁为人快性情
巧计多修文业秀　聪明才艺二三分
心宿从来乐火临　水游火分势难禁
火须于心居大火　水焦火位病来侵
水躔尾宿号天澄　理义该通学术明
资财耗失多灾否　惟恐风狂染疾人
尾宿亦怕水星游　火虎从来水不流
虎若在寅正所属　水临此地福难求
水躔箕宿号天涅　心闲快乐任天真
平生衣食资财足　道艺文词足讲论
箕星好水水相宜　水豹周流日日奇
上下相流堪作福　水木相扶却有依
贵格云：辰星偏喜度经箕　丹桂须攀第一枝
水躔斗宿号天德　俊誉文章心耿直
子孙荣贵更气和　衣禄丰盈言语涩
水来斗宿莫临妻　必定难婚事涉迟
若在余宫怕吞尾　水气相逢恩荫奇
水躔牛宿号天甄　朋友气和益子孙
心谋机密人难测　财物多应得外人
水牛相会貌超群　处世荣华荫子孙
只忧计孛相临照　凶暗乖离受苦辛
水躔女宿号天驿　眼疾朦胧是贵人
贪财好学多议论　平生衣食也艰辛
女星更好月同行　阴曜同阴禄可亨

若见土星同度立　妻儿孤克自无成
水躔虚宿号天驯　清洁为人财禄临
多能技艺心慈善　孝顺终须乐弟兄
虚星星月水中求　水星到此福高丘
须要吉星兼禄主　若无留逆福绸缪
水躔危宿号天中　话涩心艰眼半胧
中末之年方得力　外人财物稍宽容
危宿本是属水宫　水无定度木兼隆
若是留迟方定贴　更逢庙旺反无功
水躔室宿号天攸　文学聪明智慧优
历事未能心预测　算筹多计乐闲游
聪明文曜水星精　临室度中喜顺行
若作科名并禄主　安身坐命禄安荣
水躔壁宿号天池　智慧多端有志机
天文玄象多通会　衣食平生也不亏
壁宿在亥号天宫　水要加临壁度逢
水从此宫元甚妙　须逢福曜木尤隆
贵格云：水星度壁福偏隆　挺出千群推第一
水躔奎宿号天凌　忠直为人性急烦
财禄自然多积聚　平生多事不安闻
奎星七度遇乾宫　水曜临之福不穷
若是深行宫度分　白羊水浸实难容
水躔娄宿号天澌　耿直为人不受欺
衣禄丰隆多称遂　平生快乐勿凶危

娄宿从来属火栖　水还同度固难为
水浸白羊终汩没　纵逢禄主亦凶危
水躔胃宿号天泓　耿介于人记事明
忠孝有心多执滞　为官衣禄未安荣
胃宿水星切莫逢　天羊孤角自生凶
水位更逢夜里土　修书无气更颛蒙
惟借金星同度分　方居福禄号文昌
水躔昴宿号天閪　客貌清奇识五音
心谋巧计事沉静　衣禄平平祸不侵
昴位正属金牛宫　水躔金宿气英雄
若是主星兼气力　少年聪俊庙堂中
水躔毕宿号天淋　历事三思性又钦
容貌清奇衣食足　文才学问满胸襟
辰星水蛇方躔毕　八度如何有贵荣
逆伏留迟皆不吉　若行顺旺稍聪明
水躔觜宿号天枢　清洁为人足智谋
多财多艺多工巧　欢乐平生好远游
水星聪慧主文词　四七之宫不喜觜
孛曜同行来此地　色欲贪欢只为斯
水躔参宿号天湫　欢乐无忧足计筹
作事未能心已怠　丰衣足食自优游
水临参宿正庙居　文星入庙要因扶
水性聪明专好动　因能自执不凶虞
贵格云：水曜经行参宿度　贵荣廊庙位三台

水躔井宿号天浔　心好清闲志晓明
筹策文章人荐用　声名远播定官荣
井为木犴未宫栖　水来此地福相宜
井有水星须得地　此为富曜福希奇
水躔鬼宿号天洪　好静为人更美容
心里洞明兼道释　众人钦用乐无穷
鬼星正管未宫阳　水鬼相躔未可当
此曜顺行宜见水　水孤井立必孤孀
水躔柳宿号天汪　为人柔善会文章
巧计多谋心不定　声名闾里自揄扬
柳星所乐水相从　水扶柳曜最从容
柳绿更宜流水处　科名腾播达宸聪
水踵星宿号天清　伏见皆能官职荣
与日同宫须大用　定为喉舌显朝廷
火星居地水争衡　星宿腾辉水路亨
水宿星官多巧丽　文成七步气铿锵
水躔张宿号天荣　富贵双全性又灵
文武才猷皆并用　贤才兄弟乐平生
张度水星众所钦　每临身命福资深
必能显赫人争羡　名誉昭彰达古今
水躔翼宿号天异　年少登科文学贵
清华要路骤迁荣　与日同宫须大贵
翼宿八度至十三　员明净洁水来参
不论迟留并伏逆　当居科甲有文谈

水躔轸宿号天岑　文学之官众所钦
聪明谋略人多会　藻思文章入翰林
轸宿本是水乐宫　水星入庙福尤浓
上下同流为乐曜　男人多学女人聪

水星行度

水星在星宿三度十六分以上，至七分为向庙，至张五度为正庙，在阴阳宫为本宫旺，参宿为乐宫，在双女为旺宫，翼宿十二度为次旺宫，轸宿四度为正旺，居此生人，声闻四海。

辰星星为员明，水之庙也，不以伏逆顺见，皆主大贵，常居一人之前后，有出入之才，为喉舌之官。若临双女宫翼二度及十度为好乐之宫，及为旺度与日同到，少年便贵，历清华之选。若日在轸，水在翼，为宰辅之任，日在翼，水在轸，为文学之官。水无正性，以对合为性，近金好音律兵戈，近木好近贵人，近火土贵则贵贱则贱，近蚀神好偷盗，近孛好杀，近天乙好神仙之事。入宫十五度以前，好文章，十七度二十度好医卜，二十一度至二十六度有见识，好洁为僧道，二十五度至三十度近日则吉，远日则凶。若伏逆皆为技术之巧，与金相好，与火相恶。

日度主性格温厚，内刚外敏，聪明有才智，众人见重，是主星，昼生有位，夜生大富，不是主星，昼生文艺出众不贵，夜生性巧，因道艺立身，后必富。

月度主性聪明有信，急性多巧多嗔，有贵位。

木度主多智谋书算，多男女，能行义事，为事吉庆，非主星多灾。

火度主多灾厄，为性不定，多毒害，有机密识量，因妻子有厄损财，主患风狂，木见减半。

金度主性格聪明，英雄多才智，好兵法，知未来之事，有声名，足财帛，王者用之授斧钺，木应转好，是主星贵不可测，亦因女人疾妒之厄。

土度主损兄弟，因男女有厄，婚姻不定，或娶在他州，有暗疾灾缠，或损一目，多贪财论讼，火相克则死，木相应则免。

水度主足文学，有声名，常快乐，能讲论，足财帛，女人有厄。

水星入宫

日宫主聪明文学，白日转加大有文学，声闻四海，好图书，有道艺，合得国王重用，多因贵人喜爱，夜生有财，非主星昼生文艺出群，顺行并贵，夜生微有福。

月宫主聪明工巧，好文学，得贵人见重，因此成立，为事不顾危亡，是主星有位，非主星因武艺立身致富。

木宫主聪明出群，智量深远，合道理，明玄象，知好恶，能知人，是主星多近君王左右，得贵人见知，非主星微有福。

火宫为人性沉厚，作事方圆有心机，好道德，明音律祸福，预知人休咎，凡事有成，伏逆诸事难决，是主星夜生有位，昼生有财，非主星夜生有福，昼生技巧，非贵也。

土宫主性凶猛，见善行善，见恶行恶，言语涩，心细难测，得外人财物，主患眼目，是主星微有职位，非主星多非横之灾，善星救之可免。

金宫主形貌端正，心性宽，多忧恼，能音律，与人为师。

水宫主聪明急性，能知人，智量方圆，见事长，有文艺，是主星夜微贵，昼生富，对照三合性格亦同，福力减。

水星同宫

水木同宫，有智慧足文章，大人委用，有贵子。

诗断：　　木星喜与水星俱　水赐洪休庆有余
　　　　　百六会时千福备　等聪平步入云衢

水火同宫主富，心平多奸恶。

诗断：　　火星怕与水星交　困苦伤残百事淆
　　　　　隳废凌迟逢百六　夫妻父子总相抛

水金同宫，主食妻禄富贵，少年荣显足寿。

诗断：　　金水二星若相会　俯取官荣如拾芥
　　　　　大凡遇此喜非常　百六逢之俱吉太

水土同宫，多滞，言语不快，会文章，日生吉，夜生人主年九十。

诗断：　　土星若会水星同　学行孤高胆气雄
　　　　　秉节挥戈文武备　福来百六庆无穷

水罗同宫，不论昼夜生人少疾，衣食平平，至霹雳之难，宜念善。

诗断：　　水星最忌与罗同　诡计无廉一世穷
　　　　　不孝不忠多暴虐　不然喑哑与盲聋

水计同宫，主兵刃寇盗之厄。

诗断：　　水与计都相照会　缺唇跛足并驼背

或生癖疾女多淫　或是逃亡与结配

水孛同宫主贫贱。

诗断：　辰星不欲相交彗　男可为奴女可婢

邪淫奸宄主贫寒　毕世十谋无一遂

水气同宫有财禄足寿。

诗断：　气星若与水星同　天产其人福势昌

官爵显荣家又富　千斯仓与万斯箱

紫与水星能作善　厚德纯性学神仙

医卜伎巧多文艺　一生福寿两绵延

琅玕经节要

水乃阳曜，喜乐阳星，辅日而行，助其光炽，主方庙旺，卿侯之职。水木同宫，贵重禄丰，加之气月，主顺兴隆。水乃阳星，宜同太阳，昼居庙旺，官至卿监。

水木同宫，主高贵豪富，更加气月，贵为守帅重职。同金多欲，遇火不和，贪婪无足，为事妖讹。计孛加临，非节非忠，夜生尤顺，昼则藏凶。

水星同金居庙旺，遇火罗照，虽受衣荫，主淫滥，破田业，昼夜不顺，必夭寿，如同计都孛夜生则吉，亦主性不忠良。昼生见之，非戎吏即僧道。或免凶害，即主刑伤，不仁好杀。

昼同土曜，富盛可期。顺则庙堂，与身肇业。仕宦亨嘉，居官名节。夜则湛薄，贵而歇灭。若遇留逆，多屯苦节。

水星见土，白日见之，顺行庙旺，则贵而忠信，官位兴隆，官至守土。夜生减福，在强宫则富掌大财。留逆促寿，损克妻子，不死则带笃疾，中风之患。

罗睺乐旺，掌权之多。阳宫禄厚，阴夜蹉跎。

水同罗睺，昼生阳宫，则贵领重权，禄位高厚，雄贵出群。夜生阴宫，克剥刑伤，贫穷下贱，身难卓立。

最宜旺位，气木同行。昼逢吉曜，福禄转增。

水星照临十二宫

命　宫

守照命宫，形质重厚，体貌威严，举措有成，性快宽厚，多学多智，有头无尾，柔中之刚，奸中之义，心有谋用，不怀迁怒。此星入命，尊主性巧，文章冠世，笔阵超群，一生无大惊恐灾厄，逢危不危，险不险，大事成小，能顺人情。若见恶星，则反吉为凶，见善宿，则变祸为福。宝鉴歌云：水星入命最为精，危厄灾迍自不成。逢恶则凶，见善则喜，入庙主少年及第，在酉宫，女有命服。巳申巧性文章，卯戌艺业口谈。到未谓之八极星，一生福禄。与紫气同在命，好神仙黄白之事。与日金同，为辅弼格最吉。惟水满三用，吉多则反凶，谓之无救。乐旺中，主大发财，正好处则死，盖水不欲满用故也。金木同位同行，少年及第，在陷宫不伶俐。与火星相恶，金星忌妒。与日同行，多主淫欲，忌孛及计同。水照合，有文章才学，多智识，心性无定主。

诗断：　水星临命智多能　引荐求财事不成

　　　　庙旺迁官荣爵秩　余宫僧道晚年兴

水德星辰在命宫　得逢旺处便攀龙
聪明智识多机变　生在荣华富贵中
命宫只有一水星　盖世文章异众人
父兮生我今何在　不见登科出仕林

财帛宫

水入财帛，幼年多散。水照有文章笔上财帛之分，衣食中年少称意。

诗断：　财帛宫中遇火争　一如把火照霜冰
此二宫中逢此曜　初年囊橐尽皆倾
第二星辰在弱宫　飘飘财帛去如风
若无恶曜来冲破　却晓鱼盐水利丰

兄弟宫

水星主多姊妹，难得力。水照兄弟隔离他乡。

诗断：　水星吉曜遇还稀　来照三宫便不奇
上有亲兄下亲弟　两头无义便侵欺
水星到巳正乘旺　最嫌金火来相傍
太阳若落在前头　纵是后生亦先葬

田宅宫

主自成立，又云：若临父母永年龄。水照主先破后成，田产多因外方立家成活。

诗断：　善星一曜是辰星　得入强宫福转精

不见当年刑忌照　便须万顷与千赢
四宫遇得水星光　吉助先令母寿长
文华一遇登科早　为官食禄及爷娘

男女宫

端正至老得力，在戌位则招偏庶异色之子。水照有聪俊之男，见多者，只招一人之力。

诗断：　辰星高照子孙位　俊迈文章为国瑞
水数推来只一男　振起家风日荣贵

奴仆宫

虽有奴仆鞍马，亦多主失窜。水照奴婢，六畜多损害。

诗断：　水星旺处旺牛马　却多奴使性难驱
虽然万物总由分　所为称意自安居
金木同来奴婢宫　前有太阳男女贵
只用五六正相邻　名达天朝振经艺

妻妾宫

妻宫端正，谈论聪明，手足纤细，中道亦主生离死别。水照主妻性不定，多外情及奸盗。

诗断：　水照妻宫对照命　富贵贞贤福难并
忽然恶煞来相侵　心滥情淫性无定

疾厄宫

少灾。又云：在疾厄时常疾滞。水照须防江河之厄，亦主疾病。

诗断：　第八宫中水德临　温柔情性足人钦
忌星凶恶来侵犯　沉溺波涛坠井深

迁移宫

水入迁移，所谋称意。水照不利舟行，防有风波之险厄。

诗断：　水星合照最为珍　更看东生命位星
宾主和同无恶犯　迁移出处总欢荣
第九宫中会金水　金水太阳同一位
更加本命对宫湿　屋宇既多尤壮丽

官禄宫

主多口舌，强仕以前，主有官非相染，亦忌妇人忧扰之事。水照主官职骤迁。

诗断：　水星偏喜照官宫　出类超群福自隆
委任股肱扶宝祚　官居高品贵侯封
官禄阴阳水到寅　不然火到亦为迍
自言健讼夸无敌　破散田园自有因

福德宫

君子得之，早年亨通，一世优游，晚年以来，财帛大旺。庸人得之，得力得财，中年横发，衣食自然。所谓不栽一株桑，箱中有余服，不种一亩田，仓中有百谷。水照有声誉，贵人举重之喜，只一生不宜阴人交，性多反善为恶，克身之事。

诗断：　　十一宫中水德来　汪洋智识仰贤才
　　　　　公严厚德人钦重　泽被生人遍九垓

相貌宫

身形肥小而不瘦，神气清高，容貌端正。水照主人好华，得阴人喜重。

诗断：　　水星相貌最为强　清风凛凛肃冰霜
　　　　　若遇恶星无恶曜　容颜端正动君王
　　　　　相貌宫中遇水星　机谋多计足严明
　　　　　虽然羡容丰衣禄　只恐飘蓬破六亲

水星变段名

宝瓶宫玉池星，又名天宸星，主巧妙聪明，得北方禄。

诗断：　　玉池本是水之精　学馆科名万事亨
　　　　　更有恶星相照视　便为僧道也聪明

磨蝎宫沉晦星，又名天殊星，主贵人钦羡文学。

诗断：　　水星丑地为沉晦　疾厄迁移溺水津
　　　　　妻妾主逢妻不洁　男为盗贼女风尘

人马宫渗漏星，又名天乐星，主歌舞，好舞能讴。

诗断：　　寅宫渗漏水为凶　六宫疾病命相呼

　　　　　对照傍临无吉曜　一生辛苦受贫穷

天蝎宫仇雠星，又名天狡星，心性狡猾，不诚实。

诗断：　　太冲水宿号仇雠　贵贱命来由尔招

　　　　　若值孛星罗土计　零丁亲属定应消

天秤宫玉龙星，又名天贪星，主吝财物，招是非。

诗断：　　角亢辰星号金龙　更加金水喜重重

　　　　　学堂四正无凶煞　驰誉蜚声翰苑中

双女宫玉女星，又名天聪星，俊杰文章巧妙。

诗断：　　巳宫玉女最为良　更得金星佐国王

　　　　　男儿得此官荣显　女人逢此有冠裳

狮子宫天目星，又名天妙星，文才巧妙。

诗断：　　午为天目水高贵　色衣子息皆聪慧

　　　　　更加四正福星临　鲜读诗书文美粹

巨蟹宫巧计星，又名天厌星，主遭人厌枉屈。

诗断：　　未为巧计美容颜　破荡庄园卖祖田

　　　　　若被恶星相照合　机关巧艺会千般

阴阳宫紫微星，又名天德星，福禄全美。

诗断：　　阴阳全会紫微星　富足奢华有始终

　　　　　更得妻财增贵盛　子孙荣举孝廉中

金牛宫失偶星，又名天倾星，随世情逐高下。

诗断：　　水星失偶到金牛　两取三婚尚未休

　　　　　女子若逢三度嫁　不然离祖在他州

白羊宫天刚星，又名天巨星，主事沉毒坑陷。

诗断：　　天刚白羊男女怕　切虑大限损天年
　　　　　更逢月孛同宫度　定遭刑狱及颠狂

双鱼宫玄武星，又名禄崇星，主福禄超崇。

诗断：　　亥宫玄武水之精　掌握枢机果不轻
　　　　　官禄迁移兼福德　何愁方外不扬名

星学大成卷十八

三辰通载（六曜）

太　阳

总龟算法，置积日减一算，以三百六十五日二十五分五十秒为一周天之数除之，冬至行盈度，夏至行缩度，渐盈渐缩不可概论，今以盈缩中间率行一度算之。

冬至日行一度五分时行八分七十四秒

小寒日行一度四分时行八分七十六秒

大寒日行一度三分时行八分四十八秒

立春日行一度二分时行八分四十九秒

雨水日行一度一分时行八分四十一秒

惊蛰春分日行一度时行八分二十三秒

清明日行九十九分时行八分二十四秒

谷雨日行九十八分时行八分十八秒

立夏日行九十七分时行八分八秒

小满日行九十六分时行八分

芒种日行九十五分时行七分九十六秒

夏至日行九十五分并同上

小暑日行九十六分时行八分

大暑日行九十七分时行八分

立秋日行九十八分谷雨同

处暑日行九十九分清明同

白露秋分日行一度惊蛰同

寒露日行一度一分雨水同

霜降日行一度二分立春同

立冬日行一度三分大寒同

小雪日行一度四分小寒同

大雪日行一度五分冬至同

太阳论

太阳日宿火之精，一名密星，其色红赤，其性宽厚，人君之象，父之所配。与众星同道，诸星皆畏服。五星三合与对望，皆留逆而不行。其次舍一月一宫，一年行一周天，生于蓬岛之间，出入扶桑之内。卯酉为出入之门，至午为中天为明之地，天光所及，照烛无私。太阳出于卯，故卯上立命，随父所在故也。惟独守宫则权专，诸星为之辅佐。其星庙戌乐巳，好辰喜寅，旺午怒酉。

琅玕经云：日旺奎宫发有因，禄名上达秉台钧。张星本度须高职，水火同方侍从臣。寅位昼生财禄重，月华照合显荣臻。蚀神恶曜俱相背，福寿人间未易伦。

赋云：日出扶桑遇白羊，而金乌照耀。又云：末岁亨通，定是日月居子午。初否后泰，日月入身命之宫。又云：家藏金玉，从来日在金宫。日生见之，会金木水星于命入庙及在午，皆主贵品清职，文学聪明。大怕计孛火土同临弱地，则曰交战叠刑。若只与火同宫，多破祖上物业，父须有克。

经云：生时火伏日同宫，先代家资尽消灭。若会罗计二宿，必主交蚀遇之，克剥父母，陷害骨肉，夜生见之，则其明背。

乙生人以为文魁星　丙生人以为催官星

壬生人以为魁星　　安命在子以为科甲

安身在午者为学堂　安命在卯者为官星

丁巳生人以为天官正禄星

此星配属寅午戌三方主

太阳歌

七政昭回日最尊，配人父道象人君。晨朝杲杲从东出，万国葵倾煖似春。（日为七政之尊，人君之象，又配父道，爱日生人。）照人命，守人身，员满形容性又温。言语殊常人仰重，处心无党更无偏。（太阳照入身命，主形容员满，言语殊常，人皆仰重，无党无偏。）或与岁辰相会合，文章卓荦动乾坤。（若木相会主文章。）金同位，好婚姻，妻家财物送来频。（金同得妻家财。）夜见土星昼见火，须防病患及尊亲。首尾更来须恶死，紫气缁流及道门。忽有孛星来邂逅，瘵劳说尽父根原。（夜土昼火，主父残疾，尾首主父恶死，天乙父为僧道，月孛主父劳瘵。）临财帛，聚金银，第四多招好佃宾。（太阳守财，主多财帛，在第四主有田宅。）闲极位中兄弟贵，子息贤能止一人。西没美妻颜似玉，入宫一世没迍邅。第九位，莫逡巡，外乡近贵有夤缘。（外乡近贵人提奖。）官禄有官兼有禄，福宫福德自安闲。一一从头言仔细，请君爱惜莫轻传。

人马尊崇拱太阳，喜寅辰巳怕西乡。

最宜官禄兼临命，东出尤嘉福寿长。

金水如同庙旺方，俱来入命喜非常。
更得太阴相会合，是为庆会也辉光。
太阳之宿号尊星，众曜相寻如转轮。
凡有吉星伏居下，不能致福反平平。
太阳入祥遇木星，更添命主必官荣。
若有二星来转佐，必当荣贵事王廷。
午宫旺庙最为奇，更在强宫始得宜。
若或陷于闲极位，少年父命必凶危。
太阳次喜白羊宫，必定其人祖业隆。
夜见土星昼见火，不能致富反为凶。
太阳与土八宫逢，夜生恶貌并孤穷。
早失双亲路途走，茫茫不识是西东。
太阳在命九品迁，小人富贵足庄田。
三合近强看仔细，陷没沉宫事不全。
气木日月最为良，倘无恶曜不相妨。
如逢太乙同对合，智巧多财柔乃刚。
初限不如中末良，夜生不如昼生强。
只怕计孛并火土，总同庙旺亦为伤。
太阳鲁分入奎初，此是人间大贵图。
更得官星行旺地，安荣终是入钧枢。

太阳殿局朝元

太阳居白羊狮子为本殿，临子午卯酉为正局，坐房虚星昴四星，谓之朝元。众星参奉，曰日帝受朝。阳位值之，名曰御极，当为要职。若本命太岁值之，受皇恩荫覆，世代受禄，群曜取次，必主调和鼎鼐。

太阳躔宿俱出玉关经玉关歌。

诗断：　日躔角宿号天成　晚年须富少年贫
心高胆大超人众　必定前程有大名
太阳度入东南角　庄重仁慈性端悫
木金会聚宿皆同　大立功名有才学
日躔亢宿号天柱　学问文章贯今古
为人欢乐最贤豪　性识孤高名未遇
亢宿从来号金龙　五阳辰位日居中
木曜傍临倾向日　富贵双全禄万钟
日躔氐宿号天符　美貌堂堂出众徒
性快心高多自耐　江湖漂泊少年孤
氐宿属辰并卯气　此宿辰宫气未充
昼诞孟冬受正气　寿年长享永无疆
日躔房宿号天禄　清洁为人享清福
高才富学有声名　耿介超群还不俗
太阳东躔房日兔　出自东方偏喜遇
若加本命昼朝生　发福高权贵而富

贵格云：　太阳东出度星房　腰下须悬金印黄
日躔心宿号天昌　白日生人福寿康
若至晚年尤享福　一生终是足衣粮
东华唯有心三星　水火同居气未清
若是土星同孛位　阳居此位势难禁

日躔尾宿号天杩　白日生人富益饶
性急多才人莫敌　夜生鄙俗事烦骚
太阳来尾渐东升　昼产皆为上贵人
木气更临加品位　夜生疑虑却多惊
日躔箕宿号天魁　俊乂文章有大才
父母定须生贵子　官高位显列三台
箕宿从来更好风　东风解冻气朦胧
水曜并阳同度立　其人定夭必须穷
日躔斗宿号天明　刚勇施为胆气英
产业经营辛苦志　老年丰富享安平
南斗东西有度分　众星高拱太阳尊
贵人天乙临其上　手足名臣辅相人
日躔牛宿号天机　机变尤长文藻驰
更得木生来赞助　荣贵声名天下知
金牛磨蝎丑之中　日度逢之福转隆
此曜最尊怕忌宿　喜同土火庙宫丰
日躔女宿号天德　清秀聪明多智识
天文玄象性孤奇　白日生人最为吉
太阳与女共相齐　性不庸愚德也迷
但遇气星临此度　反灾为福立孤睽
日躔虚宿号司天　耿直聪明胆气兼
白日生人多富盛　夜生逢此足迍邅
太阳躔度到虚城　不论贤愚与富贫
高坐华堂延寿相　从容稳步作公卿

贵格云：　日曜正躔虚宿度　官居辅弼掌钧枢
日躔危宿号天隆　性直文章学问丰
营运资财难积蓄　老年方见免灾凶
危宿中随虚室居　君阳危立势难为
虚室两星前后立　位而无辅岂非危
日躔室宿号天福　胆气权谋性多欲
平生欢乐少迍灾　父母康强延金谷
太阳一曜最为尊　室宿临之岂晦昏
惟爱木金同庙度　此为君象镇天门
日躔壁宿号天皓　富贵双全兼寿考
多男多女见威尊　必值文章荣达早
壁居亥上正天门　日月同宫合壁连
更有金星同水至　水金辅日有高权
日躔奎宿号端守　富贵荣华年寿久
文章高贵众难加　白日生人享富厚
奎为玉关号王车　日曜临之福不殊
木曜更来辰上位　腰悬金带佩金鱼
贵格云：　太阳妙度最宜奎　阃外鹰扬万里威
日躔娄宿号天宫　大尹公卿将相逢
年少便应居鼎鼐　生时值此必兴隆
西方娄宿号白羊　金娄西沉日不长
谁识夕阳犹返照　白羊宫里胜扶桑
日躔胃宿号天解　令德惟贤位安泰
机谋才略多智能　有喜须因贤淑辈

天上太阳临在胃　夜生背明真可畏
更逢罗计火孛星　不克双亲身必坠
日躔昴宿号天房　耐事经营足食粮
脾疾冷涎身有寿　日生却得世荣昌
太阳遇昴福兴隆　勋业超群志气雄
四月卯时人不寿　驹阴过隙婴时中
贵格云：密星遇昴福偏隆　超群必作人间瑞
日躔毕宿号天强　贤德才高万事昌
音律善通忧虑少　心多嗜欲行无良
毕宫好雨曜昏迷　阳居东位不宜西
须要岁星心位立　正临扶日不终危
日躔觜宿号天钧　足禄多能享世荣
学问渊源才挺出　此人名必播朝廷
觜中日宿是凶星　陋短形容菜色青
主性顽蒙多暗昧　纵教修学也无成
日躔参宿号天水　冷淡持身欲不累
少才多学富声名　官宫有禄终须贵
水居参宿正居坤　红轮西坠福难言
须要木生寅上照　酉时日没正黄昏
日躔井宿号天弼　冠世文章增福力
公侯卿监世间荣　福禄恩波传子息
惟有井曜未申宫　日躔井度要深逢
十七度中尚在未　向南之地有高功
日躔鬼宿号天流　先代资财用不休

巧计机关人莫测　世间多事出阴谋
鬼宿从来怕日逢　此生惟有夜生阴
惟是邪星莫干正　鬼金羊位日阴沉
日躔柳宿号天梁　仕宦须令仕本乡
金帛丰盈多积蓄　晚年须见禄荣昌
柳星渐次属离宫　十三度内未遭逢
二七度中惟得日　方逢午位压群凶
日躔星宿号流泽　卿相当朝须得力
三方星主旺高强　富贵荣华主辅弼
看来午位有三星　一张一柳一星明
惟有张星乐月鹿　君居此位有虚名

贵格云：君日周天位在星　功齐傅说位阿衡
日躔张宿号天正　才智聪明文武并
官星得力善星居　禄贵兼全增喜庆
太阳尊曜临张月　纵有声名多歇灭
休将此宿在庙堂　错误于人难可说
日躔翼宿号天娄　贤德文才出世豪
若得木星同位次　定应官职守清高
太阳翼宿不堪亲　翼火为蛇死不明
大主不祥非横死　疾宫又遇恶星辰
日躔轸宿号天阶　年少功名自鼎来
端洁为人须大量　定须九棘与三槐
惟有轸宿号天极　人言阳极福难当
日到南宫终炽盛　时居大厦佐君王

太阳行度

日在奎宿七度六十八分以上，至十三度六十八分以下，则是火度。日是真火为正庙，若在五度以下为向庙，十三度六十八分以上为背庙。日在娄宿八度十八分以上，至九度为正旺，九度以上，至胃一度十八分以下为次旺，以上为背旺，在八度十八分以下为向旺。白羊宫躔娄宿九度为旺度，如在八度前必为大卿，及大尹三十年，居三辅六府，或监国，负扆设政，忠孝恭谨，大堪委用。如在八度以后，即稍减力，显达六年。如在九度主员郎，少年贵，久后无力。午狮子宫，星宿为乐，亦为卿相，旺三十年，须在有力之地。或三方主身命宫，在高强宫分相照，或得诸星助之，更在庙旺之宫，则为至贵之人。在五弱宫，惟寅丑辰上或见木对，欲顺不欲逆，三十年富贵，位至三公。或在申戌之位见木，逆则为大富之人。与金同伏者，女人富贵作夫人，如夜生时见蚀神，贱不得其死。

日度主性忠直，有道艺，宜仕宦，得贵人委用，有声名，平生有福，作事长远，更是主星，昼生有位近君，面员耳耸，眼大主大贵。

月度得父母力，为事有密谋，见事深远，善主财，是主星有位，不是主星大富。木度主贵达，平生多福，合仗本乡官，多见金帛，晚年主富。火度主作事清直，殊常有福，性直不顾危亡，多历江海。

土度主贵人委用，宜男女，亦多伎巧微贵，或虚贵。

金度主好音律欢乐，多怨少仁，平生多蹇，是主星昼生加福力，有贵位。

水度主财帛丰足，多学多智，洁净，多好使钱，有贵人扶持。

太阳入宫

日宫主作事明白，足学有智，好修善，有玄艺，是主星，昼生有位，夜生有财，非主星，昼生大富，不受贫苦。

月宫主得父母力，为人性密，作事难量，立机谋，与人结交无终始，少年远行损财，是主星，老年大富，非主星微有福力。

水宫主为人聪慧，作事有断，多心机，善主财，足财帛，少苦老乐，火土同宫，妨父母兄弟，是主星昼生转加富贵，与罗计同宫主灾祸。

火宫主为人性微急，作事明白，知人灾福，多智见，足财产，父多病，男女亦然。日生人及在阳宫转佳，夜生减半。

土宫主为人性沉厚，有威严，能营运，善断割，多财物，是主星，昼生大贵，夜生大富，不是主星，昼生少孤独，微有福力，更在土度则凶。

金宫主有贤德，知未来事，因女人有喜，多计谋，好斗战，有好妻妾及子孙，兼主殊常有福。

水宫主性极聪明智巧，足文才，所为不定，能守事，常患冷疾，会天文，昼生是主星大吉。

太阳同宫

日月同宫，主多声名好，文章富贵，有科名，若昼生人，日是主，夜生月是主。更日月在旺庙宫及本宫，其人声闻四海，又合得国王重用。在未宫，衣食至老无退。在戌辰二宫，甚有鞍马牛羊。

诗断：　　日月相会岁岁同　十二月中月月逢

　　　　　正月娵訾终玄枵　圣贤降世福兴隆

　　　　　日月庆会吉无涯　天产英雄福迩遐

　　　　　百六会时邦国泰　人生值此福奢华

日木同宫，主近贵人，平生少灾有福，足财帛，多子孙，更得木星乘旺气转好，是主星大贵。如木星行伏段损财产，日在庙则贵。

诗断：　　太阳交会木星临　足禄多财冠古今

　　　　　平步青云昌炽盛　万般好事称人心

日火同宫，主为人有信行，作事方员，好文章，多财物，若得一生在旺宫者主贵。

诗断：　　日火相逢火失炎　祸盈百六莫逃潜

　　　　　天灾遇此民遭厄　夭丧生民害义廉

日土同宫，主性格聪明，有词章，若是主星，昼生日在后大贵，日在前损父母财产，及主恶死，月宫尤重，亦主父有疾。

诗断：　　日土相逢庆瑞饶　产人龙首佐昌朝

　　　　　星临百六邦家泰　万福攸同百祸消

日金同宫，主好色欲，有好妻，兼有妻财，夜生金在前，日生金在后，皆主大富贵有声。

诗断：　　日金相遇福生民　必产奇才异世伦

　　　　　百六会时天福炽　当知庆瑞在今辰

日水同宫，为人聪慧，好修阴德，是主星，不伏逆，其人文学出群，有科名，不是主星，顺行者主微贵有职位，虽有文章，不主文中成事，多因父母立身，及贵人举荐成立。若伏逆者，主有技艺，好音律。若是日主，在本宫昼生大富，夜生微贵。

诗断：　日水相逢庆瑞盈　欣逢水日贺升平
人生值此人中瑞　间世奇才保大名
水日同宫得地行　不能及第也聪明
性淳机巧难容事　赢得乡闾有隽声

日罗同宫，主不寿，身近贵。

诗断：　太阳正照被罗侵　父在他乡儿没亲
先代家财皆破尽　奔波衣食不如人
太阳朔日怕罗睺　偏产奸雄起篡谋
余日当之兴福处　惟逢百六祸堪愁

日计同宫，主多疾厄，有腹肚之疾，多脱财物。

诗断：　日计相逢景福昌　官尊直谏佐明王
怕逢朔日生奸伪　百六如逢大不祥
薄蚀皆由恶曜侵　那堪又在一宫临
破荡田园皆瓦解　东西南北不宁心

日孛同宫，宜在外邦，不宜在家，白日生多灾。

诗断：　日孛相刑名字损　反产吉人心恻隐
奸臣叛世不生兹　百六会时保安稳

日紫同宫，多伎艺，官至三品，父有克害，有疾可免。

诗断：　太阳紫气喜相逢　泽润生民稼穑丰
百六遇时祥瑞盛　人生会此必三公

琅玕经节要

太阳照命，金水同位庙旺，主方上达之贵，气木月同，显赫可致。

金水日同宫，谓之辅弼格，若得地，主文章大贵。次要得地为限，仍须日生，如是夜生，只富而已。有此三星在陷害宫则凶。气木日同对，或三合见有，即主声誉之人。更各居庙旺，居官清位显，近王庭。

不系主，旺亦主富贵，主下身低，无不掌治。

如不在方主，不入庙则为官不显，亦衣禄不背，富而不厚矣。

水日同宫，财禄可及。孛日对同，机巧可取。才干及人，横招财利。

日与孛同对合照，主性机巧，作事灵变，好音乐，智见高，有胆气，柔中之刚，多矫诈，招外财他息。

非其主旺，财食丰足。见在日时，益于财禄。

凡太阳照命，不遇恶星，自然受福积财，不是主，旺亦吉。

日同火土，轻禄簿财。又遇蚀神，破离乡土。

如逢火土二星，主衣食不厚，多招歘灭，损害父母，亦破祖财，亦招刑厄，损寿损身，妻同子逆，善不坚长，身无久远。又加罗计，刑害太甚，离破乡土，亦主伤残，人多憎恶，亦好邪淫，多犯王法，更逢交逆，灭伤寿算。

淡薄初年，艰难财禄。日没月藏，富而多福。

太阳照临十二宫

命　宫

守照命宫，主面部严方，颜色红白，阳宫为命，入庙为科名文章，贵品清职，修学聪明，为人性快不藏，事务实不伪，性敏精忠博通，畏事敏而有断，不忍奸欺，不妄求，不过贪，见苦生念。其财与禄，成在中末之年，福禄兼全，有灾无虞。及主寿算长远，平生有福庆，常得贵人见知，不受贫苦。与火同对，在财帛田宅宫主破。遇土星，主父母有心肠疾，卒暴颠酒。与孛同对，在三六九十二宫，主克父。与木交会，足禄多财。在寅丑辰三宫见木日大贵，在申戌二宫见水日大富。在酉宫家藏金玉，在戌宫田宅广居，在闲极自小无灾。

诗断：　太阳临命性融和　衣禄赢余祸散磨
东出寿长西没减　半生涝漉少年过
太阳在命九品迁　小人富贵足庄田
三合近强看紫气　陷没沉居事不全
太阳原是火之精　躔度偏宜金水星
晦朔孛罗同一处　太阳薄蚀命须倾
命在太阳孛罗守　太阳又怕逢张柳
妇人戏谑成奸淫　男子淫奔别乡走

财帛宫

初年多破，中末方吉，主居贵位，同木财最多，此宫同水主失脱。日照一生近贵人财帛，主得福人财宝成立。

诗断：　日居财帛要阳宫　昼生为福夜为凶
只忧计孛来相克　财帛犹闲寿不中
太阳来临阳极宫　还应财物获荣昌
日在长生多得地　定须豪贵越非常

兄弟宫

主招一二人，吉得力富贵，三合性快，为官不过七品，为禄必定因同类追财，日照主兄弟可保一二人之力。

诗断：　兄弟有若雁同行　岂使三宫陷太阳
虽是同胞如手足　分张各自富田庄
兄弟相邀出外乡　只因第四犯刑伤
刑伤不用他宫取　男犯太阴女太阳

田宅宫

主得父母财物，先破祖，后自成，招外田庄，末年方可旺盛。日照主高贵宅舍，大招田宅产业。

诗断：　田宅之宫有太阳　须知此位最高强
膏腴万顷连阡陌　荣祖荣宗福禄昌
日月合照来田宅　田宅定多夸阡陌
或逢紫气与罗睺　一生长是漂流客

五男女宫

主招一子，自身晚贵，与金水同，主招俊丽之男。更入庙不同凶煞，男女清贵。日照先见男吉。

诗断：　子孙宫内得阳宫　才藻文章竟出尘
金马玉堂应有路　少年平步上青云
太阳男少女又足　禄顺行宫逢土木
更兼荧惑不相刑　子受官班见五六
太阳子位独难当　损破头男子受殃
若有吉星相扶救　二男异日贵非常

奴婢宫

主克父，奴婢不得力，此星不凶终吉，在白羊宫十分力，晚荣贵。日照主招鞍马，及有得力女使。

诗断：　奴婢之宫号陷方　照临君父岂为良
纵饶父体常清健　亦恐当年寿早伤
奴仆虽非高强地　若是太阳亦为贵
其他紫气及罗睺　自然不得分毫利
日曜加临侍从宫　贤奴俊马盛如龙
妻母被淫欺克陷　破家偷盗反为凶

妻妾宫

主妻美貌有财，性快清秀，有吉宿同者，娶贵家女，财帛丰厚，增壮门风，身主大贵。日照贵相之妻，及因妻家发旺。

诗断：　太阳临照在妻宫　位望尊严德贵崇
莫使忌星兴悖逆　婚姻皇族富豪中
西没之中逢日星　头妻带甲始安荣
半路分离难保守　更兼孕育不曾停

疾厄宫

主身近贵不近小人，见水星主有刑破异相，火同主眼疾，身破免疾。日照主身少疾患有寿，不犯天灾。

诗断：　疾厄宫中见阳星　身体康荣岂见迍
设使忌星多犯破　反伤眼目不光明
第八宫中见太阳　偏于酒色起灾殃
父兄先陷妻先死　计孛同宫死外乡

迁移宫

主内职，出入近侍上贵人，得人敬重，益寿大旺，多利远行。日照一生好远游，常得他方道路之分。

诗断：　第九宫中遇太阳　更无凶曜在其傍
好将平日胸中学　对策天庭谒帝王

官禄宫

主大贵，居星宿定为一品官，小人衣食一生，少到官府，不加凶危，大事成小。日照宜奉公，若有官厄，常有恩赦之救。

诗断：　太阳得在十宫居　抱员宏才仰大儒
他日遗贤求吕傅　官高辅弼掌钧枢

太阳金水同官禄　主将同行真有福
计都在巳孛未乡　横贵功名仍纳粟

福德宫

主为人洞达无私曲，一生好动，昼生逢土，夜生逢火，安闲有寿，逢金水主福寿双全。日照主身心劳漉，小人遇之，奔走无宁日。

诗断：　福德宫中遇太阳　光明心事又康强
金水两扶成辅弼　天然富贵永无双
太阳喜临福德地　只嫌朔望逢罗计
孛亦为灾福不全　昼火夜土更须忌

相貌宫

主为人聪明少贵，日生逢火，粗丑发黄，夜生逢土，项短眉粗。日照主形相具足多破，小人相轻，不可与下等人作事。

诗断：　相貌一宫名恶弱　吉星照处合虚着
惟怕罗睺月孛星　来与太阳相倚约
善星多向命宫排　相貌宫中君火来
又得星辰行顺段　平生衣禄自相随

太阳变段星

宝瓶宫日华星，又名天贵星，主得贵人力也。

诗断：　太阳本是日华星　昼夜循环不暂停
若是日生多福禄　夜生终不免灾迍

磨蝎宫浮梁星，又名天马星，主贵而不达。

诗断： 太阳年有三百六 催促光阴如迅速
晦朔惟忌计罗侵 夜生之人须减福

人马宫扶桑星，又名天基星，主得贵人成立。

诗断： 太阳始出拂扶桑 身命加临近帝王
福禄官宫居极品 若临五弱亦寻常

天蝎宫旸谷星，又名天乌星，主横得贵人财。

诗断： 卯酉玄黄二八门 日生旸谷最英灵
田宅官宫身命贵 六宫十二祸深行

天秤宫虞泉星，又名天辅星，得大贵人托辅。

诗断： 日出龙门生角亢 天中曜影登虞泉
照临宇宙施恩泽 首尾相逢福绵绵

双女宫白阳星，又名天福星，因贵人成福禄。

诗断： 己宫日是白阳乌 照曜乾坤总一如
无党无偏君子志 何愁福禄不安居

狮子宫朱明星，又名天禄星，得贵人提挈食禄。

诗断： 腾光离位号朱明 日出乾坤万象清
此是太阳真庙旺 七强宫内保光亨

巨蟹宫曜灵星，又名天柱星，因贵人委用成家。

诗断： 曜灵侵入太阴宫 错乱阴阳理不同
性硬气刚须怕妇 妻强夫弱挫英雄

阴阳宫东君星，又名天弼星，主大贵人成立也。

诗断： 太阳五月至于申 位属三阴一气阳
此是东君为失位 七强宫得也为殃

金牛宫咸池星，又名天没星，因贵人成禄。

诗断：　　太阳东出没于西　喜逢吉曜会咸池
　　　　岁星若得来临照　福寿荣华晚更宜

白羊宫大明星，又名天德星，主贵人成家。

诗断：　　太阳戌地日归藏　入庙君臣佐玉堂
　　　　四正宫中并八煞　一生富贵寿延长

双鱼宫朝天星，又名天残星，因贵人损伤破败。

诗断：　　亥上朝天诸位拱　六阴之位来相并
　　　　玉玺为名象属君　子孝臣忠福禄盛

星学大成卷十九

三辰通载（六曜）

太阴星

总龟算法，置积日减二算，以三千二百二十四一之为顺行，减积日行。

余不满顺行数者，以九因之，以中数二百四十八数除之，除不尽者，为残分，在一百二十四以下入疾历，二百二十四以上入迟历。

疾行一日行十四度半强。

平行一日行十三度半强。

迟行一日行十二度强，二十七日有奇行一周天，更行二日，与日合朔。

太阴论

太阴月宿水之精，一名莫星，其色青白，其性仁慈，人臣之象，母之所配。其行宫度有退疾，弦前行疾，弦后行迟，已具于前。大约迟疾中间率，行十三度三十七分，一月一周天，生于沧海之上，出于正西之方也。

己生人以为禄主　甲生人以为贵星（正魁星）

乙生人以为印星　丙生人以为耗星

丁生人以为福星　戊生人以为暗星

庚生人以为权星　辛生人以为囚星

壬生人以为荫星　癸生人以为魁刑星

此星庙戌、旺酉、喜巳、乐申，顺于亥丑二位，怒于寅。看此月在何位，则为安身之所。若旺乐之处则为吉。夜生人见之，会金木二星于身命宫，主福禄全备，享福温煖。更为禄主星，在旺宫大贵。至月朔则交会在卯，十五则相望。上弦生人为福，下弦生人则减福。若圆望会罗计二曜，定主交蚀。此星配属夜生人三方主。琅玕经云：月精庙旺照娄星，出赞珪璋辅紫宸。临身自然名职重，躔胃应为台鼎人。水金共位威权镇，木气同宫秀气臻。不晦不残行净道，益财益禄自荣身。若在驿马贵人禄宫之地，则大富。

经云：安身好在禄贵乡，若逢禄马最高强。居在妻乡多作赘，不然妻克主其双。若遇空亡孤寡地，九流之士甚相当。忽然好生疾囚位，男儿夭贱女非良。大抵论星，须安身坐命，临在禄马贵人之乡，则无不吉。更得善星照视同宫，则其贵无疑。此太阴星惟六辛人见，不分日夜全不得力，最忌计罗同凶。经云：计都临身，难免此生之毒药。鉴心经云：计都身命火星逆，忽然罗孛或相当。此命终须逢夭折，不然横死路头亡。又云：计都坐命太阴中，身命逢之毒药终。坐命在辰者以此为官星，六癸人以为食禄神，坐命在丑以为科甲。夫看命推星，先看其格，断人灾福。如魁星入天门，与天官正禄同宫，更吉星照命者，便作大魁断之。金木罗土计五座总入庙，更一星近月，当作侍从命断之。权星禄主为吉星，同入命者，作京官以上命断之。五位星辰入命，或有入庙、乘旺、喜乐宫者，作三品职断之。月孛独行天门，朝有太阴在巳者，作翰林学士断之。三刑星同在官禄宫，作幕职命断之。二十以上，则无赫显，宜四十以后，方见享福。罗拱天门，与气相望，更有吉星入庙照命者，或三位星辰在福德宫者，并作贵断之。巳生人以火为天官正禄星，喜辅于月，须夜则吉，昼生伤母。

太阴歌

太阴乃是月之精，才出中天万国明。初夜一轮光皓洁，人皆瞻仰快人情。(月之初生，人皆喜见。) 配母道，身从生，(月配母道，身从母生。) 温柔丰美好仪形。命宫两曜交相合，贵位宜居始见荣。(日月交合，照人命，主如此。) 岁德同宫贤圣善，外家送物不曾停。(月木相会主贵母。) 夜火会，得延龄，昼生风患母须刑。(太阴与夜火合，主寿。昼生主风瘫，克母。) 镇星来同言蹇滞，下弦眼目更无睛。(土星会，主言语蹇滞。若在下弦，主眼目失明也。) 金好色，妻淫声，不贤内政非礼迎。(月金会好色，主妻不贤，反非礼婚。) 太乙若逢须庶出，紫气阿母好通僧。(紫气阿母甚分明，月配母，身从母，生身与孛会，又主庶出，天乙相会，母通僧道。) 居财帛，阴贵成，第三闲极母康宁。自身一世多闲逸，棠棣和柔好弟兄。田宅位，耸檐楹，子息宫中是女星。奴马金鞍招女使，满前侍妾好娉婷。

疾厄无刑无疾厄，迁移偏是好游行。还居第十并十一，有官有福不虚称。戌酉未申见太阴，巳兼寅亥喜来临。宜圆宜夜宜三位，入命多孤财禄深。太阴入祥月数加，须荣禄位美奢华。昼生淫乱无宗族，金木同途宰相家。(太阴不问入祥，在高强宫，与金木同行，皆多清贵。入宫浅者，则官。入宫深者，则加减以定之也。)

太阴昼生与火同，不为奴婢必盲聋。
更若主星居陷没，其家应少白头翁。
太阴未上最多昌，若躔柳宿更高强。
生日若还逢着此，功名富贵必无双。
太阴躔昴定非常，寿永平生无祸殃。
切忌计罗并孛照，少年必定克亲娘。
太阴居位乃强宫，财帛荣华一世丰。
入陷闲宫忧母死，金木交连命不终。
太阴太阳同宫吉，太阴入庙主田庄。
三方若得齐生旺，定知官职至员郎。
月孛对宫如旺夜，必为台谏肃朝簪。
更宜夜火必高贵，若遇土星刑害侵。
月明本位当荣显，庙旺应须作傅岩。
更或旺宫同水顺，定居台省到朝参。
太阴圆夜若相逢，更在高强庙旺宫。
三主阴阳无背陷，起身从此是名宗。
月同岁德倍多情，必主初年得禄荣。
若在旺中居午上，终看昼锦故乡行。(午乃禄号之位。)
月居八煞忌相干，岂是朝郎以上官。
怎可失心居相貌，若临奴仆不堪看。
天乙对同多益算，发财兼水又兼金。
若还与水同宫位，福禄之来必称心。
月火分明入命宫，金星巨蟹恶星同。

莫教留逆还原守，定要流徒不善终。
太阴得地主科名，官禄文章世有声。
年少必登龙虎榜，高攀仙桂一枝荣。

太阴殿局朝元

太阴在巨蟹宫，金牛为本殿，居子午卯酉为本局，张、心、危、毕谓之朝元，群曜参奉，曰太后受朝。阴位值之，定为母位临偏，则尚为后。若阳命，受恩荫之命。太岁值之，或群曜取次辅佐，建旺秉权，当得正位，六巳生人最佳。

太阴躔宿俱出玉关经玉关歌：

月躔角宿名天贵　学问渊源须大智
多才慈惠更温良　夜里生人最为利
角木蛟星度十三　月若临之实可堪
不问疾迟并晦朔　喜同金木与相参
月躔亢宿名天玑　富贵荣华人好异
平生欢乐足丰荣　妻妾颜容更奇美
辰为亢宿正金鞍　太阴逢此喜团圆
月曜金龙身莹洁　珠沉海底水偏寒
月躔氐宿名天劫　性急多嗔又乖劣
日生兵火须逢难　若是夜生衣食绝
氐宿躔卯又属辰　此宫月曜未分明
卯位相连氐土貉　月华晦昧失阴精
月躔房宿号天祥　文章学问更蕃昌
出众机谋多巧计　平生衣食寿须长

太阴辰滞集于房　月兔移来日兔傍
斗战雌雄虽不决　于人那得有安康
月躔心宿号天鞯　运用机谋智未全
少年未脱生涯计　如临晚景始安然
心宿所属在东华　月华到此不堪夸
大火既从心上盛　阴精安得不羞他

贵格云：玉兔疾行心宿度　植圭端冕侍君王
月躔尾宿号天宗　勇智多谋胆气雄
穿窬摽掠心常有　见木方教免祸凶
尾宿天江月迴迟　有才多貌称丰姿
男女多淫色欲重　秦楼尽醉不知归
月躔箕宿号天财　冠古穷今学问该
但得对宫逢吉曜　文星得地应儒魁
箕位虽然本属寅　寅宫箕位有风清
风散彩云有明月　云开又见月华明
月躔斗宿号天封　伟望威名学问通
君子逢之须得禄　小人逢此走西东
北斗经躔好月游　瑶池贵就斗星求
斗宿同阴偏喜夜　月明斗夜向天周
月躔牛宿号天荫　作事施为要沉审
性直温良少辛苦　才过中年便安稳
太阴夜见至牛金　闲极宫中福倍兴
私居财帛朝朝进　官爵名高日日新
月躔女宿号天宝　学识聪明多智巧

文章冠世少登荣　迁官必定居廊庙
女宿从来要阴精　阴精女位古同声
若遇计罗来入度　太阴必定晦无明
月躔虚宿号天常　有貌才多更善良
衣食丰盈仓库实　声名闾里自揄扬
从来虚宿要阴精　月明虚地气尤清
莫要土星来并照　月空尤喜月华明
月躔危宿号天文　胸襟磊落足经纶
为人玷污多巧计　图尽机关行不真
月兔移来月燕危　平生懒荡性虚危
格中升殿谁知识　恬淡纯和福寿儿
贵格云：太阴好处最宜危　男必公侯女后妃
月躔室宿号天鸾　形貌清奇富贵全
更得水星同位立　直须奏对近天颜
亥上本位属天门　八万三星尽拱环
月属阴柔关内室　阴来理内福弥专
月躔壁宿号天晔　语言蹇滞事沉思
若遇蚀神兼月孛　主须生长在寒微
惟有璧位正天堂　月沉云汉有余光
女有精神男晓事　夜生科甲衣金章
月躔奎宿锦肝肠　不劳余力至员郎
更得吉星居十位　定应台辅见君王
奎为金阙正阳宫　月居阙内秀胸襟
须要正阳端在午　太阴临戌庙中寻

月躔娄宿号天垣　旺庙之中福禄全
君子迁官居禄显　小人衣食旺庄田
娄宿之中遇太阳　娄金狗吠月更深
平生作事多谋望　终是孤虚枉费心
月躔胃宿号天印　十度之中贵无并
更兼金木又同行　金榜题名官一品
月行胃宿怕逢金　九度逢之贵格深
合照更遭水与孛　为人不免有贪淫
月躔昴宿号天光　平生官禄不寻常
聪明才貌超今古　异日须为给谏郎
昴宿属酉正月门　此宫酉位月专权
更有水星同度立　一生清贵富儿孙
月躔毕宿号天明　峻宇雕墙保万春
更得金星来照助　少年及第不虚称
月离于毕雨滂沱　身命逢之色欲多
（阙）
月躔轸宿号天理　勇智多端文学贵
少年辛苦老丰隆　赫奕声名传万里
月如到轸是高强　一生清厚有柔刚
身命限中俱见照　龙池凤阁佐君王

太阴行度

月在娄宿八度十八分以下为向庙，以上及行木度为正庙，在胃宿一度十八分为背庙。胃宿十度以上至五十一分为正旺，七度十分以上至十度为向旺，十一度以上至十三度八分为次旺，以下为背旺。巨蟹为本宫，若此庙旺乐宫生人并贵，在金牛宫胃十度外十一度内为旺度，主居贵位。若见金木，又居有力之地，必为一品之官。若双鱼宫及有力之地，则为节度使。若在辰戌之地，与蚀神并居蝎，则为凶盗之徒。见火尤甚，必不善终。在无力之地，见金必落风尘，以婢妾为妻，及奸通骨肉。若在昴宿之间，亦居极贵之地，只旺七年。若在蟹宫为好乐之地，亦为木分之宫主贵。若张氏胃女之宿及见金，更在下位多淫，及于男女好色欲也。

日度主有貌多才，足声名，为事方圆明白，殊常有福。若是主星大贵，妇人遇之，大旺夫位。

月度主形貌超群，精神爽快，平生有称心之福，每遇贵人见知，巧言语多，淫欲好女色。

木度主足文学，有殊常之福，好经营，多财产，少贫老富中弱。

火度主性急多灾，有兵火之厄，一生为事卑贱，少与贵人结交，更有恶星同宫，在官寿短，吉曜加临免之。

土度主一生多蹇，若吉星助之，更在月初大贵，因妻子有忧，遇三十二吉，因妻有喜。

金度主富贵有貌，好欢乐，有母妻妾，王者委用，多因妇人灾，若是女人主荒淫。

水度主聪明智慧，有学问，心下巧，出入得贵人重。

太阴入宫

日宫主好欢乐多病，平生多福，每遇贵人见重，是主星，夜生富贵，日生微福。

月宫主性密口敏，不是主星，微有福力，若是主星，因妇人富贵，夜生足财，有权位。

木宫主禀性沉厚，好慈善，有威名，多财禄，是主星，夜生转加福厚。

火宫主为人性急，多智勇，见事不长，平生与人结交，因此有厄，是主星可免。

土宫主性温，作事沉审，夜生尤甚，日生好女色，平生好讼，性好杀，足心机，有词智，是主星，微有福力，不是主星平生多灾，有善星照望则免。

金宫主好客貌，人知重，巧言语，多情欲，得妇人敬爱，谋事多成，一生得暗昧财物。

水宫主性聪明，为人有行，多智见，好文章，有声名，足财产，夜生轻巧，会文章，好图画，不贪，多被人玷污。

太阴同宫

月木同宫，主文学出众，更得大贵人见知。若二星有一星在旺乐宫，有科名，当清要任，为给谏大富贵。

诗断：　　太阴惟木便相会　玉骨冰姿谪仙队

男主封侯女贵妃　百六如当足祥瑞
木月居命不为僧　纵然为道也无成
只是幽闲高处士　须攀桂籍有声名

月火同宫，主性急，多惹人暗地是非，是主星有位，非主星多灾，有善星救则免。亦主被恶人累及，性迟钝，因继女有厄，男娶得富妻，女稼公侯，寿至中年，有禄语涩。

诗断：　太阴荧惑喜相逢　智将谋臣著显功
天产其人为宰辅　如当百六庆无穷
太阴若被火相逢　一寸资财散落空
母贱父亡兼寿短　为僧为道也无终

月土同宫，土是主星，有学问身贵，昼生福厚贵达，夜生微福，不是主星多灾害，言词蹇散性纯，夜生作事淫滥，主缺唇，母有疾。

诗断：　月土会遇火为灾　偏产顽愚性质呆
百六会时人夭丧　忠臣失职窜天涯

月金同宫，平生多与妇人结交，每被妇人相挠，不是主星，作事无定，宜防妇人相损，婚晚，多情欲，有貌，志气高。

诗断：　太阴金宿喜相交　百六逢之庆瑞色
天产其人扶社稷　官居裂土与分茅
自来月要与金同　食禄须知得位崇
若是当生为土犯　断然父母两三重

月水同宫，主性格温厚，和睦持重。若水是主星，文艺出众，得国王重用，好论讼，女人有厄，木见则免。

诗断：　月水相逢庆瑞饶　人生遇此赋天才

温纯德厚荣尊爵　百六当之福禄来

月罗同宫，必主贫贱，妻弃子逃，日生多招刑法，夜生犹可，不宜母。

诗断：　太阴天首喜相随　智出鹰扬塞外威
莫教望时生叛逆　祸临百六可愁悲

月气同宫，主大招衣食，医术显名。

诗断：　月气文章一世豪　为人志气冠吾曹
母寿灵长兼清雅　官班超转职崇高
月气相逢最奇祥　福被生民庆且昌
万福攸同逢百六　人生值此必侯王

月计同宫，夜生招狱讼，日生犹可，不宜母，月孛同宫亦然。

诗断：　太阴在望计都同　爰产奸凶不孝忠
不在望时终有怪　投河毒药或瘟逢

琅玕经节要

月乃阴曜，福惠之星。主方夜照，职禄尤增。月圆高宫，显任威治。如同金水，益财益位。木与月同，大为福会。天乙对同，寿算高至。孛月对同，才术可委。夜重昼轻，所应有异。

太阴宜见气木二星，主性仁敏，名高才迈，清干之人。亦宜孛夜照，主广记博览，才性宏远，动达尊贵，更居庙旺，给谏功臣。

土火月同，得失可议。

夜同土星，必招刑害，风狂夭寿之人。夜同火星，虽有刑克，则享福禄，若安庙旺，则主大贵。

罗计月同，亦为灾障。

太阴好行静道，逢罗计则有交蚀，其光不显，却为灾障。若月在于庙旺，减其福禄，贬官失禄。如居常度，又值残晦，则犯刑遭法，克害尊亲，妻子多刑，家道不立，亲近恶党，恣行凶暴。如若逢之，多不廉矣。更加火土孛逆，则为恶死之人。如得吉星救之，亦带疾伤残而不善终。

金木逢之，招其福禄，与日同宫，显于名望。

太阴照临十二宫

命 宫

守照命宫，形貌清古，体不重肥，面方神足，骨秀色清，性明急，严紧能干，身孤力寡，或假亲戚倚其势力，临事忧勤不倦，足虑多权，最宜为商，财产失而有成，心力能当重事，设在穷途，亦能成立。最喜夜生，足财足禄。生在庙宫大贵，主福禄全备，享福温煖，为人俊雅，作事善良，心怀矫曲，结交无终始，修学有科名，小人衣食，不招凶危。日生逢火，难为母，主风狂溺水。夜生逢土，口哑缺唇。在无力之地见金，为风尘婢妾。与火孛气同守命宫，损父。若有水助，主风疾。逢月孛同计都主克母。在陷宫，加凶星，难为母，金木相当，生来少疾。秦赵宫中，金星助月，少年及第。

诗断：　月照人无俗　　多孤自有成
掌财宜市贾　　托贵有权名
明急招言妒　　妻良赘可膺

若能圆夜照　　财禄自兴荣
太阴偶临身命宫　更无刑克起灾凶
四元三限同强位　看取封侯列土封
太阴逢气起灾迍　计孛交加又变嗔
夜里生人难际遇　遇之名字播天门
太阴阴滞多淫欲　行度照临频受福
迟留伏逆上推寻　入庙天厨分得禄

财帛宫

主财多耗散，得贵人力。会禄马者，有积聚，多财宝。月照一生近贵人财帛，亦主得福人财宝成立。

诗断：　太阴得傍命宫排　事起阴人大得财
若见忌星相破犯　必因奸盗此中来
月居财上福为深　更加庙旺足珠金
蚀神若不相照视　纵有哭星祸不侵

兄弟宫

有寿有财，不宜母，兄弟难为，凶曜同照，有亦不和，却多姊妹，主良善福德之人。月照主兄弟可保一二人之力。

诗断：　第三宫中号玄虚　星曜临之力转疏
惟有太阴当此位　命中福禄乃赢余
太阴反为福德星　只为加临到弟兄
金水太阳同一位　亦知天下有文名

田宅宫

主招外产，置立田庄，必命有吉星，方能发禄。如逢凶曜，多贫穷。加罗睺克父，加紫气克母，流孛破尽祖业，又有自缢水厄。月照主高贵宅舍，大招田宅产业。

诗断：　太阴火星同到午　虽是过房犹克母
若是金木与同行　子孙荣贵着金紫
太阴照曜若相逢　自立荣华万事通
又招阴贵增财力　迁移三处振家风

男女宫

主身近贵，得一子力，不然义多，值罗计同，克长子。月照先见女宫。

诗断：　阴偶临宫识者稀　得临子息愈为奇
不惟长子无刑克　更见高高折桂枝
长子如何多产女　只因月与命相依
命里逢之多是吉　何况此位更逢之

奴仆宫

主克母，见金奸通骨肉，得小人力。若金与禄主会者，乃专贴典吏，背禄马者，乃卑贱之人。月照主招鞍马，有得力女使。

诗断：　陷方奴仆最凶衰　阴偶临之母不宜
仰念劬劳恩至大　空持甘旨泣慈闱
为官侍从多车马　三合太阴出六宫

若是土星相对见　左右相随并罔功

妻妾宫

主妻良善，美貌端正，有财益寿。金牛宫大吉，会月孛妻血疾，并生离，吉星救免，主作赘婿。月照主贵相之妻，反因妻家发旺。

诗断：　太阴西没最为佳　明净之宫无点瑕
　　　　更若尊星相对望　必生贵子佐皇家
　　　　夫家有福妇家贫　只为孛星加太阴
　　　　自因夫妇和柔了　恰主浮生甑有尘

疾厄宫

主好洁净，土同主目疾，独见可免。值凶星主恶疾，更加恶曜，疾病尤甚，必主一疾压身，终不能脱。月照主平生少疾吉，有寿不犯天灾。

诗断：　太阴临主八宫存　毕世灾危杳不闻
　　　　忌曜莫教同此位　双眸浑似月遮云
　　　　太阴加临疾厄宫　太阴官禄足为凶
　　　　父亡母存母又嫁　随母飘飘西复东

迁移宫

出入利见大人，得人轻重，巨蟹宫三倍力，加吉星主有官职，亦宜财富。如见计孛恶星，一生孤寡多刑，及生离死别，吉星救减半。月照一生好远游，常得他方道路之分。

诗断：　　太阴得在九宫中　三合加临照命同
　　　　　偏利迁移商贾客　必因阴贵得财丰
　　　　　九位迁移犯太阴　父兄才死便穷贫
　　　　　对位有星相救助　方道贫家在富人

官禄宫

主少年近贵，无官灾，君子有禄，小人衣食，会恶星主徒配，会吉星禄马，主有科名而贵。月照大宜奉公，若有官厄，常有恩赦之救。

诗断：　　太阴官禄作身宫　木火同行福倍隆
　　　　　孛计不逢功愈重　贵因戚里得侯封
　　　　　身居官禄不寻常　福德星辰入命乡
　　　　　庙乐不曾刑本命　为官须坐紫衣堂

福德宫

为人性善心慈，有福德大富，会吉星主孝顺，会凶星心恶，暗罗在三合宫，主一生暗昧，禄马皆陷，为事无成，虽有权星临于禄位，不能贵。月照多因福人持挈立身高上。

诗断：　　阴偶来临福德宫　雍容道德贵尊崇
　　　　　更有吉星临木位　生长皇家族派中
　　　　　月居福德最为妙　处世为人足有余
　　　　　一生辅弼当明健　为官获福在参厨

相貌宫

形貌爽朗清秀，主富贵聪明。月照主形相具足，多被小人相轻，不可与下等人作事。

诗断：　　相貌太阴仍孛星　罗睺同位最相刑
　　　　　兵部牒中著名字　末年财帛振英声
　　　　　三日宫中看命星　命中吉德最为荣
　　　　　忽然忌曜来侵犯　甘旨空持泣母亲

太阴变段星

宝瓶宫天后星，又名天皓星，主明健湛寂也。

诗断：　　太阴子上为天后　女贵男荣尽主权
　　　　　多缺多盈逢望晦　三宫得此母长年

磨蝎宫瑶池星，又名天皓星，主清闲之福也。

诗断：　　太阴元来水之母　丑是瑶池佐君父
　　　　　遇望英明至下弦　女则金冠男台辅

人马宫阳明星，又名天颾星，主事颾毒多后悔。

诗断：　　阳明寅上晓星临　日出扶桑溺太阴
　　　　　遇夜生人尤减福　日生涝漉乏资金

天蝎宫桂影星，又名天车星，好远行得衣禄。

诗断：　　月宫桂影仰扶疏　对照西华毕月乌
　　　　　二十八宿皆仰月　周回万里没差殊

天秤宫始晦星，又名天关星，女遇之孤房也。

诗断：　　辰中始晦月无光　对望宫中怕太阳

火土计罗临照视　英雄难保少年郎

双女宫阳极星，又名天暗星，主女人暗昧欺罔也。

诗断：　阳每极时阴未至　月临双女荡非常

女逢忌曜多淫荡　男是贪花卧酒乡

狮子宫朝阳星，又名天暗星，主得女子横财。

诗断：　月内金乌躔柳宿　正临离位失其明

夜生朝北身荣贵　身近君王雨露恩

巨蟹宫玉魄星，又名天福星，主福禄贵达也。

诗断：　井鬼宫中月喜躔　未中玉魄寿长延

女人邑号身长贵　四正宫逢禄位迁

阴阳宫地弼星，又名天官星，主文章贵显。

诗断：　宫属阴阳遇太阴　不宜觜宿只宜参

参是水猿猿笑月　一生才学贵人钦

金牛宫玉枢星，又名天后星，男贵显女难言。

诗断：　月到金牛号玉枢　少年必定饱诗书

三方尽在高强位　一世优游在帝都

白羊宫归朝星，又名大道星，主妻不贤洁也。

诗断：　太阴元后戌归期　总领群星上玉霄

只怕日生逢首尾　为官晚景却萧条

双鱼宫执玺星，又名天晦星，母不贤洁，本身福禄佳。

诗断：　双鱼执玺太阴星　月到中天分外明

忌曜不侵须富贵　水金相照有佳声

天乙紫气星

总龟算法，置积日减一千二百八十八，以一万二百二十八大数除之，不尽者，为残分，转一当十，以二百八十为一度，二十八为一分，次下除为秒。

平行，一日行三分五十七秒。

紫气论

天乙紫气星，续木之余，吉祥之曜也。一名景星，乃天华盖之气，百川雾露之源，又名道德之星，顺行天轮，或隐或见。其行宫度一日行三分五十七秒，一宫住二十八个月，二十八年行一周天，行道有黄赤之不同，喜怒之无定。此星名太极、文昌之星。山遇此气，服药有冲天之人，海遇此气，水族有化龙之象，国遇此气，则明君出，郡遇此气，则贤人生。枯木得之，变生兰蕙，蚌蛤得之，能出骊珠，照人身命，则富贵双全，福寿备足，仁慈道德，心孤好善，能解孛计之难，善救火土之厄。

辛生人以为禄主星　甲生人以为荫星

乙生人以为魁刑星　丙生人以为贵星

丁生人以为印星　戊生人以为耗星

己生人以为权星　庚生人以为暗星

壬生人以为正福魁星　癸生人以为囚星

此星庙在丑，旺在亥，好在寅，乐在申，午戌宫安皆喜，惟未为怒。

琅玕经云：气星牛斗最为珍，福禄崇高上达人。室壁星临超职位，尾箕应出贵豪伦。申宫得见招财禄，午戌相逢富贵身。身命限中如见照，益财恩禄有相亲。

经云：紫气元是木之余，红肥清白少髭须。同金同水皆为贵，木若临之福最殊。

此星天上文星，行年及身命限得之，学者春秋，必逢补中，小人见此，一岁无忧，凡事所为，吉无不利。如遇科举之年，得临命限，定主秋闱一荐，必腾万里之声，金榜高登，直透三层之浪。然亦不可一概论，须当推详命中原守星得力，然后看洞微限，如遇忌曜，则为不吉，若为方主，反凶成吉。遇气限者，功名成就，凡事称心。行水限值之亦吉，一年显达。

经云：紫气不来难发解，任他才学有高声。奈何金榜无名字，只为此年无此星。

若与太阳同在金牛巨蟹宫，为福甚紧，皆主贵位。若不居乐庙之地，在余宫照人身命，主为性缓慢，多为九流之士，好耽释氏，为福亦甚薄。与木月同宫，在命主性清高，兼有贵势，多爱奇异，昼生母亦长年。紫气天之喜曜，性颇类木，好清闲淡静，所临之处，只与人为福，不与人为祸。偏乐与水木日月同宫，为福紧也。独行更陷在辰戌丑未四位，为福甚薄，宜仔细推详。

紫气歌

紫气众星中最善，形相分明人仰羡。心怀仁义性温柔，作事与人为方便。无妒毒，多谨愿，少病利官长寿算。（紫气在命，主人慈善，形相分明，性温柔有仁义，作事爱人方便，心无毒，少病，利官有寿。）好耽僧道立身孤，举措施为慵更懒。（紫气在命，好耽释氏，孤立，性多慵懒。）日月近贵作闲人，月会母亲先化幻。（与日同近贵，为僧道闲人，月同克母。）夜火同时医与巫，土木更来尤懒慢。（与夜火会，主巫医，与土木会，主慵懒。）金同妻妾是娼尼，水会智能称俊彦。（与金同妻非娼则尼，水会有智能巧技。）彗星分得贼人财，天首僧尾讼争战。天尾星同有机变，（与月孛同，主分得贼财，与首同，主因僧尼争讼，与尾会，主机巧狡猾。）财位横来财宝现。三宫姊妹或为僧，四处庙田主巨万。（在二宫主横得古器寄阴财宝，在三宫只招姊妹兄弟为僧尼，四宫巨富。）奴仆门下出缁流，子息须知女先见。（在六宫主有僧道出身门下，五宫先招女子。）西没宫中妻密情，更与别人情似线。（在西没主美妻，与外人通。）八宫终不染时灾，官位不曾见州县。九宫游贾福宫闲，相貌为人性良善。

紫气见木木见土，或为正限或临之。
相逢必是声名贵，此曜元来是紫微。
九星惟有孛堪畏，为福全然归紫气。
跳位临宫庙次佳，其他灾福有定议。
紫气若与财星至，当主资财一等奇。
只恐早年多破散，不然妻妾主生离。
未人申上见紫气，重叠逢生主清贵。
孤辰隔角并宫行，母死父亡进田地。
紫气踵宫到磨蝎，要于月上推圆缺。
圆时清秀有财粮，缺处伶仃多破灭。
亥上紫气到双鱼，若是阴人祖业富。
重叠逢金尤更嘉，一旦文章定遭遇。
木紫同逢亥子宫，高强衣食大昌隆。

水入旺方逢紫气，子孙清贵富家翁。
庚辛之年紫申酉，初主奔波人物丑。
贪色贪财更贪杯，又因娶妇旺资财。
紫气居前后有日，若临田宅尤为吉。
月孛计都同共来，老去令人贪女色。
天乙多为应梦奇，紫袍呈瑞是佳儿。
若躔庙旺凶星避，的是留侯作帝师。
流年若与气相逢，种种为祥不解凶。
举子遇之须发荐，仕途得此必官隆。
当年紫气若临身，下笔惊人似有神。
帝座木星同照着，终须富贵作朝臣。
天乙躔牛是福基，性高行直更心慈。
若教陷却三方主，纵使为官只奉祠。
天乙从来主大孤，命如逢着莫狂图。
三方不向奇星陷，断取缁黄即是渠。

紫气临喜怒宫

喜宫为太极、紫微、文凤、清福星，若照身命，主性清洁，为人温厚清闲。或照官宫，更会吉星，当为六品之贵。若无禄马，只作中福人。

怒宫或为天女、天虞星，天会、天匮星，若照人身命无救星，多主出家，及在人之第七宫，决然为僧道。若是庶人在陷宫见之，必克害妻子，颜色乌黑，有救星则主清贵。

紫气躔宿俱出玉关经玉关歌：

气躔角宿号天休　机智清闲艺术优
僧道逢之多吉庆　庶人不系若虚舟
紫气临人多殊异　角木蛟中主尊贵
僧道章服庶人财　职司之人增禄位
气躔亢宿号天僮　性善文章艺术通
不独为官并富旺　神仙乐道福无穷

贵格云：紫气若来角亢方　万里台星光烁烁

气躔氐宿号天环　云水留心自得闲
耿介孤高人自傲　为人只是好居仙
紫气来氐不十全　虽为财库寿之源
计土火罗同入度　灾多福少不当言
气躔房宿号天冲　平生清福有谁同
道释白衣好消息　资财衣禄却丰隆
卯中有宿名为兔　紫气正乐房三度
荣封妻子禄超群　又且扬名益宗祖
气躔心宿号天德　子孙虽有终须克
儒学释典自能通　玄象天文须会得
心宿大火在东宫　气曜来居怕火逢
紫气本无心上火　气藏心火必争雄
气躔尾宿号天媚　心性豪强克子孙
谋略威权心莫测　声名忠义播乾坤
尾星好气在寅宫　寅位东方气曜雄
盖气好行东令首　仁慈尊重少灾凶

气躔箕宿号天循　智识机谋果毅深
性直文章声远播　贵人相遇有知音
箕星本在木宫居　谁知气属木之余
此曜好淫为入庙　箕风好动气终虞
气躔斗宿号天斛　飘然孤洁为清福
文章忠直外安闲　朋友柔和衣食足
斗为帝曜自尊严　气宿相躔福禄绵
此位偏宜道德曜　得居星斗是朝贤
贵格云：天乙若临南斗方　尺壁寸珠未为宝
气躔牛宿号天轮　尊重清高害六亲
金火逢之官显赫　如逢木月富豪人
牛星从来正丑亲　气朝北位近严宸
大抵牛星傍斗立　牛逢气曜德惟馨
气躔女宿号天瑞　耿介孤高性独明
但得吉星居十位　必为廊庙福苍生
女星虽是子丑宫　气来此地木堪逢
气得女星虽乐好　女阴气味不相同
气躔虚宿号天文　清秀为人近至尊
骨肉难为自孤洁　达人僧道乐平生
虚位躔宫在北辰　气来望阙正朝真
须是独居方有福　更逢土忌不相嗔
气躔危宿号天僮　为僧章服贵人同
谈天玄象心明悟　乐道逍遥善事丛
危星亦在子之宫　气曜来躔福不隆

气系木余无旺子　气星危曜不安荣
气躔室宿号天玄　道释儒流性自然
经术从来胸臆悟　文才洞彻事神仙
天乙来临室火猪　此星无忧木之余
不值空亡孤贫地　福高贵寿富难如
气躔壁宿号天觉　机智文章更多学
更能筹算悟天机　举错施为应不错
气星到壁事相和　妻子逢之有难多
最是清孤偏克陷　若为僧道却无磨
气躔奎宿号天乙　性直忠良又烦急
平生多是不安闲　不受人欺财聚积
奎星渐属戌白羊　此星气曜主权纲
气若躔奎珍重德　德星珍重自相当
气躔娄宿号天虚　为人孤害六亲疏
缁黄自是平生事　衣食清闲一事无
娄宿莫要气来临　金狗相逢气不清
此曜要行清贵宿　娄金狗与气相刑
气躔胃宿号天音　衣食生未却称心
妻子宫中难聚会　四方交友自同襟
胃星本是酉戌初　戌位同躔气有余
酉位火沉无猛曜　此星柔顺要酉居
气躔昴宿号天端　为人崇重命孤寒
情性耿介难侵犯　忠孝家门百行安
昴中正属金中临　气依金牛道德纯

此曜孤辰躔昴位　妻儿孤独福闲人
气躔毕宿号天吉　天乙居中加福力
为人清秀善为心　官禄星扶进爵秩
气曜名为华盖星　如临毕宿酉和申
十六度中皆喜旺　最宜坐命与安身
气躔觜宿号天福　衣食安然胜僧道
金玉财宝自天来　妻子难为终寿考
觜星明处气来游　必使君王早夜求
更是官星兼禄主　布衣何虑不封侯
贵格云：天乙最宜躔在觜　极品官资性至慈
气躔参宿号天琼　为官终是贵迁荣
干直忠良参相位　文章事业擅西清
参星偏要气同行　气临禄位必公卿
道德要逢酉位立　气逢酉旺必安荣
气躔井宿号天令　文武两全才更敏
参枢给谏尽功臣　官职崇高年寿永
井宿虽是未宫中　气要恬居爱井逢
盖井深沉太乙静　女尼男道自心聪
气躔鬼宿号天荣　积善之家有此人
富贵崇高声远振　官途超越旺门庭
鬼星年位要气星　气属木余入庙深
此是阴居宜气静　金羊偏爱气金临
气躔柳宿号天平　好静温良免祸生
衣禄平平无破败　子孙终是不相亲

柳宿本是午未宫　气躔两位更英雄
气入柳宫同庙乐　一生清贵不生凶
气躔星宿号天强　命中若遇定孤孀
财旺家门自兴盛　若为僧道寿延长
紫气行宫入到星　名彰禄至照人荣
罗睺同度成勋业　位显官崇台鼎臣
气躔张宿号天芒　克陷妻儿命里当
纵有高才心又急　晚年方可免凄惶
张宿好与气同宫　气若同时必主聪
惟有张星偏好此　月鹿喜有寿星逢
气躔翼宿号天牢　命宫若值定孤高
生计为谋多费力　若为僧道自逍遥
翼星渐入双女家　巳火焰焰气咨嗟
气柔不旺在双女　翼躔此宿困天涯
气躔轸宿号天嗟　子孙足处定迍乖
命若逢之身独喜　此人衣食少宽怀
紫气轸位虽孤独　身命若逢多发禄
煞不能入祸不深　吉曜终与人为福

紫气入宫

天乙室牛为旺，箕为乐，觜为庙，居此生人得大人敬重，常近至尊。惟宜见金、木、火、月为极贵，入宫亲密之任，旺二十四年。见水月好奇异书，见金火急性，居官显赫，好神仙之事，在僧道宜章服，在陷宫有水、月、金、火亦为贵人。

日月宫主为性缓，作事方圆，好艺术，有慈心，因道艺成立，后乃富贵。水木宫主为人性格聪慧，智量大，有心机，主富贵。

火宫主性格慈惠，文武异常，见文习文，见武习武，更诸星居有力位大贵。

金宫主好兵法，有谋略，得贵人擢用。若诸星在强宫生旺，主有位。土宫为人有信，作事方圆，有声名，好文章。三主星居有力位，必有典郡之权。三主在稍高位，定主大富。三主在无力位，亦主微福。

紫气同宫

气日月同宫，得父母力，近贵人。

诗断：　太阳紫气会相逢　泽润生民稼穑丰
　　　　百六遇时祥瑞盛　人生遇此会三公
　　　　月气文章一世豪　为人志气冠吾曹
　　　　母寿灵长兼清雅　官班超转职崇高

气金同宫，主得贵人女为妻，女人爱慕，在陷害宫主有妨害。

诗断：　金星相逢紫气星　禹门先跃化凡鳞
　　　　威加夷狄为良将　燮理阴阳辅帝辰

气水同宫，主有声名，足文章，居清华之地，大富贵。

诗断：　水星紫气会相逢　天产其人福势长
　　　　官爵显荣家又富　千斯仓与万斯箱
　　　　紫与水星能作善　厚德纯性学神仙
　　　　医卜技工多文艺　一生福寿两绵延

气土同宫，主为土地之官，好神仙之事，长生之道。

诗断：　　土星紫气喜相依　冠冕荣身爵位巍

　　　　　丹赤之心刚且毅　德延万里足光辉

气火同宫，主宜服色，心卑下，火星顺行，主福禄宏远。气木同宫，主大人举荐之力，亦主贵显。

诗断：　　紫气不来难发解　任他才学动公卿

　　　　　寄语才高须要命　不用频频祝上清

　　　　　木星紫气福丰隆　百六逢之庆不穷

　　　　　更在庙宫阴德重　官为师相位侯封

气罗同宫，主器量宏大，雄贵显禄。

诗断：　　紫气罗睺喜会同　人生刚毅抱英雄

　　　　　挥戈却日平奸虏　笑取勋名反掌中

气计同宫，夜照主文学，昼生多招凶险，成败克害事物。

诗断：　　紫气相逢见计都　家多粟帛富庄租

　　　　　庙宫人值貂冠任　百六逢时万祸袪

　　　　　紫气计都同一位　复定经中尤为忌

　　　　　命宫逢此灾不轻　若见身宫最难避

气孛同宫，主足谋多虑，能掌兵机，职任清高。

诗断：　　蹇薄皆由孛紫逢　离乡背井道途中

　　　　　多情色欲仍为盗　千方百计也还穷

琅玕经节要

紫气天乙，福贵之星。官高遇善，福禄弥坚。金木同宫，名望之重。各临旺度，明君委用。星行顺旺，清贵之职。可领重权，久而不失。日月同之，助其福禄。初度加临，大为荣旺。

气同日月，多助其福，更在初度旺宫，身名荣达。如主不顺，遇蚀神，即为僧道术巧之人，木禄不背。

首罗同行，职禄殊勋。临于旺乐，偃武修文。气同孛计，足谋多智。夜逢贵旺，文权武略。若是日逢，多主兴废。

罗睺日曜，宜日生，计都阴曜，利夜生，文武全备，雄贵显禄，反此则招险厄成败，克害之重。

日土顺行，财业丰富。或旺或庙，引从旌旗。

土日同宫，顺行主富贵有名望。若在庙旺，贵权节帅，官禄显扬，子孙超卓，无不荣贵。

天乙火同，福禄则重。火顺宫吉，职参侍从。旺水逢气，庙招地利。或道或僧，或儒或艺。处众多通，乐于游说。时命运逢，迎恩被荐。起发声名，官有权治。

紫气照临十二宫

命　宫

守照命宫，主颜容尊贵，不肥重，骨节柔长，性敏多通，临事有断，博通畏事，为事善良，性情慈善出众，尊重仁慈道德，一生好静，大利僧道，孤害六亲。恶曜刑破，处世孤贫。见金木火月，为极贵之人，居亲密之任。见金火急性，居官显赫，及好神仙之事。见水月好奇异书画。更得诸福星在强相扶，必大（阙）。此星名谏善。木土同入命宫，谓之紫微垣。气月同入命宫，医卜显名。计孛同入命宫，主因酒色犯刑。

诗断：　紫气临命照　身高财帛低
初年六亲散　后运总相宜
紫气文章最吉祥　照临身命福非常
更解诸凶明道德　庶民僧道亦安强
紫气临宫学冠伦　如临暗曜号孤神
虽然不是天庭客　亦作禅门第一人

财帛宫

先破后成。气照多因行业，有艺财之分。

诗断：　老阳紫气木之精　道德尊崇性最仁
在此弱宫安吉曜　破来财帛更丰盈
罗孛同来到第二　早年学博仍谋利
博主多输谋利空　直使中年大昌炽

兄弟宫

得贵人朋友力，兄弟虽有反目无情，主相分离。气照合有贵相兄弟。

诗断：　紫气来临兄弟时　孤星却主两分离
虽然时暂同相聚　反目无情性不比

田宅宫

宜仕宦，主父母长寿。气照一生增进，父因子孙荣立。

诗断：　当生紫气四宫行　福荫两亲保寿荣
看取耆年精力健　都缘强位老人星
紫气居临父母宫　宽怀雅意福须隆
若居庙旺无相克　外州庄产积盈丰

男女宫

见子晚，此乃孤星，早则伤害，除非妻子命有此星相抵，则可矣。气星合贵女之分，男可保一人之力。

诗断：　气星来照子孙宫　颖悟聪明更美容
迈祖超宗荣贵显　家门昌盛永无穷
孤星孤气一人加　聪明超俊足奇夸
只恐前禄来保守　衣色冠带耀吾家

奴仆宫

奴马多聚会。气照大招奴马，因小人发禄，有结交之分。

诗断：　解除灾厄保康强　紫气来躔最吉祥
奴仆小心多恋主　田蚕进益富仓箱
仆马宫中紫气星　孤高落陷不为情
成行奴仆难留在　饮膳区区自煮烹

妻妾宫

妻妾方可保守。气照多恃妻妾之力。

诗断：　　寿星得在七宫会　妻妾欢谐多发瑞
　　　　　官高职显侍宸垣　华胄家风应不堕
　　　　　妻妾五位怕相逢　必定须防见克凶
　　　　　若在命宫及官禄　方袍圆顶或孤踪
　　　　　有妾有妻事匪他　只因紫气孛同罗
　　　　　纵有三妻并四妾　淫声妒嫉不调和

疾厄宫

生来少病。

诗断：　　疾厄只防多疾病　若逢紫气却成祥
　　　　　为人酒色多无说　只为星辰坐太阳
　　　　　解厄脱难最雄强　紫气生来免祸殃
　　　　　道德日增君子泰　超群发秀算延长

迁移宫

迁官居显职，亦主贵人接引。气照食他方之禄，得高上慈善之分。

诗断：　　紫气迎祥司大福　常人得之财富足
　　　　　何况三合临迁移　趋侍宸垣享天禄
　　　　　第九宫中有寿星　堂堂眉宇及精神
　　　　　岂知天上清高宿　下照尘寰有道人

官禄宫

当得贵人委用。气照一生不犯刑名，纵有官中大厄，自有解脱，不成大害。

诗断：　　寿星锡福最为奇　官禄强宫喜遇之
　　　　家世绵绵增异福　员郎卿监又何疑
　　　　紫衣师号九流人　官禄宫中紫气星
　　　　若是木人兄弟取　任他清贵亦无名

福德宫

得男女力。气照受高上福德，主有大富。

诗断：　　福德文章紫气星　照临福德最为珍
　　　　寿龄永远丰天禄　特产贤英异世伦
　　　　俊雅超群紫气星　来居福德禄兼荣
　　　　显达必然三主应　为官定是作公卿

相貌宫

好神仙事。气照性慈有恩，见事和平，受人倚托，因寄附损财。

诗断：　　相貌宫中紫气临　精神潇洒倍安荣
　　　　如何晚景身轻健　必是当生作寿星

紫气变段星

宝瓶宫紫宸星，又名华盖星，主为九流僧道之人。

诗断：　　紫气紫气号紫宸　吉宿同临作辅臣
　　　　　孤寡空亡闲极位　僧道孤虚技术人

磨蝎宫福德星，又名天瑞星，主贵禄荣显。

诗断：　　气为福德丑中宫　正庙生人贵显重
　　　　　更得吉星同会聚　必为官品至三公

人马宫太虚星，又名瑞光星，主得空亡九流人横财。

诗断：　　寅宫紫气最超殊　入乐居垣号太虚
　　　　　命位德官双遇着　少年官职达亨衢

天蝎宫天枢星，又名天和星，技艺巧术智能。

诗断：　　天枢昴位气星临　此曜逢之福且平
　　　　　但要木星诸吉曜　同临此位福高人

天秤宫地库星，又名金柜星，主财禄官荣也。

诗断：　　紫气文星若到辰　驰名地库自丰荣
　　　　　再遇木名垣局内　文章学问更聪明

双女宫天始星，又名红鸾星，主近帝位前。

诗断：　　天乙星临双女躔　初年孤滞晚安然
　　　　　更得木星同合照　一生常近帝王前

狮子宫天津星，又名天孤星，主鳏寡孤独。

诗断：　　紫气天喜临于午　此号天津必有涯
　　　　　富贵一身人莫及　子孙荣满禄尤遐

巨蟹宫旷目星，又名天洁星，主事清洁。

诗断：　　未上紫气名旷目　多主灾殃无福力
　　　　　除非禄主在高强　亦要同宫会木日

阴阳宫十福星，又名瑞巴星，帝王擢用贵权。

诗断：　　申宫十福气星名　乐位逢之富贵人
　　　　　纵有恶星临着处　也须受相定尊荣

金牛宫天旻星，又名瑞相星，文艺技巧之能。

诗断：　　酉宫大乙号天旻　庙地行为上达人
　　　　　更得金星来助月　高强必主寿长春

白羊宫天盈星，又名天乙星，主僧道儒流。

诗断：　　白羊所喜为天乙　位号天盈谷满仓
　　　　　若在七强为福紧　早年登第入朝郎

双鱼宫天解星，又名祥光星，主祥彩，得古宝横财也。

诗断：　　天曜双鱼天解中　一生谋运足亨通
　　　　　五七宫中妻子贵　只忧伤克的难终

星学大成卷二十

三辰通载

太乙月孛星

总龟算法，置积日加一千二百三十五，以三千二百三十五大数除之，商数一千五十列上位，其余不尽者为残分，用七因之，上位商数以二十一除之加八，下位以六十二为一度，不满者不入分（阙），平行一日行十一分二十九秒。

月孛论

太乙月孛星，属水之余，天暗之宿也，一名彗星，一名妖星，一名天哭毛头星，隐行于天。其行宫度，一日行十一分二十九秒，一宫住九个月，九年行一周天。行道有黄赤之不同，喜怒之无定，喜则为少微星，怒则为彗星。此星出现，使众曜无光，群星失色。或入南北斗中，或入太微宫，或犯天阙，国须有灾，所主分野郡必有灾，人民饥馑流离。其方若兵兴，将死兵亡。

乙生人以为禄主星	甲生人以为暗星
丙生人以为权星	丁生人以为囚星
戊生人以为印星	己生人以为刑星
庚生人以为催官星（贵星）	辛生人以为荫星
壬生人以为耗星	癸生人以为福星

此星庙未、旺寅、好巳、乐酉、喜申、顺子、怒戌。

琅玕经云：命与身宫孛照时，柳躔初到最为奇。谏宫御史元相称，兵寄文衡又所宜。富贵可期经翼轸，声名当发在虚危。更临身宿直难者，最喜阴方夜见之。

此星空与人为福，多与人为福。若乘柳梢旺度之分，善星相会，便作大官命断之，纵使为官，亦为歇灭。又最忌金星同宫，亦主克害妻子。

经云：欲问荣华及好妻，生来太白顺迁移。若逢对照家无子，那更同宫被孛欺。

赋云：克妻害子，太白与月孛同宫。

又云：妻无子息，都缘孛在高强。推星者宜仔细消息，无有不应。君子得之在命，亦喜剑锋同宫。乙未人剑亥锋卯，己酉人剑锋俱丑，乙亥人剑卯锋亥，己丑人剑巳锋酉，乙卯人剑未锋亥，己巳人剑酉锋巳。此煞在命，专主权柄，在妻损妻，临子害子。

经云：剑锋之煞细推详，又临身命最为良。执卷之人须及第，释衣道术足财粮。惟有小人全不好，会教早夭法场亡。更被夭刑伏尸制，投河自缢眼无光。此星吉星名福煞，百人逢之百个昌。若更尽传真言诀，合用金银数十厢。

六乙生人，孛为正官禄星，月孛星同宫，不为凶恶之宿。

月孛歌

彗星威烈形似墨，眉目精神光灼烁。(阙) 猛，少言词，胆气粗雄心性恶。能运谋，多礼乐，最有心机难测度。财多聚散一身孤，父母家财多索寞。金牛巨蟹及双鱼，宝瓶宫中好安着。堂堂容貌有威权，富贵峥嵘人惊愕。日月会，事安着，父母凶狂先盖廓。木来必定助威权，金会贪淫妻爱谑。男为巫术女为尼，水到穿窬入楼阁。土火乱世号英雄，紫气更能修合药。天首会，好劫掠，天尾法场世抛却。居财盗贼破家资，兄弟妻宫难检约。疾厄肠风内主灾，西没之位妻丧却。官宫凌辱夭天年，十一宫中偏福薄。陷宫十相不曾全，依此推之终不错。

九晁惟有孛堪畏，若到南方宜向未。
未前申后坐太阳，一生名字播馨香。
独行尤可免灾迍，切忌相逢首尾星。
或更同居高强位，不为人害定遭刑。
孛星最喜入秦州，为官作事最优游。
平生食禄无停歇，佩玉腰金侍九旒。
与水同行更处闲，或无吉曜去相参。
限中更若来临照，男作偷儿女必奸。
子午孛星喜在寅，亥申依旧主逢申。
寅申两位孛星列，子孙荣贵佐明君。
巳未二方逢月孛，九流飘荡多出入。
直饶入庙双女扶，只是终身足衣禄。
莫以此星为大忌，除却寅宫偏喜未。
更得太阳相逼夹，兄弟绝无有田地。
子午还归子午位，若在弱宫方可喜。
元来富贵亦寻常，亦主高明通性理。
丑人不喜孛冲年，虽居庙乐福连连。

迟留若向申辰上，媒保得财仍得田。
太阳若与孛同宫，第一阴人不可逢。
丈夫阴德并疾厄，偏因好事伤财帛。
太阴本自有亏盈，为福为灾无定形。
若见太阴与月孛，母亡父丧惹官刑。
生时孛在柳躔间，更把官星仔细看。
三主若居强位上，豸冠丰采烁人寒。
太乙人加恶曜名，逢之多说祸非轻。
如何却有荣华者，在庙因为铃辖星。
威权本是将星高，好把功名属汝曹。
不被凶神轻犯破，也须乡社作英豪。
孛星不得善星扶，如虎如蛇毒有余。
男命刑妻非一室，如云女命亦三夫。
孛同天尾火宫行，木土金星陷不明。
命主更居无力地，断然自缢丧其生。

月孛临喜怒宫

喜宫名为天极、天曲、天亹星，若身命逢之，为性凶险，作事猛烈，只宜同五星在命，并八煞官禄，主有清贵之职。若庶人多灾厄，损妻子。随宫分断之，在身宫主枷锁之厄，危险之灾，水火之厄，被人诬赖，母必有废疾。若为僧道，则有权，亦主住持。怒宫名为丧车鬼，灾天彗星，若身命遇之，多是非，贪酒色。更犯煞星，主徒配远方。若官禄宫遇之，皆主不测灾，及为贪婪至贱之辈，兼主恶死。有救星则平，僧道可免。

月孛躔宿俱出玉关经玉关歌：

诗断：
孛躔角宿号天亹　情性聪明丰貌美
贪淫好酒心不贤　煞害伤妻须克子
角木蛟辰龙　见孛必争雄
更逢阳刃位　劫寇法场中
角度相逢怕太乙　定遭犯岁多沉没
金木吉曜与同行　老岁方能保簪笏
孛躔亢宿号天微　心毒如蛇事事危
易喜易嗔人不定　此生定是损妻儿
亢宿属金龙　得孛反生凶
孛在龙前为武晒　藩垣坐镇立边功
太乙亢度最清奇　九度之中正所宜
金德同之真为美　财名横发少年时
孛躔氐宿号天佥　凡事施为却得安
更得官星来救助　朱衣紫绶耸朝班
氐恶孛星同　裸体分外凶
谁知氐土貉　见孛反孤穷
太乙九月过一宫　九年一次到氐宫
官禄独行阴夜喜　发灾还与恶星同
孛躔房宿号天瞻　若临身命为大权
文韬武略居官显　更立功名主重权
房免日方隆　东去孛共踪
卯宫为刑曜　阴宿犯阳宫
太乙来房性妖孽　或女或男皆作劣

一生孤苦克双亲　作事无谋心不决
孛躔心宿号天祇　官职荣华禄位宜
百里郎官名位著　参谋半刺着绯衣
心宿孛难容　阳位孛孤穷
土星无夜忌　凶忌两重凶
乙星为性多猛烈　心上相逢亦作孽
不宜水宿同度中　六亲骨肉情皆别
孛躔尾宿号天该　家道兴隆庆大来
身命逢之官禄至　将军公辅蕴三才
尾宿属春寅　孛到必消沉
两宫寅卯位　到此恶难成
太乙尾宿不完全　危险如何保寿年
十个八九多祸夭　千思万计实难言
孛躔箕宿号天华　位逢燕国定豪奢
官班自有超荣贵　财物金珠富一家
孛宿怕躔箕　箕风动刑妻
孛到孤刑曜　妻位不相宜
乙逢燕分著绯衣　正喜游宫定到箕
古法盛称寅地旺　此人必贵定无疑
贵格云：彗星寅位必躔箕　节钺封侯被织衣
孛躔斗宿号天器　面生波浪口无声
不是过房须有克　贪花爱酒赌钱人
斗前难裸体　瞻斗有尊权
到此不严肃　朝斗与朝天

斗廿四度值乙星　多忧多乐亦伤刑
刑后忽然身富贵　为主圆夜月光明
孛躔牛宿号天芳　孤寡徒刑性更凶
若教疾病缠身上　免得生离不善终
牛宿号刑星　夜生更怕刑
孛水土牛忌　休问利和名
太乙忽然下牛来　入在高宫独不灾
此曜所为心性别　吉曜同之任意裁
孛躔女宿名暗金　毒害颠狂曜六亲
花街柳陌贪游冶　莫教老后更伶仃
女好孛星来　北阙孛须谐
余宫皆裸体　到此不为灾
乙星恶曜女家存　此命之人定有迍
所谋不定心疑虑　恩背情疏妻必分
孛躔虚宿名天智　万事施为皆遂意
官班富贵旺门庭　只恐儿孙无一二
虚宿北辰宫　孛星作福从
北阙众星拱　绯衣拜高穹
乙临虚地将何决　万事过人真殊绝
只宜夜旺此宫生　财似泉流官不竭
孛躔危宿名天姱　命若逢之旺一家
不是官崇须富盛　妻宫子位必吁嗟
危孛逢天京　室亥在前程
孛到为吉曜　少克老方荣

乙曜临人智术微　旺宫度分守于危
此身若不为台谏　亦主当权宰相机
孛躔室宿名天仗　星到双鱼为正旺
逢之富贵必超荣　定作朝廷公与相
室孛好朝天　到此自度惓
内室孛尊重　禄主少微垣
月孛室宿未为奇　眷属孤伤靡不为
多招闲虑心头事　老到妨妻又损儿
孛躔壁宿号天巴　旺地须逢到一家
身命逢之徒说好　到头不免事如麻
玉关壁属乾　孛惟好此躔
天严非孛立　朝天要夜蟾
太乙壁宫好杀害　为人不就事难任
百端心计多谋画　盗贼奸雄忌火金
孛躔奎宿号天便　卖尽田园赌尽钱
不是酒时须博奕　贪花浮浪见忧煎
奎宿戌宫排　温柔怕孛来
裸形奎暗曜　难堪孛到猜
奎中遇孛心难静　身消瘦长貌充秀
宽心紧性好精神　声名才有终无寿
孛躔娄宿号天邪　少年浮浪悦纷华
小急大宽心不定　平生终不受迍灾
娄名天狗宫　孛怕此曜逢
孛来为陷害　凶曜必生凶

娄星最喜吉曜来　若逢太乙转为灾
若不刑伤并自缢　六亲睽别不和谐
孛躔胃宿号天翰　性急情宽事少闲
只恐为官年不永　若居贫困寿如山
胃居戌位间　到此必安闲
至酉名吉曜　为福必阑珊
太乙临人多灾数　火喜曜来胃九度
夜生值此主欢娱　握掌兵机主宰辅
孛躔昴宿名天喜　命若逢之姿貌美
妻宫损克两三重　禄位须逢升玉陛
昴属酉日鸡　月门孛相宜
诸宫皆裸体　惟酉着绯衣
常言孛星偏喜酉　最利金牛宫昴宿
金能助用此中来　合主科名兼福寿
孛躔毕宿号天诜　生须富贵显家声
仕途超越登科早　朱衣紫绶立朝廷
毕星是月门　孛到朝至尊
毕星惟好雨　淫欲有名存
毕宿如逢太乙侵　不宜逢水与逢金
偏惹是非迷酒色　风痨痔漏暗伤身
孛躔觜宿号天陻　门户光辉是此人
年少登科官进速　性情容易便生嗔
觜好孛用水　觜孛喜命宫
孛到为庙乐　七度莫言凶

宿觜若见孛来过　疾厄宫逢阻难多
五位临之难得子　命宫身位禄消磨
孛躔参宿号天诠　官禄须逢抵不难
妻子宫中须有克　更兼天寿在苍颜
申位有参星　孛临视不真
迤迁并度近　孛参两相嗔
参水猿中见月孛　进退所谋皆恍惚
罗睺计都火来侵　不至中年便亡没
贵格云：水孛到参非失位　贵持节钺更无疑
孛躔井宿名天诳　衣禄生来须大旺
资财恐是别人收　有子终须还破荡
井来孛昏蒙　十七度无光
月宫孛朝母　初度反作凶
太乙躔井未为强　神气疏慵貌亦长
性里欺良怀恶妒　若无星救恐刑伤
贵格云：搀枪东井福偏饶　榆塞藩垣任可倚
孛躔鬼宿名天诧　巨富官荣两无价
为人毒害更英雄　先有声名大权霸
鬼见正月明　孛逢拜蟾京
朝瞻居母位　敬谨不生嗔
太乙之星守鬼门　语言稠重出人伦
身才魁伟多温厚　遇夜生人少见迍
孛躔柳宿号天冲　将相功勋禄万钟
威望从来台宪任　蜚声腾实显英雄

柳孛自优游　柳梢位近周
十四非为福　十三度公侯
乙星挂在柳梢头　定知此命主公侯
更有木同秦地分　少年朱紫不劳求
孛躔星宿号天戎　定杀妻儿在少蒙
为人执拗心多强　衣食生来太不中
星午正阳明　大忌孛来侵
孛入终须晦　太阳孛难禁
乙星若在星边过　又与罗睺同度坐
峥嵘负气武兵人　志壮心高胆又大
孛躔张宿号天权　妻子宫中未保全
衣食生来自丰足　性情高尚乐忠贤
张宿月鹿明　孛临号元真
须是旁奎宿　张曜孛华明
太乙权威势如虎　不宜张宿居于午
偏生庶出二重亲　卓立生涯难守祖
孛躔翼宿号天哗　此是星辰到本家
喜怒不常多色欲　心如狼虎毒如蛇
翼好孛同行　孛躔翼宿亨
孛水宜同立　声应位持衡
太乙本是恶强星　翼宿躔之疾压身
女主产亡男癖疾　限行至此不光明
孛躔轸宿号天忒　恋酒迷花好游奕
家财尽破好行偷　若不投军须有克

轸星属巳宫　巳水孛争雄
阳极阴相续　相续自无凶
太乙独行来到轸　为人性急多明敏
若逢土木再同居　破散资财离乡井

月孛入宫

太乙月孛在虚危柳为乐，井毕为庙，翼为旺。居此生人，主居官有威望，人多畏服，主有节察之位，刑杀之权。在身命八煞宫，见火为盗贼，见金为不轨之事，妻亦不良。在财帛，则多耗散为脱赚，但在身命官禄则吉，在诸位则凶。此曜为灾福，力大于诸星。若见木即为台宪之任，见火为乱世英雄，见水为盗。

日木宫主为人重厚心直。三方尽在强宫，主少年荣达。非在强宫，主少年虽得贵人见知，诸事不成立。

火宫主为人性快，出言不审是非，一生宜防妇人损陷，及小人暗窥。主星在最高之地，立在微职，合少年立身。

土金水月宫，主为人性刚，作事忠直，有谋计，好杀害。守虚危井柳鬼翼宿者，主节察位。

月孛同宫

孛金同宫，为行不良，妻亦然，男为巫，女为觋。

诗断：　金星与孛若纵横　百六逢之大吉亨
人产遇时须抱福　家居金玉保康宁

孛水同宫，主因文学有灾，多虚诈。见四刑星，主脓血之灾。在三九宫，主落水死不见尸。

诗断：　　辰星不欲相交彗　男可为奴女可婢
　　　　邪淫奸滥主贫寒　毕世千谋无一遂

孛火同宫，心好善而实不能行，亦多瘫疽脓血。

诗断：　　荧惑最能诛孛彗　扫除搀枪为庆瑞
　　　　官荣上爵秉威权　百六逢之为祸害

孛木同宫，宜官不宜才艺，夭寿，为悖逆之徒。

诗断：　　木孛原来主寿龄　今日无分重与轻
　　　　人生八十高年客　皆由四正有强星

孛土同宫，夜照损寿伤财，刑害喑哑之疾。

诗断：　　其如土孛坐天心　虽要分明见太阴
　　　　不顾顺留并伏逆　布衣从此振儒衿

孛罗同宫，各居庙旺，主有威权。

诗断：　　彗星若与罗睺会　勒石纪功扬塞外
　　　　常人遇此至千殃　百六遇时愈殃害

孛计同宫，为奸淫不廉不洁，多损多破。

诗断：　　彗星计都不可逢　人生薄贱主贫穷
　　　　须招风疾并痨厄　百六当之不善终
　　　　阴人计孛若入命　定是淫邪色欲娘
　　　　若得善星来同照　遇云歌舞近侯王

孛气同宫，主性巧聪明，多技艺，足文词衣禄，有权治之人。

诗断：　　蹇薄皆由孛紫逢　离乡背井道途中
　　　　多情色欲仍为盗　千方百计也还穷

孛日月同宫，主防父母，居官有生杀之权，日好讼，夜好酒赌博。

诗断：　　日孛相交名字损　反使吉人心恻隐

奸臣叛世不生兹　百六会时保安稳
日同彗孛人为凶　百六当之祸患重
犯法蛇伤并虎咬　倥侗毕世一颛蒙

琅玕经节要

孛为阴曜，最宜夜照。庙旺身高，机权兵要。昼孛日同，财名有望。夜孛月同，财禄荣旺。主背多贫，运为阻障。罗睺同位，喜旺雄贵。逢忌宫恶，多迍多否。

二星各居庙旺，或在高强，主雄贵重权之位。更若同忌星在陷弱宫，即多刑克。

天乙同宫，奇能巧技，衣禄丰厚，不无掌治。土与孛同，夜招刑克。昼人若逢，广招财利。

孛同计火，昼逢主祸，短寿多刑，灾厄破败。夜生贵旺，衣禄常殊。若临顺庙，权掌兵符。

孛计日逢主夭寿，不夭折则风癫颠狂凶死。夜照主衣禄兴，崇好华饰。若在庙旺，有武禄重权贵气。金水夜同，职位显荣。昼人主顺，财禄丰隆。身主同恶，妖滥困穷。忽然无救，亦不善终。木星照顺，福庆亨通。纵然恶厄，亦不致凶。

月孛照临十二宫

命　宫

守照命宫，眉目疏秀，体貌堂堂，器量宏伟，瞻视自尊，大宽小急，为人性重，易好易恶，好杀毒害，奸雄气烈。入庙反为权柄，善星相扶，少年及第，无吉星辅助，必为灾咎。为人不足，多病不快活，假饶富贵，亦主奔波食禄之人，无由安闲，贪酒好色。夜照独宫，身名亨达。如是昼生，破失根涯。在妻宫，则妻损早。在官禄，则居官有威望，人多畏服，有生杀之权。与首尾同宫，克害妻子。与天乙对望，处世多迍。其星名天吏星，主禄雄豪。又名催官煞，诸星皆吉，而孛方入，乃为催官。若孛临要出宫者，不系旺在秋冬，为灾为福，力大于诸星。在身命则吉，在诸位则凶。

诗断：　孛照命宫人　初年灾破频
机术心自有　权谋亦及人
早岁防倾覆　中年立有成
夜生阴位照　财禄有声名
老阴月孛最凶神　岂有临人照命身
若在强宫为禄主　总领邦国作权臣
孛星守照在巨蟹　若在高强亦得解
更遭罗计与土星　只主有钱能放债
月孛昏沉性不常　读书多懒好游行
不如别作荣身计　莫被儒冠误一身
月孛须知是恶星　逢之祸患卒难行
若要入庙宫中者　必定前程有大成

财帛宫

生来少积，夜食平常。假饶初年承祖之付托，财帛兴旺。如三春开花正发时，狂风猛雨折拔其根枝。若土星照视，则产业生旺频加，无破败也。孛照财上，暗昧无主执，财物耗散。

诗断：　孛照财宫真可畏　须防人赖暗为灾
　　　　限逢恶曜君须忌　吉宿同临主横财
　　　　凶神月孛临财时　破荡伤残岂所宜
　　　　假使堆金如山海　会合消铄似尘微

兄弟宫

皆不得力，纵有昆季，他东我西，彼死我活，相见之时，如水投火，却见他人，反成亲戚。所谓亲疏义重，不亲却亲，宜自卓立。孛照主克，兄弟恶横。

诗断：　孛星无礼最乖张　那更凶残在陷方
　　　　不见弟兄同燕雁　只闻手足似豺狼
　　　　孛星对照兄弟宫　各自荣家各自丰
　　　　纵使牛田衣食足　兄若西时弟亦东
　　　　手足为亲难得力　只为其宫逢月孛
　　　　争取家资不孝人　兄弟心强相妒嫉

田宅宫

克伤父母，纵有祖业，终须破散。若居次旺，则不以伤克论。更加土孛同行，多主偏房庶出。孛照一生破散，住宅不定，有成有败，祖业破尽，宜与异姓同活。

诗断：　田宅宫中土孛防　三方闲极可悲伤
　　　　此身若不为僧道　必唤他人作父娘
　　　　莫愁月孛是凶时　有人因此田园旺

只缘庙坐午申间　午后申前及未上
孛星加临在田宅　初年资财真不竭
阴人最不喜其星　嫁出夫家无寸铁

男女宫

主男少女多，又宜心性相压，及迟见方好。经云：男女宫中怕遇孛，无男只是女生多。若得吉星同照视，晚招一对不坚牢。如六丁生人，化囚见之在此宫者，全无子息。假饶有三男二女，如冤家骨肉，一个拗东，一个拗西。如有吉星合照，则犹较可。与太阴对视，则男主有贵，女主封号，长则性慵昏蔽，少则伶俐惺惺，别星则减力矣。孛照合，难得子息，多患疮疖之疾。

诗断：　子孙宫里孛星攻　状类根甘蒂苦同
假使门庭当旺盛　也生不肖辱先宗
月孛来游至第五　男女虽多多枉死
直饶庶子与过房　于法推之多绝嗣

奴仆宫

多不得力，亦有走失。孛照不可托小人作事，有暗昧刑克之厄。

诗断：　奴仆惟推最弱宫　孛星临照愈为凶
当生禄主或全陷　衣食奔波守困穷
月孛为星不可言　当生逢着病相缠
若交奴仆同宫分　反主妻奴白日眠

妻妾宫

须两三妻，妻命有此星相抵，反有偕老之期。赋云：妻无子息，都缘孛在高强。经云：月孛守妻宫，奴婢结为宗，无曜居六五，为人主脱空。注云：妻性恶则免。孛照合，得尊贵慈善之妻，反招偏房之妾方应。

诗断：　孛星若在照妻位　不是伤夫妻亦妨
多幸随人为侧室　不然卑贱得从良
妇人月孛入夫宫　反主夫家财帛丰
更在未方为主将　母死父亡财帛隆
望门克妇妇家贫　只因月孛到孤神
戌亥丑申三四位　夫妻和顺定无因

疾厄宫

自小多害病，主疮疥，小岁难养。孛照有犬马所伤之厄，脓血之灾，不可针灸，因此抱疾。

诗断：　孛居第八照身宫　三合无星不可逢
死在路头无板载　更防官死狱囚中
月孛伏剑疾宫来　年少沉疴染重灾
岁久不闻欢喜事　年来常听哭哀哀

迁移宫

不得远出，主有险阻之难。经云：第九宫中值孛星，终身流荡百无成。孛照主外乡阴害，小人刑官之事。

诗断：　孛宫第九死他乡　路上横尸不可当
罗计更临狮子位　法场之地见身亡
孛计迁移又并罗　偏于土木损财多
虽然已有堪居地　毁拆移居不奈何

官禄宫

有大人君子之权。更居乐庙之宫，则官职清高。小人带之，则血光刑责。孛照多因暗昧之事起灾，必有重官厄，凡遇阴人不可交结。

诗断：　月孛午地是阴宫　食禄虽迟也不空
或若火星逢禄主　多因官职至三公
月孛光芒号彗星　众星一见敛威明
庙方若作天元主　贵拥貔貅百万兵
入庙星辰最难得　若临官禄尤为吉
鸾台凤阁更光华　只忌阴阳同月孛
孛星主禄大雄豪　只要相参土火高
斗角柳中为受用　文经武纬列勋曹

福德宫

多主反覆，才有好事，反成凶兆。孛照须有不分明人阴谋相损。

诗断：　福德宫中要好星　如何孛照有昌荣
心头搔扰劳魂梦　日日思量欲改更
福德宫中怕孛星　忽然火曜两相刑

终身只可三旬寿　纵得长生也受迍

相貌宫

一生为灾。经云：惟有太乙月孛星，生时不欲临此地。孛照为人胆大，不信阴阳，作事不祥。

诗断：　十二宫中有孛星　形貌粗丑惧知闻
　　　　性情不定如狂妄　举止无凭似少神
　　　　十相不完身跼蹐　六根亏损善艰辛
　　　　纵然身在公侯位　断作狂愚废弃人

月孛变段星

宝瓶宫天权星，又名天烈星，主武勇，心机悍烈也。

诗断：　月孛临人状似虎　子上天权巧心路
　　　　若是独行无别星　掌握权衡至台辅

磨蝎宫伏尸星，又名流血星，主流血恶死。

诗断：　丑宫月孛见伏尸　身宫官禄最凶危
　　　　更有吉星相扶助　福德宫逢短命儿

人马宫天虎星，又名天狱星，多招牢狱罪责。

诗断：　天虎孛星寅地旺　喜临箕尾福非常
　　　　吉凶二曜不相犯　四正宫逢福禄昌

天蝎宫五鬼星，又名天文星，主狡猾阴谋，谗佞夭寿。

诗断：　天衡五鬼为妖孽　女落风尘男下劣
　　　　妻家丧尽定无人　孤独一身无处立

天平宫天妖星，又名破军星，主威猛色欲。

诗断：　　天娇辰上为凶怪　八煞迁移为六害
　　　　　若非寄食别人家　庶出倚亲多此辈

双女宫双鸾星，又名彗孛星，主死兵刃毒药。

诗断：　　孛临天乙号双鸾　男女逢之是寡鳏
　　　　　更值恶星须恶死　吉星相救可安全

狮子宫天鬼星，又名流尸星，主刀枪弓矢之难。

诗断：　　天冠加临狮子宫　星张二宿最为凶
　　　　　如躔柳宿翻成吉　富贵功名百事通

巨蟹宫垣庙星，又名威猛星，主威猛尊严。

诗断：　　孛星最喜到秦州　文作清华武列侯
　　　　　不怕恶星侵此位　平生富贵自优游

阴阳宫天吉星，又名败残星，主败残乱家道也。

诗断：　　申宫天吉少人知　四正宫逢得者稀
　　　　　戊乙庚人为上吉　名标四海福相随

金牛宫金堂星，又名文际星，主文章际会也。

诗断：　　金堂西地喜相侵　不习诗书亦有名
　　　　　自是荫封多福禄　锦衣闾里有家声

白羊宫天囚星，又名天邪星，主凶猛中失职禄。

诗断：　　戌中月孛号天囚　白发孤寡亦未休
　　　　　此曜匕强如在上　官灾横祸作冤仇

双鱼宫游魂星，又名威职星，主阴人多妖。

诗断：　　孛星须是要安和　亥上游魂福最多
　　　　　禄上资财当巨富　终身落薄更消磨

星学大成卷二十一

三辰通载

天首罗睺星

总龟算法，置积日加五百六十，以六千七百九十四逆游数除之，逆游数别列上位记之，其余不尽者为残分，以五因之，却加入上位逆数二，以九十三为一度，又不满者入分秒。

平行一日行五分三十七秒。

罗睺论

罗睺为天首星，配属火之精，黄旛黄道之宿也，一名蚀神，隐行于天。其行宫度，有喜怒，一宫一年半，十八年行一周天。逆行天道，喜则为天统星，怒则为天伤灾网星。遇交于晦朔弦望，能掩日月之光，为之薄蚀。天地犯之崩裂，山岳犯之倾颓，川泽犯之枯竭，至于云怪星妖，冬雷夏雪，未有不由此也。此曜不能兴善，好作妖孽，主血光伤破，斩截凶残，寒热瘴气。身命犯之，则有成汤之旱，帝尧之水，文王拘于羑里，夫子厄于陈蔡，司马迁宫刑，左丘明失明，贾谊之赋忌鹏，李斯之叹黄耳。圣贤犹不免，此庸人见之，更有恶星同宫，乃为六极之人，一曰凶折，二曰疾，三曰忧，四曰贫，五曰恶，六曰弱。若入庙则为贵格。

癸生人以为禄主星	甲生人以为魁权星
乙生人以为囚星	丙生人以为印星
丁生人以为催官刑星	戊生人以为贵星
己生人以为荫星	庚生人以为耗星
辛生人以为福星	壬生人以为暗星

此星庙在午，乐在卯，旺在辰，好在酉，喜在戌，怒在申。琅玕经云：权星守要最难遭，昼日阳宫近贵豪。张角度申身显地，昴星宿上武名曹。又云：余宫限内多为福，阴位无灾祸必消。更有变凶为吉处，宫当十一自荣超。马嘶龙跃值罗睺，卯酉还未戌上求。同日陷妻并害父，虽居庙旺亦多忧。赋云：罗睺在命位，至五品殊勋，若得紫木同宫照视，可为雄锐贵品，主人特达慷慨。火土孛相会，多主权刑躁暴公吏，掌杀妨妻废祖，贵则威权，贱则伤刑。若独行庙乐之宫照临者，则大贵。六癸生人，土为天官主禄，水为科名，与之同宫，则大贵。

罗睺歌

罗睺性格最为高，形相狰狞胆气豪。不奈是非无妒毒，日生阳位始坚牢。（罗睺性格最高，形相狰狞，有胆气，不奈是非，无妒毒，好日在阳宫。）逢庙地有操持，荣加旌节有旗旄。富贵只宜官位立，阴宫私合苦煎熬。（罗睺在庙地，有掌权加旌节之荣，宜官中立身，若在阴宫煞居凶。）日月会时人见蚀，须忧父母死难逃。（罗睺为蚀神，与日月会，则掩日月无光，谓之蚀，故主克父母也。）金会助权好兵武，更防因色病成痨。水到财多逢盗贼，本来才调好风骚。（与金会，好兵武，因色成疾。水到，财招盗，木会，文章。）土逆四肢不具足，火扶好杀弄枪刀。兄弟不宜财破荡，四宫卖却祖东皋。（与土同更逆，四肢不具足，火同，好武喜杀，二宫损财，三克兄弟，四破祖业。）子息位苦啼号，六宫妻本名春桃。（罗睺在五宫克子，在六宫以妾为妻。）妻位妻权中主克，八宫颠扑定须遭。（七宫妻有权，主克妻，六宫主颠扑之灾。）福德夭亡并绝嗣，相貌为军是此遭。（在十一宫主夭亡绝嗣，在十二宫主为军。）

罗睺一宿名天首，若在高强好饮酒。
如逢吉曜共扶持，必有重权来到手。
罗睺元是贵权星，只忧土孛与同行。
庙乐二宫为福德，他宫重叠犯官刑。
罗睺元自是权星，甲戌方中起大刑。
除却庙堂兼带旺，纵饶为福也无名。
何以罗睺号天首，只为凶星为福厚。
凶星福厚人未知，寅卯午宫分外奇。
九星活曜袅天首，太阴同宫人物丑。
寅宫卯土午三辰，专主此星为福厚。
命宫官禄若相逢，必定其人身在公。
若被孛星来照着，一生刑责累遭凶。
荆州更及双鱼宫，两处临之更不凶。
若是贵人相遇着，定持兵印作元戎。
白手成家自买田，只因天首气声联。
若非寅午并天蝎，卖与他人不要钱。
大凡福德与罗睺，一生阴德旺田牛。
或若对宫逢此宿，子孙名誉冠神州。

午人午上值罗睺，置产生钱及外州。
更得孛星临帝座，子孙佩印更封侯。
惟有罗睺能起福，妇人失位招夫禄。
不在寅午并卯宫，子酉二方当纳粟。
帝座尊星人未知，或为日位或生时。
惟有罗睺并月孛，此星相见十分奇。
罗睺虽说是凶神，若使单行迥出伦。
对合更无刑战忌，威名端的冠朝臣。
首曜于人性不和，善星不助恶尤多。
平生好作欺人语，垄断无图奈若何。
天首当生所在宫，限如逢此有威风。
不能为祸终成福，若在高强更有功。
天首从来怕夜生，更居凶位伏尸名。
若非死在阴人手，即是征人奠旅灵。

罗睺临喜怒宫

喜宫为天权天统星，主形神瘦薄，为事通达慷慨。其星利君子，不利小人。值木金土更见禄马，主重权之位，官职清烈。若无五星相协，只看五星体格得地，皆为贵人。若无救星，更作八煞，入西没宫，多为僧道，兼主灾。只是不利入人身宫，须主险难，兼母居疾，又主暗昧。若遇水火二宿，更见禄马，便为一品之贵。身命逢之，无禄马救星，有十二般恶病。若单照人身，即有不测事，一则危险之厄，二则六根不具，三则母居恶疾。免此者，须减爵而极贫穷。怒宫为天伤灾网星，凡人遇之，主一生禀性愚昧。若照人身命，只可为僧，宜在公门，为人孤独，多招不测灾。此星宜在命与八煞官禄宫，为公卿员郎方可压。如是庶人，主牢狱之灾，处世贫穷不堪。照身宫主三般危险之疾，一主暴卒，二主水火，三主血疾。若无此，主短寿贫贱之徒。

罗睺躔宿俱出玉关经玉关歌：

罗躔角宿号天模　性直机谋出众徒
家道自如心莫妄　运限扶持事可图
罗睺角同行　居辰祸不生
五阳居正位　正位则尊荣
罗睺度分到郑乡　角木星临喜此逢
不在迁移并八煞　命宫福位保安康

贵格云：首曜来躔龙角上　诛锄奸党理朝纲

罗躔亢宿号天般　心性藏物也须宽
机权特达人钦羡　晚年衣食恐难安
亢宿龙宫居　裸体众星殊
百星皆畏谨　亦是五阳居
罗睺生杀有威权　亢宿居之三品官
水若同行操大柄　不临四正亦堪言
罗躔氐宿号天携　命若逢之必损妻
头男头女终须克　资财却免散东西
氐属卯罗逢　抑郁又终凶
此身不显赫　缩首福皆空
威权才勇是罗睺　最怕躔宫氐宿游
官位逢之终剥职　凡人值此主徒流

贵格云：首躔过辰氐宿度　上将封侯食万户
罗躔房宿号天从　大富资财胆气雄
文武兼全官五品　兵刑之任福偏浓
房宿正属卯阳宫　行到东华气锐雄
罗首日华须振领　来朝阳位不为凶
罗喉权要最难遭　房里生人定贵豪
罗躔心宿号天辰　巨禄高才出众人
巧计多知人果毅　威声远播四夷宾
心为大火明堂位　人君布政在心宫
罗到此宫主孤独　更兼强暴甚贪蒙
首星一曜号黄旛　心宿度中甚美观
火与同宫威武志　性情偏急夜生宽
罗躔尾宿号天畋　命里逢之有重权
上将论功心好杀　何愁此地不为官
尾首火虽安　首号天府官
武职官入阁　迁移更孤单
忌地如何却躔罗　为缘暗曜必多磨
不是六根当破相　将来风疾恐难逃
罗躔箕宿号天聪　庙旺之宫禄早逢
百万兵师归统御　金吾位上及三公
箕好水同游　罗箕可封侯
若木同度立　木罗寿更修
箕上权雄得遇罗　资财蓄积贵而高
衣锦还乡人慷慨　木如同位有权多

罗躔斗宿号天磨　命若逢之福来多
智慧机密能出众　也须财利带奔波
斗属丑寅方　罗逢福禄清
见此为福曜　独好两宫行
天首不利居斗蟹　性紧无常主妖怪
临妻必是座中亡　居宅祖财多破败
罗躔牛宿号天鞲　刚毅能为主重权
面貌丰隆髭满面　妻儿先损谩机圆
牛不喜罗躔　见土福不绵
土虽朝此地　牛土寿难延
罗睺几载上金牛　不被囚刑位列侯
暗宿日生临照命　须知心里好行修
罗躔女宿号天巡　牛亥生人立大勋
廊庙之中须大任　其他衣食且平平
女在丑宫边　罗逢女不坚
女本温柔宿　首居此迍邅
罗睺与女喜相闻　虽则贪淫暗又昏
火共土同皆庙旺　朝君恩赐荷明君
罗躔虚宿号天镠　甲命生人位列侯
身命若逢衣食旺　到头终是喜清幽
虚星正在此　罗列势难鸣
衣冠朝北阙　罗立拜严宸
神首循行虚宿前　闲事灾殃度怕躔
男犯刑伤遭吏责　女主流血复迍邅

罗躔危宿号天樗　此人肥厚更胡须
心机藏事财生旺　自成自立免忧虞
危在子躔　此位不隆
初主薄甚　禄位不丰
罗睺欲度上危方　不遇凶星得命长
禄非横星兹位立　亦能为福复成殃
罗躔室宿号天躔　为人出众有威权
作事操持心耿直　酉命逢之是大贤
室天门　首朝天　若居此　镇蕃宣
罗睺居室最难堪　禄命逢之不用贪
纵有文章高北斗　中年之数五二三
罗躔壁宿号天持　机智文章计出奇
天文立象须荣贵　寿算多能名誉驰
璧宿正天门　星到此居尊
惟罗为管辖　戴天履地存
罗睺本是逆天行　璧水猞中禄不延
惟赖木星同守度　方知威武掌高权
罗躔奎宿号天威　情性焦烦不受欺
为人猛烈心刚直　狼贪妒娄足食衣
奎宿正在戌　罗火封侯职
财气更同临　入庙多逢吉
天首阳星最喜阳　奎星戌位不为伤
七度以前居亥地　此为阴处可寻常
罗躔娄宿号天志　抗直伤人兼有义

多招闲事是非多　衣食生来心未遂
娄宿正在戌　罗宿怕相宜
五阴乾亥近　五位正天墀
罗睺娄宿正权星　火土同临乱世英
胆气粗豪兼好武　为文终是少科名
罗躔胃宿号天怿　记问渊源性刚直
小人此位亦威权　君子逢之进官职
胃不是庙　罗到不宜
日生遇火　火灭非奇
胃中神首主阴迷　屈背驼腰怕孛齐
若是此星来对照　女则伤夫男克妻
罗躔昴宿号天蜻　出众机权多好胜
初年须破晚方成　果毅特持有权柄
昴罗火不明　到此为孤星
息宫终克子　木同寿终倾
罗睺昴宿最为凶　若无星救身命宫
更被囚刑忌合照　虎狼恶死恨无穷
贵格云：罗睺若在昴星乡　伊尹霍光真此烦
罗躔毕宿号天危　言语猖狂惹是非
克害妻子君莫怨　平平衣食也随时
毕宿不宜罗　罗同事更多
田宅因兵火　丧失若奔波
罗睺毕度金乌晦　望夜生人最不奇
此是蚀神长掩月　处心无定事难为

罗躔觜宿号天申　亥命逢之是喜神
家道兴隆金玉富　为官应是侍枫宸
罗火在觜位　惟怕水相防
木曜躔箕尾　气顺有相当
罗睺暗曜得人忧　若更来居觜火猴
女落风尘男破荡　金见好淫盗贼流
罗躔参宿号天津　禀性清闲心洞明
筹策自能知道释　众人钦用振威名
森罗万象中　惟要太阳同
阳明观万物　参宿不昏蒙
罗睺躔入晋宫来　参宿逢之主有灾
成败不常财帛散　遭官落狱限中排
罗躔井宿号天空　怒地平生运不通
若得木星同在度　木罗相爱却无凶
井曜首相逢　两界必无功
火余终汩没　水同不甚凶
罗睺慷慨性情和　井宿相逢事若何
身本怒宫未阴位　凡人遇此主迍多
罗躔鬼宿号天昂　心高机变足文章
形貌魁崇肥且厚　子孙应是保安康
鬼宿两相当　罗来居未方
夜生宜好鬼　逢则必轩昂
罗睺到鬼（阙）难定　虽负文才少权柄
忽然恶曜与同宫　兄弟爹娘分两姓

罗躔柳宿号天鳏　爱乐林泉志在山
胸次文章才广博　犹如僧道喜清闲
柳好月孛　兼月亨通
罗到为陷　必主飘蓬
罗睺躔柳是阴宫　不作禄星定主凶
忽然独行官福位　若兼火土事难容
罗躔星宿号天圆　命若逢之主重权
兵刑法令堪充任　武选文阶两位全
星曜两宜　罗好午中
男受爵禄　女则荫封
罗睺正庙在于星　眼瞋性烈气豪英
三度之中并五度　职兼文武掌权兵
罗躔张宿号天目　命若逢之多发福
威声远播名高强　师相居朝荣贵禄
张宿罗躔　福寿绵绵
罗睺庙度不宜张　相值之时必反常
独守宫中最高位　不逢恶曜亦荣光
贵格云：罗旺正庙独欣张　出将英声阃外扬
罗躔翼宿号天愚　心毒藏机语不虚
巧妙性情容貌美　贵人亲近得安居
巳午本罗庙　在午日居中
到此为辅佐　惟好翼相逢
天首之星躔在翼　身命临之招恶疾
顽愚暗昧不堪伦　死落他乡非旧室

罗躔轸宿号天神　武品之官此位逢
生杀之权心独任　金吾节度两般同
轸本水　罗火逢　未亨通　为水冲
罗睺在巳人为贵　轸十三度大安康
土若不来临此分　妻儿虽克自观光

罗睺行度入宫

天首在阳宫星宿三度，及箕四度以前为正庙。居此生人，主好杀，因此立功名，官居重权，职兼文武，法主兵刑。值之者，二十年主生杀将相之位。在阴宫昴心为旺，入轸十二度至十五度，主为任远，居三品之官，二十年主生杀将相之权。见木月在四正宫，宜官。若不居庙旺宫，但止见木，亦宜官。与土同宫主大柄，见火亦大富贵，迁进疾速。

日宫主有节操，临事锐，多勇猛，有贵位。主星如居强位，必有生杀之权。稍得福星之力，主有位。如无福星临三方，不居强位，一生多恶事上立身，因此成败。

月宫主文学，多色欲，有贵位，更得诸曜相扶，位至三品。若无星助，三方稍高，其人亦有权。

木宫主性格聪明，足词多智。若入宫度浅，昼有位，夜有财。入宫度深，昼微贵，夜微富。

火宫为人性急，干事明白，好兵权，有掌握，昼生大贵，夜生有福。

土宫为人性凶猛，好杀害，昼生有福，夜生大富。

金宫主为人聪俊，有威权，昼生贵达，夜生有福，火孛同宫，则减力。

水宫性格聪慧，好文章，有才能，入宫浅有位，深有财。

琅玕经节要

天首阳星，不宜夜照。庙旺除凶，资财不耗。金木月宫，威权雄势。主顺高官，显名荣贵。

罗睺同金木二星，若主星顺庙，至英雄贵显，节操重权。

罗同太阳，相见有伤。不然克陷，衣禄不长。或同月曜，刑害亦然。旺庙灾轻，常招讼言。

罗睺与日月同宫，则有交蚀，主克害父母妻子，亦主衣食艰辛。非旺庙宫，则多讼厄，招是非。

罗同土曜，昼则兴隆。夜生共火，权掌兵戎。昼土罗睺，入庙封侯。夜则损寿，土逆凶同。

罗土二星皆阳星，昼居庙旺，更顺行，则掌重权，进封公侯之禄，夜则为忌，更土逆，则凶害。

孛同罗睺，掌握机谋。庙旺贵禄，余宫优游。

罗同月孛，主巧性智谋，居庙旺，主食禄，若背则漂流之人。

星居旺地，紫气同行。贵而清职，显于禄名。纵在他宫，才兴名旺。寿算延长，福资尤妙。

罗睺照临十二宫

命　宫

守照命宫，主眼圆神洁，形质端厚，貌古有神，色重骨坚，语音亮大，性急怒物，临事有断，义直于人，心有谋用，特达慷慨，得人钦羡，不受人触，小事致惑，大事有断，谨而不悭，义而济物，少年省事，福禄不坚，灾难易得，晚岁方有成立。五星相扶，便为重权，官职清显。若五星在八煞宫，及官禄宫，皆为贵人。镇诸星而为首，背诸星而独行，顺躔张柳，统领兵符，正入阳宫，成权独重。在命则表仪浩浩，照身则容貌熙熙。见木宜迁官进职，好官星大煞。（戊巳午寅卯辰子丑申酉）君子立身廊庙，为官掌兵，食邑万户，一生荣华。金火土孛同入，主疾克害妻子，破坏祖业，宜于贵命见之。经云：罗睺临命位，权势自能高。少达终有滞，财名晚岁牢。若然入怒地，成败屡经遭。昼遇限宫见，迎恩见贵豪。

诗断：　罗睺星恶见星君　却见当年在卯寅

更若癸生为禄主　仰观平步上青云

罗睺在命若何看　文武兼资信不难

但得一星金与水　若非秉笔即登坛

财帛宫

入庙吉，初年破，末自立，君子吉，小人破，如是煞方大耗大破，若吉相逢，则主横财。罗照多得众人财力，若太盛则主有破。

诗断：　　财宫之上是罗睺　得巳财时便好休
　　　　　更若狂图多富蓄　如何不破被奸偷
　　　　　罗睺寅午最为佳　男儿白手自成家
　　　　　平生兄弟浑无力　纵多不若自荣华
　　　　　何以为人富不仁　只缘财帛犯星辰
　　　　　星辰不怕逢罗孛　罗孛元来怕太阴
　　　　　生时独犯天首尾　不入庙时灾咎至
　　　　　如何财帛积如山　只为此星居第二
　　　　　有财无产命如何　只为财宫带孛星
　　　　　午上孛星午天首　浮财不足税钱多
　　　　　罗睺财上多官厄　非人不用相接识
　　　　　忽然荧孛入宫来　任你喽啰难计觅

兄弟宫

兄弟三人，各胞异姓。罗照须见三人，怒宫全无。

诗断：　　第三宫中有罗睺　悖逆乖为可自忧
　　　　　宗派同源恩义等　只缘凶曜一时休

田宅宫

主父母两三重，或自身螟蛉，或随母嫁。罗照命，有田宅先破后成，反不招祖业。

诗断：　　若是罗睺先克父　得居田宅败须荣
　　　　　合得阴人财禄贵　机权方艺定须成

罗睺天首最凶残　祖业虽多守则难
可惜田园千万顷　都缘凶曜见阑珊
僧家道舍屋楹多　实然土宿与天罗
田土虽多无屋宇　年年饱食别人禾

男女官

各胞异姓，亦主损子，添丁则长子不利。罗照合，生偏子大吉，宜求外姓，亲生者，全不得力。

诗断：　男女如何便荣贵　只为权星皆得地
若教寅午遇天罗　若子若孙长守贵
此星随处管吉凶　惟有子孙不可逢
除却寅宫并午卯　其余长养总成空
寅宫罗睺最位强　未必能归子息乡
若在子宫真大贵　有儿只是置田庄
罗睺临之皆下贱　奔驰苟得未为安
六癸生人多足嗣　高攀仙桂定为官

奴仆宫

防奴婢脱误。罗照，平生因奴婢刑克损命，多迍邅事，不宜小人。

诗断：　天首加临第六位　心腹亲人谨切防
虽然足使奴无主　欺凌偷盗被逃亡
罗睺难与善星交　奴仆之宫逾怒号
假使尊严崇道德　反居陋巷自箪瓢

妻妾宫

男主损妾，女临夫宫一同。罗照主恶曜之妻，中年方克。

诗断：　罗睺凶暗名天首　不占高强对宫守
是惟一世有灾迍　孤寡难昏更粗丑
天首和谐多美态　须教远地始为婚
不然带禄兼连印　亦因官职有名闻
妇人寅午为夫位　第一不宜逢紫气
孛同罗睺是福星　合照夫荣并子贵

疾厄宫

主偏废风疾，损四肢，多官灾。罗照有险僻小疾，或于胸胁下有痣大吉，须防登高失坠。

诗断：　天首罗睺第八宫　世间何事此真凶
直饶夜禄重重贵　面也须防有病攻
疾厄宫逢土与罗　一生疾病十分多
直饶紫气来相助　争奈家豪常病磨

迁移宫

主颠扑，不宜朋友，罗孛对照，多招贼盗。罗照不宜道路出入，防有不良事损陷。

诗断：　罗睺凶曜号权星　临照迁移不畏人
得在旺宫为禄主　必因提荐贵荣身
如何破散又离乡　只为罗睺到戌方

戌是迁移罗孛到　漂流外县置田庄

官禄宫

当官主有威权。日水同宫为台座，火土同主作盗。罗照合，有主执四方领袖，受相职位。

诗断：　罗睺元是贵权星　四正居强最吉宁
限运逢之多吉庆　更延寿算禄千春
天首罗睺庙处寻　得临官禄是奇珍
功著杀伐威声振　谏诤王庭动紫宸
永主遭逢强又强　天罗此处不相饶
若逢火土金交照　半文半武志英豪

福德宫

为人有权，不宜男女，同紫木全日月更得地，少年荣贵。罗照多因凶而吉，因灾而福，主立身之事。

诗断：　天首罗睺为福德　超群出众事乖张
合主瘟瘴兼盗贼　财空贫贱少年亡
十一宫中天首临　凶星来照务荒淫
都缘暗曜无威德　故使逢人不仰钦
为人似恶本非恶　天首太阳相照着
官禄若是冲太阴　堂吏抚司兼重禄

相貌宫

为人美须髯貌黑。罗照性多损失，言语不定，得人憎怪。

诗断：　罗睺天首临相方　别为阴德解其殃

　　　　更兼忌曜纵横见　若不相残即繁梁

罗睺变段星

宝瓶宫天玄星，又名天狼星，主贪盗乱世也。

诗断：　天枵神首太玄星　相呼集贵有佳声

　　　　更在七宫逢吉曜　还须显赫且高升

磨蝎宫天鬼星，又名天禄星，雄威镇列九州声。

诗断：　煞星天鬼号牛斗　身命迁移浪荡游

　　　　假使强宫同吉曜　也须破荡走他乡

人马宫天威星，又名天印星，主印禄星贵也。

诗断：　罗睺寅位号天威　掌握威权镇四夷

　　　　此是权星来入庙　扬名何处不光辉

天蝎宫武库星，又名天卒星，主卒亡恶死也。

诗断：　武库之星躔至卯　主人心高性情巧

　　　　只忌日月此宫中　虽贵双亲须早卒

天秤宫地暗星，又名天柄星，主权柄自为执事。

诗断：　天罡首宿为地暗　夫妇鳏寡主惆怅

　　　　不然寄养外人家　父母资财无可望

双女宫地隔星，又名天巨星，大富大禄。

诗断：　巳上罗曜为地隔　八煞宫中成水厄

虽然吉曜与同流　性格轻盈招盗贼

狮子宫龙首星，又名大权星，掌握贵权。

诗断：　午上龙宫真可羡　名至朝参登玉殿

驰名方面掌藩垣　威镇四夷能制乱

巨蟹宫暗金星，又名天孽星，孽毒猖狂。

诗断：　未上罗睺号暗星　岂知凶祸苦来侵

身命犯之难得寿　轻则孤单鹤发人

阴阳宫天废星，又名妖毒星，主遭毒药夭亡。

诗断：　申宫天废是罗睺　禀性顽愚少智谋

更犯煞星同一位　阵前战士更无头

金牛宫裸形星，又名天章星，居官吉，谋利徒然。

诗断：　裸形之曜在从魁　女嫁男婚不用媒

淫荡无仁无礼节　素妻傍妾小和谐

白羊宫都官星，又名九狐星，主狐媚妖邪事。

诗断：　戌上都官狱吏神　为人鲠直别尊卑

土曜同临并四正　一生受禄有君恩

双鱼宫天煞星，又名暴卒星，主暴死亡，不得善终也。

诗断：　乾宫天煞是罗睺　怕至阴宫禄位休

若被忌星相照破　更加八煞死荒丘

星学大成卷二十二

三辰通载

天尾计都星

总龟算法，将罗睺定度，加半周天数。

计都论

计都为天尾星，配属土之精，豹尾黑道之宿也。擅行于天，与罗睺相对。逆行天道，喜则红鸾天水星，怒则为黑煞贯索星。遇交于晦朔圆望，能掩日月之光。

壬生人以为禄主星　甲生人以为囚星

乙生人以为荫星　　丙生人以为刑星

丁生人以为正魁星　戊生人以为印星

己生人以为耗星　　庚生人以为权星

辛生人以为暗星　　癸生人以为催官福星

此星庙在亥，旺在戌，乐在寅，好在未，喜卯巳，怒在辰。琅玕经云：计都庙旺最难逢，娄宿宫中禄更丰。躔柳在身知职贵，到寅生夜主名雄。荣华更在昴心宿，高旺须同金木宫。十一位中尤好处，生来多事不成凶。赋云：计都临戌亥之位，官至左右仆射。洞微歌云：计都之星喜戌亥，余位之中不可逢。此星乐与木气相会，可为贵品，威灵节操，文武两全。歌云：天尾星辰会气木，能解灾殃偏主福。只是孤克。又云：计都之曜不可闻，难为兄弟及儿孙。若得出家身最贵，总为学士两三分。若陷没与火土孛忌囚之星同宫，主下流凶残、夭折、刑法、破害，少男少女少资财，多病多迍多口舌。若照身命宫，则主横死，或主身雕青六根不足。赋云：计都照身值溺水，兼于毒药。又云：计都若临狮子位，须遭五法。又云：频遭患难，暗曜入于月宫。若独行庙乐之宫照临者，则大贵。六壬生人，以水为天官正禄，与之同宫则吉。

计都歌

计都本名凶恶曜，双女鱼羊为好庙。面颜似火胆如神，骨相堂堂粗勇貌。有心机，多巧妙，夜同阴宫宜守照。（计都乃凶恶之星，好躔双女双鱼白羊之宫为好庙。）声名显赫有威风，掌握兵符权最要。在他宫，力半效，聚散资财立身闹。（计都在庙地有声权，掌握兵符，在他宫减半力，资财聚散，闹处立身。）经求博算及屠沽，心胆情怀多执拗。（计都主博算经求。）见日月，真好笑，父母无终深可吊。金来妻妾被人伤，土火徒流遂堪料。水来盗贼不良人，木紫凶中为吉兆。（与日月同，父母恶死。金同，妻妾伤。土火同，徒流。水同，主盗贼，不凶，值木紫，凶，歹吉。）孛同折首最为凶，财帛之中多计较。三宫昆仲恶中亡，四位舍居会火燎。（在三宫，昆仲无，在四宫，居舍被火烧。）子宜外姓及偏生，六位不堪乘马跳。七宫妻克两三人，疾病躔身难治疗。（计都在五宫，宜异姓偏生，在六宫，不宜策马，七宫克妻，八宫主疾。）官禄如逢狱里亡，十一宫中偏不绍。陷宫十二相不全，此经妙处真玄妙。

神尾元来号计都，恶星同住必凶徒。
同宫紫气反为妙，纵有衣粮身也孤。
天尾一星无大凶，最爱加临福德宫。
若居疾厄仍旧疾，若在妻宫妻父穷。
罗睺交日计随交，天尾同位主分第。
申人若与孛同酉，四星居位真神首。
罗睺居午计居子，子丑生人初主福。
紫人生辰计在时，子孙大贵命先危。
为人性怪及奸邪，寿短元来不用嗟。
多是此星在高位，自然为事定和谐。
戌人戌上见其辰，以戌为时富贵人。
生日命中罗孛到，谋名谋利两艰辛。
辰戌魁罡坐计罗，初年谋事若奔波。
三合火星并土宿，年耐虚名不贵何。
北人时日昼南方，罗南计北不空亡。
官禄太阴本高贵，紫星辰巳定田庄。
癸人甲乙尽居前，计都在日是牛田。
只怕太阳并土宿，若教登第便迍邅。
计都紫气若同归，戌巳生人喜得之。
土与太阳同戌位，有宫无禄亦堪悲。
妇人计都尤为祥，若居庙处十分强。
贤德克家生贵子，只愁老去卧空床。
土命计都入辰土，此方近庙家资富。
安次辰巳日时生，方主寿高终辛苦。

神尾为名少有朋，本来天上一提刑。
人如得地逢之者，何虑前程事不成。
计为凶曜本粗才，细腻偏欣木气来。
若在庙乡逢着此，更居阴位不成灾。
计同日照疾偏多，投药无如患难何。
阴毒生来偏妒忌，更能快口起风波。

计都临喜怒宫

喜宫名为红鸾、天水、天索星，主形神宽大，为事慷慨，心有恶毒，只宜在命及官宫，须为官职，在别宫若为僧道方可压。若无吉星相同，常人必主不测，非刑死。轻者减寿算贫贱之辈。亦不宜入身宫，主少年克母，兼母有疾，应水火厄，及五般疾，不然亦在外方破败恶死，有救星减三分。若戊己生人，必为显官。

怒宫名为毛头、贯索、星煞星，主作事不知前后，暗昧愚痴。照身命无救星，禄马落陷，主流配数千里外恶死。若为僧道，可以减灾，亦主夭寿，妇人产厄。

计都躔宿俱出玉关经玉关歌：

计躔角宿号天冲　五星逢之立见凶
恶暴性情尤毒烈　促寿猖狂必法终
计躔角宿宫　有始亦有终
辰上计虽怒　角印不生凶
计都正照临于角　不论昼夜少才学
常人主病及官刑　有位定遭官职剥

计躔亢宿号天戈　军阵成功福未多
不冒军戎并健辈　定须自缢与投河
亢躔天尾　入则富贵
男有功名　女有封位
计都在亥未相和　纵有才能阻亦多
惟利木来并旺土　稍居定叠晃奔波
计躔氐宿号天通　东出尤宜十度中
若对命宫声远著　更逢吉曜福丰隆
氐为暗曜　在柳六度
若在辰宫　贵曜福履
计都东出至于氐　十度之前防女妻
更是命宫相对照　青春发早正斯时
计躔房宿号天迍　难为兄弟与儿孙
昼日阳宫定应破　不尔须交见一门
房计庙日兔　与天尾相宜
若计躔到此　一生不奔波
房中亦喜计都临　志大心高乐夜阴
产业资财承祖力　老来犹自性沉沉
贵格云：尾曜房宿号乐区　万里扬威真尚父
计躔心宿号天嗤　狡猾无凶出贱微
性急心高难耐事　须知夭寿少年时
心喜计属土　土余在卯宫
在卯应见土　得水性相从
计都之星颇类火　夜乐于心多急祸

交鲑宿怨不兴慈　昼见之人难得可
计躔尾宿号明星　百计千方巧性存
若是火同身须贵　自然文学二三分
尾寅计都入　三阳则生嗔
寅艮火生位　到此号凶神
天尾一星忧入命　来居最吉躔在尾
必招悖逆不孝儿　不孝皆因先自己
计躔箕宿号天都　不招祖业自身孤
心中巧计尤狡猾　此人衣食也无余
箕怕计　福难坚
水豹有财　只寿难延
人道计都喜寅地　躔来箕地宜修进
清高食禄有威权　日曜凶星恶死定
计躔斗宿号天梁　智慧聪明子息强
会得文章须近贵　文学须教播四方
斗上计星到　到此则争妍
镇星同入庙　灾散永安然
计都性急好游走　夜旺二十四度斗
土同气月富贵全　若非常流当独守
计躔牛宿号天常　丰采堂堂性格良
更得善星同在度　垂绅搢笏侍君王
牛宿躔计　庙乐相并
为人多福　温厚信诚
计都喜立在牛旁　眉目分明性善良

礼貌温恭人急速　官资卿监祖宗光
计躔女宿号天迁　为福须为土地官
躔在度初大为贵　迁官疾速定非难
女计号金銮　金銮福最难
煞星在身命　妻位不相安
计都偏动女人心　亦主奸邪亦主淫
暗时是非迷酒色　何须分度再逢金
计躔虚宿号天流　父母须逢骨肉仇
若见孛星同会死　定知处处夜行偷
虚喜计土　为庙乐宫
恶星若入　争雄反凶
若论虚中逢着计　值此星人多作赘
不为僧流却无家　亦主俗人相牵制
计躔危宿号天游　衣食艰辛事事忧
克子损妻身破散　平生孤苦未应休
危计到老无末福　妻儿孤克更无成
计都奸滥上危门　金水相同乱若纷
男在妻宫男淫女　女守夫宫女必奔
贵格云：天尾虚危偏福厚　保安皇祚不倾危
计躔室宿号天真　性烈官卑位不清
若得水星来救助　为官七品至公卿
室号天堂　计福异常
若为庙地　恶不相妨
计都室宿号高强　大贵权星吉又昌

三合若逢奇曜照　少年迁职佐君王
计躔壁宿号天鱼　四度之间十度居
正庙之中官极贵　十年之内位金吾
壁星此地号天衢　计都躔此福偏殊
禄主禄元同度内　少年衣禄佩金鱼
计都本是到双鱼　正庙之中璧水貐
四度以前至十度　身当极贵宰臣居
计躔奎宿号天雄　水月逢之官必荣
若逢火土凶星照　乱世英雄不善终
奎星在戌　计居多忧
到此不辅　沉埋悲愁
计都若守在奎中　五度生人主智雄
不论阴阳并昼夜　贵星亦要吉星同
贵格云：计都若临奎宿度　扫净妖孽定封侯
计躔娄宿号天垣　旺庙之中定主权
体貌堂堂威望重　将相论功二十年
娄躔计　月朦胧
若土同入　不夭终凶
尾宿亦喜白羊宫　娄宿逢之亦贵重
才智过人身烜赫　夜生方得禄丰隆
计躔胃宿号天刑　日生更逢火来并
若不雕青文被面　定须犯法必为兵
胃戌酉　计为庙　只要在　初度照
神尾行来西没宫　胃土雉中不可逢

十度以前尤可怕　克妻害子见重重

贵格云：计都最喜躔经胃　秉钺分符除僭伪

计躔昴宿要星扶　初限元来懒读书

只可就来刀剑上　将军位上至金吾

昴酉计到　必至纷更

兼是土金终有败　初逢火曜两争衡

计都喜酉临于昴　夜照为荣同吉曜

智谋雄略众人推　性急才能多计较

计躔翠宿号天征　呼为天上一提刑

若还得地逢之吉　必定前程有大声

计躔毕　晦朦胧

女则昏淫男好色　其人机巧又孤穷

四七宫中忌计都　那堪更犯毕中乌

长则离妻幼克母　平生处性甚虚无

计躔觜宿号天扶　僧道之人岂是孤

若见财星三合照　不是牙人作贩夫

觜好计来躔　为人尊而安

神尾觜宿不可逢　水金相遇在其中

身命值之诚可畏　男人淫荡女私通

计躔参宿号天欢　水星得遇定文官

庶俗若逢须忌此　定知毒恶见伤残

参计福元清　得气同度临

计入财当盛　加木福尤深

计都性行亦为良　参水猿中值可伤

昼遇之人尤短寿　夜生最喜在高强
计躔井宿号天冲　命里逢之立见凶
若在禄宫尤见喜　提兵百万逞英雄
井在申未位　计到井难容
得木在秦地　天尾不可凶
计都执性多贪酷　未申井度皆孤独
男主双妻女再夫　幼年伤克难为福
计躔鬼宿号旌旗　威武兵权立见机
君子逢之官品贵　小人刺面有凶危
鬼计福相当　二星好共行
阴鬼自然散　安命更轩昂
计都躔鬼有风痨　斩指屠儿伤害多
若临男女并田宅　昼生离散奈愁何
计躔柳宿号天灾　命里逢之大见乖
骨肉分离财破散　父南子北不和谐
惟是柳星在午宫　十三度里不宜逢
更有土星并木曜　若来同度最为凶
计都柳土度中居　克陷妻儿万事虚
夜生偏喜月荣贵　离伦绝类自超殊
计躔星宿号天鞍　命若逢之有禄官
庶俗若逢文秀士　凶星如见刃伤残
星逢计宿此来游　星火明而计必愁
星火凶星嫌晦曜　一生不吉只多忧
计都星上日休同　昼夜生人不可逢

此是蚀神伤犯分　目不盲时耳也聋
计躔张宿号天狐　妻子身边一个无
疾病耳聋并眼疾　贫穷困苦莫嗟吁
张不喜计　必主迍邅
月不依土　主难还乡
天尾来临张月鹿　毒害奸贪情性酷
日生弱地不为宜　夜见强宫未为福
计躔翼宿号天蛇　性毒心凶身刺花
更兼恶事重重见　不然心乱好淫邪
惟有翼星不喜计　翼火蛇行计自通
蛇有尾兮能履地　初生三度却无功
计都昼见翼宫傍　破祖须宜两父娘
劳心劳力身无暇　为人性气亦猖狂
计躔轸宿号天强　官职须教训练场
节度兵刑须大位　才猷奋迅佐朝堂
轸宿计妙最高位　却喜计都来相躔
若是福财兼禄主　高强入庙两争先
计都在天为暗曜　轸水一度为正乐
眉疏目秀委权尊　雄锐英才多有效

计都行度

天尾在阴宫双鱼，轸十三度十度以前，至四度值之者，官位清高，合居廊庙，掌国家兵戈财帛，钱谷出纳之权。如在高位，四十前发，如在低位，晚旺十年，性不利父母兄弟。若在轸璧三度，居东出西没，官为三公，职封王侯，福禄及子孙也。阳宫白羊，亦在贵位，旺十八年，仍须在四正宫。若在诸位见木日即吉。在下是火土，为乱世英雄，必不善终。若在东出西没，主克妻，前克凶妻。

计都入宫

日宫主为人重厚，作事超群。入位浅，诸星在有力位上，其人大贵。三方主，在稍高位者，多因贼害成事，乃贵达。

月宫主有心机，作事明敏。

木宫主性聪慧，更作强宫，主贵，昼生转加福力。

火宫主为人性急，好行凶恶事，一生多被人暗损陷。在心宿，其人有杀伐之权，不居此宿，微有职。

土宫主为性拘执，作事能审是非，得暗昧财成富。

金宫主为人好争斗，多口舌，因妇人致厄难，得善星救之可免。

水宫主有少年多灾，善星救之可免，晚年有禄。

琅玕经节要

计乃好胜贪求之星，惟宜夜照，福禄赢余。紫木气同，清俊显任。旺庙升迁，禄财荣盛。

计都与紫木二星同居旺乐，不分昼夜，皆主显官清俊之任，财帛丰盈，子孙荣旺。

水计相逢，成败重重。为性不定，共处难同。

水同计都，多奸猾好讼，便私不可同交友，共立事，亦多成败。

金孛同行，夜照权名，昼人多难，险难招刑。

或见金同，或与孛同，夜人居旺，主武职贵显。若科名高，亦主文科显禄之人。昼逢则主犯刑招险，不忠良之人。

计都同土，昼益财利。夜生对照，经营迍滞。计同日月，父母多别。主背身低，贫穷下劣。

计同日月，多刑克，损头目促寿，伤父母，成败多。更若主星不照，即穷苦下贱之人，为性不常。

火计夜照，宜居庙旺，生杀威权，兵符可诏。忽若逢昼，变为凶曜，福临救之，蠲灾免害。独宫夜照，权要自大。

计都照临十二宫

命　宫

守照命宫，主头圆眼急，貌棱心粗，眉小耳大，形瘦武勇，身多毛，声音焦烈，先瘦后肥，性急不耐触，心高性烈，喜斗贪求，每悭小弃大，执事不回，为谋奸猾，千方百计，高谈阔论，头妻有子，小得全成，主旺高强，财禄荣发。与善星扶合在庙宫，为禄主可为贵品，威声节樸，文武两全。守照命宫，居官清显荣达，职位弥高，白日见之，灾忧一世。经云：计都临命照，性暴逞才能。背祖身孤立，依高附势行。初年灾祸重，晚岁福宜生。夜逢孤位照，家门财业成。

诗断：　计都暗曜最凶星　金水加临名望振

　　　　何故有官不赴任　只为计都入天秤

计都守命众星扶　初限元来懒读书
才气无双真可许　将军须到佩金鱼
计都在命孛相寻　女破家风必好淫
但有善星相照著　侯门歌舞遇知音
天尾之星人牢名　呼为天上一提刑
六癸壬庚并入庙　前程必定可相成

财帛宫

取财如缘木求鱼，水中逐鹿，近大财，使大财，随得随失，初年成败，中末主却旺。计照财帛无成立，见财须有恶事破败。

诗断：　天尾加临第二乡　劳心只为置田庄
莫教土孛同来位　翻令手足播馨香
第二宫中犯计都　一生财帛总成虚
更有柳星同一位　若不贪婪定主无

兄弟官

兄弟不得力，若独行，兄友弟恭。计照多须见三人，少全无。

诗断：　兄弟宫中有计都　参商义薄有嗟呼
直饶四海皆同气　各自营谋各自居
最是巳亥逢罗计　罗主克兄计损弟
男犯罗孛女计都　男克妻儿女克夫

田宅宫

主父先亡，不受祖荫，一世茫茫，自立家计。有吉星照者，只得二分田宅。有气来傍照，则不以此论。计照一生不招田产，及因子孙营立。

诗断：　强宫之上计罗侵　福禄消亡祸日深
　　　　祖业到头都不守　虚劳计较没身心

男女宫

男女希少，若见早则全克，宜晚年则主一子，纵有子多，所谓贫家骨肉不相和睦，不然亦主是少。在壁宿大贵有福力。计照合偏子大吉，宜求外姓，亲生全不得力。

诗断：　计都或居五宫中　子息生来一个无
　　　　若问阴人须寡妇　如推男子即鳏夫
　　　　第五宫中遇计都　男儿个个要樗蒲
　　　　在寅戌申并酉上　娶得妻来尽克夫

奴仆宫

常被奴仆脱误，及防小人欺诈。计照平生不可乘骑，有坠跌之厄。

诗断：　计都有妾便为妻　失财连并及灾危
　　　　下陵上僭不安分　须数厄难马前衰
　　　　弱宫之内计都侵　不见为凶百祸临
　　　　纵使机关多智虑　虚劳半世没身心

妻妾宫

临妻主乱，经云：计都红鸾星，一名号天尾，一妻不到头，二妻不到尾，若娶第三妻，亦恐无终始。又云：三十年前不问妻，三十年后不问儿，纵有还须生死别，黄金也亦化为泥。若妻有恶星相抵，则无害。又云：计都第七位，贱女聘为妻，不贱须重嫁，他时不可知。主以贱女为妻，年高可免克，凶星产厄，脚手有疾。计照主妻自刑恶横死亡。

诗断：　计都暗曜莫相逢　何况加临对命宫
　　　　举止乖张饶害克　定知造物不相容

疾厄宫

土水疾多突压身危。又云：主气疾，手足刑破，孛同喑哑盲聋，金同雕青痕疾。计照主十相不具，或行步搬移，有天灾之厄。

诗断：　次弱之宫名疾厄　计罗守此多刑责
　　　　若逢吉曜更加临　无病却为衣食迫
　　　　计都一曜最凶宿　威焰炎炎是窘迫
　　　　得临疾厄第八宫　贵贱逢之须病足

迁移宫

不宜远出，守祖业则安，若为官遇他州，亦主有权。又忌水火灾厄，不宜兄弟、朋友、小人，为劫夺之患。计照招方外卒暴，不利改动作事。

诗断：　计都天尾照迁移　利害之端仔细推
出外迎祥因庙旺　不然平照定倾危
迁移排在近弱宫　第一凶星不可逢
偃蹇勒停兼破祖　方知计孛在其中

官禄宫

食禄迟晚，四十以后方显达。常人得之，主遭无头公事官刑，主有血光之灾。初主不好，中末主方好。君子吉，小人犯刑杀死。又名剥官煞，居官进职，及足有疾。计照不可与他人作保识，多被别人事犯重罪之灾。

诗断：　计都之宿最凶残　官禄逢之利害间
若在庙方须贵重　廷诤天陛逆天颜
罗计临时必主凶　不然身计系于公
若被孛星同守照　徒流身寄异乡中
五星并位居官禄　生处英豪多五谷
若逢太乙来照破　上官赴任定不禄

福德宫

多主反覆，才有好事，反成凶兆，亦主多计奸巧，寿短刑破。计照不可与下等人交往，多惹是非，与小人同谋，损陷身事。

诗断：　天之首尾临福德　平生凶事反为吉
坦然不忍妄加人　患难尤能拯危急
天尾计都来到巳　入庙之宫当巨富

只愁土孛更同行　南北迁移无处住

相貌宫

形神丑恶，面貌古怪，骨大肉小，颜色多恶少善，贵而有权，亦丰暗疾贪花，不然以婢为小妾。计照性多损失，言语不定，得人憎怪。

诗断：　计都在后命在前　陷溺之宫岂作权
假使贵荣当显要　亦须体貌不完全
缺唇生瘦并夭刑　十二宫中三个星
子戌未方为福德　却遭首尾孛同行

计都变段星

宝瓶宫黑道星，又名悲怨星，主哀怨悲伤。

诗断：　欲知黑道在何宫　子位计都不可逢
八煞命宫遭毒药　可怜短命丧儿郎

磨蝎宫伏殃星，又名孤克星，凄惶克害六亲。

诗断：　计都为恶伏殃星　丑上逢之最不仁
作事阴谋凶且狠　土人得此不为迍

人马宫悖逆星，又名卒中星，暴卒恶毒咒咀。

诗断：　计都不入三阳宫　人马宫逢悖逆星
田宅宫逢人不义　更加三五转无情

天蝎宫禄昌星，又名天疾星，腰驼脚跛刑害。

诗断：　计都却喜卯中藏　四正宫中号禄昌
兄友弟恭仁又羲　家风荣盛性温良

天秤宫天嗔星，又名刑吊星，丧吊临身。

诗断：　　神尾逆行大不顺　若居辰上号天嗔
　　　　　一生为人心路险　切忌雷伤虎豹惊

双女宫六阳星，又名虎印星，主虎貔印禄也。

诗断：　　太乙宫中喜计都　处身廊庙得安居
　　　　　君宠臣兮臣尽节　扬名雁塞到中书

狮子宫枉亡星，又名哭泣星，主忧煎哭泣也。

诗断：　　枉亡星宿在于离　神尾居之大不宜
　　　　　魄散酆都年不永　更忧狼籍损妻儿

巨蟹宫白衣星，又名天孛星，主刑狱禁系也。

诗断：　　未上白衣事不堪　阴宫凶吉两相参
　　　　　强宫吉曜同为福　第七宫中妻见三

阴阳宫地纛星，又名天妒星，阴谋妒害。

诗断：　　阴阳神尾为地纛　此位逢之不为福
　　　　　身命四七十宫逢　男女同临受孤独

金牛宫天蚀星，又名丧厄星，丧吊哭泣临门。

诗断：　　酉中日月怕同临　妻妾宫逢有异心
　　　　　更犯太阴娘早克　太阳父位少光阴

白羊宫天符星，又名天正星，得权禄马之贵。

诗断：　　天符河魁神尾喜　虽逢恶曜即为灾
　　　　　四正七强俱发福　不求名利自然来

双鱼宫六喜星，又名天游星，主游冶孤虚之福。

诗断：　　计都休作凶神位　蹑至双鱼六喜神
　　　　　文章笔下龙蛇走　却作惊天动地人

星学大成卷二十三

总龟紫府珍藏叙

总龟一书，集诸家而总类之，大半与三辰通载相似，是为通载所采摭也，今不复录。惟草堂丁无咎续集一篇，考历象之性情，体禽类之变化，摘星辰之善恶类聚成格，非深达天文，洞究造化者，必不能作。余为考订，以广其传。草堂博洽多闻，学有源委，星命乃其一端云。易水育吾子识。

总龟条议

按金鸡呈瑞条解，言尧历仲春，日躔于昴，青龙用事条，言绍兴戊辰岁星在秦州，于历算俱不相合，今以岁差考之，每年差一分五十秒，七十年差一度余。尧历立春，日在箕四度，于今有三千五百年，差得五十度。今授时历孟春，日在虚一，无不吻合，则尧时仲春日在午初度明矣。今曰尧历仲春日在昴宿，不知如何算也。岁星历算大约卯年俱从卯起，逆算十二辰而一周天，故谓之岁。以今历考之，虽留逆不同，然亦只差来往一宫耳。今曰戊辰岁星在秦州，则差七宫，亦不知如何算也。意者古今历算有不同欤？至如合璧，以三合为说，华盖以十二星配太阴所行，恐或非也。书此以俟后之知者。

紫府珍藏星命总龟续集

草堂学余丁无咎进之编

合璧连珠（总说）

夫日月五星皆会一次，日月则若璧合，五星则若珠连，进退皆无盈缩之患，惟会丑者九世一遇，会他次者，间世一遇。

诗云：　　太初丁丑岁为头　七政相逢会斗牛

　　　　谁识当年差五日　连珠合璧讵相侔

日月合璧

太阳太阴同宫，或对照，或三合照是也。然须庙旺方为贵。

日有中道，月有九行。中道者，黄道也。九行者，青道二出黄道东，赤道二出黄道南，白道二出黄道西，黑道二出黄道北，分主八节，合乎四正四维。按阴阳中终之所交，则日行正当黄道，八行与中道而九，乾坤定位，则八位各得其正。及其寒暑相推，晦朔相易，则在南者变而居北，东者徙而为西。日行与岁运皆迁，月行随交限而变。日出入赤道二十四度，月出入黄道六度，故交于子正，则晦日之朝犹朔日之夕也，是日月皆不见。若合于午正，则晦日之晨犹朔日之昏也，是以月日皆见。盖其如合璧，当视子午正交，则人命在其中，可论其强弱。且如昔绍兴甲寅十一月朔夜半，日在斗一度，而月在斗四度，则是月于晦日之夕，已交于子正也。又如在嘉定辛未正月朔日，已于十二月二十八日过子宫，至朔日，日在女六度，月离犹在牛二度，是其交于午正后方过子。彼或者不知合壁，则见正月一日卯时，便作合宫，得日月合璧，亦惑矣。况朔望交亏，而人命在其中者，岂能无害？如辛未四月朔日望日生，命在合璧对照宫是也。歌云：日居月诸是何如，日月流行有疾徐。谁知子午分交处，最爱生逢合璧如。

五星连珠

五星不必同宫，只得顺布，五位相续而不断者，亦是。虚拱一位，而命居其中者，亦是。拱日门，则是五星连珠。拱地户，则是五星拱太微拱紫微。所谓坐实不如拱虚，对照不如正照者是也。或顺乎两位而拱，亦妙。

五星运行，各有次舍，及其相聚，却为难得，若得连珠尤妙。淳熙十三年丙午闰七月，五星同在双女宫，人命逢此，已为奇特。又如乾道四年戊子丑月生，水在申，金在酉，火在戌，木在亥，土在丑，是为连珠，此年际会风云，名位显著者不少。歌云：五星次舍不同行，相会连珠亦吉亨。人命当生遇此会，不为宰相亦公卿。

牛斗秀气

紫气十一曜之最尊，清而贵，文而美者也。丑位有斗牛二宿，乃二十八宿之始。金陵之气盛于东南，龙泉（剑名）之神光于牛斗。若紫气一星对照正照，丑上安命，特为奇异。东南吴越乃丑分也。

日月五星，初躔皆自星纪，故名星纪者，斗建之间也。十一月阳生于云汉，渐退降及艮维始下按于地，至斗建间，复于列舍之气通于易，天地始交泰之象也。云汉下流，百川归焉。火土二星，虽为忌曜，至丑相逢，返为福星。独岁星在此宫，闽人得之，为福尤重。春秋昭公三十二年夏，吴伐越，史墨曰越得岁而吴伐之必受其凶。是时岁星与日合于南斗三度，后三十八年而越灭吴，岁星及斗牛矣。苟人命得日木合于星纪者，无不获福，故曰斗牛秀气。易传亦云：日月五星，起于牵牛。此说信矣。

文章秘府

日月木金水紫罗三合对照，亥宫安命是也。亥有木星主图书，乃文章秘府之星也。主为人才学富足，识见超卓，福气亦厚。

十月阴气进逾，乾维始上达乎天，云汉至营室东壁间，升气悉究自王良阁道，由紫垣绝汉抵营室，上帝之离宫也。故金水木日月计同在此宫，则有文章秘府之象，以其近帝宫也。

五星朝斗

五星会于双鱼，则有卿相之象。若一星二星居于前后者亦是。

日月木金水五星，同居双鱼宫是也。盖亥为天门，乃上帝之离宫，众星聚此，以拱北辰，是五星朝斗之宫也。夫斗星北斗也，七星环卫紫微者是也。其下有三台星、文昌星、尚书四辅上相等星，五星若朝于此，主人有卿相之荣。

孛居东井

孛居未上，夜生人未上安命是也。贵而有权之命。

古者太平之世，日不蚀，星不孛，则孛者常顺于天，隐而不见。惟怒则为彗星，一见则众星失色。此星性猛，机变威权，常好居黄道正位，故在东井则为吉星，故曰孛居东井。

首携龙角

角亢二宿，为苍龙之角也。罗睺建首，乃天之神首，居辰之位，乃如龙之有首，而角亢二宿左右扶之，似为之角矣。命居辰上，而得罗睺，主为人英武荣显。

罗睺天首之星也。属火之气，又为天权天统之星，其星庙于辰，乐于寅，喜于卯，乃龙尾伏辰故也。又旺于午位，盖其与日月交，则能蚀日月之光，如霸者之擅权也，故曰首携龙角。

计居龙尾

尾宿四星，为苍龙之尾宿也。计都星乃天之神尾，入寅之位，乃如龙之有尾，而尾之四星，又有辅翼，则为真龙矣。凡此二格，皆主权高职重，人命在寅，而见计都，乃计居龙尾。

罗计二星若望而止于黄道，是谓臣壅君明，则阳为之蚀矣。故日者阳也，在阳则不蚀。罗计居阳则为吉，变而入阴则为凶。且一日有十二辰，自寅至午为阳，自未至亥为阴，故罗在寅卯辰午则为吉星，计居龙尾鹑尾亦为吉宿。

大人虎变

西方参有九星，五星贯其中，四星环其外，如首如尾，如足如手，有白虎之象，而金之一星，则为西方白虎之秀气。如秋生于寅申，或在寅申上安命，谓之大人虎变。酉上尤妙，又谓之白虎当权，无不贵显者。

酉虽在金旺之乡，而有毕月乌之次舍焉，故金月同居则为吉也。苟人命安于此宫，得金月以相扶，必能改变，故曰大人虎变。

老人星现

南极下生一星，为老人星，在辰上亦谓之寿星。或金星土星为寿元居于辰，日月居于其上，皆谓之老人星现，主寿也。

阳气曰明堂，建于龙角，曰寿星龙角，谓之天关，在易以阳决阴夬象也。然夬之象，乾居下，兑居上。夫以乾居下而夬，兑阴岂得为寿星？盖乾金也，兑亦金也，与金同气，故谓金乐乡。是知土生金，而金与土同气，苟人坐命在辰，而得金土佐临，尤为重厚，福寿必获两全也。

阴阳类聚

阴阳同居一处，合为庙旺，得同类之吉星照身命者是也。

易曰：水流湿，火就燥，亦各从其类也。凡人命在午，而得日火同宫，身在未，而得金水同宫，无不发迹。盖以阳从阳，以阴聚阴，其气味之相投故也。

众星拱北

孔子曰：北辰居其所，而众星拱之。盖天之星，运转不穷，而北辰一星，不易其位。北辰所居，乃天之北极，子位是也。十一曜环居众位，而虚拱一子，却去子上安命是也。

日、水、计、木、金、月六星居亥，又得火、土、紫气星居丑以拱子一位。或环而拱之，散居诸位，虚拱一子，从而安命，亦是也。此皆至贵之命，如邹太参贵命星辰，正按此局。

豮豕之牙

奎星本天之武库，亦为封豕之星，为性猛烈。人命若亥生，或亥月、亥时或亥命，得木星顺行者，权贵之局。况亥上室壁二星，室为火猪，壁为水貐，皆象豕之类。苟木星逆行，却为害不浅。

日、月、金、计、水、木皆以娵訾为旺乐之官，亥上是也。大抵皆从岁星。春秋传曰：有星出于婺女，子上是也。裨灶曰：今兹岁在颛帝之墟，其明年进及营室，复行豕韦之次，亥上是也。景王问苌弘曰：今兹诸侯，何实吉，何实凶？对曰：蔡凶。此蔡侯般弑其君之岁也。夫豕韦之次，蔡分野也。木逆于此，而蔡凶则知。木乐于亥，而不可逆行也。惟其逆行于亥子之间，一吉一凶，此景王所以问苌弘也。

旄头直事

罗睺乃天之神首，酉上有昴宿，九天之旄头煞是也。安命在酉而遇罗睺，加以一二恶星，为祸最惨。

昴毕二宿，虽次大梁，而其分野则在常山之地，东南外接旄头地，皆河外阴国也。苟日生人，火计临此，而坐命在此，皆主不吉。故曰：旄头直事。盖此煞乃外夷凶星也，人命值之，若不恶终，必主远配。

大火当权

古者阏伯居于商丘，后世配食于火星。或食于心，乃卯上星宿也。或食于星，乃午上小星也。故卯为大火，午为鹑火。季秋之后，天月建在卯，须是夜生于卯，午上安命是也。其发最骤。

日月火星在戌，安命亦在戌，乃大火当权。盖大火至戌而纳火，火库在戌，而火星宫主亦在戌，此所以谓之当权也。须是夜生方合此格，日生者非。

限主当权

众星聚在一处，一限星居其中，其众星各以类聚来拱。不然则忌星作限主，而众善星拱之尤妙。

竹罗限垣局厂云：凡立功名主重权，须要当生限入垣。正入三用居木位，会位临限福仍兼。火为天帝居天蝎，土是太常守磨蝎。金星天秤亦太常，荣显水星在南方。此乃限主当权之谓也。

太微受制

火星常以十月入太微，受五帝之制，命行司赏罚。

太微者，南方朱雀，权衡为三光之庭，北运斗星，以临制四方，运四时而均五行者也。故太阳居午，太阴居未，为乐宫，以其日月循黄道而行入赤道内，而受制于太微也。苟人命得同日月坐此乐宫，与木水相会，无印星入者，无不贵。

长庚入命

东有启明，乃水星之象。西有长庚，乃太白之象。昔李太白母，梦长庚星入怀，盖月乃母道也，身之所从出也。夜生金月同在西，乃合此格。

李太白母梦长庚入怀，已而有娠，及生太白，诗才冠天下，则知长庚入梦，必主产不世之奇才。

神羊触邪

未上巨獬之分野，獬乃神羊之兽，遇恶则触，古者帝王置之殿庭，以警不忠。如未生人又在未上安命，纯得凶星者为贵。若不背日月，而安命在戌上，白羊之位亦是。

太乙居紫微，东躔赤道，内警凶恶而斩奸邪，进良善而佑忠直。盖遇善星则为善，遇恶星则为恶。爱巨獬之宫，谓之金羊。若见邪秽，无不击触。凡人命在未宫，而得孛星入者，皆秉性忠直，面刺人过，内无隐情，故号神羊触邪。凡乙人得孛，与木金同在未宫者，官可至御史三公。

双女争权

金火计月土星在双女宫，主淫欲，或偏异生也。在易离上兑下为睽，兑上离下为革。圣人于睽卦则曰：二女同居，其志不同行。于革卦则曰：二女同居，其志不相得。夫离火也，巳亦火也，火能生土而克金，今也金却生在巳，而土则陷于巳。（言金而及土者，以其泄火生金，故金与火争。）兑属金也，金能生水而怕火克也，今也木却败放于酉，而火陷于兑。（言火而及木者，以其木火俱败陷酉方，故火与金斗。）此谓争权。

日出扶桑

卯为日门，乃旸谷扶桑之地。坐于卯，无恶曜对照，而在卯上安命者主贵。

卯固为日门，而夏至日常自扶桑水府而出，故旦朝犹在于寅。若人命只得木日同在寅宫，而在寅宫安命，亦为贵格。其为在卯则同。

箕星好风

李寻云：日将出，清风发，群阴皆伏。是日出则生风，日入则无风。日在丑寅朝生，主有声名，更有恶星，则未免却主淫荡。月躔箕宿，亦主生风，反为不利。惟日在寅命在寅，无凶星者为妙。

风之从虎，以类应也。寅既为虎，风日从之，但宫有尾箕斗三宿，而特有箕星好风者，盖尾度更属卯，斗度已属丑，惟箕则得其正寅。故云：箕星好风也。人命得与岁星同此宫者，皆为吉命。况寅为木，木又生风，人命逢之，安得不誉高望重哉！

毕星好雨

诗云：月离于毕，俾滂沱矣。书云：星有好风，星有好雨，太阴躔毕度，而在酉上安命是也。若七八月之间正旱，而沛然甘霖，以泽万民，更逢水星，虽辰上安命亦妙。倘在叁肆月生，乃水潦涨溢之时，则止为飘荡之命。

日月之行，则以风雨释洪范者，以为不吉之兆。不知月之从星，从其所好，毕雨则有育物之功，岂得为不吉之兆乎？如人命安身在毕，无凶星恶宿入者，皆能育物济时，皆为有福之命。若凶曜入者，则不祥。

大月当斗

韩昌黎云：愈生之辰，月宿斗东坡，亦身在磨蝎宫。故知月宿于斗，最出文人才子也。

诗云：惟北有斗，不可挹酒浆，主招口舌，兴谗谤也。二君子未免，故曰君子为仕多折。

青龙用事

春生人见木星，在寅卯安命，乃青龙用事。夏生见火星，在巳午安命，乃朱雀当权。秋生见金星，在申酉安命，乃白虎当权。冬生见水星，在亥子安命，乃玄武当权。四季生人，见土星在辰戌丑未安命，乃勾陈得位。已上数者，须是不背日月昼夜者妙。

木为青龙，其名为用事者，最爱顺行，而无退逆之患也。绍兴戊辰生人，其年岁星在秦州，人皆以为木入秦州，必有特达掀轰者。及视其年生人，非徒无甚显达，又且成败栖迟，每每皆是。若以百中经观之，其年五月，木星在未，何为无显达之人？及以统元经细算，其年岁星自丁卯八月过未，十月退，戊辰四月又至未，闰九月过午，十二月又退未，此与逆于玄枵者何异焉？此其无显达之人也。

星环帝座

太阳，帝之象也。日之所居在子午，皆为帝座吉星，左右环拱者最佳。但人之生时亦为帝座，若吉星三合对照环拱于时者，亦合此格，其贵必矣。

假如淳熙十三年丙午岁闰七月十六日巳时生，其时诸星皆环帝座，身命三合，又无空宫，实为难得，岂不为大贵人。况四元三限时命二星，所谓九事者，又为满用。洞微九事歌云：九事全而顺五行，必然享福得遐龄。九事若离福不至，万般智虑一无成。欲知九事本原例，四元三限时命至。乃正得此格也。

左右环拱

凡人命宫，若得五星左右环拱，无有不显达者。

假如坐命在壁五度，木星在壁一度，则为左青龙，金星居壁九度，则为右白虎，火星在奎一度，则为前朱雀，水星居室十六度，则为后玄武，真为左右环拱。然亦不必如此之近，但布于左右前后宫分者，亦为难得也。其荣贵者当然。

印寿双全

在亥上安命，而得木火土星在命者为贵格。盖亥属木，故木为天元印，木生火，故火为地元禄，火生土，故土为人元寿，其余安命仿此。

洞微经说禄印寿三元星，须要居高强宫，而无留逆者乃是吉命。故歌云：三元诀法少人知，亥卯未宫木曜推。火地土人高处着，必居俸禄定无疑。不逢恶曜相刑克，为官权贵有彰施。忽然留逆兼无气，官灾多失更流移。印寿双全之说，于是歌而可见。

金鸡浮瑞

先贤配十二时，以酉为鸡，而昼生乃日之精，逸居阴位，若日在命，而于酉上安命者是。

尧历于仲春，则曰寅宾出日，盖日者阳也，阳春布泽之时，惟借日之融和，故尧敬而宾之。仲春之日，尧历躔昴，昴者日鸡也。昴属金垣，乃为金鸡，日至日中，幽隐无不临照。况仲春是时发育之恩，其功最大，故昴鸡与太阳当仲春之时，日中同运至中天，而发育万物，此金鸡呈瑞也。

金紫朝斗

辛生人，太阴与紫气居申位，命与金星居辰位，水与太阳居子位，乃金紫朝斗格。

盖日者人君之象，居于子位。子乃北方之地，而身命夹金紫朝日，此乃清贵之格。切忌土孛罗睺入命，并傍照则凶。

月扶斗杓

凡月建所在，则是斗柄魁星之所指也。惟闰月斗柄斜指两辰之间，若太阴在月建之位者，乃合此格。

一年有十二月节候，斗杓随月建而转，至于闰月则斗杓乃指于两辰之间，潮候亦随之而盈缩，则知天地阴阳清息盈虚应如准绳，无毫发之差误。盖日月之行，与斗杓所指，相为经纬，此乃三光全而寒暑平也。苟人生安命，身应在斗杓所指之辰，名为月扶斗杓。如正月生人，安身在寅，二月生人，安身在卯，三月生人，安命在辰，皆为此格，主荣华富贵。然太阴与吉星同官则为吉，土孛罗计侵之，则又为凶也。

身居华盖

五行以马前二辰为华盖，此谓太阴居华盖是也。

盖以月居辰戌丑未为吉。然月居未为乐宫，戌为喜宫，若在辰丑似无意义。要知华盖者，乃北极天皇所居拥卫之星也。其星有十二星，居中又有六星，庇于左右如盖，故曰华盖。太阴循黄道而行，未尝居于华盖，此言身居华盖者，盖人生负阴抱阳，故以时加太阳，循东而出，遇卯而坐命也。此乃抱阳也。又以太阴安身，亦如权衡之象，乃此华盖。然太阴一日行十三度三十七分，如华盖之有十二星，又有六星之义也。故古人先论坐命，次论安身，亦以此也。假如只论坐命，而人命在三日内生，而同时者必同一官坐命，而太阴三日之内，已行四十度，则人之安身异日而异官也。古人之重三日官者，盖此也。故聿斯经云：即都例经也。又见生后三日宫，月到何星分度中。金水相逢极为美，文学聪明须见水。更得善星在宫主，宫主复在高强位。此为有福无难人，一生谋运皆如意。又云：忽然三日水金加，人间喜美事奢华。世上文章须水照，善星为主福无涯。故身居华盖者，非独清贵，又且一世无非横之灾祸。

坐禄带舆

禄前、马前、命前三辰位，名曰金舆。禄主星居于金舆，而土星入局者是。

五行惟土于物，其功最多，古人论之详矣。然十二支为马者有四，为禄者有八，皆属金木水火，而辰戌丑未宫独无禄马，则是土无功于物矣。不知土之为物，无时不遇，常居中以统四方，故人命之带禄马者，常爱见土为重厚。然则土之所以权舆于万物者，其功最多矣。苟人命坐禄，而得命主入土局，皆是吉命。假如柯监丞壬子八月二十七日亥时生，作九月算，壬禄在亥，亥属水也，坐命坐申为水禄庙宫，宫主飞起入于辰，是坐禄而入土局，此坐禄带金舆之格也。

金星入斗

兑卦用事，在秋分寒露霜降之节。若辛人安命在酉，而生居秋月，金星入于丑位为贵。

此亦是坐禄带舆格。假如辛人禄在酉，则是以金为禄。苟辛人安命在酉宫，而金星飞入丑位，亦是吉命。故名金星入斗。

箕翕其舌

兑卦用事，寅上安命。若见金星水星入命，则主口舌。诗云：惟南有箕，载翕其舌。

不独金水二星为然，火星亦然。入命坐人马宫而遇火守箕，皆多招口吻，爱说是非，偏惹淫辞，酌斟人过，饰己之非，好争闲气，傲慢尊长，虽割其舌，犹不已也。谓之翕者合也，合其舌，亦好言也。丙人见此尤甚。

神水华池

水星居亥子上是也。水星随日至酉，酉上安命，亦是也。

西宫咸池，则有觜星，东南则有大星曰狼，下有四星曰狐，此地有大星曰南极老人。老人若见，治安太平，兵革不起。夫水星本无定性，遇吉则为吉，遇凶则为凶，故常辅日而行。至五月时出于狼狐，而遇老人星则为吉。凡人命遇此者，无不长寿享福。所谓神水者，以水星逐吉星也。所谓华池者，以老人所居西宫咸池，酉上是为神水华池也。

风生浪击

凡人生时，遇初八、二十三日午时生者，皆狡猾凶恶。

盖初八二十三日午时，乃月弦初生，而渐生于海，风生浪击之谓也。然又当算月弦日，乃太阴所在，而知其善恶。如太阴遇吉星，则为人威权有胆气。如太阴遇恶星，则为人凶恶徒配之命。若无星同照者，则主困弱，乃风生浪击而不宁也。

禄马同乡

禄元星与马元星照命者是也。

命书云：马元为贵禄为禄，人元干配的无疑。寿元惟向纳音取，要照强宫与限随。凡人命最爱禄马二元同在强宫以照命，未有不为显仕者。若不照命，但得禄马二元助限，亦能发福。

虎踞龙盘

木星乃东方之苍龙，金星乃西方之白虎。金在命木正照，夜生人得之，乃龙盘虎踞。金木同居于命，又为龙虎交驰。更在辰寅二宫坐命者尤妙。

命宫居于子午，木星在卯，金星在酉，木正得之，正合此格。盖木为青龙，在东方，金为白虎，在西方，又在前四宫，与后四宫拱照，岂但二宫坐命。

离坎交会

水星禀北方坎宫之气，火星禀南方离宫之气，夜生人火星在命，水星正照，乃合此格。

此最主为人气概精神，能剸裁繁剧，禄位优厚。若水火二星同守命宫，则是为煎熬星矣，返主灾祸。

阴阳交辅

日为阳君，月为阴后，若与吉星夹照命宫者，此格也。若恶曜与日月同宫，则非惟不能为福，而且生祸。

三光环微

日在相貌宫，月在迁移，夹拱巳午二位，名三光环微。或巳午全无星亦妙。

三光全寒暑，平注云：三光乃日月五星也。太微垣居巳午，若日月身命在午，而五星环拱之极妙，为三光环太微格，当有卿相之位。

云汉腾辉

丑未二宫，云汉经纬于其中，若丑未中得日、月、紫气、木、金、水之吉星交照，主为人文彩秀丽，学海渊深也。

诗云：倬彼云汉，为章于天。云汉即天河是也。

众怒难犯

身命宫凶星相会怒，得一吉星解救，则不为凶。夫五星最爱顺段，如行顺段，虽凶星亦不甚害，如入逆段，虽吉星亦无力也。

苟命中五星，有三四入逆段，是谓众怒难犯。前后凶徒，死于非命者，皆此类也。

恃势相陵

善星入宫，犯众凶星，故众凶星恃势，以陵于善星。若同宫同度，则又为相合。在十三度外，则未免相陵。

凡五星欲其顺轨，不欲其相陵，甘石已占之矣。顺轨则彼此协和，相陵则彼此不静。又观善恶二星同宫，孰为有用，孰为无用也。如命宫带木星与火星同舍，若行木限，则不胜其凶，行火限则不胜其福。故命书云：木限当生，遇火克，更被孛临，全减福。则是木限当生，见火为凶也。又云：火若为限会于木，此限交之须发禄。则是火限见木，则为吉也。故木限见火为凶，恃势相陵者也。

鳌头独步

三春生人，在寅卯二宫安命，而寅卯上见木星也。

此得时、得位、得用，鳌头自当独步也。

江湖沛泽

亥为江，子为湖，水星在亥子二宫，而在亥子二宫安命也。四月生人为妙。

盖江湖当四月之时，有滔滔涨溢之势，主为人抱负聪敏，志高量宏，骤居华选。若遇恶星同守，又恐不然，以水星性无定度也。

子行父政

太阳乃火之精，太阴乃水之精，故日为父火为子，月为母水为子也。

且太阳之庙在午，太阳居之当然也。今则太阳却居子，火星却在午，又于午上安命，是父之政子乃行也。太阴之庙在未，太阴居之当然也。今则太阴却居丑，水星却在未，又于未上安命，亦子行父政之说也。此格主人艰难于始，逸乐于终，以其干蛊之早也。

金神得位

庚辛生人，金星入命是也。

若更同在庙乐喜宫，主福寿双全。

河洛呈祥

紫气木星在午上同照命宫，盖午属豫州，河洛之地也。

天官书云：岁星一曰摄提、曰重华、曰应星、曰纯星。营室为清庙，乃岁星之庙也。岁星出东行十二度，百日反逆行八度，百日后复东行三度十六分外之七。荧惑出东行十六舍而止，逆行二舍，六旬自所止之舍十月而入于西方，心为明堂，荧惑之庙也。太白其出行十八舍，二百四十日而入东方，复行十一舍，百三十日而入西方，又行三舍十六日而出亢位，亢为疏庙太白之庙也。辰星其出东方四舍，四十八日其数，二十日而反入东方，其出西方四舍，四十八日其数二十日而反入西方，星为员官星，辰庙也。镇星出百二十日而西行，西行者二十日，反东行，现三百三十日而入，三十日后出东方，斗为太室，镇星之庙也。夫以室为木星庙，斗为土星庙，亢为金星庙，心为火星庙，星为水星庙，亥分属卫，午分属周，卯辰分属宋郑，斗分属吴，皆中国河洛分野。若人生而在此数宫安命，又得此数星归宫，是为河洛呈祥。若正文谓紫气木星在午，而安命在午者，亦为此格，皆主才学过人，五福全备也。

三台扶斗

斗在丑分，命若在丑，而得三台星同宫，乃此格也。若丑之前后三宫，皆有两星亦是。又有所谓三台扶日，三台扶月，皆仿此而取。

所谓三台者，皆为三公之象，人命得之，位至三公。

雷乃发声

二月惊蛰之后生人，在辰卯上安命，而遇水星，乃为此格。

自雷未发声，则未免汩没。发声之后，容易施为，非惟荣贵，且主声名昭著。

紫微四辅

旋转天轮，辰巳午未上有四吉星，巳午之间坐命是也。

辅星乃辅弼之象，得之者，当居宰辅。

精神具足

天一生水，为人之精，地二生火，为人之神。水火顺受，人命得之，为精神具足。

精为养命之源，神为养形之源。精以养命而运内，神以养形而运外。内阴外阳，故水为阴之精，火为阳之神。阴之不可无阳，阳之不可无阴。水与命同生于昼，火与命同生于夜。相望而各不失度者，岂不获其厚福欤！又名坎离交会格。

月华金阙

金星在亥，与太阴同宫，金星在辰，与太阴同宫，皆谓之月华金阙。

若金星在亥辰，与太阳同宫者，谓之日华金阙，二格皆主富贵。

日中见斗

太阳与罗睺会合于未，而太阴又在未，此为日中见斗。

太阳与太阴同宫，此为月朔可知。又与罗睺相会，此为日蚀可知。况日在未则日已过昃，设使安命在此，而遇日蚀，乃六月朔日生人，昼既昧则北斗见于东方。人命坐北，安得有吉？苟得五星，或木星火星同在未宫以御侮，则犹庶几。不然则奇祸之临身者，大可畏也。

明入地中

太阳至申酉而没，而受罗睺所蚀，然申酉安命是也。

太阳君星，至申酉西没，既失君位矣，命坐此已为无力，况被罗睺所蚀，其能自保乎？命值此非惟破阻无成，又恐招暗昧之事，因此丧身，诚可忧也。

明出地晋

命宫在申，而太阳在寅，命宫在酉，而太阳在卯，命宫在戌，而太阳在辰，皆为明出地晋。

此格须是日生人为妙。更得金水辅太阳而行，或金水居前导引，皆为贵命。

木上水井

水先入宫，木后入宫，或木星先入，水星后入，皆为井象。更得在东井，(未上) **又在未上安命，必主道心员融，有常德以食天禄也。**

井居其所，而不迁地之德也。而木居水上，有养而不穷之义。或人命得木同居于未，而水星对照于亥，此亦得木上水井格。盖亥居下，而有井之象也。然在天之井，则异于是。以井而居河汉之中，其为度则三十。视其他度数最长，半次实沈，半次鹑首。在实沈者水为乐宫，在鹑首者水为入庙，此亦养而不穷之义。或者谓实沈、鹑首既以隔界，岂得为养而不穷？不知夫古人以为紫气者，木之余气，其庙实沈，月孛者，水之余气，其庙鹑首，则是实沈鹑首二宫，乃木上水井，养而不穷之义诚尔也。若人命官同得气水在于实沈，孛水在于鹑首者，皆得此格。须是无凶星则贵，有凶星则僧道出家流也。

众星环月

夜生坤方，五星环太阴，更在太阴宫住命者，合此格。

太阴之行有九道，其行最疾，众星本不能环也。且北辰不移，众星可得而拱之，月既行速，则惟星是从，所以因之而有风雨。岁在庚午二月初五夕，月入南斗中，其年自八月旱而无雨，以黄道推之，至十七日，月从黄道入毕宿下，知其日有雨至。此日其雨滂沱，此乃月之从星也。及十一月初五日，月在南斗三十余度，至二十一日亦从毕星之度经过，却久无雨，此盖月别从九道行也。今此谓众星环月，乃随其星之吉凶而卜善恶。如月与木星同度则吉，与土孛同度则凶，与金星同度则主淫乱，与水星同度则主文华，与火星同度则多疾患，与罗计同度则主夭折。当随其所在宫分星宿而详之，若左右前后皆是吉星，虽太阴未至于从星，亦主获非常之福。

辅弼双星

北斗七星，斗杓谓之外庭，阳精之所布也。斗魁谓之会府，阳精之所复也。杓以治外，故鹑尾属南方。魁以治内，故娵訾属中州。是以鹑火、大火、寿星、豕韦为中州之分野。

如亥午辰卯生命，得土星在子丑辰午亥卯，又无凶星侵入，皆得北斗辅弼，双星之临照，为人必福禄丰厚。

金居乾位

亥上乃西北乾位，乾宫为金，而金星亦居亥土，乃为此格。

未年与申，主人得金居乾位最佳。盖未属井鬼，其分野则在秦，申属觜参，其分野则在晋，得金之正气，又与未日同居于亥，乃金居乾位。若无火计罗孛，人皆为贵命。

水注东南

巽居巳位，东南之地也。四主之水，则皆会之于箕。虽北有溟涬，南有大海，西有流沙，而水之倾注，则归于东海，以势不满于东南也。水星在巳，而木星与命宫在寅，乃合此格。盖水既顺，则有滔滔无穷之福，其发达也必矣。

酉生人与寅生人，得水星在巳，木星与命在寅是也。盖寅坐属尾，巳分在燕西属毕，毕分在赵，是得正气而流入于巽，是水有所归。况与未命同在寅，或本命与寅生同在酉，得水日在四正之宫，则又为水归地户格。

除旧换新

月孛乃天上之彗星，有除旧换新之象，所照之地，则有变易更改。其星如箒扫，所以扫除尘秽，更新改旧。在亥正月生，或在丑十一月生是也。盖十一月一阳方生，更改之始，在丑次。正月为一岁之始，日在亥次故也。或孛星在未上，而七月生，盖七月秋气始生，先庚之象，有更革之义。

又如十一月初一生，而日月在斗之初度，木星顺室，亦为革故取新。盖日月初躔于斗初，而木初躔于室初，斗初在人马宫，室初在双鱼宫，寅与亥合，至为贵格，又除旧取新之意。

火水未济

火先入宫，水后入宫，同居一宫，以照命者是也。

盖火自上炎，水自下注，相违而不相向，安得能和而能济？故易曰未济，男之穷也。带此者主贫贱。

水火既济

水先入宫，火后入宫，同居一位，以照命者是也。

盖水性润下，火性炎上，上下相得而不相违。切嫌一二凶星侵入，则返主生祸。更若水星为官主、为命主、为禄主，则福最厚，富贵双全之命也。

附指南正贵格

天地德合

干为天之清气，支为地之厚载。干合者，得贤人之心，本乎天者亲上。支合者，得众人之心，本乎地者亲下。支干俱合，是为天地德合。假如甲子见己丑，戊戌见癸卯之类是也。时合为上，日合次之。不然年与月相合，日与时相合，尤为福紧。

君臣庆会

干为君之象，支为臣之象。干支俱合在一旬之内见之，是为君臣庆会，谓人臣近君天威，不违颜咫尺。假如甲戌见己卯，戊辰见癸酉之类，并在一旬之内是也。时合为上，日合次之，所谓好日不如好时。不然年与月合，日与时合，尤以为最。

一气为根

乃谓年、月、日、时、胎五合，纳音纯金、纯水、纯木、纯火、纯土也。假如甲子年金，癸酉月金，辛巳日金，乙未时金，甲子胎金是也。又如庚子年土，丁亥月土，戊申日土，丙辰时土，戊寅胎土之类是也。

两干不杂

谓年月日时连占两干，纯一而不杂也。假如甲子年，乙亥月，甲戌日，乙丑时，甲乙两字不乱。又如丙寅年，丁酉月，丙辰日，丁酉时，丙丁两字不乱之类是也。又谓之两干连珠格。

三合聚集

年月日时胎，或干辰带三位，支辰带三位，纳音带三位，皆云三合聚集。假如乙丑年，乙酉月，丁巳日，乙巳时，三个乙谓之干三合。又如丙寅年，庚寅月，戊寅日，戊午时，三个寅谓之支三合。又如辛卯年木，庚寅月木，丙戌日土，己亥时木，三个木谓之纳音三合。盖以一生二，二生三，三生万物，盈数之义也。

四柱纯金

带寅申巳亥全者，有五行生气、驿马、学堂临之，是为四柱。带子午卯酉全者，有五行旺气，乙辛丁癸临之，是为四正。带辰戌丑未全者，有五行财气、华盖、正印临之，则为四墓。然此四位若于年月日时得之，则富贵。太乙云：凡物太盛则折，如漂风暴雨之至，易盛易衰，要以胎代之，则为可久可大之命也。

五行俱足

谓年月日时胎，一带金木水火土全也。如甲子年金，戊辰月木，丁巳日土，丁未时水，己未胎火是也。又如乙酉年水，壬午月木，辛未日土，丙申时火，癸酉胎金之类是也。

六位相乘

谓年月日时胎命六位相乘，合起十二支辰，无有欠缺也。如甲子年，丁卯月，戊寅日，辛酉时，戊午胎，却去巳上安命，子与丑合，卯与戌合，寅与亥合，辰与酉合，午与未合，巳与申合，位位相合，全无亏也。

干辰一字

谓年月日时四位，干辰不杂也。假如甲子年，甲戌月，甲寅日，甲子时是也。又如乙丑年，乙酉月，乙亥日，乙酉时是也。

支辰一字

谓年月日时四位，支辰不杂也。假如甲寅年，丙寅月，庚寅日，戊寅时是也。又如戊辰年，丙辰月，甲辰日，戊辰时是也。

凰凤池

谓如戊午年，戊午月，戊午日，戊午时是也。又癸亥年，癸亥月，癸亥日，癸亥时之类是也。

引从包承

假如甲子生人，以前三辰为引，则丙寅丁卯为引，以后二辰为从，则壬戌癸亥为从。引宜远，以丁卯为远，从宜近，以癸亥为近，前遮后拥，左右包承。若甲子生人，后得癸亥，前得乙丑，丙寅生人，后得乙丑，前得丁卯之类。又谓之年中太子，举世难逢。

神藏煞没

甲庚丙壬为阳干之吉会，乙辛丁癸为阴干之贵德，大凶神至此而遁藏，四恶煞遇兹而寂没。故阳则甲庚丙壬，阴则乙亥丁癸。如年月日时四位上，四干分明，不论刑害冲破，皆为吉气。更加禄马贵命，加增福力，而凶神恶煞，自然遁藏寂没也。

禄马交驰

马是扶身之本，禄为养命之源。禄嫌冲破，马忌空亡。禄无所破，则官职贵显，马无所损，则名位清高。且如寅午戌马在申，而时干得庚，亥卯未马在巳，而时干得丙戊，申子辰马在寅，而时干得甲，巳酉丑马在亥，而时干得壬，如年月日时四位支干互换得之，谓禄马交驰，如年月不见禄马，而日时互见者，尤以为妙也。

赶禄栏马

禄不赶而不发，马不栏而必骤。且如甲戌生人，甲禄在寅，须得丁丑以赶之，寅午戌马在申，须得癸酉以栏之，此格极贵，得之者，无不显达成名。不必求正禄正马，但得此，则禄马自然有也。他准此。

集福发福

谓年月日时四位，生旺之气，或四位支干吉会之气，或四位禄马福贵之气，聚于时上者，谓之四位集福于帝座。如时上揭上旺气秀气，聚在诸位之上者，谓之帝座发福于四位。集福于帝座，则以纯厚忠信得君。发福于四位，则以聪明端直自进。五行自然之理，造化之所不能移也。

五字连珠

谓年月日时胎五位，干得甲乙丙丁戊五字，与己庚辛壬癸五字是也。盖以甲与己合，乙与庚合，丙与辛合，丁与壬合，戊与癸合，又谓之十干连珠格。

已上贵格，只忌空亡、死绝、相冲、刑破则减福也。

全一路无破善终州县　全二路无破善终京官

全三路无破善终朝官　全四路无破官至员郎

全五路无破官至正郎　全六路无破官至卿监

全七路无破官至两制　全八路无破官至两省

全九路无破官至两府，全十路无破官至三公

细论身命宫主活法

凡命先求坐命，次论安身福德，次及贵星官禄。徒居陷地，禄元入照，虽无官亦有禄之人。本宿加临，纵遇死有更生之理。阳为七政之尊，遇皆有救。阴为六阴之祖，陷恐无成。金虽妻象，居六阴怕近六阳，水是文星，背十位嫌逢土忌。计都原毒，六壬乃是禄元。月孛为灾，四煞定居刑责。火居妻位，必先克共枕之人。罗入官乡，乃食禄有权之位。土逢疾厄，主妻病以风颠。金入弟兄，必妻闲而子弱。此十一曜之权纲，属十二宫之分野。更有相生相克，或剥或刑，先到为主，后入为客，一切吉凶，以为格式。

诗云：　论五星　无多诀　先从宫主分明说
世人只泥原守星　此法原来不是活

身命主星互垣

命宫在亥，木为宫主，身宫在辰，金为宫主，二宫主星，各归本宫，固为吉命。设或木为木主，飞入身宫辰上逢龙，金为身主，飞入命宫亥上乘旺，名曰互垣，又为内外二台，主富贵双全，福禄深厚。

诗云：　内外二台君且听　命主入身身入命
纵教生煞会凶星　富贵荣华天赋定

身命主星入财帛宫

此宫大概与田宅宫一同，身命主星若临此宫，主财帛充盈。

诗云：　财帛主　田宅主　身命二星喜相遇
　　　　若无暗曜与刑囚　可与石崇斗豪富

身命主星入兄弟宫

第三宫谓之闲极，此宫有喜星亦只徒然。若身命之主飞入此宫，主衣食不足。惟喜太阴居此，却能与命宫添其福德也。

诗云：　闲极主　入命宫　纵为吉曜总成空
　　　　白日只宜闲袖手　不知衣禄自何从

身命主星入田宅宫

田宅宫又为父母宫，若身命主星照临此位，主千斯仓、万斯箱。或田宅宫主飞入照身命，则家多金玉，满盛无比。

诗云：　身命主　坐田宅　千仓万箱无破克
　　　　田宅之主入命来　管取珠珍多蓄积

身命主星入男女宫

身命之主飞入男女宫，谓之母来护子，主有官爵及子孙。或男女宫主星入照身命，亦主官高禄厚。

诗云：　身命主　守子孙　母来护子岂无恩
　　　　子星若还回顾母　官高禄厚世推尊

身命主星入奴仆宫

此为恶弱之宫，虽是吉星，亦不为福，只宜守常。

诗云：　　身命主　入奴仆　纵是吉星也劳漉
　　　　　身闲心却不能闲　犹忌小人生返覆

身命主星入妻妾宫

二星入照妻宫，主妻有貌，及有贤德，兼得妻财。若妻宫主星入照身命，亦主得外家财产。

诗云：　　身命主　入妻宫　妻财昌盛貌雍容
　　　　　妻主若还来入命　定招外舍横财通

身命主星入疾厄宫

疾厄宫或者谓之陷宫，却不然也。若主星入此宫来，亦谓与官禄同断。

诗云：　　疾厄宫　非恶弱　莫信时师胡泥著
　　　　　此宫还与禄宫同　命主膺之临显爵

身命主星入八煞宫

八煞宫有二说，详见前集与要括一卷。

身命主星入八煞宫，主少年发迹贵显。若此宫星主入照身命，主疾厄缠身。

诗云：　　身命主　坐八煞　财禄少年当早发
　　　　　若还煞星来入命　疾厄缠身难解脱

身命主星入迁移宫

主星入迁移宫，主过房，若非入赘，亦主庶生儿息。

诗云：　　身命主　入迁移　过房出祖定无疑

若不赘居并入舍　也须偏产庶生儿

身命主星入官禄宫

此宫主星入照命宫，虽是忌星，亦不为灾。更得命主飞来此宫，名曰互垣，主位至三公。

诗云：　　官禄主　入命宫　纵为忌曜不成空

命主若还入官禄　互垣终是拜三公

身命主星入福德宫

福德宫主星入照命宫，主福寿俱高。更命主星飞入福德宫互垣，亦主三台之贵。

诗云：　　福德主　入命来　断主福寿永无灾

命主若还居福德　互垣终是拜三台

身命主星入相貌宫

命主入相貌宫，貌宫主星入命宫，主为人堂堂之貌。若遇恶星相会，则破相，貌丑多灾害。

诗云：　　相貌主　入命乡　命居相貌貌堂堂

若是煞星来会此　破相多灾貌不扬

身命宫左右夹照星辰

凡看身命宫星既吉，更须看左右宫，若值凶星刑囚夹拱，必伤克身，更得吉星来照，乃为一生富贵之命。

诗云：　　凡看星　看左右　左右吉星欣遇会

若遇田财与官福　一主富兮一主贵

论禄马俱陷却贵　或不陷却贫贱

禄元马元星皆居陷弱，但身命田宅宫星处庙旺及坐贵人乡，又不受克必贵。身命田财主星俱陷，虽有禄马星入命，而三合有刑囚冲破必贫。

论命坐禄马贵人星辰入庙旺却无官

禄马天贵俱临，身命星又庙旺，但身命主星化为囚暗，官宫又见刑耗忌星临之，非惟不贵，又多官灾。

论身局富贵平生多灾

身命田宅俱值贵人禄马，宫主星不陷，只是疾厄主星与囚星入命，故多灾。或太阴被土所制，日被火罗所制，必主流行带煞。如福德宫有庙旺星，其人只多灾，亦不至犯刑，不然亦得贵人救也。

论贫贱却无灾

田财身命主俱陷，而身宫却有木先照，不犯刑煞，又疾厄宫无恶星，故无灾。

论先聚后散　或先散后聚

身命田财宫，各见福权星照，先聚。如身命主星受伤克，又飞入弱宫，当后散也。火土暗耗二星，守身命田财宫，初年必见破散。如身命主飞入强宫，更庙旺无刑战，则中年卓立成家。

论命贵身贱　或身贵命贱

命坐贵人，及命主居强宫或庙旺，本宫又有星，一生得贵人扶持。身宫陷弱，主星受克，田财宫值火罗水孛，变为刑耗恶星，与金星同局，及在命宫，必主破祖，只得贵人敬重。身在贵人宫见吉星，宫主星入庙旺，更是强宫。但命主星受伤，又居陷弱，田财宫主星又陷，必是官族，或是好人，后方破败。

论耗田业　或自置产业

田宅宫被忌耗刑囚星入，主破业。如田宅宫主飞入财宫，主卖尽田地，只聚财开典库。财宫无星，主星飞入田宫庙旺，其人将财就田。若田财宫主，皆入命宫，命主又居庙旺，与福禄星同科极富。

论初年富贵后却投军

生时与命俱坐库上，宫主与身同陷，遇禄马二元飞入奴宫貌宫，忌星交官禄限，则主投军。

论初年投军后却得官

生时与身俱陷，命宫官宫被火土克，但命主官禄主飞入庙旺照身命，并遇贵马贵人，必军中出职。

论身命田宅宫俱见贵星又却破散

身命田宅宫主俱陷弱宫，其宫却有木气守之，但非庙旺，主初招祖业，后因游行浮浪破散。

论螟蛉异姓子成家

男女宫犯刑煞，被火土孛刑囚星照，主无子。如男女宫主开第九宫主入命，更见田宅主星，须得外姓子养。若坐库上必成家。或兄弟男女宫主同入命宫，主觅得兄弟子，及姊妹子也。

论妻妾

妻宫有吉星，必礼聘分明。若妻宫主星飞出游行宫，见金孛必奔走，不然则非礼聘成亲。如命主飞入兄弟父母宫，见妻星或父母兄弟宫主星飞入妻宫，必因亲致亲。

又 论

妻宫见金孛星，系是四淫宫，妻必淫。宫主入陷宫，必随外人。宫主及本宫金孛星在四淫宫入庙旺，则淫荡不止。如孛与紫气在妻宫，宫主入陷，必通僧道。土孛同在妻宫，宫主星出游行，更是四淫宫，必通秀才。金水孛同在妻宫，宫主更入奴仆相貌宫，必通仆卒。金水孛同在妻宫，更是四淫宫，遇贵人，必通官人。

论克妻

妻宫带刑煞克妻，金星被火克亦损妻。或妻宫遇忌星，必克妻也。

论妻貌及性美德

火在妻宫，性恶貌小少发。土在妻宫，肥端性慢貌黑。孛罗则丑而淫。罗独在妻宫，长大损头妻。金妻美貌温雅柔和，木妻性善貌平常，水妻伶俐貌小长瘦。

论人多疾病

疾厄宫犯刑煞，见恶星，故多病。日生见火在疾厄宫，主恶死暴败夭亡。若非雷伤斩首，必见血疾，并官棒血光死。如身宫不犯煞，则肠风血疾死。夜生土在疾宫，主瘫风中风死，不然身带风疾。若身宫犯刑煞，见气木必主气疾。无刑煞不病，见首尾星主瘟痨死。

论在家贫出家富　或在家富出家贫

身在游行宫入庙旺地，田宅宫值囚耗忌星，其主星飞入庙旺地，故在家贫出家富。田宅宫见福禄星，其主星与财宫主星，却飞出游行宫受制，故出家贫。

论人有吉庆便生灾祸

身命宫犯暗刑囚煞，虽官禄宫见吉星，凡遇吉庆则有凶灾。如官宫见恶星，身命无刑煞，又见吉星，或居贵人与福德宫，宫主在命宫庙旺，则无灾。

论为僧道

生时陷，身命二位值气木星守之，宫主出在闲极位，故为僧道。如更入庙旺，及生时在贵科，必主为高上僧。如罗独守，主大权。夜生土孛克身，后必还俗。如犯刑煞，主徒流归俗，如有救神即免。

论人居官贫　或因官致富

身命坐贵人，官禄宫见吉星入庙，田宅财宫却见恶星，主星受伤入陷，故居官常贫。田财宫见火孛又化为刑囚，宫主身命同出在贵人禄马庙旺地，初主贫，因官便富。

论带子入舍大　或带子出嫁

生时坐游行宫，身命男女宫主俱出游行宫，逢金入庙，身命主出游行遇火入庙，必随母嫁也。

论过房

生时身命俱在九宫，兼背日月，田宅宫无吉星，必主过房之子也。

定奴隶

生时身命俱在六宫，六宫主出游行宫，更是土孛会日月，必为奴隶也。

定乞丐

生时禄马陷，田宅宫无好星照，身命主星又出逢伤，游行宫与忌星会，乞丐必矣。

定风尘

天秤巨蟹双鱼双女谓之四淫，此上安身命，更与金水孛同会，宫主星飞入桃花上，必走风尘。

一曰岁煞

申子辰年未上是　亥卯未年戌上是

巳酉丑年辰上是　寅午戌年丑上是

此煞乃三煞太岁，乘旺克煞归于库位，切忌与阳刃相见，妻男位值之更凶，又当细辩。如申子辰三年，三煞俱在于未，独辰年尤紧。盖四正库墓相加，而三位之前煞尤重也。人但知数申子辰为三，而不知自辰数至未为三，余仿此。

诗云：　墓中岁煞最为凶　更加阳刃祸非常
　　　　辰火戌金水到丑　土来未上不善终

二曰大煞

子丑寅年申酉戌　卯辰巳年巳午未
午未申年寅卯辰　酉戌亥年亥子丑

此煞亦名飞廉，遇吉以之吉，遇凶以之凶。吉则司生杀予夺，凶则为横事恶死。喜官禄身命高强临之，若为闲忌煞难所占，是倒持太阿，授人以柄也。

诗云：　大煞飞廉不可当　小人命里弗宜逢
　　　　官主高强为得用　自然名利出旗枪

三曰的煞

子午卯酉巳是　寅申巳亥酉是
辰戌丑未丑是

此煞乃暗金煞也。巳酉丑金局，一名金神煞，一名破军，一名破碎。田财妻男身命俱忌之，女命坐此更凶，若金水为恩福。命金在酉丑，水在巳，反凶为吉，吉不可量。

诗云：　破军不可日时逢　贵贱元来不善终
　　　　五福朝元官极品　小人徒配死囚中

四曰阳刃煞（禄前一位是也）

甲刃在卯，加子酉徒流，加戌恶死。

乙刃在辰，加子亥徒流。

丙刃在午，四柱有财恶死，加煞徒流。

丁刃在未，加戌亥徒流，加寅恶死。

戊刃在午，四柱有财恶死，加煞徒流。

己刃在未。

庚刃在酉，加寅卯徒流。

辛刃在戌。

壬刃在子，加卯酉徒流，卯巳戌恶死。

癸刃在丑，加申午徒流，卯辰寅恶死。

阳刃者，为煞中不可当之煞，切忌与亡神劫煞相见。若见之，定主少年横死之兆。其煞又不可一概而轻议也。阳命夜生，阴命日生，则二当一。阳命日生，阴命夜生，则一当二。（甲阳，乙阴。）四柱虽有所取，须看煞在甚宫，（时主初，日主往，月主来）便是见徒流恶死。见须以运考之，即见其年限也。且如人命禄马环锁，有官有禄，为两府之资。时运正发，化煞为权，人皆畏慕。时运稍衰，化权为煞。大凡人命四柱，最不可遇之。

诗云：　阳刃逢针号死囚　劫亡相见主徒流

兼刑带煞须当绞　恶煞争驰命不留

五曰劫煞

申子辰生人巳是　巳酉丑生人寅是
亥卯未生人申是　寅午戌生人亥是

大抵此煞多生被小人谋害劫夺之事，人命值之，有五星吉神之类，劫煞更在生乡，位居人臣之表。若五行驳杂，劫煞更在衰乡，定主贫贱恶夭。

诗云：　劫煞凶神最不祥　主财浑似雪和汤
若值生乡兼值吉　位居臣表宰朝廊

星学大成卷二十四

星经杂著叙

慨自道裂术兴，星家者流，往往挟一闻以为奇，传一得以为秘，不以告人，况肯著之书乎！古人观天知命之公心，翻为后人钓名糊口之私计，江湖术士，大率类此。余甚不取，乃裒集家藏秘诀精语、单经短赋，共三十余篇，总编一卷。以其非纯于一家，故名之曰杂。后之览观者，有闻一知二之资，当念是集拔十得五之难云。易水育吾子识。

星经杂著

唐一行禅师十六两金门人徐子贤注

造化分定，关系身命。寿夭贤愚，格局乃知。

凡命坐处，有官福拱夹，有四善拱夹，取其善则为吉。诸星间位成双，曰星分两两格。每宫一星，遍布十二宫安命空，曰星分五五格。卯上坐命，金水辅日停匀，或辅命主不偏，曰三台辅弼格。金水日月同宫，合年月日时之上者，曰鱼水和同格。日月同宫同度不相食者，曰合德格。金在亢太常垣，木在室壁太极垣，水在张翼轸太微垣，火在氐房天市垣，土在斗牛紫微垣。已上曰五垣格。主星临岁驾，禄马在前后，曰前引后从格。甲乙生人，寅亥安命，木守本垣，丙丁生人，安命卯戌，火守本垣，戊己生人，子丑安命，土守本垣，庚辛生人，辰酉安命，金守本垣，壬癸生人，巳申安命，水守本垣，曰受命于天格。凡星辰在命顺行，金前土后，火前木后，木前水后，依次顺行盘面，曰五星顺行格。太阳金木水火土行，曰四令环阳格。罗计子午得用者，曰跳关，曰首尾分天格。罗计各分星辰两处，曰首尾平分格。众星在巳午未曰戴天格，在亥子丑曰履地格。又要分其昼夜，更具七十二格，见于聚论中，宜详审以知其妙。

刃煞变直，立死无疑。日月并照，祸福谁期。

若刃星为煞，又作直难者，死不可逃。此限若太阳同行，断其丧父，或父有疾，与太阴同行，断其丧母有疾，自身亦主灾犯。重者与限有关系，顺者则灾可减矣。

煞考衰旺，计于四时。荣枯得失，各应非迟。

如煞是木星，又生春令，则煞旺而害人，非遇火金不能制化，生于秋令则减半矣。火旺夏，金旺秋，水旺冬，土旺辰戌丑未，宜心会之。

冲驾蓦驾，离祖独居。逢生喜顺，见煞喜逢。

如午生人，子上安命，谓之冲驾，巳上安命，谓之蓦驾，主孤克离祖。有发福荣贵者，宜考聚论内。说逢生喜顺者，如子上土，申上木，辰上火，则火顺而能生土化木，背则不能见气而无大凶害也。

助煞化煞，逢空遽发。二限推迁，死生特达。

如用土星，水木气孛同行对照，乃助煞有害。如木火气罗同行，乃化煞致吉。若遇空则煞无用，反能发福。大小二限，各有真理，宜取用星宿于口诀。

四善重轻，拱夹分别。年月日时，各有详诀。

四善者，年月日时之殿也。以年殿居首，日殿居次，月时又其次也。看其坐照拱夹何星何宫，如子生人拱子，曰拱驾，夹子，曰夹驾。拱夹四柱内年月日时各有其名，如子上坐命，寅戌有殿，曰夹命。午上有殿，曰对拱。申辰有殿，曰傍拱。在本宫，曰坐殿。太阳一殿，例于聚论中取之，四殿拱夹之命妙秘，亦考聚论。

身宫命宫，的池忌逢。非贵莫救，煞恶愈凶。

如酉上安命，的煞在上，又值水孛在内，此谓之金坐淫宫，非贵人不足以救解之，禄亦可以制定之。池者，咸池也。如寅午戌人，卯是咸池煞，又逢水孛，为花酒淫荡。

太阳杂处，幼鬼定理。随命制化，喜怒无比。

如辰上安命，土计金同行，土计日同宫，乃父母有力，亦主生来坐享见成之福。火罗金火罗日同行，主克父，或不利父，或父有疾，不过应于少年，若发越者，在所限而断其吉凶。

太阴独明，轮运非轻。漏关跳关，昼夜有情。

诸星皆欲生，惟月要独明，或守年月日时处大吉。轮运者，限元有相管摄关系也。口诀详于聚论中，晓然如镜。漏关乃罗计截断太阴出于外，或有吉星出于外，亦是也。

岁星守岁，逢顺无配。又作吉神，立登科第。

如甲寅生人，木为岁星，乙卯生人，火为岁星，若木在寅，火在卯，曰岁星守岁，其余仿此。又逢生星，限元又顺，其福无比，立登科甲。逢凶曰岁星化凶德，深为不吉之地。

月居月位，各从其类。若值亡神，其祸无避。

如寅月生人，太阴守寅之类，最宜独明独行，值吉倍吉，忌凶星恶煞重逢。

日守日垣，昼逢作官。夜诞逢煞，刑害缠绵。

如甲子日生人，太阳在子，寅日生，太阳在寅之类，谓之日守日垣。以例推之，昼生坐官顺行大吉，若夜生又遇煞于上大凶，主父母有疾，亦缠绵也。

时逢福曜，官星喜到。若论重籍，阴阳沓照。

如子时生人，子上是籍，得禄星官星到，曰爵星会籍。如日月并于上者，其贵可知矣。又当考限元命元，禄者即甲禄在寅之类。

胎元战克，祖分无力。父母难存，必迎刃直。

凡人胎元，主人生前之事，与命有管摄。如恶星居之，则主胎中之孝服，或破祖。又值刃直星，不特父母难招，自身却作大祸。如戌上胎元，不宜水孛作刃直居之，余依此推。

年月日时既已定，十二宫中留心订。寅申巳亥重相关，辰戌丑未须当认。一篇亘古之玄机，神仙考之亦难尽。

年月日时既定矣，论十二宫生克，惟寅申巳亥四位实有相关，为互刑重故也。非聚论之言，不足以明此理。辰戌丑未考其本源，为力稍薄。若是四柱申地，亦还其富也。此十六金之真筌，于聚诗中大有管摄也。章章明白，当为万金之秘传。

唐一行禅师聚论详议注解

星既居垣，先论刑冲虚实。

垣者本宫也，刑者三刑也，冲者对冲也，虚者空位也，乃四柱旬中空也，实者三合位实也。

命已入局，须分逆顺迟留。

局者寅午戌之类，逆者退行，顺者疾行，迟者慢行，留者不行，进退须有情也。

究根基以论克制，

根基乃命元也。克制者，五行有颠倒相生相克之理，其中玄妙，即水生火、火生金之义也。有口诀。

求贵贱以反因由。

刑冲虚实之妙，能反其元，而致其可贵、可贱、可贫、可富之玄奥。

体必原于四柱，

论命必极其四柱之精，紧要处看生杀何如。

用深括于五行。

论限元所用之星落于何处，遇克犯者凶，遇相生者吉，又看虚实刑克如何。

禄不临于四极，马不往于四刑。

禄即崇勋也，甲禄在寅之类。四极者，辰戌丑未之地。此地原凶，非禄所止。马者寅午戌马居申之类。四刑乃寅申巳亥，是极刑之地，马不安也。

煞喜居官，

煞者，即飞廉煞星也。若居官禄宫，主有大权，却忌居于男女、夫妻、田宅、弟兄之位。

殿宜拱夹。

殿者，四善也，又名四喜。拱年、月、日、时、身主、命主、官主并财元则吉，虽有冲坏亦吉，终不验也。拱处如日、月上有凶星亦贵。凶星者，金在寅之类。

情性考年，

生于何地，情性何如，皆从人生年断之，出身吉与不吉。此段论煞，测之必以官主所属配之口诀，谅如是乎?

父兄参月，

生月中论父母、兄弟、荫刃如何，便知克制。

夫妇日辰，

论夫妇凶吉克制，以日辰考之宜口诀。

子孙时别。

男女以时别之。此篇年月日时皆处煞地，以四柱推之，口诀有例。

日月交辉，

凡日月或三方，或对位之地不空，凶亦可伏，能致其吉。若遇忌星，或年克，非疾厄则妨父母，或少年背父生也，遇之者终吉。

四善拱煞。

四善即四殿也。拱处空则吉，用夹财亦吉，亦不可以空而推之。此法非口传心授不能。

冲能致吉，

此言须口授，惟僧少异耳。男犯者必弱，否则淫于花酒而散财。遇空处克，亦可吉。

刑能致凶。

刑者三刑，即寅刑巳之类。四柱八字与盘面中相犯全者，方验轻重。

天马重见，

有当生天马，有流年天马。如甲子生人，甲禄在寅，申子辰马居寅，即火是天马之类。若受生者大贵，以十干禄主取天马，如甲茨乙孛丙柴头之例是也。

天喜重逢。

有当生天喜，有流年天喜，坐七强宫为上，要与命限相关。

魁星用三，

魁者，即文魁、次魁、小魁。此星坐身命，更兼学馆相会，即以文著名。

文星二用。

文星即文昌科甲是也，同上断。

乾坤互沓，

如子午上安命，二宫申亥相逢得格者，乃文人才子，大贵显，以文成其名也。

驿分天地。

天驿地驿二星在命，或在身宫，或在官禄，便可言其有名，更命限好者大贵。

难直忌重居，

八煞主与直头星同行，其凶不可言。

权煞宜虚位。

煞星同作权者，临空位则可取之。四柱内无亦曰虚位，余则不然。

孤寡畏三刑，

孤神寡宿之星，畏三刑之地。

六害穷八字。

子未六害之类，若八字中全，与盘内星合来大凶，后有例见。

推大煞以论刑，

有其刑则有其煞。在命位主克性命，在兄弟主克兄弟，在男女夫妻田宅奴仆疾病等官，皆忌之。此星有刑故也。惟官禄宫见之，必主有大权柄也。

怪亡神以立身。

亡神在申，申上立身安命忌之，驾上亦不宜见之。

腾厄重迎，

风腾煞，与天厄同官者，大忌之，不宜坐命安身。更限不吉，必主破败一空，重者主法死。

天妖刃神。

天妖，即丁甲金兮丙从火之类。若为煞星深忌之，空亦刑克也。

池忌实见，

如咸池煞命主带之，四柱上又见深忌之，其人必因色而亡身。

相忌疾亲。

相貌宫与疾厄宫主有相关，及同位互换者，主破相有疾。

阳不守于四凶，

阳者阳刃也。寅申巳亥为四凶之宫，惟辰戌丑未四宫值之，偏重也。

狗独嫌于五七。

天狗星嫌居五七之地，在夫妻克夫妻，在男女克子女，不克则亦如途人耳。

产星用二，

此星遇之，男主血光，女主产厄。犯重者凶，轻者亦有血气之疾。

帝城则一。

帝城垣城也，为贵人之地，忌凶煞居之。

贵人迁变，

此二星诸宫遇之，则能伏煞。当各论其迁变，必论阴阳也。

禄神协吉。

禄神者，甲木孛兮，乙水星，丙计丁罗是也。作生星则吉，作克星则凶，用之终不吉也。旧本云：催官协吉。

生气宜身，

太阴居于生气上者，主一生无险难事。其例有二，月后第三位是也。考通书合乃生月后，此法可用于小儿。

金匮宜室。子午日子丑未日寅寅申日辰卯酉日午辰戌日申巳亥日戌。

金匮星主妻财，宜居二七位吉。田宅轻偏宜妻宫坐之，得妻之财。

劫不利于少年，

劫在命主少年多滞，老后主有权柄。

刑主妨于就晦。

本宫之星，不喜与四柱内相刑，为就晦之祸太重也。

坐马忌冲，

寅午戌马居申之类。如限星坐马上，忌年冲之大凶。凡命吉星坐马上，主机狡乖劣。有格者，主五马之贵。如凶星破之，诸星不来，如丑马之害巳也，有禄马压之则吉。

子妨华盖。

华盖男女宫忌之，身命亦不宜居之。

六合在全，

六合者，子与丑合之类。此六合全不空方为合。

互垣宜制。

互垣之星，看其吉凶相制，随处断之。

白羊立业，镇水同宫。金牛处命，罗土相从。闲处则吉，要处则凶。

如戌上安命，水土偕行当命限上，则欲作用。酉宫安命，罗土同居亦然。若刃水刃火，最为利害忌之。

兔逐鸡窠，龙居犬穴。马驰鼠道，牛奔羊结。凶可为祥，吉可为孽。

此言卯酉辰戌子午丑未二宫之星吉凶如何，用别轻重，反吉为凶，反凶为吉，变化不测。论造化异于常人，当口传心授。

兔逐鸡窠，火入金乡。龙居犬穴，金入火位。马驰鼠道，移干就湿。牛奔羊结，土镇月宫。

借宫则论煞，

巳亥二宫坐命，以寅申水木借用，寅忌土计，申忌土金。

四余则论绝。

金木水火土绝处，如以孛罗计作用神行事，吉凶立验。如神金因绝于寅，而火生于寅，金生在巳，火临官巳，金败午，火旺午，故金无余气。金主杀，天道好生，故无余气。且水有孛，火有罗，木有气，土有计，天地间水土木多，火燃处即多。独金虽神仙烧炼，亦无有也。

宵中火金，

凡夜生人，火星看坐何宫，论空实则大验。自未至子为阴，自丑至午为阳。

昼逢太阳。

同上。丑至午为阳。此二章论其空实之理也。

二德相拱，

天德月德三方拱者至吉，纵然凶终有救解，无大害。

岁在箕度。

冬至之日，太阳在箕七八九度，便作下年例之。看前后月之大小，便知其箕之几度。若上月大，则牛一度上，月小，则后一度，如二月俱小，则是九度。

身值独处，

太阴只要独行最忌刑冲，则吉凶在目前，淫乐亡败有之。

用在七强。

用者限元也。起处要临七强官，方为得地，随其制化。

冲处不起，

四殿拱处伏了，诸星皆实行，则祸福于此最紧，可贵可富，可贫可贱。

空处不生。

生我之星空了，诸星不在，取福反取祸。其中凶能致吉，吉反为凶。

身元极关于命主，四正刑切于三方。

虽三方照主吉亦主凶，若四柱与命盘中相刑，则紧切致祸矣。

祸福先后，岁籍晦明。

命之死生，或应前或应后三年者，直年太岁与人之生时关系，或因冲战，或三方吊起，以论吉凶。

财帛积聚，水计论量。

凡命中水计同处，或命主，或财，关系可致富。巳宫立命之人，水计同行，可富可贵可寿，皆在冲克中之类，量其或水木、水气、水日月、水金之类。

福自为福，殃处为殃。

此承上文财帛积聚之说言之，福自福，祸自祸，难用推除，此言极当。

蓦驾立命，狡性战争。

如子生人亥宫命，谓之蓦驾。其人多狡猾，好与人争斗。

生曜逢空，反不为祥。

坐命处忽有生星，至本宫被魁鬼空了，反不为吉，余宫减半。

杓宜指禄，

斗杓指禄者骤富，合格令者，大贵人也。又须论生克，则应自生月起至生时是也。非甲禄在寅者，乃甲人用辛为官，辛禄居酉是也。

财宜制克。

财星起处要克他官星，必主富，值空反不为祥，克他不空为上吉也。

夹位喜母，

有用处，有母曜在内拱夹者妙，如身坐处有吉星拱夹者，亦有变化之妙也。

拱喜时德。

时者生时也，德者生年也。年时拱官命财者妙，拱凶者主为祸不轻。

三空四空，变化不同。

三空者，魁鬼流魁也。四空者，日月时斗空也。与本年者，辗转相关。

田冲顺冲，贫富难容。

年月日时相关，冲实冲虚，顺冲者星随而去之。老人忌冲空之位，虽吉处他官亦多灾厄，冲则轻也。且如卯上值酉冲，行卯年来，则云回冲也。

五常为吉，二符忌凶。

官福、田财、身官主星皆作吉星论。生年病符、死符到处，恶星坐其上，限又逢之，作恶星用，主大凶。

寅卯辰位，巳丑相关。巳午未人，申辰欠安。申酉戌中，亥未翩翻。亥子丑宫，寅戌最难。

寅卯辰人，水土之星，限见生则为吉。惟夫妻兄弟之中有妨，年月日时亦有相关。巳午未生人，或坐命处金水二星，申酉戌上木月二星，亥子丑上木火二星，命限见之，克与上同。

坐星生星，克制非凡。

水木金水，木月木火，虽是生星，但生年与日时命限逢之，富自富，贵自贵，亦须有克。

星宫乱合，宫分偏正。逐兔攀龙，超凡入圣。

气与罗合，木与日合。凡星坐命宫，分偏正浅深。验生时之克制刻数，则行限便知吉凶。前后如行卯限，先入乎辰，则吉凶可知。

以金伐木，猴来则变作权人。

仇土打蛇，猪见乃青云得路。

土埋双女，巳上行限路遇此，猪乃亥星，正管限，则有变化之理，平步可致公卿。若不空不冲大凶，亥宫命是也。金骑人马，遇水则转生木，土埋双女，遇木则制其难，要不外乎生克制化之理耳。

直财入库，富有千金。直禄入官，位居极品。

更有田星拱之足禄，如财帛星入库水，土辰金丑木未火戌。如甲生人，禄在寅，更得命限好大富，宫主又作禄神，如禄宫为官宫，若受拱为大贵。

魁临学馆，主冠世之文章。马入身元，乃离乡之杰士。

文魁临于学堂之上者，生平有文学冠世，以文得名声。马与身主会，离祖成名，身性无定，女人切忌。

众星静处，不作僧徒，翻作贫人。五星致凶，不露暴流，自

微得著。

五星皆静而不相生者，一生不能发越，必下等人也。凶人欲行上人之志，立身后欠善终，一时暴发。

君臣庆会，凡人即拜公卿。命母犯冲，当路即为寒士。

年月日时同处为实地，平人即为公卿。生我之星谓之母曜。被冲坏了，在限上不吉，或于他处亦然，终作贫寒之士也。详究之。

命立岁主，配偶犯重。命立破乡，生意蒙蒙。

如子年生人，立命子上，则妻必犯重。或生克逢生，亦主富贵。子生人立命午，则为岁破，必然自权自立。限行遇吉星生之，则亦富贵。若又子时生，则管限中亦能反覆其吉凶也。虽吉则七旬上必亡，子上有生星亦吉。

重子立命，土木七宫。少者怙恃，长则何庸。寅宫巳水，亥日无功。

此承上文而言，为十二宫纲领，有紧之吉凶，人心自解。凶为吉吉为凶，尽在此章。

重卯酉籍，孤苦贫穷。若遇日辰，和气溶溶。

与上文相类。以六十甲子中详推之，卯酉为二人之门，故为而作例。然十二宫亦有管摄，须以吉凶辰论之，可以意会，在卯酉日辰上见之。

福官入宫，须分彼此。若作令神，富贵无比。不令不克，亦可为喜。

大凡官福星入命者，分其生克，若能助其光辉者，大吉。又作令神，则全美星光辉相助。若不是令星，既无克制，则亦为吉，终是福官之星可喜。

日取阳曜，夜取光芒。殿居四实，官坐庙廊。若处飞马，日奔夜忙。

如命系日中生，众星入命，虽有克制，亦分彼此。夜生人，有光之星入命，为通机，在实地当成名。若居飞马奔走不闲。飞马者，以日时起之，即申子辰马在寅之类。

阴忌计土，不分南北。巳午未申，限元无力。若居酉辰，如虎而翼。

太阴若与土计同宫，惟辰酉二宫相生，他宫同处皆不为美限。若又行巳午未申之地，则全然作凶论，主夭折。若土计坐处值空，则不相妨。谓土计值空也，其不凶可知。若巳午未申之地不空，其凶不可言。

大格五经，

大格者，大全格也。五经者，曰独步、摘金歌、难经、总断论、碎金也。其间玄妙之语，摘金、难经、独步、总论虽少异，于人反说之不知其义者，可于大格中例推之。然奴貌相官何异于人，非口诀安知其义。

凶神吉神。

诸凶煞诸喜神，不可不考。当考其直年为上，又有时候不可轻断。

令星母曜，实处为邻。

令星者，春木夏火之类。母曜者，如子宫命土主，火为母星之类。如星得令相关命主，相宜同处者，为上格之命。限元中亦看可推得令之意。

金木水土，寅亥巳申。顺利富贵，刑则夭贫。

四星于四刑之中，相有相关，神妙莫测。如亥中有水，巳中有木，寅中有水，申中有木，如遇土金犯之，致富致贵。凡人皆以寅亥不宜见金，岂知其中有生水之妙，巳中见土，有生金之义。若见刑克则凶。忽遇流年致刑克，亦不为祥。遇刑、遇冲、遇天空，则为妙处论也。

留心考究，传宜得人。

凡五星须当留心细推，空亡、刑克、虚实，方得其验。如不验，必其生时之差。

琴堂易览注解

琴堂五星，先贤所秘。吉凶匪同，常星有异。

琴堂之名，乃昔有琴堂和尚，传授吕逸斋，逸斋受之唐一行禅师，盖因和尚盛行于世，故号之琴堂。所论吉凶祸福，与加盘，耶律躔度，子平法，诸家五星，取用不同，凶能致吉，吉处反凶，有变异，是以言常星有异。

先推命与身，次看生克。生克既已明，三方并吊起。

先看命宫，受生受克，命主起去如何，次看太阴落于何处，在强在弱，然后看三方对照，六命相生相克，更看田财、官福、妻男。受生者，便可言吉，受克、受空，以不吉断之。

入垣入局庙，互垣合格类。子细与推详，其中多妙义。

五星入垣，其贵可知。互垣合格，多有深奥。入垣者可考十六两金，合格者当详七十二格，于中妙趣多矣。

庸术能知之，可羡更可喜。一天星与辰，分明皆语汝。学者

宜审思，非难亦非易。

观星先看命和身，次察盘可各位星。最是限元为第一，吉凶惟与命同论。

五行相生，最喜顺行。顺则有吉，退则无情。

且如木生火，火在前，木在后，顺行而相生。如木退度，则木火无相生之义，故为无情。

五行顺克，为祸太疾。若逢制化，稍减其力。

五星相克者，顺行为祸太速。且如金克木，如木在前，金在后是也。若遇火罗三方对照金星，则为制煞。若遇水孛则为化煞，为祸稍轻，反能致吉。

魁从年生，掌握一世。遇之全生，吉凶倒置。虚实要明，后详次第。凶宿值之，反富反贵。

此星于当生年上起，管一生事。虚者，四柱中所无。实者，四柱中所有。

符凭月起，半空之理。二十五年，吉凶畏喜。

此星从月上起，自少年管至二十五岁，半空也，吉凶变易，凶致吉，吉反凶。

权乃日中推，玄妙罕能知。半管五十载，余星各有期。

此星从日上起，自二十六岁管至五十岁，亦半空虚实，与前同。

印者时所摄，五十至末年。空空之妙诀，深远不可言。

此言是时上主一生事，而半空也。其星此处看是何胎元，如甲子胎，甲为阳，斗在阳位，乙丑胎，乙为阴，斗在阴位也。坐身命者，为人欠实，而不诚也。

鬼曜即天空，与前星亦同。半掌一生事，吉凶安止容。

天空即当生天空，有流年天空，管一生之事，却半空也。以上六星，皆看四柱有无，有则为实，无则为虚，以断其吉凶。若吉星遇此，四柱内无填，则变吉为凶，克星见此，则易祸为福。

天乙贵人星，值之能化煞。拱夹命与身，限到浑早发。

此星坐处多致吉，见凶亦能化伏而不为大咎，加拱身命限者，大吉也。

天禄是崇勋，如临命与身。更坐官宫中，还须是贵人。

此星安身生命者主贵，更入官宫主大贵。所谓真禄居官，位居极品是也。却不宜陷于奴仆之宫，坐之主一生劳碌，喜自庖厨。

岁德入年干，命身深喜居。生平鲜难厄，入限中贵推。

德乃年干取，临命坐身吉，一生少难，可伏煞。

时籍是垣城，命身惟欲临。坐之能致贵，当考生克星。

此星有三名，时籍、垣城、帝座。安命立身者，主贵。然此又当看身命限元若何，方可言之也。

金舆主妻财，禄前三位该。

此星坐妻宫，专主得妻财，余宫非也。

生气临身吉，一世永无灾。

当生月后第三宫是。如与身星同处，主一生少难，无大灾也。

正禄与斗杓，二星一处来。富贵自天然，此格诚善哉。

此言斗杓指禄，主大富贵。如杓不指禄，但坐身命官宫亦贵也。斗杓者，即用月常加戌时上见破军是也。自生月上起戌，顺数至本生时是斗杓也。正禄者，即甲用辛为官，辛禄居酉，非十干享禄主也。

天马与地驿，二星专致吉。身命及官宫，值之有禄秩。

此二星坐身命官宫，其贵可知，如坐主星者，亦贵。其验如神，不可不考。如其不吉，亦有俸禄之人，有名播世，试之累验。

年月日时云四柱，四柱有星名四喜。四星拱在高强宫，纵遇相冲克不起。

四喜即四殿，又名四善，拱身命限者，皆吉，有凶不能致祸。拱克处，则克不起，故四善拱伏，则不能动也，宜详口诀。

天喜红鸾二吉星，常居四正喜临身。若临命元并限度，与之进喜及添荣。

此二星常在四正之位，在命主有喜事，在财帛主得财，在兄弟主兄弟有喜，或朋友相举而得名利，在财宅主父母有喜，或增田宅，在官禄为官者有升文书之喜。照身者家中进人口，与当生会极好。

文宿有三星，名利以文成。加临学馆上，天下播其名。

文宿乃文魁次魁小魁，坐身命官禄宫，与学馆同处，乃文人才子，名扬天下也。

巳亥须借官，官命难一般。申宫须借木，寅宫作水看。

巳上坐命，行申限，水为官星，是以借木为官星。亥上坐命，行寅限，亦以木为官星。故假水为官，以此断之吉凶，无有不验。专以官星，却又难以限元论。

三合有天马，值之有吉祥。安身并处命，莫不贵荣昌。

天马者，即火计水木土之类。此星为煞稍轻，为福甚大，能致吉，盖化为天马故也。

五星居绝地，绝地岂能生。权将余曜论，非贫拟作僧。

金绝于寅，木绝于申，火绝于亥，既自居于绝地，岂能生他人耶？却将余星断其生克，此等命非贫即为僧道，为煞不甚凶。

大煞飞廉，最主有权。克妻害子，为煞至专。

即正戌二巳之类。若在官宫主有权，在妻宫克妻，在男女宫克男女，在田宅不利父母，在兄弟而少兄弟，作克星为祸太重。

的煞淫神，偏惟忌阴。男逢汩没，女逢多淫。

一名淫神，一名汩没，在命者淫佚，作事颠倒，女命深忌犯之。

劫煞一星，坐命安身。少年不利，多主邅迍。

此星坐命安身不利，主疾病，有权煞。

亡神立身，命坐斯神。作事反覆，多学少成。

此星安身命者，似有如无，作事多学少成，一生不济事。

驿马之星，忌亲命身。若逢战破，日夜驰奔。有星居上，克而顺行。身命会之，机狡无情。

寅午戌马居申之类。坐身命者，动静不安，与身同行，更限元不吉者，乃离乡之士。若有星辰坐其上，遇克去之，更有飞马时上，惟安身立命，日夜奔驰辛苦。命限好者，却劳碌而成家。

刃星作直，致凶甚恶。若是克星，匪亡亦厄。

刃者乃禄前一位是也。如刃宫主星入作直头星者，为祸大恶，重者必死矣。

星名天狗，主人无后。五七遇之，妻子安有。

此星忌入妻男宫，在妻克妻，在子克子，其应如神。

桃花煞主星，女命忌居临。命身如遇此，必定乱人伦。

乃寅午戌兔从茅里出之类。若坐命安身，男好酒色，女必淫佚。更行限值克者，必因花酒而丧身。又当考独步中金水孛如何。此言历历皆验，看女命宜细详之。

凶曜号风腾，命身不喜迎。天厄更同处，家破又遭刑。

命身在上更行限，必主破败。更与天厄同行，家计一空。为克星至恶，重者必主徒刑，不然法死也。

冲驾冲蓦，二曜孤克。坐命安身，凶能致吉。

冲者当生岁破也。蓦者当生岁后一位也。立命安身者，主孤独奸狡刑克，详聚论中，则皎然方知其美。

孤神寡宿，四柱所属。凡人遇之，偏主孤独。

此二星主孤克，畏于三刑之地，妻子宫不宜见，亦必有损男女。

四柱地支，与盘相刑。命身限遇，其刑匪轻。

四柱地支，与盘图中相刑者，身命限行至上，或流年相刑者，其祸太重，必受刑宪也。刑者即寅刊巳，巳刑申之类。

产星有类例，惟主血光事。若也作煞星，女受产厄死。

此星为煞星者，方忌之，男主血光刑害，女主产厄，重者必死。

八煞煞宫主号难星，化为煞宿来相侵。若是迁移来互换，死于道旅受遭贫。

疾厄宫主星，为祸最重。与迁移互换，重者亡于道路，轻则在外受贫。

直头星与天妖神，二星为煞甚难论。化作煞星来克破，十分为祸亦非轻。

此二星太恶，为十分凶，平常亦不吉。

子丑立命，土为主星，寅亥相见，为殃岂轻。寅亥命宫，辰酉相逢，若无制化，其凶愈凶。卯戌二局，火作宫元，若见巳申，凶不可言。辰酉宫中，太白所止，卯戌飞来，无救则死。巳申之属，土属辰宿，子丑为殃，非亡则哭。午未之宫，君后之京，镇计相犯，非亡必刑。

以上十二宫，为祸不相容。若能反其吉，非克必受空。

五星并二曜，生星深喜到。如是值空克，安能言吉兆。推究四余气，其中多妙理。生克与星同，空空却别议。生克制化俱已明，还推坐命克和生。一天星宿盘中取，学者留心子细评。

星学大成卷二十五

唐一行禅师五星秘文注解

人命禀天，八字分辨。穷其本源，胎元尤显。察乎德籍，究乎四善。知富知贵，知贫知贱。

德者岁星，籍者生时，四善者年月日时四殿也。胎元者生月前第十位是也。如殿内有官星身命坐其一二位，或对拱相照，皆是贵命。不拱照者，虽富而不贵显。

魁符权印，斗鬼飞廉。论极限位，天地并参。究其虚实，祸福俱全。

魁符权印解见前。印者时也，斗者胎元也。鬼与飞廉，俱详前篇。

刑的劫亡，尸舌贯栏。禄马阳刃，善恶亦专。

伏尸贯舌栏干贯索并详前篇。阳刃在命主性重。

金匮生气，难值冲年。太岁轮运，卯酉门关。天驿地驿，妙不可言。亦合贵人，其理显然。

太岁天空之类，验其当生，考其流年。门关者，午年卯酉为鬼门关之地，遇凶星则十分凶，平常亦有灾晦，有大吉星，则可吉矣。天驿正巳二申之类，六合子与丑合之类。如子上有凶吉，丑上亦有半凶，贵人能化凶也。

太阳正宫，不易天地。太阳偏处，前后三四。吉殿凶宫，凶先吉位。扣其的时，祸福极大。流曜流魁，宜当审秘。

如太阳在正宫之中，则天地不易，安处正中。如太阳方过交位之地，则安命不可移易。如浅则有伤天地造化正气，如深则易四时之位，如交宫浅则易三岁之位，须当论其浅深。如年三十七岁方交官禄宫，得吉限，则三十四岁与四十岁上下吉与不吉，当详口诀，又当问其生时之的，吉凶祸福，无不验矣。

三限变化，四正三方。有克无犯，必致死亡。无克有犯，难直何妨。本值二三，末过十祥。本未全遇，此处大亨。遇生福轻，遇助福长。日星先交，岁岁一阳。空空之妙，细宜审详。

琴堂碎金

富贵论乎格局，贫贱究乎经垣。星有顺行，必骤作而久贵。宿皆凶布，处困厄而不延。三三五五，惟主聪明。实实空空，反其贱荣。冲驾独立，蓦驾无情。至若吉曜当空，少易育而壮滞。凶星入命，少困厄而壮亨。宫宫遇吉，到老终作贤良。一限逢空，他吉而终发积。水为貌主，岂宜逢土。金作福神，火来凄楚。荧惑为官，水见跛扈。若遇镇阳，破祖荣祖。迁煞逢凶，旅况贫苦。如遇吉神，矗显他所。若乃火居妻位，妻须重娶。土入妻宫，妻娘无貌。（若在木垣，气位别论。）火水火孛，蚤见孤孀。金火金罗，刑克非常。喜水喜土于田宅，宜木宜日于财乡。子孙利金木阴阳兮，气孛非祥。奴仆宜四余兮，克能战争。且比夫一星为吉，值生煞而同途。乃吏曹僧尾兮，终非善之徒。合局而带贵煞兮，性高显而为武夫。主星陷煞而反凶兮，非离祖印应贫孤。何以一身为高强兮，别其上下。何以为限之驳杂兮，致死无讶。

独步钩玄琴堂秘诀

二曜丽天　岁功成兮　五星垂象　人事应之

所以月将　加临生时　先观主曜　起处高低

次察身宫　泊处安厄　命居宝瓶　举一以例其余

主星属土　飞加卯戌（恩地）　最为得所　更遇火罗（恩星）同行燕鲁（寅戌）　或在周齐（午子）　蛟龙云雨　如躔晋楚（申巳）

有力如虎　其他一体　定其宾主　太阴泊处

其理一同　但嫌木气　与之迎逢　踏实无救

乃为真凶　火罗化之　和气春风　分其向背

究其实空　身命既定　次求官福　生克既明

次看垣局　拱处如朝　夹处如矗　日月拱命

把麾开纛　日月照母　大贵荣禄　更有漏关

兼处煞禄　拱禄固荣　拱煞要伏　月为初主

日仍中年　时为末主　限岁推迁　吉凶之变

深不可言　四柱六甲　与天地参　天地二盘

吉凶详看　年月日时　四柱实地　实地有星

祸福非细　坎离乾巽　六甲空位　空位有星

吉凶倒置　亘古真机　神仙所秘　桃梅不李

铁石匪金　且如人命　立巳与申　以水为主

难以金论　官福田财　见土俱沉　日月逢之

损自伤亲　天元纳音　土属则妙　土入命宫

更为吉兆　或坐财宫　尤为紧要　丁未在戌

一水独照　富有家资　仍嫌孛曜　二主临财

万顷良田　官福居垣　佩印乘轩　身命逢官
富贵天然　或居殿驾　近君承宣　恶煞战破
刑害绵绵　武官带煞　一有格目　僧道九流
主陷三六　离祖过房　迁田不足　寅申巳亥
四重之局　人命立之　事多反覆　吏曹之命
祸福多专　刑不守籍　必在身元　或居相地
刑赏难蠲　吉处十分　享用亦全　官星满用
凡骨可仙　禄马贵人　太岁所摄　坐命安身
富贵雄杰　岁对为冲　岁后为蓦　身命逢之
悖逆蓦越　更值星曜　言其优劣　流年遇之
冲蓦一般　看在何方　宫定其端　劫亡刃害
残破迍邅　的煞淫神　汩没流连　唯有大煞
最主威权　身命逢主　有为作略　小人遇之
胆大心恶　以上煞星　验其生克　克我命主
不可救药　更有直星　狂怪凡百　八煞宫主
号曰难星　四柱身命　不可交迎　午未二宫
君后之位　不论生克　所畏难星　土计木气
最忌侵凌　岁德朝垣　得地者贵　福官守籍
相生者荣　诸星互垣　有忌有制　富人之命
体弱用强　金木同位　水火同行　为富不仁
故多战争　拱夹田财　不值空亡　田连阡陌
千仓万箱　朝天拱斗　乾坤互合　日月逢生
日月拱夹　日土昼合　火月同宵　二曜朝阳
一星伴月　福禄互聚　皆为贵格　洞微大限

各有定方	命宫子丑	依数而行	体用俱全
如木逢阳	假如水命	水喜长庚	有一遇土
轻重酌量	更详后限	是凶是吉	后限胜前
庶几可入	后限不利	如何得出	体用互空
归欤可必	空不尽者	逢冲带实	吉星得用
却又嫌冲	寅逢巳亥	水日无功	更有天空
鼠忌牛宫	吉凶轻重	直类旬中	虎符丧吊
次第推穷	女人最紧	身与福德	五八更好
子贵无厄	水星不清	血气不调	居奸娼妓
咸池水孛	相貌必好	夫宫必离	身星陷弱
子曜居高	乃生贵子	因有称呼	夫坐三六
淫贱睽孤	寅亥金水	旺子荣夫	刚严贞固
土罗计都	五星六曜	四时一体	三春之木
逢金亦美	各有善恶	要知其类	用识其源
土能生水	仰观俯察	应如符契	吉凶亦然
或贫或富	随其后先	以时正命	毋以貌观
颠倒之颠	玄中之玄	非人勿语	得人而传

琴堂五星集　四言独步

看命之法	先看命主	起处高低	富贵贫苦
飞升实地	根本厚许	主喜入垣	恩喜别遇
煞曜居垣	限逢财聚	弱地弱宫	浮业荡祖
次看身星	三合朋侣	命母相依	安然若堵
三看限逢	用星而取	限主高强	求谋遂绪

官福田财　光我利我　奴兄疾相　途见萦我
不论生克　吉凶如数　须看空亡　详在四柱
年管平生　月先廿五　日后廿五　五十时主
阳年阳空　阴空阴取　当时者空　方为的语
命壮煞空　旱天得雨　命弱煞空　一般困取
衬贴当推　先后是务　更是迟留　限行不取
凶吉不全　缺漏必补　实地冲空　空冲出取
逢顺而吉　弱强胜负　流年生克　其理一同
命泊子位　计为本宫　途中遇木　获吉无凶
见气是祸　水孛灾蒙　丑宫主是　土星为宗
最嫌木气　是为真凶　火罗限逢　生气春风
寅宫用气　水孛欣逢　火罗泄我　耗有侵冲
辰巳有金　禄进名崇　少老见之　忌失一同
卯宫属火　孛不宜逢　水为我福　日进兴隆
喜见木气　克土荣丰　辰宫金主　土计相逢
为恩母曜　喜气匆匆　见火旺相　不致灾蒙
罗计逢化　得失之功　限逢计曜　乃有一凶
见金自忿　无取而终　命安初地　以水为宗
恩金若壮　富寿无疆　用孛为官　气宇冲冲
土计限遇　灾忌难容　午宫安命　主星太阳
不论生克　金水为强　三方拱合　乃吉乃昌
所忌木气　干我心肠　火罗相遇　喜怒不常
未属太阴　金水孛祥　所忌土计　致为灾殃
申宫立命　主孛水同　占起高强　见金独壮

富贵家资　必显荣旺　土计限逢　灾轻耗荡
正业西地　主曜金星　火罗仇隙　土计恩荣
戌宫立命　主用罗星　最忌水孛　与之逢迎
为见木气　和畅充盈　限上逢罗　必致灾惊
有救则善　合水命倾　亥宫属水　水孛我福
金火罗躔　兴灾破禄　十二宫中　金忌所泊
欲问贵格　日月分明　日月拱驾　金水朝迎
福官登驾　勋禄贵凭　职分高下　须看恩星
或居官禄　或抱月荣　武官带煞　格局居高
福星壮健　福禄滔滔　并忌流年　克我灾招
如犯其刃　的劫亡夭　恩星不救　刑宪难逃
欲问升除　催官恩实　天马来逢　恩星朝日
宜在消详　不可执一　欲问富格　田财坐实
身带泄神　福星伴月　煞星受制　身星透出
禄主高强　福星垣实　贫贱可知　煞犯月日
田财落空　限元陷失　马后安身　驾冲的实
贴衬逢迎　远近分评　克之者近　克重生轻
生之者近　生重克轻　斗合取化　散背无情
流旬空月　营运无能　更忌劫的　阳刃来刑
财物耗散　四柱减轻　如何夭丧　遇煞难凭
流旬空隙　原守空星　太岁赶煞　的煞相争
更以星弱　便得西行　正煞实地　无化纵横
但卜交会　紧要玄亨　流煞克月　的刃来刑
直难犯主　亦易而倾　师尼之命　命位两岐

桃花带马　贵人多持　身坐官禄　财禄卑微
奴星犯月　疾主侵欺　寿数一月　宜心会之
淫贱女格　身命临官　咸池带马　多不贵权
聪明娇丽　貌好优游　宫主受克　身坐禄官
更忌四角　劳苦勤艰　富寿女格　财福为先
对拱三主　垣业舒颜　恩星伴月　昼日合关
闲星貌主　互换福闲　奴宫有吉　福禄齐年
僧道之命　格与贵同　华盖安身　妻子刑冲
泄神伴月　气木守宫　财福满用　田主逢空
日月守驾　光显宗风　众星聚会　先入为尊
克我利我　分其后先　克星在后　疾病艰难
生星在后　福禄舒颜　星辰留迟　灾福如山
田宅取化　吉凶星完　庶俗之命　岁忌官符
或犯煞神　耗火趦趄　或带生气　获彩吉乎
官贵之命　不忌官符　只忌劫煞　剥我灾虞
惟喜恩到　灾脱乐余　更看流阳　散遇不虚
孤克男女　命宫所取　或坐阳刃　或坐白虎
或坐四角　罗计命怒　的煞犯身　天狗七五
火罗气孛　来夹身主　天主星空　孤眠独坐
吏人之命　恩煞两专　好处十分　煞犯身元
交限生气　名列升除　须要主健　气数绵绵
吉曜凶曜　朝日近君　生星不福　煞曜无迍
当途限遇　须辩晨昏（自寅亥至未时止，日有气，申时减力。）
日逢太阴　晦食无端　夜生太阳　亦以一般

更有四令	不作空言	日火夜土	斯乃俗谈
并论生克	不无二三	天乙贵人	坐命安身
男命最好	女命贱贫	男女立处	并爱禄勋
兼星得局	光显宗亲	驿马有四	喜忌拣分
男喜生旺	女喜衰神	八字兼用	参究何旬
纳音所取	死活缘音	众星静处	居垣反贫
十二次舍	喜忌同论	随其憎爱	其验如神
为歌一帙	同志斧斤	五宫夜日	子女参商
昼月居五	灾子孤张	七宫火罗	妻晚操强
匪则年幼	失倍年量	日月反背	如此寻常

先天秘诀论

夫冬木逢水而寒，夏木遇火而燥，秋金埋土而反晦，冬水溃土而致浊。无根之木，遇孛而漂泛东西。受克之土，逢水而崩流四出。冬金见月，饥寒彻骨。春金见金，淡薄无情。火逢月朗而无光，金遇火温而涣发。寒水最宜朝阳，夏火不妨见月。未宫坐命，太阴行限则柔能制刚。星度为垣，太阴泊处则懦而无力。盛夏之火，何须木气相扶。六月之水，最怕火日涸辙。夏金逢日，销蚀无聊。秋木逢阳，凋零无补。戌垣之火，所用与卯垣不同。酉宫之金，行限与辰宫有异。冬水喜其南发，夏火恶其北露。冬春之木遇昼日，则谓向阳。冰冻之土逢火罗，方能发福。寒土何生金之有，秋水非滋木之时。酉辰坐命，土计犯阴而反佳。（身逢生也）卯戌为垣，太乙抱蟾而为害。（身傍鬼也）残晦之土，遇火则有光辉。刚燥之金，遇土方能滋润。诸星皆退，主星独顺，乃中流砥柱之人。群曜皆迟，一星有用，则独步轩昂之士。土居女，木居星，虽相克而有义。命在申，土在亥，行此限以何妨。觜乃金石之火，触木方燃。箕乃蒙泉之水，遇金为美。壁参之水，议论不殊。亢娄之金，所用则一。丑宫坐命，不可以木为刑囚。星柳为垣，当以木气为难曜。宫分有水宫之火，火宫之木，木宫之土，议论万殊，所用不一。冬水为命，太阴行限，财不足清有余。春（阙）作主，土星发用，彼无力我何藉。论星须当论时，论气无过论理。造化贵在择用，术士妙在推详。若论太拘，过犹不及。此论先天之妙，后学宜谨斯文。

造微论

两仪肇辟，六甲始生。将三元而作三才，建四时而为四柱。干为禄本，定一生职位高低。支作命基，布三限寿元终始。年生为根，月建为苗。日管经营，断中年之休咎。时为结果，定晚岁之荣枯。先推胎息之由，次入变通之道。为官为贵，缘上下以咸和。多滞多危，本限元而相克。是故格清局正，当为台阁之臣。印旺官生，必作钧衡之任。马头带剑，镇压边疆。印绶逢华，尊居翰苑。禄虽多而有害，福不为祥。煞虽重而无伤，灾反作吉。三奇弗背，才高立解成名。六甲正逢，家富又能增业。空亡亲于寡宿，孤孑寒眠。长生陷于空亡，贫寒偃蹇。桃花若临帝座，因色亡身。咸池更会日宫，缘妻致富。根元浅薄，逢生旺而不荣。本主兴隆，遇休囚而反吉。阳刃临于五鬼，定须重犯徒流。勾绞叠于三刑，应是频遭编配。是以登仕途者莫逢吞陷，爵禄亏停。当兵权者勿遇天中，身权退失。胸襟澄彻，盖因水济江湖。学问渊源，本是水居壬癸。慈祥恺悌，木乘甲乙之乡。焦燥炎阳，火盛丙丁之地。名高禄重，乾金会遇庚辛。贯朽粟陈，镇土重亲戌巳。木繁而无金斫削，纵荣而末岁孤穷。火炎而无水淘溶，纵发而早年夭折。粤若水之浮泛，惟凭土以堤防。土重而无木疏通，遂归愚浊。金坚而无火锻炼，终是凶顽。至若金脆火炎，多则损己。木柔金重，利则伤身。水清而不假土多，土弱而不禁木盛。火强燥而微眇，水略济以宽和。须将匀配为佳，亦以均调为美。大显者贵乎深隐，大屈者必会早伸。寿极年高，皆是禄临帝旺。职崇位显，为缘马会生宫。华盖逢迎，偏宜僧道。学堂遇贵，惟利师儒。五行若也萧索，五命因而低弱。日逢空寡，其妻多致生离。时值孤虚，其子多饶不肖。绝宫为鼓盆之煞，胎宫为白虎之神。天空临嗣息之宫，末岁损成家之子。运逢吉宿无本主，则未足欢娱。限守凶神有根苗，则不须畏惧。岁君若临恶弱，一岁迍邅。生时若值休囚，一生愁叹。源清者，其流必远。本浊者，所作无成。八字超群，不贵即当大富。五行驳杂，居安可不虑危。休囚者，身性卑微。旺相者，声名壮实。先强后弱，必先吉而后凶。始弱终强，亦始凶而后吉。乃若初逢贵局，未可便作贵推。中遇凶强，岂可便为凶兆。大抵文星好长生之地，刑煞宜死绝之宫。是以当忧不忧，闻喜不喜。详其本末，察体盈虚。荣辱穷通，不言而喻。吉凶悔咎，可考而知。名曰造微，岂云小补。

奥论大宝龟

天地万物，最灵者人。自一念媾精之兆，含先天无极之仁。根在苗先，贵莫贵乎胎息。实从花后，重莫重于时辰。太岁君体，统摄煞局。动垣日月，代用流行。富贵贫贱，欲究虚实，先由胎而及岁。要知吉凶，必原命以推身。土在齐吴，验木气火罗之正变。天心午未，察计罗金孛之屈伸。勿以所爱者尽作吉看，勿以所憎者悉为凶论。无中还有，有中还无。则吉者反凶，凶者反吉。甲子岁木，乾命坎，四柱无戌亥，乃不吉之吉，吉不可量。甲午岁水，巽命离，四柱无巳辰，乃非凶之凶，凶为已甚。甲戌旬火罗申酉，子丑命逢申酉太岁，则福起。（火罗恩星在申酉空亡之地，遇申酉年太岁填实恩星，则为福也。）甲辰旬土计寅卯，巳酉垣遇寅卯流年，则祸起。（计难星在寅卯空亡之地，遇寅太岁填实，则祸生也。）特言其生克，尚未尽其爱憎。官福田财，比同生气。奴兄疾相，何异煞神。身居官禄，阴贱阳贵。主入闲极，男晦女贞。官禄田财俱无气，家无担石之储。身命相貌俱受伤，身有刑伤之苦。迁移会马，早岁睽难。疾厄逢生，暮年康泰。吉星坐戌寅，限岁逢空，防小人之窥算。凶星加巳午，福月用煞，招上贵之甄陶。用则火可生金，达则水可克土。其间守对三合，类有颠倒五行。固不可刻舟求剑，尤不可胶柱调弦。智者如珠之走盘，愚者按图而索骥。不辞缅缕，用尔发明。贾似道命，癸酉庚申丙子丙申，立命玄枵（子上），安身析木（寅上），罗空戌地，木庙寅宫，木罗俱煞，岂不伤身，夫何权倾中外，威振人主？盖罗化煞，其身宫与木适居元空地，木为祸主，是身与福星俱以煞罗为用。二十六后，大限入寅，钓起木罗，勃然而起，此遇煞逢空发也。五十九后，限入八煞将旬属空亡，土为命主，水为限主，一火在丑，体用俱伤，窜逐而死。此时辖晚年之验也。举此为例，学者单一隅而反三隅，斯为美矣。其他格局，万绪千条，不离殿驾、贵人、勋垣、田财、官福。取用则在环朝、拱夹、冲合、虚实。富贵贫贱，明如止水。大抵身命禄曜包括空亡、官福、田财、朝临垣局，兼三才而两之，混六合而一也。乃有为之人，建非常之业。至若胎命身曜环拱官福，官福田财朝拱垣城，印绶拱时命，时命拱官福，命官命主环拱用神，岁得年星贯朝，禄命官福互垣，田财会聚，皆功名勋爵之人，尽富贵利达之士。踏空则方袍团领，步玉登金。生实则佩印乘轩，泽民致主。又有贫穷忽富贵，盛极则凶危。日月驾籍之宫，禄马亡劫之位。留情审谛，注意推详。日月交辉之地，有煞欲制。年时聚贵之宫，逢生忽空。凶者福实值空，吉者煞空坐实。要当认火为金，慎勿指水作木。古人谓：燕雀不生鹿，狐兔不乳马。所以我之喜者，彼亦喜之。彼之忌者，我亦忌之。体究一源，用参八字。四柱坐生成贵禄者，名高利厚。四殿拱田财身命者，家富身荣。煞星登殿驾拱财官入宫，有横来之财禄。禄星照胎月会田禄承荫，享见成之镃基。地禄建寅，天元肇子。故丁卯阳生巳宫乃坐禄，而癸酉一阳戌地，则以实而不虚。知命君子，鉴之。

星辰霄鉴经太史陈卓注

史有郎官，上应列宿之语。传有庶民，中存惟星之言。其间庙旺迟留，须当精详穷究。乘旺入庙，终为廊庙之才。五怒三刑，岂掌权衡之任。

旺者，日戌、月酉、金亥、木未、水巳、火丑、土辰、紫亥、孛未、罗寅、计巳。正庙者，日戌、月戌、金辰、水亥、水午、火卯、土丑、紫丑、孛未、罗午、计戌。迟留者，应数所许也。顺吉，迟留不吉。

宫主得位，纵临弱限，不足为虞。

宫主者，命主星也。得位者，旺庙高强也。纵弱限亦吉。

身主高强，假使科名陷而无害。

身主者，身宫学堂也。要高强，纵科名陷，亦吉也。

金水相会，其人顿使有文章。月火同宫，此命平生多坎坷。

金水同宫吉，月火同，主平生坎坷。都例经云：就中火星多灾障，相对在强并在月，中年困多苦歇灭。

三方有用，见印绶以迁荣。八煞无凶，遇吉星而照擢。

三方者，乃三方主星也。有用则得地。印绶者，相主星曜也。主迁职荣贵。八煞者，疾厄宫无恶星也。若遇吉星主限，发福超达。

非格非局见善曜，未必为奇。逢怒逢囚纵文学，徒然费力。

格局者，谓星旺庙高，三方有用。怒囚者，即五怒三刑，主费力。

庸人之命，亦多木德金星。君子命中，岂少罗睺月孛。

庸人亦有金木星，君子命中，亦犯罗计土孛。

先贫后富，想初限伏逆陷宫。先富后贫，谅迁移逢于恶曜。

限者，三才限主星也。初星陷，先贫。末星陷，后富。

终身享福，三方总在高强。一世迍邅，五怒复逢伏逆。

三方高强吉，五怒又行伏逆凶。

中年称意，命星临官禄之乡。末限昌隆，身主在迁移之位。

命星，主星也。要在高强官禄宫。身主学堂，要在迁移宫吉。

祖财破荡，权星与恶曜同行。

恶曜者，土火计孛。权星者，甲木乙金丙土丁月戊水己气庚计辛罗壬火癸孛，忌同恶曜，谓之枵星。

动止伤残，囚星与蚀神共位。

甲计乙罗之类，是囚星蚀神者，罗计怕与囚同。

五星躔度，贵在留顺有情。

五星者前顺后逆皆喜留，惟有火土宫四，余皆不喜也。

四柱之中，惟嫌囚怒无气。

四柱者年月日时，亦人命也。忌逢囚怒星无气。

四元皆陷，初中无救则贫。

四元者，乃天地人寿元皆陷，无救星主贫。

九事并强，身家有归必贵。

九事者，四元、三限、禄主、命星也。及身命寿高强主贵。

忌星更逆，纵然贵必不长。

忌星者，日火夜正在身命更逆，虽贵不久。

恶曜逢囚，设使富而不久。

恶曜者，火土计罗孛囚星会，虽富而不久。

善星权贵，遇之必定清华。

善星者，金木水日月星也。权贵为权星主贵，如遇之必清贵。

喜曜高强，逢者无疑荣显。伏逆不顺，得之恰也如无。

喜曜者，乃命主要用星辰也。高强喜见，然得顺方为吉，逆则无力也。

飞起逢囚，此等遇如不遇。

飞起何宫分，善星躔忌逢囚，纵有如无。

木星紫气，见太阳必作高僧。

木星乃僧道之星也。

荧惑镇星，值月孛必为曹吏。

火土忌孛月会，为吏或军人。

格局清显，当为馆阁之官。木旺水清，必拜玉堂之职。

木旺水入庙主贵。

贵人之命，非恶曜以难荣。

恶曜庙旺，或为主星，限逢之必发福。

五弱之宫，顺行限而方发。

有用星怕弱逆行，顺段限逢之方吉。

木虽难而遇火，祸反为祥。

命宫虽有木星为忌，见火星化祥。

孛独行而无金，安能为害。

月孛星要独行，大忌金星相对。

学堂陷却，才高而不解成名。

身宫主星陷，则成名晚。

天首独行，庸辈而须还享福。

罗星大喜日在六阳宫，独行吉也。

妻星逢于忌怒，婚合难终。

妻星金星也。逢忌怒，必主克妻。

宫主飞入休囚，科名无实。

命主星忌囚同。

木紫土临人马，位处封侯。

三星喜在寅位，日生主封侯。

金计土入双鱼，身为将相。

三星喜在亥上相聚，如在命宫，主将相之任。

水星逢孛，为色招凶。

水星忌与孛同，多主因色丧身。

金德入兑，因妻致富。

金星喜酉，必主阴贵成身，或妻家富。

五星伏逆，逢吉曜以难荣。

在伏逆段虽遇贵星，亦不成富。

身命高强，遇空宫而反吉。

身命宫主坐在高强宫，纵四空下生，亦须发福。

火孛金星同位，累冒宪章。

火忌孛，孛忌金，金忌火，三星相会主凶。

土计水德同宫，频遭编配。

三星会者，主徒配。

恶星如临身命，性习低微。

恶星无用，或下入庙旺生身宫，多好下贱，不喜高上之人。

剑锋如会命宫，交游豪俊。

恶星有用，或入庙旺，主性好高。

仕途若逢黑道，爵禄难高。

仕宦之人，限逢计都，多退职。计都者，为尾，黑道之宿也。作事不明。

公吏如遇三刑，因权退职。

公吏人命，不可犯三刑，主遭罪退职。

最贵者，诸星乘乐，其间反覆未为佳。

五星皆宜乘旺乐庙。反覆者，退留顺疾也。

最凶者，六曜暗囚，若是命主反为福。

日月气孛罗计为六曜，或作囚星，得逢凶反吉。

科名陷而无贵，谩进趋求。

科名，乃甲乙木星之类是也。若陷无救，主不进。

魁星弱而有囚，多图不实。

魁星甲罗戌火之类。

太岁若临德合，一岁迍邅。

主凶哭。

天庭若并生时，终年坎坷。

天庭亦太岁也，与时并并主灾。

朝荣暮辱，盖为金孛同宫。初困后荣，盖因限逢末福。

乃大限也。先见吉则先荣，后见吉则后荣。

魁星者，天之文府，见之词翰清华。

魁星主贵。

九事相扶入庙，文章冠世。

九事喜庙旺。

疾厄最宜独位，免受其殃。

疾厄囚星，固不喜杂诸星。

男女若遇弱宫，晚年方有。

男女天嗣也。甲月乙水，作男女进福。

紫气星为晦气，男孤而女子无夫。东方水曰吉神，纵破也还他复位。

木星者，东方甲乙生，主散灾。

四元驳杂，终身只是腐儒。

三元禄主皆陷名驳杂，乃白衣人也。

三贵高强，不贵亦须大富。

三主居高强，不贵即富也。

廉贞若临身命，嗣续有伤。

廉贞罗计也，在命宫主克子息，纵有亦主贫寒。

科目更入命宫，妻身难任。

科目者，诸星也。命宫主克三妻，方且保守。

克妻害子，太乙与首尾同宫。

太乙孛星，若同罗计必克妻子。

失业亡家，荧惑与刑囚共位。

火星怕与刑星囚星共位，主灾。

驼腰跛足，囚星火土同行。

囚星者，疾厄星也。若日生，与火同，夜生，土同，或都共位，驼腰跛足之疾，作主星虽贵，不免疾厄之苦也。

喑哑盲聋，疾厄计罗共位。

疾厄者，亦囚星，或与计罗共位主疾。

是以强星入庙，岂可便作贵看。

星入庙旺不照身命二宫，亦无益。

命遇恶星，安可便为凶论。

如火土罗计孛，在孛命二宫，未可使为凶论。若作主星，有如禄主，甲火乙孛之类。又罗主星在阳宫，火孛计在阴宫，夜生人亦吉。

推其强弱，细察幽微。休咎吉凶，万无一失。

星辰瀛海经

才名高显，紫金临身命之宫。粟帛丰饶，紫土入田园之次。登第若逢年少，金水高强。临文兼及科名，忌星莫犯。绶星入选限之宫，须由正奏。马贵居寿元之上，定中甲科。选禄朝元，喜紫金星居禁阙。时星入乐，忌刑晦度入封疆分野。星居本度，利禄宜人选除。限入官宫，铨曹遇主，官优铨长。官星与科甲同明，限值忌刑，寺府以丞郎佐理。紫木临财，重佐必膺钱谷。合冲有巳，禄秩定黜。坑场临文值命，岂姓字之卑沉。限度不刑，见师儒之荣贵。魁文星入官宫，甲科首选。天乙光临，册府馆职荣登。学堂庙地，优登翰墨之场。度分强宫，骤入台郎之贵。水游双女，官居给舍郎台。紫占限躔，职入清华禁苑。天乙加临官禄，馆殿优游选除。星入忌刑，初中迷滞。官同禄绶，居强入参禁从。限怕忌刑犯守，升碍铨曹。九事会限，定膺九棘之荣。二忌主方，亦入二丞之贵。正临七品，官星与印绶同明。从历九丞，地禄以凶刑入忌。计同人绶朝元，入提枢柄。孛共权星主向，出镇刑台。印文庙旺，著三馆之才猷。限禄刑冲，大一同之政续。声驰玉帐，官星以金火加临。部领边疆，选限以土罗衡照。水宫（巳申也）天乙，文星禁地入蓬仙。火位（戌卯也）将权，（金火罗计也）使节牙璋征远塞。选擢右科，天乙入火金之舍。官临边守，太白资首尾之威。鸾坡节制，科名与科甲同宫。雁塞征强，走曜逐黄幡入限。金垣带贵，任三品于枢庭。限忌逢官，只外迁于藩镇。曹铨知遇，只缘选限星高。升擢骤迁，兼得高官。曜合科星忌陷，少年登第应难。禄主高强，中限临官又显。金星辅日，临文还取高科。武曜佐权，选授必居躐等。顺星迎魁宿之强，早初登第。逆度值忌星之合，中末题名。藩垣守土，十一曜以朝元。选禄值星，六合宫而降等。贵由科目，文星顺入强宫。官出杂流，人元必以刑忌。忌犯科文，异日方登上第。时临恶曜，中年乃显仕途。台丞战掾，四元限付权谋。师幕兵参，多忌星兼限弱。身入财宫无恶忌，省府优登。星居顺殿守庙垣，丞郎佐理。优登瀛府，官星与禄主同明。对犯忌宫，贴职以花城降品。贵由承袭，马元还入官宫。居享羡余，禄主元居职位。计罗动以朝元，出兼权柄。火土忌而犯属，入佐中台。珠珍余羡，察飞伏以临财。省府迁除，以星躔而拱日。印星拱日，定膺府寺之荣。科目同宫，兼领外台之贵。命分十曜，贵飞拱于太阳。限会三星，必依光于帝座。官优府寺，以财限之主宫。佐入丞郎，怕忌星之犯舍。权曜顺而主向，威总军戎。福星守以限躔，职司藩镇。（罗为黄幡，计为豹尾，即天节天恶星也。在好乐喜庙旺之宫，曰顺行。木金紫日月得地，皆福也。要入限，乃帅臣守土之格。）

玉衡经

日为众星之宗，身乃一身之主。众星司令，禀阳君方敢行威。三日逢刑，纵月光不能为福。昼生从日，喜居六阳之宫。夜生从月，利见六阴之地。

子、丑、寅、卯、辰、巳，六阳也，午、未、申、酉、戌、亥，六阴也。日喜居阳，月喜居阴，最怕失位。设若反背，未免灾迍。酉乃西沉，生于卯时，必然夭折。卯为东照，生于酉时，必难长大。经云：四月卯时人不寿。可知也。

若论阴阳，须看昼夜。背太阳，于父有憾。背太阴，于母有亏。

五星俱要比和，以得时为贵。

经云：得地不须论陷弱，失时何必论高强。

四余不宜冲突，而独行为佳。

单罗独计能为福，独孛孤炁最利人。杂犯有祸。

伏逆无光，顺行有气。

五星有迟、留、伏、逆。顺行者，由我。逆行者，由他。受制，则听命于人也。盖曜高强，逢之则能荣显。

金星孛命，好色而假清高。木德临垣，刚德而怀恻隐。水如临命，多学少成。火若当权，恣行恶毒。沉谋熟虑，为缘土入命宫。巧算多机，或者计居垣位。独孛则为人悭吝，单罗则赋性贪婪。紫气照临，为人伶俐。虽是星辰如比，又看月令苦何。女命限到火躔，防夫害子。男命限到月躔，招妾招妻。水孛如守田财，难招祖业。火罗若临父母，幼失慈亲。命主逢阳终富贵，安身傍母必尊荣。一宫遇孛，终身漂泊无拘。十地逢罗，少年夸豪逞讼。水罗若居子午，终克也有情。木土偏爱阳宫，虽战而无损。彗星昼见，女人反以为殃。天乙夜行，男命见之反克。年月日时三生值煞，立见刑徒。官魁进爵三主高强，自然荣显。金月互垣，必有立成之分。水阳得局，岂非荣显之人。主星喜居母地，主傍贵以成家。母星飞入命垣，多因妻而致富。

木居狮子，居官不能享官。

木星居于午宫，乃烟飞火灭之乡。虽有官，而不能享也。经曰：木星得令，早岁科名。然在午则为忌星，楠𢋔也。

计入三阳，有禄不沾于禄。

三阳寅宫也，非计所居之地。然亥乃官禄之所，故禄最忌刑囚暗耗。计若居寅，乃能冲破，以寅癸生人论。

水喜顺，而不喜逆。土爱煖，而不爱寒。以元守官食合，论人之享用。

元，天元也。食，乃食神。合，是天干合。论命不论元守官食合，论人之享用，不识变通造化。如甲人木为天元，火为禄主，辛为官，丙为食神，己为合是也。

以官魁爵禄马，定人之前程。

如甲子生人，用金为官，罗为魁，土为爵，木为禄元，水为马，此四星守照，逢生坐实，主一世富贵也。

最喜者四角之有星，所忌者三宫之无曜。

四角寅申巳亥，三宫即申子辰之类。四角有吉星，则吉。三宫无星，则凶。

马临官禄，出祖成家。禄入妻宫，因妻致富。男命安居子午，必强狠而专权。女人命立巽乾，必淫冶而夸色。坐贵不宜冲贵，见合不宜见刑。

壬癸生人，命坐亥贵在巳，对冲则近贵不为力也。又如贵人宜合，不宜见刑，合则致其喜，刑则致其怒。

立身合论马元，失官则徒然奔走。

凡坐命马上，若得官禄主星同守之，则马有拘束，不致奔走，不然必劳碌也。

聚财则观财库，无守则必定败亡。

如金库在丑，若官禄财星临于丑宫，则有收拾。又要看合拱无他煞克破则吉。若库主失经受制凶。

不须轻用闲奴，此等须当我用。

若兄弟奴主有来破我财库，则为他用，我将何用。

煞不宜真，真难磨灭。

申子辰煞在巳，若安命其上，乃真煞也。若当令凶。

禄不宜破，破则贫穷。

甲禄在寅，申宫有煞星冲，则为破禄，主衣食艰辛。

孤而加寡，妻子难为。

寅卯辰生，丑为寡，巳为孤。男忌孤，女忌寡。

空以加亡，功名难遂。

如甲子旬生人，甲为阳，见戌为空，见亥为亡，乙入见亥为空，见戌为亡是也。

刑不宜战，战则必刑。三刑带战，必然刑害。合不宜冲，冲则必破。合还冲破，作事无成。论刑须要论煞，刑害重而难当。论官必论魁星，官魁合而必贵。

甲生人，以金为官，以罗为魁，逢生旺居官享福也。

既参官星本宿，当以太阳相参。

官星，即官禄主星也。奈何以太阳相参，盖午宫天盘以日为主，官星故以此参也。

虽论刑害星辰，合以天煞互论。

人盘本无煞，若加盘上天煞来临，更逢凶神祸甚，二句结上。

两煞夹垣须破相，三刑临煞必伤残。

且如辰生人，巳有煞，卯有刃，主带疾破相。三刑，即寅刑巳，巳刑甲。煞若在申，主夭折。

身命最喜入宫，坐闲坐奴将何用。日月不宜夹煞，夹禄夹贵以为荣。

子午为圣人端坐之宫，诸煞莫入。

二宫乃端门帝座，凶神俱不敢犯，限到此，虽危无妨。

辰戌为小人恶弱之地，天乙莫临。

天乙，乃贵人也。辰戌本恶弱之宫，贵人岂居之哉！

煞立必暗金可畏，若临命宫，夭折无疑。

此论四暗金煞，戌宫娄金度秋生，未宫鬼金度夏生，丑宫牛金度冬生，辰宫亢金春生。若人立命遇此四煞，更魂星同遇，定主贫夭。魂星即飞廉也。余谓暗金恐是的煞。

限遇惟明火无情，若居煞位，恶凶难免。

火居八极宫，行限遇之，煞星有令，主九死一生之断。

日月若居华盖，僧道流行。

辰戌丑未为华盖，日月居之，主孤克，不然僧道之流。

禄马如陷空亡，巫医术士。

如人命坐官禄，及禄马之官落空亡，九流术士也。

桃花带合，男女皆为无礼之淫。

如申子辰生见鸡，寅午戌生人见兔，亥卯未见鼠，巳酉丑见马，为桃花也。若辰宫命人见酉为合，为裸刑露体，男女皆为无礼之淫也。

隔角逢孤，纵有嗣续，皆过房之子。

隔角，如未申、亥子、丑寅、巳午是也。若人命逢之，更孤神同照身，定主过房螟蛉之子也。

坐禄向马，乃利名显达之人。

甲寅生人，命坐寅，马居申，乃坐禄向马，水木得令，显达之人也。

对禄坐贵，亦文章腾踏之士。

如壬癸生人，命坐巳，禄在亥，贵人。又有巳为对禄坐贵，定文章之士，终贵。然不如坐禄向马为妙。

更不宜坐贵向勋，有官无禄。

命在贵人对官勋者，为人取禄稍远，有马无禄矣。

若能会禄马交命，禄厚官高。

禄马二星夹身夹命，不富即贵，故曰禄马夹命身富。

命临六厄，三周必见灾危。

六厄，马前六害也。小儿立命于此，三周之中灾凶。

煞值三元，晚年方可进用。

三元，阳男阴女冲前一辰，如子冲午未是也。阴男阳女冲后一位是，限行只此尤妙。

木罗会舍，喜入寅宫。

如六甲生人，寅宫命，木罗临会寅，谓文科守命官。

水计相刑，怕居辰地。

二星相刑主恶死，更加刑地不延年，巳申命尤忌。

劫头乃非活路，刃末最是凶关。

劫煞初逢至凶，阳刃临脱至狠，故曰劫头刃尾凶。

煞星作党，有不已之战争。

如坐命宫，罗计孛同位，或三合见之，战争无已也。

二母争权，乃制过于姑息。

如火如罗，刚对刚也。木见气孤克孤，土见计迟钝对迟钝，水见孛柔弱对柔弱，土命火罗单行妙也。余仿此。

孤日临于命限，勤苦劳心。

孤日守命限，劳苦。盖孤阳不生，孤阴不长成也。

一月单临官禄，精灵可爱。

月要单行为妙，谓之孤月独明。若当射三方无刑克方好。如照官禄二宫主，夜生精彩最显。

妇人当以身宫为重，男人当以八煞为权。

女人身官清吉，则尊贵。若凶星居之，则卑贱矣。男人若八煞官吉星居之，主有威权。凶星居之，则有凶祸。

面目伤残，刑囚不宜伤相貌。心神漂泊，水孛最忌入迁移。

迁移本流迁之地，水孛又是漂泊之星，在宫，心神泛滥不宁。

对照逢罗，婚姻反掌。五宫逢孛，男女虚花。

月孛当头须损子，罗睺在命必伤妻。见木方有子。

我克者为妻，对宫之祸福。

如立命卯宫，属火，对冲酉宫，金为妻，便看金星居于何所，而以强弱虚实定其祸福。

命卑而闲健，三位有斗争。

如立命亥，以酉为闲极，金健木弱，必争斗也。

二主临财，资财丰厚。两强战克，田宅动摇。

身命自临财帛无克，财必丰盈。两强星战克，田宅不吉。

福星喜临垣，禄星宜镇位。

福居福垣，禄居禄上，逢生旺无不贵也。

以木气金水为君子，以火罗计孛为小人。

木气金水受制，君子不能为福。火罗计孛四星得时有用，则小人为大事也。

十二煞神子细推详，三百六十细参吉凶。

一太岁、二生气、三丧门、四天医、五官符、六死符、七年破、八龙德、九福德、十天德、十一吊客、十二病符。一云九白虎。

磨䶪赋

命惟一理，人为物灵。五星纬天，相克相生而不定。二气赋命，其生其死之弗齐。须知取用多门，务必考参诸说。详观制化，更识安危。富贵双全，盖是用星制难。

如午安命，木气为难，被金克，罗被水克是也。

贫寒一世，只缘仇主伤恩。

立命子宫，火为恩，被水克，罗为次恩，被孛克是也。

恩居四正定超凡，

恩用二星守命，会妻男田财官福是也。

难若当头何用说。

如难星当头照命不吉，无救倒限，有救疾病破财。

仇难守命，非过房离祖，定主异姓同居。忌难临身，非庶出偏生，必是填房入舍。或刑伤骨肉，或出自贫寒。要明火化之机，不可一例而断。取彼舍此，认假成真。难星若占田财，断无祖业。恩星司守田宅，广置田庄。凶中变吉，盖缘仇主受降。吉中成凶，却是恩星受制。

官福、田财、命官、主星，逢生坐实，财吉，反此则凶也。

难星秉令限宫，终身成败。破碎刑伤财库，衣禄艰辛。

行限宫遇难星得令，无制，则成败多矣。

忌难同行，当获福。恩仇如遇，主无成。

忌难同行自相克，反吉。恩星到限，忌亦到则破害。

引鬼入室，贫不自聊。

如子命，水孛守命，木气合水孛拱照，主贫贱一世。

难星为用，不可战克。化难生恩，福来不小。

难用同行相克凶，无克反为福，更难来生恩，反福。

忌会仇星，必主刑伤。恩星守限遇仇来，祸生不测。

忌仇二星同家，凶尤甚。恩守限遇仇相攻克，大凶。

难若当头逢用制，福却难量。

如行限遇难本凶，若是用星正照克难，又大发也。

二母争权，决不为福。两鬼自斗，岂是无灾。恩星纵显，重见无功。

恩重当头，得地升殿。仇用遇之，再见无功。

难仇虽轻，再见必死。逢恩不发，盖因恩在仇宫。

单逢恩则发，在仇宫则不发，此以限逢而言。

遇难不凶，是由难居用地。

逢限地遇凶难，必然为祸，在用地则吉。

难守难宫，祸不浅。恩居恩地，福无量。

难守正宫，祸来不小。恩星升殿，发福非轻。

难坐恩宫，转凶成吉。恩居仇地，纵发亦轻。

难星若居恩宫反吉，恩星若居仇宫尤凶。

是知造化之机，难尽明言之断。官星贯日，定为显达之人。恩用居官，亦是荣华之客。

官禄贯太阳富贵，恩用二星照官禄宫，尤贵显，亦审虚实强弱。

更无驳杂，何用狐疑。当看高强，次推轻重。恩居用位，纵逢仇也见掀彰。难宫直待，用恩来方能荣显。

行限遇难本凶，若得恩用二星当途，方许发福。

忌星守照，须看三方。恩用照临，必分正合。

忌星三方拱照凶，恩用正照力转重，拱照力转轻。

恩无余气，借用星而制仇。用若当头，尽难星而作祟。

忌命金为恩无余气，借木气二星则富贵。更若太阴守命，虽限逢凶难，不为害也。

向背固宜斟酌，昼夜更要推详。夫妻本是难星，逢克化反能偕老。

如命辰水为妻，火为难，若同居，齐眉到老。

儿女主是恩宿，逢生旺反主刑伤。

如辰命，土为男女，火星同行，虽相生，终为难星主刑。

恩守命宫，福禄双全。

恩星守命，必然富贵双全。

忌难临身，破刑带疾。

如难星与身命二星同宫，纵然发福，亦主刑伤。

己身可免，母命难逃。命立土宫，诸宿喜躔火度。限行水局，三方忌见金星。木气高强，祸来无地。火罗夹命，福必滔天。二曜五星制化不同，三方四正照临有气。青云得路，恩星身命两朝阳。白手成家，命主恩星同守宅。既欲求名请举，须看当道。禄神为难忌，则不荣无疑。化用恩而登科无虑。且看有无驳杂，庶几论命不差。行限若遇恩星，置田换宅。宫内如逢难曜，重病破财。或重或轻，有党有救。难星有党得地，祸不可言。恩星坐实逢生，福尤堪恃。

身命主失躔逢难，则一生成败反覆之间耳。已上本文甚明，然亦有注之者，反生支节，故不录。

祸福依稀，盖是恩仇相杂。

恩星与仇星相混杂，则为祸福反掌耳。

身命入恩，逢时发达。

身命躔难度难官，至老艰辛。

辰酉立命，土会太阴，须当获福。

二宫安命，太阴会土计，乃恩星反言富贵，又不以土忌犯太阴论。

寅亥立命，金气临身，将何以为。

二宫立命，太阴会金气，谓之安身傍鬼，非金助月华。

火罗计孛本是凶神，化恩星获福莫量。木气金水本为善宿，为忌难见祸最速。土命人行金限，遇火不能克金而发福。土命人行木限，遇水反能党木以生灾。

如子丑宫命，行限酉金，乃金旺火衰。盖火生土，土生金，所以得助则福。如寅亥木限，逢水旺，则水助木克土，所以灾生。

限逢难在高强无救，必然倒限。倘若恩居忌弱有党，亦不为祥。所以喜者，恩星秉令或逢生。最可嫌者，难星司权兼有党。恩居强宫逢生，行限遇之获吉。难星秉令有党，行限遇之无救。

殿驾五星碧玉真经序

碧玉真经，星家精要。余取而读之，见其道理通阴阳之运，格局尽星曜之变，其旨微，其言邃，未易以浅近窥也。近世编注图例，破碎支离，弗得作者之意，余甚病焉。因暇日详阅，融会其义，为之注解。虽未能尽合作者之意，而阴阳之运，星曜之变，亦庶几窥其端云。易水育吾子识。

殿驾五星碧玉真经

人为万物之灵，覆载莫逃乎天地。命禀有生之初，灾祥实系乎星辰。使其数少或有亏，则于人将何所赖。吕望白头为钓叟，时未来兮。子奇髫稚秉钧衡，命使然也。凡观星者，以本源为上。而论格者，以殿驾为先。本或有差，末将何补。使一星背，而难救其非。纵群曜吉，而莫能为福。或吉星入命，而本主卑微。纵青衫入手，而身随幻化。

解曰：凡观星者，以本源为上。论格者，以殿驾为先。二句乃碧玉经之纲领。故论五星以命主身主为上，又须坐殿驾合格局为贵。然二主所属，有浅深之不同，宫度有偏正之或异。苟或考究不真，其本乱矣。详究其末，亦何补哉！故命主虚亏，身主陷弱，恩星失躔，阴阳反背，是一星背也，何以自救其非？纵群曜皆吉，如入垣乘旺之类，亦属闲辰，所以莫能为福也。或群曜有吉星入命，而身命主却虚亏陷弱，是其本已卑微，虽得荣名，岂能常享。可见论星者，当以本源为上也。

水居双女，惟癸与巳酉丑之人。木入双鱼，乃甲见申子辰之命。亥卯未逢丁，而火居卯位，寅午戌见庚，而金守辰宫。惟余戊己生人，喜见土居丑位。虽见此五星之入格，亦须满三用而入垣，遇此者何皆能为贵。金入酉，火居戌，木临寅，水居申，此乃偏垣，匪为正局。此曜若居本位，终身亦作贵人。

此首言五星入垣乘旺，为本源之要也。上五句，乃五行各归本垣，与当生岁干合气，更地支扶助，上则为贵显科名，次则为财富福寿。满三用者，命主星入垣，又属仁元马元禄元之类。或以之为恩为用，谓之三元并驾禄又加官是也。盖格局高奇而又满此三用，无有不贵显者。金入酉四句，亦是五星入垣，但此以偏垣言，固虽不如前格局之高，然五星既居本垣，亦不失为贵人也。星家以子丑二宫属土，寅亥属木，卯戌属火，辰酉属金，申巳属水，然何以丑亥卯辰巳，为土木火金水之正垣同，以子寅申酉戌为偏垣者，何说？亥乃木之专主，卯乃火之自出，丑乃土之正位，辰藏三宿，独亢居中，巳属东南，万派统会。故此五宫为正垣。寅木火相兼，戌火土各半，申水土并行，酉无金宿，子属坎宫，是五者，不得独专其柄，故为偏垣。一云：殿者，当年天干也。驾者，地支也。本源者，命主也。天生地成，阳施阴受，合而为人。其气相通，而理亦相贯。吾之命主归窠，更与天干同垣，地支扶局，是谓得天地之正气，方为正局。又必满三用而后为贵，若空自归垣，无殿驾以会合之，其气尚与天地不相贯，故目之曰偏垣，亦通。

火到金宫，金受伤。金入火乡，金受制。火居水位，火神无气。木入金宫，木星有亏。水化伏尸，遇太阳岂为恶曜。木逢地劫，逢罗睺变作吉星。土埋双女，见气非凶。金骑人马，遇土则吉。有救皆善，无助则凶。

此继言五星落陷受伤，而生克制化不可以一律言也。五行皆喜生而恶克，故五星所躔之宫亦然。然必无救解者，乃为凶论。有救解者，反是。水居戌宫，化为伏尸，本怒也。遇太阳之尊，水喜依辅，火不敢争，所以不为忌。木逢子位，名为地劫，本凶也。遇罗睺之火，水生火，火转生土，所以不为伤。土埋双女，土克水也。有气为柔曜以和解之，而又能制土之刚，故水不受伤。金骑人马，木伤金也。有土为恩星，以生旺之，而又能培木之根，故金为有救。盖五星生克，乃其常理，而制化之妙，方成造化，学者宜详察之。

水逢月孛，非夭则刑。金遇罗睺，匪伤则折。紫木岂宜同舍，水火不可同居。若匪伤身，亦须破病。

此以五星生克制化，无救者言也。水逢孛，木遇气者，元气脱也。金遇罗，火同水者，克战胜也。皆主刑夭折伤。尤当审时令宫分，分向背往来断之。

木先交逢荧而易脱，火先入遇木而有辉。使气木无土，则易失于偏枯。金火朝阳，则不成其战克。

木行迟，火行疾，木先火后，则火势炎，而易为煨烬。火先木后，则火势缓，而渐有光辉。气能泄木，有土则木得栽培，故不失于偏枯。火能克金，朝阳则火气降伏，故不成其战克。可见行度分先后，而吉凶顿异，同宫遇助伏，而生克则殊，在观星者审之。

木到大梁，翻作咎。月居闲极，反为祥。

木本善星，能作福也。惟到大梁则怒，翻为凶论。闲极弱官，不得力也。惟身主居之，则喜，反作祥言。又云：木怒大梁，月喜闲极。然其中又有得失之辩。假如午丑安命，则大梁之木，反谓鬼星入弱。戌亥安命，则闲极之月，反谓安身傍鬼。不可不知。

阴阳失位，必定为灾。金木反盈，岂能邀福。

阴阳身命之主宰，日到日垣，月升月殿，则得位矣。如使昼生日在子之危，酉之毕，月在午之星，卯之房，是失位也。则命本不立，必定为灾。金木仁义之吉宿，金居金度，木归木经，则满盈矣。如使金木同宫，金躔井角斗奎，木躔鬼亢牛娄，是反盈也。有如同室之人，各乖其所，岂能邀福。

既济尤防于未济，得经尤虑于失经。彼此贵乎相应，首尾惧乎相伤。若相刑相克，则处世多迍。相顺相和，则终身安静。

此数句，总结上文之意也。彼此分两星而言，首尾总一星而言。彼此句，应既济，首尾句，应得经。盖谓此之既济，尤防于彼之未济。首而得经，尤虑于尾而失经。假如金躔辰宫，入垣，为既济矣。若三合对照遇土计，则相应是济中之济者也。若三合对照遇火罗，则不应是济中之未济者也。彼此贵乎相应，如金躔亢为得经于首矣。若当夏令，干音时日属火，是不能全于尾矣。故首尾惧乎相伤。相应则和而顺，终身安静。相伤则刑而克，处世多迍。学者当详究之。

他来刑我，我居庙旺亦何妨。我若赖他，他既休囚而何济。

此以五星生克制化，而论庙旺休囚也。庙者，入垣局也。旺者，得时令也。休囚者，反此。凡观命者，二主之外，当视恩难之庙旺休囚。假如寅宫立命，木入垣而春生，纵有刑来刑我，我何患焉。如木失陷而夏生，当借水以济，而水源夏绝，将焉赖之。余仿此。

所喜者，官魁福禄。所忌者，暗耗刑囚。若往者吉，来者凶。则始焉成，而终焉败。

此以十干化曜言也。官魁福禄，曜之吉者，命之所喜。暗耗刑囚，曜之凶者，命之所忌。若先入者吉，后至者凶，则始焉值吉而成，终焉值凶而败矣。若先入者凶，后至者吉，反此。

官魁拱命，当膺孟子之万钟。福禄夹身，可比石崇之巨富。左右吉星，最喜拱主。前后忌曜，尤忌伤身。刑囚拱夹，虽韩信难免遭刑。暗煞加临，纵庞涓焉能逃命。

此承上文而归重于身命也。言官魁彰显而拱命，又必受拱者之庙旺，得以享其重禄。福禄垣窠而夹身，又必受夹者之高强，得以任其巨富。夫左右吉星既最喜于拱主，而前后忌曜尤切忌乎伤身。刑囚拱夹必主弱而鬼强，暗煞加临复凶难而会煞。如此则难免韩庞之祸矣。

福禄夹身为上客，阴阳拱命岂凡夫。计孛往来，尤恐伤寿。火罗反背，是岂为灾。

此六句，举官福阴阳，就其吉星之重者而言之。举火罗计孛，就其凶星之刚者而言之。然福禄不夹身，阴阳不拱命，亦为无用。计孛不往来，亦不大害。火罗非反背，乃始为灾也。往来者，此往而彼来。假如孛角十计亢四，命主在亢初，孛顺往而计逆来，前后夹迫，必然伤寿。反背者，相反而背去。假如罗角五火亢八，命主在角十二，罗往西而火行东，金虽在中，而火罗反背，不能为灾也。

煞前主后，当膺藩辅之权。煞后主前，必有徒流之患。煞星入命，是岂为煞。刑曜伤身，惟其自刑。身命坐煞，煞本为荣。本主逢官，官能迁转。

此条以煞与命对看，亦承上文火罗计孛而言之。盖煞星各就命宫论，在十一曜俱有，然火罗计孛其煞尤为利害。若煞在主前，而其主强，权膺藩辅。煞在主后，而其主轻，患配徒流。亦如子平身强煞浅，假煞为权，煞重身轻，终身有损之意也。但子平以轻重言，此以前后言耳。煞星入命，安可就以煞论，须身命陷弱，方能为煞。故云自刑也。是知身命两宫在高强而坐煞，则煞为我用，而本为荣。身命二主逢官禄而会煞，则官以煞显，而能迁转。假如子宫安命，以土为主，以卯为官，以木为煞，土在卯，火木亦在卯，木生火，火生土，岂不威显。五七赋云：催官天马，太岁吊合煞方迁调是也。旧说煞前主后者，如亥命金在戌，木在子，反此是为煞后主前。愚谓：前后者，历家右算之前后也。先别主煞二星所行之迟疾留退，次察主煞之衰旺向背，而后可以言吉凶。假如水月为命主在前，土计为难星在后，是煞后主前凶矣。然水月行疾，土计行迟，则后者不及于前，不可以凶论也。又如火为命主在后，水为煞在前，是煞前主后吉矣。适水躔留退，火星顺行，则前者返伤于后，此又不可以吉言也。且其中又有衰旺见伏者存焉。观星者，不可以一例论。

阴阳拱帝座，当为朝省正郎。日月夹垣城，便是庙堂宰辅。

帝座，命之时支。垣城，命之日支。人命重乎日时，故日月拱夹皆贵。然日之此时，尤为紧要，而夹之此拱，尤为亲切。故其贵有小大，而其近君则一也。

官忌囚星之反集，魁防暗曜以相侵。如禄星变作刑星，是吉曜反为凶曜。官非魁星莫诱其进，禄由官主始见其荣。是必相资而后成，虽欲缺一而不可。

官魁当年之吉曜，囚暗当年之化曜也。囚集官，则官受辱。暗侵魁，则魁无光。是固命之所当忌防者也。如官禄主变作刑星，是吉曜反为凶曜。官待魁而进，是官魁相倚也。禄由官而荣，是官禄相须也。盖人命有官无魁，有官无禄，亦焉能以有成也。

爵星助禄，当为显贵吉人。禄主随官，便是荣华上客。福喜居于福地，禄宜坐于禄宫。一世无灾，终身有庆。福居禄地，福日见于川增。禄入福宫，禄时闻于山峙。星若无于驳杂，寿俾见于炽昌。

爵者，地元爵。禄者，天元禄。爵星助禄，则禄益丰。禄主随官，则官愈美。所以俱荣显也。福者，福德主也。禄者，官禄主也。福居福，禄居禄，是各居本垣，固终身有庆。福居禄，禄居福，是彼此互垣，固福禄有加。然必无闲神忌曜，以驳杂于其间，方寿命悠久，而享此福禄也。不然亦岂能终保哉！

阴忌计，阳忌罗，名为恶曜。日蚀朔，月蚀望，始为蚀神。日火月土，莫临十五度之中。阴计阳罗，怕在二三躔之内。

人命以日月为紧，而星以火罗计孛为紧。日之所忌者，罗与火也。月之所忌者，土与计也。然日遇火罗在朔则蚀，月遇土计在望则蚀，故日火月土莫临十五度之中，而阴计阳罗怕在二三躔之内，余时则轻度远不忌。

月孛当头，须克子。罗睺在命，必伤妻。水逢月孛，非缁尼必在娼门。气遇罗睺，乃清闲而为居士。

火罗计孛为刚星，当头皆主克子，在命俱主伤妻。然孛为妖彗，除旧布新之象，以之当头，则一番扫除必克子也。罗睺逆行，截断隔别，以之在命，则彼此睽离，必伤妻也。水性无定，吉凶随所遇之星，逢月孛则妖淫无制，愈加流荡。女命宫值此，非尼则娼也。气性本柔善，解刚星之厄，遇罗睺，则和其毒而益其孤，愈见清高。男命得此，乃清闲而为居士。望斗经以火为儿，以金为妻，孛能克火，罗能克金，二星在命当头，故难为妻子亦通。

耗居二四，难免伤财。主到九三，定须离祖。

二四财田宫也，宜聚而不宜耗。九三迁闲位也，宜客而不宜主。

主入煞宫，非富则贵。煞侵命位，非夭则刑。

此煞宫非疾厄之宫也。若以疾厄为煞宫，则辰酉卯戌同类无煞，乃是甲子甲午起双子，甲辰甲戌起天秤，甲寅甲申起宝瓶。逆数至本生年位，使身命躔入其宫，则倚太岁而得权，非富则贵。煞侵者，乃劫亡、的刃、刑囚、直难同鬼星犯命是也。更主弱无以制之，非夭则刑。一说命主入疾厄宫，入垣升殿，化为官魁福禄，不富则贵。疾厄宫主为难星，入命宫无制，加以刑囚直难，不夭则刑亦通。

昼忌火，夜忌土，尤看三方。日从阳，夜从阴，总司百福。

昼夜指日月言，非昼夜之昼夜也。昼火兴祸，夜土为灾，然无忌于三方。诗云：火在阴宫土计阳，纵有灾殃还较可是也。昼重太阳，夜重太阴，实总司乎百福。经云：太阳入陷人终贱，身主逢刑处世难是也。又云昼阴夜阳若是三方主，不以为忌亦通。

命临妻位财丰阜，闲守身宫禄破除。主居相貌必长躯，身守迁移须出祖。

人命以妻为财，命临妻位，故财主丰阜。兄弟能劫我之禄，闲守身官，故禄主破除。主居相貌，须木守而躯方长。身守迁移，当落陷而祖方出。

白首奔忙场屋，盖暗星守，而主星微。卯角驰骋乡间，乃魁星现，而官星显。或圭角不露，而显出于隐。或华实相副，从微而至著。魁彰官隐，少年荐鹗快横秋。官隐禄彰，晚景化龙知有日。

此足上文官、魁、禄、爵相资之意。盖言暗星护守，而命主卑微，终为书债不了。魁星光现，而官星显著，必能少年发达。又有韬光浑浑，而圭角不露者，盖由文魁显星出于田财地下，隐而莫之遇也。又有文彩斌斌，而华实相副者，盖由官、魁、禄、爵升于官禄天上，著而莫之掩也。又有魁彰官隐，则官由魁而进，以其魁先彰，故必早登于仕路。又有官隐禄彰，则禄待官而至，以其官尚隐，故须晚岁而得名。此可见穷达之或异者，由于官魁之明暗，迟速之不齐者，由于官禄之隐彰，故曰是必相资而后成，虽欲缺一而不可。

禄在刑先，既荣复辱。耗居福后，虽荣亦枯。福刑胥会，尤

分在前在后之差。禄耗并行，当主一败一成之兆。

此申明上文往吉来凶，始成终败之意。

仲尼非相，文旺身衰。李广不侯，官高禄薄。

身命衰微，纵文星显而不相。禄曜陷弱，纵官星高而不侯。见人当以身命为紧，官禄为要也。

最怕四空之无曜，尤看方主以何如。所喜八煞之有星，亦看垣窠而奚若。

四空者，三合与对宫也。最忌无星，若三方主居强坐实，虽空不以为忌。八煞宫者，解见前注。最喜有星，又须看其星之垣殿何若，乃以为贵。

三方三日，不陷则贵。八煞八元，居高则荣。三方有力，一生发非横之财。八煞无亏，一世享优游之福。

三方者，假如亥卯未安命火月之类。盖其说以亥属乾金，以卯属火，以未属月，阴从阴位，故为三方之主。三日者，太阴前后三日宫也。盖立命以太阳数至卯位，则凡三十日同一时者，皆同一命宫。而太阴三日之内，已行四十度，是人之安身异日而移宫也。故重三日宫，使三方三日入弱遇恶，则主陷身亏，何以取贵？故必不陷而后贵。八煞者，六甲布于申子辰，而逆数至生年，其法皆至八而更端，故曰八煞。八元者，禄元、马元、贵元、命元、寿元、天元、地元、人元，故曰八元。使八煞八元入弱失垣，则本伤位卑，何以为荣，故必居高而后荣也。然三方司一生之限，比三日为尤重，庙旺有力，定发非横之财，盖不止于贵也。八煞掌一世之权，比八元为尤紧，高强无亏，必享优游之福，盖不止于荣也。

官星入命，当主贵荣。身命坐官，亦能迁转。官坐德，德坐官，乃是往来贵客。命入身，身入命，此为内外二台。名曰互垣，当膺显爵。须无恶曜以相杂，断曰终身而有权。

此一节，专以身命、官福、互垣言也。官星入命位，则命得官而荣。命主入官福，则官佐命而显。是身命官福互垣格局，俱以美论。官福二宫，皆为贵客。官坐德，德坐官，是往来皆美，故曰贵客。身命二宫分为内外台，身入命命入身，内外皆吉，故曰二台。然互垣格局最怕恶曜杂之，不为纯美，故又曰须无恶曜以相杂，所以终身而有权。

君幸臣，臣背君，官难迁转。母顾子，子顾母，禄必丰盈。往或在于怒宫，来不居于乐地。此格虚言互垣不善。

此因上文言互垣之有未善者。太阳行健而为巡狩之君，五星朝拱而为巡职之臣，君臣庆会，则上下咸赖。如或太阳到于命宫登殿坐驾，是君幸臣，而臣却背之，不来引从朝拱，是臣背君。官者君之所予，今既背之，安能迁转。又有生我者为母，我生者为子，母子相依，则气脉相关。母顾子，如金入水位，则水赖以生，子又顾母，如水入金乡，则金以水润。禄者身之所享，今既相顾，岂不丰厚。然又当审君臣、子母、往来之地何若也。假使阳君入西没之乡，子母躔反盈之度，是谓怒地，虽名互垣，终归虚格，而实不善矣。

前引后从，贵有吉星。左提右挈，亦嫌凶曜。引从者吉，则外贵乎空。提挈者凶。则内喜乎善。使夹拱之虽贵，恐包罗之或遗。内拱虽善，而外拱者凶，始用皆谐，而终谋不善。

引从者，身主之前后星也。提挈者，命主之左右星也。要吉而不要凶，喜应而不喜背。如引从之星吉矣，须外无忌曜以伤之。提挈之星凶矣，喜内有吉星以助之。若外之拱夹虽贵，而内之包罗有遗，内之拱夹虽善，而外之照合不美，皆主终始成败之断。此一节，可与既济未济一条参看。

官禄苦临身命，其贵可知。刑囚外辅官魁，为灾莫大。始虽禄秩无亏，终见暴亡不善。

官禄临身命固为贵矣，然官之所忌者刑，禄之所忌者囚，若加以刑囚夹辅官魁，虽贵不能悠久。

一星两用，有吉助则以吉言。孤迹角形，若凶多则从凶断。或变不变，而变者贵乎吉。或用不用，而用者毋自伤。如凶星掌善事，富贵非迟。吉曜作凶神，败亡亦速。凶无吉助，一生劳漉不曾闲。恶有善从，晚景优游能自乐。使非凶之凶，而凶实难救。不吉之吉，则吉诚可嘉。

角形者，如角之形有两也。一星两用，与孤迹角形句同。言可以作吉，可以作凶，有吉助则以吉言，若凶多则从凶断也。变者承吉助而变，不变者承凶多而不变。用者因吉而用之。不用者因凶多而不用之，盖言或有助而变，或无助而不变。如欲变则贵乎吉，使变而为凶，不若不变之为无害也。或善而为用，或善而不用，如欲用之则毋自伤，使用而自伤，不若不用之为无伤也。如火、罗、土、计、孛本凶神也，或在官福而掌善事，或为恩用而司官魁，则力雄气壮，精彩愈倍，无不富贵。日、月、金、水、木、气虽善星也，或在弱陷而作凶神，或为仇难而会暗煞，则愤惋不平，不能相容，而败亡尤速。不吉之吉，即凶星掌善事句。非凶之凶，即吉曜作凶神句。盖言星虽吉凶有定，而实变化无常。此一凶星也，无吉助，而不变，而劳漉乎平生，有善从而变吉，而优游乎晚景。可见吉曜作凶神，是非凶之凶，凶实难救。而凶曜无吉助，但不免劳漉而已。凶星掌善事，是不吉之吉，吉诚可嘉。而恶星有善从，亦能享优游而已。夫星之吉凶人所知也，而中有不吉之吉，非凶之凶，非达造化者，孰能识之？

刑囚内拱，初年必定伤身。福禄外从，末主须还享福。凶为吉用，用者皆吉。吉作凶行，行之亦凶。

刑囚内拱者，左右夹也。福禄外从者，三方拱也。内拱则近，故初年伤身。外从则缓，故末年享福。若刑囚外从，而福禄内拱，则初年享福，而末年伤身，可逆推矣。凶为吉用四句，即上文凶星掌善事，吉曜作凶神之谓也。

吉凶相杂，以先入为尊。善恶相半，以主星为上。先凶后吉，乃恶星入而吉星从。先富后贫，乃财星弱而耗星健。

此指一宫者而言，分先后主客也。吉凶相杂四句互看，盖言吉凶相杂，乃善恶相半也。当究其何星孰先入孰后入，先入则得气为尊，乃以尊者而配乎吉凶。又当察其何星是命主，是宫主，主则以得垣为上，乃以上者而配乎祸福。或恶星先入而吉星后从，则先值恶而凶，后值善而吉。或财主星弱而耗主星从，则先以财而富，后以耗而贫，反此则以反推。又曰相杂之中而欲究先入者，必察其星所行之迟疾。若迟者先入而反在后，疾者后入而反在前，须详究之，不可因其立度而定先入也。

德官引援，而德官皆厚。福禄拥随，而福禄俱丰。

德官即福禄主也。引援在命主之前，引远而援近也。拥随在命主之后，拥近而随远也也。官福二星为身命之引从，是前后皆有贵客卫护身命，而身命又入垣升殿，逢生坐实，其福禄岂不丰厚。

升一位沉一位，明晦不同。纵漏关横漏关，往来俱贵。

升一位者，命宫东升之位。沉一位者，对宫西没之位。如昼生日木土在东升之度，火金月在西没之度，夜生火金月在东升之度，日木土在西没之度，出者明则入者晦，昏旦得宜，反是则明晦倒置矣。此盖以出没为东西，而非以卯酉为东西，以升沉为明晦，而非以昼夜为明晦也。纵漏关者，四正相关。横漏关者，三合相关。或彼有星而此无曜，此有曜而彼无星，皆得往来相关，无彼此得失之异。是此贵字以贵重言，而非富贵之贵也。自此以下多论格局。

中分五五，首尾遮阑。前后三三，官魁引从。计罗阑截，夜西北而日东南。日月循行，朝子午而暮卯酉。天地喜守望于巳亥之位，日月宜守照于子午之宫。逆则为灾，顺则为福。

星盘以子午为中央，罗为天首居午，计为天尾居子，是中分二曜对直，故名遮阑。左右均有五宫也。须漏出有用星辰，昼夜不背为妙。身命以前后为引从，午命前隔三位为戌，后隔三位为寅，魁在寅而官在戌，前后各有引从也。须官魁引从，命主得庙乘旺为佳，余曜以罗计为重。盖二星为交道相对，所以截断众星不能过，然必昼生而众星截于东南，夜生而众星截于西北，方成奇局。七曜以日月为尊，日月欲循行者，必朝从阳宫，月在子而日在午，暮从阴宫，日在卯而月在酉，阴阳各得其位，昼夜不背其行方为正局。亥为天门木守之，巳为地户水守之，是谓得乾巽相对之体。午为天上日守之，子为地下月守之，是谓得坎离相媾之用。遵此则顺而为福，反此则逆而为灾。

一星伴月，喜加临于巨蟹之宫。二曜朝阳，当并会于离明之地。

一星谓水，天一生水也。二曜谓火，地二生火也。水伴月火辅阳，阴阳类聚也。水月会于巨蟹，火日会于离明，日月得宜也。止论命宫，不论昼夜。

计孛夹身还短命，刑囚拱主必伤身。须观钓出飞来，次看横冲直撞。

计孛二句，不可概以凶论。苟上盘有恩星钓出而生扶之，下盘有用星飞来而克制之，或恩用二星有自三合横冲而解其围，有自对照直撞以纾其难，亦不可以短命伤身言也。经谓正煞暗生，转祸为福，赋谓正煞暗中还有救，凶祸应无有是已。

尤防起处受伤身，须信无中还有曜。

此二句以身命通加言也。身命二主明见无煞，假如辰宫命以金为主，起在子宫土位，似为美矣。却有卯宫火星暗通，或有亥宫罗星加入，是起处受伤，无中有曜。假如子宫安命，以土为主，起在寅宫木位，似为凶矣。却有巳宫火星加入，丑宫罗星暗通，是起处受伤，无中有曜，可以吉言，可以凶言也。故明有不如暗见。

面南拱北，君臣之礼不相拘。移东就西，夫妇之情终至老。

日为君，月为臣。子宫立命，日在亥，月在丑，拱夹命宫，是君臣同列而名分不拘，共拱于北而面南离，此格须如此方合，他则非也。东是命宫，西是妻位。辰宫立命，金飞入酉，则是移东就西。男命以金为妻，而辰命以金为主，夫妻一体，气味相投，岂不谐老。此格须辰宫安命方是，余则非也。

太乙抱蟾，官必显达。计都朝斗，禄自丰荣。

孛为太乙，蟾为太阴，不谓之孛而谓之月孛者，以孛与太阴同水之类也。孛在未入庙，月在未入垣，二者同度，方为太乙抱蟾。若彼此先后有间，不可以抱言也。未命值此官必显达。计属土曜，斗为土垣，不谓入斗而谓之朝斗者，必虚其斗舍，而躔于牛女二者异度，方为计都朝斗。若计直居斗之次，不可以朝论也。丑命值此，禄自丰荣。夫孛妖星也，以之抱蟾，则相扶而辉。计毒曜也，以之朝斗，则敛迹而善。故皆主荣显。

木金逢龙，遇官魁方合入垣。金水会蛇，为官禄始名上格。

辰属龙，金躔亢，木躔角，是逢龙也。然必为当年官魁辰宫安命，方合入垣，余虽金木升殿，亦不合格。巳属蛇，金躔翼，水躔翼，是会蛇也。然必为命中官禄寅宫安命，方成上格。余虽金水相会，亦为次等。

或星分四维，环拱四斗。或星联三位，环卫三方。

四维者，乃乾坤艮巽之位，轸、角、箕、斗、壁、奎、参、井，隔界之度也。四斗者，乃虚房星昴之宿。太阳次舍，至尊之位也。安命在四斗正位，十一曜排列于四维，余宿无星，名为环拱四斗。星联三位者，如午宫命，三合寅午戌无星，而未申酉卯辰巳亥子丑九位三联排列有星，独环卫此三方。此二格一则四正无星，一则三方无星，皆为大贵格。旧本三位环三方者，乃以三方主联命宫。假如午宫立命，六丙生人，日木土为三方主，日在午，木在巳化禄，土在未化福，是巳午未联三方主星，而寅午戌三合无星以照破之。又如六乙生人，申宫安命，水木土为三方主，水在申化贵，木在未文星，土在酉化福，是未申酉联三方主星，而申子辰三合无星以照破之，俱为奇格。

背君朝主，必荣身。出坤入乾，为上格。

背君朝主者，巳宫安命，水为命，月为身，水在巳，月在未，共朝午未太阳，因太阳不在其位，而入巳躔轸，月与水同宫，是身背君之虚位，而朝君所幸之实位也。人臣面君，身岂有不荣之理？出坤入乾者，亥属乾，未属坤，木为命主，而喜出于坤，是木入秦州也。月为身主，而喜入于乾，是月到天门也。身命出入居乾坤，非上格而何？

乾坤定位，平分诸曜拱天庭。日月循行，引领众星朝帝阙。拱斗朝天，夫岂为祸。戴天履地，斯能致祥。

乾坤造化之本原。亥属天庭，要虚其宫。坤为地维，贵实其主。今身居命，命在亥，乾坤定位，而十一曜分居十一宫，环拱天庭之虚，是平分诸曜拱天庭也。然必命居乾，身居坤方合。日月众星之领袖，日在月前，月在日后，日月循行子丑之宫，而引领众星之先，众星顺布寅卯辰位，而联续日月之后，以向乾天，是引领众星朝帝阙也。然必日月循行不背，而众星又联络不绝，亥宫安命方合。惟亥属天，惟丑有斗。朝天拱斗者，以三方主言也。如午宫安命，木日土为三方主，日在戌，土在子，木在寅，独空亥丑二宫，是朝天拱斗也。午位为天，子丑为地。戴天履地者，以身命主言也。如身在午未为戴天，而日月金水丽之，命在子丑为履地，而木火土罗居之。左右四宫俱无星曜，是戴天履地也。凡此皆为奇格，万无一二，又岂不能致祥，而反为祸者哉！

五曜连珠，便是庙堂宰辅。日月合璧，当为钟鼎奇英。

五曜运行，各有次舍，然前后参差，疾速互异，欲其联珠也难矣。今却顺布五位，累累不断，如珠之联而无盈缩于其间焉，此命间世一遇，所以为庙堂宰辅。日月循行，各有躔度，然每月一会，每会皆同，欲其合璧也难矣。今则同宫同度，相符无间，如璧之合，而无亏蚀于其中焉，此命殊世难逢，所以为钟鼎奇英。一云，五曜连珠，五星不必顺布五位，或同一宫而在官福，或相联一处而拱命宫，无四余犯杂俱是。又如水在申，金在酉，火在戌，木在亥，土在子，联珠入垣，尤为难得。一云日月合璧，璧乃文章之府，天庭之位，日月恰好合此，如五星会奎之类，然岂易得哉！

守一空一，便主文章。居三隔三，乃为秀士。

守一空一者，十二宫中或六阳有星，而六阴无曜，或六阴有曜，而六阳无星是也。内得二主垣窠，三方得力，便为文章之魁。居三隔三者，十二宫中或亥子丑有星，而寅卯辰则无，巳午未有星，而申酉戌则无。内得身命高强，官福庙旺，乃为俊彦之士。

正关漏关，而官禄为无用。辟拱阖拱，而刑囚徒具文。盖吉曜失度，似吉非吉。凶星得地，虽凶不凶。

凡命主皆以官禄为正关，以三合为漏关。假如六庚生人，寅宫立命，巳为官禄，水为禄主，却入于戌之漏关，谓水泛白羊。官禄失地，将焉用之？辟拱，三合外拱也。阖拱，左右内拱也。假如六庚生人，寅宫立命，丑卯为阖拱，木在卯，土在丑，化为刑囚。午宫安命，寅戌为辟拱，水在寅，土在戌，化为刑囚俱凶。然二凶得地，又为三方官田之主，不能为害，其刑囚徒具文耳。此可见官禄吉曜也，入漏关之失度，反以凶言。刑囚凶星也，随拱夹而得地，翻为吉断。然则论星格之吉凶者，宜细详焉。

首尾阴阳居四正，禄厚官高。火罗计孛守四强，权尊禄重。若独行而为贵，如混处以为灾。

四正子午卯酉，四强命禄妻田。凡四正立命位者，以罗睺、计都、太阴、太阳，而分布于四正，升于庙垣，则对待之体以立，故禄厚官高。凡四强为原守者，以荧惑、天首、天尾、月孛，而分居于四强安于庙旺，则英雄之势以张，故权尊禄重。然此二格，在二曜贵乎清明，在四余贵乎独旺，苟有他星混处于其间，则善恶相揉，明晦相夺，必以为灾也。

火孛同宫，须防夭折。火罗作党，易致灾危。火怕入于阳宫，土忌居于阴位。

火孛异类，必相仇也，以之同居命宫，则克战不已，故须防乎夭折。火罗同党，必自焚也，以之同侵命位，则刚烈异常，故易致乎灾危。昼忌火也，宜阴而不宜阳。夜忌土也，宜阳而不宜阴。若火在阳宫而昼生，土居阴位而夜诞，其灾危夭折也，又何疑焉？若火土是本命三方主，又不以为忌，当并详之。

以轻易重，富而寿，寿而康。将重换轻，苗不秀，秀不实。论格局，论垣窠，庶清浊之必辩。分源流，分体用，贵本末之相承。正则重，偏则轻，主莫背，守莫失。体用俱胜，少年题雁塔之名。本末若差，至老作鸡窗之士。使用轻而本重，则始逸而终劳。或用重而体轻，则始劳而终逸。初败终成，盖耗在前，禄在后。先难后获，由主居弱，限居强。强弱不分，始终何益。凶微

吉众，乃先弱而后强。吉少凶多，必始成而终败。

以轻易重者，假如辰宫立命，在角度金论，是为偏垣，偏则轻矣。若命主金星飞入酉宫昴度，或入丑宫牛度，此谓之以轻易重，富寿之命也。以重易轻者，假如亢度立命，为金之正垣，正则重矣。金星却飞入寅宫尾度，或入卯宫房度，此谓之将重换轻，秀而不实之命也。命有格局，有垣窠。格局正而垣窠得者，为清。垣窠失而格局偏者，为浊。又有清浊之相半者，或合格而失垣，或得垣而废格，皆当细而论之，庶可以辩其清浊之分。命有源流，有体用，体即源命之本也，用即流命之末也。当因源而溯其流，因体而究其用。或自流而反其原，自用而观其体。真见其何者为本，何者为末，而尤贵乎本末之相承，清浊以分，本末以悉。凡得其正垣，则重也，而不可易之以轻。凡得其偏垣，则轻也，而贵乎换之以重。凡为身命官福之主，不宜弱陷，而胜之以客。凡为七强原守之星，最怕飞吊，而失之以伤。体用俱胜，身命官福得地也，宜题雁塔而早擢高科。本末俱失，命主限主落陷也，则老鸡窗而终身不第。使用轻而本重，其流弊也，鲜克有终。使用重而体轻，其源浊也，罔功于始。使耗前而禄后，则初败终成。使主弱而限强，则先难后获。使凶微而吉众，是重能胜乎轻也。故先弱而后强，使吉少而凶多，是清而混于浊也。故始成而终败，观星者审之。

善恶不宜混处，吉凶要在分居。源清流远，始荣复见于终荣。本固末滋，后吉何殊于先吉。原守虽然无咎，流行尤怕为灾。体用皆强，始终尽吉。流行虽恶，犹如潢潦之无根。原守皆醇，尤胜膏粱之有味。造化体用，固亦如是。限数流行，亦当细

推。主或有亏，限须得地。诸限以洞微为上，逐年惟小限可推。竹罗苟能论，则休咎了然。碧玉若明推，则吉凶洞若。雷公急脚，尤防入斗克身。斗底黄泉，亦怕伤身居煞。子午卯酉实为去路，寅申巳亥须凭鬼门。一不可拘，二须敢断。吉凶同会，较量重轻。星曜交临，尤宜详究。命强限弱，浑如逆艇之上滩。命弱限强，犹似槁苗而得雨。始终发禄，亦联限之吉星。首末破财，乃一生之凶限。福财俱背，断无吉曜之可言。刑煞若临，须信凶年之将至。吉星临限，富可享而贵可求。凶曜当宫，祸将萌而寿将折。如限里全空，则未必为福。宫中有主，则岂能致灾。祸福无门，修短有数。修为由命，倚伏在人。此论实珠珍之比，推源乃碧玉之名。兹不虚传，固宜实宝。

此篇详举诸家限数。言原守者，当生之星也。言流行者，流年之曜也。若原守体用皆在高强，而流行凶恶亦无大害。苟或主本有亏，要观限途得失。诸家限数所当悉推，有名洞微限者，一二本限里，三四对照冲，三合五六载，其年见吉凶是也。有名竹罗限者，开端隔节数三宫，逆行零顺几年终。若见远时数二节，零年交入甚宫中是也。有雷公急脚、斗底黄泉限者，皆以子午卯酉为去路，寅申巳亥凭鬼门，一顺一逆而互推之是也。有逐年小限者，自命宫起当生之年，而逆推之是也。然诸家之限，须以洞微为上，小限次之，竹罗次之，黄泉急脚又其次之。洞微飞限，遍乎一周。逐年小限，轮于二六。竹罗重三方之主，黄泉急脚因其命限俱弱者，而交并于二六之门，亦所当推。若吉凶同会，须较量彼此之重轻。星曜交临，当详究本末之强弱。或命强限弱，浑如逆艇上滩，虽载重而莫能进。或命弱限强，犹似槁苗得雨，虽受滋而莫能生。联限皆是吉星，主始终之发禄，一生无非。凶限断首尾之破财，福以居身，财以养命，二主星俱背，又何有吉曜之堪言。刑者刑难，煞者地煞。在明暗加临，必须防凶年之钧动。然行限怕空，临宫喜实，若限里对合俱空，岂能为福。若一空对合有主，未必为灾。是以祸福无门，修短有数，修为由命，倚伏在人。善通造化者，固当不二以听天，又当居易以俟命可也。

通星赋

推步已定，占星不移。吉凶先验于庙堂，灾福实系乎星曜。且如出入乌府，无逃日入庙堂。优游凤池，多是水居壬癸。一吉入命，必作公卿。一忌临官，多难富贵。庙一也，而有得失之殊。忌一也，而有吉凶之异。主虽临于旺地，须看宫分之高低。生不生克不克，踪迹飘流。吉不吉凶不凶，行藏汩没。命吉而限亦吉，取功名如拾芥。命凶而限亦凶，求财利如捕风。吉莫吉乎五星不战，凶莫凶乎六曜相临。始辱终凶，只因火去刑金。先败后成，多是水来生木。木星须贵，犹虑金伤。水宿轻清，须妨土克。水孛入迁移会火，昼见穿窬。火罗会官禄逢金，夜生纹面。火土非盲则缺，计土不哑则聋。日同土计，扬子云讷不能言。孛共水罗，公孙弘诈而不实。紫气虽是吉曜，失度而反为灾。计孛应是凶星，得地却能为福。水孛坐咸池之位，男好色而女为娼。木气临华盖之宫，男为孤而女为寡。为僧为道，气临身命而命入闲宫。做贾做商，主入迁移而财居命位。火为文士而坐奎，决为儒者。金是武人而临计，主利兵戎。水星见木，口吐鸡舌之言。

紫气逢金，足蹑丹砂之地。水星无定，要吉同宫。孛计多疑，嫌凶共位。阴阳逢蚀，子夏丧明。计孛同乡，邓攸哭子。计临妻位，孤鸾僻处凤将来。木在儿宫，丹桂芳时春未老。布衣藜食，火土俱高。甕牖绳枢，木星俱陷。疾厄遭逢火孛，常患疮痍。月宫常傍罗睺，必多心气。学堂失陷，徒关孙敬之门。科名不高，枉凿匡衡之壁。登金门而步玉堂，田聚福位。衣轻裘而乘肥马，身入财宫。木入命，为人仁义。金入身，本性猖狂。孛水金临疾厄，枯木生春。水土孛临财宫，薄冰见日。官宫遇刑耗临囚加照，定作罪囚。命主得福禄兼权聚会，必膺富贵。忌曜高兮难发，福星见兮易荣。孟轲不遇主，命限四值空亡。李广不封侯，福禄二宫失陷。投河投井，身逢刑曜，而水孛落在疾厄之宫。自缢自刑，命居刃宫，而火罗坐于相貌之地。或逢兵厄，金罗火入刃煞之宫。或值产伤，水火孛犯身星之位。恶星临照，百事相萦。岁德加临，千灾顿息。火罗入命，鼓庄子之盆。土计临夫，哭秦王之璧。迁移遇吉，必利游行。疾厄逢凶，多招横祸。火临五位，中年妻子少亡。孛在四宫，早岁爹娘多克。兄弟若逢孛宿，必主孤单。仆马若逢罗睺，多防走失。紫金相会，身居翰苑之中。罗火同宫，位处谏台之上。太乙抱蟾，一生荣显。姮娥抱鬼，多见灾殃。罗睺得位，勇略过人。水星居高，智谋出众。若水星妙入命位，百艺多能。如紫气妙临身宫，是非屡有。火宿逢罗，成败相仍。水星见计，刑囚会恶。金为妻宿，逢火罗必定难为。火作夫星，逢水计决然相克。孛在福宫必夭命，气逢月孛定长年。火罗更逢月孛，死在刀兵。土孛若遇火金，终于犴狴。水耗财宫荷叶露，土刑身位柳花风。下弦之月守妻宫，有圆有缺。

白昼之火逢子位，多损多伤。木星守财兮，仁而不富。计水守财兮，富而不仁。夫主星受妻主星克，则妻夺夫权。父宫曜得子宫曜生，则父慈子孝。忤逆不孝者，罗计犯于太阳。四德兼全者，金水会于妻位。奎宿会于木位，文章冠当世。桃花逢于金孛，好色损天年。气孛伤人者，昼见火金。罗计克命者，夜见土木。妇人带子重嫁夫，命主与男女主同在迁移。男子停妻再聚妾，身主与妻妾主俱陷奴仆。青龙领木库喜逢春，朱雀妙午宫宜向夏。白虎候秋金得位，玄武正冬水司权。勾陈宜四季之中，人命获一生衣禄。命清限晦，苏老泉二十六而读书。身贵限微，朱买臣四十九而应诏。星辰低弱，更忧限遇低星。身命俱高，仍虑限逢忌曜。入吉宫便离凶处，逢吉星便见安宁。气星本吉，奚如木德之纯全。计曜多凶，尤胜孛星之最暴。计孛守身宫，切忌行船渡水。火孛守命位，宜防履险登高。箕星好风，不宜见火，必防风疾之灾。毕宿好雨，不宜见罗，多生血劳之疾。罗为天首，逢凶星头面有灾。计为地尾，遇恶曜手足有患。身吉限凶，十分好也难成。命强身弱，万事成而弗就。脾属土，土逢木，主脾疾而不和。肾属水，水遇土，主血浊而盈积。咳嗽者肺属金，金逢火制。寒热者心属火，火遇水刑。木逢金，而肝受伤。金属孛，而色害命。计罗侵日月，而眼目失明。金水逢计孛，而手脚多疾。孛罗在命虎狼心，计罗在命恶毒辈。艰危处享福无凶，盖缘星辰俱吉。是非中成家立计，自是身命俱高。子孙星弱，裸蜾负螟。财帛曜凶，花蜂酿蜜。田宅逢火水，荡产破家。妻妾逢罗孛，伤妻克子。干事不辞劳苦，主入奴宫。求财每受艰辛，财居闲极。紫气同孛星入命，闺女未出嫁而产婴孩。主曜与金罗守身，老夫已白头而生赤子。三方俱吉，胜如平地涌泉。四正逢凶，好似聚毛见火。尘灰满釜，宫主休囚。金玉满堂，身居旺相。聚此赋者，名曰通星。同志见知，幸无失矣。

杂诀征语

煞前主后，疏则忧疑，亲则煎迫。煞后主前，遐则剥削，迩则摧残。月居闲极而无伤，始为福元。主到迁移而逢吉，岂谙羁旅。迁移星恶，当为东西南北之人。闲极曜佳，必是散诞游谈之士。七宫得地，可擢高科。五位逢仇，难招嗣续。官宫强，财宫弱，爵禄丰盈，而府库虚耗。财星胜，田星负，货资富厚，而陇亩萧条。金孛相逢，号为花酒之客。福禄两旺，断为富贵之人。年管平生，月当早岁，日居中主，时辖末年。须当次第而推，慎勿躐等而断。孛星守时守身，偏能舌办。火罗照身照命，必是粗豪。吉星得助，如锦添花。恶曜逢生，似虎生翼。忌星背免致为灾，喜星背莫能邀福。休旺自属四时，克化关系五命。日生忌火，夜生忌土，此乃俗谈。罗宿伤阳，计宿伤阴，斯为正论。忌曜如归本垣，不甚为灾。喜星若居本位，尤能为福。凡居本垣为上，但落陷宫则微。主起逢生，基址已厚。限虽值弱，福气未衰。福命至于衰乡，尚有余福。穷途渐行旺地，犹带余穷。火罗偏能骤发，土孛只解晚成。身命二主俱逢生，不富即贵。主身两处尽遭克，非夭则刑。二主坐贵坐禄，逢生则贵禄可崇。两宫俱劫俱刃，遇囚则劫刃致死。主坐驿马，不生何济。身居劫煞，无克何忧。无中还有，有中还无。吉者反凶，凶者反吉。亡神如坐囚煞，愚蠢可知。桃花若临身命，淫荡何言。父母见伤不克，则离祖出继。男女值克纵得，亦顽蠢螟蛉。日月拱夹，有生则荣华可期。刑囚夹拱无煞，则摧折莫保。官宫虽美，身命受伤亦徒然。福主高强，限次纵亏亦不甚。身主重于命主，官宫那胜福宫。主居阳刃，逢囚犯刑。身居福马，遇吉则贵。水生木，木生火，五星生克众皆知。水克木，木生土，一法须求人不识。一本固有万殊，万殊岂遗一本。一宫星有善恶，当推在前在后之等殊。本位曜值吉凶，更辨或制或化之轻重。生克制化，贵在细推。迟留伏逆，亦当研究。好星互换而多吉，恶曜入庙亦少凶。喜极宜坐于崇勋，恶极恶登于岁驾。四柱空亡，须分初主中主末主。一年灾厄，可推官符病符死符。限宫限主俱逢恶曜，不死何为。限主限宫两值好星，其发不小。源清者，其流必清。本弱者，其末亦弱。太岁扶起恶星，其恶必横。流年来佐吉曜，其福尤丰。月爱孛星，乃得比和之道。日要土宿，谁知生旺之功。太岁空亡遇三位，此宫还实。平生通顺得一星，运照限成。火性急，望见即发。孛星迟，过后方见。土计临照太阳，喜尤胜于金水。计土照临太阴，虐更甚于火罗。且相貌宫主两伤，必逢恶死。兼迁移宫主受克，当没殊方。须防乐极悲来，最善凶中救至。空亡自古最验，议论何今不然。祸福最验于星曜，秤停若较于权衡。诸星随主曜之所生克，譬一树由根本以致荣枯。水泛白羊，金骑人马，土埋双女，木打宝瓶。须知此类以谓何，非坐命宫则毋论。诸星环拱命宫，其人必贵。三方伤犯身命，终世亦贫。四角有星居官，则权柄不小。八煞星吉莅政，则风力异常。我之喜者，彼亦喜之。彼之忌者，我非忌也。正论所宗，当权颠倒之义。惟颠倒之理不达，故起验不验之疑。吉则喜临于实地，凶则爱入于空宫。今年明年之推迁，故于小限以详也。逐月逐日之祸福，宜于太阴而取之。恶星登驾，若临身命必倾危。吉曜守籍，当主儿孙以荣贵。金木得时，能膺台阁之职。火孛用事，尤宏将相之权。禄位吉助既重，应叨正禄。官宫生意若轻，仅可偏官。田宅宫又为父母之宫，相貌宫亦是徒配之位。相貌宫主或本主受伤，刑伤恶死。福德宫主或本主受克，颠沛流离。大限为主，小限受难，可稍有乘除。当生为重，流年逢克，亦不过损益。金宿与太阳临地，难曰空亡。五星兼余气同空，谁云乌府。是宜互体以推，不可一概而论。女推闲极一宫，以断平生贵贱。男详福德一位，可定终始穷通。金空则鸣，盖缘反振音声。火空则发，尤谓终归煨烬。星坐四正，谓之高强。曜在四空，譬之沉溺。本根既弱，最忌后限不如前。限主虽佳，奈何身主却遭煞。得经失经，固当详也。似格非格，亦宜推之。当生忌已云空，流年扶之还实。最爱日月拱夹，深怜星曜背驰。囚星有党凶尤横，要宿无生吉不来。奚须论暗耗刑囚，不必推印权贵禄。能遵正法以推，免有多岐之惑。当生既论四空，流年亦合一体。主居相貌必丰肥，忌居疾厄希康健。虽云造化分定，亦在修为何如。合格合局微有克，亦自无伤。伤命伤身纵逢吉，似难发越。限临之宫，辩躔度浅深，以定迟速。星临之位，推制化虚实，而详重轻。木罗会舍，须知可吉可凶。金水会蛇，当分有憎有爱。丧门吊客临命限逢凶，则服动奚疑。阳刃劫煞坐主身遇吉，则权高拔萃。身主命主值太阳，遇吉则贵。限主宫主遇生宿，陷则无妨。他刑我，他居陷弱则反佳。我用他，我居空位则何济。恶星为限主，为我用，则恶颇轻。善星到限宫，被他伤，则善亦薄。木入秦州，只利未宫安命。金居乾位，最便命坐巳宫。火居巳申，不必为忌。金到亥寅，岂谓有伤。诸宫须有忌喜，一理须定吉凶。恶星怕冲怕合，吉曜爱合爱冲。一生一克，当以或轻或重而言。一合一冲，须于有伪有真而辨。金无余气，效胜两宿。星夹太阳，权匪常伦。合不如照之功，拱岂胜夹之理。星躔退度，善恶分别有情。宿值空亡，生克总成颠倒。或喜或怒，其要在于迎逢。所爱所憎，正当明于分背。飞来须曰切当，钓出尤为致亲。吉则喜有吉助，凶则患于凶扶。知命则推吉避煞，乐天则安命固穷。如大限本佳，吉扶月建，则早岁亦可粗通。或大限自强，凶临月建，则中年亦须剥削。当生太岁吉凶，则关系平生。推行三限得失，则管领穷达。须互以推，勿固以论。

星学大成卷二十七

摘金碎玉

原夫刑、冲、喜、乐、逆、顺、伏、留，夜厌柔星而用事，昼嫌强曜以聚天。土在齐吴，（子丑）虽夜生福犹昌炽。火居宋鲁，（卯戌）纵日诞禄亦盈余。名题雁塔，天首周邦。足蹑云霄，太阳鲁分。水日妙星张之位，孛罗同箕尾之乡。金水会蛇，广纳殊祥。金木逢龙，多招福禄。水流鹑尾，巧计千般。孛坐玄枵，机谋百变。金罗同，而虎阃制兵。（同在寅宫）水木清，而兰台掌翰。（申宫也）子孙忌孛，妻妾宜金。家藏异宝，从来日在金宫。困乏资财，大抵火居金位。柔星在命，无奈发迟。恶曜临身，奔波衣食。金乘火位，其人少失尊亲。火入金乡，此命早抛兄弟。掠他人之物以为己有，盖缘水会计都。捐自己之财以济他人，必是木同紫气。气月为人之华盖，金孛乃命之咸池。火在八宫而主疾，罗居十位以迁官。金到亥而主寿，木到亥而福延。厄虽主疾，亦是贵人之威权。（疾厄宫主飞起，受克主疾，亦主贵人权柄）妻不专财，盖观幼年之祸福。天元纳音，所属福深。八煞有权，不富则贵。火寅则旺，水丑则嫌。非水孛不妓，非木日不儒。金计乃军庶之流，水日必技能之士。论富须看财宫，贵荣须参限路。五星顺序入命位以封侯，一孛朝天到官宫而作宰。罗断计谋，孛尚权勇。火星赤黑，暴燥难瞒。土宿短肥，寡言多佞。火未来而先应，土虽去而尤遗。月穿细柳，黑头宰相何疑。木打宝瓶，白首愚夫奚惑。气罗见日，非道即僧。土会孛罗，不贵则富。（或命主限主则吉）水日针孛志巧而心灵，日木气土德和而性厚。（或日在命依此断）日出扶桑遇白羊，而金乌朗烈。月生沧海到金牛，而玉兔荧煌。罗计土孛兮，容貌粗俗。金水阴阳兮，形容端庄。水火并于田宅，破家伤业。日木会于财宫，发福多财。一星伴月于天门，二曜朝阳于卯位。后学之士，宜评识焉。

玉衢真经太史星翁刘世民编辑

十一星辰拱玉堂，玉堂宫主坐庭光。三主齐高还入庙，必然超侍圣明王。贵人元有紫薇垣，惟此宫中最可言。身命主星来到此，必能富贵作廷元。恶星犯煞最凄惶，凶曜逢刑不可当。幼岁多殃罗计破，中年蹇滞忌囚伤。木罗会舍分强弱，金针同宫论后先。吉宿强时能压煞，凶星强后吉如燃。吉星先入多强妙，后入宫时气不全。女人先推居福德，男人切重在移迁。福星庙旺人钦仰，寿主高时寿必延。日背太阳难得力，夜生月皎正光妍。官高官必居台位，寿显年庚比泰山。八煞有星权不小，七强无宿贱堪言。身宫清吉休愁命，福德坚高不问官。囚忌显时人破散，德官相聚必荣欢。夫妻和睦因金到，父老娘延自气还。兄弟多时缘木至，资财耗散孛相看。命宫拥从星尤贵，身位飞来宿更鲜。身命清时多福禄，木金死绝必衰贫。女人怕带男人曜，日里防逢夜里星。天德相逢为将相，印官相聚必公卿。月逢晦曜须还蚀，日遇凶星亦不明。恶曜偏宜居死绝，吉星最喜带生成。木星独贵诸凶散，孛彗当凶吉宿沉。陷处受伤多破碎，强宫得地越生成。恶星带吉分先后，吉宿逢凶论浅深。吉曜为元添福德，凶星作煞最伤刑。计罗遇日元凶散，金月逢霄兔魄盈。土气夹罗多险厄，气阳金计主孤单。一星有气皆为得，诸曜齐星事可怜。孛入财宫财自散，火居子位子难延。火星拱斗人膺禄，诸曜朝天福最绵。五星归宫人足禄，三主犯恶必无年。生时须爱居尊位，坐命偏防入四刑。二主俱高权显大，七强有宿贵终身。财中有气财终聚，身上逢凶身不安。生处逢伤生气绝，逆中有顺逆神闲。诸星逢逆全无气，众曜强时必贵人。凶曜主强多恶暴，吉星带绝必衰零。福元浅陷多无福，寿主凋残寿不兴。三主俱低无发气，两宿陷却亦堪怜。诸星得地须荣显，众曜相冲越苦贫。吉曜逢伤多克剥，凶星带煞损精神。两宫坐福千年寿，二德临财万顷田。坐贵宫中宜立命，死凶局内怕安身。此经总是真玄语，细把工夫密地论。

星辰祸福断歌

水星随日至天中，锦绣文章达圣聪。罗在日前官显显，罗居日后祸重重。火入金宫兄弟丧，金寻火位丧双亲。孤阳射退三方煞，一木能消四正凶。水火失躔多厄难，木星失度主伤残。罗计偏宜居巳亥，纵为祸曜祸无干。君居臣位娘先死，臣犯君宫父早倾。日月反躔依此断，日月升殿两亲康。日卯月酉命坐卯，火星居午妙非常。日酉月卯相违背，人生值此有乖张。太乙抱蟾宜未亥，夜生富贵足衣粮。罗曜独居官禄上，必是为官佐圣王。四角有星权不小，四空无曜寿难延。四空无曜看命主，不知命主在何方。若是主星入强位，官强福弱有灾殃。四空之限依此断，限主受制入泉乡。福禄夹身还促命，（鬼福鬼禄）刑囚守命寿延长。（刑囚得度）水火相交多死气，火金同度夭天年。木罗会舍分强弱，木罗反背主贫寒。孛骑狮子人凶恶，佛口蛇心毒害人。计罗截出孤月满，夜生西北富家翁。计罗截出单阳满，日在东南福不穷。

计罗截星还反背，一生辛苦暗蒙蒙。命中金孛少男女，三十年前不得妻。若是有时刑克早，回头只见影相随。日月分明共金水，此星高照位三公。水星伴月终须贵，火曜朝阳福最隆。当生身煞会身宫，身主无破在禄宫。掌握兵权宜武职，声扬万里抑蛮戎。背禄何尝得寸禄，命前行煞不为凶。

灵台经

阴阳守巽，至老耳目聪明。火孛临坤，未免腰背屈曲。

安身在巽见日月，主聪明。巳为耳目也。又申为腰背之所，火孛乃凶星，无制主有疾。

罗居午位，眼必无光。水入寅宫，喉风壅塞。

午乃眼目之乡。寅为喉舌之所。恶犯星辰，主有是疾患。

鼻头带赤，火孛而守申宫。

命在申，或行限在申，火孛居之，主有灾疾。

脸面萎黄，土孛而居辰位。

辰乃关人颜色之所。

计临申位，面上有亏。罗入命宫，胡须可验。

命临计，六丙为刑，六甲为囚，夜生无验。

孛罗到酉，心气往来。昼罗冲心，心风难禁。

酉为心气之府，孛与罗居之，更或在命宫，或行限遇之，及带煞刃，则主是疾。

孛罗居于亥子，臂犯疮疽。金木战于辰酉，肺心咳嗽。罗逆行而不顺，多犯血光。火若退而迟留，难堪酒痢。更若孛星有党，血上加脓。那堪土宿来临，痔而带疾。木到巽而见煞，左手拘挛。气入寅而逢刑，脚腿虚肿。要观疾病，先论陷星。吉凶了然，易如反掌矣。

相真行

人生寿夭与贫贱，五星推之晦实显。官禄临之寿必崇，刑囚傍照福必浅。木人最怕计金扶，老来咳嗽自焦枯。（木人者，乃令星木金主也。最怕金计入命，行限遇之，则依此断。）水命亦怕气与火，吐红翻胃丧其躯。（水怕气火）土命尤防气孛临，肠风虚肿寿难图。（土怕气孛）金命亦怕木罗侵，气瘤痔疾会伤人。（金怕木罗）火命若逢水孛梗，定在人前语不真。（火人怕水孛）莫教火土入其中，才年二十耳便聋。若是计孛三方照，腰驼背屈身蹦蹱。万一火金加入马，一生奔走如飞蜂。（火金入马劳力不定。）不惟劳力自奔走，生疮发癞又疽瘫。命宫若遇火孛夹，头尖项缩似村农。金遇孛罗两边拱，遍身出水成虚肿。万一紫气暗相加，定知唇缺鼻无孔。（有金在命，孛罗拱夹，则主水肿。有气暗侵者，则依此断，添减皆不可。）此诀君须仔细详，有人得之似仙方。宜将宫度仔细看，却把他星细酌量。又有一般极可鄙，气在马宫逢的是。此命生来极不仁，定教手足无一指。金水毗和无别虑，堂堂相貌好惊人，一生快乐无憔悴。女人命里却不同，他身五漏不作比。若问女人受命源，他篇说了子细观。篇篇尽看有意义，若无此诀怎谈言。知理之人更须看，尚书洪范晋天文。前贤说事有条理，世人杂说徒纷纷。擎天游奕亦须看，假如卯酉在其间。只看二月与八月，其余月分亦等闲。（擎天游奕主二月祸福，如在卯酉只是二八月有凶吉事，寅申正七月有吉凶，依此例推。）土忌夜兮火忌昼，此是世人煅炼就。火土人间日夜生，此说那来断休咎。却是朔望不须疑，（火土朔望见之生受，此两日外，其余不问。）见之其人多生受。不惟一生无享用，且是压身多损寿。（金木生人火是，水生人土是，余不怕。）四正日月怕西沉，便看日月在酉申。亦须日月为度主，（日月西沉，须是为度主方说。）女人值之似鹡鸰。不惟懵懂身不足，又且汩没奔风尘。女人值之却不害，只怕丈夫不为人。女人欺负丈夫善，淫荡全无畏惧心。纵有舅姑不伏事，不孝不义恣其淫。此篇最是紧切语，后学详悉不误人。（女人欺夫善懦，恣行淫荡。）

知天门

星家路径直如笔，争奈世人俱不识。天运东南冬之余，地倾西北夏之日。最嫌水火会于箕，犹怕日月会于毕。水火更加计来临，蛇伤虎咬定可必。日凡若有土计侵，颠狂心热宿瘤疾。万一火孛入咸池，（上弦酉是，下弦卯是。）更加火金来会之。（火孛入咸池，女嫁夫分离。）此人定是自缢死，投河落井更无疑。女人值此恶星临，嫁夫十个九个离。老少如何得乘马，（十五以下，六十以上，行限入马宫，主跌扑伤。）莫教恶星在分野。寅申巳亥四宫神，钓起马元是何星。（以四马宫头初度主为马元，寅申尾三火为马元，申宫毕八度，月为马元，巳上张度月为马元，亥宫危十四度月为马元。）木气跌兮金孛贱，火罗劳削自伤辰。土计一生瘫手足，日月见之役一身。妇人见之身薄贱，一生产难好惊人。的煞初星入命度，子午卯酉正属巳。谁知张月是初星，（自轸初度巳张月酉胃土丑斗木或火为马元，或月为马元，有此星相临，如此断之。）伤残骨肉秽男妇。不问男女及老少，恩情半路相辜负。不惟夫妻与父母，虽与朋友亦难聚。（限行三方、四正、对照见之是，则依上断之。）十二宫星各有属，（假如财帛兄弟之类。）亥上安命财宫木。初度若见客星临，此人一生定不足。万一耗星在初度，田宅啗尽如破竹。若人了烈及聪明，须是对宫见文曲。（十二宫中取初度为例，忌克星，文曲聪明对宫见年干是也。假论年干为文曲，即本年间所属，如甲子木、丙丁火之类。临于命对宫无克制者，方验也）此篇段段皆已效，实藏于身莫教人。除此篇篇有秘传，淳风无敢施其巧。

妇人吟

此篇唤为初伏吟，名为初伏值千金。加合之中多意义，可因此本暗搜寻。妇人最重见崇勋，正看干支与岁君。命主崇勋却不是，时上崇勋却堪言。（女人要时带禄。）岂知时乃自家时，时乃一生受用之。若得崇勋来守此，平生便是好根基。女人安命对六合，更要禄在二宫生。假如甲生人坐命，最喜禄在寅中盛。（妇人最喜禄在二宫迁移疾厄。）又要庚人禄居申，此是八宫最可人。八疾辰宫亦喜居，迁移有禄又其次，正是三宫系其身。莫教二贵夹一禄，一生流落在风尘。更教二贵夹一马，一生辛苦减精神。岂知好是日月夹，更无刑囚直难杂。生来白手自成家，夫贤子贵相和合。（日月夹禄，夫贤子贵。）妇人要禄不要马，带马之人多淫冶。纵有回头百媚生，身姿轻薄与幽雅。万一咸池有宿临，朝朝暮暮贪欢耍。（咸池有宿主淫。）贵要单兮禄要单，禄重尤较贵重难。女人坐命如逢此，定作帘前婢妾看。若是马元逢暗耗，一生孤苦自饥寒。时上若还俱带马，死于道路没衣棺。生克之中有制化，命值刑囚谁不怕。主在迁移见刑囚，身到老来尤重嫁。（命主在迁移，更见刑囚，主老了又再嫁。）二八宫中难宿临，妇人见此便伤心。假如子宫安命度，巳亥须防金火临。（二八宫惟忌星夹，亥二宫，巳八宫也。）亦忌十辰居难宿，疾病淹淹多不足。妇人最怕金火临，压身破相不成人。更值鳏寡与孤独，此宫论命人难测。若论刑人人不识，（乃三刑，非刑囚。）最怕三刑一例推，此篇视之尤详悉。经云：寅来刑巳巳刑申，最怕三刑见孛星。女人坐命如值此，平生苟合入风尘。四句章诗为紧切，百试百中不误人。男人值此亦克妻，况乎生来为女人。更将年干上参看，女人祸福在二宫。命若吉兮遇贵婿，命若低兮值夫穷。君不闻，劝人莫作妇人身，一生苦乐由他人。又不闻，妇人三从古有义，夫为妻纲亦有伦。夫身居贵妻亦贵，夫身若贫妻亦贫。方知命脉系于夫，命中岂能自有无。世人但把命中看，岂知命内有两途。

更有一诀似神仙，马入的宫真验然。女人值之不堪说，嫁夫枉自腹便便。生儿不令腹中死，子出定是脚先悬。纵令有人来扶掖，也教胎衣在身边。万死千死定无疑，说起今贤一一知。妇人在世极生受，恰是浪上驾船儿。劝君从头论到尾，算星只此是便宜。

妇人只重身为贵，贵逢吉曜必纯粹。身命二主吉星临，决定荣华兼子贵。不要金水孛相逢，同宫入命皆淫欲。妇人以水为福星，福星守命多衣禄。却喜金星同木行，金木临之多富足。身命怕见孛火土，产难胎亡主凶祸。罗孛行限极不宜，恶宿迁移多殃否。贱人限居六十二，身命陷空为切忌。主居切要居高位，禄守禄宫为大贵。日月升殿世所稀，必有贤夫为正配。三限四元俱得力，斯人可有后妃荣。诸星入庙高强福，星无驳杂寿康宁。

女人碎金

月孛入夫带咸池，先奸后娶水来污。水孛同行照身命，为人不足心色粗。迁移昼水淫堪言，水日虽淫有所御。金日照身不可犯，金水惺惺荡有余。主人迁移皆不正，计都不语却非愚。见土持重真堪羡，囚忌临身破相躯。贵在九宫为婢妾，水来坐贵理家徒。孛罗坐贵有权柄，气金见贵作尼姑。气孛花酒遭人笑，偷尽风流美少夫。火孛水星如相会，夫婿生情意外思。重婚再嫁多离别，侥侥内乱作麻丝。孛罗火日如相会，若不伤夫有几夫。驿马安身与立命，性却惺惺贤不愚。隔界安身与立命，若不淫奔定克夫。福德更兼田宅内，刑囚忌煞不堪居。夫宫子位星高显，贤夫贤子曜门闾。郎官朝命真富贵，福德星高禄有余。若依此语参详断，贫贱富贵总如斯。

妇人歌

妇人偏是怕金水，金水分明是贱人。若是再行金水宿，终能荣贵亦无伦。禄要单兮贵要单，禄重尤较贵重难。不为奴婢贪淫辈，便作帘前婢妾看。妇人造化在身上，千古朝昏看太阴。若遇火罗相对照，强豪过似丈夫身。命主寅申巳亥宫，少年嫁娶主重重。一夫未能得到老，须是三夫方保终。妇人限行遇罗计，妨夫害子一生孤。妇人祸福在福德，气若居之终战克。若是金水孛同居，到老沉迷贪花色。妇人最要看财宫，非星入此便为凶。若是此宫逢日月，为人端正好仪容。妇人亦要看迁移，罗孛居之主别离。若是限行逢紫气，克夫害子定无疑。妇人安命若坐马，东驴西骛常奔走。若有罗火在其中，恋酒贪淫情太杂。

妻星论

七宫之星在何宫，身星妻位须入赘。妻星入命最高门，金星妻曜临强位。妻星奴位宜偏室，不然奴仆坏人伦。妻星入田并财帛，招得妻家人益财。妻星入子招好子，阳宫多男阴多女。妻星若在疾厄宫，妻多疾厄还寿促。妻星福德并官禄，夫妻和谐家富足。金气同行在妻宫，此妻必与僧道通。金孛妻宫难得子，妻星须见两三重。妻星若或在迁移，外州外县与成亲。金木妻宫多美貌，金水同和百岁缘。火入妻宫妻用双，土入妻宫无貌娘。罗计妻宫多损失，夫妻不和亦主疾。妻星若在闲极宫，兄弟伯叔亦相通。妻星若在桃花上，淫声四达丑家风。男儿当把金为妇，女子元来火是夫。夫星得位夫无厄，火星失位两三重。水星若在桃花上，百嫁千夫无定向。气星若或在夫宫，孤眠独枕谁与共。

指南总推妇人贵贱（与子平通）

问曰：凡女人命，孰为吉为良，何为凶为贱？答曰：凡女人命须要五行清淡，不要生旺。又不要暴败，不犯临官。欲得四柱无气为佳，贵乎休囚死绝为上，不要带贵人驿马。旺禄合神，已上为吉为良。若犯生旺临官，兼有贵人驿马，旺禄合神，皆为不美。若犯生旺临官，三刑六害，阳刃飞刃，皆为不善。

神白纵有云：驿马遇贵人，终竟落风尘。合绝莫合贵，此法人难知。但以日为年，此法圣人传。带禄入生旺，产死遭人谤。带禄入衰乡，虽祸未为殃。司马季主云：女人推命，贵人一者为良。若丛杂合多，不尼即妓。又兼带双鸳合。

沈芝曰：桃花又带双鸳合，冗杂贵人真妓才。桃花者，临官上见马，谓之桃花马。临官上见刦煞，谓之桃花煞。又有一般煞，巳酉丑，骑马街头走。(此言巳酉丑生人，见午是。) 亥卯未，鼠子须堪避。(此言亥卯未生人，见子是。) 寅午戌，兔子门前立。(此言寅午戌生人，见卯是。) 申子辰，逢鸡夜不眠。(此言申子辰生人，见酉是。)

问曰：又何以谓之双鸳合？答曰：譬如一己见两甲，一乙见两庚，一丙见两辛，一丁见两壬，皆为双鸳合也。或是四柱干元有甲己，有乙庚，但是四柱中两两对合，皆谓之双鸳合。余者皆仿此以为例。女命有之，皆为不良。

李愚叔云：贵人或落空亡里，禄马皆违如不值。设令性识甚聪明，男即伶伦女娼妓。亦有生来贵族中，淫声浪迹与娼同。须知斯命有所使，桃花三月开春风。

源髓歌云：滚滚桃花遂水飘，月笼花影任偏饶。多情只为伤空合，惆怅寡合魂易消。已上皆系桃花煞也，犯之者皆为不良。

壶中子云：负天月二德，则霞帔金冠。得禄命之财，则夫荣子贵。此可谓之吉也。若见三刑、六害、亡神、劫煞、孤辰、寡宿，皆主丧夫克子。凡男女宫皆怕犯临官、帝旺，全主夫妻相伤。

源髓歌云：临官帝旺未为好，再嫁重婚伤亦早。若还相敌作夫妻，头男头女常见夭。若犯阳刃煞夜及朝冲阳刃者，皆主产厄。

源髓歌曰：或时藏刃入于胎，日刃或朝时上来。更若干支相克剥，妻身当产妊忧灾。（此言夫命犯之，当主妻有产厄）妇人之命若如此，敢断定忧生产死。更加卯酉二时生，若免堕胎应克子。朝充阳刃者，譬如卯生之人，见甲日与甲时之类。或辰日而时干见乙，此皆谓之朝充阳刃。余者仿此以为例。

一寸金二十七首

人生日月要分明，恶曜来侵祸不轻。
金水若还来扶助，不教富贵也聪明。
度主元来最紧要，人生难得当头照。
若得升殿更当头，定是生来福禄厚。
刃星最怕恶星同，行限逢之定见凶。
女命定因遭产厄，男人亦是恶亡终。
禄主当头坐命宫，此人至老不贫穷。
若还登殿入垣局，衣禄丰隆又不同。
官主朝阳定作贵，福星随月福难攀。
太阳落限人终贱，身主遭刑处世难。
仇星不可例言囚，若居垣局反自由。
正怕会刑来克命，平生成败又多愁。
诸星会恶为交战，人命逢之祸不轻。
惟独朝天居亥上，反为伏化吉星名。
若有星辰在命多，必看星辰果如何。
要知须是强星主，若是闲星莫羡他。
大凡照命星辰行，便看其中弱与强。
若是力停相克战，便是凶断细推详。

命看妻妾薄姻缘，只因命里见罗睺。
独居午上当离地，反主齐眉到白头。
恶宿原来拱刃星，限行随刃祸非轻。
倘还化吉仍为福，若是凶星恶损身。
宫主离窠及失躔，未宜便把作凶言。
若然来命归垣数，是谓余星反主权。
各各宫中只一星，对宫虚拱最为荣。
命中极喜相逢月，得地当为间世英。
赦文临限喜非常，限主为囚亦不妨。
但忌赦文来受克，人逢此难定堪伤。
孛星若见守财时，定主其人不妄为。
决是悭贪无厚施，更于财上用心机。
南离一位号端门，最喜阴阳两伴存。
若无恶星居此位，定教荣显佐君尊。
日月同宫守四正，富贵双全无比并。
若还罗计又交临，必主终身多疾病。
安命若居两隔界，便把其宫度主看。
各宫随局看星辰，难把当生宫主断。
人言财帛怕刑星，不晓刑星福不轻。
反主分来多富贵，财星不陷始丰荣。
官值刑囚须会得，便且看宫分主客。
若还主客不齐强，有禄有权为上客。
紫气原来是德星，若居福位福非轻。
亦须纯粹无凶杂，恶煞星来随变更。

孛星若是坐命宫，不可逢之便说凶。
必主为人多计较，相交未可许其忠。
女命如逢水孛星，为人多晓又多能。
若还命在桃花上，必落烟花度此生。
女命因何不能闲，只因刑囚在命间。
更加福德宫逢会，定主辛勤下贱看。
恶曜如逢犯太阴，也应宿疾便来侵。
不然母道相刑克，更恐琴弦调失音。
妻宫若见月华明，定主其妻貌相清。
不但夫家得其力，定知财物亦丰盈。（一说月有盈亏，妻宫见之反是。）
妻宫若见恶星来，定主其妻见祸灾。
若是对降无克战，也教琴瑟不和谐。

续步天经警句二十二首此后人仿耶律而作也

富贵须将田宅寻，闲神不到福星临。
此星不落空亡地，富主高强直万金。
日月若临并拱夹，奴星亦到祸尤深。
若居恶弱须加合，万顷千庄是此星。

富命以田宅为论，闲神不须临之，要母星到，不落空亡，日月夹拱，当以富贵论。若田宅主奴仆破之，不宜矣。若田宅守恶，却得加盘入强宫，必是大富人也。

欲识往来彻骨穷，母星克陷手拏空。
互垣众煞尤相并，身命还居恶弱宫。
更犯天涯地角处，驱驰奔走任西东。

主照日月临刑局，日不聊生此世中。

贫命母星受克，更加众煞相并，身命更守恶弱辰戌之邦，奔走衣食。更日月临刑局，日不聊生也。

日月官星要得宜，加临拱夹是玄机。
若居恶弱须详察，反在高强衣锦衣。
身赶禄星并截马，掌权握柄福巍巍。
母星若更逢生旺，富贵双全世所稀。

贵命日月官禄星须要得地。若居恶弱，须加合推之。反在高强，身为高官，而衣锦也。若太阴赶禄拦马，必为朝相。更命母居生旺，富贵双全。

财星不必官星至，最怕财星落官位。
为官端的是贪污，丧职剥官以为例。
天马若还居死绝，迁转艰难当困滞。
奴星若更在高强，权在奴星少得志。

士夫功名，当以天马运行为准。若迁官转职，又以天马加流年而数之，生旺迁转，休囚死绝，必罢职剥官。言为官之人，官星不宜居财帛，财星不可居官位，主为贪婪之人，因财丧职。若天马居当生太岁纳音死绝之地，必然迁转艰难。若官星为奴所泄，是为奴隶执权矣。

主星最怕奴星泄，更怕余奴居福德。
身宫若居恶弱宫，附近贵人无所得。
太阴若躔四煞度，处世多迍无所遇。
何期短夭寿命危，煞克身命须畏惧。

命主为奴星所泄，更居福德，加太岁命主皆居恶弱，乃奴隶附近贵人求温饱而已。若太阴居四煞度，平生遇贵不过财。更煞星近身命，必不长年也。

局主官星居煞宫，孤寒门户岂亨通。
太阴若更居三煞，命犯亡神主困穷。
财星纵显应无力，田力须强亦不中。
日月命身居死绝，空亡之地岂丰隆。

局主，三限主也。官星，官禄主也。局主官星坐劫煞宫，乃孤寒之人。太阴最怕守三煞，命犯亡神，必主穷困，纵田财高强，若日月守死绝空亡，亦主生受。

太阴元主平生福，昼夜须当细品量。
若是上弦为福重，更逢既望炽而昌。
昼若逢罗夜逢计，生平成败克爷娘。
纵是母星应不克，若为官职岂安康。

人命以太阴为主，上弦至十五六，夜生必为重福。若逢罗计，必生平成败，克害父母。纵罗计不亏命母，为官亦不安静。

先看命主次看度，主度二星为体用。
主星若更坐高强，度主受刑为祸重。
主若强时度更强，更逢生旺福而昌。
纵然落在休囚死，也是平生富足郎。

看命以官度二主为体用，若命在高强，度主受刑为祸愈重。若官度两强逢生旺为福禄重，纵在休囚亦作富人也。

午忌罗睺未忌计，躔在鬼星作眇视。
若以八煞眼无光，限入此宫最可畏。
两宫坐命此星逢，为人强狠多奸计。

克妻害子性无常，处事有权人义气。

午未最忌罗计躔鬼星二宿。若子丑二宫安命，逢此二星守宫，乃八煞之地，必然眼目无光。轻则眇视，重则双盲。若此两宫安命，逢此必为强很，克妻害子，为性不弱有义气之人也。午安命，不以此论。

申巳二宫为肩背，孛罗土计忌相逢。

肩斜背曲皆为尔，两耳须防病更聋。

若是太阴同到此，为人夭折寿难终。

若躔觜翼尤为忌，若在张毕不相同。

申巳为肩背，若孛罗土计同到，必肩斜背曲，耳更常聋。太阴亦到此宫，寿非可永。若日月躔觜翼，为祸尤深。若躔张毕，又能略为小福耳。

马元若为难星克，子丑寅亥最亲切。

不惟病跛不能行，二限相逢须一跌。

更加火孛来相侵，岁君冲动脚须折。

若还逢计亦为凶，足有风兮何待说。

凡马元受克，更在子丑寅亥四宫，必然跛足。若二限相并，更流年火孛交侵，岁君冲动，必然跛折脚足。若此四宫逢计，亦有风足之灾。

木人最怕计金扶，平生咳嗽自焦枯。

若是秋生应更紧，孛罗相会命难图。

气计更来必痨瘵，肺肠气轧内空虚。

行年若是气金到，定在秋前丧一躯。

木命忌气金相克，更秋生会孛气计，必主痨瘵，平生咳嗽，肌肉消瘦。流年气金又来，秋前必死矣。

为人蹇吃不能言，火命尤防土计孛。
土若退行真可畏，略无诚信向人前。
命在胃氐并柳女，若逢土计亦如然。
若为夜忌居辰戌，身在其中福亦偏。

火星忌土计相攻，为人蹇吃语滞。若胃氐柳女安命，更土逆在辰戌，太阴同到，必是哑人，为福亦浅。

吐红翻胃是何星，水命须防气火临。
身丧命亡从此得，更加孛计定相刑。
太阴受此恶星制，处世艰难贫又贫。
更值行年恶星犯，其人必定入泉扃。

水命逢煞火相会，主有吐红翻胃之疾。更孛计会太阴，必主贫贱。若行年恶星犯，其人必死。

金命尤防罗火逢，气瘤之疾必伤人。
若在寅亥躔尾室，痔疾相煎亦损神。
更忌瘫疽并疖毒，罗睺相会祸须频。
若在辰命限居未，脑发摧残祸有因。

金命逢火罗，必有气疾瘤瘿。若星在寅亥室尾，亦患痔漏。更流罗重会，主有瘴疽疖毒。如辰命限未，或合见木罗流年更到，必为脑发，因此命终矣。

肠风虚胆常惊畏，土命怕逢孛与计。
更逢木气两相侵，若是马元手足坠。
太阴孛计若同宫，女人值之诚不利。
一生产厄损儿男，归在辰宫生腋气。

土命怕计孛，主病伤风。更木气相会，又是马元，损足。太阴与计孛同宫，女人值之，产厄损胎。在八煞，主腋气，男女同断。

倒限从来要煞推，限行遇此实相猜。
须分昼夜还当忌，煞不临时祸不摧。
限路若危防节气，若逢凶曜祸须来。
节如带煞须难度，此是星家大妙哉。

倒限以煞为难，亦分昼夜。行年煞不临，则不然矣，终轻。若行年煞到，更遇节气，如金命忌立夏，是节带煞必死。

男忌黄泉女急脚，限危遇此端消烁。
要知此煞有动时，火年动在寅午戌。
若逢此月祸相侵，限在危时身必卒。
不作黄泉久逝魂，也作人间无禄客。

急脚限，是子午卯酉为黄泉，寅申巳亥辰戌丑未为急脚。此煞火年动在寅午戌月。余仿此。

罗食朔兮计食望，日月相逢身浪荡。
若居厄难眼无光，若守命身人性莽。
不为朔望何须忌，平生作事多奸计。
定主阴谋陷害人，与人寡合无一是。

罗计分朔望忌之，若日月相逢，必是浪荡之人。在疾厄则眼目无光。若此星犯命，主为人谲而不正，与人寡合。

孛星为性最猖狂，男女逢之定不良。
若使罗睺相会遇，定于产厄必身亡。
奸计会之为贼首，毒荧同到必凶强。

若人值此四余曜，祸有胎兮福不长。

孛星为性不定，不问男女，皆淫冶不良。若会罗，男必克妻损子，女必堕胎。若会计为贼首。若是有用星，必因得疾，福不长久。与火相会，为人凶强奸猾。

且说妇人淫不淫，最嫌命位孛金临。
堕胎血块令人骇，十度怀胎九不成。
若得木星相会遇，转为吉兆福来临。
命宫再见荧罗会，害子妨夫不可禁。

女人若金孛守命，必然堕胎损子，血块常有。若三合木临，可转凶为吉。若火罗同守，或三合会，害夫损子二三重。

天上星辰皆拱北，断星须要观星客。
天机妙诀少人知，十二宫中有生克。
就中制化未易言，心中经纶自推测。
合将宫度两相参，便是神仙奇妙诀。

星躔摘金集十六

五行要诀有真机，更有幽玄识者稀。
不遇明师亲付与，任君模仿尽皆非。
摘金语句临行诀，漏泄天机奇更奇。
立命星辰分母贼，太阴一诀在详推。

解曰：五行要诀，端有玄微，不可模仿忖度，非明师亲付，何从得之。如十二宫命中要诀，及卦气已授受矣。感君之厚，察君之勤，摘金一书，临行分付。此奇中奇，玄中玄。看命之法，命宫且缓，身宫最急。盖命众人之所同，身一人之所独。所以推步，月行最为亲切。子今得吾之传，当秘藏之。

月行中天多显晦，圆缺朔望不相同。
如人降生禀所赋，富贵贫贱有穷通。
所以推月不执泥，分配五星各相从。
生克制化于身取，若还反背实无功。

解曰：月行中天，自有明、暗、圆、缺、晦、朔、弦、望不同。如人处世，有贫、贱、富、贵、亨、迍之异。此命宫缓而身宫急也。平生祸福，必以身验，看月不可以拘泥，当从五星分配，生克制化取之。

命在子丑月是土，命居寅亥配成木。
命火还从火星推，命居辰酉从金取。
命在巳申以水论，命居太阳从日程。
惟有未垣并金鬼，宿身顺背看阴阳。
土星嫌木最嫌气，木怕金星与火罗。
火宿从来嫌水孛，金星荧惑莫相过。
巳申之水最怕土，计孛两曜不谐和。
午日木气为掩祸，太阴土计福消磨。

解曰：此论仇贼也。以月配五星，恶见仇贼，所谓安身傍鬼者也。

土垣见火为命母，木垣水宿福无阻。
火垣木曜喜相逢，金垣土宿真贵路。
水逢金德占巍魁，太阳金水分明美。
月见金高并火罗，十二宫中忌奴气。

解曰：此论命母也。以月配五行，喜见生我助我。子丑命，火罗夹月皆福。

五行在天成象纬，分曜于地便成形。

假如水德降于地，子旺辰墓长生申。

万物成形有生灭，消长阴阳从屈伸。

不须执泥五星象，旺生墓即是星辰。

解曰：五形在天成象，在地成形，金、木、水、火、土，光芒炳炳于天，本与天地相长久，及其降形于地，则生旺便有墓。盖五行在人间，消长盈虚存乎四时，安可不求五行之盛衰？及至流行于地，则生申旺子继之墓辰。盖申子辰即水之所成，于此取星辰三合，义极为当，吉凶有准。如戌命火，故忌水，但月在申子辰之地，继以煞在限，于此必死。盖即水也，不必要明见水夺，方指为凶，无中有象，莫重于此。直曜母星鬼夺，殿驾重垣之星，皆以鬼母相参得用失用，玄斋所谓局势参详判死生，此乃察五星之地支者至切。

亥宫主木木长生，至卯旺位转敷荣。

未宫成库全木局，春来得势便亨通。

惟有土命为鬼局，太阴在上恐难行。

火宫取位为母位，太阴同火见光明。

限行取舍判于此，凶吉犹如谷里声。

解曰：亥卯未木局，最宜火命。用为母乡，稍有星辰得用，金吉，但不宜土命。如子丑命有木，卯上险地也。若生当春月，有煞合太阴居之，无阴注阳受陷祸必死。

巳宫金气初舒处，酉位横锋逞刃芒。

丑则成形归库实，三宫秋月最难当。

若是木星为命主，申限一见便刑伤。
惟喜水人居正局，太阴符合获祯祥。

解曰：巳酉丑金局也，木命忌之。若见土计，身在其上，便是党恶。更加神煞冲动，生平福气消磨，限行即死。但水命人用为母局，当殿驾禄贵，月在其中有利益。

人马之宫火始生，才临南午势炎炎。
白羊入墓成局势，辰酉安命最为嫌。
若有木星当夏月，太阴限路祸相兼。
土命若还得正局，平生福禄实光亨。

解曰：寅午戌火局，辰酉二金所嫌，生于夏月火烈金销，更有木气闲神入局，同恶相济，身命相干必死。惟土命为福地，盖母也。经云：五行既列诸辰次，相参推究定枯荣。二十八宿本脉络，其名虽异实同途。假如火命火为局，尾觜翼室即一隅。不待星见方是限，但观气数辨盈虚。五星即五行，五行即地支之寄，地支即二十八宿之阃奥，二十八宿即辰舍之脉络，初不待正，见星辰方为凶吉。盖五行之气，寄于二十八宿之度中，便当推度主之。火得时得位在他宫，何若在地垣借气守重，垣则入四火度中，便为吉凶。如金忌之，土乐之类。一得一失，殃咎立至，诸垣以例推。

看星须看得时星，看煞须看局重轻。
星若得时主事立，局若重时祸转深。
煞星切忌时之旺，更兼当直祸流行。
煞星若也俱休废，贯死须知福不增。

解曰：推五星于紧处，便当明得时失时，所用之星要得时，所忌之星要失时。局势最嫌专城，祸煞最要失时。若得时守局，一死无疑。煞星若克此命，安身于凶神之地，命中何所仰赖，此玄中玄也。

谈命最急为局势，其次最切是闲神。
闲神返背实为祸，久煞侵垣凶即生。
若也诸星当夜煞，十人九死决难生。
若得调达煞神意，便是神仙陆地行。

解曰：煞者，亡神劫的凶神也。神者，局势也。煞神冲合地局一段，闲神乱占我家，有祸生焉。又有闲神侵凌，为之势安得生意？夜生，暗占煞行限，十人九死。大抵限路最切消详局势，生我者吉，克我者凶，闲神入局者凶。

贵禄同宫煞又临，居垣得地祸辰侵。
吉凶同位如何判，于此分明说摘金。
出入度中还煞管，正垣分尔善星明。
贵禄岁垣依旧制，不妨发福事从心。

解曰：贵禄在此宫，又有闲神同守，还如何分？诀以入垣出垣为煞主之，见凶兆合倒限，及至中间正垣，乃吉神之位。盖天星吉神正临垣度，若君子席不正不坐，地煞专守偏处，候人于危厄之际。大抵一宫必分中初末，有阴注阳受解之，虽不死亦无吉利。至于出垣交承之际，祸竟再合。

煞星居煞有其煞，阳刃亡神三煞同。
更有一般为的位，最嫌重叠定招凶。
独见煞垣难煞尾，两煞当祥隔界中。
惟有三神至三位，亭亭祸患在其中。

此法当审煞度也。如一宫见煞，限到其上，则出限三四度定凶。详涌头接脚之法，以定出入。前后宫两有，有煞则于两宫之界，出此官入彼垣，必然凶发。若是三煞倒限行煞，正中间不好。大抵专看神煞重叠，若一垣有煞，天盘地局两三处又见，则莫大之祸。若是三煞，更天盘煞神合处人应死，不问命母互加。

三煞之中皆倒限，至切灵验与何星。
三合更加闲神到，斯人断定入泉扃。
最是直星居煞地，大限才交身必倾。
此是摘金真口诀，方知神煞最为灵。

神煞交合处，前所说限入必死，不问母曜，皆可倒限。若见闲神入局，直难星入煞限行，十有九死。大抵地煞若合，纵有善星亦救不得，但流年有凶来即死矣，所谓母曜倒限此也。

从来日月是尊星，限见无非福禄荣。
夹拱吉庆为吉局，惹凶引祸害须生。
三合若也包煞局，闲神一入更难行。
纵有根基为稳实，也应著脚向冥程。

日月为天之曜，限见当发，其说自是。若夹拱凶星、直难、闲神、三合拱住煞局，则不可知矣。限入必死。

官禄从来号健宫，中年限路便相逢。
阴阳合朔来相照，若遇关阑祸竟攻。
阴凌阳替天盘午，限路交承实是凶。
十二宫中皆忌见，解神欲救亦无从。

命前巳宫是官禄，乃天盘南离之地，至贵之曜，当权之时，岂阴阳同处？十二宫中坐命，入限见日月合朔，官宫若遇关阑皆倒，无关阑者富贵，关阑必罗计也。

观星形势最为先，祸福无差玄又玄。
限路荣枯生死诀，却为局势有真诠。
星位乎天辰次地，星辰势路要参研。
摘取幽玄金样比，择人而付有心传。

富贵贫贱必以星而取。观星之法，形势为先。限路荣枯，生死真机，只于煞局而取。所谓形势煞局，乃观星推测要领，摘出、幽微、真金可比，择人传心，斯得之矣。

星辰杂断歌

五星众宿逐官移，日月得地要明知。
忽然落陷兼迟疾，没处有星仔细推。
日在子兮月在午，移干就湿夭而贫。
日若缠危方可虑，月躔星宿始为凶。
若还日虚月张位，何愁南北与西东。
火行戌亥便为灾，水土龙蛇忌有哀。
金遇卯寅须有否，木行申酉最相乖。
太阴生未在陷宫，侥幸吏辈又英雄。
府县厅前听呼唤，上弦月皎福昌隆。
四月生人带卯时，斯人不寿报君知。
若教父没身随没，三十年来父不随。
四月生人月照亥，少年遇此便为灾。
若值空亡祸减半，若临煞地福重来。(照亥则在巳也，巳为阳极。)
假如申上安命宫，最嫌土计便为凶。

若还土计居卫分，纵有灾殃命不终。
月作妻宫宜作赘，不然妻主立其双。
如何妻年不相同，月孛元来在妻宫。
男女宫中多窍妙，日生最怕太阴照。
夜诞亦忌太阳临，纵然有子无儿叫。
第四火星嫌在昼，但看命中何所守。
少年孤苦老无儿，百岁何曾开得口。
第五宫中须哭儿，第七宫中须丧偶。
忽然火星临十一，福禄亏兮仍损寿。
女人安命坐四马，嫁夫生子定重重。
男人命坐四马位，超越世类更英雄。
男人行限见太阴，娶妻招妾每年寻。
忽然金孛一齐入，咏月嘲风使万金。
魁星若产在高强，更遇官星名必扬。
孛罗为权计为印，定他壮岁拜三公。
十月酉时月在卯，若躔房宿始为奇。
若还昼诞行巳限，夫妻不死也分离。（亥限见妻宫，昼月故也。）
阳刃最嫌自刃宫，戊午丙午最为凶。
壬子癸丑相逢著，决定危亡不善终。
亨通显达逢生旺，遁闷迍危遇并冲。
此是交相生死诀，吉凶消息在其中。
壬子之人生十月，空胎无禄两般凶。
假饶时日逢亡劫，也须危亡不善终。
空亡空尽始为奇，空则能容塞则迷。

万物皆从空里出，能令富贵享耆颐。
惟有金空空则鸣，火空则发土空陷。
木空则折君须记，水空河海能枯渴。
阴见阳空无足取，阳见阴空真可惧。
虽然空里分阴阳，也须识得天机趣。
论命之人见论时，时真命定更无疑。
天时阴晦夜长短，仔细推详讲是非。
人生从何论吉凶，又嫌运限禄马冲。
禄逢冲破马逢绝，富贵之人亦语凶。
凡人命限无生旺，吉曜临兮吉不动。
生又不生旺不旺，一切妻儿无可望。
最嫌运限禄马冲，破尽钱财费尽功。
初限若还逢太岁，若无凶曜亦无凶。
人生体用要高强，生旺临官吉宿长。
生处自生旺自旺，一切营求皆吉昌。
时人身命绝中生，死命衰中衰不荣。
绝处逢生君细认，背中反旺是高人。

杂歌四段

歌加盘母曜

观星把甚为根源，当以宫主为关键。三命天盘在眼前，当头对照天渊远。诸宫皆以卯宫加，又以天盘再转寅。卯酉二宫却加子，此宫又以数宫主。强弱尤须看命主，命母尤为利害关。母若逢生能获福，若逢克母祸之端。贼星若见犯吾母，一世贫穷百事难。假如安命在辰酉，便看太阴何所守。若居卯戌必伤身，最喜躔在于子丑。纵有火罗子丑中，火罗又能生二宿。凶星反作吉星行，十二宫中细推究。

歌凶躔次度

安命若坐阴阳界，更在穿心并六害。若男定是正男儿，焉知父母重重拜。女命安命在此宫，嫁送不妨三两再。亡神劫煞互相加，若不犯刑亦破败。生克星辰固易言，随宫制化最难明。金若逢火被孛制，木来赶土更逢荧。吉多凶少为吉断，凶多吉少作凶行。吉凶祸福明如镜，当以分毫别重轻。

歌定时

生时讹说不分明，虚费心机枉役情。好语生时自差错，莫言算法不分明。测验生时正与攲，却从何理得明知。但将父母兼兄弟，妻子宫中察细微。先安命位落何中，妻妾儿孙在甚宫。父母兄弟何所在，随星推属识穷通。

又　歌

同年同月日时同，福禄如何两不通。或有妻房并子息，或无儿女守空宫。一人富贵无长寿，二命之中难测度。谕君静处细思量，生时同处命难齐，听我分明为指迷。必是婚中不同命，只因孤克克妻儿。又推风水兼阴德，又怕夫妻命运低。好把人生三代论，何愁南北与东西。

星学大成卷二十八

流年论（此以下俱论流年倒限）

流年祸福，必从当生祸福为准，以正命宫为定，方判吉凶。且如一般行限，一般流年，星辰到而祸福并不同者，何也？必须先看身夺、限度、当生有无吉凶星守照，方可言之。如立命子，行限寅，当生难星守，大限流年难星亦到，甚者死，轻者病。如有天官符、地官符干涉田财命限，则有官刑，轻重一般断之。有丧门、白虎、守命限，则有孝服。如当生无难星到，流年有难星到命限者有祸，或者当生有一恩照则吉，余仿此。切不可一例以火罗计孛为凶星，木气金水土为善星。又如立命于子，木气为难，火罗为恩，若火罗照命限，未可以为凶，乃恩星也，必得意。遇红鸾天喜有喜，遇阳刃亡劫空亡太岁，亦不降福。如逢流孛难星到，火罗亦到，是他星反激起火罗之怒，又不能降福矣。又如木气是流年难星到命限，或是对合，必主不宁。亦须看当生星得地否，更看流年限到何度，如是限到难度，当生难星明健，必主重险。如限到恩度，当生难柔弱，流年难星来，而祸重矣。更可详细分别病、讼、孝服等事。如逢岁破、大耗亡劫、天地官符，必讼。若流年丧门、白虎、天哭、吊客，轻则孝服，重则亲丧。如擎游、病符、死符、披头、血刃、有病重轻、生死，依当生限度上定之。但是凶难守照命宫，则祸轻，临照限宫，则祸重。吉凶亦然。所紧要者太岁，有太岁守命限，一年平安，又有喜事，有太岁守命限而一年凶灾叠出，或孝服重重。止从纳音生克与命宫限度，有情无情，冲守有偏有正，正则必祸，偏则无妨。更于当生星辰上冲，并吉凶以断之。便从太岁上数起，一太岁、二太阳、三丧门、四太阴、五官符、六死符、七岁破、八龙德、九白虎、十福德、十一吊客、十二病符，从命限所临之地，流年星辰凶吉，以定祸福。火罗头见计孛土主尾，见木气同时，皆主末关之事，全在太岁神煞上取用。

流年都天赋

命为本，限为末，定中年之荣枯。星移次，煞移宫，决流年之休咎。太岁乃诸神之统领，月将为众煞之枢机。月建并煞临身，无吉曜必遭横搅。太岁赶煞入局，遇恶曜定入泉乡。丧门白虎哭声腾，血刃官符公讼起。擎天游奕照身命，则倏顿生灾。豹尾黄幡临限程，则缠绵有病。大耗并计孛火罗于地座，则家破人离。红鸾遇木金气水于限程，则财丰禄厚。催官星至，须知恩命之荣。食禄星临，乃见文书之喜。添人进口，天喜便遇吉星。足禄多财，三煞不临财位。红鸾乃非吉曜，天喜乃是凶神。须看交并何如，方定灾祥奚若。遇吉则为吉断，逢凶须作凶看。天蛊为血光之神，白虎乃重丧之煞。红鸾照命，有喜可消脓血之灾。大煞临身，无病必招刑宪之祸。木气须为吉曜，土命之人则以为灾。土孛本是凶星，木星之人反能招福。水孛主肾部疾嗽，失脱破财。火罗主心腹血光，是非致讼。欲知阴人龃龉，金孛照命值官符。如逢高贵提携，气木临身逢天喜。财逢劫煞，须防盗贼之侵。田值官符，未免户争之挠。擎天莫临妻子之位，骨肉相刑。官符怕到兄弟之宫，讼庭争理。死符病符当命限，切忌浮灾。大煞劫煞临田财，须防暗损。凶攒煞聚，九死一生之年。煞值星扶，三满三平之岁。马到迁移逢紫气，千里称心。禄临主限理金星，四时进喜。血刃伤财破荡，六害克子防妻。咸池并限闹林中，三煞冲身路泉口。吊客主门庭之孝，血毒生疮疾之灾。黄幡怕与火罗并，囚中致死。豹尾只宜木金救，险处生祥。凶星得用进权名，恶煞攻身防险厄。弃人间事，岁君赶煞并限入丧门。从地下游，岁破攒凶并命临三煞。所喜者左助右救，所忌者后逼前空。更加阑干之凶，必定幽冥之祸。骤加官职，天喜照限福星临。横进资财，官禄临身凶曜退。勾绞四时多挠，交争不明。劫亡一日为灾，迍邅莫免。更忌星躔留退，尤防煞反攻神。攒凶须作梦中人，聚恶乃为泉下客。有救则吉，无救则凶。若参较乎灾祥，宜酌量乎轻重。仅见斯文，秘之为宝。

流年杂断

且如子丑安命，火罗计孛入命，更元守有凶，盖命宫属土，火罗生我，如昼生以火罗为嫌，虽凶亦轻，但恐孛并却为凶恶。如夜生遇火罗，更有木合之，天喜扶之，飞殿合之，是年却有喜庆，仕宦有迁除之喜，常人亦吉庆。惟嫌木气孛，更以土计并，或限入煞乡，或遇子午卯酉之年，祸患愈甚。

且如命在巳申，俱以火罗土计孛为灾。火罗昼生愈速，夜生稍轻。土计孛亦主灾患，夜生其祸甚焉。若土计交运交限最凶，诸化福禄何益？在庶人则多疾病破耗，在官贵则被纠弹，公吏则主刺配。若命中元守薄恶，根基浅弱，必主夭亡。若是天干寿元金者，或木气交合，却不致于伤寿，亦不能无灾病官非。若木气交合，天喜飞殿临之，申命则取木为官，巳命则取木为田主，皆为吉用。倘或昼生，甲乙干或纳音木者，便以水为天马，职元局主，及当用三方主之类，是年决有喜庆，庶人得财，仕宦升职。

且如寅亥坐命，亥以火为财，夜生得之有财，寅以土为财，昼生乃得利。若星交罗计土孛在命限者，昼生皆能为灾，甚至夭折。若命与身元坐煞地，必致伤残。但诸星单行，斯为有用。不犯官病符、丧门、吊客，其流行之星虽为忌曜难星，无凶星党之，其为害不甚。切忽以土星入流于寅亥，遇流金入宫为害。其人当一场大祸，纵根基深厚，倘三合无火制之，亦危。若生秋冬月，更会流年秋冬三月，其祸未易支持，势须水入宫，或三合见水，方可少化其毒。生于春夏，命中元守有水在马，可以泄土金之气，壮木之根，则无患矣。若流年火土金星三合交并，加以煞动，即不可遏矣。若水星合木流入命宫，又天喜加临飞殿，在仕则迁，在庶人得财喜，僧道有住持，商贾得财。

且如命在辰酉，最怕流年火罗为灾。如火罗入命限，有木气会之，比其党恶，纵其岁煞星不动，亦主多灾。本宫三合有土见之，方可化其毒。若土单行于此二宫，或临限度，昼生当有名利，夜生为福亦轻。酉宫立命者，流年火土交土孛会皆为吉用。土为官星，君子为官，小人得财。辰宫立命，独火行权，无孛罗相掩，夜生主有财喜，昼生亦轻，盖火为财帛主也。若火土木为天马、职元、局主，得之大吉，纵非驿马、职元、局主，次吉。独辰宫夜生见火为吉，酉宫见火为嫌。若流年有土计会之亦好。

且如命坐卯戌，最怕流年水孛为灾，遇火罗不为忌。火罗土计孛并官符病符相犯，即主灾殃。若独火独罗，或水孛流行，或水孛流退逆在彼，则灾不小。若加流煞冲动，多致夭亡。必须元守有木气土计制化之，方可无害，否则有肠风肾气之病。若流木合水孛，更有喜气扶之，即为吉用。若飞殿会命限入官，木气得地入照对宫，或三合，更遇时令强盛，必有不拟机会，纵无火得用亦可称情。若命元守当用之星高强，断可名利。卯宫命者以水为难，更值流水孛同行，或迟或留，在少年一病可过，中年值此，必得宿疾，纵不致死，亦为身累。戌宫命者，或火孛入限，遇丧门、白虎、吊客并到于六亲兄弟，必主残伤。如丧门、吊客等不并，只为官符之类相并，主奴仆小人侵盗，以致官灾，否则兄弟有争，此为至验。

且如命在午未者，午太阳，未太阴，居午者则火罗计孛为武职之用，不可目之为忌曜。若他宫则火罗计孛为犯分之星，午宫流年独火独罗计孛俱不足畏。盖以端门帝座之位，凶徒恶党何敢犯上，只恐群凶交并，傍无吉曜解纷，倘有制化亦不然矣。若火罗计孛独行，不见流年诸煞官符重会则吉。未上之火，见于白昼，未免为忌。夜生值火流入命宫，或三合无土计孛合之，斯为吉宿。盖未以火为官主，火罗昼交亦非吉，土计夜交尤为凶，甚至伤残，轻则重厄。盖夜见土计本为忌曜，况土为难，故值此不死，亦主有宿疾，及阴小之灾。仕宦则有剥职之忧，庶民有非常之厄，最忌土计处强为紧。若独孛流入命宫，不会流年诸煞，反为可取之星。

凡流年诸星，须详与命限有用无用，切勿以化气为取舍。得其用则刑囚暗耗能为吉矣，失其用则福禄权贵又何益焉。详推造化，斟酌吉凶，出于一时之明见，安可执一而不通也哉！

太岁歌

最是凶神为太岁，须把宫神相正配。
相生相顺福之基，相克相刑真可畏。
假如木德是宫神，最怕纳金来相克。
一生福气少精神，纵有发挥终进退。
岁驾岁勋并岁贵，此星最忌入空亡。
马如空马贵空贵，纵有前程不久长。
若是崇勋居此地，不能安享坐高堂。
身空宜向门前立，须把年头仔细详。
岁宿当权为恶毒，众星各各俱降伏。
他如克我我无权，一生寂寞多孤独。
我克他时他受制，手足伤残伤耳目。
岁星宫主要比和，同室操戈皆不足。
流年太岁怕当头，中度逢之实可忧。
口舌破财须叠见，更兼忌克惹闲愁。
若还压命兼临限，更值凶神不死休。
十二宫中皆可畏，惟有子午得优游。
凶神恶煞如何看，须把凶神参可断。

如逢旺相必为凶，若遇长生多险难。
休囚死绝祸尤迟，纵有灾危应减半。
岁星恶党祸难逃，不忧侵命忧侵限。
驾为太岁号尊君，命忌居前不足论。
奴仆若临终（阙）犯上，夫妻如遇夺夫权。
兄弟临之多凌辱，疾厄临之貌不全。
最忌凶星侵限路，又怕难星伤限元。
若是命身如坐马，一生安享福长年。
更说岁星玄又妙，驾星最喜居垣庙。
平生多近贵人财，必有贵人扶左右。
不宜破驾有飞星，不喜临朝逢客曜。
少年及第取功名，驾中还有官星照。
岁星若是土为区，行限须当怕计都。
纵使金神为命主，若逢余曜亦焦枯。
能夺土星又无气，处世无权作懦夫。
岁德为尊防泄气，岂知所忌在余奴。
命宫莫把他宫取，须于命处寻元守。
行限须交论变通，便把局垣深考究。
若本宫星已陷弱，虽有流年安可救。
两强争长迭强梁，到底还须奴宿强。
须要正星知退伏，自相逊让更何妨。
若还两母俱生我，正母还须气力刚。
余母无权兼受制，自然安静更无殃。
假如辰上安命人，巳未两宫偏怕土。

命宫为体限为用，命主论宫限论度。
其中造化妙而玄，十二宫中俱仿此。
古来子丑偏怕计，彼皆分泄当生气。
纵然能生不到头，若是单行生我主。
他宫别处事推求，三合照临却得力。
五星推此无限休，巳申之中孛可忌。
卯戌二宫罗可忧，寅亥二宫气不喜。

倒限要诀

倒限之法，亦难取用。有一般难星而一死一生，须看命躔何度，次看虚实、时候、昼夜、旺、相、休、囚、死、绝方可判之。如立命辰金为主，所怕者火罗，不死者何？必先问命度，如或命纬亢度，前面逢火罗，若是司令，昼现必死，背时夜生不死，命纬金度，亦如是断。又如立命在辰土计为恩守于命宫，前面逢火罗甚者必死。或火罗稍弱，决不可倒限。其余宫分并依此例。又如一般难度，必须问空亡，有空亡者不死，无空亡者死。又如难星值限，兼被党之者必死矣。又如立命亥，怕者金星，如金居子，三合有援者不死，无援者死。金若在丑，及巳酉丑三方照见金星，皆可断的然倒限。巳酉丑乃金局，纵然有援，不甚亲切必死。余者依此例断。

阳谷倒限说

且如倒限一说，跟挨度数而推。有煞刃者，遇太岁必伤，无煞刃者，纵凶不死。子虚女度，木煞真凶。丑金斗木，金亦为忧。惟有牛金，独气为害。箕水寅宫，木土两取。土当火令，水弱必伤。若逢春季之中，却又不能为祸。尾火度内，寅卯两端。寅宫属木，水孛祸轻。卯末尾初，罗水必死。心月房日，忌水孛罗。氐土火垣，木弱不克。辰宫末度，木气必伤。亢金坚实，不忌火罗。怕逢夏令，角木焦枯。专嫌罗火，金亦为忧。轸占辰巳两宫，巳轸独怕计渴。翼火水垣，冬嫌土计。星忌奴罗，张惧奴计。柳土两说，午柳最怕奴忌鬼。柳忌气忌罗，井惧计罗，又怕冬旺。参嫌奴孛，土亦为忧。奴气亦凶，四时皆忌。毕月忌气，又怕土计为害。不问申酉二宫，最怕气以燋渴。昴日胃土，见木必克。娄金火殿，又忌水星。夏火最嗔罗睺，奎中金气，皆是凶神。壁水又忌气星，又嫌水孛滋曝。觜火室火，罗计水孛皆凶。煞若同行其度，不以为利。更看命在何宫，限行何处，于斯消详，决不失也。

倒限歌

子虚有木星，三冬人须卒。丑牛有金星，遇土须富室。秋土损亢金，计都亦相逼。刃月怕伤木，不死生重疾。设若富贵人，见之破屋室。角木遇者凶，斗木遇者吉。若犯奎木度，十有九人死。木土好齐瓶，九夏水为迍。尾火怕秋金，冬水伤房日。又有翼火蛇，有土三冬灭。星日与翼同，鬼井忌计攻。昴日忌罗火，参水专怕孛。娄金怕水星，孛亦能为泄。室火木之垣，计罗难说吉。须要辩煞星，难忌皆值刑。更落空亡位，遇者寿须倾。

说三关之详

如子上初关危十二度，中关虚六度，末关女二度，并以首尾出入度，分初中末度为正关，九五度为卒。三合吊者不过三度，四正冲者不过一度。煞居三方之正垣，其人死于上节。煞居初关，死于下节之前，上节之后。煞居末关，死于下节之后，上节之前。一度节后一日死，二度节后二日死，三度节后三日死，并依度数加减日分上取之，无有不准。

歌　云

危张心月怕土计，虚危二宿又怕气。心中二宿怕罗星，毕月嫌罗与计气。火罗同木日灰飞，夏月逢之死莫疑。木气不宜居土度，若躔土度有灾危。金木不宜居四土，行限木度必灾殃。火星忌划四金度，限若逢之人必死。水星若躔四火度，唤作断桥无去路。土行水限不为奇，若行此度便惊危。阳刃的煞奴欺主，皆怕同行划度中。煞重权高逞剑锋，刚强勇敢气如虹。项王休逞拔山力，韩信徒夸建国功。一行划度无星救，堪唤危亡顷刻中。

倒限要诀

日月夹煞

凡命以日月为紧，但临于本年煞地为凶，子午卯酉煞巳宫是也。二曜同居其上，或前后两宫皆有夹煞，倘凶并即伤残。

日月会煞

如破碎三煞之乡，二曜同临其上，前后不出三十度，少年行限亦危，中年多不出此。最是紧关之煞，不可不信。大忌官宫入煞，即无解也，必至伤残。

日月犯刃

如乙人辰为刃，更以岁家三煞交会其上，日月临之，虽吉星资扶，行限至此，亦为凶兆。或者行限脱此，煞尾亦不可脱。若在强宫，如官禄福德之类紧。

日月入四正

命以日月为诸星之首，三合对处有利害，若会处，亦有疾病。如日月之会近朔晦，即临于朔前后不过三四日矣。若日月会四正，最怕天凶地煞并之。天凶乃罗计土孛，地煞乃阳刃四刑破碎之类。若合此格，限度临之亦凶矣。与其发福发祸更速。若日月合天凶地煞在偏局则轻，正局不免，轻亦伤身，甚则恶死。

恶星犯日月

夫恶星犯限，居日月之后则不凶，犯日月之前为凶不小。日月同犯，促日月同行逢之于前皆为忌。须是落空亡方不为伤，若在强宫断非所宜。

善星会日月

善星会日月本以为吉，人皆知吉善，而不知其善中有恶是真恶也。善者恶之，胎若星曜会于吉地则可，倘或临于空亡阳刃破碎之乡为灾不可言。虽处安居无事之时，而有卒夭暴亡之患，多出于人所不意。大抵凶星居空亡则利，吉宿居之则凶，此理之必然也。

忌曜相攻

且如未上安命，本以夜忌土为煞，若忌星居空亡则无力矣。或又日生孛气之类攻之，则忌土，何暇为我害？倘以火助其威，计党其毒，则其势已甚，必至夭亡。

善星失用

何谓善星？金木水气之类是也。一星居强得用，则为我福，受伤，我失其恃。限行于此，流煞小有所冲，必成险厄，多是无事中暴忽之祸，人所不知也。所谓天星不能制地煞。何谓鬼局？金行寅午戌之类是也。

将煞就煞

且如命宫正盘十二宫，有禄马、贵人之神，阳刃破碎七煞之类。如寅申巳亥生人，限行于酉，上盘亦是酉字。子午卯酉生人交巳限，上盘亦是巳字。此将煞就煞，以卯宫命论。

以煞见煞

且如丙戌生人，阳刃是午，行午限是此局。更子午卯酉生人，有上盘之阳刃，下盘阳刃，上之破碎，下之破碎，巳限是福德，亦为阳刃加的煞。的煞加阳刃皆为以煞见煞，若遇福德，则迟见祸，若遇官宫，则速祸矣。纵有吉星日月临之，其死尤速。

出煞入煞

如人行限前是阳刃，后是破碎。如乙酉生，辰上是三煞阳刃，入巳限破碎，或前三煞，后破碎，限度出入之际。如二十五六、三十六七、五十一二，出限入限之际，值出煞入煞之时，更加流年小有凶并，必难保。

寿元失陷

人命以寿元为紧，何为寿元？纳音是也。如纳音受克，乃木生人木望金，金生人金望火。倘鬼旺主衰，四正三合见之，行限至此值之，虽少年亦主伤残。

暗气加临

且如气星天文无象，如盲人然，亦是老人之象。凡入命照命，亦主刑克孤独，主人慈祥。如命宫三合对照之时，人当有寿，然亦须见合照，无四正星以破之方好。若老人行限值此，设若流气并当生之气，此年必主倒限。

倒限拾遗诗十二首

主星遇煞是如何，限到其中是煞窝。
流煞更来无避处，阎浮一梦入南柯。
子宫箕限水星临，木气同临定不禁。
若在卯宫逢水孛，寿应难买任千金。
寅宫立命卯宫行，罗火金星亦可憎。
卯火命居行巳限，倘逢金水不聊生。
丑宫辰限水星来，命入黄泉不可猜。
土计更临并会煞，阴司有诏急相催。
辰宫午限煞之乡，切莫加临见煞旺。

救度有星须见土，若无逢救定堪伤。
巳宫须看未与申，莫教土计暗相侵。
土计若逢金到处，反殃为吉更精神。
午宫木气最无情，孛若同行更可憎。
若遇煞星加得到，限行至此必须倾。
未申土计莫教留，酉宫土计不须忧。
只愁罗火居其上，限行似火炙冰消。
酉宫到戌土之乡，亥上元来火母藏。
有煞加临尤可畏，若无煞到不须防。
戌宫子上煞来临，煞旺其间怎可禁。
木土不来休道好，黄泉有诏急相寻。
亥命逢金固可忧，火罗二曜亦为仇。
煞宫遇此加临到，身世悠悠蝶化周。
煞宫元系鬼门关，地煞天星要细观。
福曜加临还压煞，凶星加到出应难。

星学大成卷二十九

乔拗天机渊微序

五星丽于天，以入躔为吉，失躔为凶。星之常性，人之所共知也。然亦有不尽然者，或入躔而反凶，失躔而反吉，其乔拗之谓乎？拗而不失其顺，亦何恶于拗也。此理渊微，非通于造化者，孰能知之？邓太史乔拗，是独得龙从火里出，虎向水中生之玄，所以补诸家之未备也。若定光裔天机，则又不论好、乐、庙、旺、盈、缩、圆、缺、伏、留、顺、逆、三方三日、七强、五弱，而专以二明三暗、三明一暗论贵贱祸福。此又特见阳中之阴，阴中之阳，其旨与邓太史虽不同，而其用意则一也。故合而为一卷，聊叙作者之意，引于首简。易水育吾子识。

乔拗渊微

邓太史乔拗经

予生西京，世居太史之职。仰观天文，俯察地理，靡所不至。因笑世人，但知金水木火土五星垣殿，有喜有怒，而独不知有乔拗存乎其间。鉴于司天，明尽五星之玄奥，洞知造化之幽微，真吕公所谓，五行颠倒术，五行若逆行，龙从火里出，五行不顺行，虎向水中生之类是也。斯文本不传于世，不求闻达于人。适遭时多艰，遍历宇内，屡试屡验。后之君子，韫匮藏诸。宋太史邓鉴心传。

乔　庙

火土二星号乔庙，世人知音少。物有相反乃相成，此理最为精。世人只爱正庙好，更不详推考。谁知乔庙更为奇，细说与君知。昼火参轸及箕壁，无咎乃大吉。夜土角斗及井奎，降福亦如之。火逢水庙俱宜利，刚柔得相济。土德如居木度中，晦滞乃疏通。贵命若还逢此限，台省开给谏。常人遇此亦为奇，富贵更康宁。此是官星微妙诀，真机休漏泄。

入垣星辰反生祸

甲申、壬申，寅上木星。

诗曰：　甲申壬申寅上木，不主官司定主哭。
　　　　若还身命更凶时，必主寿年于此促。

辛巳生金在辰，丙戌生土在子，乙亥生木在亥。

诗曰：　辛巳生人金在辰，丙戌生人土齐瓶。
　　　　乙亥命人木在亥，若非伤寿必然贫。

庚午、癸巳生水在申。

诗曰：　庚午癸巳水居申，众论皆言是吉神。
　　　　限逢出入皆遭险，若是孤刑免丧身。

庚寅生木在未。

诗曰：　木入秦州庚恶寅，戊寅寅亥限非宜。

非惟孝服并官事，否则亡身定不疑。

失躔星辰反见福

木鬼、金室、翼土、角木。

诗曰：　木躔鬼度号高强，金室翌牛福亦昌。
　　　　更有土星躔斗角，限行至此福非常。

火土水命，宜木躔亢角。

诗曰：　木躔亢度号逢龙，若是秋生福亦浓。
　　　　三合只愁金克战，水金命遇又还凶。

甲子生人，木星娄吉。

诗曰：　木躔娄度是凶躔，甲子生人又不然。
　　　　命限田财寅亥者，必然发福进庄田。

水星躔胃吉。

诗曰：　水星躔胃木来凶，行限申宫及巳宫。
　　　　三合飞来无克破，命限相逢必富翁。

金火相逢，宜分昼夜。

诗曰：　金星行限火同躔，未可为凶一例言。
　　　　昼里生人贫且夭，夜生福寿必双全。

木土居申酉。

诗曰：　土居申酉如逢木，子丑限中富寿足。
　　　　缘何土木不为主，鬼弱番能为我福。

木气宜午酉。

诗曰：　木逢紫气本来凶，若居午酉又难同。
　　　　行限逢之人必吉，此是余奴救主翁。

令星宜受克。

诗曰：　　四季司权号令星，若还受克始为荣。
　　　　　且如木命金来克，可许荣华福更新。

又曰：　　四季司权号令星，诸星不敢与争衡。
　　　　　任他囚的临刑难，也须胆落更心惊。

计孛不宜居田宅。

诗曰：　　计孛名为纸笔星，如居田宅最堪嗔。
　　　　　破家荡产令人哭，命好除非自立成。

火罗计孛宜守财。

诗曰：　　火罗计孛四雄星，若守财宫福愈深。
　　　　　若也财星更明白，其家必定富千金。

火罗宜夹命。

诗曰：　　火罗夹命福滔天，纵犯凶星福亦坚。
　　　　　金命生人还不足，必然夭死在童年。

限主入垣，当生太岁冲有大凶。

诗曰：　　限宫宫主入垣中，最忌当生太岁冲。
　　　　　破耗相攒宜出位，限星至此总成空。

窃星。

诗曰：　　水生冬月与金同，子盛母衰反不中。
　　　　　人命若逢申酉限，金星水伴尽皆凶。

乙丑生孛为禄，忌木对。

诗曰：　　乙丑生人孛在寅，化为禄主限中迎。
　　　　　谁知木气申宫照，不死终为带疾人。

破碎星最忌入命。

诗曰：　　破碎星辰煞最凶，人生切忌命宫逢。
　　　　　为人慷慨多光霁，纵有镃基亦主穷。

破碎宫主不宜居垣。

诗曰：　　破碎星辰不出宫，那堪行限在其中。
　　　　　若非官事并丧服，到此终须百事凶。

月忌昼生。

诗曰：　　中弦之月十分清，垣庙皆言是吉神。
　　　　　限行至此皆无福，月正扬辉天已明。

中弦夜月守限，不问宫主。

诗曰：　　夜生孤月遇中弦，必主更居更置田。
　　　　　纵使限星逢恶地，此宫亦许福绵绵。

刚柔相济。

诗曰：　　火罗计孛过于刚，紫木纯柔也不祥。
　　　　　若得刚柔相济遇，为权为福定非常。

刑囚暗耗宜纳音克他。

诗曰：　　刑囚暗耗实难言，我克他时反是权。
　　　　　身命逢之乡曲富，官星明白玉阶行。

戊子生人最不宜土星守命限田财。

诗曰：　　戊子生人最忌土，当生元化为禄主。
　　　　　若守田财大限中，不但丧财仍破祖。

诸凶并宜空亡并吉，只怕太岁冲凶。

诗曰：　　克命忌囚暗耗刑，更兼破碎刃宫星。
　　　　　逢空有吉皆无祸，太岁相冲又不宁。

破碎宫限主逢之无不退落。

诗曰：　破碎空中最是凶，限星遇泊便为凶。
　　　　非惟冷退仍招祸，纵使庙垣祸一同。

当生八煞有鬼煞空亡大限空大吉。

诗曰：　当生鬼煞落空亡，大限相逢空鬼乡。
　　　　不贵即当家大富，名高仍且寿延长。

鬼曜星辰不宜，命限有空则吉。

诗曰：　鬼曜星辰坐命宫，那堪行限一般同。
　　　　无破无空伤本命，可怜挥泪对西风。

女命不宜罗守命。

诗曰：　女人天首命宫加，才嫁夫时便做家。
　　　　必主公姑皆隔角，不然刑克定无差。

阳星不宜夜见，阴星不宜昼见。

诗曰：　昼见星辰夜宿时，限逢福作五分推。
　　　　阴星垣庙如逢昼，命限相逢大不宜。

阴星。

诗曰：　火金罗月是阴星，夜里相逢最有情。
　　　　若庙官宫并身命，三台八座有声名。

得用星辰，不问居强弱。

诗曰：　星辰得用最为良，恶弱相逢亦不妨。
　　　　得地不须论恶弱，失时何必问高强。

限忌阳刃。

诗曰：　限行阳刃最为凶，莫使凶星在限中。
　　　　限好终须有刑克，限凶终是祸重重。

凶空吉，吉空凶。

诗曰：　凶星行限要空亡，吉曜空亡又不祥。
　　　　吉曜空亡还减福，凶星空却可无妨。

土计相逢却要木制，余星仿此。

诗曰：　土星行限元怕计，只要当生木同制。
　　　　限行至此皆无福，他星亦可为前例。

金火二星为限主，怕日同躔。

诗曰：　火星行限如逢日，此限之中难发积。
　　　　金星与日又同躔，纵居垣庙皆无益。

刃星互垣最凶。

诗曰：　飞刃星辰阳刃乡，刃星互换实堪伤。
　　　　无空无破如逢此，纵有相生亦少亡。

星辰行限宜出垣吉。

诗曰：　限星最要反垣宫，宫主相逢反见凶。
　　　　金辰若发酉限内，金酉却富辰限中。

行限宜避宫主。

诗曰：　限宫切忌正垣星，此如亥限木星临。
　　　　非惟无福仍招祸，木亥限寅福反深。

行限太阳不宜午，太阴不宜未。

诗曰：　太阳居午太阴未，自古皆言垣庙地。
　　　　大限相逢不发财，若出庙垣方吉利。

田财命主又宜居垣。

诗曰：　若问田财又不然，主星又喜不离垣。
　　　　只愁大限逢宫主，纵发犹防寿不坚。

克命星入命宫限，亦然。

诗曰：　　克命之星真可畏，命宫切忌逢刑至。
　　　　　若还为忌又逢凶，恶死身亡须弃市。

计都在命及居午酉宫符女命。

诗曰：　　天尾星辰在命宫，嫁夫必定两三重。
　　　　　若居午酉官符位，定主身亡在狱中。

紫气临身命又逢计都。

诗曰：　　紫气从来号善星，若临身命主孤刑。
　　　　　更逢天尾同相守，巧语能言最不情。

命居福德，火罗同躔。

诗曰：　　命居福德火同躔，天首同居寿不坚。
　　　　　若是金星并夜见，限行至此福绵绵。

水火同居四强为官田主。

诗曰：　　寅申巳亥四强宫，水火同居一宿中。
　　　　　若是官星并田主，玉阶金殿富家翁。

岁驾星升垣，火罗孛计同躔。

诗曰：　　岁驾星辰喜入垣，火罗孛计爱同躔。
　　　　　恶曜受制兼朝斗，节钺声名播九天。

阳刃星在命，是火命在水宫。

诗曰：　　阳刃星辰在命宫，假如星命运亨通。
　　　　　闻诗闻礼多闲雅，富贵中年永不穷。

破碎阳刃同宫，命主居阳破位。

诗曰：　　破碎星辰阳刃临，若居命里是前程。
　　　　　命主若居阳破位，火人金局福多全。

水星行限，水在申，计在辰。

诗曰：　　水星行限计来侵，水在申宫计在辰。

　　　　　不问升垣并入殿，也须贫困促年龄。

木为财主居三宫，金同躔于四库。

诗曰：　　木为财主第三宫，金若同躔福最隆。

　　　　　丑未更兼辰戌位，经营财谷永无穷。

四库中有水计，又为命貌主。

诗曰：　　辰戌丑未为四库，水计相逢贫且妒。

　　　　　若还命貌在其中，不义取财而致富。

水孛逢四主又计都同宫。

诗曰：　　水孛如逢田宅宫，更加天尾又相同。

　　　　　为人干仆添财产，末主须交不善终。

命主土计日，又水孛入命宫。

诗曰：　　水孛奴星入命宫，命主土计日怕逢。

　　　　　其家必主生淫欲，奴婢贪花犯主公。

身星与罗同宫，最怕在魁罡子午。

诗曰：　　身星最忌与罗同，犹怕魁罡子午中。

　　　　　此是计罗升殿位，若非夭寿必然穷。

乙丑生，命丑，身命主登岁驾。

诗曰：　　乙丑生人命丑宫，太阴身主又相逢。

　　　　　身命主星登岁驾，恶星丑未怕相逢。

乙酉生，命在未，月在酉宫。

诗曰：　　乙酉生人命未宫，太阴却向酉宫逢。

　　　　　巳卯丑宫分善恶，非官贵也富家翁。

五行生克吉凶

金	沙中剑锋两般金	若居震上莫相侵
	外有四金须忌火	沙剑无火不成金
水	水见天河大海流	二者不怕土相酬
	外有四般须忌土	一生衣禄且难求
木	松柏杨柳桑柘木	大林五木忌金刀
	惟有坦然平地木	无金不得上青霄
火	覆灯炉内与山头	三火元来怕水流
	外有三般不怕水	一生衣禄近王侯
土	城头壁上与屋上	三土元来怕木冲
	外有三般不怕木	一生清贵步蟾宫

星辰玄妙论

凡水、火、土、木，皆能自生自旺，惟金得火而后有用，无星辅皆主不好。盖谓天地肃杀之气，收敛万物，秉权则生意斩然。上帝好生，抑之不令肃毅之气盛，所以废之。时道四星有余，独金无余以此。

凡土陷山崩，枯枝败叶，长江浩荡，烂斧绣针，爝火大明，吉凶救解，最须详说。

土星最忌落空亡，升殿入垣而落空，谓之土陷山崩，亦主退败可畏。如有恶星降夹逼迫，多有气蹷噎吃之疾。恶星降夹，多主倒限。如火会，谓之填凹补缺。金会，谓之山啸呈宝。又皆主名利发达。

木星落空，谓之柳枝落根。如金会，则斫削成材。火会则焚折灰灭，火出木烬。水会，则漂槎泛筏，不免漂荡无物。水星落空，谓之长江浩荡，退败无余。金会，则洪水漂荡滔天，常有不测之灾。

金星落空，谓之烂斧绣针，最宜煅炼。又得贵人星会之，则是常行用之物，又主名利有成。

火星落空，乃离中之虚，谓之爝火大明。反主发达，夜生尤妙。盖火遇夜则明故也。

如前件落空者，皆是升殿入垣而有此格，祸福即旬中空是也。如丙辰生，土为福，在女度行限，甲寅旬无子丑，亦主退财，坐地受灾，能说不能行。如戊申生人，土禄在卯，甲辰旬无寅卯，行限反主奔波劳碌，不利财谷。所以星落空者，切不可以福禄及升垣殿以为吉。

四时五星论

春月生人，命限连有土孛金水太阴罗计，谓之云雨不解，淋漓花果，触目愁景，主退败可畏。四五月虽然得雨，然亦不可连接。行限见前项星辰，为久霖不晴，皆主冷退愁闷，生意萧然。如有此格，日火行限，谓之久雨逢晴，伸眉舒目，人物欣快，必主骤然大发。秋月生人，连有风雨星行限，主霖雨伤稼。冬月生人，连有凶不妨。

凡气入申，为入猴山，不过作事混沌。凡木气为祸，不过冷淡是非，留连不宁。所以木星为祸迟，淹延不安，气木为人执拗不惺会。

凡水泛扬州，损自己之财，命逢气吉，拿他人之财为自己之用，为缘水计相逢。

凡行水宿水宫，会土于寅卯上，决主见灾无妨不倒。金克木于巳午，火克金于亥子，木克土于申酉，水克火于辰戌丑未，皆主重灾。凡金为天地肃杀之星，是以行金星限，未有无刑克孝服，化吉亦然。春天土木相会，行土限，骤发名权，而死则难免。

凡疾、奴、兄、财、妻、儿等宫，仍兼其宫度主论之，极验。

划法

凡七政为身主、命主、寿主、命度主、寿无限主所泊躔宿，最怕在前划破多死，化凶亦然，占煞刃尤恶。其在后划破又轻，假如限行火宿怕水同在，火宿行土宿，怕木同躔，行月宿怕土罗计，日宿畏木罗计孛等夺，他仿此。然如行木宿受金，春月划脉不断，行火宿遇此，谓雨雪载途，皆非好格，冷落寂寞，不言可知。所以晴雨之星，要有相间。行限得晴雨停匀，生意顺快。凡土、孛、气、罗、计会日，皆谓黑云暗日，主大贫。

人命五六月生，火日行限，却在巳午，谓之旱魃南离，生意焦枯。如游年孛土罗计到，晦掩其光，反主一发。过了游年，又主祸依然，是以善行雨限。若行限又俱是火日，亦曰久晴不雨，万物烁落。如忽行一星，如罗、计、孛、金、水、太阴、气星，则云兴雨降，物苗勃然，发达可知。

凡行风雨星而逢日在戌，或行限在戌三合对照，则云收雨过，落照余晖。遇此格者，主晚年发达。凡太阳坐命，极主劳碌不闲。一云慷慨，盖日运行不息故也。冬月水罗会，谓之和风解冻，寒林生春。火会土，谓之寒谷回春，皆主发越。

春木宜日火，怕罗计。如会日，可谓蒸烘日火，则春入园林，妆缀红紫。罗计到，风潺雨愁，反主贫夭。

秋天水居水宿见金，谓寒潭浸月。火寒，未免清秀而贫薄。气会月在前，谓庆云捧月，在后谓浮云蔽月。化水夏生划脉不断。金值火宿，秋生无害。土行水宿，冬月反好。四季之土遇木何妨，最须详辩划法至要。有一人土在危三度好，在危五度行土限，遂死。

拗星例

愚谓此法，谓之全降与半降也。即空亡空尽最为奇之意。甚验。水在金宫遇金反吉，次喜火罗，三合喜木气。一木气在酉，辰角日罗亦解之。在张月火可解，罗子遇水可活。凡木逢金，要水气之扶，或火罗之救，便无害。金在卯戌遇火反吉。火入酉金入戌，或火金同戌，或火金同酉，或火在辰，金在卯，或火金同辰，或火金同卯，皆主无妨。惟金在卯一节，秋生又断，或寅亥，或木到，或气同到，或土水火救，凡金入陷或遇火，善土星之生，水孛之救，或火金而在金宫，或火宫而反无害，金火只忌秋生，土在巳木解气亦可解，土在寅亥火罗金可救，凡土喜计来救，又喜火罗来救亦可。又辩凡土计同喜气木，水在辰戌丑未遇金孛气木月反可无害，火在酉巳要木气土计罗日可解。太阳之断，惟金拱救，或月会可救。太阴之断，惟金孛水星可救，或日可解。水不断乾，火不断坤，火归坤地害灾除，土不断四木，辰角戌奎未井丑斗，木不断辰亢，盖东方水地也，冬金不断卯，冬水夏火难断春木，秋金易断。

四直星

正二月太阳，三四月太阴，七八月水孛，九十月木气，十一十二月金星，五六月火星。

凡遇直星煞难，守照命位限宫者，刑克疾破虚耗，劳碌损寿，逢日伤父，逢月伤母，逢妻刑妻，逢子刑子，为煞星大凶。为父母星相生相顺，不以此论，又合论福。鬼房二宿度，号为天眼，男命值之，多是多非，凶狠权豪，便能反叛，女主淫乱，亢井主敢为敢断，箕毕主病患。

六十年乔拗诗

花甲循环六十年　星辰乔拗细推论
一隅不以三隅反　奥妙当知在不传
木躔娄度号凶躔　甲子生人又不然
命限田财寅亥者　必然发福进庄田
甲子生人孛在寅　化为禄主限宫迎
谁知木到申宫照　不死终为带疾人
乙丑金人命丑宫　太阴身主又相逢
身命主星登殿驾　恶星酉未怕相逢
丙寅木喜入秦州　限入东方百不忧
火木同行或逢孛　前程亦许享优游

丁卯卯寅惟喜计　孛在乾亥子宫利
木星午未罗在申　随有希求皆称意
戊辰午宫遇木气　两耗而推难一例
酉罗戌孛总相宜　土宿莫嫌居井位
己巳计耗为有用　土在午宫福尤重
孛罗战激总无妨　定主为权能伏众
庚午癸巳水居申　众论皆言是吉神
限逢出入皆遭险　若是孤刑免丧身
辛未水计罗在亥　须知亥限为最快
辰巳二限最相宜　刑破六亲谁避讳

壬申甲申（见前）

癸酉宫宜计水同　木居牛斗总无凶
孛罗更且能为福　轸壁参箕火转红
甲戌逢罗福更多　火星逢孛亦无疴
只愁轸水夜逢土　凶祸重重福奈何

乙亥辛巳丙戌

辛巳生人金在辰　丙戌生人好齐瓶
乙亥生逢亥上木　若非伤寿必然贫
丙子生人喜四余　气罗光彩耀天衢
计水为祸只宜孛　土水遭逢亦不虚
丁丑人逢计最宜　黄星不可以为非
只愁土孛遥相望　贫病交攻孰解围

戊寅（见前）

己卯罗睺最有权　戊宜逢计耗难言
孛星逢紫居高位　安乐和平福禄全
庚辰金酉若居垣　限尽穷途岂偶然
计守限宫还有力　土罗虽好莫争先

辛巳（见前）

壬午生人细品评　气权计禄福难凭
孛星若是居寅卯　为害为灾实不轻
癸未木卯气在亥　亥当祸重卯为轻
计孛土罗居丑未　限行至此倍精神

甲申（见前）

乙酉子丑逢土木　名为暗耗翻为福
罗申满用实可凭　戌亥气孛见祸速
乙酉生人命未宫　太阴却向酉宫逢
己卯丑宫分善恶　非常贵也富家翁

丙戌（见前）

丁亥亥木埂为迍　五星亥上福难凭
计罗孛限应无祸　更有金牛福气增
戊子生人最怕土　当生元化为禄主
若守田财大限中　不特丧财仍破租

己丑行年子细推　计都孛宿两相宜
单行三合无争战　命限逢之作福基
庚寅莫遇罗并土　巳上偏宜见计都
申上水星皆不吉　谁知乔拗有二夫
辛卯星辰两得宜　气申罗子互光辉
午宫水计相遭遇　衣禄随缘度岁时
壬辰遇计寅增光　火孛同行亦不妨
酉戌土刑难减福　寅宫单孛又须防

癸巳（见前）

甲午生人逢气土　皆主平生无险阻
设或行限遇火罗　即许滔天多福助
乙未罗睺最是凶　限行至此一场空
孛星土木相遭遇　试看晦滞得疏通
丙申行限到东南　紫气罗睺柘境甘
土孛那能添福力　计都阴险更难堪
丁酉星辰又不同　桃花见孛却无凶
限行罗计俱为祸　造化分明指掌中
戊戌土计福平平　罗宿单行有用星
紫气遭逢财不聚　可怜孤苦更伶仃
己亥火罗偏有情　逢兹顺境福川增
气余为福力尤重　木计用逢各逞能
庚子火星为有用　命限逢之福尤重
那堪行限历西南　名利两全谁与共

辛丑气居辰巳界　发福发财诚稳耐
设使土计两强梁　命与仇谋翻取败
壬寅却喜罗居未　炳耀扬辉无不利
那堪孛又在玄枵　定许希求俱称遂
癸卯逢罗又不宜　虽名禄主祸相随
计都行用翻为福　乔拗宫中子细推
甲辰狮子忌逢木　不主官司须寿促
行限如临此位中　祸患重重难主福
乙巳生人喜计都　悭贪致富语非虚
常人遇此皆奇意　积善之家庆有余
丙午辰卯逢土木　根基稳耐非庸俗
康宁寿福足平生　蓄积多金荣福禄
丁未生人偏喜计　命限逢之翻吉利
此为相反仍相成　漏泄真机难自秘
戊申木不喜临官　祸患须知见百端
马遇空亡难著脚　限行至此倍悲酸
己酉纳音元属土　遭逢木宿人皆妒
谁知木气若相逢　无害无灾安若堵
庚戌金命却嫌火　自我观之又无祸
能以妙理定无差　命限逢之当自贺
辛亥木星嫌在亥　欲求发福应空待
若非伤寿定孤贫　必见非灾多横害
壬子计都为禄主　限宫逢著皆无取
能于造化细推寻　祸福莫言无定据

癸丑土星计孛火　谁知作党非为祸
却为权禄暗相扶　横发资财声誉福
甲寅命若逢南斗　土宿相逢反为咎
刑囚暗耗总为祥　巳午见之福犹厚
乙卯孛星临限度　虽为禄主空遭遇
除非权福（火月也）二星来　方许荣华无错误
丙辰土星至在子　块然一物无可取
木星化禄巳午间　起祸生灾难制御
丁巳土正好齐瓶　木星为福又还轻
刑权囚孛皆无虑　限里逢之定有成
戊午午宫忌遇日　水金辅之皆不吉
安命如逢又不然　限里逢之数难出
己未卯辰宜火罗　最忌计都居酉戌
行限如逢火土星　却主旺家多发积
庚申辰戌宜计罗　土多亥宫生意多
木遇临官反无用　辰罗临出暗消磨
辛酉禄宫嫌气禄　木星朝斗多愁哭
孛星土计更罗睺　却主光辉能发福
壬戌戌上宜土刑　亥逢火计更丰盈
孛宜在巳偏嫌气　土计如临亦不凶
癸亥嫌木居亥宫　罗如在午福昌隆
孛宜在巳偏嫌气　土计如临亦不凶

限主升本垣，当生太岁冲动为祸，诸官宫主星，仿此为例。

限宫宫主本垣中，最怕当生太岁冲。破耗相攒宜出位，限行至此总成空。

限主还元大可愁，五星带夺煞同谋。更兼忌曜来助虐，此命须登白玉楼。

论倒限

倒限之法，夺星为第一。夺星行限，逢气生起，或宫主相生，或化恶背时，决然倒限。火土名忌，乃煞星也。二宫相会，谓之二煞同谋，最为凶害。此等格局，虽有过北斗之资，亦难买无常之厄。如忌夺相会相克，谓之二煞反目，十度之外相逢，不过见灾而已，虽丧亡亦可救也。如行限遇之，死无疑矣。

煞星带刃

火土双星带刃来，那堪垣庙两和谐。

流年太岁来冲倒，任是公侯也受灾。

火士二曜乃煞星也，况又带夺，其恶尤甚。又且得经得垣，加之太岁月将冲动，为祸不可胜言。限行到此，唯有扁鹊之智，亦不能救。若二星身带阳刃破碎的煞，决不善终。

凶送凶迎

凶星行限又将终，又有凶星后限中。

凶送凶迎凶铁定，饶君铁汉也成空。

凶星，如忌如夺固凶星也。金罗计孛火土化恶亦恶。一恶星在后行紧关，来关将尽，又有一凶星初关紧关方来，恶星光芒相射，必为薤露人矣。又如刚星得田财战斗，或刚星聚吉战斗得气救解，只恐气之光星一出，或忌或夺来迎，皆主大发，亦速死无饶矣。

木星夺煞

木星带夺命难延，五福之中寿不坚。

若使气星同共到，玉皇来诏靳天年。

气木虽喜，奈为仇星，二星不宜会光景之内。木星又带煞，是善以需恶。二星相遇于三十度内，忌计孛金罗于中间间断，至于会合相逢，必登无常之录矣。

前关后锁

身命田星日月曜，两个栏星占前后。

限到中间进退难，任是神仙也难救。

日月二曜乃君后也，初不为害于人，而关人之寿夭，何欤？盖日月命田之主受伤故也。若日月为身命之星，当生却被罗计于紧关拦截，掩其光彩，或关煞来犯，或孛火土化恶，罗计夹辅穿钓，有如此者，非惟日月受伤，而吾之身命亦受伤矣。至若太阳为身命田之主，尤其紧切。盖月是身，若是恶星来钓，是坏其所生之主矣，岂不为南柯梦中人也。

刚星带战

刚星穿战实难当，田命逢之怕受伤。

化恶化仇年寿促，散财散福见阎王。

刚星为寿主命主，当生遇刚星于紧关内，或望合相穿正照，皆非吉兆。倘得煞星为命田之主，或带夺受二星之克，或受彼之所伤，限数还元，假饶化吉穿战受制，得志之时，速死之患难免。

异宿相攻

火星行限孛星来，金星行限罗睺猜。
日月二宿怕罗计，孛星忌曜两崔嵬。

聚煞交战

火计金罗孛一同，更兼忌夺二星攻。
假饶德气中间救，光景无从亦主凶。

火孛计罗皆刚星也。若三刚互战，使根基壮亦无益也。纵得气木来救，光彩一出，不复解救，又更详其命如何。

聚煞反常

金星带煞遇罗星，二煞相生奈例评。
老幼反常还不利，阎王来诏入蓬瀛。

金星带夺于紧关内正度，或锋芒交承之际，或火土两煞星为主限，而金孛罗兼老人遇此于生旺，少年逢此于死绝，此等格局多死。

限入空关

限入空关多煞神，星辰辽远又无情。
流年冲到招凶煞，定作南柯梦里人。

限到当生所在煞上，无星主事，两旁三合之星，亦复辽远，即为空限。若火罗计孛交战于此限之正度，即为梦蝶人矣。

又六十年诗

甲子荧罗紫气辉　计都乃是祸之基
人言木土虽无吉　我道其星祸果宜
乙丑孛罗寅卯宫　非惟无福祸来攻
刑囚暗耗非凶论　天尾牛宫福反丰
丙寅木未限行东　只怕南方荧感凶
若只单行为福紧　限行权孛化为凶
丁卯计寅孛亥子　更有罗申木未午
四个星辰最为吉　唯有水星是祸祖
戊辰木气居于中　虽则囚耗最为愈
更有孛罗酉戌好　土井亦言是吉主
己巳计都匪耗言　孛罗交战有威权
土星更喜居于午　行限相逢有福田
庚午生人罗耗加　计都月孛亦堪夸
凶星囚耗反为用　命限相逢福禄奢
辛未阳猪木卯中　人行亥限福兴隆
气星辰巳虽无吉　不免孤贫亦是凶
壬申未宿限平平　计在南方最有情
惟有孛星还不利　求谋作事少能成
癸酉火星喜失躔　计都合水亦为先
孛星最好罗为忌　木斗依然以祸言

甲戌夜生土最凶　罗午计未喜相通
若人命限临其上　作事偏成喜气浓
乙亥罗睺会孛星　此星不可以凶名
土星若遇还为弱　亥卯升垣反祸祟
丙子土木不相宜　天首罗睺紫气奇
更是四余皆有用　计都与孛福无涯
丁丑孛星岂为凶　不应土宿对宫冲
计都若又还为用　命限相逢作富翁
戊寅木气亦言凶　月到申宫横祸宫
卯上土罗凶变吉　计都遇着亦中庸
己卯罗睺最有权　计阳虽耗反为坚
气星若在高强位　亦是平平不十全
庚辰最喜计都逢　招入资财足万重
更有土罗亦可取　若人限遇事还通
辛巳土寅与木罗　此星最喜限中过
气星禄主还无用　金在辰垣反化讹
壬午孛临寅卯木　还言此是祸之胎
紫气为权计为禄　限行平稳可无灾
癸未气猪木卯居　若行亥限命还危
祸来卯限还消灭　土计孛罗未丑奇
甲申孛子木寅宫　土月五星皆是空
只有气猪为福力　罗睺星更不为凶
乙酉吉星土木罗　独嫌孛计戌上过
更嫌水日三合座　无祸仍教有祸磨

丙戌孛酉卯计都　须知为福十分呼
木卯亥宫土归子　无端祸患并来扶
丁亥土子有灾危　五星居亥反为奇
计孛罗星凶吉半　人行酉戌祸来随
戊子木气酉无凶　天尾戊辰富可求
亥上土星平稳当　若临强位反为仇
己丑计都与孛星　若教遇着祸来陵
罗睺最喜单行吉　果决威权福禄兴
庚寅土罗无所取　计都却又喜居蛇
人言水在参垣好　我道忌星亦不佳
辛卯罗子申气来　凶星自作吉星裁
更嫌木气居于午　便断平平不用猜
壬辰土酉戌无灾　但于孤刑不免哉
火孛同行无碍处　寅宫单孛祸之胎
癸巳孛子罗睺丑　若言福禄皆无有
更有荫金亦无取　若问当生土在酉
甲午罗睺做事来　更亥火宿亦然哉
尽言土气亦为好　只有未辰反不才
乙未罗囚亦是凶　孛星禄主反无功
二星木土多屯否　作事还如制缚同
丙申罗吉气平平　只利东南限度荣
土孛二星知可贵　计都险恶亦遭惊
丁酉罗刑与计贵　遭逢命限福重重
虽然囚孛桃花上　然亦平平无大凶

戊戌土计有机权　更有单罗亦吉言
天尾气星还不吉　更破财谷不堪论
己亥荧罗却有情　木星天尾亦为荣
更有气星亦云吉　皆是平平匪至精
庚子土罗是吉星　西南限度好经营
其余星宿宜详断　当审飞来钧起情
辛丑忌星辰巳间　限中遇得享安闲
恶曜土星及天尾　此个星辰作事难
壬寅金水总朝阳　命限相逢反不祥
惟有断躔金是祸　秋冬却以火为良
癸卯水星亦辅君　若居财帛总无成
罗睺化禄亦非吉　木宿限行主讼庭
甲辰土宿忌升垣　若也升垣祸蔓延
更有凶星水孛限　只能晦气不伤年
乙巳还畏水金张　若在田财命限当
不特丧身并破祖　更教寿亦梦黄粱
丙午水星利失经　卯辰土计是良星
气星天乙临寅丑　大吉须防亦有刑
丁未土星在卯辰　若居恶煞免灾迍
水星限度诸为显　限到水星有讼争
戊申金木限中来　孝服临门更妨财
唯有土荧还发福　限宫命里细推裁
己酉荧罗是福基　只言太白不为奇
水星与木还为祸　命限相逢大不宜

庚戌秋冬愁火罗　只言土星少比和
若临命限田财上　举动云为百事讹
辛亥土星临限中　虚花财毂尽成空
唯有秋冬火曜吉　气罗作事正兴隆
壬子计土能为福　春水水金限不宜
若临命位主破相　损耗资财不用疑
癸丑土计水为忌　命限如逢必见殃
若逢罗睺与日月　限中逢此是高强
甲寅土星在于丑　命宫逢之福乃有
暗耗刑囚巳午间　无灾无祸平平守
乙卯孛星限不宜　罗睺不可以囚窥
若人命限遭临著　福禄威权最是奇
丙辰十福子上土　巳午福星为禄主
命限逢之无福禄　仍且招延祸患苦
丁巳土子祸又钟　木乃平平可免凶
罗孛刑囚皆有用　限行至此必从容
戊午太阳居午位　水火辅之皆不利
限若逢之亦可忧　更遇流凶必颠堕
己未木罗居卯辰　须知生意日津津
火星若遇亦宜利　唯有计都作事迍
庚申土计与辰罗　此个星辰最喜过
惟有木寅无用处　辰罗临出讼消磨
辛酉忌禄反成殃　木计来朝亦不良
惟有戌宫土计吉　辰罗逢著亦为强

壬戌土刑戌亦佳　亥间火计最堪夸
孛罗巳午祸难测　气计孤刑不免邪
癸亥罗睺不背禄　火孛逢之必有福
土躔娄星亦无祸　惟有金星祸最速

论忌星

甲庚生人不用火，火星在戌为殃祸。乙辛生人不用金，金星辰上化为尘。丙丁生人不用木，木德在寅多反覆。丁壬生人不用水，水星在巳无依倚。戊己生人不用土，土星在子多愚鲁。朔日太阳居于午，十五太阴居于未。身命运限若相逢，如此之人须正忌。

星学大成卷三十

天机渊微

总　论

先贤陈氏论星辰，犹胜巫咸与石申。命若契符如影响，莫将机密乱传人。苗公郎子修行去，云梦之中遇一贤。悟了五星真秘术，布出声名天下传。大梁甘石得遗文，曾究乾坤验十分。造化天机从此泄，灾祥得与后人闻。二交火土孛皆同，只在东西南北逢。议命须论强与弱，精微全在五星中。星曜照人看得力，命宫少缓身宫急。无星合照会空关，生死穷通便消息。

定光裔论

星文自有渊微诀，今古诸经皆未说。金木虽云本善星，亦有却作灾时节。土火虽云是恶星，此星致福非常别。五星六曜自消详，岂可胶柱而定辙。任他留顺并伏逆，不顾乐旺并员缺。也无昼火夜忌土，亦无五弱七强说。福德相貌并三日，方主限元更迁濶。但能把此数端求，休咎何忧不精切。

天机常例，星无顺留伏逆，亦无好乐庙旺。日无盈缩，月无圆缺。无昼火夜土忌，无三方主向背之说，不用相貌生后三日宫，只以五星正生为高，天涯地角为单。奴仆为天涯，相貌为地角。见月为紧，不见月为缓，二明三暗为强，三明一暗为弱。若依歌断之，则祸福无不应矣。

星性善恶

三明三暗则光芒，四正相交坐八方。
作福作威从此得，都缘星性属刚强。

二明火土　三暗孛罗计

三明一暗属阴柔，不说高低共逆留。
将谓与人为福庆，元来从此作冤仇。

三明金水木　一暗气

天一生水，地二生火，天三生木，地四生金，天五生土。阳为奇，阴为偶，阳为刚，阴为柔。土水木为阳星，金火为阴星，此其常性也。然水属北方，太阴幽冥之气，须时趋流而就下。木属东方，少阳仁厚之气，其阴可庇，其水可食。虽是阳星，其性柔为阳中之阴。故金水木紫气皆系柔星，所谓三明一暗者是也。火者南方，阳明之气，其性炎上，不容于物。金属西方，乾健义勇之气，虽是阴星，其性刚，为阴中之阳。故火土罗计孛皆系刚星，所谓二明三暗者是也。交初为罗睺，交中为计都，所谓二交者是也。

刚强	二交月孛是权星	不须观象又观形
	得限逢之为吉曜	自然富贵得安宁
	火土吉曜恶星辰	刚健辉光见日新
	身命见之皆吉庆	布衣换作锦衣人
柔弱	金木虽是善柔星	限数相逢都不宁
	四正居之为大祸	直教谨守保生平

紫气恶曜九流星　僧道孤茕及艺精
此限才逢丧厥福　妨财妨利又妨名

论刚柔

苗公星度真奇绝，强弱诸宫皆不说。只言金水是休祥，火土谓之祸凶孽。苗公本意秘深妙，造化真机安漏泄。何须仰观星辰象，不必高低比优劣。根深步取太阴宫，合对同宫磨观切。火土强星高照月，其间富贵并员缺。四方强曜富华人，五弱居强就卑列。

论轻耀

二交首尾必贤豪，日月相逢当亏缺。朝身逢忌职司权，见月宫位失臣节。天吏躔月求火土，金木来参犯刑法。曾因水火漫漂流，不是损伤须废折。明星金火但煌煌，与月相逢发祸殃。亦有小儿曾异母，无辜风疾及痍疮。异母妨亲孤害子，亦悲金木作仇雠。行年子午招贫困，僧道为人及九流。

日月

男女宫中星曜照　多凭星性穷多少
于中若见至阳精　四五二男为继绍

独月

五星六曜无常主　巳亥逢空无一处
斯人必主古人言　生得五男并二女
第三宫中名闲极　月到诸经称得力
本言月到反吟宫　月到其宫云置福

木月

对偶身宫何用木　当时婚娶妻居服
加之木紫又交加　申道睽离又反目
星有太阴同对木　生来未便丰财谷
东西二位无强曜　南北宫中计孛罗
若是身中关木月　功名终是见奔波

火月

火星关陷到身宫　为人情性不和同
台元金紫相关照　奸猾多谋爱逞功

土月

土星天吏聚身间　值陷须知性小宽
或作台元多懒慢　木星如会有机关
玩日废时妨进习　伤财破产谩经营
常行土后二宫半　安得京川两字名

金月

娶妻年纪信高低　除是长庚坐正西
土孛不关迎少女　枯杨今已见生梯

水月

水月流精临后嗣　到了千端求一子
众星不犯女双双　岁星性气还同此
三元宫有申子辰　水德腾辉上应辰
成象在天如犯月　少年非命丧其身
本月宫中说性灵　诞情虚诡老奸情
万般机巧便宜事　赢得乡闾有溢名

气月

逸星紫气加身命　鳏寡之徒孤独迥
月逢母氏再从夫　即目忧身招疾病
老人星出丙丁隅　一似斯人土木居
不及龟年并鹤发　也须终尽百年余
笃疾缠绵何以知　命宫强曜细寻推
太阴紫气加辰戌　腰曲低头四大推

孛月

天吏文星说最佳　限头逢处接荣华
儿宫遇着生男贵　妻上相逢得丽华
孛星主禄性雄豪　要得相参火土高
为报士人休叹晚　到头名姓列仙曹

罗月

身宫若也坐罗睺　四正强星不会柔
燮理阴阳居辅弼　三明来陷号仇雠

计月

计都守命主宫身　更看南北位星辰
果然强曜加临照　两府枢机作近臣

木土月

此名天上三灾星　今岁相逢又不成
财散遭官丧与病　其间亦有损年龄
明星木土照光芒　不问高低与合方
男女居之无刑克　官居如遇有灾殃

木金月

金性刚兮木性柔　一如冰炭不相投

生时若值同宫分　富贵来兮身已悲
出木入金为六悲　月之前后较毫厘
果然对照并三合　踪迹萧然人不知
金木从来号六悲　为妨父母及妻儿
正言硕望当途者　不是黄衣即褐衣
五常金木为仁义　仁义之中不主财
今日木金相对照　声名淹抑四旬来

木火月

明星木曜火同宫　财帛强宫仓库虚
若见命身临二宿　令人冷淡处阎闾

木水月

水木四正躔坎经　不然独木发洪名
里闾赢得先生号　富贵除非别有星
南北东西如水木　光芒射月年华促
肌肤消瘦药无灵　忍死亲亲情不足

木气月

木星紫气来相并　惟爱林泉门阀伶
若关后嗣或双女　到了他人作规迎
木星紫气前后宫　参谒门庭是此公
谁识螟蛉为后嗣　不然异姓绍家风
紫气与木是孤星　九流之士道及僧
不然疾厄如孤宫　行限逢之祸患并

木孛月

木孛天然性符契　当信居官食天禄

其间四正有强星　耆父年龄冠群族
身居木孛好颜容　土曜加临性且忠
若作胎元无别照　为人正直甚难容

火金月

金火二曜忌留方　他方取得外孙娘
身命忽然逢暗曜　声名钱谷满传扬

火土月

火土太阴同与对　人心所欲合天机
四方正坐官荣显　地角天涯力稍亏
火土居高兼见月　木金水气不相干
此人前定知阴注　力助官崇固不难
太岁干头有六辛　切看辰午有星辰
卓然火土同临照　磊磊文章列缙绅
火土强宫守命身　更看南北位星辰
若还柔轻交关照　即是恩科受荫人
刚强火土来关月　职重权高镇大藩
虽处名藩难久任　其人刚烈性难安

火水月

水火多败亦多成　直言不耐少安宁
方寸晓然招外学　难教似讷遇平生

火气月

火紫为限多招疾　血光暗昧萦风卒
金木水临不善终　此限相逢失骸骨

火孛月

二交火孛扶太阴　遇此之人福最深

若见胎元强曜助　荣华富贵足资金

土金月

富而不贵似何推　金木从他见月离
庙旺四方星得地　石崇继踵更为谁

土水月

水土四方躔坎经　不然独木发声名
里间赢得先生号　富贵除非别有星
土交有火月行踪　土水逢交事亦同
懦怯只因辞寡讷　不如仁者不遭逢

土气月

两重亲位灾祥别　紫气柔星加土月
高宫定是富贵人　若是本宫寒贱说
土紫相逢爱好宫　四正之宫喜曜逢
太阴高位忝罗计　中年一带至三公

土孛月

一如土孛到天心　须假分明见太阴
不顾顺留并庙旺　蓦然壮岁足珠金
月下宜参土孛星　先生富贵及簪缨
仍详好命方言说　巳亥儿孙继后荣

土计月

土计身宫与月参　富贵百姓足鲜甘
二交正位临财帛　优裕荣华足可谈

金气月

天上明明紫气星　主人灾害与孤茕

曾关金月多招病　为犯行年致不平

金孛月

孛星好酒金声色　犯月当途无以加

莫道一生无快乐　耳中音律眼中花

金孛犯月任高低　父母年龄恐不高

老父定知年少母　须知因色致昏迷

水孛月

水孛柔邪照命时　太阴合照更居低

与人结识无终始　好事谗言说是非

孛罗月

孛星不要犯罗睺　切忌当年限到头

夫恐娶妻三度死　女妨生产两回忧

孛计月

二交月孛性皆同　立性元来爱逞纵

计都不可众人识　更无材艺胆粗雄

罗计月

二交贵要坐寅申　不是加临坐戌辰

财自外来天付与　取之以义不由人

暗星蚀月天涯地　破荡田园人受济

四方七政月华新　弱冠荣华取高第

火土日月

火日同居疾厄乡　不论土月一般详

若逢火土临身命　其人五福备非常

阴阳二曜全无救　终日困苦走他乡

有福聋盲兼跛躃　手足拳挛免别伤

木金日月

日月如逢金木星　加之四正号重明

自家三代无亲继　必是当年外室生

木金火月

同宫一处见金木　火不救之失财谷

若还金宿守低宫　权握兵符多侍仆

木金土月

曾见金星巳亥居　土木性气又何如

后人不肖螟蛉辈　至老千端守一株

木金或尔迭来居　巳亥相参性一如

勤俭家风虽继绍　千端一子若骊珠

木金气月

清闲乐道若何推　紫木星官命里随

金木加之云外客　慈悲僧道合天机

月犯金星与紫星　木星高处福须倾

更加柔宿同身命　不是他刑便自刑

月之前后交并气　金木柔散人不意

悬庞负赘及双胎　更恐月低有亲二

木土气月

五星中有土木对　对月四方天地配

若关紫气嗣孤单　犯月养成殊性辈

木火气月

水月火月木紫星　先须审问过房亲

若无损克承宗祖　便是亲生不济人
身命之宫紫木随　更兼九五水星归
纵教限好妻儿辈　可定其人著色衣

火土气月

土火相交犯紫气　身命合照空无移
局中若也逢强曜　朱紫何惭不带归

土气孛月

紫气掌禄命宫看　强曜强星四正安
只看太阳枭土孛　照临方定作高官

土木孛月

不但太阴关火孛　官荣多早起超升
木星得地如强要　他日须防害股肱

火土孛月

火土在身或旁照　性直为人语又良
孛星更若临身命　此人立性定高强
孛星犯月得宫强　火土煌煌合照方
灿烂文章如锦绣　高攀仙桂紫微郎

火土罗月

火星从月照南方　诸曜俱无守四强
虽有土罗三合照　功名才得即身亡

火金罗月

偏枯金火犯蟾轮　浩荡轻飘性不纯
得附二交居四正　反灾为庆及于身
恩生妻族或妻财　金月为婚月是媒

不是二交来相救　防身淫病发迍灾

金孛罗月

孛金不要犯罗睺　切忌当年限到头
男恐丧妻三度厄　女防中产血身忧

二交火月

二交正位主威权　大有金资富有田
取坎一星关火月　盛名列世涉朝贤
欲识家豪积富财　火星关月月为台
二交入库盈财帛　富盛丰隆财自来

二交木月

官禄相刑身会柔　高低照月主徒流
二交木宿非公吏　贫贱寒生几度秋
二交与木得官高　出入公庭可吏曹
今日木前家道盛　他年辛苦不辞劳
即用二交兼用木　当年聚育作灾星
乍寒乍热病躯作　半喜半忧官事成
木与二交参众曜　行年如见有冤尤
立身不在公门里　怎得逃生过失忧

二交金月

二交金月命宫居　罗计又在丙丁隅
更得三方星宿顺　清华阁学与尚书

二交孛月

计都星陷与罗睺　孛更居高主死流
官禄灾宫无救助　也须死在石幢头

木金水火月

四强正在木兼金　家业资财破产深
更忌三方加水火　定知恶疾递相临

木金火土月

富而不贵看星位　盖有柔星犯太阴
更若四方逢火土　满堂荣富足资金
火土木金高见月　宏才博学犹贫缺
木金火土月且低　员缺区区寒贱说

木金火气月

月宫金木须逢火　紫气太阴来轻坐
月痨宫脏久缠绵　更值二交刑辱脞

木金水气月

柔星金水紫并木　若不休官命还促
纵教有救命须存　无救命如风里烛
同位推排子细看　柔弱刚强是两般
金带水气木金独　此人居位至朝端

金火土气月

要知三道及三关　火土紫气交往还
金火土星三合照　太阴紫气亦清闲

木火土气月

病若中间有寅风　火参气木土星平
皆因犯月加辰戌　到底因须厥疾终

木水土气月

紫照田宅破田庄　三灾土水一般言

三方水木相关照　定主田庄不十全

木金气孛月

紫气孤星照命中　更看孛曜照身宫
强星固有关金木　却认他人作妇翁

木金火孛月

不但太阴关火孛　官荣华贵起超升
木金得势如强曜　他日须防害股肱

木火土孛月

火土木交兼月孛　五位星辰性最刚
命身乃若居生旺　不是员郎亦正郎
火土木孛居强位　太阳辰戌参罗计
此为有福无难人　一生谟谋皆称遂
四正高官木土星　多财多艺性英灵
太阴火孛强星助　金榜还留第二名

木土孛计月

土计孛星犯月来　岁星临命定推期
柔邪水气无干照　遇着重金盖紫绯

火土孛计月

孛计二明如捧月　临照四正更无偏
侯王宰相神仙侣　福禄荣寿长至坚

金火孛计月

男是金妻女火夫　元头宫分要安居
若加孛计成灾咎　万室千婚不保初

金木土计月

木土巳亥男儿少　金在其中寿有余

若加计宿来同限　疾病连年损病躯

水火土计月

火土照月半三方　计都合水守宫强
少年奋迅攀仙桂　辅弼君王坐庙堂
火土水计见生时　太阴合照占光辉
金星紫气来关命　遇者为官衣紫绯

金火土罗月

月犯土金如入命　罗睺土火加权柄
自从流浪走他乡　性命不存家产罄

金气孛罗月

缁黄先披心不了　如何却著俗人衣
紫金孛罗身值对　更于男女细推排

金木孛罗月

身居四正有星强　正照其人性必刚
金木相扶多技艺　孛罗星照紫微郎

火土孛罗月

官居福禄命宫强　罗孛交朝坐八方
火土刚星同照月　三公之上又封王
土罗火孛吉星辰　生时守命又临身
如此扶持官品极　方是荣华福寿人

火木孛罗月

身命三方火木交　孛罗取次照南曹
两制清华并殿阁　为官义气见英豪

二交火土月

官禄宫中星若高　二交火土福坚牢

此星限了兼同限　为官多失定迍邅
二交推月阿谁知　火土相交是最奇
偏主聪明多富贵　锦衣马上昼荣归
火土入命福应多　罗计相交共月过
制使中书并密阁　荣华福禄尽调和
二交须星临身命　火土星为四陷宫
区区给禄为身计　未及升朝身早凶
火在西方土在东　二交天吏拥蟾宫
少年及第登科甲　天子金门步步通

二交水火月

水火二曜得官高　更加柔曜照官曹
二交从月空闲地　一暗居田祖业清

二交金火月

蚀神金火犯蟾轮　轻薄奸邪性不纯
梦脱精华加肺疾　女人中产血淋身
二交金火斗相形　偏僻多般祸患生
宫分天涯灾愈紧　更加水计失聪明

二交木火月

二交木火为刑煞　与月相关犯极刑
水火忧惊从此得　于中视履不分明

二交木土月

二交土木相斗月　出见天心是罗列
非惟妻子不相宜　又属天夭更难说
南北二交今岁坐　东西土木一般论

斩衰丧服妨财薄　横祸何如且杜门

二交金木月

二交金木半寅申　见月须知是贱人
迹渺折腰难视履　必因火土戌加辰

二交火气月

火紫星曜得宫强　二交扶引月何妨
更加子午强星守　不至三公亦侍郎

二交火孛月

孛计火罗同与到　命宫强曜坐无偏
此般格局人稀有　定是官资日下迁
二交火孛四星贵　旺气相容必参位
太阴更宜照高强　才识英灵必雄贵
火孛二交居子午　太阴西没照无偏
四方四正兼为限　俊雅群英发少年

二交土孛月

四强四坐五强星　身命相关显大名
偏主功名更富贵　定知金鼎位和羹
罗计二交同与对　高强土孛四强安
官居更得强星助　富贵王侯极品官

金木土日月

金木同行附日轮　月躔火土必簪缨
先人历任无迁谪　必是当年作选人
水火土木并火金　木金金火递相临
不宜骨肉灾烦挠　人面无情畜兽心

金木火土气月

东西水火亦如然　月木何妨一破员

留月更加金木气　五刑之罪赎三千

木金水气众柔星　正犯身宫更宜荧

若不破唇并跛躃　也须耳目不聪明

木火土气孛月

火土木孛守四方　太阴紫气照高强

偏宜便把为官吏　及至官荣身已亡

金木水气孛月

四正水紫木孛星　少驰声誉得人亲

二明金紫身临孛　只是经商碌碌人

太阴水孛辰戌过　木金紫气合同多

命属刚柔容易见　定知名利走奔波

木水火土孛月

水木西东躔坎位　不然独木发虚名

输他有道先生号　富贵须饶土孛荧

金木火土孛月

火刚火土二交孛　其性刚强有明德

金木无气险且柔　不免被人受冤抑

金木水火孛月

金星火孛亦同论　水木何妨共月员

女子克夫男克妇　若教免克病常缠

木水土孛计月

命宫木孛水星明　左右相扶加土计

强星合照太阴宫　入作公卿出为师

木火月孛罗月

土躔捧月居子午　木照东方西见火

孛星又照作台元　月犯元星真宰辅

金木火土罗孛

金木只为节度昌　二明火土翰林郎

木罗二宿将军位　手握兵符佐帝王

水火木土罗月

火土罗睺加水气　符合太阴临命位

何知官品至枢机　福德之宫加孛计

二交金水火月

金火英星见二交　火星捧月照南曹

生时命局如逢此　显赫门庭衣紫袍

金火金罗及六悲　计金金火例同推

若作台元无吉曜　少年促寿少人知

二交金水木月

金水之星主性灵　木星在月有虚声

二交坐禄人丰足　乡井传扬大富名

金木水星及二交　四强官照必英豪

身命若还逢此曜　官禄遭逢爵不高

二交金木火月

二交正坐北南方　金木相扶作侍郎

木星入命火关月　荣华富贵寿延长

二交金火土月

土星守命火星冲　太白正临南北宫

月与二交临次近　还他至晚立英雄

二交水火土月

水火三方照月明　二交南北贵文华
土计交参来入位　荣华声誉遍天涯

二交木火土月

火土木星与二交　相参月曜更居高
四强若与来相照　须是荣华有衮褒

二交火土土月

二交火孛更相亲　土对蟾轮与富基
君子命通于此局　荣华富贵一生期
土计孛星最是奇　临人身命世间稀
四正更加罗与火　垂金重盖挂双绯
四正宫中火土星　莫教他曜与相并
二交孛罗皆入局　百代人间第一名
格局相加入火星　二交得月照宫身
土星天吏为扶引　东岳生储活世人
二交身命好精神　定是王侯将相身
火土孛星交互入　福禄荣华远寿龄
二明三暗交关照　命值身临福曜台
若是白衣须有禄　应须发禄足钱财
罗孛台元土亦同　二交临照四宫中
火星会月居闲极　的是权豪少富丰
火星高处弱星倾　土计孛罗四位并
财帛强宫如坐守　自然白手振家声

二交木火孛月

孛星入命应为福　与月同行见火木
二交正坐照南方　荣华日享千钟禄
二交火孛交照木　定作公卿无反覆
清华馆阁演丝纶　福惠昭昭兼富足

二交木土孛月

土孛二交临命强　木星见月犯蟾光
若是福星无陷弱　家道资财世世昌
土孛胎元命木星　四宫强曜顺流清
太阴南北参罗计　呵喝金门作从臣

二交金火孛月

孛火临身月照命　火金相聚性骄淫
二交若照南并北　自然文学冠儒衿

二交金水孛月

命得危星性愈聪　金罗天吏拥蟾宫
二交子午相参照　财帛光荣家道隆

二交金土孛月

天地宫中当子午　星强富贵足镃基
此中不可安金计　中限灾迍并难离

二交金木孛月

身居木曜计孛罗　狡猾为人性气多
更有金星居四正　定为奴仆主奔波
月犯金木加计孛　任他火土四方高
依凭豪富身贫贱　辛苦来缠不可逃

二交火气孛月

火星正坐紫星躔　孛星天吏作台元
二交南北相关照　及第高名又少年

二交木气孛月

禄宫木曜有洪名　孛罗计捧太阴星
不逢紫气来相挠　平达侯门将不轻
二交金气斗相刑　偏僻诸般祸患生
宫分天涯灾愈急　更加火计失聪明
罗计强星主近贵　命宫火计加金紫
木星更照正南方　才调贤能为拔萃

二交木水气月

二交须要在寅甲　四正木水紫相侵
纵有资财应破散　亦须伤祖及伤身

金木水火土孛月

金星水木贵何论　火土孛临子辰申
身命两宫交互照　亦须雄大冠簪绅

金木水火气孛月

火孛高宫见太阴　三方忌会木兼金
柔邪水气先关照　朱紫何忧不遂心

金木火土孛计月

火星在命土当头　金木宫陷主公侯
增加计孛同官禄　定知富贵保千秋
月犯木金加计孛　任他火土四方高
依凭豪富身贫困　辛苦年终不可逃

金木水火气计月

后刑先贵作何看　水火土气四宫安

刑杀皆因身剥杂　福宫金计主无端

金水火土气计月

火土刚强会计都　阴阳交照损亲躯

三明一暗如临命　碌碌生涯处里间

木水火气孛计月

水木火计气相关　更加孛曜作台元

此人定是文章士　清华美誉振乾坤

木火土气孛计月

木孛相逢合计都　火星土气性何如

命若遭逢身贵显　他日年龄八十余

金木土气计孛月

身命相关土计孛　木金紫气同发越

辅君执政坐朝堂　富贵荣华真世杰

金木火土气罗月

紫气循行会岁星　胎元火土定官荣

金罗三合加临照　两府中书作舍人

金木火土孛罗月

身命相逢土孛罗　火金木照福应多

发迹一似山头鹿　一生富贵少奔波

金水火土孛罗月

火土金罗并木孛　金辰如遇有英声

文星不照多钱谷　不与诗书至显荣

更得限元无轻曜　一生谋运称人心

二交金木火日月

当生日月火同踪　首尾相逢值陷宫
太阴柔弱无加助　金木加临不善终

二交金木土火月

太阳之象等君位　不要戌辰加丑未
金木火土二交侵　卒有暴伤多不意
火土罗睺合太阴　命宫强弱重推寻
天星合照文章盛　武列偏宜命见金
火星偏爱命宫游　土星入位守金柔
二交木月居南北　照人官爵至封侯

二交金水火土月

火土刚明爱二交　来参金水出英豪
财帛丰盈生富贵　无灾无害享官高

二交金木水火月

二交金木主文章　宏才摛藻动君王
若逢水火来相错　恶疾缠身少见康

二交木火土孛月

二交木孛见生时　火土高宫月犯之
此格逢之为第一　不须禄马贵人持
二交木月身命居　少年发迹播王畿
火星土孛三方见　生杀边疆作帅师
罗曜木曜命宫当　火土二宿入高强
身宫更加孛计照　将军权握展旗枪

火星临月照西没　土星正位守官宫
二交木孛俱沉溺　富贵荣华命已穷

二交木水火孛月

水火二星来合离　身宫木孛计并罗
此为富贵人家子　若欲荣身便折磨

二交木水土孛月

二交水土合同时　木孛相扶始大奇
四方关照身兼命　将相横金两府基
水孛三灾来合照　二交犯月亦如之
莫言仕宦当勤学　不学应须挂紫衣

二交水火土孛月

二交火孛水同宫　土计强星共引扶
合照加临如近命　限逢荣显佩金鱼

二交金木土孛月

土金月孛正宫安　后引前扶更不闲
孛计木罗如对月　何愁衣冕不乘轩

二交金水火孛月

二交火孛性刚强　金火二曜忌淫荒
聚首参交身与命　天然财物自丰昌
（以下阙）
引扶月曜加金计　铨衡俯拾更封侯

二交木水火土计月

火土刚强木紫柔　太阴合木见罗睺
二交四正居南北　他日成名播九州

木星水气及二交　相参火土性雄豪
此船格局觉烦冗　及至荣华寿不高

二交金木水火孛月

命守木星并火孛　身值罗睺金水月
照人必主性英灵　巧妙千能登玉阙

二交金木水土孛月

土孛二交同太白　身命如遇福高迁
或逢水木加居北　富贵荣华寿更坚

二交金木火土孛月

金木土星如合照　计都月孛作前扶
二交火曜来关月　早见功名显帝都
火土计临身命宫　孛罗如会禄重重
若逢金木为扶引　坐禄须为给事中
木星金孛见三合　财帛罗计无柔轻
火土照临官禄宫　坐使蛮夷皆振栗

二交金水火土孛月

二交火土孛寅申　金水相逢有大勋
合照太阴当四位　金为将帅水为文
西方火土性虽强　金水同行见月光
引从二交兼土孛　定教权握展旗枪
金水同宫必有声　六经博览冠群英
火土二交躔孛月　枢机辅相列王庭

二交木水火土孛月

天吏头驮吉星扶　火土水木命身居

罗计若临强位上　此为上将入中书

二交火土金气孛月

但用金星关照月　二交孛气向寅申

南方火土高强照　高位中书与舍人

二交金水火气孛月

水紫柔邪加火孛　二交太白照无私

福星若也居沉溺　只须学问有文声

二交金水土气孛月

二交金紫贵何加　水星土孛照蟾华

的是中书堂上坐　优游富贵是荣华

二交木水火气孛月

木星水紫入宫来　火罗合照孛为台

此是铨衡真格局　自然平步上天阶

二交木水火气孛月

水火明星加计孛　土罗紫气高参月

荣华富贵一生奇　定是人间为俊杰

二交木火土气孛月

二交火土孛同居　木紫相参性最聪

若也聚于身命上　便教平日振英雄

福星月孛照火气　月犯木星及罗计

土宿三分合命宫　定作枢机并两制

金木水火土气孛计月

水木英灵火计星　土金孛紫又扶身

福星强近相参月　定是三台侍从臣

二交金木水火土气月

火土交计性刚强　木罗紫气照三方
水金若也居官禄　职位还迁入正郎
火土金星照命中　木金水紫照身宫
官宫水宿相关月　闾里称传丰富翁

二交金木水火土孛月

二交水宿向寅申　孛星犯月吉星辰
木金火土来临命　遇此荣华主贵人

二交木水火土气孛月

火土水紫四星奇　二交木孛更临之
命身相会斯强曜　赐紫分明又著绯
禄宫水火二交躔　土气木曜又相关
更居生旺无刑克　聪俊英豪发少年

二交金木火土气孛月

二交金土气相关　木土孛星前后安
钱谷丰盈无刻剥　荣华富贵俗难攀

二交金水火土气孛月

土孛相逢计月罗　火金强位入官居
一生水紫同关命　引从声名到帝都
火孛金星对与月　二交水紫照南宫
土星引从台元好　享禄他时及万钟

二交金木水火土气孛月

命宫金土罗兼孛　火计紫星高对月
岁星水宿守南方　驸尉武僚居右列

刚明火土罗并计　木犯蟾光加孛气
金水计都入命中　状元及第非常贵
二交紫气向寅申　火土木曜吉星辰
此位更加金水孛　照人身命贵无伦
火星刚健紫星柔　南北之宫土计睺
土水木金关月孛　自然富贵两优游

太阳定命宫

太阳本是太阴主，不为福庆不为祸。限宫身命任相逢，男女居之招四五。

诗曰：一日行一度，名曰太阳星。推时分节气，一岁一周经。入命生时定，都从此位成。顺行逢卯止，逆数定枯荣。

论身宫

月到之宫格局成，太阴坐处吉凶生。会宫只为无星照，推命之人切辩明。

大元经星，甘石纪之，元定之，陈卓论之，皆命官为首，身官次之。天机例论，以命官为缓，身官为急。命官者，以太阳所在之官，加所生之时，顺数至卯，即就卯上所得之官为命，似于人无所系。月者，众人之身，太阴所在，即为身官，实为要害，故言月到之官格局成，太阴坐处吉凶生。然人之吉凶祸福，率皆在于身官，则凡推命宜先定于身躔。身躔即太阴，太阴既定，则祸福无不应者。欲知月躔所在，即以太阴星正身官，悉以十二月起常例点之，至于当闰之月，或前后差互不定，即以日直关节气及望推之。

起太阳法

背闰初过度

正月朔起室，二月奎，三月胃，四月觜，五月鬼，六月星，七月翼，八月亢，九月房，十月尾，十一月斗，十二月虚。

歌云：　　正室二奎胃暮春　四觜五鬼六星邻

七翼八亢九房宿　尾斗同虚冬月循

向闰取中半法

正月朔起危，二月壁、三娄、四毕、五井、六柳、七张、八角、九亢、十心、十一斗、十二女。

歌云：　　正取危壁季春娄　毕井朱明柳上游

次到三秋张角亢　心斗须女暮冬求

当闰第三迟诀

正月朔起虚，二月危，三奎、四胃、五参、六鬼、七星、八翼、九轸、十房、十一箕、十二斗。

歌云：　　春月正虚危又奎　胃参从鬼九夏移

秋星翼轸相连带　房箕三合斗柄移

闰月多是十五日，或前后一日是初气，为一月节候，即为初气起日宿。依常例点以望日与太阳相对，晦朔与太阳同官，其太阴如此约之，万不失一。

论身命所在宫

身在狮子，容貌端正。身在人马（寅），能干。男女命在四角（大贵），身在辰，强（戌亥无星方看）。身与命或在戌上，主人性机狡，并肚肠毒害。此不以星辰论强弱。

四方有强星　　身低诗曰：火土加孛有星高。

柔星犯月　　身低诗曰：富贵不用看星辰。

强星犯月　　身低诗曰：暗星蚀月天涯也。

火土犯月　　身低诗曰：星曜分张小二宫。

又曰：火土太阴同与对。诗并见前。

论身在陷宫为祸

奴婢第一陷，相貌第二陷，兄弟第三陷，游行第四陷。

论身在高强为福

命宫第一（正紧），官禄第二（正紧），田宅第三（正紧），妻妾第四（正紧）。

论身在强半

福德第一（官禄合元高），财帛第二（命宫合元高），男女第三（田宅合元高）。

身在沉宫

诸曜虽强居暗处，身宫沉者是虚儒。纵饶学问过颜孟，终没功名禄已殊。

身在死败宫

死败二宫身与命，二交强曜入南曹。声名虽则传州里，纵得为官也不超。

身在值陷

身宫值陷居闲地，又以其人强曜推。强忽有星居大限，中年亦可及绯衣。二明强曜午宫当，更临身陷落何方。吉星若也居闲地，门荫之官子细详。身陷无星四正强，纵然不贵足钱粮。强星若不加身命，财物虽丰寿不长。

宫有所主

十二宫中见所主，卯为夫兮酉为妇。夫妇左右前后宫，不出二交荣孛土。申辰前后为仆从，寅戌左右属财库。震离坎兑宫辰别，善恶之星从性说。巳亥丑未男女宫，鳏寡辈流因独月。

论四空

本宫对视并三合，四位都缘不见星。强曜更加沉溺所，陷才出没便沉冥。

论四正

四正无星身在强，难名衣食足钱粮。安知四正无强曜，爵秩如何至正郎。东西两位无星照，南北宫中聚首星。错杂阴邪无克剥，状元及第拥旗旌。何知人命有英声，四正无强有一星。三四坐高名位好，其人必定有虚名。

论五刑

水星刑火火刑金，金曜无令陷木星。水是天无忧土到，木为禄主怕金刑。土人忧木来相克，此徒谁与免刑名。

天元忌星恶曜

甲计乙罗丙忌火，丁孛戊木却为祸。己忌金星庚土星，辛阴壬水癸气过（化囚也）。

论星散

每一宫中坐一星，此名为散限头乾。仍存四正加临着，财利驱牵过一生。

每一宫坐一星，无同宫者为散。凡星祸福不甚紧切，无成多败，区区用心，劳烦过生，尔仍取强星，加四正见月，方可断其人仅足，不尔更寒贱也。但每一星人命罕有值此者，有一二星同宫而散者多，亦可以此断之。如景德丁丑年正月初七日生，诸星各占一宫，惟有火月一处是也。

论星聚

星辰聚作一宫安，相生相克性不纯。正坐四方言食禄，天涯地角必艰辛。五七星辰同一位，互相辞避难专事。相生即是富豪家，相克还忧贫困悴。

诸星一宫聚，以五纬取次，必有相生相克。书云：相生则富贵，相克则贫困忧悴。此以序推之也。如木在先，火次之，土又次之，是为相生。木为先，金次之，火又次之，是为相克。若相生坐见月，即是富贵之人，卿相之命。若相克更在天涯地角，必是艰辛，亦不至贫。如景德丁未六月十八日生人，木金火土聚于狮子宫是也。然则星散者，五星六曜皆散，星聚者，止言五星不言六曜。

相生相克歌

五纬相生与相克，举此二端为准则。火土水土并水金，此外余残斗相贼。如此相生与相恶，交互变成一十数。第一火土丰厚人，第二水土丰家户。第三金水多才艺，第四火木空仓库。第五水火破薄家，第六土木无男女。第七木金孛计虚，第八水木孤寒聚。（一云水火相刑御）第九金火主骄淫，（一云金水土相刑）第十土金频官府。止言同宫并对照，更值太阴福祸愈。二交参错生异端，强弱宫辰量力取。

论星辰换宫见月

曾说换宫星照曜，素闻火土主丰盈。但看金水人才艺，不久京华振大名。

十二宫皆有五星所主，火土换宫正坐，见月富贵之命。金水换宫见月，巧妙技能之士。木水换宫见月，清闲文艺之辈。水火换宫见月，薄技飘蓬之人。

论火土金木月相参贵贱

火土要高金木参，生来富贵世间谈。若交火土与金木，贫贱催残实不堪。

星主看尊卑，有金木参火土，火土参金木，识其尊卑方可论此。处高为尊，处低为卑。居先为尊，居后为卑，火土居尊，金木居卑，则谓之金木参火土，反此谓之火土参金木，亦以见月为准。

日月朝天

天门星斗互相迎，日在奎娄月次经。
身命忽临乾位上，日朝月拱至公卿。

身命朝天

身居宝瓶奎作命，中虚一位为天门。
生时或逢寅子位，官显三公近至尊。

朝　天

月到天心象帝王，或躔室壁或奎房。
身命各号前后位，定为将相近清光。

主星入庙旺

主星入庙在生乡，科甲官星会一方。
更得主星三用满，少年作相入朝堂。

背　阳

身命宫星前一位，太阳君象后先朝。
一生休作调羹手，才近清光寿不长。

月在强宫

强星四正各居高，月在强宫又不朝。
一暗明星如从月，为官灾患寿难逃。

强曜犯月

强曜须教犯月光，若逢月陷自乖张。
有官减克多闲旷，庶俗财虚不积仓。

强星从月

强曜强星有数般，吉如不吉细推看。
强星从月无柔弱，八座三台是贵官。

强星近月

强星若乃兼临月，又要申宫子午高。

更有权星居十位，亦惊天地振英豪。

月居恶弱

月犯空闲居恶弱，定知父母早抛来。

强星日月居闲地，异母须知四五胎。

月会柔星

三明一暗居男女，月共柔星剥戌辰。

子息强宫交在照，到头一子总为亲。

立命三强与二明，太阴交会照柔星。

高文只是推乡荐，桂籍之中不与名。

月落柔星分度间，柔星高处善星闲。

三方不照强星陷，下贱之人处一班。

蚀神犯月

南北宫中星不强，蚀神犯月戌辰方。

胎方若要加金计，疾病相缠主少亡。

柔星犯月

若犯柔星兼禄主，常流百姓一生难。
更逢忌曜兼刑煞，只是军戎受岁寒。
富而不贵看星位，盖有柔星犯太阴。
若还四方逢火土，满堂盈富足资金。

金木参火土，不犯计孛水气，必主富贵。须要二交孛火土当位也。若金木低，即成六悲不富。

柔星照月

强曜煌煌照八方，柔星照月少年亡。
二交从月居低弱，终身困苦走他乡。

水星捧月

月到天门四海明，水居双女一天清。
月白水清天得地，一星捧月誓横行。
六壬水木官柔显，金命之人富有成。

金星捧月

月生沧海耀金牛，太白相逢入赵州。
科甲官星如庙旺，定知年少作公卿。

木孛捧月

孛星掌禄木同宫，捧月那堪向命宫。

火水计罗官禄位，少年鼎食至三公。
忽若相逢天蝎上，太阳不照恐无终。
夹带身居双女位，吉星巨蟹作命宫。
狮子位中多贵禄，此名夹贵富重重。
六辛命入逢土木，丁人合木火皆同。
忽然一宿居其上，拖紫腰金官显荣。

水土入命

强星引从坐元胎，水土二星入命来。
富贵荣华多财帛，家豪金物积成堆。

水土朝北

身命二宫逢坎方，定应水土向南方。
禄贵相逢朝北位，少年阔步上朝堂。

荧惑面南

北方荧惑木为殃，却喜生时背太阳。
更加命临狮子位，定知年少禄轩昂。

金木逢龙

金木相逢会亢龙，前扶后引贵相逢。
雷电更加居帝位，伫看平步至三公。

宫星拱雷门

宫星二位安身命，中拱雷门坐贵人。

科甲更高时不背，少年平步上青云。

照庙逢贵

五星最忌临磨蝎，惟有当生月喜游。
命在丑兮身在未，此位照庙作公侯。

禄贵夹带

身命二宫星不照，宝瓶磨蝎互相寻。
禄马贵人前后拥，腰悬金带盖垂金。

引　从

命前一位吉星临，命后须逢禄位寻。
更若主星俱得地，此宫引从福禄臻。

贵人执剑

甲入身命火来侵，见土须当武职臣。
官贵更临兼庙旺，少年金榜御书新。
土若不临兼伏逆，日生又值贼星刑。
空亡剑煞如相遇，带疾刑徒一世贫。

马头带剑

罗计高强入命宫，金临天马照其中。
刑煞更加官禄位，少年名显振蛮戎。

贫而乐道

富贵荣华若有心，东西南北重相寻。
明星因有参罗计，(金木水气) 只是文章不富人。

论妇人

阴人多陷紫金乡，定是淫邪色欲娘。
胎元若无善星助，风尘歌舞近侯王。
妇人火曜本为夫，西没宫中金紫居。
胎元恶宿多淫欲，更同火曜喜相扶。
二明居暗细推详，身居金紫水同乡。
不问强星居四正，此人祸患也非常。

论孤贫

限星柔弱恶官当，更寻身陷落何方。
受福之人多夭折，孤贫庶得可潜藏。
福德相貌好星辰，少年此限富荣身。
官禄宫无星限照，须教辞富也居贫。

形　色

水旺之人秀耳轮，金人面白皓然头。
木星位旺双眸俊，火曜之人厚白唇。
隆准土肥中岳耸，额高方广紫星真。
阴阳命见人端丽，罗计孛生出俗伦。

二交主贫富

二交身见在寅申，四正无星却发财。

如四正逢水紫，主破荡。子午尤紧。不问二交在身紫气逢之，则为十六事，身命见之尤紧，不问三合。水加紫主疾，金加紫主刑。

十六事

僧道　疾病　孤害　刑厄　双生　过房　贫乏　破家　愚鲁　异胎　信向　异母　外学　鳏寡　绝嗣　不善终

论大小限

大小二限最清奇，学者虽多得者稀。
六曜随宫分祸福，五星次第定安危。
二明三暗多为福，太岁其人有旨归。
不是其人莫传受，等闲容易泄天机。

论限有轻重

限有轻重从头说，重言遂事轻屯蹇。
重时强曜众通知，轻与柔星独关见。

论天机限

假令卯是阴位从后起，阳位从前起。

一岁二岁在卯，三四对照，五起亥，六起未。

辰在阳，三在辰，三四对照，五起申，次在子。

宫辰十二一周天，祸福依凭信是先，卯戌子宫言十四。

卯六乙八戌五乾九癸五子九。

亥辰十载次推迁。

亥四壬六辰五巽五。

巳宫十一无加减。

己六丙五。

申午加寅十五年。

申七寅八午九丁六。

丑未八年十二酉。

丑四艮四未二坤六酉六辛六。

寅方十六看终躔。

天地人三方，人居于中，昼夜运行。日自东出西入，故东西为之三主，寅卯辰为初主，巳午未为中主，申酉戌为未主，余皆为身后之宫。天机大约与今之洞微、玄象、璧玉三限虽少异，而大意无殊，但以见生星辰所主，谓之元头星。性气断之，灾福可见。大约亦从卯上起其数，一依上篇取定之。

论元头限

大限元头要近身　却看辰巳午星辰
卓然火土相临照　磊落文章冠缙绅
太阴为限弱同宫　或然相望也为凶
本命若还无根柢　此限交之命必终

论金木限

木星为限金相望　刑水之星见月光
疾厄若无强曜助　其人要死在长江
金限相逢计与罗　自然财散自消磨
或然柔曜来相凑　憔悴危亡怎奈何

金星为限主伤财　僧道之人尚有灾
倘若木柔为小限　自然疾困破家财
金木身命催限照　可怕灾星四象临
若不目盲终是夭　疾困孤寒不称心
行年如是金当限　限有元初金木见
损财伤病又遭官　要好且须荧孛见
何期短夭寿年厄　限内逢金入木时
不要行年逢木限　限时身世且抛离
金星为限木星来　此限交之必有灾
更有木阴相对望　器小无成惹祸媒
金若为限会于木　此限木交须命促
贵者停官富者灾　小人逢此遭刑狱

论火金限

火星为限来相逐　二交坐命半为福
或居大限及身宫　淫色伤财主寿促
金星为限火星侵　断定其人至死淫
更被木星来会此　定伤骨肉复伤心